Wolf Donner

NEPAL

Raum, Mensch und Wirtschaft

NEPAL

Raum, Mensch und Wirtschaft

VON

WOLF DONNER

*Mit 122 Kartenskizzen, 32 Schaubildern
und einer mehrfarbigen Faltkarte
vom Verfasser*

BAND 32
der Schriften des Instituts für Asienkunde in Hamburg

OTTO HARRASSOWITZ · WIESBADEN

Der Druck dieses Werkes wurde durch eine Zuwendung der Firma
Heinrich Hermann, Stuttgart, unterstützt.

© Otto Harrassowitz, Wiesbaden 1972
Alle Rechte vorbehalten
Photomechanische und photographische Wiedergaben
nur mit ausdrücklicher Genehmigung des Verlages
Gesamtherstellung: MZ-Verlagsdruckerei GmbH, Memmingen
Printed in Germany

Dem Institut für Asienkunde ist die Aufgabe gestellt, die gegenwartsbezogene Asienforschung zu fördern. Es ist dabei bemüht, in seinen Publikationen die verschiedenen Meinungen zu Worte kommen zu lassen, die jedoch grundsätzlich die Auffassung des jeweiligen Autors darstellen.
ISBN 3 447 01390 7

INHALT

VORWORT	13
EINFÜHRUNG	17
1. Globalgeographische Orientierung	17
2. Zur Geschichte	28
3. Zur Verwaltung	35
Teil I: NEPAL ALS LEBENS- UND WIRTSCHAFTSRAUM	45
1. Physische Geographie und räumliche Gliederung	45
2. Klima und Vegetationszonen	73
3. Sozialgeographie	96
a) Die Bevölkerung Nepals	96
b) Siedlungsgeographie	123
c) Die Volksbildung	147
d) Die Volksgesundheit	156
e) Innere und äußere Migration der Arbeitskräfte	173
4. Verkehrsgeographie	179
5. Hydrogeographie	210
6. Böden und Bodenverwüstung	229
7. Bewässerungswirtschaft	244
8. Agrargeographie	263
9. Forstwirtschaft	338
10. Industriegeographie	359
a) Industriewirtschaft	359
b) Energiewirtschaft	370
c) Bergbauwirtschaft	384
11. Handelsgeographie	393
Teil II: REGIONALGEOGRAPHISCHE SKIZZEN	413
1. Das Kathmandu-Tal	413
2. Das Terai	427

3. Das Mittelgebirge	437
4. Das Hochgebirge	452
5. Die Nordhimalayische Trockenzone	471

ANHANG

1. Faustzahlen zu Nepal	487
2. Glossar und Abkürzungen	490
3. Literaturverzeichnis	492
4. Personenregister	500
5. Sachwortregister	501

Eine mehrfarbige Faltkarte von Nepal als Beilage

VERZEICHNIS DER KARTEN

1. Nepal als Staat in Asien — 18
2. Zur Geschichte Nepals — 31
3. Verwaltungskarte von Nepal bis 1960 — 36
4. Karte der Zensusdistrikte Nepals — 38
5. Verwaltungskarte von Nepal ab 1961: Zonen und Zonenhauptquartiere — 39
6. Verwaltungskarte von Nepal ab 1961: Distrikte und Distrikthauptquartiere — 40
7. Das Relief des Landes Nepal — 46
8. Topographische Strukturkarte von Nepal — 50
9. Modellgebiet Zentrales Terai — 59
10. Sapt-Kosi-Gebiet (Östliches Terai) — 62
11. Modellgebiet Mittelgebirge — 65
12. Modellgebiet Kaligandaki Nordsüd-Tal — 69
13. Die natürlichen Regionen Nepals — 70
14. Orientierungsskizze zur Klimatologie von Nepal — 74
15. Die Windverhältnisse in Nepal — 79
16. Niederschlagskarte von Nepal — 80
17. Bevölkerungsdichte nach Distrikten — 100
18. Bevölkerungsverteilung in Nepal — 101
19. Verbreitung von Nepali als Muttersprache — 105
20. Verbreitung der indischen Sprachgruppe in Nepal — 106
21. Verbreitung von Tamang als Muttersprache — 108
22. Verbreitung der Tharus in Nepal — 109
23. Verbreitung der Newar in Nepal — 111
24. Verbreitung der Kirati (Rai, Limbu) in Nepal — 112
25. Verbreitung der Magar in Nepal — 113
26. Verbreitung der Gurungs in Nepal — 114
27. Verbreitung der tibetischen Sprachgruppe in Nepal — 116
28. Regionale Verteilung der Religionsgruppen in Nepal — 121
29. Verbreitung kleinerer Sprachgruppen in Nepal — 122
30. Siedlungslandschaft in der Nordhimalayischen Trockenzone — 128
31. Siedlungslandschaft im Hochgebirge (Khumbu) — 130
32. Streusiedlung im Östlichen Mittelgebirge — 132
33. Dorfsiedlung im Zentralen Mittelgebirge — 134
34. Siedlungslandschaft im Östlichen Terai — 135
35. Siedlungstypenkarte von Nepal — 137
36. Haustypenkarte von Nepal — 137
37. Ausschnitt aus der Altstadt von Kathmandu — 142
38. Kathmandu und seine Außenbezirke — 146
39. Anteil der ausgebildeten Lehrer am Lehrkörper — 149
40. Verteilung von Primarschulen in Nepal (distriktweise) — 150
41. Primarschuldichte je Distrikt — 151
42. Verteilung von Sekundarschulen in Nepal (distriktweise) — 152
43. Sekundarschuldichte je Distrikt — 153
44. Zusammensetzung der Grundnahrung in Nepal nach Regionen — 172

Verzeichnis der Karten

45.	Wegetypenkarte von Nepal (um 1956)	184
46.	Distanzkarte in Trägertagen der Gebirgszone von Nepal	187
47.	Verkehrskarte von Nepal	194
48.	Straßenbauplanung bis 1984	198
49.	Nepal im asiatischen Fernstraßennetz	202
50.	Das Luftverkehrsnetz von Nepal	206
51.	Hydrographische Karte von Nepal	211
52.	Gefällekurve des Gandaki	216
53.	Verschiebung des Sapt-Kosi im Terai	226
54.	Verschiebung des Sapt-Kosi im Terai	227
55.	Böden und Bodenverwüstung in Nepal	231
56.	Chisapani-Hochdamm-Projekt am Karnali-Fluß	246
57.	Banbasa-Sarda-Bewässerungssystem	248
58.	Das indische Gandak-Bewässerungsprojekt	250
59.	Das indische Kosi- und das nepalische Chatra-Projekt	252
60.	Bewässerungskarte von Nepal	253
61.	Die Hardinath-Anlage	254
62.	Die Kamala-Planung	259
63.	Die Sun-Kosi-Terai-Planung in Nepal	260
64.	Kleinbewässerungsanlagen in Nepal	261
65.	Räumliche Stufen der Landreform in Nepal	277
66.	Hauptanbau- und Viehzuchtgebiete in Nepal	281
67.	Verteilung des Reisanbaus in Nepal (distriktweise)	284
68.	Verteilung des Maisanbaus in Nepal (distriktweise)	290
69.	Verteilung des Weizenanbaus in Nepal (distriktweise)	294
70.	Verteilung des Hirseanbaus in Nepal (distriktweise)	300
71.	Verteilung des Gersteanbaus in Nepal (distriktweise)	304
72.	Defizit- und Überschußdistrikte in Nepal	309
73.	Verteilung des Kartoffelanbaus in Nepal (distriktweise)	310
74.	Verteilung des Ölsaatenanbaus in Nepal (distriktweise)	314
75.	Verteilung des Zuckerrohranbaus in Nepal (distriktweise)	318
76.	Verteilung des Juteanbaus in Nepal (distriktweise)	320
77.	Verteilung des Tabakanbaus in Nepal (distriktweise)	324
78.	Hochweidegebiete in Ost-Nepal	327
79.	Rinder- und Büffelhaltung in Nepal	330
80.	Staatliche Entwicklungstätigkeit in der Landwirtschaft I	335
81.	Staatliche Entwicklungstätigkeit in der Landwirtschaft II	337
82.	Forstverwaltungskarte von Nepal	339
83.	Die Verteilung der Waldbedeckung in Nepal	342
84.	Vegetationszonen zur Waldbedeckung Nepals	347
85.	Wald-Degradierungsprozeß in Süd-Nepal	352
86.	Forstwirtschaftskarte von Nepal	358
87.	Industrielle Arbeitsplätze in Nepal	365
88.	Verteilung der Kraftwerke in Nepal	371
89.	Verbrauch von Elektrizität in Nepal je Zone	376
90.	Mögliche Hydrokraftwerke in Nepal	377
91.	Bergbaukarte von Nepal	386
92.	Mineralische Brennstoffe in Nepal	391
93.	Handelskarte von Nepal	396
94.	Getreidevermarktung in Nepal	400
95.	Kartoffelvermarktung in Nepal	403
96.	Speisefettvermarktung in Nepal	405
97.	Zitrus- und Obstvermarktung in Nepal	406

Verzeichnis der Karten

98. Regionale Verteilung des nepalischen Außenhandels mit Indien	408
99. Nepal als „landlocked country"	410
100. Das Kathmandu-Tal	415
101. Niederschlagsverteilung im Kathmandu-Tal	417
102. Siedlungsstruktur im Kathmandu-Tal	419
103. Landnutzung im Kathmandu-Tal	423
104. Übersichtskarte des nepalischen Terai	428
105. Waldreserven des nepalischen Terai	432
106. Entwicklungspotential des nepalischen Terai	434
107. Palanchok-Region, Übersicht	439
108. Palanchok-Region, Bevölkerung	441
109. Palanchok-Region, Niederschläge	442
110. Palanchok-Region, Hydrogeographie	443
111. Palanchok-Region, Verkehr	446
112. Palanchok-Region, Waldbestände	451
113. Modellgebiet Hochgebirge	454
114. Solukhumbu, Übersicht	455
115. Solukhumbu, Hydrogeographie	456
116. Solukhumbu, Niederschläge	457
117. Solukhumbu, Bevölkerung	461
118. Solukhumbu, Verkehr	466
119. Nordhimalayische Trockenzone, Übersicht	472
120. Nordhimalayische Trockenzone, Niederschläge	473
121. Mustang, Übersicht	476
122. Mustang, Bevölkerung	477

VERZEICHNIS DER SCHAUBILDER

1. Globalgeographische Orientierung für Nepal — 22
2. Vergleich der Hauptgebirge der Erde — 26
3. Hypsometrische Kurve für Nepal — 49
4. Querschnitt durch West-Nepal — 52
5. Querschnitt durch Zentral-Nepal — 54
6. Querschnitt durch Ost-Nepal — 56
7. Klappkarte: Längsprofil der Himalaya-Hauptkette in Nepal — 64/65
8. Beziehung zwischen Meereshöhe und Niederschlägen — 83
9. Niederschlagsregime in verschiedenen Regionen — 84
10. Niederschlagsdifferenz Pokhara/Jomosom — 86
11. Niederschlagsdifferenz Dunai/Mugu — 88
12. Beziehung zwischen Meereshöhe und Temperatur — 90
13. Temperaturverläufe in verschiedenen Gegenden Nepals — 91
14. Bevölkerungsentwicklung in Nepal — 98
15. Haushaltsgrößen nach geographischen Regionen in Nepal — 126
16. Ernährungsmängel in den Regionen Nepals — 169
17. Leistungsentwicklung der R.N.A.C. — 205
18. Niederschläge und Abflußregime — 218
19. Monatliche Abflußmengen von Karnali und Narayani 1966 — 219
20. Monatliche Abflußmengen von Östlichem Rapti, Bagmati und Kankai Mai — 220
21. Anbauhöhengrenzen von Kulturpflanzen — 306
22. Beziehung zwischen Besetzungsdichte und Pro-Kopf-Erzeugung — 307
23. Jahreszeitliches Gemüseangebot im Terai und im Gebirge — 322
24. Haltungs- und Weidehöhengrenzen wichtiger Nutztiere in Nepal — 331
25. Klimazonen in Nepal und wichtige Baum-Spezies — 349
26. Marktstruktur für Elektrizität in der Gandaki-Zone — 375
27. Planungsbeispiele für Wasserkraftwerke — 379
28. Das Wasserkräftepotential nepalischer Flußsysteme — 382
29. Monatliche Niederschlagsverteilung in Ost-Nepal — 458
30. Monatliche mittlere Lufttemperaturen in Ost-Nepal — 460
31. Siedlungshöhen ausgewählter Volksgruppen — 463
32. Wachstumszeit ausgewählter Kulturen in Mustang — 482

VORWORT

Nepal gehört zu den wenigen Ländern der Dritten Welt, die, bis in die jüngste Zeit von der Außenwelt hermetisch abgeschlossen, weitab vom Interesse der Industrienationen dahinvegetierten und in spärlichen Reisebeschreibungen als „verboten" oder „geheimnisvoll" apostrophiert wurden. Unberührt vom Zeitalter des Kolonialismus, ängstlich abgeschirmt von allen äußeren Einflüssen durch eine herrschende Gruppe, überdauerte es in einer Art archaischer Struktur seiner Gesellschaft, Wirtschaft und Kultur jene Dekaden, die europäischen wie außereuropäischen Staaten und Gebieten entscheidende Umwälzungen und Veränderungen bescherten. Der Umstand, daß die Regierung Nepals tausende junger Söhne ihres Landes von fremden Armeen als Gurkha-Söldner anwerben ließ, führte nicht zur Öffnung des Landes gegenüber neuen Ideen, aber charakterisiert die Härte des feudalen Systems. Erst mit der Unabhängigkeit des Nachbarstaates Indien und der Errichtung einer indischen Botschaft in Kathmandu wurden die Voraussetzungen zum Eintritt Nepals ins 20. Jahrhundert geschaffen, und das geschah um die Jahreswende 1950/51.

Alles, was es an systematischen Untersuchungen über dieses Land gibt, erschien erst nach jener Zeit. Frühere Reiseberichte sind dabei als historische Quelle und Vergleichsmaterial interessant, doch bleibt ihre Aussagekraft vor allem räumlich begrenzt, weil es kaum einem der früheren Besucher Kathmandus möglich war, sich außerhalb des Tals zu bewegen. Mancher Forscher hatte sich der Verkleidung als tibetischer Mönch und dergleichen zu bedienen, um heimlich landeskundliche Forschung treiben zu können. Zwar war die Zahl fremder Besucher, Berater oder gar Residenten vor dem politischen Wechsel von 1950/51 sehr klein, doch sind verschiedene europäische Nationen darunter vertreten.

Aus all dem ergibt sich, daß Nepal auch heute, knapp 20 Jahre nach seiner Öffnung, noch immer ein reichlich unbekanntes Land ist, und obwohl die Zahl der Forscher und Berater, die inzwischen nach Nepal gekommen sind, bereits das erste Tausend überschritten hat, ist die der umfassenden Forschungsberichte klein geblieben. Der Grund dafür ist, daß viele Ausländer ihre Tätigkeit auf die Hauptstadt und das Tal von Kathmandu beschränkten oder beschränken mußten, denn das Land ist nach wie vor unzugänglich, wobei es sich gleichermaßen um natürliche und administrative Hindernisse handelt. Der Besuch vieler Gebiete außerhalb des Haupttals erfordert auch heute noch Sondergenehmigungen und die Ausrüstung einer Expedition. Der Winter ist die günstigste Reisezeit mit trockenen Wegen, niedrigen Flüssen, Fernsicht auf die Berge — allerdings auch mit kurzen Tagen und meist empfindlicher Kälte. Der Sommer mit Wärme und längeren Tagen fällt als

Reisezeit aus, weil schwere Regenfälle Wege und Flüsse unpassierbar und Myriaden von Blutegeln dem Reisenden das Leben schwer machen. Zudem verlangt die Fußreise in größeren Höhen gute körperliche Verfassung. Nepal kann in mehr als einer Hinsicht als „Land unter Extrembedingungen" bezeichnet werden.

In der deutschsprachigen Nepal-Literatur nehmen mehr oder weniger enthusiastische Bergsteigerbücher einen breiten Raum ein. Sie haben ein spezifisches Nepalbild geprägt, das am besten durch den Dualismus Schneegipfel und Goldpagoden charakterisiert wird. Zweifellos ist die Naturlandschaft besonders des nepalischen Himalaya streckenweise atemberaubend, und wer nach wochenlangem mühsamen Marsch durch diese Bergwelt in die Hauptstadt zurückkehrt, mag die Pagoden und den Betrieb der Hauptstadt wohl als eine Rückkehr in Kultur und Zivilisation empfinden. Der Verfasser hat diese Erfahrung selbst zu wiederholten Malen gemacht. Wenn man indessen von Berufs wegen mit den wirtschaftlichen Fragen des Landes befaßt ist, schwindet die Schneegipfel- und Goldpagodenromantik rasch. Wer, wie der Verfasser, während mehr als drei Jahren buchstäblich mit den Aufbauproblemen dieses reizvollen Landes und seiner sympathischen Bevölkerung gerungen hat, sieht mehr die Bodenverwüstung zu Füßen der Schneegipfel, das Elend der Slums und den Verfall einer alten Kultur rings um die Pagoden.

Niemand wird es dem Bergsteiger verübeln, wenn er das enthusiastische Bild seines romantischen Erlebnisses seinen Empfindungen gemäß darstellt, es wäre aber gefährlich, wenn der länderkundlich interessierte Leser auf dieser Basis sein Nepalbild formen würde. Es bedarf einer intensiven Korrektur, damit emotionale Begeisterung, gepaart mit nüchternem Wissen um die tiefgreifenden Probleme dieses Landes, zum wahren Verständnis wird. Wir haben versucht, diese uns notwendig erscheinende Korrektur in dem vorliegenden Buch zu vermitteln.

Der Verfasser hat von 1966 bis 1969 als Berater für wirtschaftliche Fragen in Nepal gelebt. Seine Tätigkeit brachte es mit sich, daß er relativ weite Gebiete des Landes gelegentlich mit dem Geländewagen, seltener mit dem Flugzeug, meistens aber zu Fuß bereiste. So erwarb er sich im Laufe der Zeit ein landeskundliches Wissen, das es ihm ermöglicht, diese Arbeit vorzulegen. Natürlich formte er sein Nepalbild in immer wiederkehrenden Diskussionen mit seinen Kollegen aus nationalen und internationalen Organisationen, denen er an dieser Stelle für wertvolle Hinweise danken möchte, ohne sie im einzelnen nennen zu können. Es wurde auch Gebrauch von älteren und neueren Fachberichten in- und ausländischer Experten gemacht, deren Einsicht durch das Entgegenkommen der Bibliothek der National Planning Commission Wissenschaftlern gegenüber möglich war. Dies sei ebenfalls dankbar vermerkt. Ganz besonders sei dem Institut für Asienkunde, Hamburg, und seinem Direktor, Herrn Dr. B. Großmann, gedankt für die Möglichkeit, diese Arbeit im Druck erscheinen zu lassen.

Es bedarf hier aber einiger Bemerkungen zur Problematik wissenschaftlichen Arbeitens und Forschens in Nepal, um gleich die Gründe für zahlreiche Unzulänglichkeiten dieses Buches zu nennen. Zunächst sei gesagt, daß diese Arbeit nicht ein Länderkompendium sein will und auch nicht eigentlich eine wirtschaftswissenschaftliche Analyse. Zweitrangiges wurde fortgelassen zugunsten einer mehr detaillierten Darstellung dessen, was uns zum Verständnis Nepals unerläßlich erschien. Für eine umfassende wirtschaftswissenschaftliche Analyse fehlen zudem noch viele Voraussetzungen im Lande selbst.

Das Buch will Nepal unter einem ganz bestimmten Aspekt darstellen. Wir gehen dabei von der Überzeugung aus, daß die Beziehungen zwischen Landschaft und Wirtschaft, die bekanntermaßen überall bestehen, im Falle Nepals besonders stark zum Ausdruck kommen und besonders gravierend für die Entwicklungspolitik sind. Es dürfte nur wenige Länder auf der Erde geben, wo die Natur auf kleinem Raum dem Entwicklungsprozeß eine solche Fülle von Widerständen der verschiedensten Art entgegensetzt wie in diesem Himalayastaat. Während erster Erkundungen im Bergland war man oft geneigt, den Schluß zu ziehen, das Land sei für die menschliche Besiedelung ungeeignet. Man mußte aber schließlich der Tatsache Rechnung tragen, daß es besiedelt *ist* und daß die Besiedelungsdichte von Jahr zu Jahr größer wird. Damit ließ sich die Frage nicht mehr umgehen, welchem Bevölkerungsdruck der Boden standhalten und wie er vor völliger Verwüstung bewahrt werden kann. Der Mangel an kultivierbaren Bodenreserven läßt den Zeitpunkt absehen, an dem neugeborene Bürger des Landes einfach keine Nahrungsfläche mehr haben werden, die vernünftigerweise noch aus den Steilhängen oder dem Dschungel herausgerodet werden könnte. Der Ausweg, Arbeitsplätze in Industrie und Dienstleistungsgewerbe anzubieten, ist wohl bekannt, doch für Nepal aus vielen Gründen vorab nur schwer gangbar. Der Fremdenverkehr bietet sich dabei noch als hoffnungsvollster Aspekt an, wenn es Nepal versteht, die Voraussetzungen für längeres Bleiben oder gar wiederholte Besuche der Fremden zu schaffen.

Der Leser wird entdecken, daß dieses Buch, im Gegensatz zu vergleichbaren Arbeiten, wenig Zahlenmaterial enthält und daß viele Zahlen mit der Qualifikation „etwa" oder ähnlichem versehen sind. Hierzu muß gesagt werden, daß statistisches und schon gar verläßliches statistisches Material in Nepal nach wie vor zu den Raritäten gehört. Die von verschiedenen staatlichen Stellen parallel durchgeführten Erhebungen oder Untersuchungen kommen oft zu einander so widersprechenden Ergebnissen, daß man sich außerstande sieht, überhaupt davon Gebrauch zu machen. So werden, um nur ein Beispiel zu nennen, die mittleren Hektarerträge für Weizen im Jahre 1968 vom Zentralen Statistischen Amt (C.B.S.) mit 7,18 dz, von der Agrarwirtschaftlichen Abteilung des Landwirtschaftsministeriums aber mit 14,4 dz angegeben. Vielfach werden die statistischen Ergebnisse, wenn überhaupt, erst nach vielen Jahren in nepalischer Schrift und nepalischen Ziffern und vor allem auch in lokalen Maßeinheiten veröffentlicht, obwohl das metrische System offiziell angenommen ist. Wo das nicht der Fall ist, herrscht das britische oder amerikanische Maßsystem vor. Wir haben, um dem deutschen Leser das Verständnis zu erleichtern und ihm Vergleiche zu ermöglichen, alle Angaben im Text und auf Karten in das metrische System umgerechnet, wie wir auch alle englischen Originaltexte ins Deutsche übersetzt haben. Höhenangaben, auf fast allen Karten in englischen Fuß, wurden ebenfalls in Meter umgerechnet, aber es ist nicht zu vermeiden, daß hierbei kleinere Differenzen auftreten, um so mehr, als die Höhenangaben verschiedener Kartenwerke nicht immer übereinstimmen. Der Leser wird in Fällen derartiger Divergenzen um Nachsicht gebeten.

Ähnliches gilt für den Grenzverlauf. Wir haben uns bemüht, die Kartenskizzen so genau wie möglich zu zeichnen, doch können Grenzverläufe in diesem Buch selbstverständlich nicht als Autorität betrachtet werden. Dies gilt auch für die inneren Grenzen Nepals, deren genauer Verlauf nicht einmal den nepalischen Ämtern bekannt ist.

Wir haben uns in jedem Falle bemüht, letzte und verläßlichste Informationen in Nepal selbst zu sammeln, doch haben wir nicht in allen Fällen Bereitschaft zur Zusammenarbeit bei nepalischen Behörden gefunden. Karten und Daten werden ja in vielen Ländern der Dritten Welt eher als ein Geheimnis denn als Werkzeug in der Wirtschaftspolitik betrachtet. Die Gefahr liegt nahe, daß ein Autor aufgrund des Mangels an Übersicht einmal erhaltene Daten dem Leser als verläßliche Angaben präsentiert. Dies scheint uns aus Gründen wissenschaftlicher Redlichkeit unvertretbar. Wir sind uns daher der Unzulänglichkeit und der oft verborgenen Mängel des hier dargebotenen Zahlenmaterials wohl bewußt und bitten, diese Arbeit eher als den Versuch zu werten, eine wenig entwickelte Sozialwirtschaft in ihrer Raumbezogenheit darzustellen, denn als letzte und endgültige Aussage, die zu dieser Thematik gemacht werden könnte.

Streckenweise mag dem Leser unser Urteil zu bestimmten Problemen hart erscheinen. Das ist kein Zufall. Wir haben in der Zeit unserer Arbeit in Nepal häufig geradezu physisch unter destruktiven Praktiken des Volkes und der Verwaltung gelitten und unserer Sorge um die Zukunft des Landes immer wieder Ausdruck gegeben. Wir bitten, harte Kritik in diesem Buch ebenfalls als einen Ausdruck der Sorge um und für ein Volk zu verstehen, das die Entwicklung der neueren Zeit zwingt, ohne jede Vorbereitung auf manchen Gebieten seines gesellschaftlichen und wirtschaftlichen Lebens Jahrhunderte nachzuholen. Diesem Volk gilt unsere Sorge und Sympathie auch heute noch unverändert.

*

Das Manuskript dieses Buches wurde im Sommer 1970 abgeschlossen. Bis zu seiner Drucklegung haben sich in Nepal und im südlichen Asien einige Veränderungen vollzogen, die zwar an der wirtschaftlich-geographischen Lage des Königreichs wenig geändert haben, aber doch erwähnt werden sollten. Im Februar 1972 starb König Mahendra und sein Sohn Birendra folgte ihm auf den neaplischen Thron. Ost-Pakistan erklärte seine Unabhängigkeit unter dem Namen Bangla Desh und erhielt auch die diplomatische Anerkennung des Himalaya-Königreichs. Entsprechende Änderungen im Text und in den Karten konnten allerdings nicht mehr vorgenommen werden. Dafür wird um Verständnis gebeten.

Bangkok, im Sommer 1972

Dr. Wolf Donner

EINFÜHRUNG

1. Globalgeographische Orientierung

Kenntnisse über die Lage Nepals und seine größenmäßige Zuordnung zu anderen Staaten Asiens und der Welt, über die mit ihm nach geographischer Länge und Breite vergleichbaren Gegenden und über seine Bevölkerung und deren Größe und Wachstumsgeschwindigkeit gegenüber anderen politischen Einheiten desselben Großraumes sind im deutschen Publikum notwendigerweise dürftig vertreten. Am ehesten wird Nepal noch mit Sikkim verwechselt, dessen Staatsoberhaupt eine Amerikanerin geheiratet und deshalb eine Zeitlang die Seiten deutscher Illustrierten gefüllt hat. Unkenntnis über Nepal ist indessen nicht verwunderlich, da dieses Land bis zur Mitte unseres Jahrhunderts selbst alles getan hat, um unerkannt und ungestört hinter seinen Grenzen zu leben. Ein praktisch vollkommenes Einreiseverbot für Fremde und ein nicht weniger striktes Ausreiseverbot, dem nur Angehörige der privilegierten Familie nicht unterworfen waren, verhinderten erfolgreich die Kenntnis Nepals draußen und das Wissen um den Rest der Welt in den Köpfen der meisten Nepalis drinnen. Wir haben es also mit einem Land und einem Staat zu tun, der mit dem Attribut „geheimnisvoll" insofern korrekt bezeichnet wird, als noch immer viele, und darunter essentielle, Tatbestände in einen Mantel des Geheimnisvollen gehüllt sind: zahllose Fakten sind weder fremden noch nepalischen Sachverständigen zuverlässig bekannt, und manches, das wir heute als bekannt unterstellen, wird sich im Laufe der Zeit bei fortschreitender Forschung als Irrtum erweisen. Davon können auch die Ausführungen in dieser Arbeit nicht ausgenommen werden.

Fühlungnahmen zwischen Nepal und dem deutschen Kulturkreis reichen unseres Wissens bis ins Jahr 1662 zurück, als der Jesuitenpater Johannes Grüber aus Linz von Tibet aus durch Nepal nach Indien reiste. Er und sein französischer Freund Dorville sollen die ersten Europäer gewesen sein, die Kathmandu besuchten. Fast 200 Jahre später zeichnete der Geograph Carl Ritter die erste wissenschaftliche Karte von Nepal. 1845, am Vorabend der Machtübernahme durch die Rana-Familie, besuchte Prinz Waldemar von Preußen Nepal. In der Folgezeit beteiligten sich deutschsprachige Forscher an Untersuchungen in Nepal, so Hermann Schlagintweit 1856, Dietrich Brandis 1872, Otto E. Ehlers 1891, Alois Anton Führer 1895, Kurt Boeck 1903 und Wilhelm Filchner 1939/40[1].

Mit der Aufnahme diplomatischer Beziehungen zwischen dem Königreich Nepal und der Bundesrepublik Deutschland im Jahre 1958 und der Errichtung einer deutschen Botschaft in Kathmandu 1963 begann auch die wissenschaftliche Tätig-

---

[1] „Data on Nepal-German Cooperation", published by German Embassy. Kathmandu, 1969.

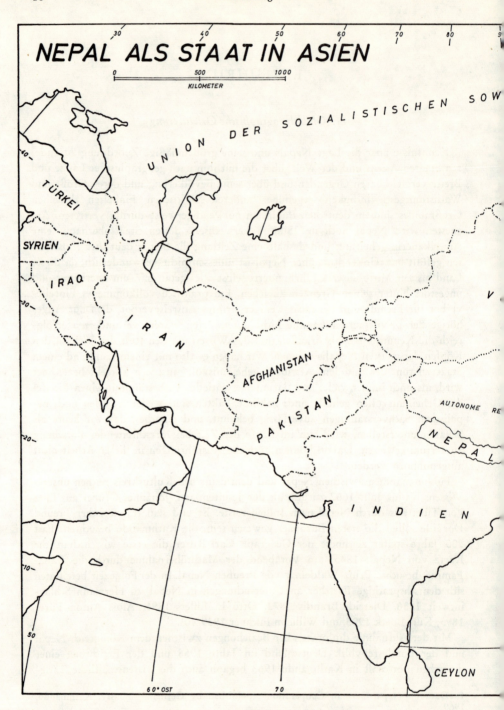

Karte 1: Nepal als Staat in Asien

1. Globalgeographische Orientierung

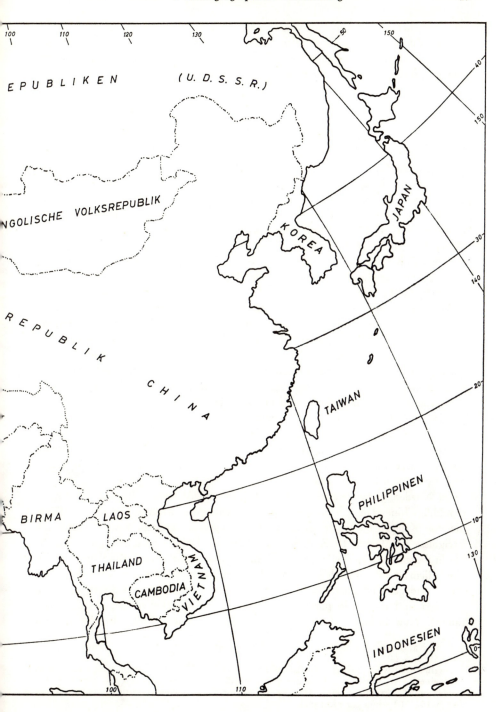

keit deutscher Forscher in Nepal größeren Umfang anzunehmen. Erwähnt sei in diesem Zusammenhang vor allem das umfangreiche *Forschungsunternehmen Nepal-Himalaya* unter Leitung von Professor W. Hellmich, München. Die Forschung auf dem Gebiet reiner und angewandter Geographie ist noch immer spärlich.

Es erscheint uns deshalb erforderlich, diese Arbeit mit einer „globalgeographischen Orientierung" einzuleiten. Wir verstehen darunter Angaben über Nepal, die dieses Land in Beziehung zum asiatischen und globalen Raum setzen, so daß der Leser mit größerem Verständnis den später mehr ins einzelne gehenden Ausführungen zu folgen vermag. Nichts erleichtert das Verständnis mehr als Vergleiche mit durchweg bekannten Größen, und häufig macht eine einfache Kartenskizze einen Zusammenhang schneller klar als wortreiche Erläuterungen. Zum Verständnis der Lage bestimmter Orte, Höhenzüge und Flüsse innerhalb Nepals verweisen wir auf die dem Buch beigegebene Faltkarte.

Nepal ist ein Staat Asiens (vgl. Karte 1), und zwar liegt er auf der Grenzlinie zwischen Süd- und Zentralasien. Von Süden her wird es von Indien nicht nur begrenzt, sondern auch deutlich umfaßt. Der von Indien verwaltete Teil von Kashmir im Westen und das Gebiet der North-East-Frontier-Agency im Osten umklammern Nepal in weitem Bogen, so als wollten sie dem Himalayastaat klarmachen, daß mit irgendeinem Zugang zum Meer, außer mit indischer Zustimmung, nicht zu rechnen sei. Und das ist auch tatsächlich der Fall. Eingebettet in indisches Territorium, aber mit freiem Zugang zum Golf von Bengalen, liegt Ost-Pakistan nur 22 km Luftlinie mit seiner Grenze von der Nepals entfernt, aber der schmale Streifen indischen Gebietes, des Staates West-Bengalen, der hier das indische Kerngebiet mit seinen östlichen und nordöstlichen Ausläufern verbindet, stellt aus politischen Gründen wohl eine der unüberwindlichsten Handelsbarrieren dar. Im Osten grenzt Nepal an Sikkim, aber da dieses kleine Königreich nach außen in politischer, wirtschaftlicher und finanzieller Hinsicht durch Indien vertreten wird[2], ändert das nichts an der Gesamtlage: Nepal wird mithin im Süden, Osten und Westen von Indien umschlossen.

Im Norden grenzt Nepal an Tibet, heute eine Autonome Region der Volksrepublik China. Die jahrhundertealten Beziehungen zwischen Nepal und Tibet, die von Kriegen bis zu friedlichem Handelsverkehr reichten, wurden durch die Ereignisse des Jahres 1959, d. h. die Flucht des Dalai Lama und die politische Machtübernahme durch Peking, auf eine vollkommen neue Grundlage gestellt. Vor allem wurde mit dem Grenzabkommen vom 5. Oktober 1961 zwischen Nepal und der Volksrepublik China die nepalische Nordgrenze neu festgelegt und markiert und damit ein potentieller Grund für Zwistigkeiten gemeinsam ausgeräumt[3]. Nun bedeutet die nördliche Begrenzung durch China handelspolitisch

---

2 P. P. Karan und W. M. Jenkins, „The Himalayan Kingdoms: Bhutan, Sikkim and Nepal", 1963, S. 60.
3 Unglücklicherweise bringen Karan und Jenkins in „The Himalayan Kingdoms" noch 1963 eine Karte, in der praktisch der ganze nördliche Grenzstreifen Nepals als „disputed border zone" bezeichnet wird. Das war in dieser Form niemals richtig und stimmt seit dem 5. 10. 1961 schon gar nicht mehr.

für Nepal nicht viel, wie wir im einzelnen noch ausführen werden. Gegenwärtig ist Tibet kein interessanter Markt, und das Kernland China liegt 2 200 km (Chungking) bzw. 3 200 km (Peking) entfernt. Die weitere wirtschaftliche Entwicklung Tibets läßt aber steigende Exporte aus Nepal erwarten, und zwar nicht nur an Nahrungsmitteln, Obst und Gemüse, sondern auch an elektrischer Energie.

Verglichen mit diesen großen Entfernungen liegt Indien natürlich vor der Tür und bietet sich als Markt vor allem für Nahrungsgetreide gegenwärtig noch immer an. Kalkutta liegt 800 km von Kathmandu entfernt, Delhi etwa 1 000 km und Madras mehr als 2 000 km.

Nepal wird mithin von zwei mächtigen Staaten und Wirtschaftsgebieten eingeschlossen[4], und da es keinen eigenen Zugang zum Meer hat, kann es sich politisch und wirtschaftlich ohne Zustimmung zumindest eines dieser großen Nachbarn nicht bewegen. Dabei ist der Einfluß Indiens auf die nepalische Politik und seinen Handel besonders stark, nicht zuletzt vielleicht deshalb, weil Indien zu einem gewissen Teil an der Befreiung des Landes von der reaktionären Herrschaft der Rana-Familie mit beteiligt war und, was die Nordgrenze Nepals betraf, sehr bald seine Sicherheitsansprüche geltend machte. Niemals hat Indien die Souveränität Nepals offiziell in Zweifel gezogen, aber bereits 1952 stellte Nehru in sehr klaren Worten fest: „Wo es um die Frage der Sicherheit Indiens geht, betrachten wir den Himalaya als unsere Grenze[5]". Und trotz aller Neutralitätspolitik des nepalischen Königs und seiner Regierung dauerte es bis 1970, bis Indien sich bereit fand, seine seit 1954 im nördlichen nepalischen Grenzgebiet stationierten 17 militärischen Beobachtungsposten einzuziehen, die hauptsächlich als Funkstationen ihre Bedeutung hatten[6].

Die Landabgeschlossenheit Nepals hat immer wieder zu verzweifelten Versuchen und Plänen geführt, den indischen Nachbarn zu überrunden und einen dritten Weg zum Meer zu finden. Letzte Berichte sprechen sogar von einem chinesischen Vorschlag, von der im Bau befindlichen Straße von West-Pakistan nach Tibet einen Abzweig nach Nepal zu bauen! Diese Andeutungen mögen dazu dienen, die landumschlossene Lage Nepals besonders deutlich zu machen. Es ist ja gegenwärtig auch so, daß selbst der Luftreisende Nepal ohne indische Kontrolle nur über Dacca, Ost-Pakistan, erreichen kann, denn jede andere Maschine landet entweder in Delhi oder Kalkutta zwischen, ehe sie nach Kathmandu fliegt. Kurioserweise ist Kathmandu aber ein unersetzlicher Umsteigeplatz, wenn man von Indien nach China fliegen will, denn hier kann man in die Linienmaschine

---

[4] In der nepalischen Presse wird dieser Zustand gern sehr bildhaft als „sandwiched between China and India" bezeichnet. Tatsächlich ist China flächenmäßig 75mal und bevölkerungsmäßig 70mal so groß wie Nepal. Indien übertrifft Nepal 22mal in der Fläche und 44mal in der Bevölkerung („The Physical Development Plan for the Kathmandu Valley", Kathmandu, 1969, S. 9).
[5] „India, Lok Dabha Debates", 1952. Zitiert bei E. B. Mihaly, „Foreign Aid and Politics in Nepal", 1965, S. 44.
[6] Frank H. Hawkins, „High in the Himalayas, India Pulls Back", in „The Bangkok Post", 4. 1. 1970.

22 Einführung

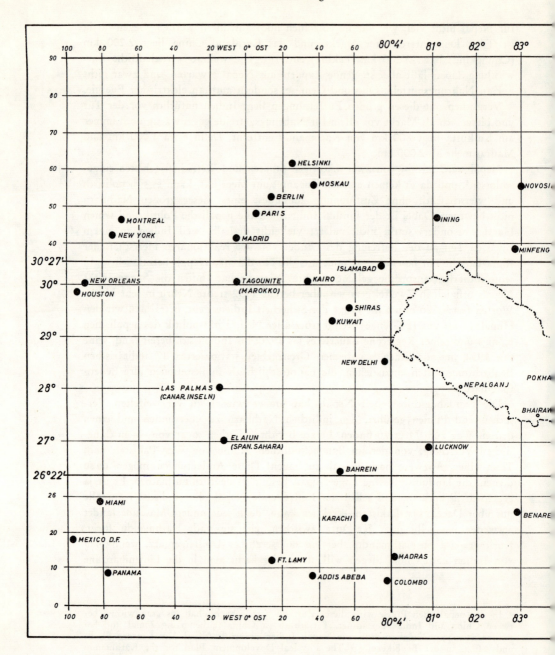

Schaubild 1: Globalgeographische Orientierung für Nepal

1. Globalgeographische Orientierung 23

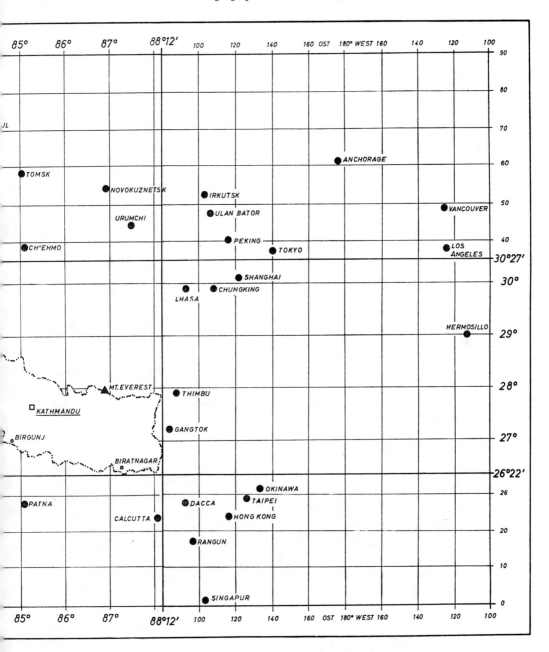

der Pakistan International umsteigen, die einen dann über Dacca nach China bringt.

Die Einordnung der nepalischen Grenzextrempunkte in das geographische Koordinatensystem gestattet uns eine Antwort auf die Frage, welche Punkte, Orte oder Länder der Erde denn mit Nepal auf gleicher Länge oder Breite liegen. Schaubild 1 ordnet die Grenzen Nepals zwischen 30°27′ im Norden, 26°22′ im Süden, 80°4′ im Westen und 88°12′ im Osten ein und zeigt, kreuzförmig mit Nepal im Mittelpunkt, welche wichtigen Orte sich zwischen den Grenzmeridianen im Norden und Süden von Nepal und zwischen den Grenzbreitenkreisen westlich und östlich davon befinden.

Dieses Mittel einer globalgeographischen Orientierung gestattet dem Leser, vor allem beim Vergleich von Orten gleicher Breite, sehr leicht eine Vorstellung von der Lage Nepals: Es liegt mehr oder weniger breitengleich mit Süd-Marokko und der spanischen Sahara, mit der Inselgruppe der Canarias im Zentrum. Es liegt mehr oder weniger zwischen den Breiten von Kairo im Norden und Bahrein im Süden, seine Nordspitze liegt südlicher als New York oder Tokyo, seine Südspitze aber nördlicher als Miami oder Okinawa. Genau nördlich von Nepal liegen die neuen industriellen Entwicklungsgebiete Sowjet-Sibiriens um Tomsk. Im Süden liegt Kalkutta nahe dem östlichen und Madras nahe dem westlichen Grenzmeridian Nepals. In diesem Zusammenhang ist auch eine globalgeographische Orientierung des Mt. Everest interessant: er liegt auf der Breite der Canarischen Inseln, aber etwa 70 km südlicher als New Delhi!

Das Kernstück jeder physischen oder wirtschaftlichen Betrachtung Nepals ist der Himalaya, der mit seinen Ketten das Land durchläuft und jede Entscheidung seiner Bewohner in der einen oder anderen Form mitbestimmt. In Nepal selbst erreicht er im Mt. Everest (nepalisch: Sagarmatha) mit 8 848 m seinen höchsten Punkt und damit zugleich den höchsten Punkt der Erde. Die nepalisch-chinesische Grenze läuft über seinen Gipfel.

Es dürfte nun in diesem Zusammenhang interessant sein, wie sich die Mächtigkeit des Himalaya im Vergleich zu anderen bedeutenden Gebirgen der Welt, etwa den Anden Südamerikas und den Alpen Europas, ausnimmt. Schaubild 2 unternimmt es, einen solchen Vergleich nach Länge und Höhe zu machen. Der westliche Eckpunkt des Himalaya-Massivs wird gewöhnlich auf den Nanga Parbat verlegt, der östliche ins Durchbruchstal des Brahmaputra. Verbindet man diese beiden Punkte über die Gipfel der höchsten Berge des Massivs hinweg durch eine Linie, so kommt man auf etwa 2 300 km Länge, bei einer durchschnittlichen Kammhöhe allerdings, die durchweg nicht von den anderen Gebirgen erreicht wird. Die Aufwölbung des Himalaya ist in der Tat enorm und einzigartig. Der Anteil Nepals an diesem Gebirge macht etwa 34 % seiner Länge aus und umfaßt die höchsten zusammenhängenden Teile zwischen Api und Kanchendzönga.

Was die Länge der Gebirgskette anbetrifft, so wird der Himalaya allerdings von den Anden weit in den Schatten gestellt. Nehmen wir nur das Kernstück der südamerikanischen Cordillera zwischen dem Cotopaxi im Norden und dem Aconcagua im Süden, so kommen wir auf ziemlich genau 4 000 km! Nach neueren

Messungen erreichen die Anden im Ojos del Salado mit 7 103 m ihren Gipfel[7], und die meisten der bekannten Bergspitzen liegen zwischen 5 000 und 7 000 m. Würden wir die volle Länge der Cordillera Südamerikas von der Karibischen Küste im Norden bis Feuerland im Süden nehmen, wir kämen auf mehr als 8 000 km Länge. Der Himalaya kann also keinesfalls längenmäßig mit den Anden konkurrieren, wohl aber überragt er sie durchweg und wirkt vor allem durch seine Fortsetzung durch andere Gebirge im Westen und Osten und durch das tibetische Hochland im Norden im ganzen viel massiger als die eher schlanken, langgezogenen Anden.

Verglichen mit Himalaya und Anden nehmen sich unsere Alpen bescheiden aus. Von Nizza bis Wien messen sie wenig mehr als 1 000 km, und der höchste Gipfel, der Mont Blanc, bleibt unter 5 000 m. Allerdings wirken die Alpen steil und massig.

Natürlich spielen die mit der Höhe in Beziehung stehenden Phänomene eine fundamentale Rolle bei der Beschreibung eines Landes vom Typ Nepals, und auch hier ist ein Vergleich mit anderen großen Gebirgsregionen interessant. Der Besucher Nepals wird überrascht sein, noch in Höhen Waldbestände zu finden, wo in Europa bestenfalls eisbedeckte Bergspitzen sind. Nun steht die montane Baumgrenze nicht nur in engem Zusammenhang mit der Höhe über dem Meere, sondern auch mit der geographischen Breite, der Exposition des Hanges zur Sonne, mit der Feuchtigkeit usw. In England liegt die Baumgrenze bereits bei 600 m, im Harz bei 1 050 m und im Schwarzwald bei 1 400 m. In den Alpen enden die Waldbestände in den feuchteren Außenlagen bei 1 700 m, in den trockenen Innenlagen bei 2 400 m. Aber noch immer haben wir es mit Höhen zu tun, in denen in Nepal die verbliebenen Waldbestände der Gebirge erst beginnen. Im Pamir wird die Waldgrenze auf 3 600 m verlegt, und an den ostafrikanischen Vulkanen gibt es geschlossene Waldbestände bis 4 500 m, hier nun in Äquatornähe. Für den Nepal-Himalaya dürfte man 4 200 m als Baumgrenze annehmen, wenn natürlich auch beträchtliche lokale Unterschiede zu finden sind.

Ein ähnliches Phänomen ist die Schneegrenze, d. h. also die Linie, bis zu der in den Sommermonaten der Schnee zurückweicht. Auch hier gilt, und zwar noch offensichtlicher als bei der Vegetationsgrenze, der Einfluß der Exposition zur Sonnenbestrahlung. Nordhänge und verborgene Schneelöcher werden den Schnee auch im Sommer in tieferen Lagen halten als Südhänge. Für die Alpen rechnet man die Schneelinie zwischen 2 400 m und 3 300 m, für den Himalaya zwischen 3 600 m und 5 000 m und für die Anden zwischen 700 m in Feuerland und 6 200 m am Wendekreis. Die Anden zeigen besonders deutlich den Zusammenhang zwischen Schneegrenze und geographischer Breite. Für Nepal wird die Schneegrenze im Mittel auf 5 200 m verlegt.

---

[7] Bislang wurde der Aconcagua mit 7 035 m als höchster Gipfel Südamerikas betrachtet. Nach neueren Messungen soll jedoch dem Ojos del Salado dieser Rang gebühren („Das Gesicht der Erde. Brockhaus Taschenbuch der physikalischen Geographie", Leipzig 1956, S. 535).

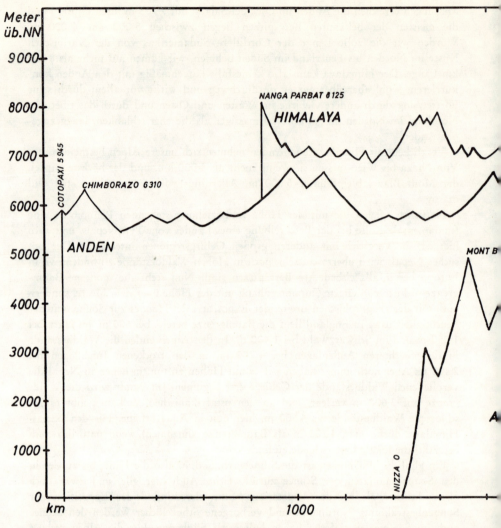

Schaubild 2: Vergleich der Hauptgebirge der Erde

Klima und Vegetation bestimmen weitgehend den menschlichen Siedlungsraum, und die Siedlungshöhengrenze ist wiederum ein interessanter Indikator. Die höchste Dauersiedlung in den Alpen liegt bei 2 170 m, doch in Nepal wird von Siedlungen in 4 900 m berichtet, die noch ganzjährig bewohnt werden. Verglichen damit sind Bergsiedlungen in Äthiopien bei 3 900 m und im Karakorum bei 3 000 m Höhe uninteressant, und die nepalischen Hochsiedlungen werden nur noch von den Bergbauorten in den Anden, die man bis zu 5 300 m findet, übertroffen.

Nepal hat ein Staatsgebiet von 141 720 km² und rangiert damit in der Nähe

1. Globalgeographische Orientierung

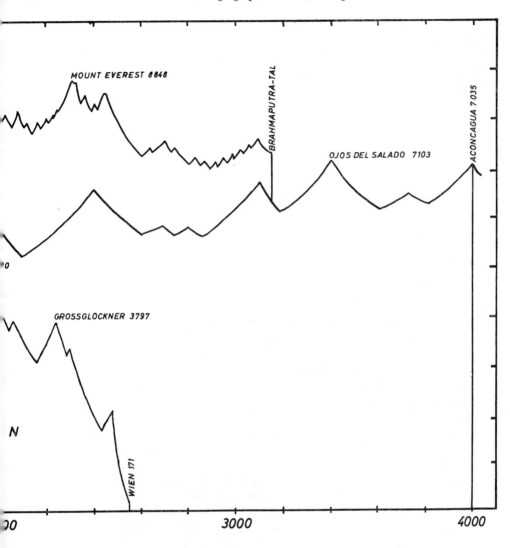

von Griechenland (131 944 km²) und Nicaragua (148 000 km²). Es ist mehr als viermal so groß wie Belgien und mehr als doppelt so groß wie Ceylon. Mit einer Bevölkerungsdichte um 70/km² kommt es der Bulgariens nahe, liegt aber über Griechenland und Cuba.

Die Bevölkerung des Himalaya-Königreichs kann heute grob mit 10 Millionen Menschen angesetzt werden. Damit liegt Nepal zwischen Belgien und Ceylon. Es hat ungefähr soviel Einwohner wie das Bundesland Bayern oder Niedersachsen und Rheinland-Pfalz zusammen. Die Bevölkerung Nepals wächst um mindestens

2 % im Jahr, wahrscheinlich aber um 2,2 oder gar 2,4 %. Damit steht das Land auf dem Niveau seiner Nachbarn Indien (2,4 %), Pakistan (2,1 %) und Sikkim (2,0 %). Länder mit vergleichbarem Bevölkerungswachstum gibt es in Europa nicht, wenn man von Sonderfällen wie Liechtenstein (2,7 %) oder gar Andorra (7,2 %) absieht. Am ehesten käme noch das bergige und wenig erschlossene Albanien (2,8 %) zum Vergleich in Frage[8]. Zu seinem Glück gehört Nepal aber gleichzeitig zu den wenigen Ländern der Dritten Welt, in denen eine Familienplanungspolitik offen von Staatsoberhaupt und Regierung befürwortet wird, ohne dabei auf den erbitterten Widerstand der Geistlichkeit zu stoßen. Dies gibt ihm die Chance, in der Zukunft ein Gleichgewicht zwischen Bevölkerungswachstum und Nahrungsaufkommen zu halten, um das es sich in der Gegenwart noch nicht zu sorgen braucht, denn es gehört zu den wenigen Ländern Asiens, die bis heute einen exportierbaren Überschuß an Nahrungsgetreide erzeugen.

2. Zur Geschichte

In dem Maße, in dem Nepal heute ein nahezu unerschöpflicher Forschungsgegenstand für den Natur- und Sozialwissenschaftler darstellt, ist es auch ein weites Betätigungsfeld für den Historiker. Die Geschichte Nepals wird gemeinhin räumlich als die Geschichte des Kathmandu-Tals und zeitlich als die Geschichte der gegenwärtig herrschenden Shah-Dynastie angesehen. Das ist zeitlich wie räumlich eine sehr enge Auslese, die ihm als geschichtlichem Phänomen nicht gerecht wird. Auch die Leistungen der Gründer der Shah-Dynastie könnten viel deutlicher gesehen und besser eingeschätzt werden, würde die historische Forschung mehr Licht in die Vergangenheit der Landschaften außerhalb des Kathmandu-Tals bringen. Fraglos ist die Geschichte des Kathmandu-Tals und der Shah-Dynastie essentiell für die gegenwärtige Lage Nepals, aber manche politische und soziale Frage des Landes fände ihre historischen Wurzeln außerhalb des Tals und vor der Zeit Prithvi Narayan Shahs.

Die Ursprünge der Geschichte Nepals sind in mystisches Dunkel gehüllt, und es ist vielfach unmöglich, Sage und Historie klar zu trennen[1]. Selbst die Besiedelung des zentralen Himalaya-Raumes kann zeitlich nicht zuverlässig abgegrenzt

---

[8] United Nations, „Statistical Yearbook 1967", New York 1968.

[1] Zum Studium der Geschichte Nepals ist zunächst das umfangreiche Werk des nepalischen Historikers D. R. Regmi, vor allem „Modern Nepal", 1961, zu empfehlen. Es muß allerdings darauf hingewiesen werden, daß sich auch Regmis mehrbändiges Werk nahezu ausschließlich mit Nepal = Kathmandu-Tal befaßt. Das allgemein bekannte Wissen um die Geschichte Nepals ist in Netra Bahadur Thapa, „A Short History of Nepal", o. J., zusammengefaßt. Kürzere Darstellungen, wenn auch mit erheblichen Lücken, bringt J. H. Elliott, „Guide to Nepal", 2. Aufl., 1963, S. 16—32; Chitta Ranjan Nepali, „The Shah Kings of Nepal", 1965; Ernst Waldschmidt in „Nepal. Kunst aus dem Königreich im Himalaja" (Ausstellungskatalog Essen 1967), S. 11—23.

werden, doch scheint es, daß die indo-arische Einwanderung vom Süden her zwischen das 10. und 7. Jahrhundert vor Christus gelegt werden kann. Zeiten enger Verknüpfung mit Tibet werden von solchen abgelöst, da Nepals Geschichte zu einem Teil der Geschichte Indiens wird. In die Zeit zwischen dem 7. Jahrhundert vor und dem 2. Jahrhundert nach Christus legen die Historiker die Herrschaft der Kiratis in Nepal.

Eine Zeitmarke ist die Geburt Gautamas, des Buddha, die auf 563 vor Christus und an einen Ort Lumbini verlegt wird, der im heutigen Distrikt Rupandehi liegt. Damals waren das Tal von Kathmandu und weite Teile Nepals schon fest besiedelt, und der Buddhismus breitete sich rasch aus. Eine weitere Zeitmarke der älteren Geschichte Nepals ist der Besuch des indischen Königs Ashoka im Jahre 250 vor Christus. Er errichtete eine Gedenksäule am Geburtsort des Buddha, aber die Stupas im Kathmandu-Tal, zwischen denen heute Patan liegt, werden ihm zu Unrecht zugeschrieben. Es scheint, daß um diese Zeit auch der erste Einzug der Rajputen von Indien nach Nepal begann.

Die klare Verknüpfung Nepals mit der Geschichte Indiens wird besonders deutlich in der Zeit der indischen Gupta-Dynastie im 4. Jahrhundert nach Christus. Aus dieser Zeit datiert schließlich auch ein erstes Dokument, eine Säule bei Allahabad, die den König von Nepal als tributpflichtig an Kaiser Gupta ausweist. Bis jetzt scheint dies das früheste bekannte Dokument zu sein, das den Namen Nepal nennt. Die Suzeränität Indiens in Nepal wurde noch einmal deutlich, als der indische Herrscher Charita Harsha Nepal im Jahre 607 besetzte und einen Statthalter zurückließ. Damit endet zugleich temporär die Herrschaft Indiens, und der erste große Name der nepalischen Geschichte, Amsuvarman, taucht auf.

Es gilt als gesichert, daß sich in dieser Zeit der Lichhavi-Könige das Kathmandu-Tal zu einem Zentrum buddhistischer Religion, Kunst und Gelehrsamkeit entwickelte und daß dies alles getragen wurde von einem Volk, das bis zum heutigen Tage das Bild Kathmandus prägt, den Newars. Wenn auch die Abkunft dieser Newars noch immer unklar ist, so dürfte wohl feststehen, daß sie die ersten Siedler im Tal waren, möglicherweise angezogen von dessen fruchtbarem Seeboden und seiner gesunden und geschützten Lage. Sie organisierten die ersten Siedlungen, bauten Sakral- und Profanbauten aus Stein und Holz, Metall und Ziegeln und betätigten sich in der Landwirtschaft.

Mit König Amsuvarman (595–640), der 620 zur Macht kam, befreite sich Nepal von allen Abhängigkeiten und durchlebte Zeiten neuer Blüte. Der König war den Künsten und Wissenschaften zugetan, ließ die erste Sanskritgrammatik des Landes schreiben und führte ein Münzsystem ein. Spannungen mit Tibet begegnete er durch Verheiratung seiner Tochter mit dem Gründer des großtibetischen Reiches, Srong Tsang-Gampo. Sie soll den Buddhismus nach Tibet gebracht haben. Beziehungen zu Tibet und China überdauerten seinen Tod, und chinesische Missionen kamen 643 und 647 nach Nepal. Diese Zeit, die als Lichhavi-Periode in die Geschichte Nepals eingegangen ist, wird als das Goldene Zeitalter des frühen Nepal bezeichnet mit friedlicher Koexistenz von Buddhismus und Hinduismus, guten Kontakten zu den Nachbarn, kultureller Blüte im Inneren und dörflicher

Selbstverwaltung (das Panchayat-System soll hier seine historischen Wurzeln haben). Die Gründung der Stadt Kathmandu, die auf 732 verlegt wird, fällt ebenfalls in diese Zeit, die gegen 750 ihr Ende erreicht.

Die Lichhavi-Periode wird durch eine Ära allgemeinen Niedergangs und geringer Dokumentation abgelöst. Man sieht in Nepal einen Verfall der Zentralregierung und eine Stärkung lokaler Potentaten. Invasionen von Indien her bleiben nicht aus. Es scheint, daß in dieser Zeit auch Spannungen entstehen zwischen den Lichhavis im Tal von Kathmandu und den Mallas, die, aus Indien kommend, sich lange zuvor in der heutigen Gandaki-Zone und Westnepal niedergelassen hatten. In die bekanntere Geschichte Nepals treten die Mallas aber erst mit König Ari Deva Malla ein, der von 1207 bis 1216 regierte. Damit ging das Tal in die Hände einer neuen Dynastie über, die sich allerdings zunächst ihrer Macht nicht ungestört erfreuen durfte, weil weitere Invasionen aus Indien den Bestand des nepalischen Staates gefährdeten. Erst in Jaya Sthiti Malla, der von 1350 bis 1395 regierte, erwuchs dem Lande ein neuer Retter und Herrscher, der zudem die eigentliche Herrschaft der Mallas einleitete. Jaya Sthiti Malla führte in seiner langen Regierungszeit wieder die straffsten Regeln der Hindugesellschaft, also vor allem die Kastengesellschaft, ein, die auch der Newargruppe auferlegt wurde. Heirats-, Nahrungs- und Berufsvorschriften, das Prinzip der Unberührbaren usw. kamen in dieser Zeit zu vollem Durchbruch. Für einen Eiferer im Brahmanismus vom Schlage Jaya Sthitis waren diese Maßnahmen offenbar Reaktionen auf den liberaleren Einfluß des tantrischen Buddhismus, der die soziale Organisation Nepals geschwächt hatte, die nun mit Hilfe der Gesetze des Manu wiederhergestellt werden sollte[2]. Abgesehen davon machte er sich um Landreformen, die Einführung eines Landvermessungssystems und andere Land- und Hausbesitz betreffende Gesetze verdient.

Die Geschichte der Malla-Dynastie ist ohne Frage eine Geschichte der schönen Künste, der Bauwerke und Monumente, ganz besonders in den Königsstädten des Kathmandu-Tals, und ausgeführt von den geschickten Newars. Vieles, was heute den Besucher überwältigt, wurde in der Zeit der Mallas geschaffen. Aber das Königshaus verzehrte sich in innerer Rivalität. Allein das Kathmandu-Tal zerfiel in drei und oft mehr Königreiche, und diese lebten nicht immer friedlich nebeneinander. Diese Lage ließ die Fürsten draußen im Lande eigene Politik machen. Am Vorabend der Machtergreifung durch die Shah-Dynastie sollen mehr als 100 Rajas ihre kleinen Staaten auf nepalischem Boden regiert haben.

Über die Geschichte gerade dieser Gebilde gibt es keine zusammenfassende Darstellung. Spärliche Informationen sind weit über historische Abhandlungen verstreut. Wir wissen, daß es ein Malla-Königreich Jumla gegeben hat, das im Norden Gebiete des heutigen Tibet und im Westen Gebiete des heutigen Indien umfaßte und dem z. B. das kleine tibetische Königreich Lo (heute Mustang) tributpflichtig war. Wir wissen um die Existenz eines Mukunda Sen, Magar-König von Palpa, um die „24 Staaten" des Chaubise-Reiches in Zentral-Nepal und die „22 Staaten"

---

[2] Netra Bahadur Thapa, a. a. O., S. 31 (Fußnote).

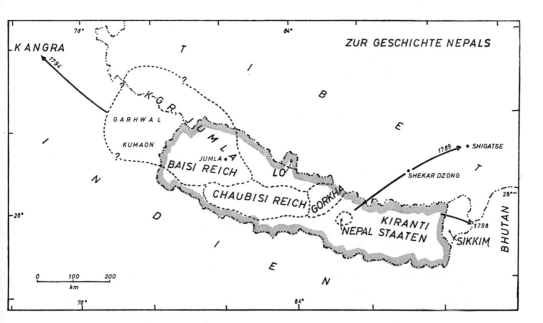

Karte 2: Zur Geschichte Nepals
Die Kartenskizze erhebt keinerlei Anspruch auf kartographische Genauigkeit. Sie will lediglich eine Orientierungshilfe sein. Über die Ausmaße des Malla-Königreichs Jumla, für dessen Existenz Giuseppe Tucci in Stein gehauene Beweise gefunden hat, kann man bis heute nur Vermutungen hören. Genaueres ist über das Baisi-Reich, das bis zur Westgrenze Nepals reichte, und über das Chaubisi-Reich im Zentralen Bergland bekannt. Peissel entdeckte die Geschichte des Königreichs Lo, das Jumla tributpflichtig war und mit ihm in den Staatsverband des Gorkha-Reiches Groß-Nepal einging. Es hat in den Vorgebirgen und im Terai ebenfalls unabhängige Staaten gegeben, so die Königreiche Makwanpur und Morang, die Teile Nepals wurden. Das Königreich Jumla scheint zumindest Teile von Kumaon (Almora) und Garhwal umfaßt zu haben, Gebiete, die dann unter den Gorkhas zeitweise wiedererobert wurden, aber 1815 definitiv verlorengingen. Die größte Ausdehnung der nepalischen Einflußsphäre wurde offenbar Ende des 18. Jahrhunderts erreicht, als die Dynastie unter Rana Bahadur Shah wenigstens zeitweise über das Land zwischen Kashmir im Westen und Bhutan im Osten gebot und zudem noch einen kurzfristigen Vorstoß nach Tibet hinein unternahm. Die heutigen Grenzen Nepals im Süden, Osten und Westen gehen auf die Zeit Jang Bahadur Ranas (1850) und die im Norden auf den nepalisch-chinesischen Grenzvertrag von 1961 zurück. Es bestehen allerdings noch einige kleinere Unstimmigkeiten über den Grenzverlauf mit Indien.

des Baisi-Reiches, deren Bewohner, mongolischen Ursprungs, von aus Indien eingewanderten Hindus dominiert wurden, die ihrerseits vor der Muslim-Invasion geflüchtet waren, aber kein Historiker hat bisher diese Geschichte im einzelnen aufgezeichnet. Die Zersplitterung Nepals, und ganz besonders die Zersplitterung der Macht der Mallas, bereitete schließlich deren Sturz vor und die Einleitung dessen, was nepalische Historiker das moderne Zeitalter Nepals nennen: die Eroberung des Landes durch die Gorkha-Dynastie der Shah (vgl. Karte 2).
  Die Familie der späteren Herrscher von Gorkha sind Abkömmlinge des Raj-

puten-Fürsten von Udaipur. Der Nachfahre eines auf der Flucht vor den Muslims nach Norden abgewanderten Fürsten siedelte sich nördlich Palpa in Nepal an. Zu jener Zeit waren praktisch alle heute in Zentral-Nepal bekannten Gebirgsdistrikte kleine Königreiche, die sich mehr oder weniger feindlich gegenüberstanden. Die gegenseitigen Abhängigkeiten waren vielfältig. 1559 wurde ein Nachfahre der oben genannten Rajputen-Fürsten König von Gorkha. Sein Name war Drabya Shah (auch Shaha). Er und seine Nachfolger dehnten ihr Herrschaftsgebiet durch Annektion der benachbarten Staaten nicht nur aus, sondern konsolidierten die Macht auch durch weise Reformen und Entwicklungsmaßnahmen, die denen Jaya Sthiti Mallas ebenbürtig waren. Der endgültige Aufstieg der Shah-Dynastie sollte unter Prithvi Narayan Shah erfolgen, der, 1722 von der Tochter des Königs von Palpa geboren, 1768 das Tal von Kathmandu eroberte und sich selbst zum König von Nepal ausrief — ein Titel, den seine Nachfolger bis zum heutigen Tage tragen. Damit trat Nepal aus der Zeit mittelalterlicher Verhältnisse und kleinstaatlicher Zerrissenheit in die Neuzeit einheitsstaatlichen Denkens.

Prithvi Narayan starb 1775. Unter seinen Nachfolgern wurde das Gorkha-Reich bis nach Tibet hinein ausgedehnt, was zum ersten nepalisch-tibetischen Krieg (1787—1793) und schließlich zu einer Friedensregelung führte. Mit Gewalt, reichlichen Intrigen, Verrat und nacktem Mord dehnte sich das Reich der Gorkha-Könige im Jahre 1794 von Sikkim bis an die Grenzen Kashmirs.

Der Eroberungsdrang der Gorkhas indessen wagte sich schließlich in das Einflußgebiet Britisch-Indiens, was zum offenen Krieg und zum räumlichen Zusammenbruch des Gorkha-Imperiums führte. Im Vertrag von Sagauli im März 1816 wurde Nepal zwischen die Flüsse Mahakali und Mechi begrenzt, die heute noch seine West- und Ostgrenze darstellen, und verlor das gesamte Terai. Es mußte einen britischen Residenten in Kathmandu akzeptieren. Dieser, um der Wiederherstellung der Freundschaft zwischen den beiden Ländern willen, erwirkte die Rückgabe eines Teils des Terai noch im selben Jahr.

Das innere Gefüge des Königshauses und der es umgebenden großen Familien war indessen nicht so stabil, wie man aus den Eroberungen hätte schließen können. Im Gegenteil waren Machtkämpfe an der Tagesordnung, und der Boden wurde bereitet für das Erscheinen eines starken Mannes, der die unbeschränkte politische Macht an sich reißen konnte. Dies geschah dann auch tatsächlich im Jahre 1846 in der Gestalt von Jang Bahadur Rana.

Die Würdigung Jang Bahadur Ranas als Staatsmann führt in den verschiedenen historischen Untersuchungen zu recht unterschiedlichen Ergebnissen. Auf der einen Seite wird er als der Mann bezeichnet, der Nepal „fester Hand auf dem Wege des Fortschritts voranführte", andere Historiker und vor allem die offizielle Meinung heute sehen in ihm den Begründer einer Familienautokratie, die ein volles Jahrhundert währte und Nepal nicht nur hermetisch vom Eindringen moderner Ideen abschloß, sondern es auch als eine Art privaten Besitztums bis zum äußersten ausbeutete. Es ist müßig, hierzu Stellung zu beziehen. Jang Bahadur ist zweifellos eine der wichtigsten Persönlichkeiten in der Geschichte Nepals, und seine Machtergreifung war ebenso zweifellos nur auf der Grundlage der bestehenden inneren und äußeren sozialen und ökonomischen Machtverhältnisse jener Zeit möglich. Gleich dem anderer umstrittener Staatsmänner in anderen Teilen der Welt und zu anderen Zeiten, schwankt sein Bild in den Köpfen und Vorstellungen der Nepalis noch heute, und während die Niederwerfung des Rana-Regimes offiziell als historische Tat König Tribhuwans und als Einzug der Demokratie in Nepal gefeiert wird, dürfte es nicht schwerfallen, heute noch zahlreiche Bauern im Lande zu finden, die sich über diesen politischen Wandel, der nunmehr zwanzig Jahre zurückliegt, nicht nur nicht im klaren sind, sondern vielleicht sogar meinen, früher sei es ihnen besser gegangen. Es ist eine Tragik der demokratischen Staatsverfassung, daß sie auf der Mitwirkung und Mitverantwortung jedes einzelnen aufbaut, daß aber sehr viele dieser einzelnen keineswegs geneigt sind, mitzuwirken und Mitverantwortung zu tragen. Letzten Endes erwarten alle Wohltaten von oben und Nepal unterscheidet sich darin in keiner Weise von anderen Staaten und ihren Völkern.

Sicher ist, daß das von Jang Bahadur Rana begründete Herrschaftssystem erblicher Ministerpräsidenten, die das Königshaus in einer Art Ehrenhaft hielten und den Staat nach ihrem Gutdünken führten, die Gesellschaft und Wirtschaft Nepals primär in den Dienst ihrer persönlichen Wohlfahrt stellten, die sozialen Verhältnisse in der reaktionärsten Weise zementierten und die Wirtschaft weitgehend nur in der Richtung förderten, die man heute ohne viel Abstriche als kolonialwirtschaftlich bezeichnen könnte. Wir haben es in der Zeit zwischen der Mitte des 19. und der Mitte des 20. Jahrhunderts hier mit dem interessanten Tatbestand zu tun, daß ein Land, das sich frei von kolonialer Eroberung halten konnte, von innen her eine Form sozialer und wirtschaftlicher Unterdrückung auferlegt bekommt, die es über ein Jahrhundert in quasi-mittelalterlichen Verhältnissen konserviert, während der benachbarte Sub-Kontinent Indien unter britischer Kolonialherrschaft sich, verglichen mit Nepal, zur Moderne hin entwickelt und wenigstens teilweise die Voraussetzungen für die spätere politische Unabhängigkeit erhält. Ein Vergleich der indischen Verhältnisse mit den nepalischen etwa in den 1960er Jahren, was technische Ausrüstung, wissenschaftlicher Bildungsstand und allgemeine Adaptationsfähigkeit der Bevölkerung anbelangt, führt zu recht interessanten Ergebnissen.

Jang Bahadur öffnete Nepal allerdings in einer sehr spezifischen Weise nach außen, die charakteristisch für die folgenden mehr als hundert Jahre werden sollte: Er versuchte nicht nur, Nepal zu einem Alliierten der Briten zu machen, was um der Sicherheit seines Landes willen verständlich war, er bot Großbritannien auch das Blut seiner Landeskinder als Söldner für dessen Kolonialkriege in Indien an. Ein erstes Angebot dieser Art wurde indessen abgelehnt, aber als die Sepoy-Meuterei 1857 unkontrollierbare Formen annahm, akzeptierte Britisch-Indien das Angebot, und Jang Bahadur führte selbst mehrere tausend Gurkhasoldaten zum Siege für Großbritannien. Für sein Verdienst, entscheidend zur Wiederherstellung der britischen Macht in Indien beigetragen zu haben, mußte Indien ihm die von Nepal 1816 abgetretenen Teraigebiete zurückgeben. Im Inneren sicherte sich Jang Bahadur die Herrschaft über das Königshaus, indem er seine Tochter mit dem Thronerben verheiratete, eine Praxis, die bis zum heutigen Tage, aus welchen Gründen immer, beibehalten wurde[3].

Die Zeit der Ranaherrschaft ist Gegenstand verschiedener historischer Untersuchungen und Beschreibungen und kann hier nicht in ihrer ganzen Breite dargestellt werden[4]. Indessen mögen einige Tatsachen von sozialökonomischem Interesse ohne weitere Kommentare wiedergegeben werden. Zunächst ist die umfangreiche Aneignung von Land als entscheidendem Produktionsmittel durch die Mitglieder der Rana-Familie zu nennen. Hand in Hand ging damit die Ämterverteilung im Staate, die nur nach der Geburt und nicht nach Leistung oder auch nur Ausbildung erfolgte. Strikte Kastenregelung und blutige Unterdrückung jeder religiösen Reformbestrebung hielten nicht nur das Volk in geistiger und politischer Knechtschaft, sondern ließen den Heiligenschein der Hochkastenangehörigen, allen voran der Rana-Chhettries, um so heller strahlen. Die physische Unterdrückung der Bevölkerung nahm unvorstellbare Formen an, wie sie kaum im feudalistischen Europa zu finden gewesen sind (Verbot der Straßen- und Fahrzeugbenutzung, Verbot des Öffnens von Fenstern, die auf einen Rana-Palast wiesen, Vogelfreiheit schöner Mädchen usw.). Volksbildung kam erst gegen Ende der Rana-Periode sehr zögernd zum Zuge, über die längste Zeit hatte nur der Rana-Sprößling die Chance des Bildungserwerbs. Nur etwa ein Achtel der Staatseinnahmen wurden im Dienste der Allgemeinheit oder besser des Staatswesens ausgegeben, den Rest teilten die Ranas unter sich. Kleinere Entwicklungsmaßnahmen wie Brücken- und Wegebau im Gebirge dienten auch mehr der militärischen Erschließung des Landes als der Förderung von Handel und Wandel. Neben der Unterdrückung von Handel und Gewerbe außerhalb der den Ranas gehörenden Monopole wurden die gesündesten Söhne des Landes weiterhin den Briten als Söldner zur Verfügung gestellt. Im Ersten Weltkrieg traten 200 000 Gurkhas in britischen Kriegsdienst und nicht weniger als 20 000 ließen ihr Leben. Auch zu Beginn des Zweiten Weltkrieges bot das Rana-Regime sofort Großbritannien Söldner an, und insgesamt etwa 162 000 Söhne des Himalaya zogen auf die Schlachtfelder jenes Krieges. Die Zahlung der Pensionen in harter Währung war natürlich eine willkommene Einnahme für den nepalischen Staat[5].

Mit dem Ende des Zweiten Weltkrieges und der Unabhängigkeit Indiens, das bald eine Botschaft in Kathmandu einrichtete, nähern wir uns dem jüngsten Akt nepalischer Geschichte, der Wiedererrichtung der königlichen Macht, der Öffnung des Landes gegenüber dem Rest der Welt und der Einführung demokratischer Praktiken. Ende 1950 flüchtete König Tribhuwan in die indische Botschaft und später nach Indien. Getragen von im indischen Exil lebenden politischen Kräften,

---

3 Im Frühjahr 1970 wurde der Thronfolger, Kronprinz Birendra, mit einer Tochter aus dem Hause Rana verheiratet.
4 Wir verweisen hier vor allem auf zwei Studien: D. R. Regmi, „A Century of Family Autocracy in Nepal", 2. Aufl., 1958, und Satish Kumar, „Rana Polity in Nepal. Origin and Growth", 1967.
5 Vgl. dazu „Nepal and the Gurkhas", 1965, and H. R. K. Gibbs, „The Gurkha Soldier", 1947. Das erstgenannte Buch bietet übrigens auch eine zusammengefaßte Geschichte (S. 16—44) an.

Gegnern des Rana-Regimes, kehrte er nach Kathmandu zurück und proklamierte am 18. 2. 1951 die Einführung einer demokratischen Regierungsform. Mit diesem Ereignis tritt nun Nepal wirklich in die Neuzeit und in den Kreis der Staaten des 20. Jahrhunderts ein.

Daß dieser abrupte Bruch mit der Vergangenheit nicht ohne erhebliche Geburtswehen vor sich gehen konnte, kann nicht überraschen. Der harten Hand der Ranas enthoben, zerfiel die politisch einflußreiche Schicht des nepalischen Volkes sogleich in sich blutig und intrigenreich befehdende Gruppen, und der Weg Nepals zur konstitutionellen Monarchie war nicht weniger steinig als in anderen sogenannten jungen Staaten[6]. Die ersten regelrechten Wahlen fanden 1959 statt, und die erste freigewählte Regierung Nepals nahm im gleichen Jahr ihre Arbeit auf. Fraglos waren die Probleme dieser Regierung nicht geringer als die ihrer glücklosen Vorgänger, doch war ihr wenig Chance gegeben, etwas zu erreichen. König Mahendra, der 1955 König Tribhuwan auf dem Thron gefolgt war, setzte am 15. Dezember 1960 die Verfassung außer Kraft, löste das Parlament auf, verhaftete die Spitzenpolitiker und übernahm die Staatsführung in eigene Regie. Inzwischen sind die politischen Gefangenen zwar entlassen, an eine Wiederherstellung der parlamentarischen Parteiendemokratie ist aber nicht gedacht. Der König bestimmt nach wie vor die Richtlinien der Politik, und das Volk wird nach dem bereits vor Jahrhunderten gebietsweise praktizierten Panchayat-System an der Verwaltung seiner Angelegenheiten beteiligt.

3. Zur Verwaltung

Die räumliche Darstellung von Gegebenheiten und Vorgängen in einem Lande basiert notwendig auf statistischen oder anderen sachlichen Angaben, die in irgendeiner Form ebenfalls räumlich bezogen sind. Einwohner je Provinz, oder besser noch ihrer Untergliederungen, geben ein Bild von der Bevölkerungsverteilung, Vergleiche über die Jahre ein solches von räumlicher Bewegung. Anbauflächen, nach administrativen Einheiten geordnet, und Industriebetriebe, nach ihren Standorten eingeteilt, gestatten die Darstellung von Wirtschaftsräumen oder wirtschaftsräumlicher Gliederung. Produktion und Verbrauch je räumliche Einheit erlauben Rückschlüsse auf Handelsströme. Ein Versuch der wirtschaftlich-räumlichen Analyse eines Staatsgebildes muß daher so weit wie möglich Informationsmaterial verwenden, das nach diesem Prinzip der Raumbezogenheit aufbereitet ist oder aufbereitet werden kann.

Wir werden im Verlauf dieser Studie immer wieder Bezug nehmen auf die administrative Gliederung Nepals und unsere Aussagen an ihr orientieren. Zwar

---

[6] Eine sehr sorgfältige und gut belegte Studie über die Zeit von 1950 bis 1964 bieten Bhuwan L. Joshi und Leo E. Rose, „Democratic Innovations in Nepal. A Case Study of Political Acculturation", 1966.

sollte der wirtschaftlich-räumlichen Analyse der physisch-geographische Raum zugrunde liegen, doch werden statistische Daten, wenn überhaupt, in der Regel nur in bezug auf administrative Räume angeboten. Natürliche und administrative Räume aber sind nicht notwendig deckungsgleich. Je kleiner die administrativen Einheiten sind, die mit der Statistik noch ausgewiesen werden, um so leichter lassen sich mit diesem Material administrative Räume konstruieren, die den natürlichen Räumen sehr nahe kommen. Wir haben im Vorwort bereits darauf hingewiesen, daß der statistische Dienst Nepals sehr dürftig und das Angebot an Daten äußerst spärlich ist. Was die Raumbezogenheit dieser statistischen Informationen anbetrifft, so steht man vor dem Problem, daß die Berichtsräume zu Beginn der 1960er Jahre geändert wurden und Vergleiche über längere Zeiträume damit sehr schwierig, wenn nicht unmöglich werden.

Ohne hier näher auf die Verwaltung und Verwaltungsgeschichte Nepals einzugehen, soll doch auf folgendes hingewiesen werden[1]. In der Zeit vor der Thronbesteigung der Shah-Dynastie kann von einer administrativen Gliederung Nepals

Karte 3: Verwaltungskarte von Nepal bis 1960
Die in der Zeit der Rana-Herrschaft eingeführte Gliederung Nepals in Distrikte kannte ursprünglich drei Kategorien entsprechend der Besoldungsgruppe der *bada hakims*, die später wegfiel. Unter den Beamten und in der Bevölkerung hat sich die Bezeichnung der alten Distrikte bis heute erhalten. Noch immer wird von „West Nr. 2" oder „Ost Nr. 4" gesprochen, obwohl diese Verwaltungseinheiten nicht mehr existieren. Es ist auch Vorsicht geboten bei Berichten aus der Zeit vor 1960. Dhankuta oder Baglung gibt es zwar auch noch heute als Distriktnamen, sie beziehen sich aber auf ein anderes Gebiet.

1 Vgl. dazu Mangal K. Shrestha „A Handbook of Public Administration in Nepal", 1965.

3. Zur Verwaltung

nicht gesprochen werden, weil es einen Staat Nepal im heutigen Sinne praktisch nicht gab, sondern nur als Synonym für das Kathmandu-Tal („Nepal-Tal").

Auf dem Territorium des heutigen Nepal gab es an die hundert Fürstentümer, die sich nicht selten bekriegten. Aber auch nach der politischen Einigung durch die Politik Prithvi Narayans, also nach 1772, konnte von einer Verwaltungsordnung nicht gesprochen werden. Erst mit der Rana-Herrschaft, und zwar bereits unter Jang Bahadur, wurde das Land in Distrikte gegliedert, denen ein Regierungsvertreter an Ort und Stelle vorstand. Nepal wurde Mitte des vorigen Jahrhunderts in 35 Distrikte eingeteilt, die sich in Form und Größe weitgehend an geographischen und historischen Gegebenheiten orientierten. Ihnen stand ein *bada hakim* vor, der, obgleich von Kathmandu mit nur geringer Macht ausgestattet, in seinem Gebiet doch, dank der relativ großen Distanzen von der Hauptstadt und der schlechten Verkehrsverhältnisse, oft reichlich autoritär regierte (vgl. Karte 3). Diese Gliederung blieb formal bestehen, als nach 1951 die Rana-Herrschaft ein Ende fand und sich das Land um moderne Verwaltungsformen bemühte.

Allerdings kam es zeitweise zu einer technischen Einteilung, die sozusagen der Verwaltungsgliederung übergelegt wurde: den Zensusdistrikten. Karte 4 zeigt die Einteilung Nepals in Zensusdistrikte (unter Fortlassung der Untergliederungen), die solchen Erhebungen wie dem Bevölkerungszensus 1952/54 und 1961 und dem Agrarzensus 1962 zugrunde gelegt wurden.

Mit der endgültigen Machtübernahme durch König Mahendra wurden im Jahre 1961 die alten Verwaltungsgrenzen annulliert und das Land neu in 14 Zonen und 75 „Entwicklungs-Distrikte" (im folgenden kurz „Distrikte" genannt) gegliedert. Karte 5 zeigt die Einteilung Nepals in 14 Zonen und Karte 6 die Lage der Distrikte, jeweils mit den Verwaltungssitzen. Wir empfehlen diese Karten der Aufmerksamkeit des Lesers, weil wir zur Erhöhung der Übersichtlichkeit der folgenden Kartenskizzen zur angewandten Geographie teilweise wohl die Distriktgrenzen, niemals aber die Distriktnamen vermerkt haben. Die Tabellen 1 und 2 informieren über Hauptquartier, Flächen und Einwohnerzahl dieser Verwaltungseinheiten.

Zum Verständnis der Verwaltung und lokalen Selbstverwaltung in Nepal ist es erforderlich, mit einigen Worten auf das gegenwärtig dort praktizierte Panchayat-System einzugehen. Wie im Kapitel über die Geschichte Nepals erwähnt, scheint dieses Prinzip dörflicher Selbstverwaltung in einigen Gegenden des Landes während gewisser Zeiten bereits bestanden zu haben. Offiziell wird es jedenfalls als die dem nepalischen Volk und der gegenwärtigen Lage angemessene Form der Demokratie bezeichnet und bildet seit 1962 einen Teil der Verfassung.

Die unterste Einheit der Selbstverwaltung ist der Dorf-Panchayat (*gram panchayat*), der eine Gruppe von 2 500 bis 3 000 Menschen vertritt, oder der Stadt-Panchayat (*nagar panchayat*), der städtische Agglomerationen von 10 000 Einwohnern an vertritt[2]. Sie haben 9 bzw. 11 Mitglieder und sind das Exekutivorgan

---

[2] Diese 16 Stadt-Panchayats sind: Nepalgunj, Taulihawa, Bhairawa, Butwal, Tansen, Pokhara, Birganj, Kathmandu, Lalitpur, Bhaktapur, Janakpur, Rajbiraj, Biratnagar, Dharan, Ilam und Bhadrapur.

Karte 4: Karte der Zensus-Distrikte Nepals
Die Gliederung in den jüngeren Statistiken Nepals erfolgt aufgrund der Zensus-Distrikte, die überwiegend durch eine Unterteilung der Verwaltungsdistrikte der Rana-Zeit (vgl. Karte 3) gewonnen wurden. Die Gesamtgliederung des Landes geschah wie folgt:

Regionen:	Distrikte:	Sub-Distrikte:
Östliches Bergland	Ost 1	Sindhu-Palanchok
		Kabhre-Palanchok
	Ost 2	Dolakha
		Chisankhu Ramechhap
	Ost 3	Chisankhu Okhaldhunga
		Majhkirat
	Ost 4 (Bhojpur)	
	Dhankuta	Terathum
		Chhathum
	Ilam	
Westliches Bergland	West 1	Nawakot
		Dhading
	West 2 (Gorkha)	
	West 3	Lamjung
		Tanahu
		Kaski
	West 4 (Syangja)	
	Palpa	Palpa
		Gulmi
		Baglung
Fern-Westliches Bergland	Piuthan	
	Sallyan	
	Jumla	
	Dailekh	
	Doti	Achham
	Baitadi	
	Dandeldhura	

3. Zur Verwaltung

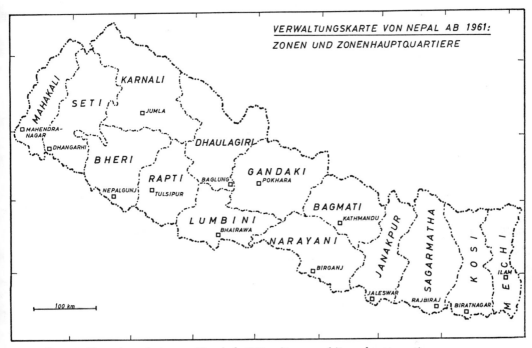

Karte 5: *Verwaltungskarte von Nepal ab 1961 — Zonen und Zonenhauptquartiere*
Es muß darauf aufmerksam gemacht werden, daß der genaue Grenzverlauf auch den Behörden nicht immer bekannt ist. Hauptquartiere werden gelegentlich verlegt.

Fortsetzung der Legende zu Karte 4, Seite 38

Regionen:	Distrikte:	Sub-Distrikte:
Kathmandu-Tal	Kathmandu	
	Lalitpur	
	Bhaktapur	
Östliches Inneres Terai	Sindhuli	
	Udaipur	
Zentrales Inneres Terai	Chisapani	
	Chitwan	
	Nawalpur	
Westliches Inneres Terai	Dang	
	Deokhuri	
Östliches Terai	Parsa	
	Bara	
	Rautahat	
	Sarlahi	
	Mahottari	
	Saptari	Sirha
		Hanumannagar
	Morang	Biratnagar
		Jhapa
Mitt-Westliches Terai	Butwal	Palhi
		Majhkhanda
		Khajahani
		Shivaraj
Fern-Westliches Terai	Banke	
	Bardia	
	Kailali	
	Kanchanpur	

Karte 6: *Verwaltungskarte von Nepal ab 1961 — Distrikte und Distrikthauptquartiere*

VERWALTUNGSKARTE VON NEPAL AB 1961: DISTRIKTE UND DISTRIKTHAUPTQUARTIERE

Es muß darauf aufmerksam gemacht werden, daß der genaue Grenzverlauf auch den Behörden nicht immer bekannt ist. Hauptquartiere werden gelegentlich verlegt.

der entsprechenden Versammlungen *(sabha)*. Die Mitglieder der Dorf-Panchayats bilden die Distriktversammlung und wählen den Distrikt-Panchayat *(jila panchayat)*, die Mitglieder der Distrikt-Panchayats bilden die Zonen-Versammlung und wählen den Zonen-Panchayat *(anchal panchayat)*, eine Institution, die 1967 allerdings abgeschafft wurde. An der Spitze steht der Nationale Panchayat *(rastrije panchayat)*. Es gibt gegenwärtig 3 538 Dorf-, 75 Distrikt- und einen National-Panchayat. Die letztere Institution hat 125 Mitglieder, die teilweise gewählt und teilweise vom König ernannt werden. Die Grundidee der Panchayat-Verfassung ist die Dezentralisierung der Verantwortung und der Initiative für die Entwicklung des Landes und die Ausschaltung aller politischen Machtorganisationen wie Parteien, Gewerkschaften usw. Dafür wurden sogenannte Klassenorganisationen eingeführt, die Bauern, Arbeiter, Frauen, Studenten, Graduierte und Kinder repräsentieren und, bei Ablehnung klassenkämpferischen Denkens, auf den Ausgleich sozialer Spannungen hinwirken und eine „ausbeutungsfreie Gesellschaft" aufbauen sollen. Diese Klassenorganisationen spielen eine wachsende Rolle bei den Panchayat-Wahlen[3]. Zahlreiche lokale Entwicklungsaufgaben werden den Panchayats übertragen, die diese zugegebenermaßen in vielen Fällen hoffnungslos überfordern.

Tabelle 1: Die Verwaltungszonen in Nepal

Zone	Verwaltungssitz[a]	Fläche (km^2)	Einwohner[b] (1 000)
Mahakali	Mahendranagar	7 131	259
Seti	Dhangarhi	12 587	657
Bheri	Nepalgunj	9 339	547
Karnali	Jumla	13 480	184
Rapti	Tulsipur	10 109	589
Dhaulagiri	Baglung	12 463	228
Lumbini	Bhairawa	9 453	893
Gandaki	Pokhara	12 142	881
Narayani	Birganj	8 269	825
Bagmati	Kathmandu	9 493	1 228
Janakpur	Jaleswar	9 894	905
Sagarmatha	Rajbiraj	11 766	1 092
Kosi	Biratnagar	8 536	677
Mechi	Ilam	7 247	450
NEPAL	Kathmandu	141 908	9 415

a) nach dem Stand von 1969; b) 1961 Zensus.
Quelle: Ministry of Home and Panchayat, Kathmandu.

3 Die offizielle Literatur zur Panchayat-Demokratie in Nepal wächst täglich. Zur allgemeinen Orientierung seien angeführt: Purna Bahadur Manab, „Philosophical Trend in Panchayat Democracy", 1968; Vedanand Jha, „Basic Characteristics of Panchayat Democracy", 1966; Ram C. Malhotra, „The System of Panchayat Democracy in Nepal", 1966. — Nach westlich-demokratischen Maßstäben und Vorstellungen würde das Panchayat-System wahrscheinlich einer genaueren Prüfung als Demokratie nicht standhalten. Es steht aber außer Frage, daß es im Denken der Nepalis selbst mehr und mehr Fuß faßt

Tabelle 2: Die Verwaltungsdistrikte in Nepal

Zone	Distrikt	Verwaltungssitz[a]	Fläche km²	Einwohner[b] (1 000)	Dichte Einw./km²
Mahakali	Darchula	Darchula	2 694	61	22
	Baitadi	Patan-Baitadi	1 210	97	80
	Dandeldhura	Dandeldhura	1 551	82	52
	Kanchanpur	Mahendranagar	1 676	19	11
Seti	Bajhang	Chainpur	2 745	74	26
	Bajura	Bajura	2 196	80	36
	Doti	Silgarhi	2 802	283	100
	Achham	Ririkot	2 196	130	59
	Kailali	Dhangarhi	2 650	90	33
Bheri	Dailekh	Dailekh	1 383	210	151
	Jajarkot	Jajarkot	1 839	99	53
	Surkhet	Surkhet	2 471	75	30
	Bardia	Gularia	1 665	68	40
	Banke	Nepalgunj	1 981	95	47
Karnali	Humla	Simikot	5 128	29	5
	Mugu	Gamgadi	2 745	27	9
	Jumla	Jumla	2 559	100	39
	Tibrikot	Kaigaon	3 048	28	9
Rapti	Rukum	Rukumkot	1 779	75	42
	Rolpa	Libanggaon	2 334	150	64
	Sallyan	Sallyan	1 611	125	77
	Piuthan	Piuthan	1 536	140	91
	Dang-Deokhuri	Tulsipur	2 849	99	34
Dhaulagiri	Dolpa	Dunehi	6 208	20	3
	Mustang	Jomosom	3 017	23	7
	Myagdi	Beni	1 943	90	46
	Baglung	Baglung	1 295	95	73
Lumbini	Gulmi	Tamghas	1 235	190	153
	Argha-Khanchi	Thada	1 230	116	94
	Palpa	Tansen	1 658	172	103
	Kapilvastu	Taulihawa	1 787	160	89
	Rupandehi	Bhairawa	1 321	141	106
	Nawalparasi	Parasi	2 222	114	51
Gandaki	Manang	Thonje	2 088	18	8
	Parbat	Kusma	1 212	116	95
	Kaski	Pokhara	1 191	128	107
	Lamjung	Kuncha	1 937	131	67
	Gorkha	Gorkha	3 380	153	45
	Syangja	Putlikhet	891	207	232
	Tanahu	Damauli	1 443	128	88

und mit weiterer Erschließung des Landes noch mehr gefestigt wird. Das beste Zeichen für die Zukunft des Systems unter dem Herrscherhaus der Shahs ist vielleicht der Umstand, daß die Grundbesitzer, die in ihm mit Recht eine Gefährdung ihrer Vorrechte sahen und es über Jahre hinweg einfach ignorierten, nun selbst kandidieren und — von ihren Pächtern auch gewählt werden! Die tiefe Verwurzelung des hinduistischen Glaubens an gottgegebene soziale Privilegien im nepalischen Volk konnte sich kaum deutlicher zeigen.

Zone	Distrikt	Verwaltungssitz[a]	km² Fläche	Einwohner[b] (1 000)	Dichte Einw./km²
Narayani	Makwanpur	Bhimphedi	2 015	155	76
	Chitwan	Bharatpur	2 492	68	27
	Parsa	Birganj	1 254	138	110
	Bara	Kalaiya	1 404	245	174
	Rautahat	Gaur	1 103	219	198
Bagmati	Rasuwa	Dhunche	1 808	46	25
	Dhading	Dhading	1 352	161	119
	Nawakot	Trisuli Bazar	1 772	164	92
	Sindhu Palanchok	Chautara	2 600	188	72
	Kabhre Palanchok	Dhulikhel	1 010	213	210
	Kathmandu	Kathmandu	414	220	531
	Lalitpur	Lalitpur	420	147	350
	Bhaktapur	Bhaktapur	117	89	760
Janakpur	Dolakha	Charikot	2 106	132	62
	Ramechhap	Ramechhap	1 373	123	89
	Sindhuli Garhi	Sindhuli Garhi	2 590	87	33
	Sarlahi	Malangwa	1 383	163	117
	Mahottari	Jaleswar	1 251	263	210
	Dhanusa	Janakpur	1 191	137	115
Sagarmatha	Solukhumbu	Salleri	2 934	54	18
	Okhaldhunga	Okhaldhunga	1 194	113	94
	Khotang	Diktel	1 722	174	101
	Bhojpur	Bhojpur	1 839	152	82
	Udaipur	Udaipurgarhi	1 689	89	52
	Sirha	Sirha	1 140	210	184
	Saptari	Rajbiraj	1 248	300	240
Kosi	Sankhuwa Sabha	Kandbari	2 823	81	28
	Terathum	Terathum	1 134	137	120
	Dhankuta	Dhankuta	1 373	135	98
	Sunsari	Inarwa	1 362	163	119
	Morang	Biratnagar	1 844	161	87
Mechi	Taplejung	Taplejung	3 017	97	32
	Panchthar	Phidim	1 373	109	79
	Ilam	Ilam	1 373	124	90
	Jhapa	Chandragarhi	1 484	120	80

a) nach dem Stand von 1969; b) Zensus 1961
Quelle: Ministry of Home and Panchayat, Kathmandu

Teil I

NEPAL ALS LEBENS- UND WIRTSCHAFTSRAUM

1. Physische Geographie und räumliche Gliederung

Das Staatsgebiet von Nepal umschließt in seinen 142 000 km² eine Fülle von geographischen Erscheinungsformen wie kaum ein anderes Land der Erde. Dies ist hauptsächlich auf seine eigenartige Lage auf dem asiatischen Kontinent zurückzuführen: im Süden hat es Anteil an der Gangesebene, im Norden am tibetischen Hochland, dem eigentlichen „Dach der Welt". Dazwischen liegt, im Osten die Nordgrenze des Landes bildend, die Himalaya-Hauptkette, das eindrucksvollste Stück des höchsten Gebirges der Erde mit dem Sagarmatha oder Mt. Everest auf der nördlichen Grenzlinie. Vereinfacht könnte man sagen, daß Nepal am Südhang des Himalaya-Massivs liegt. Das trifft für Ost-Nepal zu. In West-Nepal verläuft die Hauptkette aber mitten durch das Land, und auch die Nordhänge sind nepalisches Territorium.

Topographisch (vgl. Karte 7) ist der Himalaya sicherlich das Charakteristikum des Landes, und er stellt mit seinen Ausläufern das größte Problem und zugleich die größte Chance für die Entwicklung Nepals dar. Die von ihm aufgeworfene Problematik wird uns durch alle Kapitel dieses Buches begleiten, während die Chance vielleicht weniger deutlich zutage treten wird. Sie liegt ebenso in der Ausschöpfung des touristischen Potentials wie in der Nutzung der Wasserkräfte und des gemäßigten Klimas für Obstbau und Viehwirtschaft angesichts eines feuchttropischen Südens und eines sub-arktischen Nordens als potentielle Märkte in der Zukunft.

Der Himalaya ist für den Geologen, den Geographen und den Entwicklungsplaner ein Studienobjekt von großem Reiz. Allein schon die Frage seiner Entstehung hat zahlreiche Forscher zu interessanten Theorien geführt. Die Tatsache, daß alle großen Flüsse Nepals nicht etwa im Himalaya entspringen, sondern nördlich davon, und dann das wesentlich höher als das Quellgebiet aufragende Gebirge durchstoßen, hat zu den widersprüchlichsten Spekulationen Anlaß gegeben. Es scheint heute anerkannt zu sein, daß das Alpidische Faltengebirge, zu dem auch der Himalaya gehört, aus dem sedimentgefüllten Tethysmeer entstand,

Karte 7: Das Relief des Landes Nepal
Die Skizze zeigt die Hauptkette des Himalaya und nördlich davon, im Westen, das Tibetische Randgebirge. Man erkennt, wie weit das Tiefland in den Tälern nach Norden vorstößt. Basiskarte: 1 : 1 Million.

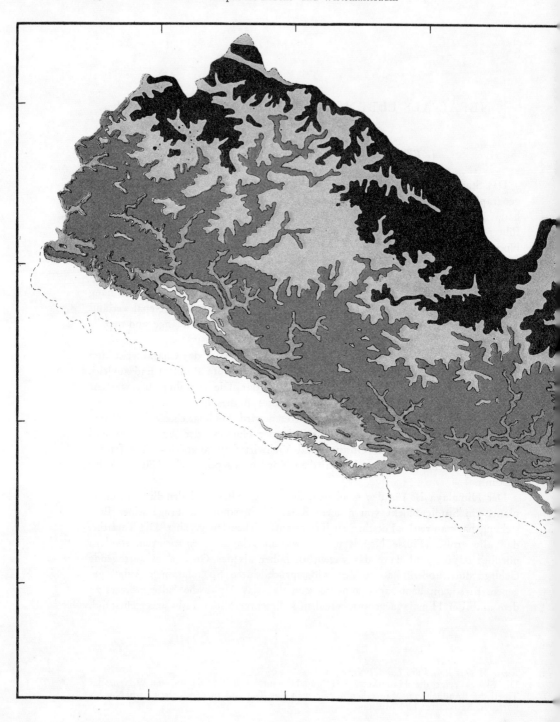

DAS RELIEF DES LANDES NEPAL

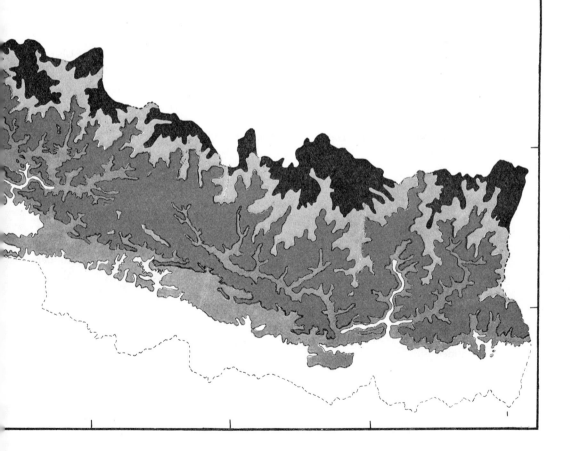

das sich vom Mittelmeerraum bis Hinterindien hinzog und vom Paläozoikum bis ins Alttertiär Bestand hatte. Die Auffaltung des Himalaya-Massivs und der ihm vorgelagerten Ketten scheint in fünf zeitlich auseinanderliegenden Schüben erfolgt zu sein, und die Hauptkette überragte am Ende das ältere, nördlich davon gelegene tibetische Randgebirge. Das ist die Lage, mit der wir uns heute konfrontiert sehen[1].

Die räumlich zwar beschränkten, entwicklungspolitisch und wirtschaftlich aber sehr wichtigen Ebenen im Süden werden in vielen Beschreibungen des Landes kaum erwähnt. In der Tat liegen ja auch 63,8 % des nepalischen Staatsgebiets in Höhen über 1 000 m, und kaum mehr als 13 % dürften zur eigentlichen Tiefebene des Südens gehören. Somit hat sich die Vorstellung von Nepal als einem Hochgebirgsland in den Köpfen der Menschen festgesetzt. Am sichersten gibt eine hypsometrische Kurve Auskunft über die Verteilung der verschiedenen Höhenlagen in einem Land (vgl. Schaubild 3). Tabelle 3 faßt das Ergebnis einer Auswertung der Nepalkarte 1 : 506 880 durch Hari Man Shrestha zusammen.

Tabelle 3: Zur Hypsometrie Nepals

Höhenbegrenzung	Unter 1 000 m	1 000 — 2 000 m	2 000 — 3 000 m	3 000 — 4 000 m	4 000 — 5 000 m	Über 5 000 m
Fläche (km²)	51 000	31 500	18 900	13 550	11 150	14 900
Anteil %	36,2	22,3	13,4	9,6	7,9	10,6

Quelle: Nepal Industrial Digest, Vol. 3, No. 1 (1968), S. 53.

Es ist ein immerhin beachtlicher Tatbestand, wenn mehr als 10 % eines Landes über 5 000 m und mehr als ein Viertel, nämlich 28,1 %, über 3 000 m liegen.

Nordwest-südost gerichtete Hauptgebirgsketten und eine unendliche Vielzahl von Gebirgszügen, die das Land in allen Himmelsrichtungen durchlaufen und meist von steilen, tiefen Tälern durchschnitten sind, geben der Gebirgszone von Nepal ein verwirrendes Aussehen. Diese Zone der Mittelgebirge, die sich südlich der Himalaya-Hauptkette hinzieht, wird im Englischen als „the hills", also als die Hügelzone bezeichnet. Von „mountains", also dem eigentlichen Gebirge, spricht man erst, wenn man das Himalaya-Hochgebirge meint. Hochplateaus und selbst Hochtäler sind in der Mittelgebirgs- und Hochgebirgszone selten. Die Täler von Pokhara und von Kathmandu sind die größten und bekanntesten, hier und da finden sich noch kleinere Hochtäler, so z. B. das Panchkhal-Tal im Distrikt

---

[1] Vgl. Harka B. Gurung, „Orogenesis of the Himalayas", in „Journal of the Tribhuvan University", Kathmandu, Vol. III, No. 1 (Januar 1967), S. 1—7; Ferner Toni Hagen, „Nepal. Königreich am Himalaya", 1960, S. 49—53; P. P. Karan, „Nepal. A Cultural and Physical Geography", 1960, S. 15 ff.

1. Physische Geographie und räumliche Gliederung 49

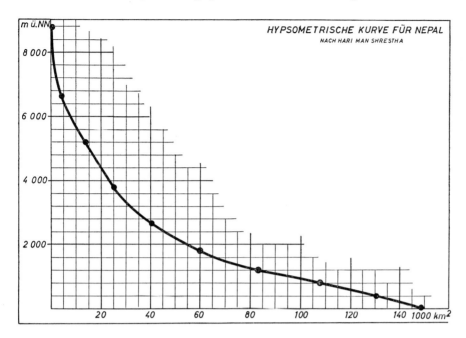

Schaubild 3: Hypsometrische Kurve für Nepal (nach Hari Man Shrestha)

Kabhre Palanchok oder das Tal von Dang im Distrikt von Dang-Deokhuri, doch rechnet das letztere bereits zum Inneren Terai, von dem noch zu sprechen sein wird. Im allgemeinen kann festgestellt werden, daß die Täler in Nepal eng und steil sind, und wer einmal quer zu den Flußläufen von Ost nach West oder umgekehrt gereist ist, wird diese Feststellung nur unterstreichen.

Die großen Gebirgsketten, die etwa parallel zu der allgemeinen Längsrichtung Nepals verlaufen, gestatten eine großräumige Gliederung des Landes. Die Mittelgebirgszone ist eingebettet zwischen die Himalaya-Hauptkette im Norden, die ihren höchsten Punkt im Mt. Everest mit 8 848 m findet, und die Mahabharat-

Karte 8; Topographische Strukturkarte von Nepal.
Die Skizze gibt vor allem Auskunft über die Struktur und weniger über die Verteilung der Höhenlagen. Deutlich werden die Kettengebirge, die das Land der Länge nach durchziehen, während der Raum zwischen der Himalaya-Hauptkette und der Mahabharat-Kette von Ausläufern und Höhenrücken aller Art und Richtung ausgefüllt ist. Allerdings ist dabei festzustellen, daß im Süden die Parallelrichtung zur Mahabharat-Kette vorherrscht, während es sich im Norden vorwiegend um Ausläufer von den Berggruppen der Hauptkette handelt. An zahlreichen Stellen erreicht das Mittelgebirge in West-Nepal Höhen über 4 000 m, ja 5 000 m, während es in Ost-Nepal kaum 4 000 m übersteigt. Deutlich wird auch die Formung des Inneren Terai durch die Entfernung der Mahabharat- und der Churia-Berge voneinander, so im Dang-Tal im Westen, im Rapti-Tal im Zentrum und im Östlichen Inneren Terai. Das Tibetische Randgebirge grenzt die Nordhimalayische Trockenzone nach Norden ab. Die Nebenkarte zeigt noch einmal die Hauptgebirgszüge.

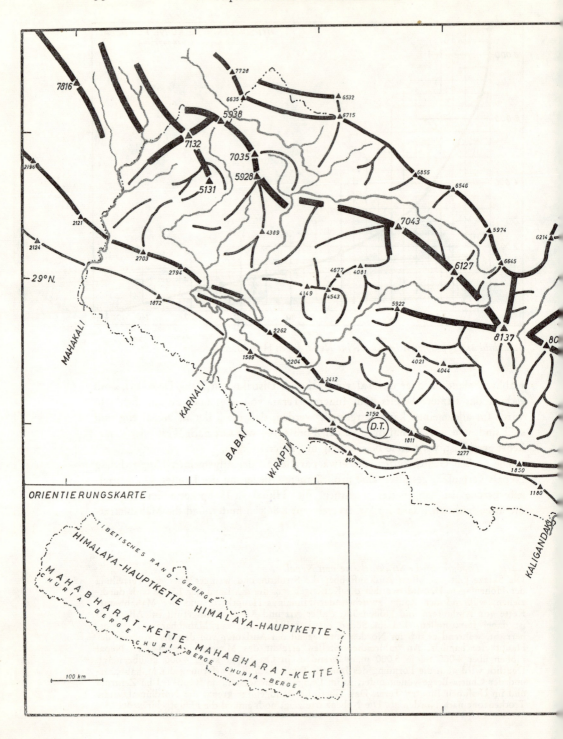

1. Physische Geographie und räumliche Gliederung

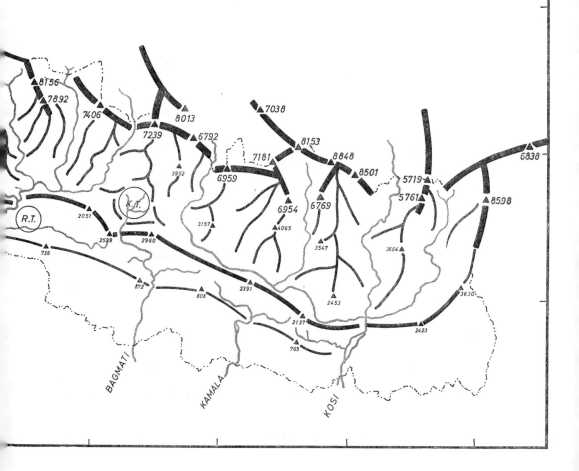

OGRAPHISCHE STRUKTURKARTE VON NEPAL

ZEICHENERKLÄRUNG:

▬▬ HIMALAYA-HAUPTKETTE
▬▬ MAHABHARAT-KETTE (im Süden), TIBET. RANDGEBIRGE (im Norden)
▬▬ CHURIA-BERGE (im Süden), MITTELGEBIRGSZONE (im Inneren)

K.T. = KATHMANDU-TAL, P.T. = POKHARA-TAL
D.T. = DANG-TAL, R.T. = RAPTI-TAL

100 km

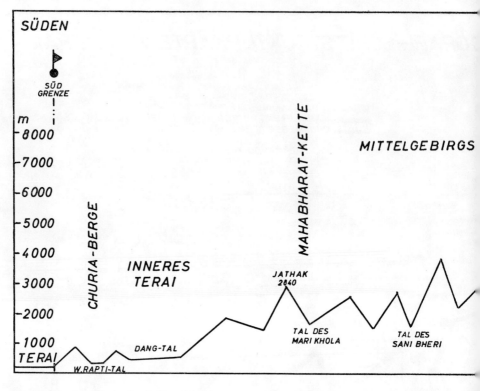

Schaubild 4: Querschnitt durch West-Nepal
Das schematisch-vereinfachte Bild eines Querschnitts von der indischen Grenze bei Khangra — das Terai liegt hier auf indischem Boden — über Bijauri im Tal von Dang durch das Mittelgebirge über den Kanjiroba-Gipfel zum Tibetischen Randgebirge berührt alle wichtigen Großräume. Es zeigt die Einbettung des Inneren Terai zwischen Churia- und Mahabharat-Bergen, die relativ steil aus der Ebene aufsteigen, das zerrissene und zerklüftete Mittelgebirge, die Himalaya-Hauptkette und das Tibetische Randgebirge, die die Nordhimalayische Trockenzone einschließen.

Kette im Süden, die letzte große Barriere gegen die Gangesebene, mit einem Gipfel bei 2794 m.

Der Mahabharat-Kette sind die Churia-Berge vorgelagert, die bis 1 872 m aufsteigen[2].

Gewöhnlich verlaufen Churia und Mahabharat parallel zueinander und gehen oft ohne sichtbare Zäsur ineinander über. In einigen Fällen allerdings entfernen sie sich voneinander und formen so Talschaften, die im Norden von der Mahabharat-Kette gegen die kalten Einflüsse aus dem Hochgebirge und im Süden von den Churia-Bergen gegen die trockene Hitze der Gangesebene abgeschirmt werden. Solche Täler sind als *duns* bekannt. Regionalgeographisch werden sie als Inneres

---

2 Die Churia-Berge werden auch Siwaliks genannt (Shiva Lekh = Gebirge des Shiwa).

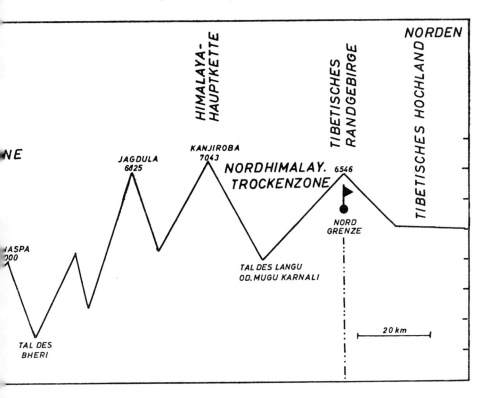

Terai bezeichnet. Das eindrucksvollste Beispiel des Inneren Terai ist das Tal des Östlichen Rapti im Distrikt Chitwan.

Südlich der Churia-Berge öffnet sich die äußere Terai-Ebene, die sich übergangslos in der Ganges-Ebene Nord-Indiens fortsetzt, ja praktisch ein Teil davon ist.

Die Gebirgsschwelle der Mahabharat- und Churia-Berge stellt hydrographisch eine sehr bemerkenswerte Barriere dar[3]. Sie wird nur von den drei Hauptflüssen Nepals (Karnali, Gandaki/Narayani, Kosi), dem Westlichen Rapti und dem Bagmati durchbrochen. Alle anderen Flüsse, die nach Süden entwässern, entspringen entweder in der Mahabharat-Kette oder in den Churia-Bergen selbst.

Die Gebirgsschwelle der Himalaya-Hauptkette stellt eine ähnliche Barriere dar. Sie schirmt das Mittelgebirge gegen die subarktischen Einflüsse von Norden ab und verhindert gleichzeitig das Vordringen der den Monsunregen bringenden Luftströmungen weiter nach Norden. Hydrographisch ist die Lage ähnlich wie bei der Mahabharat/Churia-Kette. Die Himalaya-Hauptkette hat im Westen eine relativ breite Öffnung, den Jumla-Korridor, durch den sich das Karnali-Flußsystem nach Süden ergießt. Der Bheri, ein wichtiger Nebenfluß des Karnali, bricht weiter östlich zwischen dem Kanjiroba- und dem Dhaulagiri-Massiv durch. Aber der eindrucks-

---

3 Wegen Einzelheiten verweisen wir auf das Kapitel „Hydrogeographie".

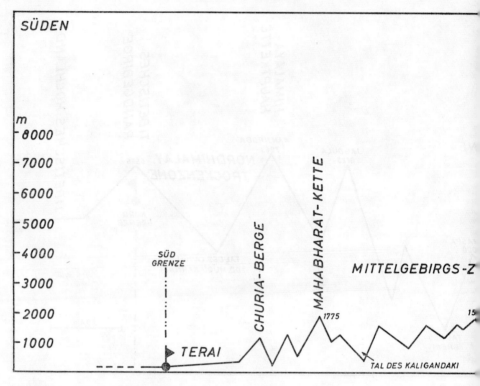

Schaubild 5: Querschnitt durch Zentral-Nepal
Der Schnitt wurde vom Distrikt Nawalparasi über das Pokhara-Tal und die Annapurna-Kette zum Tibetischen Randgebirge gelegt. Er zeigt die markante Mahabharat-Kette, das hier ganz unbedeutende Mittelgebirge, das tief liegende Tal von Pokhara und den steilen Aufstieg der Hauptkette (Annapurna). Nördlich davon, zwischen Annapurna und Randgebirge, liegt das Tal von Manangbhot.

vollste Durchbruch ist die Schlucht des Kaligandaki zwischen Dhaulagiri- und Annapurna-Massiv. Nebenflüsse des Kaligandaki, wie Marsyandi, Buri Gandaki und Trisuli, finden ebenfalls ihren Weg durch die Hauptkette. In Ost-Nepal ist es vor allem der Arun mit seinem mächtigen Einzugsgebiet in Tibet, der die Hauptkette durchbricht.

Durch die abschirmende Funktion der Hauptkette gegen die Monsunwinde ist in West-Nepal nördlich derselben eine ausgesprochen aride Region entstanden, die wir die Nordhimalayische Trockenzone nennen wollen. Nun muß allerdings diese Aridität im Zusammenhang mit den extrem hohen Niederschlägen Monsun-Nepals südlich der Hauptkette verstanden werden[4]. Diese Nordhimalayische Trockenzone wird im Norden durch das Tibetische Randgebirge abgeschlossen, über das hier

---

[4] Wegen Einzelheiten verweisen wir auf das Kapitel „Klima und Vegetationszonen".

1. Physische Geographie und räumliche Gliederung

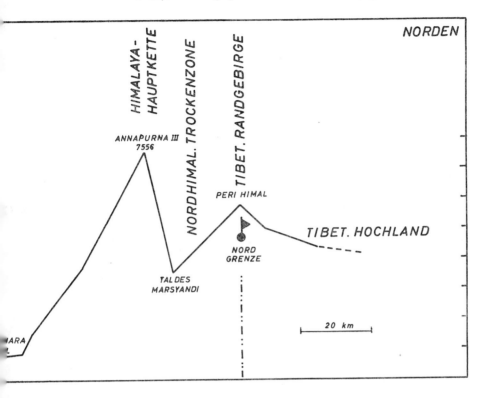

die Grenze verläuft und das nun effektiv den Übergang zum tibetischen Hochland bildet.

Zum besseren Verständnis der Gebirgsstruktur Nepals und zur klareren räumlichen Einordnung der bisher genannten Namen verweisen wir auf Karte 8. Die Schaubilder 4, 5 und 6 zeigen überhöhte Querschnitte durch West-, Zentral- und Ost-Nepal, die alle geographischen Großräume des Landes berühren.

Nach dieser allgemeinen Orientierung wenden wir uns den natürlichen Großräumen Nepals im einzelnen zu, wobei wir uns von Süden nach Norden bewegen[5].

Das Terai[6] (*madesh*) erstreckt sich auf nepalischem Boden über die Gesamtlänge des Territoriums vom Mahakali bis zum Mechi, d. h. über etwa 850 km, allerdings mit wesentlichen Einschränkungen. Die das Terai im Norden begrenzenden Churia-Berge treten nämlich in einigen Fällen nach Süden vor und bilden dabei manchmal

---

[5] Zum weiteren Studium der physischen Geographie Nepals verweisen wir auf Harka B. Gurung, „The Land" in „Nepal in Perspective", edited by Pashupati Shumsher Rana and Kamal P. Malla (in Vorbereitung); ferner Toni Hagen und P. P. Karan, wie in Fußnote 1 angegeben. — Im übrigen verweisen wir auf Teil II dieser Arbeit, der wirtschaftsräumliche Darstellungen wichtiger nepalischer Großlandschaften bringt.
[6] Von einigen deutschsprechenden Autoren auch *der* Terai oder Tarai genannt.

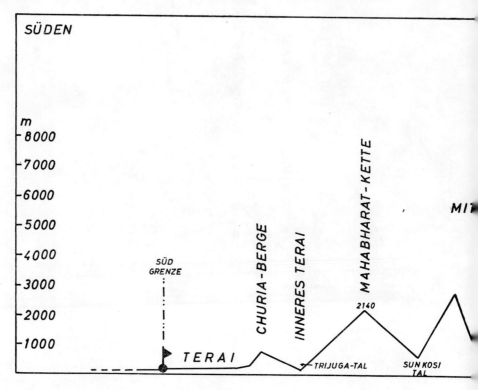

Schaubild 6: Querschnitt durch Ost-Nepal
Hier verläuft der Schnitt vom südlichsten Punkt des Distrikts Saptari zum Gipfel des Sagarmatha (Mt. Everest). Man erkennt vor allem den allgemein steilen Anstieg auf kurze Entfernung, weil hier das Everest-Massiv hohe Bergrücken nach Süden sendet, die die Mahabharat-Kette unbedeutend erscheinen lassen. Das Profil gibt zugleich einen Eindruck vom Östlichen Inneren Terai (Trijuga-Tal).

die indische Grenze. Das ist der Fall im Distrikt Dang-Deokhuri und im Distrikt Chitwan, wo jeweils etwa 80 km des Terai durch Höhenzüge der Churias abgelöst werden. Somit schrumpft die Gesamtlänge des nepalischen Terai auf rund 700 km zusammen. Seine Breite von der indischen Grenze bis zum Fuß der Churia-Berge reicht von 16 km im Zentralen Terai (Distrikt Nawalparasi) und im Westlichen Terai (Distrikt Kailali) bis 51 km im Östlichen Terai (Distrikt Sunsari).

Das Gebiet trägt die Tieflagen zum nepalischen Territorium bei, doch ist es keineswegs eine monotone Ebene. Es senkt sich leicht nach Süden und folgt zugleich dem allgemeinen Trend einer Abdachung von Westen nach Osten: Dhangarhi, nahe der indischen Grenze im Extrem-Westlichen Terai, liegt auf 280 m, Gularia, ebenfalls nahe der indischen Grenze im Distrikt Bardia im Westlichen Terai, bereits auf 152 m. Auf 152 m liegt auch Bairia im Distrikt Rautahat im Östlichen Terai, aber Sirha und Biratnagar weiter östlich sind bereits auf 76 m.

Das Gebiet besteht primär aus alluvialen Ablagerungen, die allerdings zum

1. Physische Geographie und räumliche Gliederung   57

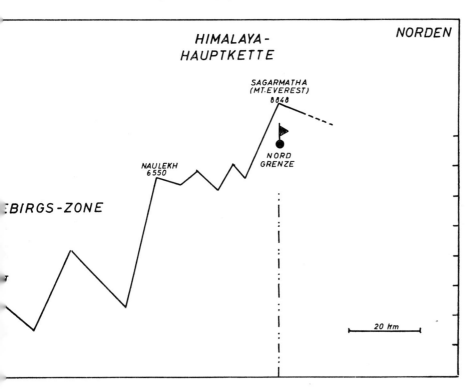

Fuß der Churia-Berge hin durch Geröllschutt abgelöst werden. Hier laden die Churia-Flüsse ihr Geschiebe ab. Der Streifen wird *bhabar* genannt und ist heute noch weitgehend bewaldet, weil die schlechten Böden keinen Anreiz zur Rodung und Nutzung geben. Es ist eine Übergangszone vom Terai zur Churia-Zone. Das Tiefland selbst wird in den Austrittsgebieten der großen Himalayaflüsse immer wieder von Überschwemmungskatastrophen heimgesucht, die Versandung und Versumpfung in ihrem Gefolge haben.

Noch immer trägt das Terai ausgedehnte Wälder, doch dringt nach Ausrottung der Malaria der Siedler mehr und mehr vor. Wir haben es hier mit dem Teil Nepals zu tun, der das größte Potential für die Erzeugung landwirtschaftlicher Massenprodukte, vor allem Reis und Weizen, hat. Zugleich aber ist das Terai auch der Standort für die meisten Industrien des Landes. Karte 9 vermittelt einen Eindruck vom Zentralen und zugleich vom Westlichen Terai mit seinem mehr und mehr nach Norden vordringenden Siedlungsgebiet. Karte 10 gibt ein Modellbeispiel des Östlichen Terai, bei dem gleichzeitig die zerstörerische Wirkung der großen Flüsse auf die Kulturlandschaft deutlich wird.

Die Churia-Berge, auch Siwaliks genannt, begrenzen das Terai im Norden und erheben sich streckenweise abrupt aus der Ebene. In West-Nepal erreichen sie an einigen Stellen 1 460 m auf kaum mehr als 2,5 km oder 1 860 m auf nur 6 km Horizontaldistanz. In Zentral-Nepal steigen sie über etwa 1,5 km auf 825 m auf.

Geologisch stellt dieser langgestreckte Höhenzug ein Gemisch aus hartem und weichem Gestein dar (Schichtrippenlandschaft), dessen Schichten nach Norden leicht gesenkt sind, nach Süden aber steil abbrechen. Das Relief ist rauh, und Erhebungen bewegen sich zwischen 400 und 900 m im Osten, steigen aber bis nahe 1 900 m im Westen des Landes empor. Streckenweise gehen die Churia-Berge unmittelbar in die nördlich folgende Mahabharat-Kette über, an anderen Stellen wieder trennen sie sich und formen so Täler des Inneren Terai. In einigen Fällen lösen sich die Churias auch in mehrere Parallelketten auf, so in den Distrikten Banke und Bardia, wo sie das Tal des Babai bilden, und in Dang-Deokhuri, wo sie den Westlichen Rapti aufnehmen, oder sie gabeln sich auf, wie im Distrikt Nawalparasi, wo sie den mächtigen Narayani (Kali-Gandaki) nach Süden abdrängen.

Die Churia-Berge sind noch heute zu einem hohen Grad bewaldet, weil hier, ähnlich wie im *bhabar*-Gürtel, der schlechte Boden nicht zur Landnutzung reizt. Im übrigen ist das Material, aus dem die Kette errichtet ist, so anfällig, daß ein stärkerer Holzeinschlag zu einer Katastrophe führen würde. Aus allen diesen Gründen sind die Churia-Berge ein dünn besiedeltes, streckenweise nahezu menschenleeres Gebiet.

Über die Fortsetzung der Churia-Berge nach Osten über den Kosi hinaus scheint unter den Geographen und Kartographen keine Einigkeit zu bestehen. Obwohl alle offiziellen Karten die Churias am Kosi enden lassen, führt sie doch z. B. Toni Hagen weiter, und H. B. Gurung möchte das Kankai-Tal südlich Ilam als Inneres Terai verstanden wissen. Uns scheint, daß, wenn überhaupt von der Fortsetzung einer Churia-Kette östlich des Kosi gesprochen werden kann, diese so innig mit der Mahabharat-Kette verschmolzen ist, daß ihr Charakter vollkommen verlorengegangen ist. Wir haben deshalb auf eine Darstellung der Churia-Berge östlich des Kosi verzichtet.

Wir wenden uns nun den Tälern des Inneren Terai (*dun, bhitri madesh*) zu. Wie bereits ausgeführt, sind diese Täler dadurch entstanden, daß die Ketten der Mahabharats und der Churias streckenweise voneinander entfernt verlaufen. Örtlich treten die Churias bis an die indische Grenze vor, so daß das Terai auf nepalischem Boden sein Ende findet. Trotz mancher Ähnlichkeit mit dem Äußeren Terai haben die Gebiete des Inneren Terai einen anderen Charakter.

Beginnen wir im Westen. Im Distrikt Dang-Deokhuri liegt das Dang-Tal, das von den Quellflüssen des Babai zu einer leicht geneigten Sedimentzone aufgeschüttet wurde, die sich heute bereits in einem Zustand fortgeschrittener Gully-Erosion befindet. Die mittlere Höhe liegt bei 490 m ü. NN. Das Tal selbst ist über 50 km lang und bis zu 15 km breit. Im Norden steigen die Mahabharat-

Karte 9: Modellgebiet Zentrales Terai
Dieser Ausschnitt aus dem Distrikt Kapilvastu zeigt das Vordringen des Siedlungsgebietes gegen den Fuß der Churia-Berge, die das Terai im Norden abgrenzen, sowie die geringe Verkehrserschließung und die Streulage der Siedlungen. Basiskarte 1 : 250 000.

1. Physische Geographie und räumliche Gliederung

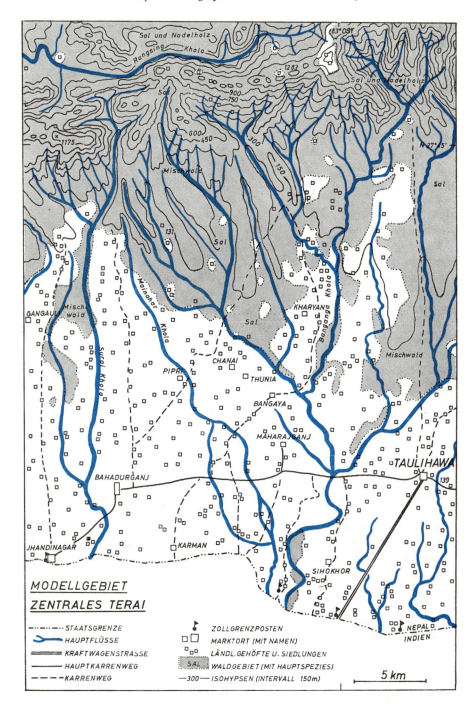

Ketten abrupt bis auf über 2 000 m auf, während die das Tal südlich begrenzenden Churia-Berge, durch die auch der Westliche Rapti entwässert, etwa 1 000 m Meereshöhe erreichen.

Das Gebiet ist entwicklungspolitisch vernachlässigt, obwohl es bei geeigneten Maßnahmen sicher intensiv bewirtschaftet werden könnte. Großgrundbesitz herrscht vor, der die autochthone Bevölkerung der Tharus als Pächter benutzt. Eine Erdstraße wurde in Selbsthilfe zur indischen Grenze gebaut, und der Plan sieht vor, die Ost-West-Fernstraße entlang dem Rapti südlich am Dang-Tal vorbeizuführen. Das Tal wird planmäßig angeflogen.

Wir haben es hier also mit einem relativ hochgelegenen, ringsum von Bergen umschlossenen Tal zu tun, das hinreichend mit Wasser versorgt sein sollte und einen Hauptfluß hat, der das Becken entwässert. Werden Maßnahmen zum Bodenschutz weiter hinausgeschoben, dürfte der Verwüstungsprozeß allerdings kaum noch aufzuhalten sein.

Während das Dang-Tal (und statistisch der ganze Distrikt Dang-Deokhuri) als Westliches Inneres Terai bezeichnet wird, ist die Abgrenzung des Zentralen Inneren Terai nicht so einfach. Sein Kernland ist ohne Frage das Tal des Östlichen Rapti im Distrikt Chitwan. Die Churia-Berge, durch den Durchbruch des Narayani (Kali-Gandaki) unterbrochen, setzen sich östlich davon fort, erreichen eine Höhe von 872 m und nähern sich nördlich Birganj sehr deutlich der Mahabharat-Kette. Im Norden wird das Rapti-Tal von der Mahabharat-Kette umschlossen, die, nachdem sie ebenfalls vom Narayani durchbrochen wurde, sich in einem Bogen nach Osten fortsetzt und dabei Höhen um 2 000 und 2 500 m erreicht. Das Rapti-Tal im engeren Sinne hat eine Länge von etwa 90 km und erreicht eine Breite von knapp 30 km. Die westliche Begrenzung wird durch den Narayani-Fluß gegeben, doch setzt sich das Landschaftsbild des Inneren Terai am jenseitigen Ufer noch mindestens weitere 20 km fort. Es handelt sich dabei um die Landschaft und frühere Verwaltungseinheit Nawalpur, die heute ein integraler Bestandteil des Distrikts Nawalparasi ist und statistisch mit dem Rest desselben, der zum Äußeren Terai gehört, als eine Einheit behandelt wird. Wir haben deshalb, sofern statistische Angaben gebraucht wurden, Nawalpur aus dem Zentralen Inneren Terai ausgliedern müssen.

Ein ähnliches Problem ergibt sich im Osten. Administrativ schließt sich an Chitwan der Distrikt Makwanpur an, der topographisch ein klarer Mahabharat-Distrikt ist, wenngleich von hier die Quellflüsse des Östlichen Rapti kommen. Praktisch alle älteren Statistiken beziehen unverständlicherweise Makwanpur oder seinen noch umfassenderen Vorgänger Chisapani[7] ins Zentrale Innere Terai mit ein. Wir sehen uns nicht in der Lage, dieser Praxis zu folgen, da sie topographisch nicht gerechtfertigt ist, und begrüßen es, daß das Ministerium für Landwirtschaft in seinen jüngsten statistischen Veröffentlichungen das Zentrale Innere Terai auf den Distrikt Chitwan beschränkt hat. Wo immer möglich, behalten wir diese Gliederung durch diese Arbeit bei.

---

7 Vgl. Verwaltungskarten 3, 4 und 6.

Es handelt sich beim Zentralen Inneren Terai ebenfalls um eine ausgedehnte Sedimentzone, die teilweise vom Narayani, überwiegend aber wohl vom Rapti aufgebaut wurde und bis in die jüngste Geschichte von Elefantengrasflächen im Westen und dichten Wäldern im Osten bedeckt war. Die mittlere Höhe über dem Meere liegt bei 275 m. Die nördlichen und südlichen Grenzberge tragen noch Waldbedeckung und die Dschungelflächen des östlichen Tals werden heute forstwirtschaftlich genutzt. Überhaupt hat das Rapti-Tal seit Mitte der 1950er Jahre sein Gesicht vollkommen gewandelt. Eine Autostraße verbindet das Städtchen Hitaura an der Fernstraße Indien-Kathmandu mit dem Narayani-Fluß, das Elefantengras ist gerodet, und Tausende von Siedlern haben neue Parzellen bezogen. Staatliche Stationen bemühen sich, Maßnahmen auf dem Gebiet der Landwirtschaft, der Viehhaltung und des Gartenbaus zu entwickeln. In der Landschaft Nawalpur hat ein sehr erfolgreiches Ansiedlungsprojekt den Urwald zurücktreten lassen. Im Gegensatz zum Dang-Tal bilden Rapti-Tal und Nawalpur Schwerpunkte der Entwicklungspolitik.

Weniger bekannt und auch weniger eindrucksvoll sind die Gebiete, die heute als Östliches Inneres Terai ausgewiesen werden. Hier haben wir es nicht länger mit breiten Tälern zu tun, die ausgedehnte Entwicklungsprojekte geradezu herausfordern, sondern mit vergleichsweise engen und steilen Flußtälern, die sich zwischen der Mahabharat-Kette und den Churia-Bergen hinziehen und die letztere schließlich durchbrechen. Administrativ umfaßt das Östliche Innere Terai die Distrikte Sindhuli und Udaipur.

Im Distrikt Sindhuli bilden Marin Khola und Kamala Khola Paralleltäler zwischen den Churia- und den Mahabharat-Bergen. Der Marin Khola vereinigt sich mit dem Bagmati, in den ferner Chiruwa und Kyan Khola münden, und der Bagmati durchbricht dann die letzte Barriere der Churias zum Terai. Es handelt sich dabei um unbedeutende Täler, wenn man sie etwa mit dem des Rapti vergleicht. Will man alle Paralleltäler zwischen den beiden Gebirgszügen als Inneres Terai bezeichnen, so findet man allerdings auch im Distrikt Makwanpur ein Stück des Bagmati-Laufs. Wesentlich ausgeprägter ist das Tal des Trijuga im Distrikt Udaipur, das sich zuletzt mit dem des Kosi vereinigt und sich zum Terai hin öffnet. Wir befinden uns hier weniger als 200 m über dem Meere. Somit hat die Bodenhöhe auch des Inneren Terai jene fallende Tendenz von West nach Ost. Verglichen mit den menschenleeren Churia-Bergen (nicht aber im Vergleich zu den Mahabharat-Ketten) sind die Täler auch des Östlichen Inneren Terais dichter besiedelt und stellen insofern schon eine Landschaft eigenen Charakters dar, die sich über etwa 160 km hinzieht, aber nur an wenigen Stellen breiter als 1—2 km ist.

Mit der Mahabharat-Kette (*mahabharat lekh*) betreten wir in jeder Hinsicht älteren Kulturboden. Hier haben wir es mit dem massiven Schutzwall der Mittelgebirgszone gegen die indische Tiefebene zu tun, ein zwar steiles aber doch besiedelbares Gebirge oberhalb der Fieberregion mit kultivierbaren Böden, wenn auch überwiegend nur an Steilhängen. Geologisch unterscheidet sich das Mahab-

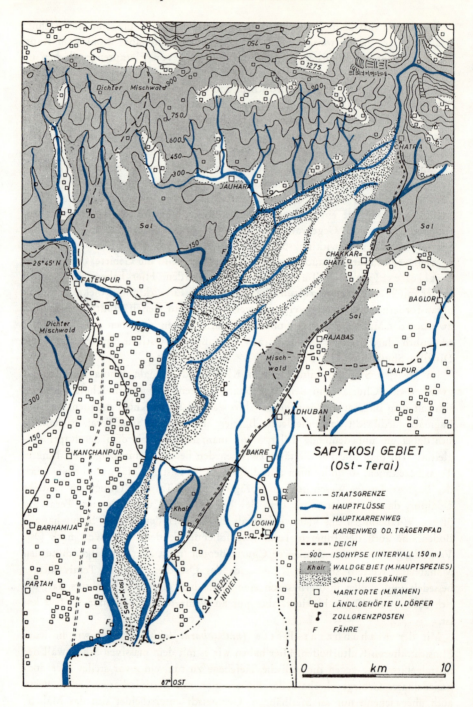

harat-Gebirge durch seinen weniger differenzierten Aufbau aus kristallinem Gestein und gleichmäßigere Erosionsformen von den Churia-Bergen.

Die Topographie der Kette ist eindrucksvoll. Tief haben sich die Flüsse in die Täler eingegraben, und die Durchbruchstellen zeigen Talsohlen mit nicht mehr als 200–400 m Meereshöhe, während die Gipfel der Mahabharat-Kette durchgehend zwischen 2 000 und knapp 3 000 m erreichen. Vor allem im zentralen Nepal gehen die niederen Höhenlagen weit hinauf nach Norden. Im extremen Osten, östlich des Kosi-Durchbruchs, biegt die Kette scharf nach Nordosten um und erreicht hier Höhen von über 3 500 m.

Besiedelung und Landnutzung sind über die ganze Länge der Mahabharat-Kette sehr ungleichmäßig verteilt. Generell kann gesagt werden, daß der Bevölkerungsdruck und die Unterkulturnahme selbst steiler Hänge heute auch vor diesem Gebirgszug nicht haltmacht. Südlich Kathmandu — einem Gebiet, das jeder Besucher der Hauptstadt überfliegt — fällt allerdings die Menschenleere auf, die Hand in Hand mit noch existierenden Waldbeständen geht. Westlich des Narayani (Kali-Gandaki) weicht der Wald ausgedehnteren Kulturflächen, die dichtere Besiedelung indizieren. Erst in West-Nepal nimmt die Besiedelungsdichte wieder ab, wie hier die Zahl der Menschen je Flächeneinheit überhaupt zurückgeht. In Ost-Nepal, d. h. etwa von der Länge des Kathmandu-Tals bis zur Ostgrenze des Landes, ist die Entwaldung und Besiedelung der Mahabharat-Kette wieder besonders eindrucksvoll.

Der breite Gürtel zwischen der Mahabharat-Kette und der Himalaya-Hauptkette wird vom nepalischen Mittelgebirge (*pahar*) ausgefüllt. Zahlreiche nepalische und ausländische Autoren betrachten die Mahabharat-Berge und das Mittelgebirge als identisch und eine Einheit[8]. Dem ist sicherlich nicht zu folgen. Unsere topographische Strukturskizze (Karte 8) zeigt die klaren Unterscheidungsmerkmale zwischen Mahabharat und Mittelgebirgszone. Dem eindeutigen Kettencharakter der Mahabharats über Hunderte von Kilometern, ihrer Rolle als West-

---

[8] Selbst die Karte 1 : 250 000 ist in dieser Hinsicht (und in manch anderer) unzuverlässig. Hier wird die „Great Himalaya-Range" (Himalaya-Hauptkette) eindeutig der Mahabharat-Kette bei Dailekh auferlegt (Blatt NH 44–15), und das Tibetische Randgebirge wird ebenfalls mit diesem Attribut versehen (Blatt NH 44–12), während umgekehrt die Himalaya-Hauptkette in West-Nepal auf dem gleichen Blatt als „Lesser Himalaya Range" ausgewiesen wird. Desgleichen muß vor der nepalischen Publikation „Nepal in Maps" gewarnt werden. Selbst in der verbesserten Neuauflage ist die Karte zur physischen Geographie vollkommen unzuverlässig. Hier wird die Siwalik-Range (Churia) durchgehend an Stelle der Mahabharat-Kette ausgewiesen, während die Mahabharat-Kette quer durch das Mittelgebirge gelegt wird.

Karte 10: Sapt-Kosi-Gebiet (Östliches Terai)
Dieser Ausschnitt zeigt das Grenzgebiet zwischen den Distrikten Saptari und Sunsari, das durch den Sapt-Kosi seit Menschengedenken verwüstet wird. Man erkennt deutlich, wie der Fluß nach Westen gegen das dichtbesiedelte Gebiet drückt, während er im Osten Ödland mit spärlicher Besiedelung zurückläßt. Die Mahabharat-Kette tritt hier unmittelbar an das Terai heran, während die Churia-Berge (links im Kartenbild) hier enden. Basiskarte 1 : 250 000.

Ost verlaufende Barriere für die aus dem Norden kommenden Flüsse steht das ganz anders geartete Mittelgebirge gegenüber, das, von ein paar parallel zur Mahabharat-Kette laufenden Höhenzügen im Süden abgesehen, überwiegend aus Ausläufern der Himalaya-Hauptkette besteht, die generell Nord-Süd verlaufen und denen die Flüsse in der gleichen Richtung folgen. Zahllose Abzweige oder Sporne zerreißen es zu einem kaum noch identifizierbaren oder gliederungsfähigen Gebiet. Durch seine Verwandtschaft und seine Verbindung zu Berggruppen der Himalaya-Hauptkette (Api, Saipal, Kanjiroba, Dhaulagiri usw.) weist es eine größere Zahl eindrucksvoller Erhebungen auf: Südlich des Saipal-Massivs liegen zwei namenlose Gipfel von 4 389 und 3 862 m Höhe, südlich des Kanjiroba-Massivs liegen Samla Lagna mit 4 677 m und Thari Patan mit 4 543 m Höhe, südlich des Dhaulagiri-Massivs der Surtibang Lekh mit 4 044 m Höhe. In Zentral-Nepal sinkt die allgemeine Höhe des Mittelgebirges beträchtlich ab, und es erreicht keiner der Gipfel Höhen über 2 500 m. Auch in Ost-Nepal bleibt das Mittelgebirge in bescheidenen Höhen, obschon Pike im südlichen Solukhumbu-Distrikt über 4 000 m und die Milke Danda im Gebiet Sankhuwa-Sabha/Teratum über 3 600 m erreichen (vgl. hierzu noch einmal die Profile, Schaubilder 4—6).

Die *pahar*-Zone hat im zentralen West-Nepal eine Breite von 100 km, schrumpft aber östich Kathmandu streckenweise bis auf weniger als 50 km ein. Ihr Charakter wird durch dichte Besiedelung, vor allem im Zentrum und im Osten, fortgeschrittene Entwaldung und Erosion geprägt. Ein Flug über das Mittelgebirge erfüllt den Reisenden mit Sorge über die Zukunft des Kulturbodens, der heute und in diesem Streifen nahezu zwei Dritteln der Bevölkerung Lebensraum und Nahrung gibt. Die Kultivierung des Bodens erfolgt notwendigerweise an den Hängen der Berge, denn die schmale Talaue (*tar*), die nur entlang einiger größerer Flüsse zu finden ist, macht als Ebene nur einen Bruchteil der Gesamtkulturfläche in der Gebirgszone aus. Hier wiederum sind die ökologischen Unterschiede zwischen den der Sonne zugewandten Hängen (*pahara*) und den schattigen, nach Osten oder Norden ausgerichteten, Flächen (*siyala*) oft sehr groß, ein Umstand, den wir bei der Behandlung des Klimas und der Vegetation noch näher untersuchen werden. Die kleineren, im Winter oft ausgetrockneten Flüsse tragen in der Regenzeit enorme Mengen an Erdreich und Geröll zu Tale, und die alluvialen Kegel in ihren Mündungsgebieten sind typisch. „Das milde, subtropische Klima", schreibt Harka B. Gurung, „und angemessene Niederschläge haben die *pahar*-Zone zum bevorzugten landwirtschaftlichen Siedlungsgebiet gemacht und so ausgedehnte Entwaldung mit nachfolgender Verwüstung der Naturlandschaft begünstigt. Die typische Szenerie des *pahar*-Landes mit Fluchten von Terrassen über die Talhänge und den überbeweideten öden Bergrücken sprechen eine beredte Sprache über die

Karte 11: Modellgebiet Mittelgebirge
Das Kartenbild gibt einen Ausschnitt aus den Distrikten Lamjung und Tanahu wieder und zeigt die fortschreitende Zersiedelung des Mittelgebirges im zentralen Nepal sowie die progressive Entwaldung der Höhen und vermittelt einen Eindruck von den Verkehrsmitteln: Trägerpfade, Kanu-Fährboote, ein planmäßig angeflogener Flugplatz. Basiskarte: 1 : 250 000.

1. Physische Geographie und räumliche Gliederung

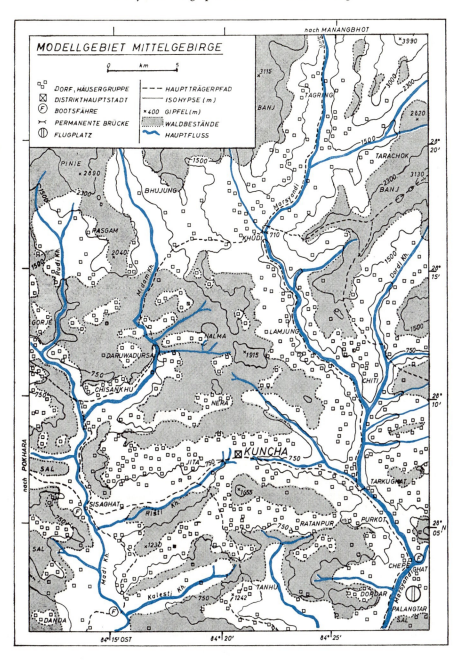

Einwirkung des Menschen auf das Land." Karte 11 vermittelt einen Eindruck der Kulturlandschaft im nepalischen Mittelgebirge.

Über die nördlichen Bergrücken des Mittelgebirges gelangen wir unmittelbar hinauf zur Himalaya-Hauptkette. Dieses eindrucksvolle Massiv, das in der Tat die ökologische Nordgrenze Monsun-Nepals darstellt, ist allerdings keine durchgehende Barriere, sondern zeigt erhebliche Durchbrüche und Lücken (s. Schaubild 7). Die zahlreichen bereits erwähnten Traverstäler, die den Abfluß der am Tibetischen Randgebirge oder in Tibet entspringenden Flüsse nach Süden gestatten, ermöglichen die Einteilung der Himalaya-Hauptkette in eine ganze Zahl getrennter Bergzüge, die in ihrer Gesamtheit allerdings mehr oder weniger einer Generalrichtung folgen. Ähnlich den Ketten im Süden, ist der Nordhang der Hauptkette weniger geneigt als der Südhang, der ziemlich steil aus dem Mittelgebirge aufsteigt. Das gilt besonders für Zentral-Nepal (vgl. Schaubild 5), wo die tieferen Lagen des Südens weiter als gewöhnlich nach Norden vortreten und z. B. die Annapurna-Kette mit ihrem 8 090 m hohen Gipfel in einer Horizontaldistanz von nur 42 km von dem 833 m hoch gelegenen Pokhara entfernt liegt. Einer Höhendistanz von 7 257 m auf 42 km würde eine solche von 175 m je km entsprechen. Nimmt man den weiter südlich gelegenen Machhapuchhare mit 6 997 m Höhe, so kommt man sogar auf einen Anstieg von 212 m je km. Noch wesentlich eindrucksvoller wird die Steilheit der Hauptkette, wenn man die Höhenunterschiede aus den Traverstälern heraus mißt. Ein Aufstieg aus dem Tal des Kali-Gandaki zum Dhaulagiri z. B. hätte auf jedem Kilometer nicht weniger als 517 m zu überwinden. Ein Aufstieg aus dem Marsyandi-Tal zum 8 156 m hohen Manaslu würde eine Überwindung von etwa 350 m pro km bedeuten.

Die Berggruppen senden Abzweige in alle Richtungen aus, manchmal allerdings, wie beim Annapurna, ausgeprägter nach Norden, während zum Süden hin ein steiler Abfall zu verzeichnen ist. Der Dhaulagiri wiederum sendet drei über 6 000 m hohe Zweige aus: den Mukut-Himal zur tibetischen Grenze nach Norden, den Kanjiroba in Richtung der Hauptkammlinie nach Nordwesten und den Putha Hiunchuli nach Westen. Schließlich ist anzumerken, daß der Nepal-Himalaya acht der zehn höchsten Berge der Erde einschließt (vgl. dazu Schaubild 7).

In Ost-Nepal bildet der Kamm der Hauptkette mehr oder weniger die Grenze zu Tibet, aber zahlreiche Ausläufer der Berggruppen dringen hier weit nach Tibet vor. Mit dem Sagarmatha (Mt. Everest) erreicht nicht nur Nepal, sondern auch unsere Erde ihren Gipfel bei 8 848 m. Der Kanchendzönga, der mit seinen 8 598 m Höhe einen Eckstein an der nepalischen Grenze zu Sikkim hin bildet, rangiert an zweiter Stelle.

Als Lebens- und Wirtschaftsraum spielt die Himalaya-Hauptkette selbstverständlich eine geringe Rolle, wenn man sie mit dem Mittelgebirge oder dem Terai vergleicht. Die Siedlungsgrenze an der Südabdachung liegt im allgemeinen nicht über 2 400 m und darüber ein schwer zugänglicher und daher weitgehend noch unberührter Himalaya-Urwald, der bis 3 300 m, maximal bis 4 000 m aufsteigt. Dann ziehen sich Wildweiden bis hinauf zur Grenze des ewigen Schnees. Diese Schneelinie liegt je nach der Gegend zwischen 5 200 m und 5 800 m, wie Höhen-

1. Physische Geographie und räumliche Gliederung

grenzen natürlicher Phänomene überhaupt von Gegend zu Gegend schwanken. Dessen ungeachtet gibt es auch ausgesprochene Hochsiedlungsgebiete, wo Weidewirtschaft eine vorrangige Rolle spielt, z. B. Khumbu, ein Siedlungsgebiet der berühmten Sherpas, mit dem wir uns noch eingehender zu befassen haben. Dauernd und zeitweise bewohnte Dörfer finden wir in der Himalaya-Hauptkette bis auf über 4 000 m, allerdings nicht überall, sondern nur an bevorzugten Plätzen. Andererseits bilden die Durchbruchstäler verhältnismäßig tief gelegene Siedlungsräume bescheidenen Ausmaßes, so das Tal des Kali-Gandaki, das in Höhen zwischen 1 500 m und 3 000 m im Bereich der Hauptkette verläuft und einen begrenzten Lebens- und Wirtschaftsraum anbietet. Karte 12 gibt ein Beispiel für die Kulturlandschaft in diesem Bereich.

Wir können damit unseren Blick von Ost-Nepal fortnehmen und ihn ganz auf Zentral- und West-Nepal richten, denn im Gegensatz zum Osten finden wir hier zwei weitere Landschaften, und zwar zunächst die Nordhimalayische Trockenzone[9], die zwischen die Hauptkette und das Tibetische Randgebirge eingebaut ist. Weniger ausgeprägte, vergleichsweise enge Täler findet man westlich des Ganesh-Himal am Oberlauf des Buri Gandaki, während das Tal des oberen Marsyandi, nördlich des Annapurna-Massivs, bereits ein ausgeprägtes Hochtal ist: Manangbhot, dessen Talboden zwischen 2 500 und 3 800 m über dem Meere liegt. Alle diese Täler laufen West-Ost. Am extremsten sind die Bedingungen in dem nord-südlich verlaufenden Tal des oberen Kali-Gandaki, dem Gebiet von Mustang. Hier haben wir in der Tat streckenweise Niederschläge von weniger als 250 mm, während im 60 km entfernten Pokhara 14mal soviel Regen fällt[10]. Der Boden des Mustang-Tals liegt in Höhen zwischen knapp 3 000 m und knapp 4 000 m, die Stadt Mustang selbst 3 780 m hoch. Dieses nach allen Seiten durch 5 000–6 000 m hohe Bergzüge abgeschlossene Gebiet hat einen leichten Zugang nur von Süden durch die Kali-Gandaki-Schlucht und von Norden über das Tibetische Randgebirge. Nach Westen zu schließt sich das wiederum Ost-West gerichtete Tal des Langu und Mugu-Karnali an, von Mustang getrennt durch den schwer übersteigbaren Mukut-Himal. Dieses Tal liegt im Norden der Kanjiroba-Kette, doch da diese nicht eine so ausgeprägte Barriere ist wie das das Tal nach Norden abgrenzende Tibetische Randgebirge, liegen die Niederschläge hier längst nicht mehr so extrem niedrig wie in Mustang. Sie werden eher noch kräftiger, je weiter wir uns dem Jumla-Korridor nähern, einer Senke in der Himalaya-Hauptkette von 70 bis 80 km[11].

Im äußersten Nordwesten des Landes setzt der Humla-Karnali diese Kette

---

9 Toni Hagen nennt diese Zone „Inneren Himalaya", und Harka B. Gurung spricht von den „trans-himalayischen *bhot*-Tälern". Der Verfasser gibt zu, daß er während seiner Arbeit in Nepal selbst den Ausdruck „trans-himalayisches Gebiet" benutzt hat in der Absicht, damit die „jenseits der Himalaya-Hauptkette gelegenen" Gebiete zu bezeichnen. Dieser Terminus ist unglücklich, weil er zur Verwechslung mit dem Transhimalaya (Hedin-Gebirge) in Tibet führen kann. Ihm scheint, daß der Ausdruck Nordhimalayische Trockenzone am besten dieses Gebiet charakterisiert.
10 Vgl. dazu Schaubild 10 im Kapitel „Klima und Vegetationszonen".
11 Vgl. dazu Schaubild 11 im Kapitel „Klima und Vegetationszonen".

nordhimalayischer Täler fort, denen man eine Gesamtlänge von 400 bis 450 km geben kann. Geologisch gesehen, bewegen wir uns hier in der tibetischen Sedimentzone, zwischen den Gneisen der Hauptkette und den Graniten der älteren tibetischen Randgebirge. Die ganze Landschaft ist weich und erodiert und wird von den Flüssen zur Zeit ihrer Hochwasserführung immer wieder abgetragen und neu geformt. Tatsächlich gibt es hier keine Ebenen, sondern nur zerrissene Hänge und tief zerklüftete Talböden. Das obere Tal des Langu (Mugu-Karnali) liegt bei etwa 4 600 m, das obere Tal des Humla-Karnali bei 3 700 m. Beide Täler vereinigen sich nördlich des Jumla-Korridors in nur 1 500 m Höhe zum Tal des Karnali, der die Wässer hier nach Süden drainiert.

Die nordhimalayischen Trockengebiete sind sehr dünn besiedelt, wennschon solche Siedlungen noch in extremen Höhen zu finden sind. Bäume gehören hier zu den Seltenheiten, und die karge Landschaft liefert kaum mehr als eine spärliche Wildweide. Wanderweidewirtschaft, traditionell unter Einbeziehung der benachbarten tibetischen Gebiete, und intensive Flußoasenkultur kennzeichnen daher die Wirtschaftsweise dieser Menschen. Viele dieser Täler sind im Winter vom nepalischen Kernland abgeschnitten.

Die letzte Landschaft, die zu besprechen ist, ist das Tibetische Randgebirge, eine alte, lange Zeit der Erosion ausgesetzte Formation, die deshalb heute viel weniger rauh und steil wirkt als die jüngere Himalaya-Hauptkette. Die Kuppen und Hänge sind abgeschliffen, Gletscher sind kümmerlich und nähren ein paar Rinnsale in der Trockenzeit. Die wichtige Funktion dieses Gebirges ist, daß es die Wasserscheide zwischen dem Ganges im Süden und dem Tsangpo/Brahmaputra im Norden darstellt. Seine Gipfel erreichen häufig über 6 000 m, bleiben aber unter 7 000 m. Die Vermessungsergebnisse aus dieser Gegend sind unzuverlässig oder unzugänglich, und es scheint, daß das Kubi Kangri-Massiv mit 6 855 m die höchste Erhebung zwischen der Nordwestecke Nepals und dem Humlung-Himal nördlich der Annapurna-Kette mit 7 126 m stellt. Etwa von dieser letztgenannten Stelle aus biegt die Ladakh-Kette, wie das Tibetische Randgebirge auf einigen Karten genannt wird, nach Nordosten ab und entfernt sich wieder weit von der Himalaya-Hauptkette, die es in Zentral-Nepal fast berührt hat.

Das Gebirge ist praktisch unbewohnt, aber da es im Westen und zu den Kammlagen hin mehr Niederschläge erhält als viele Teile der nordhimalayischen Täler, spielt es wirtschaftlich eine Rolle als Weidegebiet.

Es dürfte kaum ein Land geben, in dem vertikale Kontrastzonen so eng beieinanderliegen wie in Nepal. Es wird dabei allerdings häufig übersehen, daß neben dem „Nord-Süd-Kontrast" ein ausgeprägter horizontaler „Ost-West-Kontrast" besteht. Dieser letztere wird vor allem dadurch hervorgerufen, daß Nepal nicht

Karte 12: Modellgebiet Kali-Gandaki Nordsüd-Tal
Dieses Kartenbild zeigt den Durchbruch des Kali-Gandaki zwischen Dhaulagiri-Massiv im Westen und Annapurna-Massiv im Osten und zugleich den Übergang von Monsun-Nepal in die Nordhimalayische Trockenzone: das Verschwinden der Wälder und das Zurückgehen der spärlichen Kulturflächen in dem engen Tal sind Indikatoren für den Einfluß der ariden Zone. Basiskarte: 1 : 250 000.

1. Physische Geographie und räumliche Gliederung

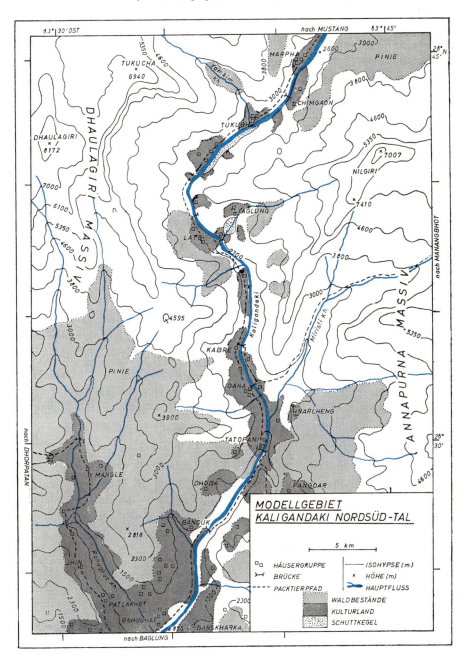

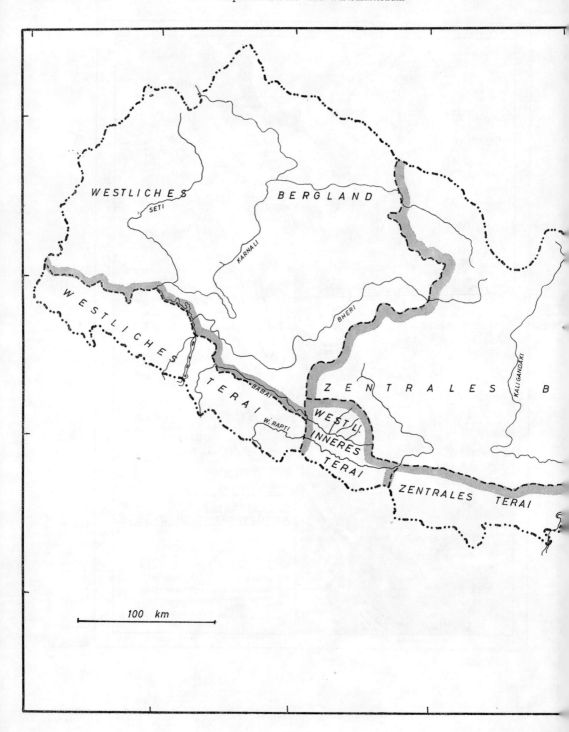

1. Physische Geographie und räumliche Gliederung

DIE NATÜRLICHEN REGIONEN NEPALS

west-östlich, sondern nordwest-südöstlich verläuft, d. h. daß die Nordwestspitze des Landes nicht 170–200 km nördlicher als die Südostspitze liegt, wie es der mittleren Tiefe des Landes entsprechen würde, sondern nicht weniger als 450 km. Die Wanderung durch das Land von West nach Ost ist mithin gleichzeitig eine Wanderung von Nord nach Süd. Dies wirkt sich vor allem klimatisch aus, wie wir noch eingehend zeigen werden.

Die raumbezogene Untersuchung und Darstellung eines Landes von der Größe und Vielfalt Nepals macht es erforderlich, das Gesamtgebiet in Großregionen oder Landschaften einzuteilen. Die oben geschilderte vertikale Gliederung bietet eine solche Einteilung bereits an. Es empfiehlt sich darüber hinaus noch eine horizontale Einteilung, die leicht an den drei großen Flußsystemen Nepals orientiert werden kann und die vertikale Gliederung des Landes abermals in West-, Zentral- und Ost-Nepal unterteilt.

West-Nepal wird durch das Karnali-Flußsystem geprägt. Hier ist das Tibetische Randgebirge von besonderer Bedeutung, weil die Himalaya-Hauptkette im Jumla-Korridor fast zur Bedeutungslosigkeit absinkt. Dafür enthält das Mittelgebirge allerdings überdurchschnittliche Erhebungen, und Mahabharat- sowie Churia-Berge tragen hier hohe bzw. ihre höchsten Gipfel. Zentral-Nepal wird durch das System des Kali-Gandaki geprägt. Die Himalaya-Hauptkette ist eine stolze Gebirgsmasse, die sich aus vergleichsweise bescheidenem Mittelgebirge erhebt und nach Norden hin die *bhot*-Täler einschließt. Mahabharat- und Churia-Berge senken sich zum Durchbruch des Kali-Gandaki hin ab. Ost-Nepal wird vom Kosi-System entwässert und hat eine klar definierte Nordgrenze: die Himalaya-Hauptkette mit Sagarmatha als Hauptgipfel. Die Mittelgebirgszone ist vergleichsweise schmal und erreicht kaum noch 4 000 m. Die Niederschläge sind sehr hoch und die Besiedelung dicht. Die Mahabharat-Kette hat hier ihre höchsten Gipfel, aber die Churia-Berge verlieren mehr und mehr an Bedeutung, je weiter man ihnen nach Osten folgt.

Es handelt sich also um drei recht ausgeprägte Gebiete, die in Verbindung mit der vertikalen Gliederung eine hinreichend gerechtfertigte Einteilung des Landes gestatten, wie sie Karte 13 wiedergibt. Wir haben uns dabei, eingedenk der Tatsache, daß wir distriktweise ausgearbeitete Statistiken zu verwerten haben, an vorhandenen Distriktgrenzen orientiert, und wir haben uns in dieser Arbeit, sofern nicht andere Einteilungen durch die benutzten Quellen vorgegeben waren oder zweckmäßiger erschienen, an diese Gliederung Nepals gehalten.

Karte 13: Die natürlichen Regionen Nepals
Die Einteilung Nepals erfolgte unter Berücksichtigung einmal der naturbedingten Räume und zum anderen der administrativ-statistisch vorgegebenen Gliederung des Landes. Die Ausführungen in dieser Arbeit halten sich so weit wie möglich an diese Einteilung.

2. Klima und Vegetationszonen

Ohne eine reichliche Sammlung verläßlicher klimatologischer Daten ist die klimakundliche Analyse eines Landes schwer, wenn nicht aussichtslos. Was Nepal bis heute an Klimadaten anzubieten hat, ist dürftig. Zwar haben die Inder über längere Zeiträume meteorologische Beobachtungen auch an einigen Orten Nepals registriert, sie reichen aber nicht aus, um ein Gesamtbild dieses Landes zu zeichnen. Der nepalische meteorologische Dienst, der weitgehend mit Hilfe der Vereinten Nationen (World Meteorological Organization) ausgebaut wurde, arbeitet erst wenige Jahre, und wenn heute auch die Zahl der Regenmeßstationen 74 beträgt, so übersteigt die der registrierten Jahre selten zehn. Temperaturmessungen liegen überhaupt nur für 20 Stationen vor, die nicht einmal repräsentativ verteilt sind. Wir haben uns bemüht, möglichst viel Zahlenmaterial vom Department of Meteorology zu erhalten und zu verarbeiten, doch ist es offensichtlich, daß aussagekräftige Werte nur auf der Grundlage von viel mehr Beobachtungsjahren ermittelt werden können[1].

Ganz abgesehen davon sind Mittelwerte, wie auch wir sie hier verwenden, problematisch. Vor allem im Zusammenhang mit der wirtschaftlichen Aktivität des Menschen, namentlich des Bauern, können einmalige Phänomene oder kurzfristige Abweichungen von der Norm vorteilhafte oder nachteilige Auswirkungen haben, ohne daß sie im Jahres- oder selbst Monatsmittel überhaupt in Erscheinung treten. Einmalige Hagelschläge oder die Verzögerung der erwarteten Regenfälle um eine Woche oder auch die Verlängerung der Regenfälle um wenige Tage wirken sich katastrophal auf die Ernte aus, ohne daß die Mittelwerte notwendig derartige Schlüsse zulassen. Wenn wir also in diesem Kapitel Zahlenreihen von Mittelwerten bringen, um ein allgemeines Klimabild Nepals zu zeichnen, so sollten diese mit den erforderlichen Vorbehalten betrachtet werden.

Neben zeitlichen Schwankungen unterliegen die klimatologischen Werte auch örtlichen Abweichungen. Die starke Kammerung des Landes, seine unebenmäßige Topographie, die extremen Höhenunterschiede und die kreuz und quer durch das Land laufenden Höhenrücken lassen dem Mikroklima eine besondere Bedeutung zukommen. Es dürfte kaum 100 km² nepalischen Staatsgebietes geben, die klimatologisch als Einheit betrachtet werden können, wenn man einmal von den Ebenen des Terai absieht.

Der Einfluß des Menschen auf die Klimata der Erde ist bekannt. Raubbau am Boden und der Vegetation sowie Wüstungen auf der einen Seite stehen Maßnah-

---

[1] Soweit nicht anders angegeben, wurden die Zahlen zu unseren Berechnungen und Darstellungen der Veröffentlichung „Climatological Records of Nepal 1966" des Department of Hydrology and Meteorology in Kathmandu entnommen. Karte 14 gibt einen Überblick über die Einteilung Nepals, die wir diesem Kapitel zugrunde legen.

Karte 14: Orientierungsskizze zur Klimatologie von Nepal
Bei den Untersuchungen über Niederschläge und Temperaturen in diesem Kapitel legen wir eine grobe Einteilung Nepals zugrunde, die in enger Beziehung zur Topographie steht.

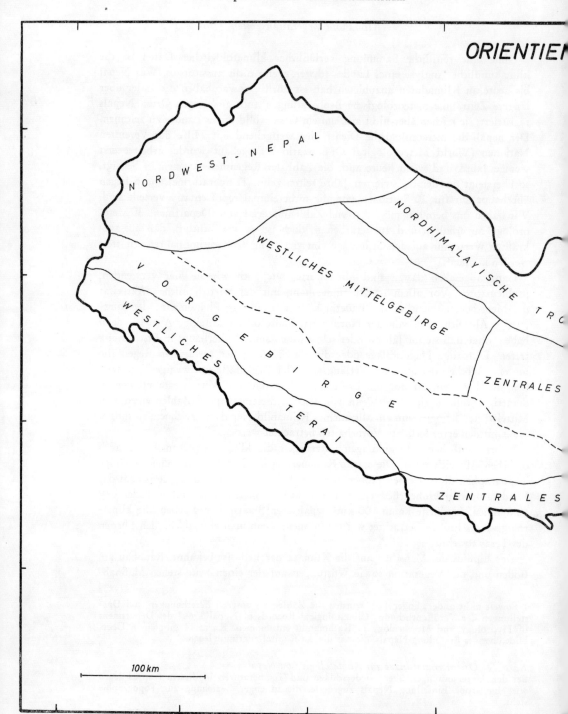

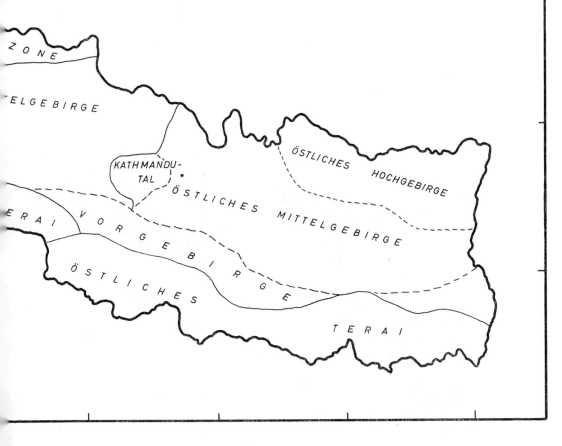

men der Bewässerungstechnik, dem Pflanzen von Windschutzstreifen, Flußumleitungen und Meerabdämmungen auf der anderen Seite gegenüber. Einflußnahmen auf das Mikroklima sind relativ einfach und können die ökologischen Bedingungen eines Tals, eines Plateaus oder eines Hanges in oft nur wenigen Jahren zum Vorteil oder auch zum Nachteil ändern. Es darf sogleich angemerkt werden, daß es in Nepal völlig an Studien dieser Art fehlt, nicht zu sprechen von praktischen Maßnahmen. Die wenigen von ausländischen Wissenschaftlern beigetragenen Arbeiten blieben bisher unbeachtet.

Die Zuordnung Nepals zu den Klimazonen der Erde ist außerordentlich kompliziert. Die extreme Nordspitze des Landes liegt, nach dem neuen Grenzabkommen mit China, bei etwa 30°27′ N, die extreme Südspitze in der Gegend von Biratnagar bei 26°22′ N. Das heißt, daß sich Nepal in der Nord-Süd-Richtung über etwas mehr als vier Breitengrade erstreckt, was einer Entfernung von etwa 450 km entspricht. Übertragen auf europäische Verhältnisse wäre das in nord-südlicher Richtung etwa von Nürnberg bis Venedig oder von Hamburg bis Nürnberg. Vergleicht man die klimatischen Unterschiede von zwei kontinentaleuropäischen Städten gleicher Distanz, beispielsweise Charleville in Nord- und Lyon in Südfrankreich, so wird man mit Sicherheit nicht zu solchen Differenzen kommen wie beim Vergleich der Nordhimalayischen Trockenzone und dem Terai Nepals.

Hier zeigt sich die zweite Problematik der Klimaeingliederung dieses Landes: seine extremen Höhenunterschiede, die auf kürzester Entfernung von nahezu Meereshöhe (Biratnagar oder Sirha = 76 m ü. NN) bis zum Gipfel des Mt. Everest mit 8 848 m ü. NN reichen. Die Tieflagen des nepalischen Terai um den Sapt-Kosi bei Hanumannagar und der Mt. Everest liegen nur 170 km Luftlinie voneinander entfernt, was etwa der Entfernung Frankfurt—Dortmund entspricht. Legt man, um des Vergleiches willen, eine solche Linie von der deutschen Nordseeküste in Richtung Alpen, so würde man vom Jadebusen aus gerade das Weserbergland mit 528 m ü. NN erreichen. Noch eindrucksvoller als der Gesamthöhenunterschied zwischen Nord- und Südgrenze Ost-Nepals ist der kurzstreckige Anstieg im Gebirge selbst, der auf 30 km Horizontaldifferenz mehr als 6 000 m Höhendifferenz bringt[2]. Es liegt auf der Hand, daß die Unterschiede in der Meereshöhe nicht nur vertikal, sondern auch horizontal verlaufen und daher wieder stark bei der Bildung von Mikroklimata mitwirken: legt man eine Linie von der Nordost-Ecke Nepals in westliche Richtung, so schneidet diese in bunter Folge extremes Hochgebirge, hohe und niedrige Mittelgebirge und Talsenken, die bis zu 300 m hinunterreichen. Man kann also schwerlich von einem klaren Stufenaufbau Nepals sprechen, denn diese Stufen sind bei horizontalem Verlauf ständig vertikal durchschnitten.

Schließlich muß noch berücksichtigt werden, daß der ganze Himalaya und damit auch Nepals Anteil an diesem Gebirge schräg und nicht in gleicher Front den vorherrschenden Niederschlägen und Winden ausgesetzt ist. Die klimabestimmenden Niederschläge werden vom Süd-Ost-Monsun und zu einem geringeren Teil gebiets-

---

[2] Willibald Haffner, „Ostnepal — Grundzüge des vertikalen Landschaftsaufbaus", in „Khumbu Himal. Ergebnisse des Forschungsunternehmens Nepal Himalaya", Bd. 1, 1967, S. 393 f.

2. Klima und Vegetationszonen

weise von winterlichen Nordwest- und Westwinden herangeführt. Die von Nordwest nach Südost verlaufenden Berg-Hauptzüge Nepals sind, was den Sommer-Monsun anbetrifft, in ihrem südöstlichen Teil diesen Niederschlägen weitaus stärker ausgesetzt als weiter im Nordwesten.

Aus diesen drei Gliederungen nach geographischer Breite, Höhe über dem Meere und Exposition gegenüber den Monsunwinden ergeben sich einige Klimazonen für Nepal, die allerdings, wie erwähnt, nicht sehr scharf abgegrenzt werden können[3].

Bevor wir uns aber der Formulierung solcher Klimazonen in Nepal zuwenden, wollen wir versuchen, auf der Basis des geringen vorhandenen Materials die einzelnen meteorologischen Phänomene zu beschreiben. Aus Mangel an systematischen Meßdaten müssen wir uns dabei auch auf sporadisch von Forschern gemachte Beobachtungen stützen.

Über die Windverhältnisse in Nepal liegen überhaupt keine Messungen vor. Das allgemeine Bild während eines Jahres stellt sich aber wie folgt dar. In die Zeit relativer Ruhe im Frühjahr bricht im Frühsommer ein aus dem westlichen Indien heranwehender heißer und trockener Wind ein, der örtlich *loo* oder *ranki* genannt wird. Dieser Wind führt zu abrupten Temperatursteigerungen im Terai. Er wird Mitte Juni überlagert und schließlich abgelöst vom Sommer-Monsunwind, der extrem feucht ist und vom Golf von Bengalen, also aus dem Südosten, heranzieht. Der Sommer-Monsunwind herrscht, bei abnehmender Intensität von Ost nach West, bis Ende September vor. Während der kalten Jahreszeit brechen gelegentlich sehr kalte Winde über die Hauptkette von Zentralasien nach Zentralnepal ein (*siraito*), die von Nordost wehen und zu plötzlichen Temperaturstürzen und Schneefall in den höheren Lagen führen. In der gleichen Jahreszeit weht regelmäßig ein Winter-Monsunwind aus dem Nordwesten, also ein ebenfalls trockener und kalter Kontinentalwind, der nur sehr begrenzte lokale Regenfälle auslöst (*Magha Jhari*)[4]. Die eigentlichen Winterregen in Nepal werden von spätwinterlichen Zyklonen gebracht, die ihren Ursprung im Mittelmeerraum haben sollen, von Westen heranziehen und an Intensität nach Osten abnehmen (vgl. Karte 15).

Es versteht sich von selbst, daß ein Land von der Gestalt Nepals zahlreiche örtliche Winde kennt, deren Entstehung auf ganz bestimmte, regional begrenzte Ursachen zurückzuführen ist. Ein solcher Wind ist z. B. der täglich von etwa 10 Uhr morgens bis nach Einbruch der Dunkelheit wehende starke Wind in der Schlucht des Kaligandaki durch die Himalaya-Hauptkette nach Norden. Dieser Wind soll sich auch im Winter nicht umkehren, außer in ganz seltenen Fällen.

Die Niederschläge stehen in sehr engem Verhältnis zu den Winden, wie sich aus dem Gesagten bereits ergeben hat. Hier nun verfügen wir über einige Meßdaten, wenn sie auch keine hinreichend langen Perioden zeigen. Das generelle Bild der Niederschläge knüpft sich an die sommerlichen Monsunwinde, die winterlichen Zyklone und an lokale, niederschlagsfördernde Verhältnisse. Der Sommer-

---

[3] Vergleiche zum Großräumigen hierzu Carl Troll „Die klimatische und vegetationsgeographische Gliederung des Himalaya-Systems", in „Khumbu Himal", Band 1, 1967, S. 353–388.
[4] S. H. Shreshtha, „Modern Geography of Nepal (Economic and Regional)", 1968, S. 22–27.

Monsun beginnt Mitte Juni und dauert bis Ende September. In dieser Zeit fallen in Nepal 80—90 % der jährlichen Niederschläge. Sie beginnen im Östlichen Terai und dem Östlichen Mittelgebirge und setzen sich nach Westen fort. Nach Norden, d. h. im allgemeinen mit steigender Höhe, nehmen die Niederschläge zu. Den Zusammenhang zwischen Niederschlags- und Meereshöhe hat Baidya am Beispiel von Kathmandu und Nagarkot dargestellt. Beide Orte liegen nur 18 km voneinander entfernt, doch beträgt ihr Höhenunterschied 825 m. Baidya stellte fest, daß z. B. im Jahre 1959 die Regenfälle in Kathmandu 1 218 mm betrugen, während in Nagarkot 2 130 mm Regen fielen[5]. Nun ist dieser Vergleich etwas unglücklich gewählt, denn Kathmandu in seinem Talkessel liegt eher im Regenschatten, während Nagarkot voll den Monsunwinden ausgesetzt ist. U. M. Malla, der sich ausführlich mit den meteorologischen Verhältnissen des Kathmandu-Tals auseinandergesetzt hat, bringt einen Niederschlagsvergleich im Kathmandu-Tal bei verschiedenen Höhen, aus dem erhellt, daß die am oder mehr zum Südrande liegenden Stationen weniger Niederschlag bekommen, selbst wenn sie höher über dem Meere liegen als die am nördlichen, dem Süden zugekehrten Talhang[6]. Wir haben zur Klärung dieser Frage die Ergebnisse einiger an Südhängen gelegenen Meßstationen in Ost-Nepal untersucht, die sich von Süden (Terai) zum Norden (Hochgebirge) wenig westlich des 88. Längengrades aufreihen, und dabei folgendes Ergebnis erhalten:

Tabelle 4: Niederschläge in verschiedenen Höhen in Ost-Nepal

Meßstation	m ü. NN	Mittl. Jahresniederschlag in mm
Ranibirta	152	2 400,2
Ilam	1 061	1 498,6
Taplejung	1 786	2 013,1
Lungtung	1 818	2 146,9
Chepua	2 285	2 510,8
Wallungchung-Gola	3 048	1 644,5

Abgesehen von dem Niederschlagsmaximum im Terai scheint diese Reihe die Auffassung zu bestätigen, daß die Niederschläge mit steigender Höhe zunehmen, in extremen Höhen dann aber wieder an Stärke verlieren. Es ist aber sehr gefährlich, solche Ergebnisse zu verallgemeinern, denn die Kammerung der nepalischen Gebirgszone und die zahllosen lokalen Besonderheiten gestatten solche globalen

---

[5] Huta Ram Baidya, „Farm Irrigation and Water Management", 1968, S. 8.
[6] U. M. Malla, „Climatic Elements and Seasons in Kathmandu Valley" in „The Himalayan Review", 1968, S. 64 f. und Tafel XIII. Nach Mallas Ermittlungen fielen im gleichen Berichtszeitraum Niederschläge wie folgt:

Kathmandu (1 288 m)	1 275 mm
Godavari (1 625 m)	1 843 mm
Sundarijal-Kraftwerk (1 480 m)	1 960 mm
Sundarijal-Staubecken (1 670 m)	2 333 mm

Die Höhendifferenz zwischen Godavari und Sundarijal-Staubecken ist gering, doch die Niederschlagsdifferenz beträchtlich, denn Godavari liegt nahe der südlichen Talumrandung, also im Regenschatten.

2. Klima und Vegetationszonen

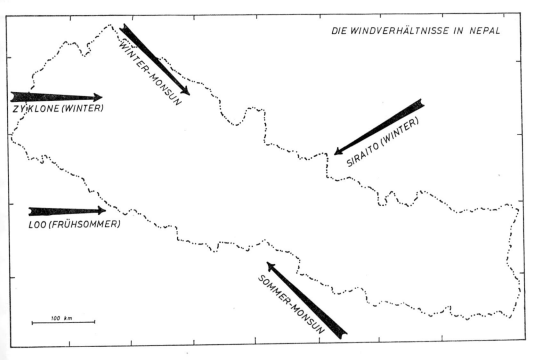

Karte 15: Die Windverhältnisse in Nepal
Die wichtigsten Winde sind die sommerlichen aus Südosten, die die Monsunregen in voller Breite heranführen. Skizze nach S. H. Shreshtha.

Schlüsse nicht, und sie dürfen nur als eine sehr grobe Orientierung zugelassen werden. Da zahlreiche Meßstationen in Nepal die gleiche Höhe über dem Meere haben, müßten die von ihnen gemessenen Niederschlagsmengen wenigstens eine gewisse positive Korrelation aufweisen. Davon kann aber kaum gesprochen werden, wie die nachfolgende Tabelle zeigt:

Tabelle 5: Vergleich von Niederschlagsmengen, gemessen in Stationen gleicher Meereshöhe in Nepal (mm)

Höhe in m ü. NN	152	303	1212	1363	1515	1818
Meßergebnisse	1 875,6	2 401,1	1 350,1	2 294,9	2 180,2	1 457,1
von West nach	1 245,3	2 090,6	519,6	1 997,0	930,2	2 317,4
Ost in mm	1 513,7	2 748,0	1 544,8	1 515,4	1 638,0	674,6
	1 477,7	1 678,9	1 127,2	2 454,9	2 409,2	1 568,5
	1 512,6	695,1	1 417,4	3 090,2	1 227,3	2 146,9
	1 814,4	914,7	1 250,5			2 051,3
	2 237,3	2 334,2				
	2 400,2					
Mittelwert	1 759,6	1 837,5	1 201,6	2 270,5	1 676,9	1 702,7

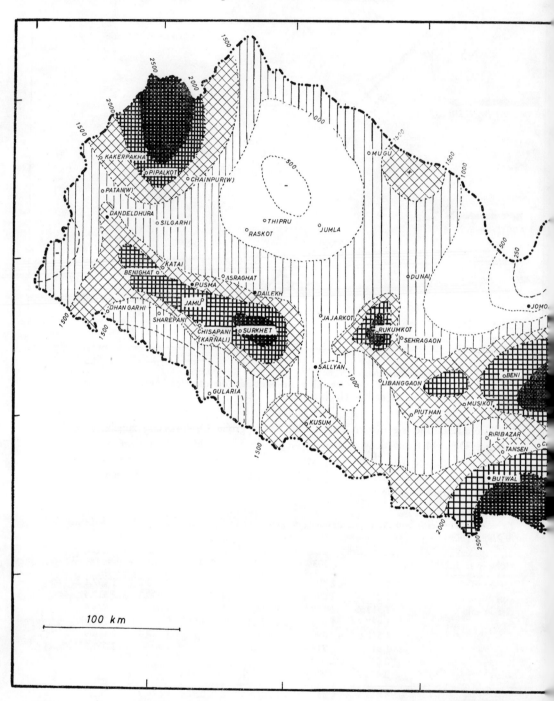

2. Klima und Vegetationszonen

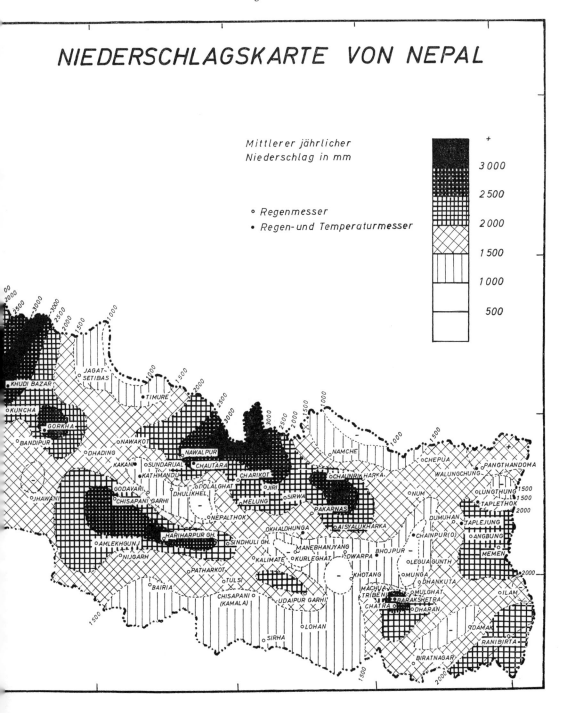

Diese Zahlenreihen lassen bestenfalls den Schluß zu, daß die Steigerung der Niederschläge mit der Meereshöhe wellenförmig vor sich geht, daß also auf einen Trockengürtel immer ein Gürtel höherer Niederschläge folgt, doch haben alle diese Erkenntnisse keinen wirtschaftsgeographischen Wert, denn etwaige Entwicklungspläne können nur auf konkreten Meßergebnissen sehr begrenzter Räume als das Ergebnis langjähriger Meßreihen aufbauen. Wir haben schließlich zur Prüfung der Korrelation von Meereshöhe und Niederschlag alle bisher vom Meteorologischen Departement in Kathmandu veröffentlichten Jahresniederschläge in ein Koordinatenkreuz eingetragen. Das Ergebnis zeigt Schaubild 8. Die Beziehungspunkte sind nahezu wahllos gestreut, und man könnte bei näherer Untersuchung bestenfalls feststellen, daß die Niederschläge bis auf 400 m Höhe sich zwischen 700 und 2 900 mm bewegen, daß man eine Achse mit allen Vorbehalten von 1 000 m = 1 000 mm nach 2 400 m = 2 800 mm legen könnte und daß eine sehr lose Korrelation in großen Höhen zwischen Höhe und Niederschlägen besteht.

Es darf angenommen werden, daß die Monsunregenwolken in der Regel die Himalaya-Hauptkette nicht übersteigen, wie auch die kalten Winde aus dem Nordosten nur selten das Nepalische Mittelgebirge erreichen. Die Monsunwolkengrenze soll 4 200 m ü. NN betragen, und die bis 5 200 m gelegenen Weidegründe bekommen nur ausnahmsweise und bei günstiger Exposition Monsunregen. Es darf ferner angenommen werden, daß die Sommer-Monsunregen nach Nordwesten hin abnehmen. In den Monaten Juni bis September fielen in Pokhara 2 849,5 mm, in Beni 1 123,9 mm, in Dunai 686,8 mm und in Jumla 480,3 mm Regen.

Folgende Mittelwerte für die Sommerniederschläge (Juni—September) können heute für die verschiedenen Regionen Nepals angenommen werden:

Zentrales Mittelgebirge	1 687,4 mm
Östliches Hochgebirge	1 508,1 mm
Nordwestliches Nepal	1 453,6 mm
Östliches Terai	1 435,6 mm
Westliches Terai	1 329,1 mm
Westliches Mittelgebirge	1 271,5 mm
Östliches Mittelgebirge	1 266,4 mm
Kathmandu-Tal	1 056,1 mm
Nordhimalayische Trockenzone	122,1 mm

Man vergleiche dazu auch Schaubild 9.

Wie es Orte mit ausgesprochen heftigen Niederschlägen gibt, so finden wir in

Karte 16: Niederschlagskarte von Nepal
Diese Karte gibt die vorläufigen mittleren jährlichen Niederschläge in ihrer räumlichen Verteilung wieder. Sie basiert auf Arbeiten des Department of Hydrology and Meteorology mit Unterstützung durch die World Meteorological Organization (W.M.O.). — Ins Auge fällt das Niederschlagsmaximum an der Annapurna-Kette (Pokhara) und sekundäre Maxima im Nordwesten des Landes (Api-Massiv), dessen Niederschläge vor allem auch von Winterregen herrühren, sowie westlich und südwestlich des Mt. Everest-Massivs. Man erkennt ferner die Konzentration von Niederschlägen im Zentralen Terai und auf den Vorgebirgen (Mahabharat-Kette). Niederschlagsminima liegen nördlich der Vorgebirge und vor allem nördlich der Himalaya-Hauptkette (Jomosom) und im Jumla-Korridor.

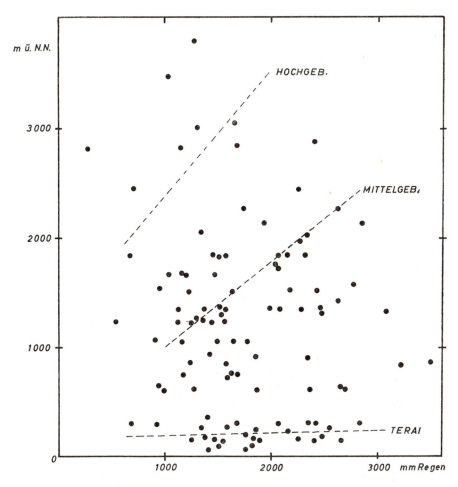

Schaubild 8: Beziehungen zwischen der Höhe über dem Meere und den mittleren jährlichen Niederschlägen eines Ortes in Nepal. Eine eindeutige Relation zwischen diesen beiden Fakten kann nicht nachgewiesen werden, weil außer der Höhe viele andere Umstände die Niederschlagsmenge bestimmen.

der Gebirgszone Nepals auch extrem trockene Landschaften. Das Tal von Pokhara mit dem nepalischen Niederschlagsmaximum um 3 500 mm im mehrjährigen Mittel liegt zwar eigentlich im Regenschatten der südlich vorgelagerten Mittelgebirgsketten, es wird aber im Norden von einem der höchsten zusammenhängenden Hochgebirgsmassive Nepals, dem Annapurna- und Lamjung-Himal, flankiert, das die sommerlichen Monsunwinde zwingt, sich weitgehend abzuregnen, so daß die nördlich der Kette gelegenen Landschaften, vor allem Mustang, zu den extremen Trockengebieten Nepals gehören. Interessant ist, daß die Monsunwinde, die in die Traversschlucht des Kaligandaki nach Norden vorstoßen, dort sozusagen stecken-

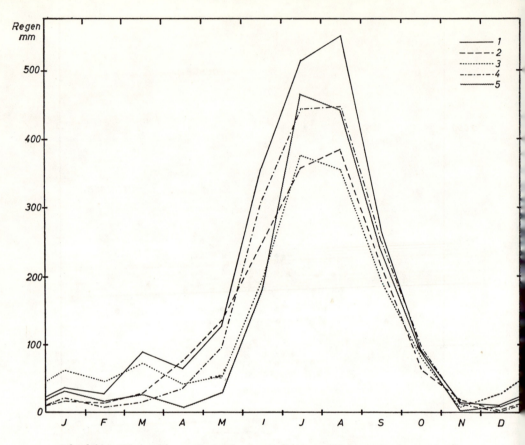

Schaubild 9: Niederschlagsregime (Monatsmittel) in verschiedenen Regionen Nepals. 1 = Zentrales Mittelgebirge, 2 = Östliches Bergland, 3 = Nordwest-Nepal, 4 = Östliches Terai, 5 = Westliches Terai.

bleiben. Hagen hat das während der Monsunzeit (Anfang Juli) miterlebt und wie folgt beschrieben: „In dem Raum zwischen Dhaulagiri und Annapurna, durch den die eindrucksvolle Schlucht des Kaligandaki geschlagen ist, schien sich eine Wolkenmasse rasch nach Norden zu wälzen. Doch es war nur ein Wälzen und Rollen auf der Stelle. Unter den Wolken lag ein schwarzer Vorhang schweren Regenfalls. Nach Eintritt in den Wolken- und Regenvorhang erlebte der Berichterstatter den größten vorstellbaren klimatischen Wechsel. Wie aus der Vegetation zu schließen ist, die die Feuchtigkeit widerspiegelte, muß diese nördliche Monsungrenze hier alljährlich ziemlich stabil verlaufen[7]." Hagen weist allerdings darauf hin, daß er

[7] Toni Hagen, „Observations on Certain Aspects of Economic and Social Development Problems in Nepal", 1959, S. 8.

in einem anderen der Nord-Süd-Täler eine so klar verlaufende Grenze des Monsuneinflusses nicht feststellen konnte. Hier reicht der Monsuneinfluß offenbar stellenweise über die Verbindungslinie der höchsten Himalayagipfel nach Norden. Andererseits entstehen durch mangelnde Abregnungsmöglichkeit ausgedehnte Trockenzonen, so etwa im Jumla-Korridor, einer relativ breiten Bresche zwischen Kanjiroba-Himal und Saipal in Nordwest-Nepal. Andere Gründe für kleinere isolierte Trockenlandschaften sind die Mahabharat-Gebirge, in deren Regenschatten sie entstehen. Karte 16 zeigt diese Verhältnisse hinreichend deutlich: das Gebiet von Mustang und Dolpa im Regenschatten des Annapurna- und Dhaulagiri-Massivs, der trockene Jumla-Korridor im Regenschatten der hohen Mahabharat-Kette in West-Nepal, dem ein nördlicher Gegenpol fehlt, die verschiedenen kleineren Trockengebiete zwischen Mahabharat und Himalaya-Hauptkette. Am eindrucksvollsten ist allerdings die Niederschlagsdifferenz zwischen dem Tal von Pokhara und Mustang, wo sich auf einer Horizontaldistanz von rund 60 km die mittleren jährlichen Niederschläge im Verhältnis 1:14 verändern (vgl. Schaubild 10).

Der Mangel an detaillierten meteorologischen Daten läßt eine weiter ins einzelne gehende Darstellung wetterkundlicher Fakten nicht zu. Immerhin scheinen die zwei Meßstationen, die nördlich und südlich des Kanjiroba-Himal (Westl. Himalaya-Hauptkette) aufgestellt wurden, bereits jetzt zu bestätigen, daß die Nordhimalayische Trockenzone im Winter vergleichsweise große Regenmengen aus dem Norden und Westen bezieht, während der Sommer-Monsun nur einen relativ bescheidenen Beitrag liefert. Schaubild 11 zeigt das Sommer-Monsunregime südlich und das Winterregenregime nördlich der Hauptkette.

Ein interessantes Phänomen kann in der frühsommerlichen Vormonsunzeit beobachtet werden und gelegentlich auch am Ende des Monsuns. Dank der starken Sonneneinstrahlung werden Winde aus dem Südwesten herangeführt und entladen ihre Niederschläge unter heftigen Gewittern an den Kämmen der Mittelgebirge. An den Randbergen des Kathmandu-Tals kann man das sehr häufig beobachten. Überhaupt bilden die Gebirgskämme sehr eindrucksvolle Barrieren für die regenschwangeren Wolkenmassen. Die erste derartige Barriere für den Sommer-Monsun, der aus Südosten kommt, ist das Mahabharat-Gebirge, das den Wind zum Ansteigen und zu einem ersten Abregnen zwingt. Dies geht vor sich, während die im Lee der Mahabharat-Kette liegenden Mittelgebirge noch auf Regen warten. Haben sie einmal diese Barriere überwunden, gewinnen die Monsunwolken an Höhe und regnen weiter über dem Mittelgebirge ab, während das Hochgebirge, etwa über 4 500 m, noch immer unter dem Einfluß trockener Nordwest-Winde liegt. Auf dem weiteren Weg nach Norden nutzen die Monsunwinde zuerst die Traverstäler der Hauptkette, ehe sie weiter Höhe gewinnen. Hagen, der sehr eindrucksvoll über Wetterbeobachtungen berichtet hat, weist auch darauf hin, daß in West-Nepal nicht nur die Mahabharat-Kette höher ist als im Osten, sondern daß sich im Mittelgebirge auch höhere Massive erheben. Das trägt neben anderem dazu bei, daß das gebirgige West-Nepal wesentlich weniger Niederschläge erhält als das östliche Gebirge. Dieser Vergleich trifft allerdings nur zu, wenn man das nieder-

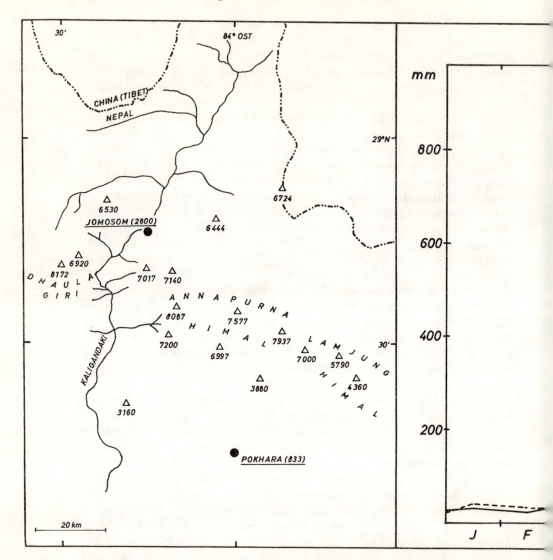

Schaubild 10: Die Kartenskizze zeigt das Gebiet Pokhara/Jomosom mit den dazwischenliegenden Gipfeln des Dhaulagiri-, Annapurna- und Lamjung-Massivs. Diese topographische Situation wird deutlich im Niederschlagsregime widergespiegelt: Pokhara im vollen Einfluß des Sommer-Monsuns und Jomosom im Regenschatten der Himalaya-Hauptkette.

schlagsreiche Zentrale Mittelgebirge mit zum Osten schlägt, sonst haben Ost und West, verglichen mit dem Zentrum, gleich wenig Niederschlag.

Nebel und Tau haben in Ländern mit auf wenige Monate konzentriertem Regen eine enorme wirtschaftliche Bedeutung. Beide können da, wo es an Regen fehlt, oft

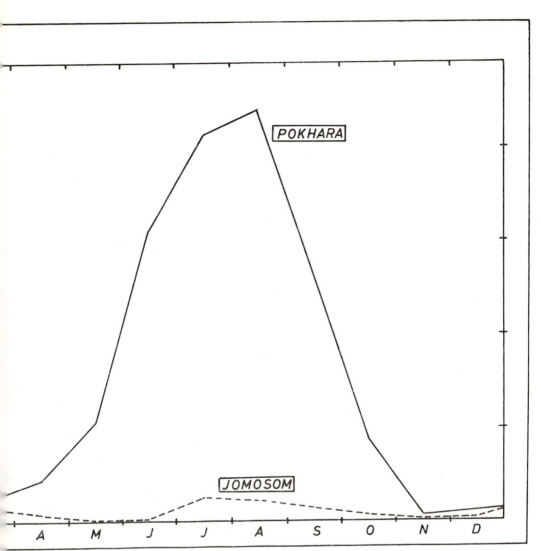

noch Pflanzenwuchs ermöglichen. Hagen berichtet, daß er häufig beobachten konnte, wie die Hänge im Gebirge dicht in Wolken gehüllt waren, während der Raum direkt über dem Fluß offen blieb. Derartige Nebelablagerungen an den Hängen erleichtern fraglos das Wachstum der Pflanzenbestände, die normalerweise aus Mangel an Oberflächenwasser nicht vorhanden wären oder kümmern würden. Nebel und Taufall sind in vielen Tälern während der Winterzeit charakteristisch. Die Kondensation beginnt früh in der Nacht und löst sich erst morgens gegen 9 oder 10 Uhr auf. Das gilt im Winter auch für das Terai, wo der Tau im

88 Nepal als Lebens- und Wirtschaftsraum

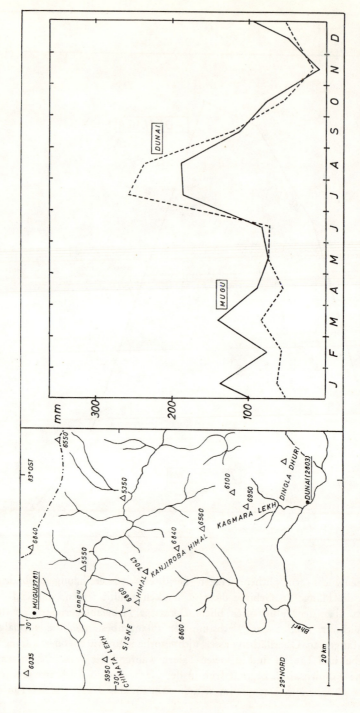

Schaubild 11: Die Kartenskizze zeigt einen Teil der westlichen Himalaya-Hauptkette mit den Meßstationen Mugu im Norden und Dunai im Süden davon. Das Niederschlagsregime der beiden Orte macht den Einfluß der Winterregen im Norden und des Sommer-Monsuns im Süden der Hauptkette deutlich.

Falle von Winterkulturen eine Kompensation für die zurückgehende Bodenfeuchtigkeit ist. Wir haben im winterlichen Terai Nebel bis 11 Uhr morgens erlebt. In diesem Zusammenhang sei auch darauf hingewiesen, daß die Vegetation der Berghänge in entscheidendem Maße von deren Richtung und der damit verbundenen Beregnung und Besonnung abhängt.

Messungen der Temperaturen in Nepal sind bisher nur in sehr geringem Umfang veröffentlicht worden, und sie liegen auch nur von 20 Stationen vor. Da die Abweichungen von Jahr zu Jahr — im Gegensatz zu den Niederschlägen — gering sind, dürften auch diese wenigen Zahlen ein ausreichend deutliches Bild der Verhältnisse geben. Die Temperaturen stehen bekanntlich in engem Zusammenhang mit der Höhe über dem Meere, der Sonneneinstrahlung und Bewölkung, den Niederschlägen und natürlich mit heißen und kalten Winden, die von außen ins Beobachtungsgebiet einwirken. Um alle diese Faktoren in ihrem Einfluß auf die Temperaturgestaltung Nepals zu analysieren, fehlt es noch an Messungen. Immerhin sind wir in der Lage, folgendes Bild zu zeichnen:

Die Temperaturen im Zentralen Terai (Parwanipur, Distrikt Parsa, 151 m) bewegen sich zwischen den Extremen 44,4° C und 2,2° C, bei einem Jahresmittel von 25° C. Butwal (Distrikt Rautahat, 263 m), das am westlichen Rande des Zentralen Terai liegt, zeigt Extremwerte von 44,9° C und —0,1° C, bei einem Jahresmittel von 25,4° C. Die Temperaturunterschiede zwischen dem heißesten und dem kältesten Monat bewegen sich zwischen 14,5° C und 15,6° C. Diese Unterschiede liegen im Osten (Distrikt Jhapa) bei 11° C und im Westen des Terais (Distrikte Kanchanpur und Kailali) bei 22° C.

Auf den Höhen der Mahabharat-Kette liegen die Temperaturen in Okhaldhunga (2 103 m) zwischen den Extremen 30,6° C und —0,6° C, bei einem Jahresmittel von 16° C, in Sallyan (1 457 m) zwischen 35,5° C und 1,9° C bei einem Jahresmittel von 18,8° C, und in Dhandeldhura (1 837 m) zwischen 32,5° C und —3,4° C, bei einem Jahresmittel von 15,6° C. Auch hier nehmen die Differenzen zwischen heißestem und kältestem Monat von Osten nach Westen zu, und zwar unabhängig von der Meereshöhe. Sie betragen 11,4° C bzw. 13,0° C bzw. 14,7° C.

Für die Stationen des Mittelgebirges können die Temperaturen in Tabelle 6 nachgewiesen werden. Hier ist die räumliche Temperaturverteilung in Beziehung zur Höhenlage oder der Lage im Osten oder Westen nicht mehr zu

Tabelle 6: Temperaturmessungen im Mittelgebirge von Nepal (° C)

Station	m ü. NN	kält. Monat	wärm. Monat	Differenz	Jahresmittel	Extremwerte Max.	Min.
Pokhara	833	13,7	25,6	11,9	21,0	37,0	3,0
Gorkha	1 061	13,4	25,2	11,8	20,8	35,6	4,5
Kathmandu	1 288	9,9	28,8	18,9	18,2	36,1	— 3,9
Dailekh	1 304	8,4	28,7	20,3	18,6	35,1	0,6
Bhojpur	1 667	9,7	21,7	12,0	17,3	28,7	2,2
Taplejung	1 768	8,8	20,9	12,1	16,1	28,9	0,6

Quelle: Baidya, a. a. O., auszugsweise.

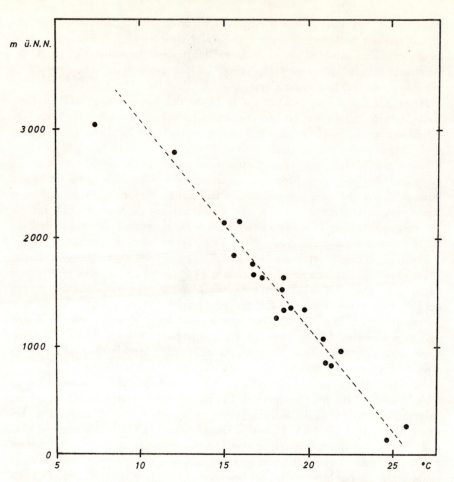

Schaubild 12: Die Relation zwischen Höhe über dem Meere und durchschnittlicher Jahrestemperatur zeigt eine klare lineare Korrelation. Auf je 100 m Höhenunterschied kommen etwa 0,5 Grad Temperaturunterschied.

erklären. Die Temperaturen sind im Sommer vergleichsweise kühl, und das Jahresmittel übersteigt 21° C nicht mehr, außer in tieferen Taleinschnitten, wo 27° C, ja selbst 32° C gemessen werden können. Wiederum ist der Winter in diesen Tälern der Fallwinde wegen oft kalt. Nebel und Frost sind häufig.

Im Hochgebirge sind die Winter oft bitter kalt und die Sommer kurz und kühl. In Wallungchung-Gola (3 043 m) bewegen sich die Temperaturen zwischen den Extremen 20,6° C und −9,6° C, bei einem Jahresmittel von 7,5° C. Die Monatsmittel liegen zwischen 0,9° C und 13,4° C. Die Kulturgrenze liegt bei etwa 4 600 m.

Das Absinken der mittleren Jahrestemperatur bei steigender Höhe ist augenfällig. Die hier offenbar vorhandene lineare Korrelation ist in Schaubild 12 wiedergegeben. Sie liegt bei etwa 0,5 Grad je 100 m Höhendifferenz.

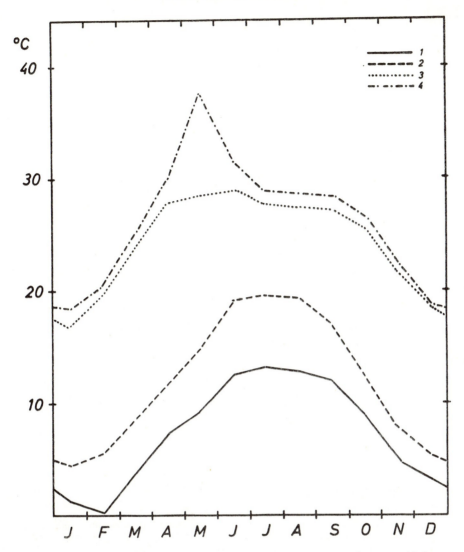

Schaubild 13: Temperaturverläufe innerhalb eines Jahres (Monatsmittel) an verschiedenen Orten Nepals. 1 = Wallungchung-Gola (3 048 m), 2 = Jomosom (2 800 m), 3 = Barahakshetra (146 m), 4 = Butwal (263 m).

Natürlich ist die jahreszeitliche Verteilung der Temperaturen besonders interessant. Die Gegenüberstellung von Temperaturverläufen extrem heißer Orte (Terai), extrem kalter Orte (Hochgebirge) und extrem trockener, monsunferner Orte (nordhimalayische Region) zeigt klare Unterschiede. Schaubild 13 läßt folgende Schlüsse bezüglich der örtlichen Temperaturen zu: Butwal und Barahakshetra liegen beide im Terai und zeigen daher höchste Temperaturen. Da jedoch

Butwal stärker in den Einfluß des heißen *loo*-Windes und später in den abkühlenden Monsunregen kommt, finden wir eine extreme Temperaturspitze im Frühsommer. Jomosom, im Monsunschatten gelegen, zeigt eine normale, jahreszeitlich bedingte, Temperaturkurve mit spätem Maximum im Juli. Wallungchung-Gola schließlich, im Östlichen Hochgebirge gelegen, hat ein spätes Minimum im Februar und ein spätes Maximum im Juli. Die abkühlende Wirkung des Monsuns ist in dieser Höhe nicht mehr unbedingt nachweisbar.

Der Schritt von der beschreibenden Klimatologie zur Wirtschaftsgeographie führt über die Vegetationszonen eines Landes, die die Basis der Wirtschaft bilden. Die Vegetation baut auf den Böden und den klimatischen Bedingungen auf, und Nepal bietet hierin widerum eine Vielfalt von Möglichkeiten an, wenn auch selbstverständlich eine scharfe Abgenzung der Zonen durch das zerrissene Relief nicht möglich ist. „In einem Gebirgsland wie Nepal", schreibt Karan[8], „liegen die Klimaverhältnisse höchst verwickelt. Unterschiede in der Lage zur Sonneneinstrahlung, Unterschiede in der Dauer der Besonnung und scharfe Differenzen im Regenfall auf kleinstem Raum sind charakteristisch. Im allgemeinen jedoch lösen sich alle Komplikationen im Detail doch schließlich in breiten Klimazonen auf, deren Grenzen durch die Höhe bestimmt sind. Wenn man die Bergzüge aus der Luft betrachtet, werden die Klimazonen durch den Kontrast in der Vegetation sichtbar."

Ohne jetzt schon im einzelnen auf Art und Quantität der Waldbestände oder der angebauten Kulturen einzugehen, was den Spezialkapiteln vorbehalten bleibt, seien die Klima- und Vegetationszonen Nepals wie folgt abgegrenzt und beschrieben[9].

Die heiße M o n s u n - Z o n e umschließt die Terai-Ebene, den Bhabar-Gürtel und die Churia-Berge bis zu einer Höhe von 1 200 m oder 1 500 m. Einige Autoren ziehen den Begriff „tropisch-feuchte Klimazone" vor, doch scheint es uns nicht zweckmäßig, in Nepal überhaupt von Tropen zu sprechen. Wenn auch der Begriff der Tropen nicht hinreichend einheitlich definiert ist, so entspricht doch das, was wir in dieser Zone hier vorfinden, in keiner Weise der üblichen Vorstellung von den Tropen. Die Sommermonate sind heiß und erreichen im Zentralen Terai Maxima von fast 45° C mit extremer Trockenheit im Frühsommer. Heftige Regengüsse zwischen Juni und September mit Monatsmitteln bis nahe 1 200 mm schaffen dann für kurze Zeit Verhältnisse, die man tropisch nennen kann. Demgegenüber sind die Winter wieder sehr trocken und mild mit Mittelwerten um 16° C, jedoch kennt man auch absolute Minima um den Gefrierpunkt, wennschon Fröste selten sind.

In ihren tiefen Lagen, also im eigentlichen Terai und in den Tälern des Inneren

---

8 P. P. Karan, „Nepal. A Cultural and Physical Geography", 1960, S. 27.
9 Diese Gliederung stützt sich neben eigenen Beobachtungen auf S. L. Amatya und B. G. Shrestha, „Economic Geography of Nepal", 1967; S. H. Shreshtha, a. a. O.; P. P. Karan, a. a. O.; Toni Hagen, a. a. O.; und andere unveröffentlichte Berichte, ohne daß wir uns in jedem Falle der Auffassung des Verfassers anschließen konnten.

2. Klima und Vegetationszonen

Terai, war die Zone bis in die jüngere Zeit hinein malariaverseucht und wurde von den Bergbauern gemieden. Mit dem Zurückschlagen der Forsten im Östlichen Terai und mit der erfolgreichen Bekämpfung der Malaria ist heute im Prinzip die ganze Zone besiedelbar. Hinsichtlich der Vegetation gliedert sich das Land in Wälder, Savannen und Kulturland. Da das Klima die Vegetation fördert, bestand die originäre Vegetation aus einem dichten, immergrünen Dschungel, doch dürften heute nur noch im Westlichen Terai derartige Urbestände erhalten geblieben sein. Entlang der Vorberge im *bhabar*-Gürtel zieht sich ein 10—12 km breiter Gürtel aus immergrünen Harthölzern, der unter dem Lokalnamen *Char-Kos Jhadi* (d. h. „der 4 Kos — oder 8 Meilen — breite Wald") bekannt ist und sich praktisch von der Ost- zur Westgrenze Nepals erstreckt. Im Terai selbst finden wir ältere Galeriewälder, die sich südlich an den immergrünen Gürtel anschließen, und jüngere Galeriewälder, die heute die Gerölle und den Sand zusammenhalten, den die Flüsse von den Churia-Bergen mitführen. Auf Grenzböden findet man größere Bestände von hohem Gras, Schilf und Bambus. Die Baumbestände des Terai bestehen aus zahlreichen wirtschaftlich verwertbaren Spezies, die sich nach Norden hin die Hänge der Churia-Berge hinauf als *sal*-Wälder fortsetzen. Sie sind hier vielfach mit Pinien und Eichen gemischt. Der tropisch-immergrüne Wald herrscht vor, wenn auch gebietsweise laubabwerfende Bestände vorkommen. Die Wälder des Terai, die im englischen Sprachgebrauch als „Dschungel" bezeichnet werden, dürfen aber keinesfalls mit tropischen Regenwäldern und ihrer ganzen üppigen Flora gleichgesetzt werden. Verglichen damit ist der Terai-Dschungel eher licht und trocken.

Die landwirtschaftliche Bodennutzung erstreckt sich nicht nur auf die Grundnahrung Reis, wovon hier erhebliche Überschüsse erzeugt werden, sondern auch auf Industriepflanzen wie Ölsaaten, Jute, Zuckerrohr und Tabak. In Südost-Nepal kann man gebietsweise von „tropischer Plantagenwirtschaft" (Karan) sprechen.

Die **gemäßigt-warme Monsunzone** erstreckt sich über Höhenlagen zwischen 1 500 und 2 200 m, teilweise mit tieferen Talsenken. Sie umfaßt das untere Mittelgebirge, die unteren Mahabharatketten und das Kathmandu-Tal. Die Sommermonate sind warm mit Extremen um 35° C, und die Wintermonate haben Mittelwerte um 10° C. Es gibt aber Nebel und gelegentlich Fröste. Es wurden Minima zwischen —1° C und —3° C gemessen. Der Monsunsommer bringt heftige Regenfälle vor allem im Zentrum der Zone (Pokhara), während die östlich und westlich davon liegenden Teile etwas trockener sind.

Wenig ist von der ursprünglichen Vegetation des Gebiets geblieben, außer im Westen. Die Ausdehnung des Siedlungsraumes über die teilweise recht steilen Hänge hat die Forstbestände gefährlich reduziert. An den unteren Hanglagen sind noch *sal*-Bestände zu finden, oberhalb deren laubabwerfende Spezies, Rhododendron und Eichen, wachsen. An feuchten Stellen sind auch ausgedehnte Bambushaine vorhanden.

Der Ackerbau auf Terrassen oder an Hängen und in den wenigen Talauen (*tars*) bringt Reis, Mais, Weizen, Gerste und Hirse hervor. In Ostnepal liegen in dieser Höhe die Teeplantagen des Landes. Streckenweise wird Obstbau (Zitrusfrüchte) und im Kathmandu-Tal Gemüsebau betrieben.

Diese fruchtbare, intensiv bewirtschaftete, wenn auch bedrohte Zone geht über in die gemäßigt-kühle oder alpine Monsunzone. Sie reicht bis über 4 000 m hinauf und damit nahe an die absolute Kulturgrenze heran und umfaßt die höheren Teile des Mittelgebirges und die Vorberge der Himalaya-Hauptkette. Obwohl noch immer der Monsun seinen Einfluß ausübt, wenn auch mit schwindender Intensität bei steigender Höhe, so verändern doch die sinkenden Temperaturen rasch das Bild der Vegetation. Die Sommer sind kurz und stellenweise kaum mehr als 4 Monate frostfrei. Die Winter sind lang und kalt, und die Nächte haben allgemein Frost. Januar-Mittel bewegen sich zwischen + 9° C und − 5° C (Wallungchung-Gola und Namche Bazar). Die Niederschläge erreichen im Osten bis 2 000 mm und fallen im Winter als Schnee. Schneefälle erreichen im Mittelgebirge Tieflagen bis 1 850 m. Die Grenze des ewigen Schnees wird im Mittel bei 5 200 m (Baidya) angenommen.

Während in den unteren Lagen der Zone noch laubabwerfende Bäume zu finden sind, folgen nach oben Rhododendron und ausgedehnte Nadelwälder. Die Waldgrenze liegt bei etwa 4 200 m mit allerdings beträchtlichen örtlichen Unterschieden. Hier beginnen auch bereits die ausgedehnten Hochweiden. Durch diese Zone verlaufen die meisten Vegetationsgrenzen der Kulturpflanzen. Reis ist längst nicht mehr vertreten, und in Zentralnepal findet der Mais bei 3 100 m, die Kartoffel bei 3 400 m, die Nacktgerste bei 3 700 m und Weizen und Buchweizen bei 3 950 m die absolute Vegetationsgrenze[10]. In Ost-Nepal findet man Kartoffel, Gerste und Buchweizen noch in etwa 4 400 m Höhe.

Die Zucht des Yaks und seiner Kreuzungen, von Pferden und Maultieren, Ziegen und Schafen und die Produktion von Wolle, Molkereiprodukten wie Käse und Schmelzbutter prägen das wirtschaftliche Gesicht dieser Landschaft.

Die höchstgelegene Klima- und Vegetationszone Nepals wird als die Tundra- oder arktische Zone bezeichnet. Sie kommt von 5 000 m an aufwärts voll zum Durchbruch, wenn kein Ackerbau mehr betrieben wird und nur die ausgedehnten Hochweiden im Sommer eine wirtschaftliche Bedeutung haben. Ganz wenige Almhütten sind hier noch im Sommer bewohnt. Die Temperatur bleibt ständig unter + 5° C und liegt von Oktober bis April unter dem Gefrierpunkt. Niederschläge sind im Sommer wie im Winter bescheiden. Flechten und Moose und gelegentlich Zwergformen von Baumspezies an besonders geschützten Stellen bilden neben den Gräsern die ganze Vegetation.

Die Nordhimalayische Trockenzone vereinigt Höhenlage mit Trockenheit zu einer Art alpiner Steppe mit relativ großen jahreszeitlichen Temperaturunterschieden (18,8° C!) und bescheidenen Niederschlägen, die zwar auch in der Monsunzeit, vor allem aber im Winter als Schnee fallen. In der Kaligandaki-Schlucht löst diese Vegetationszone die weiter südlich gelegene feuchtere fast

---

10 Jiro Kawakita, „Crop Zone", in „Land and Crops of Nepal Himalaya", 1956. S. 67—93.

schlagartig und ohne Übergang ab. Wir finden jetzt zurücktretende Nadelbäume, allmählich sich auflösende Wacholderbestände und ausgedehnte Wildweiden, die allerdings nach dem Ende der sommerlichen Regen sofort verdorren. Die Bevölkerung treibt Oasenkultur mit Bewässerung (Weizen, Buchweizen, Rüben, Kartoffeln), hält Vieh (Yaks, Schafe, Ziegen), das auf entfernte, oft jenseits der Grenze gelegene, Weidegründe getrieben wird, und treibt Transithandel.

Das Klima Nepals und die dadurch bedingten Vegetationszonen bieten im Prinzip eine Fülle von wirtschaftlichen Möglichkeiten an. Theoretisch dürften nur wenige ausgesprochen tropische Nutzpflanzen nicht in Nepal gedeihen. Bei genauerer Betrachtung muß aber festgestellt werden, daß eben dieses Klima einige sehr entscheidende Probleme für die Entwicklung aufwirft. In Jahren „normalen" Monsunregens kommt es zu sehr guten Ernten und einem oft allerdings kurzfristigen Wohlstand im Lande. Verzögert sich der Monsun oder fällt er spärlich aus, so kommt die Volkswirtschaft des Landes ebensoschnell in Bedrängnis. Das Fehlen von Wasserspeichern, die eine Bewässerung auch bei geringen Monsunniederschlägen sichern würden, hält Nepal weiterhin in dieser Abhängigkeit und verbreitet in jedem Frühjahr aufs neue Angst und Sorge unter der Landbevölkerung. Die Konzentration von 90 % der Niederschläge auf nur vier Monate des Jahres gliedert das Land praktisch während fünf Monaten aus dem Produktionsprozeß aus, und nur die wenigen durch Winterregen begünstigten Gegenden mögen eine zusätzliche Winterernte einbringen.

Das Klima bietet in zahlreichen tiefergelegenen Gegenden des Himalaya-Vorlandes die Produktion von subtropischen Früchten geradezu an, und sie werden gebietsweise auch angebaut. Aber der Mangel an schnellen, billigen und sicheren Verkehrsmitteln verbietet bis jetzt die Eingliederung solcher Gebiete in eine nationale oder gar übernationale Marktwirtschaft.

Schließlich hat das Klima Nepals auch noch eine zwiespältige psychologisch-physiologische Einwirkung auf den Menschen. „In den meisten Teilen der Bergregion Nepals", schreibt Shreshtha[11], „ist das Klima allgemein angenehm, gesund und anregend. Daher sind auch die Bergbewohner als gesund, kräftig und hart arbeitend bekannt. Wegen der extremen Hitze und Feuchtigkeit gilt das Klima des Terai, des Bhabar-Gürtels und der Duns allgemein als malariaverseucht und ungesund. Dies hat sich als ein schweres Hindernis erwiesen für die erfolgreiche Durchführung der Entwicklungsprojekte im Süden." Ohne Frage ist der Menschentyp im Terai von dem in den Bergen grundverschieden. Hitze und Staub und zeitweise Feuchtigkeit machen das Leben im Süden sicherlich schwieriger, aber andererseits gibt der Boden hier bei weniger körperlichem Einsatz bessere Einkommen, als sie der Bergbauer bei härtester Arbeit erzielen kann. Es bleibe dahingestellt, wo die Ursachen liegen. Das Klima ist auf jeden Fall eine davon.

---

11 S. H. Shreshtha, a. a. O., S. 27.

3. Sozialgeographie

Unter Sozialgeographie soll in dieser Arbeit die Beschreibung der Gesellschaft oder Bevölkerung in ihrem Lebensraum verstanden werden. Dabei wird von der wirtschaftlichen Tätigkeit abgesehen, die in diesbezüglichen Kapiteln behandelt wird. Vielmehr sind Bevölkerungsgruppen, ihr Ursprung, ihr Siedlungsgebiet, die Gesamtbevölkerung mit ihrem Wachstum und ihrer Verteilung und der Wandel in dieser Verteilung, die Verteilung der Sprachen und Religionen, der Haus- und Siedlungsformen, räumliche Probleme der Volksgesundheit, der Volksbildung und der Arbeitskräfte sowie damit verwandte Fragen Gegenstand dieses Kapitels.

Ethnologische Fragen der Bevölkerungsgruppen sind weitgehend ausgeklammert. Dieser Komplex ist zu umfangreich, um in eine Wirtschaftsgeographie eingegliedert zu werden, ganz abgesehen davon, daß die Forschung auf diesem Gebiet noch längst nicht weit genug gediehen ist, um eine kurze Zusammenfassung mit hinreichender Genauigkeit zu geben. Wir möchten aber auf einige bisher erschienene und leicht zugängliche Publikationen verweisen, die den Interessierten ohne Schwierigkeit in die ethnologischen Fragen einiger Bevölkerungsgruppen in Nepal einführen. Die beste Zusammenfassung dürfte im Moment Dor Bahadur Bistas Buch „People of Nepal" sein[1].

a) Die Bevölkerung Nepals

Seit dem ersten Bevölkerungszensus im Jahre 1911 wird in Nepal praktisch alle zehn Jahre ein neuer durchgeführt. Es ist aber nötig, darauf hinzuweisen, daß die Zuverlässigkeit und Genauigkeit der Ergebnisse außerordentlich fragwürdig ist. Für den Zensus Anfang der 1950er Jahre benötigte man nahezu drei Jahre. 1952/53 wurde die Bevölkerung im östlichen, 1953/54 die im westlichen Teil Nepals gezählt. Erst mit dem Zensus von 1961 gelangte man zu Ziffern, die zuverlässig genug sind, um damit arbeiten zu können[2]. Studien zur Bevölkerungsentwicklung Nepals geben uns heute annähernde Größenordnungen über die bisherigen und zu erwartenden Bewegungen. Mit allen Vorbehalten wegen der geringen Zuverlässigkeit früherer Volkszählungen rechnet man mit einer Bevölkerungszunahme je Jahr von 0,6 % zwischen 1920 und 1941, von 3,1 % zwischen 1941 und 1952/54 und

---

[1] Dor Bahadur Bista, „People of Nepal", 1967. An weiteren Monographien seien erwähnt: Christoph von Fürer-Haimendorf, „The Sherpas of Nepal", 1964; Ministry of Defence, „Nepal and the Gurkhas", 1965; Gopal Singh Nepali, „The Newars", 1965; John T. Hitchcock, „The Magars of Banyan Hill", 1966; Iman Singh Chemjong, „History and Culture of the Kirat People", Teile I und II, 3. Aufl. 1966; Michel Peissel, „Mustang, a Lost Tibetan Kingdom", 1968; Michael Oppitz, „Geschichte und Sozialordnung der Sherpa", 1968.
[2] Obwohl der Zensus von 1952/54 bereits einen höheren Grad an Zuverlässigkeit hatte, wurde doch erst der von 1961 nach den Richtlinien der Vereinten Nationen innerhalb 18 Tagen durchgeführt („Population Growth and Economic Development" in „The Economic Affairs Report", Vol. III, No. 4 (November 1965), S. 1—17.

1,6 % zwischen 1952/54 und 1961. Die hohe Zuwachsrate zwischen 1941 und 1952/54 liegt ganz offenbar an der größeren Zuverlässigkeit der Volkszählung am Ende der Periode. Nimmt man die Gesamtzeit zwischen 1920 und 1952/54, so kommt man wiederum auf 1,6 % Bevölkerungszuwachs im Jahr. Die heute vorliegenden Zählungsergebnisse und die offiziellen Projektionen bis zum Jahr 1981 ergeben folgendes Bild:

Tabelle 7: Bevölkerungsentwicklung in Nepal von 1911 bis 1961 und Prognose bis 1981

Jahr	Gesamtbevölkerung
1911	5 638 749
1920	5 573 788
1930	5 532 564
1941	6 283 649
1952/54	8 473 478
1961	9 412 996
1966	10 276 533
1971	11 247 616
1976	12 392 794
1981	13 777 262

Quellen: Central Bureau of Statistics, Kathmandu

Die Bevölkerung Nepals in den 1960er Jahren entsprach also ungefähr der Bayerns.

Die früheren Volkszählungen dürften kaum Erkenntniswert besitzen. Der absolute Bevölkerungsrückgang könnte zwar teilweise durch Verluste an Gurkha-Soldaten im Ersten Weltkrieg und eine Grippeepidemie im Jahre 1918 erklärt werden, es ist aber wahrscheinlicher, daß Über- oder Unterschätzungen oder beides Ursache für den nach unten weisenden Bevölkerungstrend sind[3]. Einigermaßen verläßliche Zahlen als Grundlage weiterer Berechnungen liefern nur die Zählungen von 1952/54 und 1961. Auf ihnen sind auch die Projektionen des Statistischen Zentralamts aufgebaut (siehe dazu Schaubild 14).

Der Vergleich dieser beiden letzten Volkszählungen gibt auch ein annäherndes Bild von den Veränderungen in der Bevölkerungsstruktur. Danach ist die Gesamtbevölkerung in diesem Zeitraum um 10,5 % gewachsen, die männliche aber nur um 9 %, die weibliche hingegen um 10,4 %. Dies erklärt sich natürlich leicht aus der ständigen Abwanderung des männlichen Elements zum Kriegsdienst oder zur Arbeit im Ausland. Interessant ist aber, daß die Altersgruppe zwischen 0 und 14 Jahren um 10 %, zwischen 15 und 59 Jahren um 9 % und die über 60 Jahre um 25 % gewachsen ist. Deutlich ist daraus der Rückgang der Kindersterblichkeit und das Zunehmen der durchschnittlichen Lebenserwartung in Nepal zu lesen. Obgleich allgemein noch die durchschnittliche Lebenserwartung eines Neugeborenen mit

---

3 Dazu Harka B. Gurung, „Population Patterns and Progress in Nepal", Bericht, vorgelegt beim 21. Internationalen Geographenkongreß in Delhi, 1968, S 5.

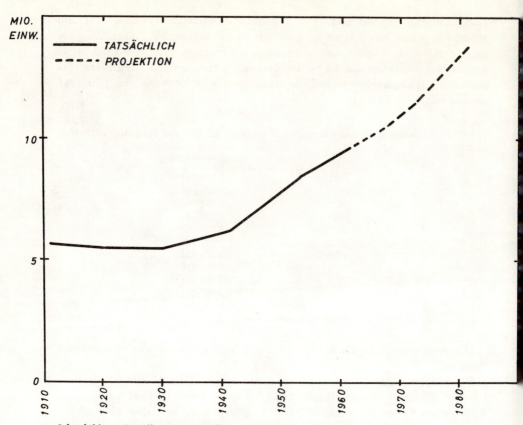

Schaubild 14: Bevölkerungsentwicklung in Nepal

32 Jahren angesetzt wird, kommen neuere Berechnungen doch zu dem Ergebnis, daß sie zwischen 1956 und 1961 bei 37,5 Jahren lag und bis 1976/81 auf 47,5 Jahre steigen wird. Die Gesamtbevölkerung, von der man bisher annahm, daß sie jährlich um 2,0—2,5% wächst, wird nach den Projektionen diese Rate erst nach 1976 erreichen[4]. Nach dem Sterbe- und Geburtenratenzensus des gleichen Instituts kommt man allerdings schon um 1961/64 zu einer Wachstumsrate von 2,0 %.

Die Verteilung von Altersgruppen ist typisch für ein Land im vorindustriellen Zeitalter. 40,5 % der Gesamtbevölkerung sind jünger als 15 und 5,1 % älter als 60 Jahre. Damit entfallen auf die normalerweise produktiven Jahrgänge 54,4 %. Projektionen für 1981 sagen 38,8 % für die jüngste, 55,3 % für die mittlere und 5,9 % für die älteste Altersgruppe voraus.

[4] „Population Projection for Nepal 1961—1981", Kathmandu: Central Bureau of Statistics 1968.

Alle Projektionen für die Bevölkerungsentwicklung in Nepal bauen auf schwachen statistischen Daten auf. Es gibt keine Registrierung von Geburten oder Sterbefällen, nicht einmal in der Hauptstadt, und niemand kann sagen, was in den Tausenden von Dörfern vor sich geht. Versuchsweise Registrierungen in einigen ausgewählten Orten haben sehr unterschiedliche Ergebnisse erbracht. Die nepalisch-offiziellen und die von einer privaten Stiftung ermittelten Daten zur Bevölkerungsentwicklung differieren z. T. noch erheblich:

Tabelle 8: Daten zur Bevölkerungsentwicklung

Tatbestand	a	b
Jährl. Bevölkerungszuwachs	2,0 %	2,2 %
Kindersterblichkeit	244,0 ‰	150,0 ‰
Geburtenrate	41,1 ‰	52,0 ‰
Sterberate	20,8 ‰	27,0 ‰
Lebenserwartung bei der Geburt	32,01 Jahre	—

Quelle: siehe Fußnote 5

Wenn man heute mit einer Bevölkerung von 10 bis 11 Millionen bei einer jährlichen Zuwachsrate von 2 % rechnet, so hat man die Verhältnisse hinreichend exakt erfaßt.

Das geographische Element kommt in die demographische Darstellung, wenn wir uns nun der Verteilung der Bevölkerung zuwenden. Ein Land von der Topographie Nepals hat naturnotwendig eine sehr unterschiedliche Bevölkerungsverteilung, und daher wechselt die Bevölkerungsdichte auch beträchtlich von Distrikt zu Distrikt. Schwierig ist eine Analyse der Änderung der Bevölkerungsdichte über die Jahre, da bisher jeder Zensus nach anderen Gebietseinteilungen vorgenommen wurde. Die Großräume, die vielfach in Veröffentlichungen genannt werden, sind nicht allzu aussagekräftig. Hinzu kommt, daß nach der Einführung der „Entwicklungs-Distrikte" im Jahre 1961 lange deren Grenzverlauf, ihre Fläche und ihre Bevölkerung unbekannt blieb. Wegen eines Überblicks über die 75 Distrikte und 14 Zonen Nepals mit ihren entsprechenden Flächen, ihrer Bevölkerung und der Bevölkerungsdichte auf der Basis der Gesamtbevölkerung von 1961 verweisen wir auf die Tabellen 1 und 2 weiter oben. Auf der Basis der Tabelle 2 wurde Karte 17 gezeichnet, die einen Überblick über die Bevölkerungsdichte nach Distrikten vermittelt.

Wenn diese Karte auch einen Eindruck von den dicht und weniger dicht bevölkerten Distrikten vermittelt, so ist ihr Aussagewert doch beschränkt, denn keiner der Distrikte ist ja gleichmäßig besiedelt. Wir haben deshalb versucht, auf der Basis der tatsächlichen Wohngebiete und unter Verwendung der Zensuszahlen von 1961 eine Punktkarte zu zeichnen, die ein wesentlich genaueres Bild der tatsäch-

---

5 a = „The Third Plan (1965–1970)", Kathmandu 1965, S. 45; b = Bericht der Weltgesundheitsorganisation (W.H.O.) von G. Richards, der Ergebnisse der Thomas A. Dooley Foundation zitiert.

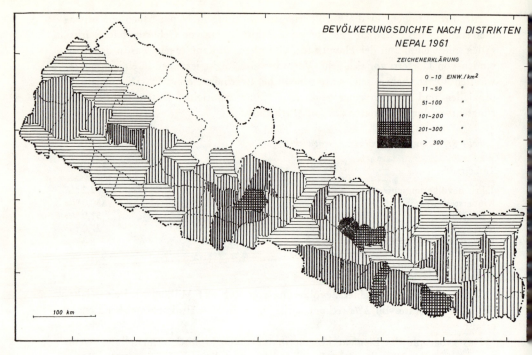

Karte 17: Bevölkerungsdichte nach Distrikten, Nepal 1961
Die Karte, gezeichnet auf der Basis von Tabelle 2, zeigt die ungleichmäßige Verteilung der Bevölkerung je km² in den einzelnen Distrikten. Sie rangiert von 3/km² in Dolpa bis 760/km² in Bhaktapur. Distrikte stärkster Bevölkerungsdichte sind (außerhalb des Tales von Kathmandu) Sindhu Palanchok, Saptari, Mahottari und Syangja, mit jeweils zwischen 201 und 300 Einwohnern je km².

lichen Bevölkerungsverteilung gibt. Karte 18 zeigt die starken Bevölkerungsballungen im Östlichen Terai, im Mittelgebirge (vor allem zwischen dem Tal von Kathmandu und Dailekh im Westen) und im Zentralen Terai (Kapilvastu — Rupandehi). Es wird auch deutlich, daß dünner besiedelte Gebiete vor allem entlang der Flüsse besiedelt sind und im allgemeinen erst nach Übervölkerung dieser Gegenden das Siedlungsgebiet weiter über die Hänge und Berge ausgedehnt wird.

Es mag in diesem Zusammenhang interessieren, daß die deutschen Bundesländer Bayern 139, Niedersachsen 143, Baden-Württemberg 231 und Nordrhein-Westfalen 488 Einwohner/km² haben. Nepal besitzt etwa die Einwohnerzahl Bayerns, erreicht im Schnitt aber nur die halbe Dichte.

Harka B. Gurung hat mit dem ihm zur Verfügung stehenden Zahlenmaterial (Zensus von 1961 und Schätzungen der Flächen der Distrikte) einige interessante Analysen gemacht, die die Verteilung der Bevölkerung über die verschiedenen

3. Sozialgeographie

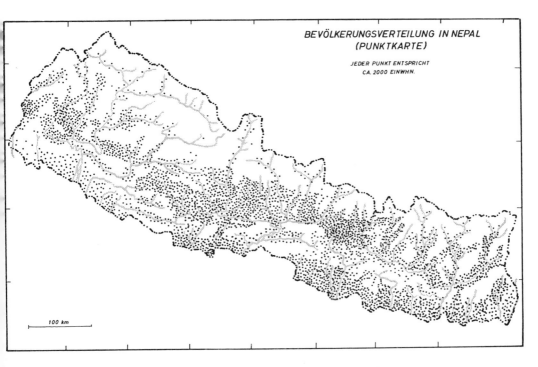

Karte 18: Die Bevölkerungsverteilung in Nepal (Punktkarte)
Die Konzentration von Menschen im Raum wird auf dieser Karte besonders deutlich. Das Östliche und das Zentrale Äußere Terai und ein Mittelgebirgsstreifen zwischen Kathmandu und Dailekh beherbergen die meisten Menschen. Im Terai nimmt die Besiedelungsdichte von Süden nach Norden ab, um im Vorgebirge sehr gering zu werden. Auch das Westliche Terai ist dünn besiedelt. In weniger dicht besiedelten Gebieten folgt die Besiedelung den Flußtälern und bewegt sich erst später zu den höheren Lagen hinauf. Das extreme Hochgebirge und die Nordhimalayische Trockenzone sind die am dünnsten besiedelten Teile Nepals (vgl. auch P. P. Karan, a. a. O. Karte 18).

geographischen Regionen Nepals betreffen[6]. Die Bevölkerungsdichte der Berg- und Mittelgebirgszone liegt im Mittel bei 54 Menschen/km². Allerdings empfiehlt sich eine Abzweigung der Nordhimalayischen Trockenzone, wo die Dichte nur 10 Menschen/km² beträgt. Diese Berg- und Mittelgebirgszone zwischen 900 und 3 000 m über dem Meer hat eine mittlere Bevölkerungsdichte von 48/km², aber einige Distrikte haben wesentlich höhere Konzentrationen, die bis über 200/km² reichen. Das Tal von Kathmandu, das in dieser Zone liegt, wird von Gurung mit einer

---

[6] Harka B. Gurung, a. a. O., legt seinen Berechnungen offenbar Zahlen zu Grunde, die von den unseren leicht abweichen. Dies gehört zu den Problemen, mit denen man in Nepal immer rechnen muß. Nicht nur sind die vielen Umrechnungen von lokalen oder englischen Maßen in das metrische System eine ständige Quelle von Fehlern, es muß auch angemerkt werden, daß offiziell keine Flächenangaben für die Distrikte zu haben sind. Dies allein mag Abweichungen im Detail erklären, die allerdings für unsere Zwecke unerheblich sind. Wir haben lediglich eine Umrechnung ins metrische System vorgenommen.

mittleren Bevölkerungsdichte von 815/km² belegt. Das Innere Terai zwischen der Mahabharat-Kette und den Churia-Bergen hat im Schnitt 44 Menschen/km², während das Äußere Terai eine mittlere Dichte von 120/km² hat. Allerdings gibt es auch hier erhebliche Unterschiede von Distrikt zu Distrikt. Kanchanpur hat 11 Menschen/km², während im Osten mehr als 200/km² leben.

Teilt man Nepal vertikal in einen westlichen, einen zentralen und einen östlichen Sektor ein, wobei jeder Sektor annähernd dem Einzugsgebiet von Karnali, Gandaki und Kosi entspricht, so findet man ein überzeugendes Bild der Bevölkerungsabnahme von Osten nach Westen. Ost-Nepal umfaßt 31 % der Gesamtfläche, aber etwa 50 % der Gesamtbevölkerung, West-Nepal dagegen 41 % der Gesamtfläche, aber nur 21 % der Bevölkerung. Zentralnepal stellt in diesem Zusammenhang eine klare Zone des Übergangs dar:

           West-Nepal   35 Menschen/km²
           Zentral-Nepal   69 Menschen/km²
           Ost-Nepal   106 Menschen/km²

Auf der Basis der Volkszählungen von 1952/54 und 1961 läßt sich der Versuch unternehmen, etwas über die Bevölkerungsbewegung innerhalb der geographischen Regionen Nepals auszusagen. In einem Land mit erheblichem Bevölkerungsdruck in der Gebirgszone und Landreserven in der Ebene, die erst in jüngster Zeit durch die erfolgreiche Bekämpfung der Malaria besiedelbar wurden, darf man mit einer Entladung des Bevölkerungsdruckes dorthin rechnen. Da Nepal im Gegensatz zu vielen anderen Entwicklungsländern kaum echte städtische Siedlungen mit einem potentiellen Angebot an nicht-landwirtschaftlichen Arbeitsplätzen hat, dürfte vorab ein Zustrom von Landbevölkerung in diese Zentren, jedenfalls aus den Bergen, ausbleiben.

Tabelle 9 zeigt den absoluten und prozentualen Zuwachs der Bevölkerung nach geographischen Regionen. Danach ist zu erkennen, daß das Östliche Terai den größten absoluten Bevölkerungszuwachs aufweist. Daß die Mittelgebirgsregionen

Tabelle 9: Bevölkerungswachstum nach Regionen, 1952/54 bis 1961

Geographische Region	Absoluter Zuwachs	Prozentualer Zuwachs
Östl. Mittelgebirge	177 906	10,0
Zentrales Mittelgebirge	192 379	10,9
Westliches Mittelgebirge	181 309	11,2
Tal von Kathmandu	48 995	11,9
Östl. Inneres Terai	4 338	2,2
Zentrales Inneres Terai	46 279	23,2
Westl. Inneres Terai	9 292	10,4
Östliches Terai	407 233	21,4
Zentrales Terai	52 178	14,9
Westliches Terai	36 362	15,4
NEPAL	1 156 371	14,0

Quelle: H. B. Gurung, a. a. O.

3. Sozialgeographie

folgen, überrascht nicht, da es sich ja hierbei um die größten dichtbesiedelten Gebiete des Landes oder die größten Bevölkerungsgruppen handelt. Wesentlich mehr Aussagekraft haben die prozentualen Zuwachszahlen. Sie geben Auskunft über unter- oder überproportionales Wachstum im Vergleich zum nationalen Durchschnitt. Hier wird deutlich, welche geographischen Regionen während der letzten Jahre Bevölkerungsgewinne und welche -verluste zu verzeichnen haben. Wenn wir unterstellen, daß das biologische Wachstum im ganzen Land mehr oder weniger gleich ist, so sind die hier ausgewiesenen Bevölkerungsgewinne und -verluste primär auf Wanderungsbewegungen zurückzuführen.

Besonders deutlich ist der Zuwachs im Zentralen Inneren Terai, das den Distrikt Chitwan umfaßt (+ 23,2 %). Hier liegt, am Östlichen Rapti, das neue Siedlungsgebiet, das zahlreiche Siedler aus den Gebirgszonen aufgenommen hat. Das Siedlungsprogramm begann 1954 und fällt somit in die Vergleichsperiode. Alle Teraigebiete liegen in ihrem Zuwachs über dem nationalen Mittel, allen voran das Östliche Terai, was die Bedeutung dieser Landschaft für die Entwicklung Nepals unterstreicht. Mit geringen Ausnahmen (Terathum, Sallyan) haben alle Gebirgsdistrikte geringe Wachstumsraten und liegen beträchtlich unter dem nationalen Mittel.

Prozentual höchste Zuwachsraten finden wir in den Distrikten Chitwan, Jhapa und Biratnagar. Es folgen Sarlahi, Parsa und Majkhand (etwa der heutige Distrikt Rupandehi). Diese Distrikte bergen, abgesehen von Chitwan als Siedlungsdistrikt, Industrieagglomerationen wie Biratnagar, Malangwa, Birgunj und Bhairawa. Die Kongruenz der Verteilung der jährlichen Zuwachsraten mit dem Angebot an nicht-landwirtschaftlichen Arbeitsplätzen ist deutlich. Wenn auch einige Distrikte im Gebirge außergewöhnlich hohe und einige Teraidistrikte außergewöhnlich niedrige jährliche Zuwachsraten zeigen, so kann doch festgestellt werden, daß „die Terairegionen alle Gebirgsregionen einschließlich des Kathmandu-Tals überflügeln"[7].

Es muß allerdings hinzugefügt werden, daß der Bevölkerungszuwachs durch Zuwanderung in den Terai-Distrikten teilweise auf die Einwanderung von Indern zurückgeht. Im Zentralen Terai sind nahezu 20 % der Bewohner geborene Inder.

„Der Bevölkerungszuwachs über die letzte Dekade weist auf einen Prozeß des Abstiegs in geringere Höhenlagen hin", ist der Schluß, den Gurung aus seiner Studie zieht. „Seit dem Zensus von 1952/54 ist die nepalische Bevölkerung um 14 % gewachsen, und die großräumliche Verteilung dieses Zuwachses zeigt 11 % in den Hoch- und Mittelgebirgen, 12,8 % im Inneren Terai und 20,7 % im Äußeren Terai. Die tiefliegenden feuchten Täler, die früher endemische Malariazonen waren, wurden seitdem durch moderne Maßnahmen in attraktive Siedlungsgebiete umgewandelt. In jüngster Zeit hat daher der ausgedehnte Waldgürtel der Churia-Berge und der Terai-Ebenen heftige Übergriffe durch eine wachsende Bevölkerung erleiden müssen. Nach einer zuverlässigen Schätzung leben jetzt nahezu 60 % der Gesamtbevölkerung in Gebieten unterhalb 1 200 m ü. NN[8]."

7 H. B. Gurung, a. a. O., S. 7.
8 a.a.O.

Wir wenden uns nun den Bevölkerungsgruppen zu.

Nepal ist eine geographische Scheide zwischen den zentralasiatischen, tibetisch-birmanischen, buddhistisch-lamaistischen Völkern im Norden und den südasiatischen, indo-arischen, hinduistischen im Süden. Diese Aussage ist sicher vereinfachend, aber sie beschreibt die Lage hinreichend deutlich. Wir haben es also mit einem Land des Übergangs und der Mischung zu tun. Auf seinem Boden haben weniger gewaltsame Überlagerungen als langsame Durchdringungen einander zunächst fremder Kulturen stattgefunden. Dabei soll nicht übersehen werden, daß auch die heute als friedlich bezeichneten Anpassungsprozesse in vielen Fällen mit gewaltsamen Landnahmen verbunden waren, wie z. B. der Einzug der späteren Gorkhas ins nepalische Mittelland. Das gilt allerdings nicht für den Norden, wo die Einwanderer nur Gebiete über 2 400 m in Besitz nahmen, in einer Höhe also, wo die Ureinwohner in der Regel nicht mehr siedelten[9].

Die altnepalischen Volksgruppen, die schon sehr lange in den Mittelgebirgen in sehr klar abgegrenzten Siedlungsräumen leben und meist auf eigene frühere Staatsgebilde zurückblicken können, sprechen nicht Nepali als Muttersprache und haben auch die politische Einigung Nepals und die zielbewußte Bildung eines modernen Staates nicht als Führungsgruppe (wenn auch oft als Soldaten) mitgemacht. Heute politisch, religiös und sozial führend sind jene Volksgruppen und ihre von ihnen mehr oder weniger zur Hochkaste beförderten Wirtsgruppen, die im 12. Jahrhundert auf der Flucht vor der muslimischen Eroberung aus Indien in Nepal eindrangen, die Brahmanen. „Die Brahmanen- und Chhetri-Bevölkerung von Nepal", schreibt Bista, „hat mehr als jede andere Volksgruppe die dominierende Rolle bei der Gründung des modernen Königreichs Nepal gespielt, auf politischem, auf dem alles durchdringenden sozialen und auf religiösem Gebiet. Die königliche Shah-Familie und die als ihre rechte Hand fungierenden Männer wurden seit dem Beginn der Gorkha-Eroberung von 1768 aus den Kasten der Thakuri und Chhetri gezogen[10]." Während des Rana-Regimes (1847–1951) wurden alle wichtigen Staatsämter von deren Familienmitgliedern besetzt, aber die Mehrheit der verbleibenden wichtigen Positionen wurde von anderen Chhetris und Brahmanen ausgefüllt, und noch heute liegt die Mehrheit der hohen Armeeposten in den Händen der Chhetris. „Brahmanen rangieren am höchsten in der Kastenhierarchie, aber die Mehrheit der Mächtigen und Reichen in Nepal sind Chhetris. Von allen Bewohnern Nepals sind die Brahmanen und die Chhetris unter den reichsten und am weitesten gestreuten. Nepali, eine Sanskrit-Sprache, ist ihre Muttersprache und wurde als Nationalsprache angenommen. Sie wird auch von einer kleinen Minderheit von Berufskasten gesprochen, die weniger als 10 % der Nepali sprechenden Bevölkerung ausmacht"[11]. Nepali wird nach dem Zensus von 1961 von 4,8 Millionen Einwohnern des Landes als Muttersprache gesprochen. Das sind 50,8 % der Gesamtbevölkerung, aber zahlreiche Angehörige anderer Volksgruppen in den Bergen sprechen Nepali als zweite Sprache. Im Terai da-

---

9 Toni Hagen, „Nepal, Königreich am Himalaya", 1960, S. 62 f.
10 Dor Bahadur Bista, a. a O., S. 1.
11 a. a. O.

3. Sozialgeographie

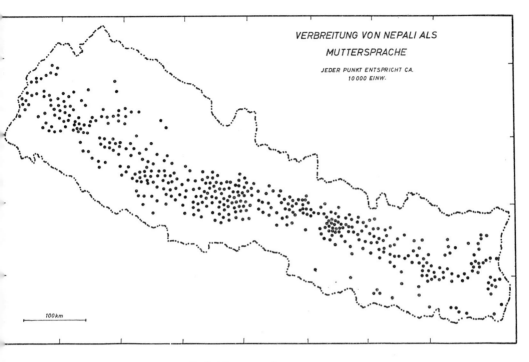

Karte 19: Verbreitung von Nepali als Muttersprache

gegen ist Nepali unter der eingesessenen Bevölkerung weitgehend unbekannt. Karte 19 zeigt die Verteilung von Nepali als Muttersprache im Jahre 1951, und es fällt eine gewisse Konzentration im Westen und im Zentrum Nepals auf, im Gegensatz zum Osten des Landes. Vergleicht man aber die Nepali sprechenden Gruppen der Brahmanen, Chhetris und Thakuri mit den anderen Sprachgruppen, so ist die Streuung einzigartig. Keine andere Volksgruppe ist im Lande so weit verbreitet.

Wir werden in diesem Zusammenhang nicht näher auf die sozialgeschichtliche kulturelle Überlagerung der westnepalischen älteren Volksgruppen durch die eingewanderten Brahmanen eingehen und verweisen dazu auf die erwähnte Sachliteratur. Zum Verständnis auch der ökonomischen Rolle der Brahmanen, Thakuri und Chhetris sei lediglich erwähnt, daß sich die ersteren als orthodoxe Hindus und Angehörige der besitzenden und herrschenden Kaste in Indien vor den hereinbrechenden muslimischen Reformern in Sicherheit brachten. Kaum aber hatten sie sicheren Boden gewonnen, als sie sofort mit Erfolg begannen, ihre Glaubens-, Sitten- und Soziallehren, allem voran das Kastensystem, der Bevölkerung, die sie in den nepalischen Bergen vorfanden, aufzudrängen oder aufzuzwingen. Diese Bevölkerung war zum Teil selbst indo-arischen Ursprungs, folgte aber einer sehr losen Form des Hinduismus. Durch den Kontakt mit den einge-

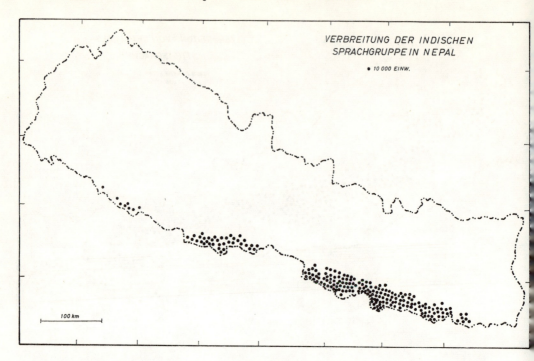

Karte 20: Verbreitung der indischen Sprachgruppe in Nepal

wanderten Hindus der Ebene nahmen viele die strengeren Kastenregeln auf sich, und es wurde ihnen, wie auch den Abkömmlingen von Verbindungen der Einwanderer mit einheimischen Familien, die Kastenzugehörigkeit der Chhetris (Kriegerkaste) gegeben. Die Thakuris haben einen hohen Rang in der Chhetrikaste, und das gegenwärtig herrschende Königshaus zählt sich zu ihnen.

Es sei hier aber noch auf die Berufskasten der brahminischen Kastengesellschaft eingegangen. Sie rechnen zu den unteren Kasten, teilweise zu den Unberührbaren, und entsprechen im großen und ganzen der auch in Indien gängigen Ordnung: Sie sind an das ihnen vererbte Gewerbe oder Handwerk gebunden, und kein Mensch etwa der Kriegerkasten würde mit ihnen zusammen essen. Darunter sind:

damai	Schneider und Musikanten
kami	Grobschmiede
sunnar	Goldschmiede
kumbhar	Töpfer
pore	Straßenkehrer
sarkhai	Schuhmacher

Die zweite Hälfte der nepalischen Bevölkerung besteht aus solchen Gruppen, die Nepali nicht als ihre Muttersprache sprechen. Tabelle 10 gibt einen Überblick über die Sprachgruppen des Landes.

3. Sozialgeographie

Die größte geschlossene Sprachgruppe nach den Nepali sprechenden ist wiederum eine nicht eigentlich nepalische Gruppe. Es sind die an der indischen Grenze, vornehmlich im Östlichen Terai, beheimateten Einwohner **indischer Abstammung**, deren Einwanderung vor 200—300 Jahren begann und noch immer andauert und deren Zahl sich heute einem Viertel der Gesamtbevölkerung nähert. Sie sprechen die den gegenüberliegenden indischen Gebieten entsprechenden Sprachen Maithali, Bhojpuri, Abadhi, Bengali und Hindi und in der Regel kein Nepali. In den Schulen wird in diesen Sprachen unterrichtet, und die Schulbehörden in Kathmandu sahen sich gezwungen, zunächst einmal zwangsweise Nepaliunterricht für die Terai-Lehrer einzuführen.

Karte 20 zeigt die starke Konzentration dieser Bevölkerung im Östlichen und Zentralen Terai. Die kulturelle und vor allem wirtschaftliche Verbindung zu ihrer alten Heimat ist sehr stark, und die fortlaufende, meist illegale, Einwanderung von Indern stellt der Regierung in Kathmandu manches Problem. Historisch kam es übrigens zu einer Einwanderungswelle ins Terai, als Nepal dieses Gebiet im 19. Jahrhundert zeitweise an Indien abtreten mußte.

Tabelle 10: Die Sprachgruppen Nepals und ihre Bedeutung, nach dem Zensus von 1961

Sprachgruppe	Angehörige	%	Sprachgruppe	Angehörige	%
Nepali	4 796 528	50,8	Jhangar	9 140	a)
Maithali	1 130 401	12,0	Thami	9 046	"
Bhojpuri	577 357	6,1	Dhimal	8 188	"
Tamang	518 811	5,5	Madwari	6 716	"
Abadhi	447 090	4,7	Majhi	5 895	"
Tharu	406 907	4,3	Thakali	4 134	"
Newari	377 727	4,0	Pahari	3 002	"
Magar	254 675	2,7	Hindi	2 867	"
Rai (Rajkirate)	239 749	2,5	Ziral	2 757	"
Gurung	157 778	1,7	Urdu	2 650	"
Limbu	138 705	1,5	Kumal	1 724	"
Bhotia, Sherpa	84 229	a)	Darai	1 645	"
Lokalsprachen	83 986	"	Lapche	1 272	"
Rajabansi	55 803	"	Macha	938	"
Satar	18 840	"	Ragi	801	"
Sunwar	13 362	"	Udissa	782	"
Danuwar	11 624	"	Andere	1 627	"
Santhali	10 615	"	Ungeklärt	6 432	"
Bengali	9 915	"	Total	9 412 996	100,0
Chepang	9 247	"			

a) weniger als 1 %
Quelle: Population Statistics 1961/62, Kathmandu: Central Bureau of Statistics 1967.

Wir wenden uns nun den tibeto-nepalischen Rassen zu, die tibeto-birmanische oder sino-tibetische Sprachen sprechen, und zwar zunächst den altnepalischen Gruppen, die lange vor der Einwanderung der Brahmanen in den Mittelgebirgen Nepals seßhaft waren. Die größte Gruppe unter ihnen, mit mehr als einer halben

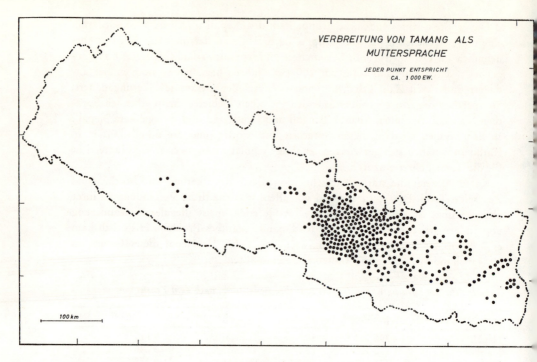

Karte 21: Verbreitung von Tamang als Muttersprache

Million Angehörigen, sind die T a m a n g s [12]. Karte 21 zeigt ihre jetzige Verteilung in Nepal, und deutlich ist noch ihr ursprüngliches Siedlungsgebiet am Südhang des Ganesch Himal (Distrikte Dhading und Nuwakot) zu erkennen. Ihre Ausbreitung erfolgte vor allem nach Osten, und heute leben 75 % aller Tamangs in den sechs das Kathmandu-Tal umschließenden Distrikten und einige tausend davon im Tal selbst. Der Rest verteilt sich über die östlichen Mittelgebirge mit einer kleinen Gruppe nahe der Ostgrenze Nepals. Einige haben sich auch im Terai niedergelassen.

Ihr tibetischer Ursprung steht außer Zweifel, und frühere Forschungen nennen die tibetischen Distrikte Nimo und Shung zwischen Sikkim und Lhasa[13]. Die tibetische Kultur der Tamangs ist in vielem sichtbar. Zwar gehören sie zu den Buddhisten Nepals, doch haben viele ihrer Riten und religiösen Praktiken ihre Wurzeln noch im Schamanismus. Zwei kleine Sprachgruppen, die Thami und die

---

[12] Ursprünglich wurden die Tamangs einfach zu den Bhotia-Völkern (d. h. Völker tibetischen Ursprungs) gezählt. Dann unterschied man sie nach ihrem Gewerbe: ta-mang (tib.) = Roßhändler, und diese Bezeichnung ist geblieben (Bista, a. a. O., S. 48). Andere Quellen melden, daß der Name von ta-mag (tib.) = Pferdsoldat, also berittenes Militär aus dem alten Tibet, herrühren soll (Oppitz, a. a. O., S. 21).
[13] Hooker, J. D., „Himalayan Journals", London 1854 (zit. bei Oppitz, a. a. O.).

3. Sozialgeographie

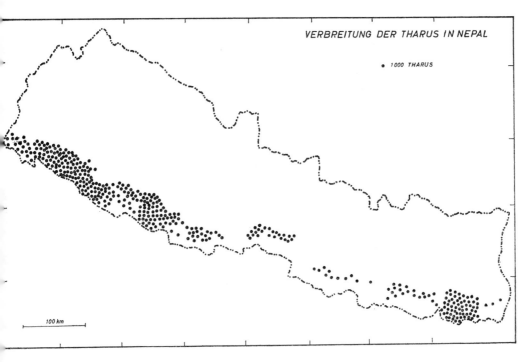

Karte 22: Verbreitung der Tharus in Nepal

Pahari, zusammen weniger als 15 000 Menschen, leben im Siedlungsgebiet der Tamangs und teilen deren Kultur weitgehend.

Die Tamangs siedeln an oft recht steilen Hängen in Höhen zwischen 1 400 m und 2 400 m über dem Meer. Als Bauern produzieren sie normalerweise Mais, Hirse und Gerste und in den höchsten Lagen auch Kartoffeln. Gehören bewässerbare Tallagen zum Dorf, so wird Reis angebaut. Die gängigen Haustiere sind Büffel, Rind, Schaf und Huhn. Im eigentlichen Siedlungsgebiet wird die wirtschaftliche Lage der Gruppe durchweg als gut bezeichnet, und permanente Verschuldung ist unbekannt. Sobald aber Familien außerhalb siedeln, stehen ihnen im allgemeinen lediglich Grenzböden zur Verfügung, die sie nur kümmerlich ernähren, und sie sind daher gezwungen, durch Trägerdienste usw. hinzuzuverdienen.

Zur materiellen Kultur der Tamangs gehört eine alte Handwerkstradition. So sind sie z. B. unter den wenigen Nepalis, die warme Winterkleidung herstellen, etwa ihre typischen kurzärmeligen oder ärmellosen Wolljacken. Sie machen ferner Holz- und Flechtarbeiten und stellen Blattschirme her. Viele ihrer Lamas, die buddhistischen Priester, zeigen große Geschicklichkeit im Bemalen von Tempelstandarten (*thankas*).

Eine völlig anders geartete altnepalische Bevölkerungsgruppe sind die T h a r u s, die mit über 400 000 Angehörigen zahlenmäßig nach den Tamangs rangieren. Ihr

Siedlungsgebiet ist der Dschungel des Terai. Karte 22, gezeichnet auf der Grundlage einer statistischen Erhebung von 1961, zeigt ihre Siedlungsgebiete im Westlichen Terai (Distrikte Kanchanpur, Kailali, Bardia und Banke), im Westlichen Inneren Terai (Dang-Deokhuri) und im Distrikt Morang im Östlichen Terai. Kleinere Gruppen sind im Zentralen Inneren Terai und im Östlichen Rapti-Tal zu finden. Sie leben im Dschungel nahe den Randbergen und haben in der Vergangenheit durch Wanderhackbau erheblich zur Verwüstung der Waldbestände beigetragen. Heute sind sie vorwiegend seßhaft, und das oft auf kleinsten Urwaldrodungen.

Über ihren Ursprung herrscht bei den Forschern noch keine einhellige Meinung, doch ist wohl an ihrer mongoloiden Abstammung nicht zu zweifeln, wenn auch ihre Sprache deutlich von der benachbarter indischer Gruppen beeinflußt worden ist. Jedenfalls gehören die Tharus zu den ältesten im Terai ansässigen Gruppen. Normalerweise haben sie ihre Stammesreligion und beten gewisse Geister zusammen mit einigen Hindu-Gottheiten an. In Ost-Nepal hat der engere Kontakt zu den Hochkasten dazu geführt, daß Brahmanenpriester bei Feierlichkeiten zugezogen werden.

Die Tharus sind Bauern, einige unter ihnen sogar reiche Landbesitzer, und einige Kaufleute. Gebietsweise führen sie allerdings ein elendes Pächterdasein und werden von Geldverleihern und Steuereintreibern ausgeplündert — so vor allem im Distrikt Dang-Deokhuri. Sie bauen Reis an und haben häufig gute Bewässerungsanlagen, die die Ernte sichern, denn ihr Hauptsiedlungsgebiet, das Westliche Terai, leidet häufig unter Trockenheit. Darüber hinaus halten sie Rinder, Büffel und Ziegen. Obschon die Nepalis in Kathmandu die Tharus gern als die „Wilden" von Nepal bezeichnen, ist der Wandel in der Tharu-Gesellschaft nicht zu übersehen. Er wird vor allem von jüngeren Tharus unterstützt, die zur Schule gegangen sind. Sie ändern ihre Eßgewohnheiten, nehmen die Hindu-Religion an und führen moderne Erziehung ein.

Die zahlenmäßig nun folgende Gruppe gehört zu den interessantesten. Es sind die N e w a r s, die „Ureinwohner des Kathmandu-Tals". Von den 378 000 Newars, die die letzte Volkszählung nachwies, leben tatsächlich 63 % im Tal selbst. Nehmen wir die drei benachbarten Distrikte Kabhre Palanchok, Sindhu Palanchok und Makwanpur dazu, so konzentrieren sich in diesem Teil Nepals 75 % aller Newars. Die anderen sind weit im Lande verteilt, leben in kleinen Gruppen zusammen, aber haben keine eigentlichen Siedlungsgebiete (s. Karte 23). Diese charakteristische Verteilung ist leicht erklärt. Die Newars sind zwar Bauern, viele von ihnen aber auch Händler, und wo immer im Lande eine wichtige Wegkreuzung ist und sich ein Bazar entwickelt, stellt sich der Newar-Händler sofort ein. Der Ursprung der Newars ist in mythisches Dunkel gehüllt. Forscher vermuten teils eine indische, teils eine tibetische Abkunft. Religiös ist die Volksgruppe in ein buddhistisches Lager und ein durch indischen Einfluß hinduistisches Lager gespalten. Ihre Sprache ist tibeto-birmanisch, aber fast alle Newars sprechen als Zweitsprache Nepali.

Der Newar ist Städter, und als solcher hat er einen eigenen Hausstil, das ge-

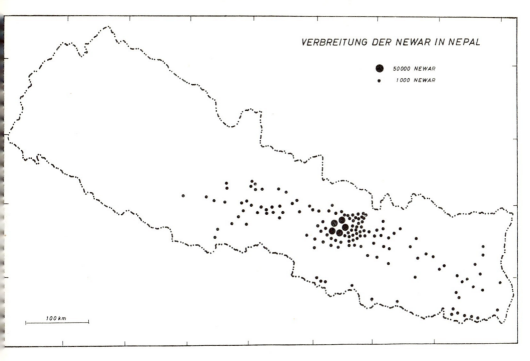

Karte 23: Verbreitung der Newar in Nepal

schnitzte Fachwerk mit Ziegelfüllung, und die Tempelpagode entwickelt. Beides hat Kathmandu berühmt gemacht, und was immer heute an Kulturgütern in Nepal gerühmt wird, reicht mit Sicherheit auf die Zeit zurück, da Newar-Könige im Tal von Kathmandu herrschten. Auch die Newar-Dörfer haben die gleichen städtischen Häuser, doch sind die Bauern agrartechnisch auf einer archaischen Stufe stehengeblieben. Sie kennen den Pflug nicht[14], wenn sie auch in jüngerer Zeit den wohl erst von den Ausländern geförderten Gemüsebau mit Erfolg übernommen haben.

Die Kiranti-Völker der R a i und L i m b u zusammengenommen, erreichen etwa die Zahl der Newars. Ihr Siedlungsgebiet ist klar umrissen, und es gibt keine nennenswerte Wanderung in andere als die benachbarten Terai-Gebiete (vgl.

---

[14] Natürlich „kennen" die Newars den Pflug, denn er wird von jedem Bauern außerhalb des Kathmandu-Tals benutzt. In Kathmandu schweigt man sich darüber aus, warum sich der Talbauer bei seinen ebenen, vergleichsweise großen Feldern mit der Schaufelhacke (*kodali*) und dem Holzhammer abmüht, während der Bauer außerhalb des Tals am Steilhang auf schmalsten Terrassen den Ochsen vor seinen Holzpflug spannt. Es heißt, das Rind sei so heilig, daß es nicht einmal zur Arbeit verwendet werden darf, und der Shiva-Tempel Pashupathinath wache darüber, daß dieses Gebot nicht verletzt wird. Außerhalb des Tals scheint man den Tempel nicht so ernst zu nehmen. Andere Erklärungen steuert G. S. Nepali, a. a. O., S. 43, bei.

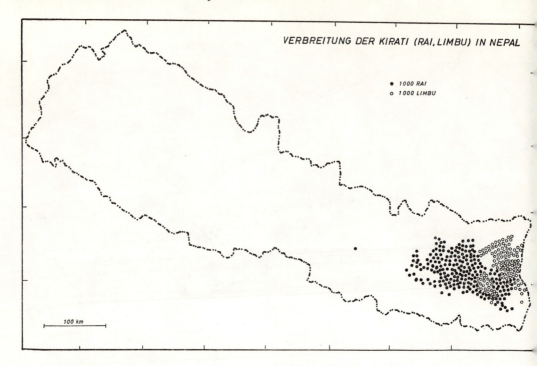

Karte 24: Verbreitung der Kirati (Rai, Limbu) in Nepal

Karte 24). Beide Stämme kommen von denselben Vorfahren und behaupten, früher das Tal von Kathmandu beherrscht zu haben. Manchmal werden auch die Newars als Abkömmlinge der gleichen Ahnen betrachtet. Die etwa 240 000 Rais leben in ihrer Mehrheit westlich des Arun von Solukhumbu bis Bhojpur, es gibt aber auch Stammesangehörige in den Distrikten Dhankuta und Ilam. Sie haben ihre eigene Stammesreligion und hatten bis vor kurzem die *kipat*-Landverfassung[15]. Die Höhe ihres Siedlungsgebietes wird von Bista zwischen 1 000 m und 1 800 m, von Hagen zwischen 1 400 m und 2 400 m angegeben.

Die Rais kennen Regenfeld- und Bewässerungslandwirtschaft, sie haben Terrassenkulturen mit steinernen Stützmauern, Zwei- und Dreifelderwirtschaft mit mehrjähriger Brache und benutzen den ochsengezogenen Pflug mit Eisenspitze. Neben den Nahrungsgetreiden bauen sie auch Gemüse und Obst, vor allem aber auch Baumwolle und Sisalhanf, deren Fasern sie verarbeiten, und Tabak, den sie rauchen. Sie halten Rinder, Schweine, Ziegen und Hühner, zum Teil für den Markt. Obgleich die Rais eine auskömmliche Wirtschaft führen, sind sie hochgradig an Geldverleiher verschuldet.

Die Vettern der Rais, die L i m b u s, leben mit knapp 150 000 Menschen östlich des Tamur in Höhen zwischen 750 m und 1 200 m, aber es ist auch eine

---

15 Vgl. dazu unsere Ausführungen im Kapitel „Agrargeographie".

3. Sozialgeographie

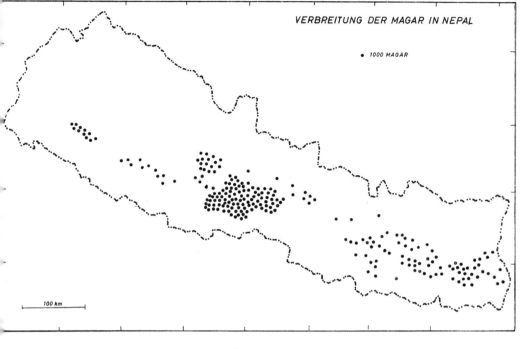

Karte 25: Verbreitung der Magar in Nepal

Abwanderung ins Terai festzustellen. Die Ähnlichkeiten zwischen beiden Gruppen sind groß, und die Limbus sprechen einen Dialekt der Rai-Sprache. Sie bauen Reis unter Bewässerung, Hirse, Mais und Weizen im Regenfeldbau an und ziehen Obst und Gemüse sowie Tabak für den eigenen Verbrauch. Als Wanderarbeiter sind sie im Terai und in Indien und gelegentlich auch in Kathmandu anzutreffen. Ihre Religion ist der der Rais ähnlich, aber doch wesentlich mehr durch den Hinduismus beeinflußt, wie sie überhaupt als „westlicher" gelten. Die meisten Bauern sind an ehemalige Gurkha-Offiziere, Brahmanen, Chhetris oder Newar-Kaufleute verschuldet. Rais wie Limbus stellen ein Hauptkontingent der britischen und indischen Söldnerarmeen, was ihnen ein Einkommen und eine Pension sichert. Viele verabschiedete Soldaten gründen damit ihr Gewerbe als Dorfwucherer.

Die etwa 260 000 Seelen zählende Gruppe der M a g a r gehört ebenfalls zu den altnepalischen Völkern, welche eine tibeto-birmanische Sprache sprechen, die allerdings durch langen und engen Kontakt mit Brahmanen indo-arische Züge angenommen hat. Als ihr ursprüngliches Siedlungsgebiet wird die Gegend südlich und südwestlich des Dhaulagiri angegeben. Heute ist als ihr Kernland deutlich die Distriktgruppe Syangja, Tanahu, Palpa und Baglung auszuweisen, wo 50 % der Magars wohnen. Der Rest ist weit über das Mittelgebirge gestreut. 38 % wohnen östlich und 12 % westlich des Kerngebietes (vgl. Karte 25). Hagen fand eine noch

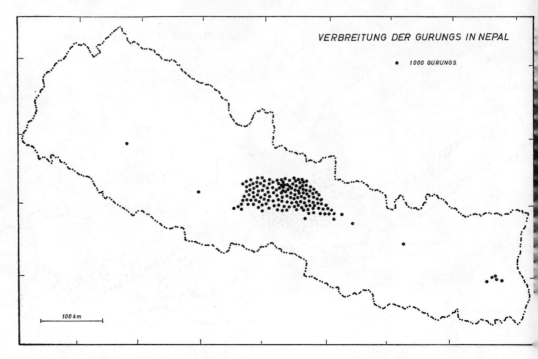

Karte 26: Verbreitung der Gurungs in Nepal

geschlossene Magarkolonie in der nach Osten offenen Schleife des Karnali. Die Wanderung der Magars ist besonders ausgeprägt und wird durch den Umstand erklärt, daß viele als Handwerker und Bergleute auf der Suche nach Arbeit ihr eigentliches Siedlungsgebiet verließen.

In ihrer kulturellen Existenz wurden sie stark von den sie umgebenden Bevölkerungsgruppen beeinflußt. So sind jene, die unter den Einfluß der nördlichen Grenzvölker kamen, Buddhisten und haben weitgehend die Kleidung und den Wohnstil derselben adaptiert. Die Mehrheit allerdings nahm den Hinduismus an, ohne indessen bis heute eine eindeutige Stellung in der Kastenhierarchie gefunden zu haben[16].

Normalerweise sind die Magars Gebirgsbauern, die Terrassenkulturen anlegen, wenn sie auch gewöhnlich nicht in den Höhenlagen ihrer nördlichen Gurung-Nachbarn leben. Sie bauen Mais, Hirse und Weizen und, wo es die Verhältnisse erlauben, Reis an, züchten Schweine und sind in der Regel selbstgenügsam. Allerdings spielen sie auch eine große Rolle als Handwerker (Maurer, Schmiede, Brückenbauer und Bergleute), stellen Körbe her und betreiben Salzhandel. Bereits unter Prithvi Narayan, dem Gründer des geeinten Nepal, waren sie als zuverlässige

16 Bista, a. a. O., S. 63.

3. Sozialgeographie   115

Soldaten bekannt, und es ist deshalb nicht überraschend, daß sie einen beträchtlichen Anteil der Gurkha-Söldner der britischen und indischen Armeen stellen, wo sie gelegentlich auch in die Offiziersränge aufrücken.

Einige kleinere Stämme, so die Roka und Bura (Burathoki), die östlich des Saipal in Nordwest-Nepal leben, werden als Splittergruppe der Magars angesehen.

Die letzte größere der altnepalischen Gruppen sind die Gurung, die mit über 150 000 Angehörigen die Südhänge von Annapurna und Lamjung Himal bewohnen. Ihre Konzentration im alten Siedlungsgebiet ist bemerkenswert (vgl. Karte 26). In den vier Distrikten Lamjung, Syangja, Kaski und Tanahu leben 84 % der statistisch erfaßten Gurung. Nimmt man die Nachbardistrikte Gorkha und Dhading dazu, so kommt man auf 92 %! Eine größere geschlossene Gurungkolonie findet sich in Ost-Nepal (Ilam und Nachbardistrikte), wo etwa 6 000 Stammesangehörige leben dürften. Der Rest ist in kleinen Gruppen von weniger als 500 je Distrikt über das ganze Land verstreut. Durch die Siedlungsaktionen im Terai wurde allerdings eine bemerkenswerte Wanderungsbewegung ausgelöst. Von den etwa 1 000 Siedlerfamilien in Nawalpur (Distrikt Nawal-Parasi) dürften etwa 200 Gurungs sein.

Ihre Sprache ist tibeto-birmanisch, aber viele Gurungs, die sich außerhalb ihres eigentlichen Stammesgebietes niedergelassen haben, haben diese Sprache verloren und sprechen Nepali. Sie haben überwiegend den Hinduglauben ihrer Nachbarn angenommen bis auf eine Minderheit, die, vor allem im Kontakt mit den Tibetern, Lamaisten wurden.

Als Bauern sind sie ausgesprochene Höhenbewohner und bauen Mais, Hirse und Kartoffeln in den trockenen Höhengebieten und Reis im Tal. Sie halten zwar Büffel, sind aber bedeutender als Schafzüchter und machen Gebrauch von den Hochweiden bis zu 3 880 m. Wollverarbeitung gehört zur handwerklichen Tradition.

Die Gurung gehören wie die Magar zu den „Ur"-Gurkhatruppen, die unter Prithvi Narayan Kathmandu eroberten. Auch heute dienen sie in beachtlicher Zahl in fremden Armeen, aber weniger in der eigenen. Auch als Pensionierte tragen sie offenbar mit Stolz Uniformstücke und Embleme aus ihrer Dienstzeit[17].

Den nördlichen Grenzsaum Nepals bewohnen Volksgruppen eindeutig tibetischen Ursprungs, die lange unter dem Sammelbegriff Bhote oder Bhotiya (bhot (tib.) = Tibet) zusammengefaßt wurden. Da dieser Ausdruck neuerdings von den hinduistischen Bewohnern der Mittelgebirge in abschätziger Weise benutzt wird und die Sherpas z. B. eine Einstufung unter die *bhotiyas* ablehnen, möchten wir sie als nördliche Grenzvölker der tibetischen Sprachgruppe bezeichnen (vgl. Karte 27). Wenn auch schließlich ein großer Teil der altnepalischen Gruppen tibeto-birmanische oder sino-tibetische Sprachen spricht, so besteht doch ein erheblicher Unterschied zu den nördlichen Grenzvölkern. Hier ist neben der Sprache

---

17 a. a. O., S. 71 f.

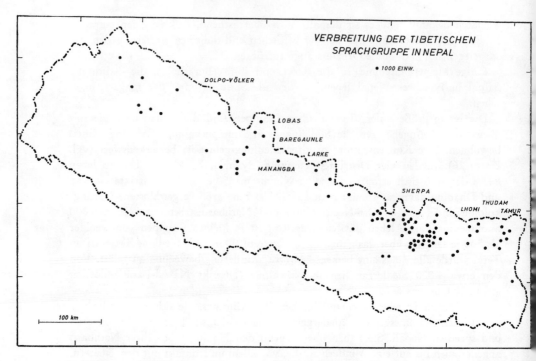

Karte 27: Verbreitung der tibetischen Sprachgruppe in Nepal
Die Punktkarte basiert auf der Volkszählung von 1961 und zeigt die Verbreitung der nördlichen Grenzvölker. Die Angaben der geographischen Untergruppen (nach Bista) beziehen sich auf die Siedlungen innerhalb Nepals.

auch die materielle Kultur und die Religion noch so stark von Tibet geprägt und noch immer an Tibet gebunden, daß sich die Frage erhebt, inwiefern sich diese Völker überhaupt schon mit Nepal identifizieren[18].

Es würde den Rahmen dieser Arbeit überschreiten, wollten wir bei der Beschreibung der nördlichen Grenzvölker ins einzelne gehen. Ihre Erforschung ist seit einigen Jahren im Gange, und eine Reihe einschlägiger Bücher liegt bereits

---

18 Dies ist sicherlich eine Kardinalfrage für viele der nicht in Kathmandu lebenden Nepalis, für die das Kathmandu-Tal noch immer das Nepal-Tal oder schlicht Nepal ist. Offiziell lehnt man es ab, das Nationalgefühl der Terai- oder Bergbewohner in Frage zu stellen, doch ist das eine jener Selbsttäuschungen, denen man sich gern hingibt. Flug- und Funkverbindung haben sicher wesentlich zur Formung des Begriffs Nepal für die außerhalb Kathmandus Lebenden beigetragen, und der fortschreitende Straßenbau tut ein übriges in dieser Richtung. Wenn man heute draußen langsam begreift, daß da eine Hauptstadt, ein König und eine Regierung ist, so drückt sich das vor allem darin aus, daß man von dort Geld, technische Hilfe oder andere Unterstützung erwartet. Die Dezentralisierungspolitik des Panchayatsystems ist in diesem Prozeß natürlich problematisch, da sie viele Verantwortlichkeiten der Hauptstadt eben gerade auf regionale oder lokale Ebene delegiert.

3. Sozialgeographie

vor[19]. Auf die wirtschaftsgeographische Seite ihrer Lebensweise wird später eingegangen.

Vom Osten beginnend, treffen wir zunächst auf die Völker des Tamur-Tals, die die wichtige Handelsstraße nach Tibet in Ost-Nepal kontrollieren und bedeutende Handelsplätze wie Wolangchung Gola unterhalten. Nach Westen schließen sich im Distrikt Taplejung die Thudam und Topke Gola an, die an der Handelsroute Chainpur – Sar (Tibet) sitzen. Am oberen Arun-Tal (Distrikt Sankhuwa-Sabha) liegt das Wohngebiet der Lhomi, die nach Tibet hin ziemlich abgeschlossen sind und deren Wirtschaft überwiegend nach Innernepal und Süden orientiert ist.

Die größte und bekannteste Gruppe der nördlichen Grenzvölker sind die Sherpas, deren eigentliches Siedlungsgebiet das Khumbu und der Distrikt Solukhumbu ist, aber Sherpas sind heute auch weiter westlich anzutreffen, und umfangreiche Sherpa-Siedlungen liegen auch im Distrikt Sindhu-Palanchok[20].

Im nördlichen Distrikt Gorkha, zwischen Himalchuli und Ganesch Himal im oberen Einzugsgebiet des Buri-Gandaki leben die Larke an der Handelsroute über den Gya-Paß (Larkya Himal); westlich davon, im Distrikt Manangbhot, die Manangba an der Nordflanke des Annapurna, und damit betreten wir nordhimalayisches Gebiet. Hier fehlt es an Handelspässen zum Norden, und der Handel der Manangba ist daher nach Süden gerichtet und reicht in einigen Fällen bis Singapur, Nord-Borneo und Hong Kong[21].

Im sich heute westlich anschließenden Distrikt Mustang finden wir im Norden die Lobas (Lopas) im ehemaligen Königreich Lo mit der Hauptstadt Lo Mantang (Mustang), südlich davon die Baragaunle zwischen Kagbeni und Muktinath. Auch diese Völker kennen ausgedehnte Handelsreisen in den Wintermonaten. In den weiten Hochtälern nördlich von Dhaulagiri und Kanjiroba leben Dolpo-Völker, eine zahlenmäßig kleine Gruppe, die Salzhandel treibt und die ausgedehnten Hochweiden zur Viehzucht nutzt[22].

Allen diesen Völkergruppen ist eine eng mit dem Tibetischen verknüpfte Sprache, ein lamaistischer Buddhismus mit häufig starken schamanistischen Elementen und ein starkes Engagement im Fernhandel gemeinsam. Im übrigen sind sie alle Bauern in dem Rahmen, den ihnen die rauhe, unwirtliche Klimazone, in der sie leben, vorschreibt. Weizen, Buchweizen und Kartoffeln werden bis zu erstaunlichen

---

19 Hier sei nochmals auf die Arbeiten von Peissel, Oppitz usw. verwiesen, ferner auf David Snellgrove, „Himalayan Pilgrimage", 1961.
20 Vgl. dazu die Kartenskizze bei v. Fürer-Haimendorf, a. a. O., S. 284.
21 Bista, a. a. O., S. 165.
22 Wir haben uns bei der Aufzählung der nördlichen Grenzvölker an Bista gehalten, zu dessen Buch Gurung kritisch anmerkt: „Die Gruppierung der nördlichen Grenzvölker ist vor allem geographisch, wie sich an Gruppenbildungen wie Thudam, Topke Gola und Dolpo-Völkern zeigt. Einige der Gruppennamen der nördlichen Grenzvölker (der Autor lehnt den Gebrauch des Terminus 'bhote' ab) sind willkürlich: z. B. bedeuten die Namen Lhomi (vom Oberen Arun) und Lopa (Mustang) beide „Südleute". Tatsächlich ist es für die tibetische Dialekte Sprechenden üblich, ihre südlichen Nachbarn als ‚Lhomi' zu bezeichnen und sich selbst als ‚Tahmi' (Gebirgsleute) zu klassifizieren". (H. B. Gurung in „The Himalayan Review", Kathmandu 1968, S. 83). Sicher ist, daß die Erforschung dieser Menschengruppen kaum begonnen hat.

Höhen angebaut, und an einigen Orten, vor allem in der Nordhimalayischen Trockenzone, wurde wohldurchdachte Bewässerung entwickelt. Yaks, Schafe und Ziegen sind ein weiterer Teil der Wirtschaftsbasis. In der Zeit des florierenden Tibet-Handels akkumulierten einige Gruppen, die an wichtigen Handelsstraßen wohnten, allen voran die Sherpa, aber auch die Loba, beträchtliche Reichtümer. Diese Einnahmequelle ist durch die militärische Besetzung Tibets durch China zumindest zeitweise versiegt. Immerhin geht der Salzhandel in bescheidenem Umfang, z. B. durch Lo Mantang, weiter. Von allen nördlichen Grenzvölkern haben die Sherpa es verstanden, sich als Bergführer und Träger eine sichere neue Einnahmequelle zu erschließen, die im Zeitalter des Welttourismus sicher eine Zukunft hat.

Es sei abschließend noch auf die religiöse Gliederung der Bevölkerung hingewiesen. Irrtümlich wird Nepal häufig als ein buddhistisches Land bezeichnet, aber tatsächlich ist die Zeit, da es buddhistisch war, längst vergangen, wenn auch der Geburtsort Gautamas heute innerhalb der Grenzen des Landes (Lumbini, Distrikt Rupandehi) liegt. Im Gegenteil: Nepal bezeichnet sich immer wieder als „einziges Hindu-Königreich der Erde" mit einem König, der als Inkarnation Vishnus verehrt wird. Die Volkszählung von 1961 ergab folgende Verteilung der Religionen in Nepal:

Tabelle 11: Religionen in Nepal

Religion	Anhänger	%
Hindus	8 254 403	87,5
Buddhisten	870 991	9,2
Moslems	280 597	3,0
Jainas	831	a)
Christen	458	a)
Unbekannt	5 716	a)

a) Unter 1 %
Quelle: „Population Statistics 1961/62", 1967.

Und Tabelle 12 zeigt die Verteilung nach Zensus-Distrikten.

Tabelle 12: Verteilung der Religionen in Nepal (1961)

Zensus-Distrikt Geogr. Region	Hindus	Buddhisten	Muslims	Andere[a]
Kabhre Palanchok	135 385	80 997	15	43
Sindhu Palanchok	107 269	79 195		28
Dolakha	96 820	35 290		2
Chisankhu (Ramech.)	95 430	27 919		8
Chisankhu (Okhaldh.)	130 320	34 103		6
Majhakirat	120 860	7 541		2
Bhojpur	237 454	15 182		24

Zensus-Distrikt Geogr. Region	Hindus	Buddhisten	Muslims	Andere[a)]
Chhathum	128 909	64 007	1	34
Terathum	381 054	41 675	10	213
Ilam	112 279	12 236	5	5
Östliches Bergland	1 545 780	340 545	31	366
Udaipur	82 781	6 580	50	18
Sindhuli Garhi	79 632	24 584	3	18
Östl. Inneres Terai	162 413	31 164	53	36
Jhapa	114 431	1 054	4 021	194
Biratnagar	296 390	3 608	22 862	2 785
Hanumannagar	278 830	105	20 366	568
Siraha	196 089	2 676	11 755	12
Sarlahi	143 062	7 163	12 733	21
Mahottari	435 612	8 689	43 798	119
Rautahat	182 362	32	36 038	229
Bara	220 627	428	28 411	588
Parsa	120 211	1	17 238	174
Östl. Terai	1 987 614	23 756	197 222	4 690
Kathmandu	165 937	56 831	992	1 107
Lalitpur	120 691	24 457	75	78
Bhaktapur	84 615	4 988	60	159
Tal von Kathmandu	371 243	86 276	1 127	1 344
Nuwakot	83 999	78 844	97	41
Dhading	140 500	62 523	5	11
Gorkha	128 918	21 074	1 254	18
Tanahu	111 250	15 234	1 154	4
Lamjung	80 217	50 653	58	7
Kaski	102 588	24 407	516	4
Syangja	308 875	29 605	1 143	11
Baglung	218 573	10 031	165	
Gulmi	299 956	573	1 201	
Palpa	171 595	943	444	11
Zentrales Bergland	1 646 471	293 887	6 037	107
Piuthan	212 329	74	78	
Sallyan	415 396		127	
Jumla	170 847	13 658		
Dailekh	208 267	157	321	
Achham	152 427		93	
Doti	282 536	101		
Baitadi	157 998	946	6	12
Dandeldhura	82 695			14
Westl. Bergland	1 682 495	14 936	625	27

Zensus-Distrikt Geogr. Region	Hindus	Buddhisten	Muslims	Andere[a]
Chisapani	80 342	78 140	38	10
Chitwan	65 729	1 872	173	108
Nawalpur	17 824			
Zentr. Inneres Terai	163 895	80 012	211	118
Dang	55 793		65	
Deokhuri	41 528		1 221	
Westl. Inneres Terai	97 321		1 283	
Palhi	88 207	6	7 990	24
Majhkhanda	125 839	398	15 170	220
Khajahani	103 942	8	21 080	6
Shivaraj	30 823		6 642	2
Zentrales Terai	348 811	412	50 882	252
Banke	74 245		20 850	53
Bardia	65 691		2 040	
Kailali	89 573	3	207	12
Kanchanpur	18 851		26	
Westl. Terai	248 360	3	23 123	65
NEPAL	8 254 403	870 991	280 597	7 005

a) Christen, Jainas und ungeklärte Fälle.
Quelle: „Population Statistics 1961/62", Kathmandu: C.B.S. 1967.

Wie bereits erwähnt, ist die Durchdringung der Bevölkerung Nepals mit hinduistischer Religion, Sitte und Sozialstruktur im großen Stil vor allem auf die Einwanderung von Angehörigen der Hochkasten Indiens (Brahmanen) zurückzuführen. In Berührung mit ihnen nahmen viele Gruppen das hinduistische System an und stiegen, wie das Beispiel der Chhetris, Thakuris usw. zeigt, innerhalb des Kastensystems zu respektablen Stellungen auf. Es ist seltsam, daß auch Gruppen, die fest im lamaistischen Buddhismus verwurzelt waren, diesen oft verließen, weil sie der Meinung waren, als erklärte Hindus mehr Ansehen erlangen zu können. Das ist z. B. besonders deutlich beim Händlervolk der Thakali, die im Süden des heutigen Distrikts Mustang im Durchbruchstal des Kaligandaki wohnen[23]. „Die

---

23 „Bis vor etwa zwei Generationen waren die Thakali fest in buddhistischer Tradition und Praxis verwurzelt... Eine andere Lage entstand aber, als in den letzten Dekaden des 19. und zu Beginn des 20. Jahrhunderts Thakali-Händler Kontrakte zur Zolleintreibung erhielten und damit nicht nur das Monopol des wichtigen Salzhandels, sondern auch administrative Befugnisse. In Ihrer Eigenschaft als Regierungsbeauftragte besuchten sie Kathmandu und kamen in Kontakt mit Mitgliedern hoher Hindu-Kasten... Ihr buddhistischer Glaube, ihre Kleidung und ihr Benehmen stempelten sie sofort als ‚bhote', und so ausgeprägt war die Verachtung der Hochkasten-Hindus der herrschenden Klasse gegenüber diesen Rindfleisch essenden und ‚unreinen' Tibetern..., daß die Thakalis, wie reich immer, keine zufriedenstellenden sozialen Beziehungen mit dieser herrschenden Klasse der nepalischen Gesellschaft anknüpfen konnten." (Christoph von Fürer-Haimendorf, „Caste Concepts and Status Distinctions in Buddhist Communities of Western Nepal", in „Caste and Kin in Nepal, India and Ceylon", S. 142—144.

3. Sozialgeographie 121

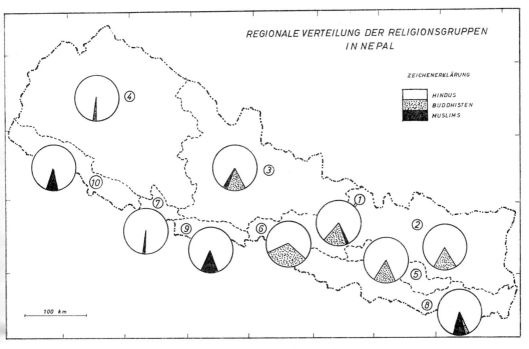

Karte 28: Regionale Verteilung der Religionsgruppen in Nepal
Die Karte, aufgebaut auf dem Ergebnis der Volkszählung von 1961, zeigt in regionsweise zusammengefaßten Daten die Verteilung von Hindus, Buddhisten und Muslims in Nepal. 1 = Kathmandu-Tal, 2 = Östliches Bergland, 3 = Zentrales Bergland, 4 = Westliches Bergland, 5 = Östliches Inneres Terai, 6 = Zentrales Inneres Terai, 7 = Westliches Inneres Terai, 8 = Östliches Terai, 9 = Zentrales Terai und 10 = Westliches Terai. Die Bedeutung der muslimischen Minderheit im Süden und der buddhistischen Minderheit im Norden ist augenfällig.

Streuung und Vermischung der Stämme", bemerkt Karan dazu, „hat offensichtlich die Ausbreitung des Kastensystems erleichtert, das während mehrerer Jahrhunderte mit dem Eindringen der Hindukultur an Einfluß gewonnen hat. Ein bemerkenswertes Beispiel dafür kann man in der Himalayaregion beobachten. Hier ist das Kastensystem gegenwärtig lose und unklar und offenbar noch fremd für die eingesessenen Stämme, aber es scheint nichtsdestoweniger an Boden zu gewinnen. Bei der physischen Isolierung dieser Region scheint es durchaus möglich, daß das Kastensystem im Nepal-Himalaya in dem Maße an Einfluß gewinnt, wie es ihn im Ganges-Tal Indiens verliert"[24]. Da es verschiedentlich in der Geschichte vorkam, daß etwa tapfere Stämme von den Brahmanen sozusagen ehrenhalber in den Status von Hochkasten erhoben wurden und sich ihre Nachfahren dann aller daraus resultierenden Vorteile erfreuen konnten, ist es verständlich, daß Völkergruppen, die sich den Hindus gegenüber inferior fühlten, versuchten, einen Platz

24 P. P. Karan, „Nepal, A Cultural and Physical Geography", 1960, S. 63.

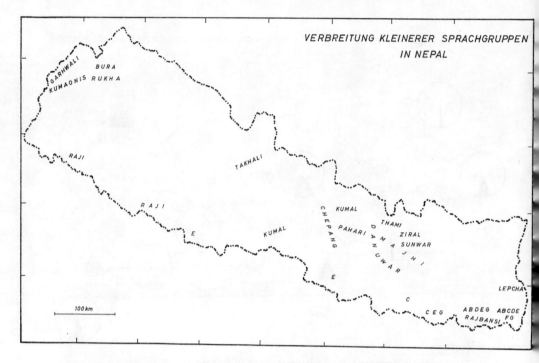

Karte 29: Verbreitung kleinerer Sprachgruppen in Nepal
Zahlreiche Gruppen in Nepal und besonders im Terai sind sehr klein, obwohl sie eine interessante geschichtliche Vergangenheit haben. Sie rechnen aber heute, wie Tharus und Danuwars, zu den Ureinwohnern Nepals. A = Satar; B = Santhali; C = Jhangar; D = Dhimal; E = Madwari; F = Macha; G = Udissa.

in der Hindu-Hierarchie zu erobern[25]. Hier liegt übrigens auch die Erklärung dafür, daß zahlreiche Gruppen im Terai oft manipulierte Legenden anbieten, die ihre rajputische Abstammung beweisen sollen.

Karte 28 zeigt die Verteilung der Angehörigen der drei wichtigsten Religionsgruppen, Hindus, Buddhisten und Moslems, nach Regionen. Die Konzentration der Moslems im Terai ist offensichtlich und naheliegend, aber es sind auch einige muslimische Kolonien in den Bergen, z. B. im Tal von Pokhara. Der Anteil der Buddhisten an der Gesamtbevölkerung ist am stärksten in den nördlichen Gebirgszonen und im Zentralen Inneren Terai, wo die starke Tamang-Bevölkerung im Distrikt Makwanpur den Ausschlag gibt. Neben Nuwakot ist das wohl auch der einzige Distrikt, wo die Buddhisten nahezu 50 % der Gesamtbevölkerung ausmachen. In allen anderen Fällen und selbst im Norden stellen sie weniger als 40 %. Angehörige der Hindu-Religion sind überall im Lande in der Mehrheit und,

---

[25] Der erfüllte Wunsch, einen Platz in der Hindu-Hierarchie zu erhalten, führte dann häufig zur Änderung nicht nur der Religion, sondern auch des Namens und der Sprache (Bista, a. a. O., S. 124).

worauf hingewiesen wurde, auch in mancher anderen Hinsicht das dominierende Element.

Wir haben darauf verzichtet, kleinere Volksgruppen zu behandeln. Karte 29 gibt dem Leser zu seiner Orientierung einen Überblick über diese kleineren Gruppen in Nepal.

Es muß allerdings darauf hingewiesen werden, daß praktisch keine der Bevölkerungsgruppen Nepals mehr rein ist, ohne Berührung mit anderen Gruppen und ohne von ihnen beeinflußt zu werden lebt. „Die weitverbreitete Bewegung der Brahmanen", schreibt Bista, „hat viele ursprünglich nicht-hinduistische Gruppen auf dem Wege über das brahmanistische Ritual beeinflußt. Eine Mehrheit der Magars, sehr viele Gurungs und nahezu alle Sunwars, viele Rais, Limbus, Tharus und Danuwars haben soziale Wertmaßstäbe, Kasteneinstellung, Heiratsprozeduren und dergleichen von den Brahmanen übernommen." Und er fährt fort: „Die wirtschaftliche Vorherrschaft der Brahmanen und Chhetris praktisch im ganzen Land, außer in einigen sehr entlegenen Gebieten oder an Orten, wo die Lebensverhältnisse unzumutbar sind, steht außer Frage. Da wirtschaftlicher Erfolg in einer gänzlich agrarischen Gesellschaft auf Landbesitz und dem Geldverleihen an Bauern beruht, ist eine wirtschaftliche Interdependenz notwendig. Dies führt dann auch zu gegenseitigem Verstehen und zur Imitation gewisser Gewohnheiten[26].

Die Newars haben ihre kulturellen Eigenheiten als Staatsbeamte und Kaufleute ebenfalls weit im Lande verbreitet. Heiraten zwischen den Gruppen, die nun gesetzlich erlaubt sind, das Panchayat-System der Selbstverwaltung, die langsam sich ausbreitende Schulerziehung — das alles leitete einen immer rascher sich vollziehenden Angleichungsprozeß ein[27].

b) Siedlungsgeographie

Nepal bietet dem Siedlungsgeographen ein ausgedehntes und vielseitiges Betätigungsfeld. Durch das topographische wie auch das zivilisatorische Gefälle von Landschaft und Gesellschaft gibt es praktisch alles, vom überhängenden Felsblock

---

[26] Bista, a. a. O., S. 169.
[27] Allerdings darf die Geschwindigkeit dieses Prozesses nicht überschätzt werden. Sprache, Religion und Kastenordnung, obschon letztere durch Gesetz aufgehoben, werden noch so lange das Gesicht der Gesellschaft bestimmen, als die Hochkasten zugleich die Richtlinien der Politik bestimmen und das Land, die Bildung und das Kapital in ihren Händen vereinigen. Prüft man die Kastenzugehörigkeit der Studenten oder Schüler an neueingerichteten technischen Lehranstalten, so fällt der hohe Prozentsatz der Hochkastenmitglieder auf. Der Anteil der Brahmanen und Chhetris am Nationalen Panchayat, also gewissermaßen dem Parlament Nepals, steigt von Legislaturperiode zu Legislaturperiode und dürfte heute bei etwa 80—85 % liegen (diese Mitteilung beruht auf einer mündlichen Information; es war nicht möglich, die entsprechenden Unterlagen daraufhin zu prüfen). Auch in die Dorfpanchayats, die ursprünglich von den einfachen Pächtern und Kleinbauern aufgebaut wurden, ziehen jetzt immer mehr Landbesitzer, Dorfwucherer usw. ein, und zwar auf Grund von Wahlen! Der Respekt vor dem sich zur Wahl stellenden Brahmanen oder Chhetri ist größer als jedes Klasseninteresse. Dies dürfte zeigen, daß ein gesellschaftlicher Wandel durch demokratische Maßnahmen in Nepal noch weit entfernt ist.

als Schutz für den Träger oder Hirten bis zum städtischen Wohnhaus mit fließendem Wasser und elektrischem Licht (wenn auch noch ohne Kanalisation), vom Einzelgehöft in den Bergen bis zur großstädtischen Agglomeration mit mehr als 100 000 Einwohnern im Tal.

Die Kulturlandschaften Nepals umschließen die dauernd bewohnte Vollökumene ebenso wie die nur zeitweise bewohnte und in Nutzung genommene Subökumene, und nicht geringe Teile des nepalischen Staatsgebietes gehören fraglos der Anökumene an. Die höchsten Dauersiedlungen Nepals lassen die der Alpen weit hinter sich. Nach Snellgrove leben die Menschen noch ganzjährig in 4 900 m Höhe, und noch bei 4 300 m bauen sie Kartoffeln und Gerste, ja richten sie Bewässerungssysteme ein. Aber die Höhe ist nicht das alleinige Kriterium für die Besiedelungsgrenzen in Nepal. Mangel an sicheren Niederschlägen in West-Nepal und permanente Trockenheit mit nur bescheidenen, gelegentlichen Regenfällen in Teilen der Nordhimalayischen Trockenzone haben der Dauersiedlung ihre Grenzen gesetzt.

So wie die Landschaft die Siedlungsform stark geprägt hat, so hat natürlich umgekehrt auch der siedelnde Mensch seinen Einfluß auf die ihn umgebende Landschaft ausgeübt. Das Wachstum der Bevölkerung hat die Siedlungsgebiete der nepalischen Völkergruppen sich ausdehnen und sich einander überschneiden und durchdringen lassen, und es hat die Siedlungsgrenzen in immer unwirtlichere Regionen, immer steilere Hänge hinauf getrieben, hat die Menschen und ihre Siedlungen einander immer näher rücken lassen und den Boden mehr und mehr belastet.

Zahlen und Fakten über die Siedlungsgeographie Nepals sind selten, und wir betreten hier in vielem Neuland. Unendlich viel Einzelforschung ist noch erforderlich, um ein einigermaßen umfassendes Gesamtbild zeichnen zu können. Man rechnet heute mit knapp 20 000 Dörfern in Nepal, ohne daß dabei der Begriff „Dorf" eindeutig umrissen ist. Dörfer in Nepal rangieren von kaum mehr als ein paar Gehöften im Hochgebirge über weite Streulagen im Mittelgebirge bis zu Riesendörfern von 500 Häusern und mehr im Terai.

Folgende Zahlen, entnommen der Bevölkerungsstatistik von 1961/62, geben die Grundlage für weiter ins einzelne gehende Betrachtungen der Siedlungsgeographie Nepals:

	Städtisch	Ländlich	Zusammen
Anwesende Bevölkerung	336 222	9 076 774	9 412 996
Zahl der Häuser	50 653	1 729 099	1 779 752
Zahl der Haushalte	59 633	1 724 342	1 783 975
Größe der Haushalte (Personen)	6,6	5,2	5,3

Es ist offensichtlich, daß der ländliche Haushalt zahlenmäßig überwiegt, und der Schluß, daß die nepalische Bevölkerung in erster Linie eine dörfliche ist, ist naheliegend. Tabelle 13 zeigt, daß mehr als 99 % aller nepalischen Siedlungen bis zu 2 000 Einwohner haben und daß nur 17 Siedlungen mit mehr als 5 000 Einwohnern als städtisch klassifiziert werden können.

Die Charakterisierung der Typen ist nicht leicht, will man nicht zu allgemein bleiben.

Tabelle 13: Zahl der Siedlungen nach Größe und Region (1961/62)

Region	Größe						Total
	Bis 2 000	2 001— 5 000	5 001— 10 000	10 001— 20 000	20 001— 50 000	Über 50 000	
Östl. Bergland	5 680	33	1	—	—	—	5 714
Östl. Inn. Terai	1 040	1	—	—	—	—	1 041
Östl. Terai	3 476	121	5	3	—	—	3 605
Kathmandu-Tal	1 258	3	2	1	1	1	1 266
Zentr. Bergland	7 401	26	2	—	—	—	7 429
Westl. Bergland	5 151	31	—	—	—	—	5 182
Zentr. Inn. Terai	1 412	1	—	—	—	—	1 413
Westl. Inn. Terai	420	2	—	—	—	—	422
Zentr. Terai	1 532	3	—	—	—	—	1 535
Westl. Terai	1 057	—	1	—	—	—	1 058
NEPAL	28 427	218	10	5	1	1	28 665

Quelle: „Household Statistics 1961/62", Kathmandu: C.B.S. 1966.

Die Ergebnisse der Erhebungen von 1961/62 gestatten eine Analyse der Haushaltsgrößen in Nepal, da die Statistik ausweist, wieviele Personen zu den einzelnen Haushalten gehören. Verteilt man diese Haushaltsgrößen prozentual auf geographische Regionen, so kommt man zu einigen ganz interessanten Ergebnissen (vgl. Tabelle 14).

Tabelle 14: Verteilung der Haushaltsgrößen nach Regionen in % aller Haushalte

Region	Zahl der Personen je Haushalt									
	1	2	3	4	5	6	7	8	9	10+
Östl. Bergland	3,6	8,6	12,9	15,8	16,2	13,9	10,4	6,9	4,3	7,4
Östl. Inn. Terai	5,8	8,7	13,2	15,5	15,7	13,2	9,6	6,3	4,2	7,8
Östl. Terai	5,8	11,1	15,4	17,7	16,1	12,1	7,7	4,8	3,0	6,2
Kathmandu-Tal	6,3	10,6	13,8	15,7	14,6	11,6	8,2	5,3	3,6	10,2
Zentr. Bergland	4,9	10,0	14,2	16,5	16,1	13,3	9,4	5,9	3,6	6,1
Westl. Bergland	2,5	7,7	13,3	16,7	16,5	13,8	10,0	6,6	4,2	8,7
Zentr. Inn. Terai	3,3	8,2	12,0	15,1	15,4	13,1	9,7	7,0	4,8	11,4
Westl. Inn. Terai	3,2	7,5	11,4	13,2	13,7	12,3	9,0	6,8	4,4	18,5
Zentr. Terai	8,2	15,4	16,8	17,2	14,2	9,8	6,5	4,0	2,4	5,5
Westl. Terai	6,0	10,5	13,0	14,4	13,2	10,7	7,6	5,4	3,8	15,4
NEPAL	4,6	10,0	14,1	16,6	15,9	12,8	9,0	5,9	3,7	7,4

Quelle: berechnet auf der Basis von „Household Statistics 1961/62", Kathmandu 1966.

Dem nationalen Mittel in der prozentualen Verteilung der Haushaltsgrößen am nächsten kommen die drei Regionen des Berglandes. Auch unter sich variieren sie

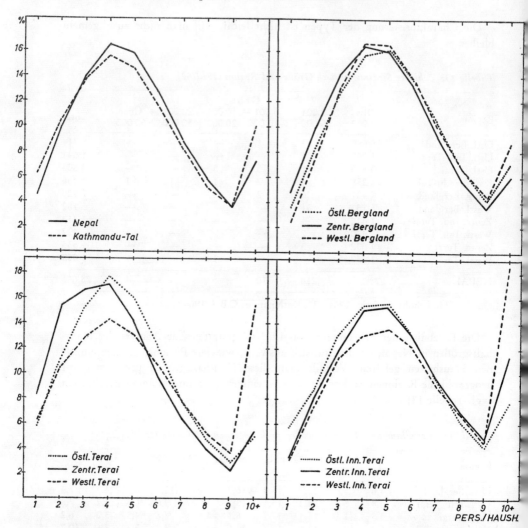

Schaubild 15: Prozentuale Verteilung der Haushaltsgrößen nach geographischen Regionen in Nepal
Das Schwergewicht der größeren oder kleineren Haushalte schwankt deutlich in bezug auf die geographische Region. So bestimmt z. B. der Tharu-Haushalt deutlich die Verteilung im Terai und Inneren Terai. Die Darstellung erfolgte der besseren Vergleichbarkeit wegen als Kurve und nicht als Blockdiagramm, obgleich es sich nicht um einen Bewegungsablauf handelt. Vgl. im übrigen den Text.

nur wenig, wennschon festgestellt werden kann, daß der kleinere Haushalt am stärksten im Zentralen Bergland vertreten ist. Haushalte mit zehn oder mehr Personen sind am stärksten im Westlichen Bergland vertreten, während das Östliche Bergland eine Mittelstellung einnimmt.

Untersuchen wir das Terai, so stellen wir eine beträchtliche Abweichung vom nationalen Mittel fest. Hier wiederum zeigt das Zentrale Terai eine starke Position des kleinen Haushalts, während im Westlichen Terai der Haushalt mit 10 oder mehr Personen den größten Anteil hat. Auch das Östliche Terai zeigt ein Übergewicht an kleineren Haushalten, doch machen solche bis zu 5 Personen hier nur 66,1 %/o aus, im Gegensatz zum Zentralen Terai, wo 71,8 %/o der Haushalte 5 Personen und weniger umfassen. Der hohe Anteil der Großfamilien, die in einem Haushalt wohnen, dürfte im Westlichen Terai auf den hohen Anteil von Tharus an der Bevölkerung (63 %/o) zurückzuführen sein.

Auch die Haushaltsstruktur des Inneren Terai weicht deutlich vom nationalen Mittel ab, hier aber derart, daß der größere Haushalt stärker vertreten ist. Vergleicht man die drei Regionen des Inneren Terai miteinander, so sind Kleinhaushalte am stärksten im Östlichen und Großhaushalte am stärksten im Westlichen Inneren Terai vertreten. Deutlich ist auch hier der Einfluß der Tharus auf die Verteilung der Haushaltgrößen. Im Westlichen Inneren Terai beträgt ihr Anteil an der Bevölkerung 60%/o, im Zentralen Inneren Terai 10%/o und im Östlichen Inneren Terai nur 6 %/o.

Schaubild 15 verdeutlicht die Aussagen der Tabelle 13.

Siedlungs- und Haustypen sind in der Regel eine Funktion von Topographie, wirtschaftlichen und politischen Gegebenheiten, Baumaterial und menschlicher Aktivität. Manchmal spielen auch transzendente Faktoren mit hinein[1]. Im folgenden wird versucht, ein zusammengefaßtes siedlungsgeographisches Bild Nepals zu skizzieren, das auf eigenen Beobachtungen und Aufnahmen des Verfassers und dem Studium der wenigen Angaben in ethnologischen Arbeiten aufbaut.

Im extremen Norden, d. h. im nordhimalayischen Trockengebiet, ist die Bevölkerung außerordentlich gering im Vergleich zur Fläche. Das Land ist rauh, regenarm und hat lange Winter mit bitterer Kälte. Hier fehlt der mäßigende Einfluß des Monsunklimas vollkommen. Hinzu kommt, daß bis in die jüngere Vergangenheit die Bewohner dieses Landesteils, das geographisch bereits zu Tibet gehört, häufig von Briganten aus dem Norden heimgesucht wurden, die die Dörfer plünderten[2].

Kulturfähiger Boden und Quellen oder ständig wasserführende Flüsse sind

---

[1] So ist es z. B. noch eine offene Frage, warum das im übrigen so zweckmäßig und luxuriös gebaute und eingerichtete Sherpahaus keinen Rauchabzug in Form eines Kamins oder Schornsteins hat und man den Rauch nur durch die Ritzen zwischen den Dachschindeln entweichen läßt, nachdem er oft das ganze Haus erfüllt hat. Die Sherpas selbst geben vor, sich einen Kamin nicht leisten zu können, was natürlich nicht stichhaltig ist. Es wird erzählt, daß Kamine der beste Einschlupf für Dämonen seien, und dies wäre schon eher eine Erklärung. Es darf angemerkt werden, daß tibetische Flüchtlinge in von Schweizern eingerichteten Siedlungen sehr wohl einen Kamin haben.
[2] Die letzten Einfälle dieser Art dürften wohl den tibetischen Freischärlern angelastet werden, die von nepalischem Boden aus der chinesischen Armee das Leben schwer machen wollten, die aber in erster Linie als ungebetene Gäste Nepals Boden betraten, außenpolitisch recht gefährliche Aktivität entfalteten und sich dabei noch als Herren über die Bevölkerung des nepalischen Nordens aufspielten. Kathmandu und die königlich-nepalischen Streitkräfte sind weit, und es blieb den armen Bauern und Hirten zunächst nichts anderes übrig, als sich zu arrangieren. Heute allerdings darf man sagen, daß Kathmandu wieder Herr der Lage ist.

begrenzt in Ausdehnung und Zahl. Das alles führt zur Entwicklung eng zusammengebauter, teilweise befestigter Dörfer, umgeben von den wenigen Feldern, oft mit vergleichsweise gut ausgebauten Bewässerungsanlagen inmitten ausgedehnten Ödlandes, das in der Zeit der spärlichen Sommerregen die Weide für das Vieh darstellt. Von Manangbhot über Mustang und Dolpa bis hinauf zur Nordwestecke Nepals findet man diesen Typ der Häuseragglomeration, in Dolpa oft um die buddhistische Gömpa oder ein kleines Kloster gruppiert, in Mustang gelegentlich als Befestigung ausgebaut und an die Kasbah Nordafrikas erinnernd. Das Weidegebiet der nördlichen Grenzbewohner reicht traditionsgemäß weit über diese Nordgrenze nach Tibet hinein, wo ausgedehnte Weidegründe mit offenbar reicherem Graswuchs bei geringer Bevölkerungsdichte seit langem während sieben bis acht Monaten im Jahr Futter für die Schafe der Mustang- und Dolpa-Leute anboten. Erst die militärische Besetzung Tibets durch China stellte diese die politische Grenze ignorierende Praxis in Frage. China verlangt neue Abkommen zur Regelung des Weiderechts, sehr zum Kummer der betroffenen Viehhalter. Weiter im Westen gibt es übrigens eine solche Wanderung in der Winterszeit mit den Schafen nach Süden, und so findet man viele der Dörfer in diesen Monaten verlassen oder nur von ein paar Zurückgebliebenen bewohnt.

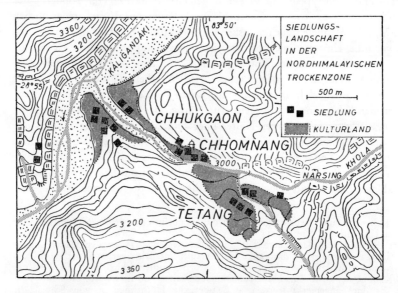

Karte 30: Siedlungslandschaft in der Nordhimalayischen Trockenzone
Es handelt sich um eine typische Flußoase am Ufer des Kaligandaki, der hier in einem breiten Kiesbett fließt, und seines Nebenflusses Narsing Khola, der stark sedimentführend ist. Die Bewohner von Chhukgaon an der Flußmündung und Chhomnang pflegen gesellschaftlichen Kontakt. Geheiratet wird auch zwischen diesen Dörfern und dem weiter stromaufwärts liegenden Chhelegaon, nicht aber Tetang. Tetang ist eine befestigte Lehmburg, die allerdings jetzt nur noch als Lager dient, aber die neue Siedlung ist nicht weniger abweisend auf einem Berg errichtet. Praktisch alles Kulturland wird bewässert. Basiskarte 1 : 63 360.

3. Sozialgeographie

Der Haustyp entspricht der Landschaft und dem vorhandenen Baumaterial. In Mustang und Dolpa, wo Bäume rar sind und die Bevölkerung kaum das erforderliche Brennmaterial beschaffen kann, stehen feste Bruchsteinhäuser, mit Lehm und Mist abgedichtet und oft mit Erdfarbe gestrichen. Wo Holz noch reichlicher vorhanden ist, etwa in Manangbhot oder im extremen Nordwesten, wird auf ein steingemauertes Erdgeschoß ein hölzernes Obergeschoß aufgesetzt. Durchweg sind hier, in der Zone geringer Niederschläge, die Dächer flach und dienen als Lagerplatz für Brennholz und Futtermittel. Die Innenausstattung ist ärmlich. Wir haben die Wohnkultur in Mustang eingehender untersucht und außer einer Feuerstelle, Lehmsitzbänken, kleinen Tischen und gelegentlich Regalen nur in den wohlhabendsten Häusern Betten und Schränke gefunden[3]. In diesem Distrikt haben wir auch die erwähnten befestigten Siedlungen gefunden.

Karte 30 gibt das Bild einer Siedlungslandschaft im Distrikt Mustang.

Eine besondere Stufe der Hausbau- und Wohnkultur haben die Thakali entwickelt, die im Südzipfel des Mustang-Distrikts wohnen. Sie haben zwar ebenfalls rechteckige Häuser mit flachem Dach, die um einen geräumigen Innenhof gebaut sind, aber diese sind aus ordentlich behauenem Naturstein von etwa Ziegelgröße errichtet und in der Regel nicht abgeputzt. Die Innenausstattung ist sehr sauber: Holzdielen, mit Teppichen belegte Sitzbänke, niedrige Holztische und eine besondere Art von Herd, Privatkapelle im Haus, ausgedehnte Lagerräume, die mit dem Handelsgewerbe der Thakali in Verbindung stehen. Die Thakali-Häuser sind sehr geräumig und finden weiter nördlich ihresgleichen nur bei Großbauern. Auch die Thakalisiedlung ist ein verhältnismäßig eng zusammengebautes Dorf.

Untersuchen wir das nördliche Grenzgebiet weiter östlich, so betreten wir cishimalayische Regionen, d. h. Teile Nepals, die zwar auch in beträchtlicher Höhe, aber auf der dem Monsun zugewandten Südseite liegen. Wir kommen zunächst ins Land der Sherpa. Das Sherpadorf, wie man es besonders eindrucksvoll in Khumbu (Distrikt Solukhumbu) finden kann, ist auch eine Agglomeration einander ziemlich ähnlicher Häuser, die meist durch eine Art buddhistischer Torburg betreten wird und eine oder mehrere *stupas*, manchmal eine *gömpa*, seltener ein Kloster hat. Das Sherpahaus, vor allem in Khumbu, wo die vom Handel wohlhabend gewordenen Mitglieder der Gruppe wohnen, ist im Vergleich zu den Wohnstätten im übrigen Nepal von sensationellem Luxus. Die Häuser sind große, massive Steinbauten, weiß gekalkt, mit riesigem Schindeldach, durch dessen Ritzen der Rauch des Herdfeuers abzieht, reicher Ausstattung an Bänken, Tischen, Truhen, Regalen mit Töpfen und anderen Behältern aus Kupfer und Messing, usw.[4]. Sie haben große, schön gerahmte Glasfenster, Stallungen im Erdgeschoß und einen ausgedehnten Wohnraum sowie oft eine Privatkapelle im Obergeschoß. Das Flachdach ist der größeren Niederschläge wegen verschwunden, und Vorräte

---

[3] Wolf Donner, „Wohnen im geheimnisvollen Mustang", in „neue heimat", Hamburg, Sept. 1971.
[4] Wolf Donner, „Wohnen im Schatten des Mount Everest", in „neue heimat", Hamburg, August 1968. — Es darf hier angemerkt werden, daß nach neuesten Forschungen nicht Khumbu, sondern Solu das Kerngebiet der Sherpa ist, während in Khumbu weniger Sherpa als tibetische Einwanderer leben (vgl. Oppitz, a. a. O., S. 25 f.).

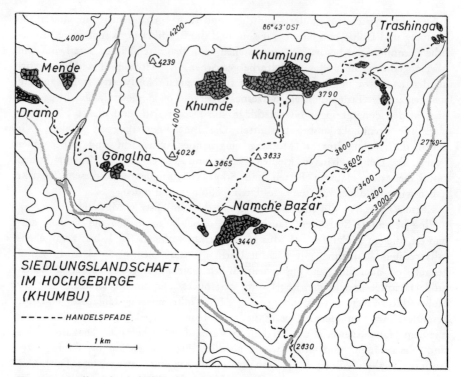

Karte 31: Siedlungslandschaft im Hochgebirge (Khumbu)
Die Siedlungen haben sich in offenen Hochtälern (Khumjung, Khumde), aber auch an Steilhängen, wo sich Handelspfade kreuzen (Namche Bazar), entwickelt. Mit Lesesteinmauern umfriedete, nivellierte Felder halten den knappen Kulturboden zusammen. Basiskarte 1 : 50 000.

an Feuerholz werden vor dem Haus gehalten, Nahrungs- und Futterreserven im Erdgeschoß. In höheren Lagen des Khumbu, wo die Wälder fehlen, wird Holz als Baumaterial auf das absolut Notwendige zurückgedrängt: die Wände sind aus Bruchstein, und nur der Firstbalken und ein Stützbalken bestehen aus Holz. Hölzerne Türen und Fenster sind noch bis Dingpoche (4 300 m) anzutreffen. Hier ist dann auch die hölzerne Schindel durch die Steinplatte aus grobem Schiefer ersetzt.

Zum Sherpahaus gehört eine separat stehende, massiv gemauerte Latrine, die normalerweise am Terrassenrand steht und zweistöckig ist. Die Sherpasiedlung in den großen Höhen des Khumbu wird charakterisiert durch mit Lesesteinen ummauerte, nivellierte Felder, in denen das Haus steht. Von der so entstandenen typischen Siedlungslandschaft vermittelt Karte 31 einen Eindruck.

Es ist interessant, daß an der Nordost-Ecke Nepals, am Oberlauf des Tamur, wieder jene Haustypen auftauchen, die man auch im Nordwesten findet: das Holzhaus mit dem aus Steinen gemauerten Untergeschoß, nur mit dem Unterschied, daß hier im Osten wegen der höheren Niederschläge das Firstdach benutzt

3. Sozialgeographie

wird. Eine seltsame Ausnahme bilden die Behausungen der Lhomi am Arun, die auf Stelzen stehen, aus Bambus geflochtene Wände und ein Strohdach haben[5].
Zusammenfassend kann also festgestellt werden, daß im nördlichen Grenzgebiet diesseits und jenseits der Himalaya-Hauptkette das eng zusammengebaute, teilweise befestigte Dorf vorherrscht, daß z. T. bewässerte Felder in der unmittelbaren Nachbarschaft liegen, die Ausnützung der weiter entfernten Weidegründe aber eine Art von Almwirtschaft oder sogar monatelange Weidewanderung erfordern. Das Haus ist massiv aus Stein gebaut unter sparsamer Verwendung von Holz, im trockenen Nordwesten herrscht das flache Dach, im cis-himalayischen Nordosten das geneigte Dach vor.

Wesentlich komplizierter ist die siedlungsgeographische Lage im Mittelgebirge. Zunächst haben wir es hier mit den Siedlungsräumen praktisch aller altnepalischen Gruppen zu tun, die z. T. sehr unterschiedliche Vorstellungen von der Anlage eines Dorfes oder der Errichtung eines Hauses haben. Im gleichen Gebiet leben auch die im Mittelalter eingewanderten orthodox-hinduistischen Gruppen, die heute als Brahmanen, Chhetris usw. das Bild des Mittelgebirges wesentlich mitprägen. Beschreibungen der Siedlungslandschaft in bezug auf die dort lebenden Volksgruppen können daher nur als Darstellung überwiegender Dorf- oder Hausformen gewertet werden. Niemals wollen oder können sie ausschließliche Angaben machen. Wenn v. Fürer-Haimendorf z. B. feststellt, daß die Newars im Tal von Kathmandu geschlossene Dörfer nahezu städtischen Charakters errichten, während Chhetris und Brahmanen in weit gestreuten Einzelgehöften rustikalen Typs siedeln[6], so schließt das nicht aus, daß man im Mittelgebirge auch nahezu reine Brahmanen- oder Chhetridörfer findet. Dieses Beispiel allein zeigt schon, wie riskant es ist, hier Normen aufstellen zu wollen.

Das Siedlungsgebiet der Brahmanen und Chhetris ist normalerweise durch die Streulage gekennzeichnet (vgl. dazu Karte 32). Die Häuser verteilen sich über einen ganzen Hang, der Terrassenkultur trägt, sie reihen sich an einem Trägerpfad auf, der dem Kamm eines Höhenzuges folgt, sie beherrschen einen Gipfel oder liegen verstreut inmitten der Reisfelder eines Tals. Es sind meist zweistöckige, massig gebaute Häuser mit rechteckiger Grundfläche aus Naturstein oder Lehmziegeln mit einem Strohdach. Überwiegend sind sie mit der rötlichen Erdfarbe angestrichen, die nahezu überall in Nepal zutage tritt, gelegentlich sind sie auch weiß gekalkt. Normalerweise soll das Innere des Hauses weiß gekalkt sein, während der Fußboden und ein Wandsockel regelmäßig mit einem Gemisch aus Kuhdung und Erdfarbe ausgestrichen wird. Die Kastensuperiorität der Brahmanen verbietet ihnen zahlreiche lebenswichtige Tätigkeiten, die unter normalen Umständen niedereren Kasten übertragen werden. Dazu gehört z. B. die Straßenreinigung. Fehlt es an Mitgliedern der dafür vorgesehenen Kasten, so können Brahmanendörfer durchaus schmutziger wirken als die „niederer" Volksgruppen.

---

5 Vgl. dazu ferner Dor Bahadur Bista, a. a. O., S. 147; Toni Hagen, a. a. O., Abb. 27–30; David Snellgrove, a. a. O., S. 72 ff.
6 Christoph von Fürer-Haimendorf, „Unity and Diversity in the Chetri Caste of Nepal", in „Cast and Kin in Nepal, India and Ceylon", a. a. O., S. 12.

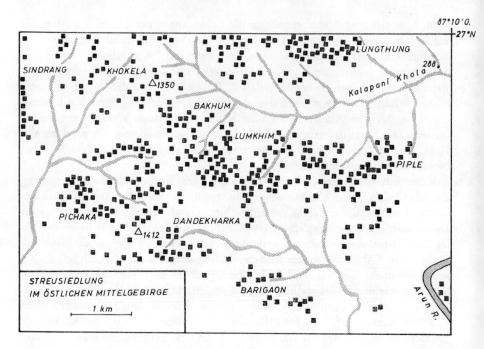

Karte 32: Streusiedlung im Östlichen Mittelgebirge
Die Karte zeigt einen Ausschnitt aus dem Distrikt Bhojpur. Die Höhenschichtenlinien wurden zur Vereinfachung des Kartenbildes fortgelassen. Dieser Distrikt ist zu etwa 70 % von Brahmanen und Chhetris bewohnt, die Nepali als Muttersprache sprechen. Man erkennt die weite Streuung der Siedlungen und Gehöfte über die Talhänge. Es ist kaum Waldbestand geblieben, und das ganze Gelände ist mehr oder weniger unter Kultur genommen worden. Basiskarte 1 : 63 360.

Die Tamangs leben in engbebauten Dörfern, die gelegentlich sogar steingepflasterte Straßen haben. Die Wände der Häuser sind aus behauenem Stein errichtet und tragen ein hölzernes Schindel-, seltener ein Schieferdach. Im oberen Teil des Hauses werden die Vorräte untergebracht, während die Familie zu ebener Erde kocht, ißt und schläft. Das dem Erdgeschoß vorgebaute Dach bildet eine Art Veranda, die Schatten spendet und vor Regen schützt und so einen zusätzlichen Wohnraum anbietet. Das Obergeschoß hat gelegentlich einen Balkon.

Das Newar-Haus wäre eine separate Studie wert[7], denn es ist im Grunde das einzige städtische Haus, das in Nepal je entwickelt wurde, und es gibt heute noch Zeugnis von einer inzwischen untergegangenen Handwerkskultur hohen Ranges. Wie bereits erwähnt, sind die Newars ausgesprochene Städter und leben auch als Bauern in einer städtischen Siedlung mit gepflasterten Straßen, mindestens dreistöckigen festen Häusern, Tempelplätzen und anderen städtischen Einrichtungen. Das Haus indessen spiegelt nicht nur hohe handwerkliche Kunst, sondern auch

[7] Wolf Donner, „Wohnen im Tal von Kathmandu", in „neue heimat", Hamburg, Oktober 1967.

strenge Tabu-Vorschriften wider. Das klassische Newar-Haus ist, auf europäische Begriffe übertragen, ein Fachwerkhaus, dessen hölzernes Skelett aus schwerem und dauerhaftem *sal*-Holz gefertigt und reichlich mit Schnitzereien verziert ist. Tür- und Fensterrahmen sind kunstvoll geschnitzt, und der erste Stock hat gewöhnlich fein geschnitzte, ausladende Erkerfenster, die in die Gasse hineinragen. Die Tabu-Orientiertheit zeigt sich vor allem darin, daß die Küche grundsätzlich im Dachgeschoß untergebracht ist, so daß niemand von außen die rituelle Reinheit derselben verletzen kann. Das Dach ist normalerweise mit gebrannten Dachziegeln, seltener mit Schiefer und nur bei den Ärmsten mit Stroh gedeckt. Wegen weiterer Einzelheiten verweisen wir auf die Beschreibung der Stadt Kathmandu. Es ist nun bezeichnend, daß auch die Newar-Dörfer im Tal von Kathmandu oder kleinere Siedlungen überall im Lande, wo Newars sich als Händler niedergelassen haben, diesen Haustyp haben, und dazu unter Umständen auch die mit großen Steinquadern gepflasterte Straße.

Eine Neigung zur Streusiedlung scheinen auch die im Östlichen Mittelgebirge wohnenden Rais zu haben. Ihre Häuser ziehen sich weit über die dem Regenfeldbau vorbehaltenen Flächen hin, und wo sich Dörfer entlang einer Handelsroute gebildet haben, können diese mehrere Kilometer lang sein. Die Steinhäuser sind klein, haben nur ein Erdgeschoß und sind mit Stroh gedeckt. Bista bemerkt, daß Rai-Häuser zur Zeit des hochstehenden Maises oft vollkommen versteckt sind. Auch die Häuser der Limbu liegen in Streulage inmitten der Trockenfelder, und das einfache Limbuhaus ist aus Stein gebaut, einstöckig, aber mit weiß-roter Erdfarbe und schweren Fenster- und Türrahmen verziert. Wohlhabende decken ihr Dach mit Schiefer statt mit Stroh. Das Haus des bessergestellten Limbu allerdings kann sich mit dem der Sherpas messen. Es ist zweistöckig, und das Obergeschoß wird von einer überdachten und geschnitzten Holzveranda umlaufen. Dem Gesamteindruck nach könnte dieses Limbuhaus durchaus in die Schweiz passen[8].

Es scheint nach allen Beobachtungen der Reisenden, daß die Magars einen eigenen Hausstil entweder nie besessen oder aber verloren haben. Sie passen sich jedenfalls heute an die Kulturgruppe an, mit der sie nachbarlich zusammenwohnen. In der Regel baut der Magar ein zweistöckiges Steinhaus mit Stroh- oder auch Schieferdach. Im Westlichen Bergland kann dieses Haus auch rund oder oval, in Anpassung an den Gurungstil, und rötlich abgeputzt sein. Im Osten tritt die runde Form niemals auf, dafür ist das Haus weiß getüncht und hat gelegentlich eine Veranda am Obergeschoß.

Die Gurungs wieder siedeln in Dörfern wie auch die Magars, und zwar bevorzugen sie Bergkuppen oder Sonnenhänge, und hier ist das eigenartige ovale Haus, das teils mit Schindeln, häufiger aber mit Stroh gedeckt ist, sehr oft zu finden. Während die meisten der Dörfer der genannten Volksgruppen inmitten ihrer Felder liegen und sehr oft weiter entfernte Weiden in der dafür geeigneten Jahreszeit aufgesucht werden, spielt die Weidewanderung für die Schafe züchtenden Gurungs eine ganz besondere Rolle.

[8] Vgl. Abb. 25 bei Toni Hagen, 1960.

Zusammengefaßt kann man über die Siedlungslandschaft im nepalischen Mittelgebirge sagen, daß hier kompakte Dorfsiedlungen der Tamangs, Newars, Magars und Gurungs (vgl. Karte 33) mit den Streusiedlungen der Brahmanen, Chhetris, Rais und Limbus abwechseln. Befestigte Siedlungen sind für das Mittelgebirge nicht typisch, doch sind die Häuser massiv aus Stein, äußerstenfalls aus Lehmziegeln gebaut. Stroh-, Schiefer- und gelegentlich Schindeldach sind zu finden. Mit anderen Worten: das Mittelgebirge zeigt ein verhältnismäßig buntes Bild.

Im Terai können wir wieder von einem recht einheitlichen Siedlungsbild sprechen. „Die Terai-Dörfer", schreibt Bista, „sind vollkommen verschieden von denen, die man im Bergland von Nepal findet. Gruppen von 30 oder 40 bis zu 100 und mehr Häusern liegen inmitten einer weiten und ebenen Kulturlandschaft. Die Standardhäuser sind ebenerdig und haben bambusgeflochtene Wände, die mit Kuhmist und Lehm beworfen sind. Sie sind stroh-, gelegentlich auch ziegelgedeckt und haben gewöhnlich eine rechteckige Form, die einen kleinen Innenhof umschließt. Diese generelle Form wird von den reicheren Dörflern verbessert, indem sie ihre Häuser aus Ziegeln bauen und sie mit einem Flachdach versehen. Die Ärmsten haben einfache Hütten, die keinen Hof umschließen[9]."

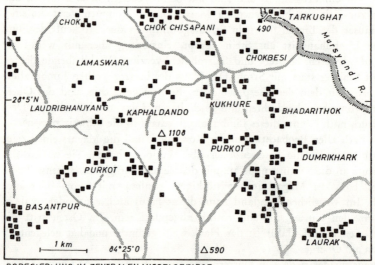

DORFSIEDLUNG IM ZENTRALEN MITTELGEBIRGE

Karte 33: Dorfsiedlung im Zentralen Mittelgebirge
Die Karte zeigt einen Ausschnitt aus dem Distrikt Tanahu, in dem zu etwa 40 % dorfbildende Volksgruppen wohnen (Magars, Gurungs). Die Existenz von Dorfkernen ist deutlich. Die Höhenschichtenlinien wurden zur Vereinfachung des Kartenbildes fortgelassen. Der Vergleich mit Karte 32 zeigt deutlich das unterschiedliche Siedlungsbild bei annähernd gleicher Bevölkerungsdichte. Basiskarte 1 : 63 360.

[9] Dor Bahadur Bista, a. a. O., S. 104.

3. Sozialgeographie

Typisch für das Terai ist mithin das Haufendorf, das keine eigentlichen Straßen besitzt. Die Karrenwege, die es durchkreuzen, sind tief ausgefahren, in der Trockenzeit staubig und in der Regenzeit grundloser Morast. Nur die eventuell durch ein solches Dorf führende Fernstraße ist dann befestigt, möglicherweise sogar asphaltiert. Läuft eine Fernstraße durchs Dorf oder gibt es gar eine Kreuzung von zwei Karrenwegen, die den Charakter von Fernstraßen haben, so entwickelt sich ein Straßendorf, das nach und nach den Charakter eines Marktes oder eines „Zentralen Ortes" bekommt (vgl. dazu Karte 34).

Das normale Terai-Haus ist, wie von Bista beschrieben, ohne besonderen Reiz. Eine Ausnahme bildet die große Gruppe der Tharus, die eine Art „Langhaus" aus den gleichen Grundmaterialien (Bambuswände mit Lehm verputzt, Strohdach) bauen und dessen Fassade oft mit künstlerischen Lehmreliefs verzieren. Giuseppe Tucci, der Mitte der 1950er Jahre Nepal bereiste, schreibt über das Tharudorf und seine Häuser: „Jedes Dorf ist selbstgenügsam, doch da eines aus dem anderen durch Dschungelrodung entsteht und wegen der Notwendigkeit gemeinsamer Verteidigung, liegen sie eng beieinander in einem Meer grüner Blätter, das sie von allen Seiten einschließt. Die Schrecken des Dschungels werden durch Palisadenzäune abgewehrt, die das Haus umgeben und die Bewohner und ihre Haustiere vor den nächtlichen Angriffen wilder Tiere schützen.

Ihre Häuser sind komfortabel, ungewöhnlich sauber und so gebaut, daß die Sommerhitze erträglich wird. Große Räume an jedem Ende des Hauses bilden den Treffpunkt der Familie, die Küche und den Vorratsraum; in der Mitte befinden

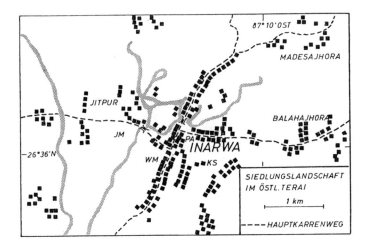

Karte 34: Siedlungslandschaft im Östlichen Terai
Es handelt sich um ein Straßendorf im Distrikt Sunsari, das an der Kreuzung zweier Hauptkarrenwege liegt und den Charakter eines „Zentralen Ortes" angenommen hat. Es besitzt ein Postamt (PA), eine Krankenstation (KS), einen wöchentlichen Markt (WM) und einen jährlichen Markt (JM). Basiskarte 1 : 63 360.

sich die Schlafräume, die durch enge Gänge abgeteilt sind. In einer Ecke, nahe der Küche, ist die Hauskapelle, wenn man den kleinen quadratischen Raum so nennen darf, der von einer niedrigen Balustrade umgeben ist und Terrakotta-Figuren von Pferden oder Elephanten enthält, die Wache halten über Trankopfer-Behältern . . .

Die Tharus begnügen sich nicht allein damit, ihre Häuser komfortabel und geräumig zu bauen, wie man es selten bei Leuten ihres Kulturniveaus findet — sie dekorieren sie auch mit großer Sorgfalt. Auf den noch feuchten Außenwänden zeichnen sie Reliefs von Tieren und Jagdszenen in einer guten und lebendigen Darstellung[10]."

Wir haben verschiedentlich Tharu-Häuser besucht, die normalerweise von einer Großfamilie bewohnt werden und jeweils 30—40 Kinder beherbergten. Die Frauen erklärten freimütig, daß es hier am Abend keine Unterhaltung gäbe und die meisten der Kinder doch nur wenige Jahre überleben würden.

Das Siedlungsprinzip des Terai, das Haufendorf, wird gelegentlich nur von einigen kleineren Gruppen durchbrochen, die in Einzelgehöften, Kleindörfern oder in Streusiedlungen leben. Dazu gehören die Danuwar, Majhi und Darai[11].

Einen wesentlichen Einbruch in die traditionelle Siedlungslandschaft des Terai mit ihrem spezifischen Hausstil können wir in den neuen Siedlungsgebieten feststellen, wo Bürger des Landes aus der Gebirgszone angesiedelt wurden und werden. Sie bringen selbstverständlich ihre eigene Vorstellung vom Hause mit und versuchen, sie mit dem am neuen Ort vorhandenen Baumaterial zu realisieren. Die verschiedenen Siedlungsprojekte im Terai zeigen zwei verschiedene Grundtypen. Die Amerikaner haben bei der Besiedelung des Tals des Östlichen Rapti versucht, die Siedlungsweise des amerikanischen Mittel-Westens zu kopieren: Das Land wurde in große Parzellen geteilt, und jeder Siedler war gehalten, seine Hütte auf dieser Parzelle zu errichten. Auf diese Weise liegen die Häuser der Neusiedler weit voneinander entfernt, ein großer Nachteil für den landwirtschaftlichen Beratungsdienst und ein Stein auf dem Wege zur Bildung einer neuen Gesellschaftsstruktur. In Nawalpur und Khajura, wo israelische Hilfe den Ansiedlungsprojekten zugute kam, begann die Dschungelrodung mit dem Bau neuer Dörfer, und jeder Siedler hat die Hälfte seines Landes unmittelbar am Haus, das nur etwa 20 oder 30 m von dem des Nachbarn entfernt ist. Auf diese Weise entstand sehr bald das Gefühl neuer Zusammengehörigkeit, der Beratungsdienst konnte konzentrierter tätig werden, und der gegenseitigen Hilfe der Siedler waren keine räumlichen Schranken gesetzt[12].

Die Hütten der Neusiedler bestehen aus Ästen und Zweigen aus dem gerodeten Dschungel, die gelegentlich mit Lehm verschmiert werden. Sobald aber eine oder zwei gute Ernten eingebracht und verkauft sind, beginnen die Bauern komfor-

---

10 Giuseppe Tucci, „Nepal. The Discovery of the Malla", 1962, S. 76—78.
11 Bistra, a. a. O., S. 118.
12 Wolf Donner, „Wohnen und Siedeln im Terai", in „neue heimat", Hamburg, August 1969.

3. Sozialgeographie

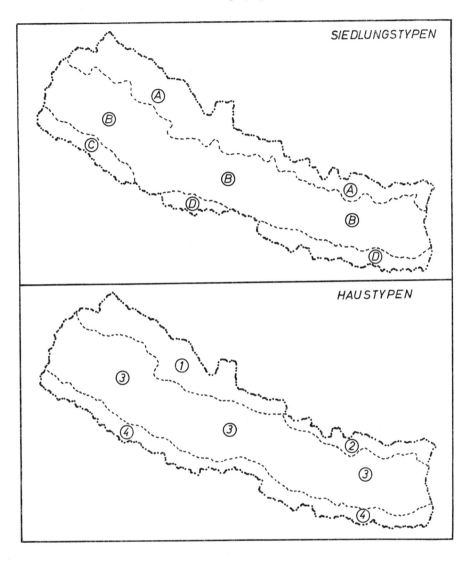

Karte 35 und 36: Siedlungs- und Haustypenkarte von Nepal
Die Skizzen sind ein Versuch, die räumliche Verteilung bestimmter Siedlungs- und Haustypen approximativ darzustellen. Es bedeuten A = Kompakte, teilweise befestigte Siedlungen; B = Überwiegend Streulage, durchsetzt mit kompakten Dörfern; C = Überwiegend kompakte Dörfer mit gelegentlicher Streulage; D = Kompakte Dörfer. 1 = Feste Steinhäuser mit flachem Dach; 2 = Feste Steinhäuesr mit geneigtem Dach; 3 = Stein- oder Ziegelhäuser mit strohgedecktem Walmdach oder Ziegeldach; 4 = Häuser aus Lehm, Lehmziegeln oder lehmbeworfenem Geflecht mit strohgedecktem Satteldach. Dargestellt in Anlehnung an P. P. Karan.

tablere Häuser zu bauen. Diese nun stützen sich auf örtliches Baumaterial und spiegeln häufig den Stil der alten Heimat wider. Die Neubauten in Siedlungsgebieten rangieren vom Lehmhaus über das Haus aus geflochtenen Bambuswänden bis zum massiven Steinhaus mit geschnitzten Fensterrahmen[13].

Zusammenfassend für das Siedeln und Wohnen im Terai kann gesagt werden, daß Haufendorf und Straßendorf überwiegen und entweder inmitten der kultivierten Ebenen oder auf Rodungsinseln stehen. Die Häuser sind überwiegend einstöckig, und das Basisbaumaterial ist Lehm, bestenfalls Lehmziegel. Die Dächer sind aus Stroh und, der hohen Niederschläge wegen, geneigt. Flachdächer sind vor allem bei neueren Zementbauten anzutreffen.

Karten 35 und 36 sind ein Versuch, die Siedlungs- und Haustypen in Nepal in ihrer Verteilung darzustellen. Wir haben uns dabei an einem ähnlichen Versuch P. P. Karans[14] orientiert, doch kann in beiden Fällen die Kartenskizze ohne vorausgegangene sehr minutiöse Feldanalyse nicht mehr sein als eine grobe Orientierungshilfe.

Nepal, das Land der Dörfer, ist indessen auf dem Weg zur Urbanisierung. Gab es zu Beginn der 1950er Jahre nur zehn Orte mit mehr als 5 000 Einwohnern, so war diese Zahl zehn Jahre später auf sechzehn angewachsen. Tabelle 15 zeigt diesen Prozeß im einzelnen.

Tabelle 15: Städtewachstum in Nepal 1952/54 — 1961/62 in %

Stadt	Distrikt	Einw. 1952/54	Einw. 1961/62	x
Kathmandu	Kathmandu	106 570	122 507	1,7
Lalitpur	Lalitpur	42 183	47 713	1,4
Bhaktapur	Bhaktapur	32 320	33 877	0,5
Nepalgunj	Banke	10 813	15 817	5,1
Birgunj	Bara	10 037	10 769	0,8
Thimi	Bhaktapur	8 657	9 719	1,3
Biratnagar	Biratnagar	8 060	35 355	37,6
Kirtipur	Lalitpur	7 038	5 764	— 2,0
Janakpur	Mahottari	7 037	8 928	2,9
Malangwa	Sarlahi	5 551	6 721	2,3
Banepa	Kabhre Palanchok	4 784	5 688	2,0
Tansen	Palpa	4 705	5 136	1,0
Dharan	Biratnagar	4 401	13 998	24,2
Matihani	Mahottari	4 298	5 073	2,0
Pokhara	Kaski	n. a.	5 413	—
Rajbiraj	Saptari	2 376	5 232	13,3
Bhairawa	Rupandehi	1 154	1 804	6,2
Hanumannagar	Saptari	1 411	1 217	— 1,4
Dhangari	Kailali	530	841	6,6

x mittlerer jährlicher Zuwachs (%)
Quelle: auf der Basis der Volkszählungen berechnet.

13 Vgl. dazu Regionalgeographie „Das Terai".
14 P. P. Karan, a. a. O., Karten S. 57.

Dabei zeigt sich nun die interessante Tatsache, daß einige städtische Siedlungen weniger als 5 000, ja weniger als 2 000 Einwohner haben, aber dennoch städtischen Charakter tragen, und daß einige gerade dieser kleinen Städte beachtliche jährliche Zuwachsraten haben: Dhangarhi 6,6 %/o und Bhairawa 6,2 %/o. Das starke Wachstum von Rajbiraj (13,3 %/o) geht teilweise auf Kosten der Schrumpfung von Hanumannagar (—1,4 %/o) vor sich, da diese Stadt immer stärker vom Sapt-Kosi bedroht wird und viele ihrer Funktionen bereits von Rajbiraj übernommen wurden, das sich nun mit seinem Flugplatz rasch entwickelt.

Eine weitere interessante Tatsache erhellt aus der Tabelle: Die Hauptstadt Kathmandu und die beiden anderen Städte des Tales, Lalitpur und Bhaktapur, sind im Berichtszeitraum weniger als der nationale Durchschnitt gewachsen. Das ist in der Tat überraschend und steht im Widerspruch zu allen Erfahrungen in anderen sich entwickelnden Ländern und auch zu den in Kathmandu immer wieder geäußerten Sorgen einer drohenden Übervölkerung der Stadt. Die Erklärung dürfte in der starken Abwanderungsquote der Talbewohner zu suchen sein. Untersucht man das Verhältnis der länger als sechs Monate Abwesenden zu den Anwesenden bei der Volkszählung von 1961/62 je Region, so ergibt sich folgendes interessante Bild:

Tabelle 16: Rate der abwesenden zur anwesenden Bevölkerung nach geographischen Regionen, 1961/62, in %/oo

Region	Aufenthaltsort der Abwesenden		
	im Inland	im Ausland	zusammen
Östliches Bergland	10,1	42,7	52,8
Zentrales Bergland	8,4	77,3	85,7
Westliches Bergland	2,5	43,6	46,2
Kathmandu-Tal a)	16,2	15,4	31,6
Östl. Inneres Terai	9,5	17,3	26,8
Zentr. Inneres Terai	5,7	11,3	17,0
Westl. Inneres Terai	2,5	5,3	7,8
Östliches Terai a)	2,9	3,2	6,1
Zentrales Terai	2,2	4,7	6,9
Westliches Terai a)	1,7	1,6	3,3
NEPAL	6,2	34,9	41,1

a) Regionen mit mehr als 1 % urbaner Bevölkerung.
Quelle: „Household Statistics 1961/62", a. a. O.

Von den Regionen mit urbanem Bevölkerungsanteil hat das Kathmandu-Tal mit Abstand die höchste Quote abwesender Bevölkerung, und was die Inlandabwanderung anbetrifft, so steht es absolut an der Spitze. Diese hohe Rate an abwesender Bevölkerung läßt auch eine endgültige Abwanderung aus dem Tal und seinen Städten vermuten. Daß sich dieser Prozeß eines Tages umkehren kann, wenn Kathmandu erst die erforderlichen Anzugskräfte vor allem in Form von

Arbeitsplätzen anbietet, ist anzunehmen. Die gegenwärtige Entwicklung ist aus sozialpolitischen Gründen eher zu begrüßen.

Tabellen 15 und 16 zeigen schließlich noch ein drittes Phänomen: das rasche Städtewachstum im Terai und ganz besonders im Östlichen Terai. Biratnagar, das „industrielle Herz Nepals", steht mit der enormen jährlichen Zuwachsrate von 37,6 % weitaus an der Spitze, zusammen mit dem nur 40 km entfernten Dharan, dessen Zuwachsrate bei 24,2 % liegt. Beide Orte sind seit längerem mit einer festen Fernstraße verbunden, und Dharan erhielt als Rekrutierungs- und Pensionszahlungsplatz für Gurkha-Soldaten seine Bedeutung.

Die Teraistädte tragen durchaus indischen Charakter. Sie haben mehrstöckige, flache Häuser, meist aus grell angestrichenem Zement erbaut, die Straßen sind staubig und keine einzige hat Kanalisation. Unrat und Abwasser füllen die offenen Straßengräben[15]. Alle bisherigen Versuche einer Stadtplanung sind hoffnungslose Bemühungen, mit Problemen fertig zu werden, die, wie zahlreiche Interviews gezeigt haben, von den Verantwortlichen noch nicht einmal in ihrer ganzen Tragweite erkannt werden[16]. Der Eindruck von Trost- und Hoffnungslosigkeit, die Staub, Schmutz und Hitze im Teraidorf vermitteln, wird in den Teraistädten noch verstärkt. Hier fehlen die Mangohaine, die manches Dorf noch anziehend machen und die sicherlich nicht durch häßliche Zementkreationen ersetzt werden können. Viele der Teraistädte haben aus Lehmhütten erbaute Vorstädte, in denen Sozialarbeiter, z. B. Vertreterinnen des Nepalischen Frauenverbandes, Alphabetisierungsmaßnahmen durchführen und die nepalische Sprache unterrichten.

Die Städte im Terai haben oft eine historische und religiöse Bedeutung. Hier steht vor allem Janakpur an der Spitze, das zwei berühmte Tempel besitzt und auf dem Wege ist, sich wirtschaftlich zu entwickeln. Aber auch kleinere Teraistädte haben Hinduschreine, heilige Haine, Bäume, Tempel und Teiche. Die Straßen und Gassen erinnern in jeder Hinsicht an orientalische Bazare, und dies um so mehr, als ihnen häufig die hier wohnende muslimische Kaufmannschaft das Gepräge gibt.

Völlig anders im Charakter, wenn auch eher noch stärker mit Problemen belastet, sind die alten Königsstädte im Tal von Kathmandu. Wir haben ihre Entwicklungsschwierigkeiten an anderer Stelle ausführlich dargestellt[17] und wollen hier nur die für das Verständnis wichtigsten Tatbestände zusammenfassen.

---

15 In einer Leserzuschrift aus nepalischer Feder an „The Rising Nepal" vom 27. 1. 1968 heißt es über Biratnagar u. a.: „Alle Straßen der Stadt sind voller Schmutz, und Abfälle werden von den großen Läden direkt auf die Straße geworfen. Aber nicht nur das; die Straßen dienen auch als offene Latrinen für das Publikum. Darüber hinaus haben die Straßengräben keinen Abfluß, und die Einwohner, zusammen mit den Ladenbesitzern, haben keinerlei Interesse, für Sauberkeit zu sorgen. Haufen von Dreck, Abfällen, verrottetem Gemüse und Getreide werden vor jeden Laden und jedes Restaurant geworfen, und ich glaube, daß sich keiner der Ladenbesitzer über die Nachteile im klaren ist. Da dieser Schmutz das Entstehen vieler Krankheiten fördert, sollte die Stadtverwaltung leere Tonnen an vielen Orten aufstellen. Darf ich mir erlauben, die Stadtverwaltung aufzufordern, aus Biratnagar eine zivilisierte Stadt im richtigen Sinne des Wortes zu machen, denn einer der Faktoren, die uns zivilisiert machen, ist Sauberkeit. Es genügt nicht, unseren Körper zu reinigen, wenn nicht unsere Städte auch sauber sind."
16 Wolf Donner, „Wohnen und Siedeln im Terai", a. a. O.
17 Wolf Donner, „Wohnen im Tal von Kathmandu", a. a. O.

3. Sozialgeographie

Bis zum Jahre 1950/51 war es nur wenigen privilegierten Ausländern gestattet, die Hauptstadt Kathmandu und ihr Tal zu besuchen, und die Zahl derjenigen, die weitere Teile Nepals bereisen durften, ist noch geringer. Die lange Abgeschlossenheit hat das Land in gewisser Weise wie ein Museum erhalten. Die wenigen Automobile, die im Tal von Kathmandu von der herrschenden Familie und dem Königshaus gefahren wurden, hatte man mit Trägern über die südlichen Gebirgsketten heranschaffen müssen, und das galt praktisch für jeden Gegenstand, der nicht im Tal selbst erzeugt werden konnte. Dieses beherbergt drei alte Königsstädte, die ihre Rolle, außer der Hauptstadt, allerdings seit 1768 ausgespielt haben: Kathmandu, heute Regierungshauptstadt, Patan oder Lalitpur und Bhadgaon oder Bhaktapur. Mit der kriegerischen Unterwerfung Nepals durch die Gorkha-Dynastie der Shah-Könige, deren Geschlechterfolge bis in die Gegenwart reicht, tauschte man die politische Einheit Nepals gegen sein kulturelles Erbe ein. Welche Bemühungen auch heute immer unternommen werden, um das Kulturgut Nepals lebendig erscheinen zu lassen: praktisch hatte die Todesstunde des alten Nepal mit seiner spezifischen und berühmten Kultur geschlagen, als Prithvi Narayan Mitte des 18. Jahrhunderts die drei Königsstädte im Tal von Kathmandu eroberte, teilweise zerstörte und viele ihrer kunstfertigen Bewohner massakrierte. Was man heute noch im Tal von Kathmandu an Baudenkmälern profaner und religiöser Art sieht, kann nur ein trüber Abglanz einer Epoche sein, die einstmals wirklich einzigartig gewesen sein muß. Die Regierung des Königs ist sich der Tatsache bewußt, daß diese Denkmäler ein unersetzliches Kapital sind und auf dem Umweg über den Tourismus in harte Währung verwandelt werden können, und in jüngster Zeit hat man begonnen, die bedeutendsten Tempel sowie den alten Königspalast in der Stadtmitte zu renovieren. Die Wohnverhältnisse in Kathmandu sind die gleichen wie vor Jahrhunderten.

Trotz des städtischen Gepräges sind die Bewohner der drei Städte zum größten Teil Bauern: 60 % in Kathmandu, um 80 % in Lalitpur und um 90 % in Bhaktapur. Das verleiht natürlich den Städten einen typischen Charakter: allerorten sieht man Getreidespeicher, die Ernte wird auf den Straßen getrocknet. Frauen stampfen ihren Reis in Mörsern auf der Gasse. Typische Bilder der Dorfwirtschaft, wie man sie in entlegenen Teilen Nepals findet, trifft man genausogut inmitten der Hauptstadt an.

Die Wohndichte erreicht in den Innenstädten Werte über 30 000 je km².

Das Museale im Bild der alten Königsstädte wird noch deutlicher, wenn man sich den Wohnstätten zuwendet. Angegebene Daten werden dabei dem Zensus von 1961 entnommen.

In Kathmandu wohnen 20 466 Familien in 14 852 Häusern, wobei die ländliche Bevölkerung ausgeklammert ist. Diese Häuser konzentrieren sich in der „Altstadt", die zugleich auch das Handels- und Einkaufszentrum ist. Das städtische Wohnhaus ist in seiner Gliederung durchweg gleichartig. Interessante Zeugen vergangenen Schönheitssinnes sind die zahlreichen Schnitzereien an Gebälk, Türen und Fenstern, doch ist gegenwärtig alles dem Verfall anheimgegeben (vgl. Karte 37).

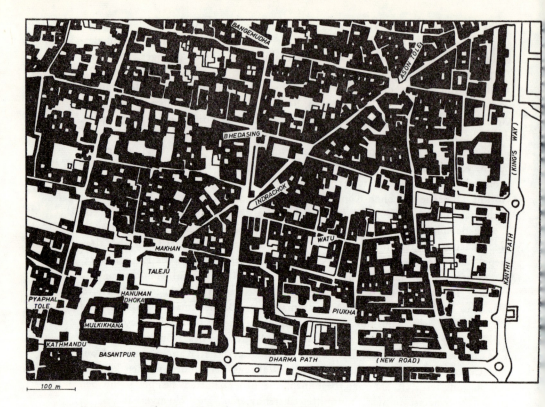

Karte 37: Ausschnitt aus der Altstadt von Kathmandu

Das städtische Wohnhaus im Tal von Kathmandu ist ein Ausdruck der materiellen Kultur der Newars, über die bereits berichtet wurde und die tonangebend im Tal sind und lange Zeit Träger seiner Kultur waren. Wenn auch heute recht häßliche, zementverputzte Häuser immer häufiger das alte Straßenbild unterbrechen, so gilt doch noch immer das Newarhaus als das Standardhaus der Städte und der von Newars bewohnten Dörfer des Tals.

Dieses Haus, das alle Straßen der Altstädte säumt, ist aus einer Art Fachwerk und gebrannten Ziegeln errichtet, und es hat in der Regel nicht weniger als drei Stockwerke. Jedes Stockwerk hat seinen eigenen Namen und seine bestimmte Funktion, und dieser Baustil, zusammen mit den zahllosen Riten, die bei seiner Errichtung durchgeführt werden, unterscheidet die Newars von allen anderen Volksgruppen Nepals.

Das Haus hat gewöhnlich rechteckige Form und ist um einen Innenhof gebaut, wenn die Abmessung der kleinen städtischen Parzelle nichts anderes vorschreibt. Die Räume sind niedrig, und ein großgewachsener Mensch kann sich oft kaum darin aufrichten. Das Giebeldach trägt Dachziegel. Die Innenwände werden häufig mit einer Art von Lehm verputzt. Fenster, meist ohne Glas, gehen nur zur Straße hinaus, während die Rückseite Löcher zur Versorgung mit Licht und Luft hat. Die Fenster sind meist mit hübschen Schnitzereien versehen.

Das Erdgeschoß (*chheri*) enthält zur Straße hin den Laden oder Lagerraum und zum Innenhof hin gewöhnlich eine Art überdachten Rundgang oder Veranda. Auch wird hier das Vieh untergestellt, und es werden gewisse Feste gefeiert. Der erste Stock (*mata*) enthält mehrere Wohnräume, in die in der Regel die Gäste geführt werden. Die Fenster sind einfach und bestehen gewöhnlich aus einem geschnitzten Gitter, das den Einblick von außen verwehrt. Der zweite Stock (*chwata*) ist das eigentliche Wohnreich der Familie. Zahlreiche Räume mit separatem Eingang dienen den verheirateten Paaren der Hausgemeinschaft als Wohn- und Schlafraum, und hier werden auch die privaten Gäste empfangen. Große zentrale Fenster mit schönen Schnitzereien sind etwas vorgebaut und gestatten es, die Straße zu übersehen. Im Dachgeschoß (*buiga*) schließlich befindet sich die Küche und der Speiseraum, gesichert vor Fremden, denn strenge Kastenregeln verbieten den Zutritt bestimmter Personengruppen zur Küche und den Eßräumen anderer.

Die Ausstattung der Wohnräume ist enttäuschend. Sie sind in der Regel leer, denn Möbel im modernen Sinne kennt der Nepali nicht. In bessergestellten Familien sitzt man auf dem Boden auf einem einfachen Teppich und einer mit Baumwolle gestopften Matratze. Große Holztruhen enthalten Kleider und anderes Besitztum. Einfachere Haushalte kennen nur die Strohmatte. In seltenen Fällen findet man ein Bett oder einen Stuhl. Tische sind unbekannt, und es ist bezeichnend, daß das Wort „Tisch" in der Nepali-Sprache fehlt und man dafür *table* benutzt. Auch in der Küche findet die Zubereitung des Essens und das Essen selbst auf dem Erdboden statt, wo auch das wenige Geschirr und die Vorräte gestapelt werden.

„Es ist unerklärlich", schreibt mit Recht der indische Soziologe G. S. Nepali, der die materielle Kultur der Newars eingehend untersucht hat, „warum ein Volk, das so unvergleichlich geschickt in der Holzbearbeitung war, ... die Herstellung von Möbeln offenbar übersehen hat"[18].

Besonders primitiv ist die Verbindung zwischen den Stockwerken: nur eine Art von schmaler Treppenleiter führt über einen dunklen Schacht herauf und herunter, und auch in den „modernen" Neubauten, wo man reichlich Zement verwendet, fehlt es an einer bequemen Treppe.

Sicherheitsvorschriften beim Häuserbau gibt es wohl auf dem Papier zu einem gewissen Grade, aber um ihre Durchführung macht sich niemand Kopfschmerzen. Erst als im Frühjahr 1967 ein Balkon über einer Hochzeitsprozession niederbrach und zwei Menschen tötete und achtzehn verletzte, wurde man sich der Tatsache bewußt, daß die Stadt zu einem großen Teil aus baufälligen Häusern besteht. Die Stadtverwaltung ordnete daraufhin den Abbruch oder die Instandsetzung von vorab mindestens 150 Häusern an. Aber auch Neu- und Umbauten gehen weit an dem vorbei, was man moderne Sicherheitsvorkehrungen oder auch nur Statik nennen könnte. In der Tagespresse wird offen darüber diskutiert, daß der Bauherr

---

18 Gopal Singh Nepali, „The Newars", a. a. O., S. 60.

zwar seine Baupläne zur Bewilligung der Stadtverwaltung einzureichen habe, daß aber niemand Sorge darum trage, daß dann auch gemäß den genehmigten Plänen gebaut wird. Zusätzliche Stockwerke werden auf unsicherer Basis errichtet, und Baumaterial wird nicht vorschriftsmäßig verwendet. Der Sandanteil im Zement überschreitet gewöhnlich das zulässige Maß, und Lehmhäuser werden gern mit Zement abgeputzt, um den Eindruck moderner, stabiler Bauwerke vorzutäuschen.

Elektrisches Licht und fließendes Wasser beginnen ihren Einzug in die Stadt. Bemühungen um eine Trinkwasserversorgung reichen zwar bis ins Jahr 1895 zurück, doch werden durch ein neues, mit indischer Hilfe gebautes Versorgungssystem erst wenig mehr als 3 100 Häuser und 1 100 öffentliche Zapfstellen versorgt.

Der größte Mangel Kathmandus ist das Fehlen von Kanalisation. Das bringt erhebliche Konsequenzen mit sich, denn es fehlt logischerweise damit auch an sanitären Einrichtungen. Senkgruben gibt es in der Stadt nur in geringer Zahl. Eine jüngere Zeitungsmeldung spricht davon, daß es etwa 40 öffentliche Toiletten in der Stadt gibt, d. h. daß rd. 1 000 Einwohner auf eine solche kommen, denn ein Viertel der Einwohnerschaft hat keine Privattoilette, wobei allerdings nichts über die Qualität der vorhandenen ausgesagt wird. Weder sie noch die öffentlichen haben irgendeine Kanalverbindung, und es ist verständlich, daß die Nachbarn einer solchen Einrichtung deren Beseitigung verlangen. In neueren Häusern werden Senkgruben angelegt, doch ist der Boden im Tal lehmig, was das Versickern erschwert, und eine Möglichkeit zur Grubenentleerung gibt es nicht. So erklärt sich, daß ein großer Teil der Bewohner sich auch in dieser Hinsicht „ländlich" verhält und seine Notdurft auf der Straße oder im Hof verrichtet. In Flußnähe werden die Abwässer einschließlich der Fäkalien dorthin abgeleitet, wo auch die Toten verbrannt und die rituellen Bäder genommen werden. Jedoch führen die Flüsse des Tals während der meisten Monate nur sehr wenig Wasser.

Im Prinzip, und besonders, was den Wohnungszustand anbetrifft, ähneln Patan und Bhadgaon der Hauptstadt stark. Allerdings fehlen hier auch die wenigen Errungenschaften der neuen Zeit: es gibt praktisch keine asphaltierten Straßen, und die Trinkwasserversorgung beschränkt sich in Patan auf 360 Häuser und 205 öffentliche Zapfstellen und in Bhadgaon auf 32 Häuser und 154 öffentliche Hähne. In beiden Städten wird das Trinkwasser nicht, wie in Kathmandu, einem Reinigungsprozeß unterworfen, bevor es ins Netz geht. Kanalisation fehlt natürlich auch hier vollkommen. Die Bewohner deponieren Unrat und Fäkalien in den Innenhöfen, bis sie einmal aufs Feld gebracht werden können. Die Straßen sind, je nach der Jahreszeit, mit Staub oder Schlamm bedeckt. Es bedarf keiner besonderen Betonung, daß diese Zustände die Hauptgründe für Darmerkrankungen aller Art sind. 1965 wurden allein 1 179 Cholerafälle mit Todesfolge bekannt.

Die Gliederung Kathmandus ist die einer „gewachsenen" d. h. scheinbar von keiner bewußten Planung berührten Stadt[19]. Die Häuser, die in ihrer Mehrzahl

---

[19] Wahrscheinlich hatten die Städte des Tals vor mehr als 200 Jahren bessere Wohnverhältnisse. Heute noch können z. B. verschüttete Abwasserkanäle nachgewiesen werden,

aus dem 18. und 19. Jahrhundert, einige aber sogar aus dem 16. Jahrhundert stammen, sind um einen Innenhof gebaut, der heute den Unrat aufzunehmen pflegt, stehen aber unmittelbar an das nächste Haus gebaut, so daß eine geschlossene Straßenfront erscheint. Ihre Bewohner zahlen in der Regel keine Miete oder Steuern. Die Straßen sind eng und winkelig, und die Front der Häuser wird gelegentlich durch einen Tempelplatz oder einen heiligen Schrein oder Stein unterbrochen. Überhaupt bestimmen die Tempel und heiligen Orte das Bild der Stadt. Ihnen gehören im übrigen auch 40 % allen Landes im Tal, und sie kassieren dafür eine Rente, doch wurde auf diese Weise eine endlose Teilung des Bodens und die Bodenspekulation ausgeschlossen. Öffentliche Tempel stehen auf größeren oder kleineren öffentlichen Plätzen, während man in den Innenhöfen eine große Zahl von Privattempeln findet.

Mit der Ausdehnung der Stadt entstanden neue Viertel mit eigenen Namen (vgl. Karte 38), und tatsächlich bezeichnete das Wort „Kathmandu" genaugenommen nur ein Gebäude in der alten Innenstadt. Eine neue städtebauliche Epoche wurde im vorigen Jahrhundert durch die Machtergreifung der Rana-Familie eingeleitet, die über ein Jahrhundert von den Reichtümern des Landes profitierte. Die „Rana-Paläste" sind bis heute das Symbol dieser Zeit: nicht eben schöne Kopien von europäischen Herrensitzen und Schlössern, deren Größe je nach dem individuellen Reichtum der Erbauer und ihrer sozialen Position schwankte. Diese Monsterbauten sind heute zum größten Teil öffentlichen Zwecken zugeführt worden und beherbergen Institute, Ministerialabteilungen usw. Alla Rana-Paläste liegen in riesigen ummauerten Grundstücken und waren nur mit einer Armee von Dienstboten zu unterhalten. Dafür fehlen heute die Voraussetzungen. So hat man in den Parkgrundstücken Bungalows gebaut, die man an Ausländer vermietet.

Damit wenden wir uns der jüngsten Entwicklung im Wohnungsbau im Tal von Kathmandu zu. Seit nach dem Jahre 1951 ausländische Berater und Kaufleute ins Land kamen, war die Nachfrage nach modernem Wohnraum groß. Trotz völligen Fehlens von Kenntnissen in der Baukunst und im Bauhandwerk gingen die Grundherren daran, Maurer zu beschäftigen und, oft aus den Abbruchziegeln alter Paläste, sinnlos gegliederte Zementhäuser zu bauen. Diese stehen nun, in logischer Fortsetzung der Idee von der „gewachsenen Stadt", kreuz und quer in Parks, auf Sumpfgelände oder in Reisfeldern, oft genug ohne oder ohne brauchbare Zufahrt. Diese Neubauten tragen das Ihre dazu bei, das unübersichtliche Gewirr und die Stillosigkeit des Stadtbildes noch zu vergrößern.

und nahezu jedes Altstadthaus hat im Innenhof einen heute entweder trockenen oder verkommenen Brunnen für Trinkwasser. Nach der Eroberung der Städte und der Vernichtung der Malla-Dynastie mit all ihren kulturellen Einrichtungen begann auch der Niedergang der städtischen Zivilisation. Ein Blick auf den Stadtplan (vgl. Karte 37) zeigt, daß die Altstadt durchaus nach einem System gebaut war: von den Zentralen Plätzen (*tole*) gingen die Gassen strahlenförmig ab. Mit dem Niedergang der zivilisatorischen Einrichtungen und gleichzeitig wachsender Bevölkerung wurde schon bald ein Zustand erreicht, der dem heutigen ähnelt. Reisende der letzten hundert Jahre stimmen darin überein, daß Kathmandu zu den schmutzigsten Städten unserer Erde gehört.

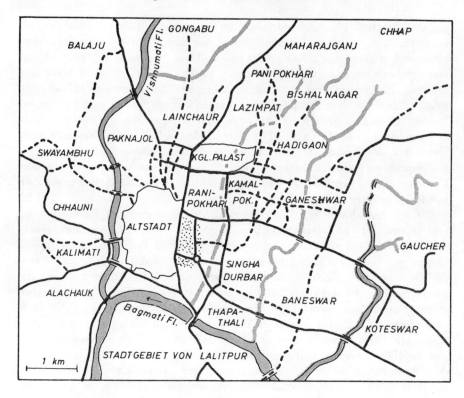

Karte 38: Kathmandu und seine Außenbezirke

Auch in der Altstadt wachsen hier und da Neubauten aus dem Boden, die sich von den heute zwar auch unzweckmäßigen, aber in gewisser Weise künstlerischen Altbauten vor allem dadurch unterscheiden, daß sie mit Zement abgeputzt und häßlich sind. Man fragt sich, ob diese „neuen" Straßen nicht die alten in ihrem Schmutz noch an Trostlosigkeit übertreffen.

Die Romantik der alten Stadt erstickt unter Unrat bei fehlender Kanalisation und Müllabfuhr. Die zum Teil bildschönen Innenhöfe sind kaum noch zu betreten, die Schnitzereien, die oft Jahrhunderte überstanden haben, zeigen unübersehbare Zeichen des Verfalls. Neubauten in der Altstadt, unorganisch eingefügt, zerstören das Stadtbild, und dem zunehmenden Verkehr sind die Gassen nicht mehr gewachsen, in denen sich die Mehrzahl der Läden befindet. Sachkundiger und wohlgemeinter Rat ausländischer Berater wurde bisher zwar zur Kenntnis genommen, nicht aber in die Tat umgesetzt. Der Begriff des sozialen Wohnungsbaus, ja des Wohnungselends ist in Nepal unbekannt bzw. gewinnt nur sehr zögernd Einlaß ins nationale Vokabular. Eine unbekannte Zahl von Menschen lebt in Behausungen, die nicht einmal den Standard der Altstadthäuser erreichen.

Die Regierung von Nepal, vor allem aber die Stadtvertretungen von Kathmandu, Lalitpur und Bhaktapur, stehen vor einer schweren Aufgabe, nämlich die untragbaren Zustände im Gebiet des Wohnwesens zu bessern und ihren Städten ein neues Gesicht zu geben. Die neue Organisation dieser Städte soll das Schöne erhalten, und hier gibt es fraglos noch unendlich viel zu bewahren. Aber wenn Schmutz und Verwahrlosung es weiter bedrohen, wird bald nichts mehr zu retten sein. Auf der anderen Seite muß den Menschen der Stadt ein Weg zur Wohnkultur gewiesen werden. Und hier scheint uns das Hauptproblem zu liegen: Nur wenige im Tal von Kathmandu empfinden die Unerträglichkeit des Schmutzes, des Verfalls, der Infektionen. Nicht einmal die heiligen Stätten, um die sich das ganze Denken und Trachten der Nepalis dreht, sind saubergehalten. Betritt man eines dieser Häuser — bemerkte ein internationaler Fachmann auf dem Gebiet des Wohnungsbaus und der Städteplanung —, so verliert man den Eindruck, eine menschliche Behausung zu betreten. Man erkennt keine Beziehung mehr zwischen dem Wohnraum und dem menschlichen Wesen. Eine innere Kraft, ein Familienheim zu bilden, gibt es nicht. Einziges Existenzmerkmal ist der Wunsch und die Notwendigkeit, sich den Magen zu füllen. Und wenn auch die Nachfrage nach Produkten der „Moderne", wie Fahrrädern, Transistorradios und Armbanduhren, groß ist — der Wunsch nach einer in unserem Sinne menschenwürdigen Heimstatt existiert ganz offenbar nicht.

Ohne Frage stellt die geschmackvolle Sanierung einer Stadt von rd. 160 000 Einwohnern eine unerfahrene Stadtverwaltung vor nahezu unlösbare Aufgaben. Das Schlimmste ist nicht, daß nichts Wesentliches getan wird, sondern daß eine private Aktivität zur „Stadterneuerung" eingesetzt hat, die im Begriff ist, den Charakter Kathmandus vollkommen zu vernichten. Baufällige Häuser ersetzt man durch Zementkästen, und selbst die berühmten Tempel in der Newar-Pagodenarchitektur beginnt man, mit Zement abzuputzen[20].

c) *Die Volksbildung*

Es kann nicht Aufgabe einer wirtschaftsgeographischen Untersuchung sein, die Volksbildung eines Landes und seine entsprechende Politik darzustellen. Wohl

---

20 Trotz mangelnden Verständnisses für die Anforderungen modernen Städtebaus scheint das Wort „Stadtplanung" allmählich ins nepalische Dienstvokabular einzudringen. Immer wieder berichtet die Tagespresse von dem Beschluß gewisser Stadtverwaltungen, „Stadtplanung" — was immer man darunter verstehen mag — einzuführen. Nach dem Erdbeben in West-Nepal im Jahre 1966 wurde beschlossen, die teilweise verwüsteten Städtchen und Dörfer „in geplanter Weise entsprechend den topographischen Verhältnissen" wieder aufzubauen. Entwürfe für Wohnbauten in Darchula und Bajhang wurden vorgelegt („The Rising Nepal", 27. 7. 1966). Die abseits jeder Verkehrsverbindung liegende Karnali-Zone soll eine vollkommen neue Hauptstadt mit Namen Vijaypur (Distrikt Jumla) erhalten (a. a. O., 5. 8. 1967), und auch Sindhuli Madi (Distrikt Sindhuli Garhi) soll planvoll ausgebaut werden (a. a. O., 3. 7. 1967). Das Stadt-Entwicklungskomitee von Janakpur faßte noch vor seiner offiziellen Konstituierung als erste Maßnahme den Plan, „mit dem Bau einer wundervollen Statue seiner Majestät des Königs zu beginnen. Die Marmorstatue wird im Janaki-Hof errichtet werden. Das Stadt-Entwicklungskomitee wird auch eine 200 m lange Straße um 9 m verbreitern." (a. a. O., 5. 1. 1967).

aber gibt eine raumbezogene Betrachtungsweise des bestehenden Volksbildungswesens einige interessante Aufschlüsse im Hinblick auf Entwicklungsprobleme und -aussichten in den verschiedenen Landesteilen.

Die Lage der Volksbildung in Nepal ist, wie in jedem anderen Land, eng mit der politischen verbunden. Während der Zeit des Rana-Regimes konnte sie eine nur untergeordnete Rolle spielen, denn zunehmende Bildung hätte dem Volke seine Lage zu deutlich zum Bewußtsein gebracht und das System unter Umständen gefährdet. Die Söhne der herrschenden Familie hatten natürlich die Chance, eine westliche Bildung in Indien oder in Übersee zu genießen, ein Vorteil, der ihnen noch heute einflußreiche Posten sichert. Für den Rest, dem eine legale Ausreise verweigert wurde, standen bei rd. 8 Millionen Menschen 200 Primarschulen, 203 Mittelschulen, 21 höhere Schulen und 1 College zur Verfügung[1].

Nach der politischen Umwälzung 1951 bemühte sich die Regierung sehr um die zahlenmäßige Aufstockung des Schulbestandes, doch war es nicht zu vermeiden, daß die Qualität der Lehrerausbildung und folglich die des Schulunterrichts mit dieser Entwicklung nicht Schritt hielten. Dies sind Geburtswehen, die jedes Land zu durchleben hat, das in der Volksbildung einen plötzlichen Sprung nach vorn tun will. Die Zahl der Primarschulen stieg bis 1966 auf 5 694, die der Mittelschulen auf 408, der höheren Schulen auf 263 und der Colleges auf 34. Dazu wurde in Kathmandu eine nationale Universität (Tribhuwan-University) gegründet. Trotz dieses beachtlichen Fortschritts waren damit erst 27 % der Kinder im entsprechenden Alter eingeschult[2]. Das Problem der Primarschule liegt zunächst darin, daß die meisten dieser Institute Ein-Lehrer-Schulen sind, die nicht über das zweite oder dritte Schuljahr hinausführen. Aber auch solche Schulen, die alle fünf Klassen anbieten, sind in der Regel nicht so hinreichend mit Lehrkräften und Lehrmaterial bestückt, daß alle Schüler erfolgreich alle Klassen in fünf Jahren durchlaufen könnten. „Educational wastage", also das Verlassen der Schule vor dem Abschluß oder das Sitzenbleiben, ist deshalb in Nepal groß. Die UNESCO hat 1966 die näheren Umstände untersucht[3].

---

[1] Es ist immer mißlich, fremde Schulsysteme in deutschen Termini auszudrücken. Für Nepal gilt folgendes System:

Primarschule	1.— 5. Schuljahr	
Sekundarschule		
— Mittelschule	6.— 8. Schuljahr	
— Höhere Schule	9.—10. Schuljahr	Schulabschlußzeugnis (School Leaving Certificate)
Hochschule (College oder Universität)	11.—12. Schuljahr	Abschluß: Intermediate
	13.—14. Schuljahr	Abschluß: Bachelor
	15.—16. Schuljahr	Abschluß: Master

Die Primarschulbildung umfaßt deshalb das 1.—5., eine Mittelschulbildung das 1.—8. und eine höhere Schulbildung das 1.—10. Schuljahr mit Abschlußzeugnis.

[2] Von den eingeschulten Primarschülern sind nur 14 % Mädchen.
[3] UNESCO, „School Dropouts and Educational Wastage in Nepal", Report EDWAST/3 Nepal, Bangkok 1966.

3. Sozialgeographie

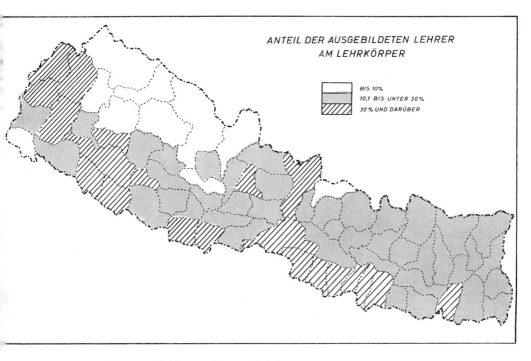

Karte 39: Anteil der ausgebildeten Lehrer am Lehrkörper
Die Ausbildung der Lehrer ist eine Voraussetzung für erfolgreichen Unterricht. Der Anteil ausgebildeter Lehrer macht in Nepal noch immer nicht mehr als 26 % aus. Allerdings ist dieser Anteil in den verschiedenen Distrikten recht unterschiedlich. Die Karte zeigt, daß die „entlegenen Gebiete" im Nordwesten besonders schlecht versorgt sind, während überraschenderweise die westlichen Grenzdistrikte so günstig dastehen wie die meisten der südlichen. Das Tal von Pokhara (Distrikt Kaski) und der Distrikt Gorkha sind die wenigen Ausnahmen im Gebirgsgürtel. Bei der Kategorie „30 % und darüber" muß allerdings berücksichtigt werden, daß die günstigste Relation bei nur 62,5 % (Distrikt Banke) liegt.
Quelle: „Educational Statistical Report 1965—1966", 1967.

Tatsache ist, daß nur 48,62 % der Neueingeschulten die Schule über das erste Schuljahr hinaus besuchen und daß nur 8,33 % das Ende des fünften Schuljahres erreichen. Eine erste Analyse der Gründe für die Ausfälle von Primarschülern zeigte folgendes Ergebnis: 1. Kinder werden vorwiegend als Arbeitskräfte von den Eltern eingesetzt, denn es gibt keinen Schulzwang. 2. Die Armut der meisten Familien zwingt sie, die Kinder schon früh in irgendeiner Form zum Mitverdienen zu verwenden. 3. Unterernährung macht es vielen Kindern unmöglich, den vollständigen Schulbesuch durchzuhalten. Da es an einem Gesetz für die Schulpflicht fehlt, sehen viele Eltern, vor allem im nichtstädtischen Bereich, keinen Grund dafür, daß ihre Kinder „nutzlos" ihre Zeit in der Schule verbringen. Hinzu kommt natürlich, daß das ganze Unterrichtssystem defekt ist, daß sozialpolitische Anreize, wie etwa Schulspeisung, Internate usw., fehlen und daß die Schulen meist sehr primitiv und als Aufenthaltsorte keinesfalls attraktiv sind.

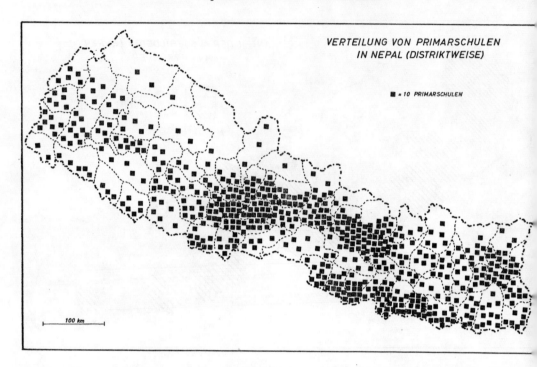

Karte 40: Verteilung von Primarschulen in Nepal (distriktweise)
Die Dichte der Primarschulen steht, oberflächlich betrachtet, in engem Zusammenhang mit der Bevölkerungsdichte: Das Östliche Terai und das Mittelgebirge, vom Kathmandu-Tal bis Piuthan, zeigen das dichteste Schulnetz.

Bei einer Analphabetenrate von mehr als 90 % zeigt das nepalische Volk noch kein sehr starkes Bildungsbewußtsein, und der Mangel an richtig ausgebildeten Lehrern ist bei deren schlechter Bezahlung nur langsam zu beheben. Nur 26 % der Primar- und Mittelschullehrer, die das 1.–8. Schuljahr unterrichten, sind voll ausgebildet. Untersucht man die Verteilung der ausgebildeten Lehrer über die Distrikte, so zeigt sich, daß die Lage in den Terai-Distrikten die günstigste ist. Hier haben 11 von 18 Distrikten mehr als 30 % Lehrer mit Ausbildung. Von den 64 Distrikten außerhalb des Terai haben nur 10 diese günstige Relation. In einem Distrikt des Terai und in 9 Distrikten, die hauptsächlich im Verlauf der Himalaya-Hauptkette und nördlich davon liegen, beträgt der Anteil der Lehrer mit Ausbildung 10 % und weniger. Dies zeigt deutlich genug, daß es schwer ist, ausgebildete Lehrer in die entlegenen Distrikte zu verpflichten, zumal man ihnen bis jetzt keinen hinreichenden Anreiz zu einem solchen Dienst gibt. In den verbleibenden 44 Distrikten liegt der Anteil der ausgebildeten Lehrer am Lehrkörper zwischen über 10 und unter 30 %, und hierbei handelt es sich mit geringen Ausnahmen um das ganze Mittelgebirge, wo die Mehrzahl der Einwohner lebt (vgl. dazu Karte 39).

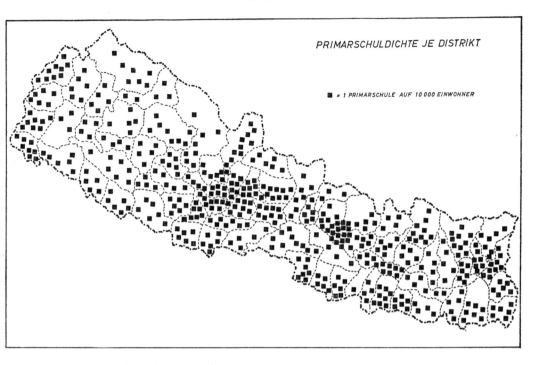

Karte 41: Primarschuldichte je Distrikt
Rechnet man die Zahl der je Distrikt vorhandenen Schulen auf die Einwohnerzahl um, so ergibt sich eine erhebliche Abweichung von der Bevölkerungsverteilung. Die Karte zeigt je Distrikt so viele Symbole, wie es Schulen je 10 000 Einwohner gibt. Hier weisen die Punkte der Karte auf Schulkonzentrationen im Zentralen Mittelgebirge, im Kathmandu-Tal, im Östlichen Inneren Terai und in den westlichen Grenzdistrikten hin. Vor allem zeigt sich in den nordwestlichen Grenzdistrikten eine wesentlich günstigere Relation, als sie die Karte mit den absoluten Zahlen vermuten läßt.

Die Verteilung der Primarschulen über das Land wird auf Karte 40 distriktweise dargestellt. Vergleicht man diese Karte mit der Karte der Bevölkerungsdichte (Karte 17), so ist eine gewisse Übereinstimmung auf den ersten Blick zu vermuten. Indessen trügt das Bild. Wir haben zum Zweck einer genaueren Aussage in Karte 41 die Relation zwischen Einwohnerzahl und Primarschulen je Distrikt zugrunde gelegt. Bei der Aufbereitung des statistischen Materials[4] zeigte sich, daß die Primarschuldichte von 3,4 Schulen je 10 000 Einwohner (Distrikte Rasuwa und Doti) bis zu 11,9 Schulen je 10 000 Einwohner im Distrikt Sindhuli Garhi rangiert. Entlegene Distrikte mit relativ geringer Einwohnerzahl (z. B. Mustang oder Dolpa) können auch bei absolut wenig Schulen günstige Relationen erzielen (wie hier z. B. 10,8 und 8,0 Schulen je 10 000 Einwohner). Kathmandu schneidet mit 7,5 und das ganze Tal mit 6,1 Schulen je 10 000 Einwohner keines-

4 Die statistischen Daten dieses Kapitels sind, soweit nicht anders angegeben, dem „Educational Statistical Report 1965–1966", 1967, entnommen.

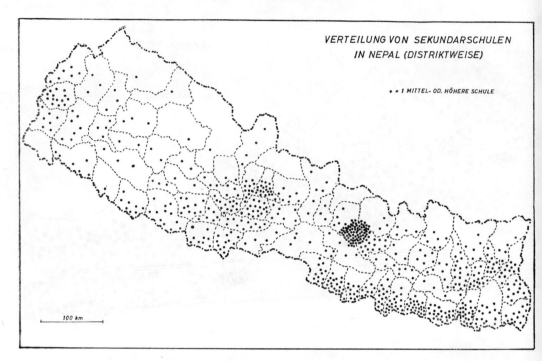

Karte 42: *Verteilung von Sekundarschulen in Nepal (distriktweise)*
Verglichen mit den Primarschulen sind die Sekundarschulen wesentlich ungleichmäßiger verteilt. Mengenmäßige (absolute) Konzentrationen zeigen sich im Kathmandu-Tal, im Östlichen Terai, im Extrem Östlichen, im Zentralen und im Extrem Westlichen Bergland.

wegs günstig ab. Bei großräumiger horizontaler Betrachtung besitzt West-Nepal 6,0, Zentral-Nepal 6,8 und Ost-Nepal ebenfalls 6,8, das Kathmandu-Tal aber nur 6,1 Primarschulen je 10 000 Einwohner. Bei großräumiger vertikaler Betrachtung hat das Bergland 6,6, das Innere Terai 7,3 und das Terai 5,7 Primarschulen je 10 000 Einwohner.

Für die Sekundarerziehung stehen insgesamt 671 Anstalten zur Verfügung, die allerdings nicht alle bis zum Schulabschlußzeugnis führen, denn 408 von ihnen sind nur Mittelschulen. Karte 42 zeigt die distriktweise Verteilung der Sekundarschulen über das Land, ohne Berücksichtigung dieses Umstandes. Die Probleme in dieser Schulgruppe sind denen in der Primarschule nicht unähnlich. Von 12 000 Schülern, die im 6. Schuljahr die Sekundarerziehung beginnen, erreichen nur 5 000 den Abschluß. Die Schulbehörden selbst führen offen Klage über die unzureichende Schulausstattung, mangelnde Unterbringungsmöglichkeit für Internatsschüler (die hier noch wichtiger ist als bei der Primarerziehung), schlecht ausgebildete Lehrer und unzureichende Lehrpläne. In welchem Maße Einrichtungen der Sekundarerziehung je Kopf der Bevölkerung und je Distrikt zur Verfügung stehen, zeigt Karte 43. Die Auswertung des statistischen Materials ergab hier, daß die Sekundarschuldichte zwischen 1 (Distrikte Dhading, Sindhu Palanchok, Dolpa

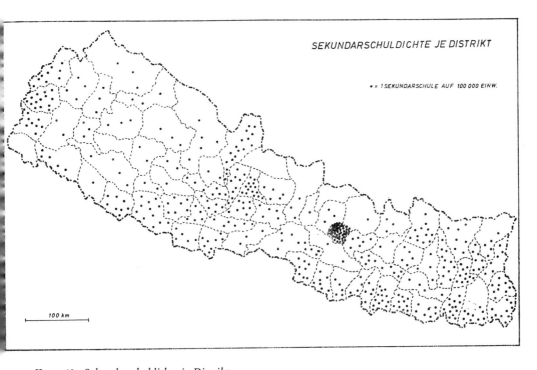

Karte 43: Sekundarschuldichte je Distrikt
Eine Umrechnung der vorhandenen Schulen auf die Einwohnerzahl eines Distrikts und die Wiedergabe dieser Relation, bezogen auf 100 000 Einwohner, ergibt, in Symbolen ausgedrückt, eine gleichmäßigere Verteilung über die Regionen Nepals.

und Bardia) und 30 (Distrikt Kathmandu) je 100 000 Einwohner schwankt, wenn man von den Distrikten Rasuwa, Manang, Dailekh und Kanchanpur absieht, wo es überhaupt keine Sekundarschulen gibt oder die Relation kleiner als 1 ist. Während Kathmandu und sein Tal in der Primarerziehung keine besondere Rolle spielt, führt es mit Abstand in der Sekundarbildung. Auch hier zeigt ein Vergleich der beiden Karten, daß mancher Distrikt mit geringerer Bevölkerungszahl eine günstigere Relation in der Bestückung mit Sekundarschulen aufweist. Das ergibt eine wesentlich breitere Streuung in der zweiten Karte, wo nur das Kathmandu-Tal deutlich hervortritt. Bei großräumiger horizontaler Betrachtung ist denn auch die Differenz gering: West-Nepal besitzt 6, Zentral-Nepal ebenfalls 6 und Ost-Nepal 7 Sekundarschulen je 100 000 Einwohner. Das Kathmandu-Tal führt mit 21. In einer Vertikalbetrachtung ergibt sich für die Bergregion die Relation 6, für das Innere Terai 8 und für das Terai 5.

Wir sehen im Rahmen dieser Arbeit davon ab, näher auf die College-Erziehung einzugehen. Erziehungsgeographisch sei lediglich festgestellt, daß nach der letzten zusammenfassenden Statistik für höhere Bildung von den 30 aufgeführten Colleges (einschl. der Tribhuwan-Universität) 12 im Distrikt Kathmandu und 15 im Tal von Kathmandu liegen. 7 Colleges konzentrieren sich in der Südostecke von Nepal (Distrikte Morang, Ilam, Dhankuta, Sunsari und Saptari). Von den restlichen 8 liegen 5 im Terai und Westlichen Inneren Terai (Mahotari, Parsa, Banke und Dang-Deokhuri) und 3 in den Bergen (Tansen/Palpa, Pokhara/Kaski und Doti). Die bildungsmäßige Bevorzugung der Hauptstadt, der Industrieregion im Südosten und des Terai ganz allgemein ist hier besonders offenkundig.

Ganz ähnlich liegen die Verhältnisse bei berufsbildenden Schulen. Zwar geht die Gründung der ersten Ingenieurschule auf das Jahr 1941 zurück, aber erst 15 Jahre später wurde zusätzlich eine Schwesternschule eröffnet. Erst nach 1960 begann Nepal mit ausländischer Hilfe, Berufsschulen verschiedener Art und ohne weitere Koordinierung einzurichten. Hier wird die geographische Disproportionalität besonders deutlich. Eine Untersuchung der Internationalen Arbeitsorganisation hat gezeigt, daß 7 von den 9 bestehenden berufsbildenden Anstalten (mit 1 240 Lehrlingen), das heißt über 80 %, im Tal von Kathmandu liegen. Insgesamt werden 64,1 % der Lehrlinge aus der Bagmati-Zone, in der Kathmandu liegt, rekrutiert. Im Falle einer Technischen Lehranstalt sind es sogar 90,5 %. Wenn man bedenkt, daß das Kathmandu-Tal nur 25 % der nichtlandwirtschaftlichen Arbeitsplätze (1961) und nur 16,2 % der Arbeitsplätze in der Fertigungsindustrie (1965) besitzt, so treten einige Probleme klar zu Tage: „Diese Disproportionalität in den Standorten der Ausbildungs- und Beschäftigungsmöglichkeiten erzeugt ernste Probleme in der Umverteilung der Graduierten entsprechend den geographischen Notwendigkeiten. Es ist bekannt, daß Personen, die in Kathmandu ausgebildet wurden, kaum zur Berufsausübung in einen anderen Teil des Landes wandern[5]." In diesem Zusammenhang dürfte die Tatsache interessieren, daß das Tal von Kathmandu, in dem ca. 5 % der nepalischen Gesamtbevölkerung wohnen, 15,7 % aller Nepalis mit einem Schulabschlußzeugnis, also abgeschlossener zehnjähriger Schulbildung, und sogar 46,7 % aller Nepalis mit Bachelor-Grad, also zuzüglich 4 Jahren College, besitzt. Vergleicht man dieses Verhältnis mit dem im Terai und in der Gebirgszone und bringt man es in Beziehung zum Anteil der Bevölkerung, der in diesen Regionen lebt, so wird das Bildungsgefälle von der Hauptstadt über das Terai zur Gebirgszone sehr deutlich (vgl. Tabelle 17).

Tabelle 17: Anteil der Bevölkerung in den Großregionen Nepals mit Bildungsabschluß (in %)

Region	Bevölkerung	Schulabschluß-Zeugnis	Bachelor-Grad
Kathmandu-Tal	4,9	15,7	46,7
Terai	36,4	43,8	42,6
Gebirgszone	58,7	40,5	10,7
NEPAL	100,0	100,0	100,0

Quelle: nach Bajszczak, a. a. O.

5 Z. J. Bajszczak, „Report on Manpower Questions in Nepal" (Fachbericht, unveröffentlicht), Kathmandu 1968.

3. Sozialgeographie

Die in Tabelle 17 dargestellten Beziehungen widersprechen auf den ersten Blick den Ergebnissen unserer Untersuchung über die Verteilung der Bildungsstätten in Nepal. Das ist leicht zu erklären. Zunächst ist ein größerer Anteil vor allem der Inhaber von Schulabschlußzeugnissen zu einer Zeit zur Schule gegangen, als die räumliche Verteilung der Bildungsstätten noch gänzlich anders gelagert war als heute, nachdem die Regierung ihr Möglichstes getan hat, um die frühere Disproportionalität zu beseitigen. Indessen ist der Erfolg dieser Politik nur ein scheinbarer. Wohl haben die Distrikte, die traditionell ohne Bildungsstätten waren, heute Primar- und Sekundarschulen, aber diese Schulen bieten überwiegend noch keine Abschlußmöglichkeit, und die Lehrer sind zur planmäßigen Unterrichtsführung ungeeignet. Hinzu kommen all jene Probleme, die die erstmalige Einführung eines Schulsystems notwendig mit sich bringt und worüber wir berichtet haben. Könnte man all dies statistisch erfassen und raumbezogen aufbereiten, das erziehungsgeographische Bild Nepals wäre ein wesentlich dunkleres als das unsere, das in gewisser Weise positive Tendenzen für die Zukunft vorwegnimmt[6].

---

[6] Es kann nicht Aufgabe des Verfassers sein, in dieser Arbeit eine detaillierte Untersuchung des nepalischen Erziehungswesens anzubieten. Es scheint aber doch angezeigt, wenigstens auf einige tiefliegende Probleme hinzuweisen, die von entscheidender Bedeutung für die Chancen etwa der Entwicklungshilfe und der Entwicklungspolitik des Königreichs selbst sind. Zunächst ist der hohe Grad an Analphabeten (86,5 % bei den Männern und 98,5 % bei den Frauen) ein Hindernis für die rasche Entwicklung vor allem des ländlichen Sektors. Man kann in der Tagespresse die Meinung lesen, daß „education" im Grunde für die meisten Bürger überflüssig sei. Ein Haarschneider oder ein Bauer würden, auch wenn sie zur Schule gegangen seien, nicht produktiver arbeiten (so z. B. eine Leserzuschrift an „The Rising Nepal" v. 5. 1. 1967, unterzeichnet mit Prof. G. Singh). Wir haben es hier mit zwei Irrtümern zu tun. Erstens mit der Verwechslung von Alphabetisierung mit (höherer) Bildung und zweitens mit der Unterschätzung des praktischen Wertes von Lesen und Schreiben im Entwicklungsprozeß gerade für die einfachen Volksschichten. Glücklicherweise treibt die Regierungspolitik den Aufbau von Primarschulen und die Kampagne zur Erwachsenenalphabetisierung weiter voran. Auf der anderen Seite fehlt den Nepalis der höheren Klassen, die sich dank ihrem Wohlstand oder ihrem Wohnsitz den Luxus höherer Bildung leisten können, jedes Verständnis dafür, daß sich der Sinn höherer Bildung erst in ihrer Nutzanwendung für die Entwicklung des Landes realisiert. Diese „materialistische" Denkweise mag in hochentwickelten Ländern auf Kritik stoßen, sie ist sicherlich korrekt für ein Entwicklungsland, das seinen Fortschritt in hohem Grade der Auslandshilfe verdankt. Dies wird von einsichtigen Bürgern des Landes durchaus erkannt (vgl. etwa „Education: Sense and Nonsense", Leserzuschrift an „Motherland", 21. 5. 1969), aber in der Mehrzahl wird der akademische Grad als Statussymbol, also des Prestiges wegen, erworben. Man kann noch weiter gehen: Bildung und akademischer Grad sind der Schlüssel zu jedem gehobenen Posten im Regierungsdienst, dadurch zu Prestige und damit vor allen Dingen der Schlüssel zur Macht (sehr interessante Fakten bringen in diesem Zusammenhang Horace B. und Mary J. Reed, „Nepal in Transition. Educational Innovations", 1968). Es darf auf der anderen Seite allerdings auch nicht übersehen werden, daß die Regierungspolitik nicht unschuldig an diesen Verhältnissen ist: Würde sie den jungen Inhabern vor allem technischer Diplome mehr Chancen geben, sich in ihrem Beruf unter vernünftigen Bedingungen zu bewähren, die Zukunft des heute uneffektiven Bildungssystems wäre hoffnungsvoller. So aber kommen Regierungsbeamte und Jungakademiker vom gleichen Stamm, führen ihren Kampf um die Macht und um das Ansehen in ihrer Gesellschaft, und alles bleibt beim alten. Die wenigen jüngeren Leute, die im Ausland auf neue Gedanken gekommen sind, eine neue Arbeitstechnik und einen neuen Begriff von Leistung und Verdienst erworben haben, resignieren dann oft und wandern aus, solange ihr Reisepaß, den sie vom Studium her haben, noch gültig ist.
Es ist immer wieder überraschend festzustellen, daß technische leitende Kader willkürlich

d) Die Volksgesundheit

Eine raumbezogene Analyse der Volksgesundheit eines Landes gehört in den Bereich der Anthropogeographie. Es dürfte nicht überraschen, daß für Nepal nur sehr spärliche Angaben vorliegen und daß die Bezeichnung dieses Abschnittes daher sicher zu anspruchsvoll ist. Indessen soll versucht werden, mit dem wenigen vorhandenen Material eine Gesundheitsgeographie zumindest zu skizzieren. P. P. Karan hat erste Schritte in dieser Richtung schon während der 1950er Jahre unternommen[1], aber seine kartographischen Darstellungen zur Verbreitung der Hauptkrankheiten und Mangelerscheinungen in der Ernährung zeigen zu deutlich das Fehlen detaillierter Informationen. Er weist darauf hin, daß es in Nepal im

gegeneinander ausgetauscht werden. Der Leiter des Büros für Außenhandel wird morgen zum Chef des Elektrizitäts-Departements ernannt, und man kann ihn ein Jahr später unter Umständen als Vorsitzenden eines Ausschusses für Familienplanung wiederfinden. Hier zeigt sich vielleicht am deutlichsten der Glaube an das „Allzweck-Diplom" (Reed), das zwar Status, aber nicht unbedingt praktisches Wissen und Können vermittelt.
Das Schulsystem wird zu einem entscheidenden Teil von Kastenvorstellungen, Statusprivilegien und dem so typischen „Theoretisieren" bestimmt. Das Bildungsprivileg hat dazu geführt, daß viele Lehrer den Hochkasten angehören. Angehörige der Hochkasten aber sehen Handarbeit als ihrer unwürdig an. Die Schüler, ebenfalls auf dem Wege zum „handarbeitsfreien Einkommen", wie sie wähnen, finden es völlig normal, daß etwa im Chemie- oder Physikunterricht Experimente zwar beschrieben, aber niemals gemacht werden. Von internationalen Organisationen kostenfrei gelieferte Laboratoriumsgeräte zur Lehrerausbildung liegen jahrelang unausgepackt in Kathmandu, weil es für die Lehrer natürlich unzumutbar ist, eine Kiste zu öffnen. Und außerdem: Was soll man mit den Sachen? Diese westlichen Lesern unglaublich erscheinenden Berichte wird jeder UNESCO-Berater bestätigen. Außerdem gehen auch die Reeds in dem oben erwähnten Buch darauf ein. Die Tragik ist, daß auch junge Brahmanen, die genug Einsicht erlangt haben und bereit wären, den Teufelskreis zu durchbrechen, es nicht wagen, weil man sie gesellschaftlich ächten würde.
Der Begriff der „unzumutbaren Tätigkeit" wird vielleicht am deutlichsten illustriert an jenem Brahmanen, der sich um eine ausgeschriebene Stellung als Sprechstundenhilfe bei einem europäischen Zahnarzt in Kathmandu bewarb. Das Engagement scheiterte daran, daß der junge Mann sich weigerte, die zahnärztlichen Instrumente zu sterilisieren. Das sei „Reinigungsarbeit", und die sei Sache des „sweepers" (Kehrers) und eines Brahmanen unwürdig.
Das Unterrichtssystem hat neben vielen Schwächen noch diese, daß der vorgeschriebene Stoff (syllabus) auswendig gelernt wird. Auch dies ist nicht typisch für Nepal allein. Seminararbeit, Problemlösungen usw. sind unbekannt, ja unerwünscht. Wer eine Anstalt für höhere Bildung besucht, will wissen, was er lernen muß, will wissen, was man ihn im Examen fragen wird, will seinen Grad erwerben und dann die damit verbundene Macht auskosten. Nie im Traume wird es ihm einfallen, daß das Leben Aufgaben für ihn bereithält, zu deren Lösung ihn der Schulunterricht befähigen soll. So erklärt sich auch der Studentenstreik in Nepal und vor allem in Kathmandu im Februar 1969, als die Examenskandidaten die Prüfungen sabotierten mit der klaren Feststellung, die etwa in Chemie gestellten Fragen seien „zu schwer" und „unerwartet" („Motherland", 3. 2. 1969).
Technische Lehranstalten haben es besonders schwer. Ihre Schüler sind auch vorwiegend Söhne der Hochkasten, und wenn diese sich schon herablassen, während der Schulzeit Hand anzulegen, um den Abschlußgrad und die damit verbundene „Berechtigung" zu erwerben, darf man doch mit großer Sicherheit annehmen, daß ein hoher Prozentsatz von ihnen nach Abschluß der Ausbildung nie mehr ein Werkzeug anfassen, sondern bestenfalls eine Werkstatt leiten, eine eigene eröffnen und dann ungelernte Kräfte der unteren Kasten beschäftigen wird. Das ganze System der technischen Hilfe ist hier wieder einmal ernsthaft in Frage gestellt.

[1] P. P. Karan, „Nepal. A Cultural and Physical Geography", 1960, S. 74—78.

Jahre 1953 nur 10 Doktoren der Medizin und weitere 40 lizenzierte Heilpraktiker gab, die vor allem im Kathmandu-Tal lebten, wo es auch 10 schlecht ausgestattete Krankenhäuser mit zusammen 355 Betten gab. Entlang der indischen Grenze bestanden weitere 24 kleine Krankenstationen mit zusammen 305 Betten.

Eine gesundheitsgeographische Analyse beabsichtigt, die Volksgesundheit in Beziehung zu den natürlichen Gegebenheiten der Umwelt zu setzen, z. B. zum Klima, zum Wasser, zum Boden. Sie versucht, Wechselwirkungen zwischen Ernährung, Landschaft und Gesundheit oder zwischen Landschaft und gewissen Krankheitsträgern oder -erregern zu ermitteln. Hierher gehört z. B. auch die Frage der Akklimatisation an das Leben in großen Höhen oder im Tiefland, wenn die Einwanderer aus entgegengesetzten Verhältnissen kommen. Im Falle Nepals haben wir nicht nur alle denkbaren natürlichen Extreme der Landschaft von sumpfigen Talniederungen bis zur Grenze der Ökumene, wir haben auch entscheidende Einflüsse der Religion oder religiös verbrämter Sitten auf die Diät und die Hygiene der Menschen.

Gewisse gesundheitsgeographische Fakten und Zusammenhänge sind offenkundig und leicht aus den naturlandschaftlichen Verhältnissen zu schließen. Andere sind verborgen und treten erst in der Kulturlandschaft zutage. Eine zusammenfassende Untersuchung in dieser Richtung wurde bisher nicht gemacht. Das Departement für Öffentliche Gesundheit führte 1965 eine Ernährungsenquête durch, die in nepalischer Sprache ausgewertet wurde. Das vorhandene Exemplar ging im Gesundheitsministerium verloren und wurde nicht mehr aufgefunden. Bereits 1963 begannen Verhandlungen zwischen der nepalischen Regierung und der Thomas A. Dooley-Foundation über die Durchführung einer Gesundheitsenquête mit einem entsprechenden Gutachten, das die künftige Gesundheitspolitik Nepals bestimmen sollte. Die Enquête wurde zwischen Juli 1965 und Mai 1966 durchgeführt, doch stand das Ergebnis bis Ende 1969 noch nicht zur Verfügung, und wir sind deshalb nicht in der Lage, die Resultate zu zitieren, die das Team der Universität von Hawaii erzielte, die die Enquête durchführte. Die nichtamtlich bekanntgewordenen Ergebnisse stimmen allerdings im großen und ganzen mit dem überein, was der Verfasser und seine Kollegen auf ihren Reisen im Lande selbst beobachteten. Das im nachfolgenden gezeichnete Bild ist daher auch als das Ergebnis zahlreicher eigener und fremder Beobachtungen, vieler Diskussionen und gelegentlich privat mitgeteilter Erfahrungen ohne nähere Angabe der Quelle zu werten.

Wesentlich mitbestimmend für die Volksgesundheit ist die Umgebung, in der die Menschen leben, ihr Haus, ihr Dorf, ihre Stadt. Hier ist das Bild in Nepal durchgehend ungünstig, und regionale Unterscheidungen sind kaum zulässig. Mit ganz geringen Ausnahmen, die man unserer Beschreibung der Haustypen entnehmen kann, sind die Häuser in Nepal überbelegt und schlecht durchlüftet. Im Durchschnitt kann angenommen werden, daß sich auf einen, maximal zwei Wohnräume 6,6 Menschen verteilen. Offene, rauchige Feuer schwächen die Atmungsorgane vor allem in den kälteren Lagen, wo sich das Leben nicht, wie im Terai, vornehmlich im Freien abspielt. Die Wohnverhältnisse begünstigen mithin hochgradig die

Übertragung von Erkrankungen der Atmungsorgane innerhalb der Familie. So ist es nicht überraschend, daß man auch in den Höhenlagen, wo klare, reine Bergluft weht, immer wieder Klagen wegen Husten, Bronchitis usw. hört. Dies erklärt sich leicht, wenn man die innerhäuslichen Verhältnisse am eigenen Körper erfahren hat.

In den meisten Haustypen ist auch Raum für die Tiere vorgesehen. Separate Stallungen sind selten. Mist wird neben dem Haus gesammelt und teils für Düngungszwecke reserviert, teils in Fladen geformt und zum Trocknen an die Hauswand geklebt, um später als Brennstoff zu dienen. Am geringsten kann in Nepal die Frage der Fäkaliendisposition befriedigen. Außer bei den Sherpas (und, nach Peissel, bei den Loba) kennt man in Nepal keine Latrine. Der Hof, die Straße, das Feld, kurzum das ganze Land dient als Latrine, wovon sich jedermann, der in Nepal reist, jederzeit zu seinem Mißvergnügen überzeugen kann. Vor allem Dörfer, die von Hochkasten bewohnt werden, denen ihr Status das Wegräumen von Schmutz untersagt, starren, wie schon erwähnt, oft vor Unrat, wenn aus irgendwelchen Gründen die „niederen" Gruppen, die hier Abhilfe schaffen könnten, nicht zur Stelle sind. Vorstellungen wie z. B. die Anlage einer Dorflatrine, deren Material von Zeit zu Zeit zu wertvollem Dünger verarbeitet und benutzt werden könnte, sind Hochkastenbauern unzugänglich; denn menschliche Exkremente sind für sie absolut tabu, ganz im Gegensatz zu denen des Rindes, die für Ritual- und selbst für Heilzwecke großes Ansehen genießen[2]. Zusammengefaßt kann man sagen, daß fäkale Verunreinigung der Umgebung der Wohnplätze die Regel ist, die die Fliegenbevölkerung und damit die Übertragung ansteckender Krankheiten über Wasser und Nahrungsmittel außerordentlich begünstigt[3]. Je mehr man in den Einfluß tibetisch-chinesischer Kultur kommt, um so weniger groß ist das Problem fäkaler Verschmutzung[4].

Die ganze Situation der Dörfer und der Städte ist eine ideale Brutstätte für

---

[2] Unter der Überschrift „Unsere Kultur" schreibt Dr. Pinaky Prasad Sharma an „The Rising Nepal" (24. 2. 1967): „... Zweitens hat der Kuh-Urin natürlichen Harnstoff, der, ungleich anderen harntreibenden Mitteln, die Stoffwechselgifte aus unserem Körper wäscht. Jene, die Kuh-Urin trinken, leiden niemals an Gicht, Rheumatismus und solchen Krankheiten, unter denen heute Tausende leiden. Daher ist Kuh-Urin von größtem medizinischen Wert. Drittens, so wie der Pilz Bakterien tötet, so tötet Kuh-Dung alle Pilze und Bakterien und ist deshalb ein wundervolles Desinfektionsmittel und Antiseptikum."

[3] Eine internationale Gruppe, die diese Verhältnisse studierte, empfiehlt u. a.: „Es ist wichtig, die Dörfler in Methoden zu unterweisen, wie man tierische und menschliche Abfälle beseitigt, ohne ihren landwirtschaftlichen Nutzwert zu vernichten. Eine derartige Methode, die kürzlich in China entwickelt wurde, zerstört krankheitserregende Eier, Parasiten und Bakterien in den Fäkalien durch den Ammoniak, der bei der Dekomposition des Urins entsteht. Dieses System könnte in Teilen Nepals anwendbar sein." (Thomas A. Dooley Foundation, Vorabbericht, S. 31).

[4] Dies zeigt sich nicht nur bei den nördlichen Grenzvölkern, sondern auch bei Tibetern, die sich als Flüchtlinge in Nepal niedergelassen haben. In einer solchen Kolonie in Chialsa, in der Landschaft Solu (Distrikt Solukhumbu), hat jede Familie in dem kleinen Garten, der zum Haus gehört, eine mit einer Latrinengrube versehene umwachsene Ecke. Diese wird geruchfrei gehalten und die Dekomposition des Materials überwacht, um es später als Dünger zu verwenden. Der Versuch, hier eine Gemeinschaftslatrine einzuführen, scheiterte an dem Problem, den hier anfallenden Dünger gerecht zu verteilen (vgl. Wolf Donner, „Wohnen im Schatten des Mt. Everest", a. a. O.).

3. Sozialgeographie

Schädlinge aller Art. Die Überschwemmung mit Ratten ist ungeheuer und damit eine Verbreitung von Seuchen potentiell immer gegeben. Praktisch sind alle Dörfer von Nagern, Flöhen und Läusen heimgesucht[5]. Der Verfasser hat praktisch in jeder Nacht, die er außerhalb seines Hauses in Kathmandu oder seines Zeltes verbrachte, seinen Raum mit Ratten teilen müssen. Hier, wie in vielen Fällen, scheinen die Erfolge in neuen Siedlungsgebieten günstiger zu liegen. Das unter israelischer Leitung begonnene Siedlungsprojekt Nawalpur (Distrikt Nawalparasi) hat alle Siedler in einer Rattenbekämpfungskampagne vereinigen können.

Schließlich gehört auch noch die Trinkwasserversorgung zu den Grundfragen der Volksgesundheit. Auch hier besteht durchweg das Problem fehlenden Schutzes für die Wasserstellen. In den Jahren nach 1951, als nach indischem Vorbild und mit indischer Hilfe Dorfentwicklungskampagnen von der Regierung gefördert wurden, wurde eine größere Zahl von Wasserleitungen von guten Quellen in darunterliegende Dörfer gebaut. Die Bevölkerung erfreut sich hier guten Trink- und Gebrauchswassers. Nach der Einführung des Panchayat-Systems wurde es der Initiative der Dorfselbstverwaltung anheimgegeben, was zu geschehen habe, die damit in vielen Fällen überfordert war. Immerhin ist die Lage in den Gebirgsregionen Nepals besser als im Tiefland, am Oberlauf der Flüsse besser als am Unterlauf. Die überwältigende Mehrzahl der Nepalis bezieht heute noch ihr Wasser aus offenen Wasserläufen und oft aus den gleichen Flüssen, die am selben Ort oder in nur geringer Distanz die Leichen der Verstorbenen oder die Überreste der Verbrannten aufnehmen. Diese Verhältnisse sind in Kathmandu, Lalitpur und Bhaktapur besonders katastrophal, sofern die Menschen noch nicht an das neue Trinkwassernetz angeschlossen sind. Es wird berichtet, daß selbst das Trinkwasser für die Patienten des Krankenhauses in Bhaktapur aus einem stehenden Teich vor der Stadt geschöpft wird, der zugleich Waschplatz für die Frauen und Tummelplatz für die Wasserbüffel ist. Sicher ist, daß man in dieser Richtung nicht übertreiben kann[6].

Wie sich zeigt, lassen sich bei den allgemeinen Hintergrundinformationen für die Volksgesundheit keine regionalgeographischen Unterschiede machen. Die Lage ist gleichermaßen bedenklich durch das ganze Land. Wir wenden uns daher jetzt den vorherrschenden Volkskrankheiten zu. Es sei erneut darauf hingewiesen, daß die medizinischen Informationen über Nepal außerordentlich dürftig sind. Sollten einmal die Daten der von der Dooley-Foundation finanzierten volksgesundheit-

---

5 Was die Ratten anbetrifft, so steht man wieder vor einem der im Jenseitigen verwurzelten Probleme. Orthodoxe Hindus werden eine Ratte nicht töten, weil sie in ihr das Reittier des Gottes Ganesh (Elephantengott) sehen. Dörfer, in denen Ganesh besondere Verehrung genießt, sind deshalb für eine Rattenvergiftungskampagne denkbar ungeeignet. Es wurde selbst der Fall eines im Ausland ausgebildeten hochqualifizierten Akademikers bekannt, der sein Haus und seinen Wohnraum in Kathmandu wissentlich mit Ratten teilt, sie als „harmlose Tierchen" bezeichnet und ihre Anwesenheit bagatellisiert.
6 1970 hat das Entwicklungsprogramm der Vereinten Nationen (UNDP) beschlossen, eine dreiviertel Million Dollar zur Verfügung zu stellen, um die Trinkwasserversorgung und die Abwasserbeseitigung in Groß-Kathmandu und Bhaktapur auszubauen. Ausführende Organisation wird die Weltgesundheitsorganisation sein (UNDP, „Pre-Investment News", New York, Februar 1970).

lichen Untersuchung veröffentlicht werden, so würde es schon eher möglich sein, sich auch ein raumbezogenes Bild vom Gesundheitszustand des nepalischen Volkes zu machen. Allerdings dürften viele der mühsam und unter hohen Kosten gesammelten Daten bis dahin überholt sein.

Malaria war einmal die Volkskrankheit Nummer eins in Nepal und natürlich vor allem im Terai. Filchners Buch „Fieberhölle Nepal", entstanden 1939/40, bezog sich darauf, läßt aber natürlich vollkommen außer acht, daß das Terai nur ein kleiner Teil Nepals ist. Die seit 1954 laufende, von den Amerikanern begonnene und dann von der Weltgesundheitsorganisation fortgeführte Malariaausrottung[7] hatte einen durchschlagenden Erfolg. Malaria ist im Zentralen Terai heute unbekannt, im Östlichen Terai treten noch Fälle auf, und im Extrem Westlichen Terai ist die Bekämpfung noch im Gange. Es muß allerdings angemerkt werden, daß die Malariabekämpfung zur Dauereinrichtung wird; denn das gespritzte Dach z. B. wird in der Regel von den vormonsunlichen Stürmen davongetragen und das neue bietet den Mücken dann Unterschlupf, bis es wieder gespritzt wird. Wirtschaftlich hat die erfolgreiche Malariabekämpfung das Terai in weiten Teilen besiedelbar gemacht. Allerdings ist Vorsicht geboten. Es hat sich nämlich gezeigt, daß sich bei der Einführung von Bewässerungswirtschaft in tiefer gelegenen Gebirgstälern Malaria durchaus einstellen kann, wo sie bis dahin unbekannt war.

Nach der Malaria, die in früheren Jahren die meisten Todesopfer gefordert und das Volk und die Volkswirtschaft am nachhaltigsten geschwächt haben dürfte, rangieren heute die Erkrankungen des Magen- und Darmkanals an erster Stelle, wohl auch bei den Todesursachen. Hier besteht natürlich eine direkte Verbindung zu der oben beschriebenen fäkalen Verseuchung des Bodens und seiner Oberfläche. Diese führt dann in der Regel zur direkten Infizierung des Menschen über Haut und Mund (z. B. Hakenwurm), über das Wasser oder über die Nahrung, durch die Hand oder die Fliegen (z. B. Unterleibstyphus, Amöbendurchfall, Cholera). Eine Reihenuntersuchung von 347 Kindern in verschiedenen Teilen Nepals ergab bei 72 % Parasiten irgendwelcher Art. 37 % hatten Hakenwürmer, um nur eine Spezies zu nennen, und nur 28 % der Untersuchten waren frei von Parasiten. Eine nepalische Untersuchung im Distrikt Palpa von 880 Personen im Jahre 1966 ergab Ascaris (Spulwurm) in 77,8 %, Hakenwürmer in 52,8 % und Parasitenfreiheit bei nur 21,3 % der Untersuchten. Im Seuchenhospital von Kathmandu machten Erkrankungen des Magen- und Darmkanals 1963/64 58,7 % und 1964/65 72,2 % der Fälle aus.

Die Erkrankungen der Atemwege, vor allem die Tuberkulose, sind gleichmäßig über das Land gestreut. Gegenwärtig sieht man den höchsten Konzentrationsgrad der Tuberkulose in Kathmandu und den geringsten in den Bergen, doch scheint die Zahl der Fälle erschreckend hoch zu sein, so daß die Meinung gehört

---

[7] Die anfänglichen Probleme, die die Amerikaner durch eine zu hastige Aktion über zu große Flächen und ohne geeignete Fach- und Hilfskräfte hatten, beschreibt Eugene Bramer Mihaly in „Foreign Aid and Politics in Nepal", 1965, S. 38 f.

3. Sozialgeographie

werden konnte, Tuberkulose sei (Malaria eingeschlossen) die dritte Todesursache in Nepal. Die schlechte Belüftung und Überbelegung der Wohnungen in Verbindung mit der Durchtränkung des Bodens mit dem kontinuierlich produzierten Auswurf sichern eine immer wieder neue Infizierung. Zudem glaubt man heute festgestellt zu haben, daß die Tuberkulose den neuen Autostraßen ins Gebirge folgt, daß also Gebiete mit bisher geringer Infektion heute mehr und mehr in den Bannkreis der Tuberkulose kommen. Dies muß allerdings wohl so verstanden werden, daß immer mehr Bergbewohner heute nach Kathmandu und ins Terai reisen können, wo sie sich infizieren und die Krankheit dann zu Hause einschleppen.

Pocken treten in Nepal immer wieder auf, und es hat sich gezeigt, daß Erstimpfungen trotz Reaktion nicht immer zur Immunität führen. So kommt es hin und wieder in den Dörfern zu katastrophalen Epidemien, die das ganze soziale und wirtschaftliche Leben erschüttern. Eine Pockenkampagne der Weltgesundheitsorganisation wird jetzt durchgeführt.

Venerische Krankheiten sind zwar vertreten, stellen aber nicht eigentlich ein Problem dar. Interessant dabei ist, daß die Vorkommensrate im Gebirge am höchsten ist, was den Schluß zuläßt, daß der relativ große Anteil der Bergbewohner, der als Händler in Indien lebt oder als Soldat dort dient, die Krankheit zu Hause einschleppt.

Wie es bei einem seefernen Gebirgsland nicht überraschen kann, gehört Kropf zu den endemischen Krankheiten des nepalischen Volkes. Erste Untersuchungen im Jahre 1959 in drei Dörfern der nördlichen Grenzbevölkerung, die in Zentral-Nepal über 2750 m Höhe liegen, ergaben, daß 45—64 % der Leute Kropf hatten. Da damals der Anteil des tibetischen, praktisch jodfreien Salzes an der Salzversorgung Nepals noch 15 % betrug, glaubte man, hierin die Ursache zu sehen, und hielt zudem vor allem die Bewohner des Nordens für gefährdet. Daß dieser Schluß zu optimistisch war, sollte sich zehn Jahre später zeigen, als die Weltgesundheitsorganisation (W.H.O.) in einem bisher noch nicht veröffentlichten Bericht mitteilte, daß ihre Untersuchungen im Gebiet von Trisuli und Jumla, also im Zentralen und Westlichen Bergland, fast 100 % Erkrankung bei den Menschen, zusammen mit 5 % Taubstummheit und Kretinismus, erbracht habe. Auch bei Ziegen, Büffeln und Ratten habe man die Mangelerscheinungen festgestellt. Nach den wenigen, durch Presseveröffentlichungen bekanntgewordenen, Ergebnissen der eingangs erwähnten Dooley-Foundation-Untersuchung wissen wir heute, daß etwa 80 % der nepalischen Bevölkerung in stärkerem oder schwächerem Grade an Kropf leiden[8]. Die Untersuchung eines Bezirks in Kathmandu erbrachte 84 %, davon 45 % in sichtbarem Stadium. In Bhajura, Westliches Bergland, erreichte der Anteil der an Kropf leidenden Bevölkerung sogar 98 %. Generell kann gesagt werden, daß das Volk von Nepal endemisch an Kropf leidet, daß jedoch die Bergbevölkerung in einer etwas schlechteren Lage ist.

8 So lt. dem Vertreter Nepals bei der International Conference on The Control of Goitre, New Delhi 1967, der zudem anmerkte, daß Mehrkosten von jährlich Rs. 240 000 entstehen würden, wollte man künftig jodisiertes Salz aus Indien einführen.

In bezug auf die geographischen Gegebenheiten ist dazu anzumerken, daß der Mangel an Jod durch die ständige Auslaugung der Böden während der heftigen Regenfälle erklärt wird. Es wird darauf hingewiesen, daß im Terai z. B. Kropf verstärkt dort auftritt, wo der Grundwasserspiegel besonders tief liegt, eine Auslaugung des Bodens also eher gegeben ist als bei hohem Grundwasserspiegel. Die Kropferkrankung ist, darauf sei noch hingewiesen, nicht lediglich ein Schönheitsfehler, sondern sie bringt eine mangelhafte allgemeine Leistungsfähigkeit des davon betroffenen Menschen bereits im nichtsichtbaren Stadium der Erkrankung mit sich, und endemische Kropferkrankung eines ganzen Volkes dürfte daher erhebliche, wenn auch schwerlich meßbare wirtschaftliche Verluste nach sich ziehen.

Auf weitere Krankheiten wie L e p r a , an der etwa 1 % der Bevölkerung leidet, A u g e n k r a n k h e i t e n usw. soll hier nicht eingegangen werden[9]. Dafür sei ein Bild der medizinischen Versorgung der nepalischen Bevölkerung skizziert. Dazu zunächst einige terminologische Vorbemerkungen. Man unterscheidet in der Statistik des medizinischen Dienstes: Krankenhäuser mit Ärzten, Pflegepersonal, Krankenbetten und voller Operationseinrichtung; Gesundheitszentren mit Hilfspersonal und Einrichtung zu kleineren Operationen; Gesundheitsposten mit Hilfspersonal und Arzneiausgaben oder Dispensarien mit Hilfspersonal. Die Einrichtungen außerhalb der Krankenhäuser werden nur im Ausnahmefall von Ärzten betreut. Ärztliche Hilfe kann in der Regel also nur in den Krankenhäusern geleistet werden. Nach der Statistik von 1969 besaß Nepal:

    54 Krankenhäuser
    97 Gesundheitszentren
    24 Gesundheitsposten
    10 Dispensarien.

Die geographische Verteilung dieser Institutionen hat zu wiederholter Kritik Anlaß gegeben, deckt sich aber mit derjenigen in den meisten Ländern der Dritten Welt. Die Tatsache, daß Ärzte kaum außerhalb des Kathmandu-Tals zu finden sind bzw. sich in der Weite des Landes verlaufen, daß man die Posten von Re-

---

9 Ein paar Worte seien aber noch dem Zusammenhang zwischen Bevölkerung und Höhenlage gewidmet. Die Adaptation der Menschen an die besonderen Verhältnisse ist außerordentlich. Es macht den Eindruck, als litte die körperliche Leistungsfähigkeit des Sherpaträgers nicht im geringsten unter der Höhe. Umgekehrt allerdings ist er schwer zu bewegen, in die „heißen Tieflagen" als Träger mitzukommen, wobei etwa ein Marsch nach Kathmandu gemeint ist mit Tiefstpunkten des Pfades bei 1 000 m. Tibetische Flüchtlinge bevorzugen Ansiedlung in den höheren Berglagen, da sie selbst an Höhen zwischen 3 000 m und 4 000 m, gelegentlich auch 5 000 m gewöhnt sind. Landknappheit hat ihre Ansiedlung hier allerdings zum Problem gemacht. Ergebnisse über Ansiedlungsversuche von Tibetern im Terai sind zuverlässig nicht bekannt, doch wurde von der Nepalischen Siedlungsgesellschaft (Nepal Resettlement Company) behauptet, daß erste Versuche in dieser Richtung geglückt seien, wenn die Tibeter allerdings auch gewisse Gewohnheiten, ihre Tracht usw. aufgeben mußten. Es war lange undenkbar für einen Bergbewohner, im Terai zu siedeln, da allein der Name durch die Assoziation mit Malaria Furcht und Schrecken auslöste. Seitdem sie ausgerottet ist und wohlorganisierte Ansiedlungsprojekte in Nawalparasi, Banke und Kanchanpur durchgeführt werden, suchen Tausende von Gurungs, Magars und anderen um Siedlerstellen nach. Einmal angenommen, entfalten sie einen erstaunlichen, für sie allerdings typischen, Arbeitseifer, der den der ursprünglichen Teraibevölkerung weit in den Schatten stellt.

gierungsärzten in Kathmandu offenhält und nicht neu besetzt, während ihre Inhaber sich zu jahrelangen Studien im Ausland aufhalten, daß zahlreiche promovierte Ärzte Verwaltungsarbeit im Ministerium verrichten und daß viele Medizinstudenten nach Studienabschluß es vorziehen, sich im Ausland als Ärzte niederzulassen, erregt immer wieder die Gemüter einfacher Bürger[10], und hier ist das geographische Bild der Verhältnisse eher noch betrüblicher als bei der Volksbildung. Von den oben genannten Anstalten befinden sich 11 Krankenhäuser, 3 Gesundheitszentren und 5 Gesundheitsposten im Tal von Kathmandu. Tabelle 18 zeigt den Anteil der Großregionen an den verschiedenwertigen Institutionen:

Tabelle 18: Prozentuale Verteilung der Gesundheitseinrichtungen auf die Großregionen Nepals im Vergleich zur Bevölkerungsverteilung (1969)

Region	Bevölkerung	Krankenhäuser	Krankenzentren	Krankenposten	Dispensarien
Kathmandu-Tal	4,9	20,4	3,1	20,9	0,0
Terai	36,4	46,4	25,7	75,0	0,0
Gebirgszone	58,7	33,2	71,2	4,1	100,0
NEPAL	100,0	100,0	100,0	100,0	100,0

Quelle: Nach Angaben des Department of Health Services, Kathmandu.

Von den Krankenhäusern, d. h. also den einzigen Institutionen mit ärztlicher Hilfe, liegen 20,4 % im Kathmandu-Tal, das nur von 4,9 % der Bevölkerung bewohnt wird.

Am eindrucksvollsten wird die Disparität zwischen Bevölkerung und ärztlichem Dienst durch die Relation zwischen Bevölkerung und medizinischem Personal in den Verwaltungszonen gezeigt, wie sie Tabelle 19 wiedergibt.

Erfährt man, daß in Nepal auf 43 000 Menschen ein Arzt kommt, so mag das für die Verhältnisse der Dritten Welt nicht einmal so schlecht sein. Macht man sich aber klar, daß in der Bagmati-Zone, wo Kathmandu liegt, je 9 000 Menschen einen Arzt haben, während in den übrigen 13 Zonen im Schnitt sich 100 000 Menschen in einen Arzt teilen müssen, so sieht das Bild schon anders aus.

Es soll in diesem Zusammenhang auf eine spezielle medizinische Aktivität in Nepal eingegangen werden, die sachlich zum Kapitel „Bevölkerung" gehört, die aber, da sie vom Ministerium für Gesundheit durchgeführt wird, hier abgehandelt werden soll. Wir sprechen von der Familienplanung.

Die Bevölkerung des Landes vermehrt sich, wie wir bereits gezeigt haben, mit einer jährlichen Zuwachsrate von mindestens 2 %. Eine Erhebung über die Volksgesundheit des zuständigen Ministeriums in Kathmandu kam sogar zu dem Ergebnis, daß die Zuwachsrate mit 2,7 % angesetzt werden sollte. Wie dem auch sei (genaue Zahlen sind vorab nicht zu haben): In 40, spätestens 45 Jahren wird sich

---

10 Prem Narayan Jha, „Medical Affairs of Nepal", in „The Rising Nepal", 10. 10. 1967.

Tabelle 19: Verhältnis des medizinischen Personals zur Bevölkerungszahl je Verwaltungs-Zone (Verhältnis 1 : n 1 000 Einwohnern)

Zone	Einwohner 1 000	Ärzte n	Ratio n	Voll-schw. n	Ratio n	Hebammen Hi.-Schw.	Ratio n
Mechi	450	7	64	—	—	3	150
Kosi	677	13	52	6	113	14	410
Sagarmatha	1 092	8	121	1	1 092	1	1 092
Janakpur	905	6	151	3	302	5	181
Bagmati	1 228	136	9	95	13	19	65
Narayani	825	9	92	10	82	19	43
Gandaki	881	5	176	2	440	4	220
Dhaulagiri	228	2	114	—	—	—	—
Lumbini	893	12	74	4	223	9	99
Karnali	184	1	184	—	—	—	—
Rapti	589	2	194	2	294	—	—
Bheri	547	9	61	3	182	8	68
Seti	657	4	164	—	—	—	—
Mahakali	259	5	52	—	—	—	—
NEPAL	9 415	219	43	126	75	82	115

Quelle: Nach Angaben des Department of Health Services.

Nepals Bevölkerung verdoppelt haben, wenn nicht entscheidende Maßnahmen ergriffen werden. Zwar ist das Bild der medizinischen Versorgung der Bevölkerung trüb, doch werden wahrscheinlich durch Massenaktionen wie die Malariaausrottung die Sterbeziffern stärker gesenkt als durch individuelle ärztliche Betreuung, und daher dürfte sich die Schere von Sterberaten- und Geburtenratenkurve mehr und mehr öffnen. Es ist für ein Entwicklungsland, das fest in einer alten Religion und Tradition verwurzelt ist, erstaunlich, daß seine Medizinische Gesellschaft bereits 1958, also knapp acht Jahre nach dem Eintritt in die Moderne, die Frage der Familienplanung für Nepal aufwarf und daß diese durch den König selbst im Jahre 1965 zum Bestandteil der offiziellen Politik erklärt wurde. Damit hat Nepal vielen traditionsgebundenen Entwicklungsländern manches voraus, und wenn auch bei der Durchführung des Programms zahlreiche psychische und vor allem topographische Hürden zu nehmen sind, so ist doch die administrative Barriere, an der viele andere Länder bereits scheitern, hier überwunden.

Für den normalen Bürger in Nepal sind Kinder selbstverständlich Gottesgeschenke, um die die Frauen beten und die scheinbar dankbar angenommen werden. Viele, wenn nicht alle, Zeremonien, die tagtäglich von den Frauen absolviert werden, sind Fruchtbarkeitsriten, für das Feld, aber auch für den eigenen Leib. Eine kinderlose Ehefrau wird bedauert. Aber auch für den Mann ist Kindersegen in seiner Familie von eminenter Bedeutung, nicht nur, weil damit angeblich seine Männlichkeit bewiesen wird, sondern auch aus transzendenten Gründen. Und hier wiederum spielt der *Sohn* eine wichtige Rolle. „Von nicht geringer Bedeutung", kann man in einer nepalischen Tageszeitung zum Thema Familienplanung lesen,

3. Sozialgeographie

„ist die psychologische Wichtigkeit der Geburt eines männlichen Kindes. Ein Sohn ist für den Laien unerläßlich nicht nur für dessen physisches Weiterleben, sondern auch für sein Seelenheil. Auch die Eigentumsfrage ist hierin verwickelt. In vielen Fällen wird also ein Vater von drei Töchtern die Familienplanung ablehnen, einfach weil er um jeden Preis einen Sohn haben will. Trotz seines intellektuellen Verständnisses für die Wichtigkeit der Familienplanung zwingt ihn diese Notwendigkeit, seine Augen vor seiner ständig wachsenden Familie zu schließen. Dies zu ändern ist keine einfache Aufgabe, da nicht nur die Probleme dieser Welt, sondern auch die Welt nach dem Tode darin verwoben sind[11]." „Die Wichtigkeit von Kindern in unserer Gesellschaft ist groß", heißt es an anderer Stelle, „da ohne sie, gemäß der Tradition, die Himmelstür vor den Eltern verschlossen ist. Daher ist es auch keine Seltenheit, wenn ein alter Mann mit einem jungen Mädchen von zehn verheiratet wird und viele Frauen hat, alles nur um der Kinder willen[12]." Kinderheiraten waren in Nepal an der Tagesordnung, wurden jedoch durch Gesetz verboten. Allerdings wird in den Dörfern immer wieder versucht, dieses auch für die Bevölkerungskontrolle so wichtige Gesetz zu umgehen.

Das Gesundheitsministerium, das für die Familienplanung in Nepal verantwortlich zeichnet, hat eine sehr geschickte Politik verfolgt, indem es Familienplanung mit der Sorge um Mutter und Kind verknüpfte. FP/MCH-Kliniken (d. h. Kliniken für Familienplanung und die Gesundheit für Mutter und Kind) sind in der Tat die ideale Lösung, denn sie verkörpern die Ethik der geplanten Elternschaft: wenige, aber gesunde Kinder, gesunde und kräftige Mütter. Hier können, was häufig übersehen wird, auch solche Frauen unter Umständen Hilfe finden, die keine Kinder bekommen.

Mit erstaunlicher Zustimmung der Bevölkerung wurde die Familienplanung im Tal von Kathmandu aufgenommen und ist jetzt dabei, ihren Dienst auch aufs Land außerhalb des Tals auszubreiten. Dabei stehen die Amerikaner mit Hubschraubern zur Verfügung und fliegen die Teams zu solchen Plätzen, wo sich eine genügende Anzahl Männer oder Frauen zur Behandlung oder Beratung angemeldet hat[13]. Es ist natürlich heute noch zu früh, irgendeine Auswirkung der Aktion auf das Wachstum der Bevölkerung und ihre Verteilung auszuweisen.

---

11 Aditya Man Shrestha, „Family Planning – Layman's View", in „The Rising Nepal", 5. 8. 1966.
12 Urmila Poudyal, „Family Planning Movement in Nepal", in „The Rising Nepal", 8. 9. 1966.
13 Die von der Familienplanung in Nepal angebotenen Maßnahmen umfassen Schlinge (loop), Kondom, Pille und Sterilisation. Die Sterilisation der Männer (Vasektomie) gewinnt fraglos an Boden. Während die Nepal Family Planning Association 1968 während 9 Monaten 114 Operationen dieser Art meldete, wurden Mitte 1969 in einer der Spezialkliniken in Kathmandu allein etwa 6 Vasektomien täglich angegeben. Eine Untersuchung der Teilnehmerlisten des Programms zeigte, daß die meisten Operierten Familienväter zwischen 25 und 40 Jahren mit zwei oder drei Kindern waren und darunter auch in steigendem Maße solche, die nur Töchter hatten. „Der religiöse Glaube und die soziale Notwendigkeit, einen Sohn zu haben", kommentiert dazu „The Rising Nepal" (31. 5. 1968), „ist bei weitem das größte Hindernis bei der Kontrolle der Geburtenrate, trotz aller wirtschaftlichen Probleme und auch bei der gebildeten Schicht. Doch kann das über stärkere Propaganda und wachsende soziale Sicherheit bekämpft werden."

Wohl das wichtigste Teilgebiet der Volksgesundheit ist die Ernährung, weil sie jeden betrifft und sich auf die ganze Dauer des Lebens bezieht. Zudem wirkt sich besonders die des Kleinkindes entscheidend auf die weitere Entwicklung aus, und es ist bekannt, daß Mangelernährung in den ersten fünf Lebensjahren des Menschen Schäden vor allem an der Gehirnsubstanz zurückläßt, die nicht mehr zu korrigieren sind, selbst wenn physische Mängel später durch bessere Ernährung ausgeglichen werden können. In Nepal gibt es keinen sichtbaren Hunger, und Bettler beschränken sich auf eine kleine Zahl von touristischen Orten in der Saison. Bilder hungernder Kinder, wie sie so typisch für Indien sind, findet man in Nepal nicht. Und wenn gelegentlich über Hungersnöte in Teilen des Landes geschrieben wird, so handelt es sich dabei weniger um ein Phänomen chronischer Armut als um ein Versagen des Binnenhandels, wie an anderer Stelle ausgeführt wird. Das schließt nicht aus, daß im Einzelfall akute Armut auftritt und daß besonders die Bergbevölkerung bei Mißernten wegen Geldmangels nicht in der Lage ist, die von der Regierung angebotenen Hilfslieferungen zu kaufen.

Dieses zunächst im ganzen günstige Bild schließt aber vor allem nicht aus, daß das nepalische Volk chronisch unter gewissen Mängeln leidet, die nur bei sehr sorgfältigen Untersuchungen enthüllt werden können, weil der Körper gelernt hat, mit dem Mangel zu überleben, ohne natürlich dessen Folgen ausgleichen zu können. Der aufmerksame Beobachter kann im Umgang mit den Nepalis nicht übersehen, daß Langsamkeit im Reagieren, Handeln und Denken, Gleichgewichtsstörungen, geringe Ausdauer, leichte Anfälligkeit für allerlei Krankheiten usw. ständig vorhanden sind. Und wenn vielfach als Gegenargument die Leistungen der Träger herangezogen werden, so wird dabei oft übersehen, daß diese Träger vielfach „Spezialwesen" sind, die außer tragen und sich reproduzieren nichts tun, ganz im Gegensatz etwa zu einem Bürger in der Industriewelt mit seiner unendlichen Breite von Reaktions- und Leistungsvermögen. Es wird außerdem die erschreckend geringe Lebenserwartung übersehen. Viele Männer und Frauen, die man trifft, scheinen im Greisenalter zu stehen, leben aber, nach unseren Begriffen, in den „besten Jahren". Im übrigen sieht der Besucher immer nur diejenigen, die gesund sind oder bisher überlebt haben. Diese Bemerkungen sind in keiner Weise herabsetzend gemeint. Sie vermelden lediglich Tatsachen, die viele Ursachen haben können, aber wir sind überzeugt, daß die Ernährung eines ganzen Volkes seit Menschengedenken ein entscheidender Punkt dabei ist.

Bei der Untersuchung der Volksernährung stößt man sogleich wieder auf transzendente Verknüpfungen: Nahrung ist weit davon entfernt, nur dem Aufbau und dem Unterhalt des Körpers zu dienen. Sie ist zugleich in ein Netz ritueller Gebote und Verbote eingesponnen, das kaum mit den Erkenntnissen moderner Ernährungsphysiologie erklärt werden kann. Hinzu kommt, daß jede Untersuchung in Richtung Ernährung dadurch erschwert wird, daß die Befragten gern über die Eßgebote schweigen, unter denen zu leben sie ihre Kaste zwingt und über deren Einhaltung der Brahmane wacht. Da das Essen und seine Zubereitung höchst sensibel sind, scheint es angezeigt zu sein, dem Fremden nicht nur den Zutritt in die eigene Küche zu verwehren, sondern ihn auch im Unklaren über die Eßge-

3. Sozialgeographie

wohnheiten zu lassen. Nur durch Zufall und mit viel Geduld können bei den einen manche Besonderheiten der Nahrungstabus ans Licht gebracht werden, während andere Volksgruppen darüber wieder offen sprechen. Dor Bahadur Bista, Gopal Singh Nepali, von Fürer-Haimendorf und andere haben in ihren Arbeiten verstreut Angaben über Nahrungstabus gemacht, es gibt aber keine fundamentale Untersuchung über Nahrungsgewohnheiten in den verschiedenen Volksgruppen und Gegenden Nepals.

So stößt man bei der Planung von Maßnahmen, etwa zur Verbesserung des Konsums an tierischem Eiweiß, immer wieder auf Überraschungen in den verschiedenen Dörfern. Abgesehen davon, daß in Nepal als einem Hindu-Königreich das Schlachten von Rindern unter Strafe steht[14], wird der Gurung kein Schweinefleisch essen, während sein Nachbar, der Magar, Schweine züchtet und verzehrt. Der Gurung ißt aber Wildschwein und er ißt auch Büffel, den der Magar wiederum häufig ablehnt. Die Ghale, eine Untergruppe der Gurungs, folgen den Ritualtabus der Brahmanen und Chhetris und lehnen Hühnerfleisch, Eier, Büffel und Ziegen ab, und es gibt auch Restriktionen beim Genuß von Schaffleisch. Auch gibt es unter den Rais viele, die Ziegenfleisch ablehnen[15]. Die Schlachtung weiblicher Tiere fällt nach altem Hindu-Brauch ohnehin weg.

Natürlich gehen die Nahrungstabus noch viel mehr ins einzelne. Sie schreiben vor, bis zu welchem Alter man was essen darf, was man nach dem Tode des Vaters essen darf, was eine Schwangere essen darf usw.[16]. Sie legen auch die zwischenmenschlichen Beziehungen beim Essen fest. Ein Brahmane wird, zum Essen geladen und sofern er überhaupt eine solche Einladung annimmt, sich zunächst von der Kaste des Kochs überzeugen, ehe er das Essen im Haus eines Fremden anrührt (ißt er aus Gründen der Höflichkeit oder der Opportunität „unreines" Essen, so hat er sich einer Reinigungszeremonie beim Priester zu unterziehen). Bei den Hochkasten darf ein unverheiratetes Mädchen z. B. gewisse Speisen, die sie gekocht hat, nicht ihren Eltern anbieten, und einige Chhetris im westlichen Nepal werden niemals Reis essen, der von ihren Frauen gekocht wurde[17].

Die Frage, ob der Nepali im Grunde Vegetarier sei, kann nicht eindeutig beantwortet werden. Orthodoxe Angehörige der Hochkasten sind es ohne Zweifel, und bei offiziellen Essen in Kathmandu wird stets ein besonderer Tisch mit vegetari-

---

[14] Manche Gruppen, so die Tamangs, essen Rindfleisch, wenn das Tier etwa einem Unfall zum Opfer gefallen ist. Büffelschlachtung ist nach gängiger Auffassung keine Rinderschlachtung, und Büffelfleisch und Büffelhaut sind die wohlfeilen Angebote in Kathmandu, wo täglich etwa 100 Büffel und 160 Ziegen geschlachtet werden. Ziegen liefern teures Luxusfleisch. Der Yak (bos grunniens) wird von der nördlichen Grenzbevölkerung gegessen. Obwohl zeitweise die Gefahr bestand, daß er zum Rind „erklärt" werden würde, hat man ihn dann doch zur Antilope „erklärt" und die Schlachtung nicht verboten.
[15] „Nepal and the Gurkhas", London 1965; Dor Bahadur Bista, a. a. O.
[16] So darf ein Chhetri z. B. vom Tage einer gewissen Zeremonie an nur noch das Gelbe eines Eis essen. Wir haben uns davon überzeugt, daß selbst Angehörige der jüngeren Intelligenz, die anscheinend darüber lachen, es nicht wagen, sich gegen die Vorschrift aufzulehnen, und im Restaurant von einem Spiegelei eben nur das Gelbe essen und den Rest zurückgehen lassen.
[17] Bista, a. a. O., S. 10.

schen Speisen zu finden sein. Die anderen Volksgruppen können sich in vielen Fällen Fleisch nur zu besonderen Anlässen leisten, aber es steht außer Frage, daß die Fülle der Nahrungstabus hauptsächlich auf dem Gebiet des tierischen Eiweißes eine vernünftige Ernährungspolitik sehr erschwert, wenn nicht unmöglich macht. Eine fundierte Analyse der Nahrungsgewohnheiten in Nepal würde möglicherweise eine Reihe interessanter, auch ernährungsgeographisch relevanter Fakten zutage fördern.

Das einzige, was heute über die Ernährung des nepalischen Volkes in seiner Gesamtheit und in bezug auf die Großräume bekanntgeworden ist, sind einige Ergebnisse der oben erwähnten Untersuchung im Auftrage der Thomas A. Dooley-Foundation. Es handelt sich hier zwar nur um eine 24-Stunden-Kontrolle der Nahrungsaufnahme in 19 Testdörfern, die mithin keine jahreszeitlichen Schwankungen anzeigt und sicher auch nicht genug Rücksicht auf soziale Schichten nimmt, doch müssen wir uns zunächst mit dem Ergebnis begnügen.

Dieses zeigt, daß etwa 11,8 % der Kalorien von Proteinen, 5,6 % von Fetten und 82 % von Kohlehydraten kommen. Tabelle 20 spiegelt das bisher bekanntgewordene Ergebnis einer Untersuchung in 19 Dörfern einschließlich eines Stadtbezirks wider, die darauf gerichtet war, festzustellen, wieviel die Menschen an Kalorien zu sich nehmen und welche Bestandteile essentieller Art in ihrer täglichen Nahrung enthalten sind.

Vergleicht man den Landesdurchschnitt mit gewissen Normen, die von der Weltgesundheitsorganisation (W.H.O.), der Welternährungsorganisation (F.A.O.) und anderen zuständigen Stellen als für eine gesunde menschliche Ernährung erforderlich gesetzt wurden, so zeigt sich, daß nur im Falle des Vitamins B_1 (Thiamin) und des zur B-Gruppe gehörenden Niacin dieser Norm im Schnitt genügt wird. Alarmierend sind die Ergebnisse beim Vitamin B_2 (Riboflavin) und beim Vitamin C (Askorbinsäure), wo keines der untersuchten Dörfer die Norm erreicht. Erhebliche Mängel liegen auch bei Vitamin A und beim Kalzium vor. Der Umstand, daß die Kaloriennorm zwar im nationalen Durchschnitt erreicht wird, daß aber nur knapp die Hälfte der Dörfer diese Norm erreicht, zeigt, wie ungleichmäßig die Ernährungslage im Lande ist (Tabelle 21).

Bei allen Vorbehalten, die man bei einer so geringen Zahl von untersuchten Dörfern machen muß, gestattet das Ergebnis doch gewisse Rückschlüsse auf regionale Ernährungsmängel. Zum Beispiel zeigt sich eine kalorienmäßige Unterernährung im Stadtgebiet von Kathmandu, während in dieser Hinsicht das Westliche Bergland und, an zweiter Stelle, das Östliche Terai am günstigsten dastehen. Das Westliche Terai scheint kalorienmäßig gut versorgt zu sein, eine genauere Untersuchung zeigt aber einen sehr hohen Kohlehydratanteil an der Ernährung und gefährliche Mängel bei Fett, Mineralien, Vitaminen und Proteinen. Wagt man eine Regionalanalyse mit dem wenigen vorhandenen Material, so stellt sich in der Tat heraus, daß das Westliche Bergland die geringsten, das Westliche Terai aber die meisten Mängel aufzuweisen hat. Auch die Zentralen Berge und das Tal von Kathmandu zeigen mehr Mängel als das Zentrale und das Östliche Terai. Die Östlichen Berge wiederum sind in der Ernährung der Bevölkerung relativ

3. Sozialgeographie

ERNÄHRUNGSMÄNGEL IN DEN REGIONEN NEPALS

Westliches Bergland	Zentr. Bergland	Kathmandu-Tal	Östl. Bergland
KALZIUM VITAMIN A " B₂ " C	KALORIEN PROTEIN KALZIUM EISEN VITAMIN A " B₂ " C	KALORIEN PROTEIN KALZIUM EISEN VITAMIN A " B₂ " C	KALORIEN PROTEIN VITAMIN B₂ " C

Westl. Terai	Zentr. Terai	Östl. Terai
KALORIEN PROTEIN FETT KALZIUM EISEN VITAMINE A, B₂, C	KALORIEN PROTEIN KALZIUM VITAMINE A, B₂, C	PROTEIN KALZIUM VITAMINE A, B₂, C

Schaubild 16: Ernährungsmängel in den Regionen Nepals

ausbalanciert. Schaubild 16 stellt die Mangelerscheinungen in der Nahrungsaufnahme schematisch dar[18].

Betrachten wir die Ernährung der Bevölkerung hinsichtlich der Nahrungsmittel, die sie zu sich nimmt, so springt sofort der bereits festgestellte Riesenanteil an Kohlehydraten, d. h. Reis, wo immer möglich, und ersetzt durch Mais, Hirse und Buchweizen, wo Reis nicht mehr gedeiht, ins Auge. Tatsächlich besteht im Schnitt in keinem der untersuchten Dörfer ein Mangel an Getreidenahrung. Tabelle 22, die den täglichen Minimalverbrauch je Kopf der Bevölkerung in den Großregionen zeigt, enthüllt noch einmal die günstige Lage des Westlichen Berglandes und die miserable Ernährungssituation des Westlichen Terai. Es fällt ferner auf, daß die

[18] „Soweit es um Protein geht, zeigen die drei höchsten Dörfer des Westlichen Berglandes einen guten Ausgleich von Milch- und Geflügelprodukten und Bohnen; aber das Ernährungsschema des übrigen Landes ist unregelmäßig, wobei die Bergdörfer im allgemeinen ungünstiger dastehen als die Teraidörfer, obwohl auch einige Teraidörfer sehr schlechte Proteinaufnahmen zeigen. Immerhin erbrachte die klinische Untersuchung der Bevölkerung keine Zeichen weitverbreiteten schweren Proteinmangels. So scheinen die überall verfügbaren Bohnen und der mit kleinen Mengen an Milchprodukten oder Fleisch ergänzte Reis einen marginalen Schutz gegen offene Proteinmangelkrankheit (Kwashiorkor) zu gewähren, selbst wenn das Optimum für das Wachstum und die Widerstandskraft gegen Infektionskrankheiten nicht gegeben ist" (aus der noch nicht veröffentlichten Analyse des Untersuchungsergebnisses).

Tabelle 20: Tägliche Pro-Kopf-Mindesternährung in Nepal nach Regionen (auf der Basis von 19 Dorfuntersuchungen)

Region	Kalorien	Protein g	Fett g	Kohlehydrate mg	Kalzium mg	Eisen mg
Westl. Bergland	2 852	80,1	36,3	545	405	13,8
Zentrales Bergland	2 178	58,9	33,7	409	362	11,3
Östl. Bergland	2 252	64,6	37,3	415	481	12,3
Östl. Terai	2 628	71,7	39,1	478	316	14,2
Zentrales Terai	2 084	61,0	31,8	388	295	12,2
Westl. Terai	2 267	45,9	20,4	470	194	9,8
Kathmandu-Tal	2 029	45,4	26,0	389	203	9,1
NEPAL	2 442	66,3	35,0	463	357	12,6

Region	Vit. A I. E.	Vit. B_1 mg	Vit. B_2 mg	Niacin mg	Vit. C mg
Westl. Bergland	1 174	2,3	0,8	22,9	4,5
Zentrales Bergland	2 559	1,9	0,6	17,4	4,5
Östl. Bergland	5 039	2,0	0,8	17,0	9,0
Östl. Terai	678	2,4	0,7	27,1	2,0
Zentr. Terai	3 247	2,1	0,6	22,8	7,0
Westl. Terai	3	1,8	0,3	25,7	1,0
Kathmandu-Tal	534	1,6	0,4	20,8	7,0
NEPAL	1 957	2,1	0,7	22,0	5,0

Quelle: Thomas A. Dooley-Foundation.

Tabelle 21: Durchschnittliche tägliche Aufnahme an essentiellen Nahrungsbestandteilen in Nepal, im Vergleich zur Norm (auf der Basis von 19 Dorfuntersuchungen)

	Durchschnitt der Testdörfer	Norm[a]	% der Dörfer, die die Norm erreichen oder überschreiten
Kalorien	2 442	2 400	42
Protein	66	74	42
Kalzium (mg)	357	450	21
Eisen (mg)	12,6	12	53
Vitamin A (I. E.)	1 957	3 500	11
Vit. B_1 (mg)	2,1	1	100
Vit. B_2 (mg)	0,7	1,4	0
Niacin (mg)	22	12	95
Vit. A (mg)	5	30	0

a) Normen gemäß W.H.O., F.A.O., u. a.

Versorgung mit Milchprodukten im Gebirge besser ist als im Terai, vor allem im Östlichen Bergland, wo auch die von der Schweiz geförderten Käsefabriken liegen. Umgekehrt wird im Terai mehr Gemüse gegessen, wenn man vom Kathmandu-

Tal und dem Östlichen Bergland absieht. Die bessere Fettversorgung scheint eine gewisse Übereinstimmung mit den wichtigsten Ghee erzeugenden Gebieten zu zeigen, und es gibt übrigens auch eine interessante Korrelation zwischen dem Fett- und dem Fleischverbrauch: Regionen mit hohem Fettkonsum verbrauchen auch mehr Fleisch als andere.

Stellen wir allerdings den durchschnittlichen Verbrauch der verschiedenen Nahrungsmittel der für unerläßlich gehaltenen Norm gegenüber, so sieht das Bild trübe aus. Nepal erreicht die Norm überhaupt nur bei den Kohlehydraten (Getreide). Bei Trägern pflanzlichen Eiweißes (Bohnen, Nüsse) und bei Milch erreichen nur etwa ein Drittel der Dörfer die Norm, während Obst und Gemüse und tierisches Eiweiß in jedem Fall unterhalb der Norm liegen (Tabelle 23)[19].

Tabelle 22: Durchschnittlicher Minimalverbrauch an Grundnahrungsmitteln in Nepal, pro Tag und Kopf, in g, nach Regionen (auf der Basis von 19 Dorfuntersuchungen)

Region	Getreide	Gemüse	Fette	Fleisch Fisch	Milch-Produkte
Westliches Bergland	756	78	12,8	26,1	154
Zentrales Bergland	433	46	9,3	15,9	140
Östliches Bergland	514	108	12,4	20,2	218
Östliches Terai	580	103	20,0	30,2	76
Zentrales Terai	421	180	14,1	18,2	73
Westliches Terai	608	14	8,9	—	—
Kathmandu-Tal	499	118	12,9	13,6	27

Quelle: Thomas A. Dooley-Foundation.

Tabelle 23: Pro-Kopf-Verbrauch an Grundnahrungsmitteln in Nepal im Vergleich zur Norm (auf der Basis von 19 Dorfuntersuchungen)

	Durchschnitt d. Testdörfer (g/Tag)	W.H.O.-Norm (g/Tag)	% der Dörfer über der W.H.O.-Norm
Getreide	586	361	100
Bohnen, Nüsse	54	80	32
Obst und Gemüse	41	315	0
Fleisch, Fisch, Eier, Geflügel	22	104	0
Milch	122	140	37
Fette, Öle	14	24	11

19 „Es zeigt sich ein Übergewicht an Zerealien, eine marginale Situation in bezug auf Bohnen, Milchprodukte, Fette und Öle, und eine sehr ungünstige Lage bei Obst und Gemüse, Fleisch, Geflügel und Eiern. Der Verzehr von Rindfleisch ist aus religiösen Gründen verboten, Fisch aus geographischen Gründen rar, Schweinefleisch wird praktisch nicht erzeugt, und obwohl Geflügel weit verbreitet ist, besteht es doch gewöhnlich aus unproduktiven Kreaturen statt aus leistungsfähigen Völkern für Eier- und Fleischproduktion. Wegen dieser kulturellen und landwirtschaftlichen Gegebenheiten scheint es zweckmäßiger zu sein, mehr Protein über Bohnen und Erdnüsse zu erzeugen, statt primär von der Viehzucht abzuhängen" (aus der noch nicht veröffentlichten Analyse des Untersuchungsergebnisses).

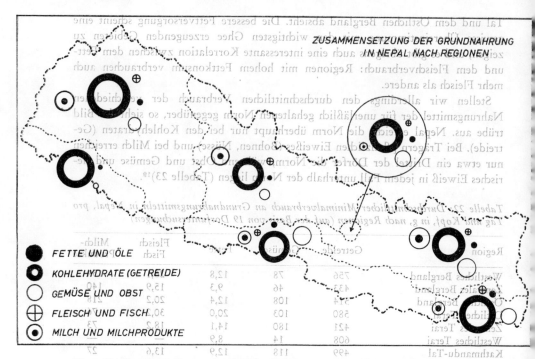

Karte 44: Zusammensetzung der Grundnahrung in Nepal nach Regionen
Die Skizze soll zeigen, wie sich die tägliche Ernährung der Menschen in den verschiedenen Regionen Nepals mengenmäßig unterschiedlich zusammensetzt. Die Begrenzung der Regionen ist nur approximativ zu nehmen. Die Aussage der Karte basiert auf bekanntgewordenen Ergebnissen der Dooley-Foundation-Untersuchung.

Rechnet man die Summe der täglich verzehrten Kohlehydrat-, Protein- und Fettmengen = 100 %, so läßt sich regional die Zusammensetzung der Ernährung unterscheiden. Den höchsten Kohlehydratanteil an der Nahrung hat das Westliche Terai (87,6 %), gefolgt vom Kathmandu-Tal (84,5 %), den geringsten das Östliche Bergland (80,3 %). Die ungünstigste Kombination von geringer Kalorienzahl und hohem Stärkeanteil an der Nahrung zeigt sich im Kathmandu-Tal. Die geringste absolute Proteineinnahme liegt im Kathmandu-Tal, der relativ geringste Anteil des Proteins an der Gesamtnahrung wiederum im Westlichen Terai (9,9 %). Der höchste Proteinanteil ist im Zentralen Terai zu finden (12,8 %), der höchste Anteil an Fetten im Östlichen Bergland (7,2 %). Will man abschließend unter dem Gesichtspunkt der drei Nahrungsbestandteile Kohlehydrate, Eiweiß und Fett die Region mit der am besten ausbalancierten Nahrung wählen, so scheint nach den bisherigen Forschungen das Östliche Bergland (80,3 % + 12,5 % + 7,2 %) am günstigsten abzuschneiden, während sich das Westliche Terai und das Tal von Kathmandu um den letzten Platz streiten.

Mit Karte 44 ist der Versuch gemacht, die Mengen der wichtigsten Nahrungsgruppen, die mit der täglichen Nahrung aufgenommen werden, in den sieben

Regionen darzustellen. Es handelt sich lediglich um einen regionalen Größenvergleich und soll weniger absolute Werte vermitteln. Und es sei in diesem Zusammenhang noch einmal darauf hingewiesen, daß veröffentlichte Informationen über Gesundheit und Ernährung in Nepal äußerst dürftig sind und wir uns nur auf das Wenige stützen konnten, das, über weit verstreute Wege, der Öffentlichkeit bekannt geworden ist. Viel mehr Forschung ist nötig, um hier ein klares und verläßliches Bild zu erhalten.

e) Innere und äußere Migration der Arbeitskräfte

Trotz der im ganzen verkehrsfeindlichen Lage in Nepal befindet sich ein großer Teil des Volkes auf einer ständigen Wanderschaft. Wir haben in den entsprechenden Kapiteln auf verschiedene Formen der Wanderung hingewiesen. Da ist zunächst einmal der große und wichtige Bereich der Trägerdienste, der auf dem Umstand basiert, daß der Transport von Gütern über Land den Masseneinsatz von menschlichen Trägern, zu einem geringeren Teil auch von Packtiertreibern, verlangt. In den ausgedehnten Teilen des Landes, wo keine Packtiere benutzt werden und noch nicht der Straßenbau das Zeitalter des Lastkraftwagens eingeleitet hat, darf man annehmen, daß für je 35—45 kg Last ein Träger unterwegs ist[1].

Wie an anderer Stelle ausführlicher dargestellt[2], sind Teile nahezu aller Dorfschaften periodisch unterwegs, um mit Salzkarawanen die wertvolle Substanz von den Märkten in Grenznähe ins Dorf zu bringen. Aus diesen beiden Wanderungstypen allein kann der Schluß gezogen werden, daß täglich Tausende von Nepalis die Trägerpfade des Landes bevölkern.

Da Futterbau praktisch unbekannt ist, werden, soweit immer möglich, die vorhandenen Wildweiden zur Ernährung des Viehs genutzt. Wir finden deshalb vor allem im Mittelgebirge das System der Weidewanderung zu den höher gelegenen, im Winter eingeschneiten und praktisch nicht besiedelten, Weidegebieten. Umgekehrt wandern die Schafhalter Nordwest-Nepals im Winter mit ihren Tieren nach Süden. Die Schaf- und Ziegenherden der Nordhimalayischen Trokkenzone werden seit alters her über die Grenze nach Tibet getrieben, wo die reicheren Weiden genutzt werden. Alle diese Wanderungen sind der Existenz nach bekannt, doch sind sie bisher niemals im einzelnen und quantitativ untersucht worden.

Weiträumige und längerfristige Handelswanderungen finden wir schließlich vor allem bei den Volksgruppen der nördlichen Grenzgebiete. Hier ruht die Landwirtschaft zwischen November und März nahezu vollständig, und die männliche Bevölkerung nutzt die Zeit, um nach Süden zu wandern und zusätzliche Einkünfte als Karawanenführer und Händler zu erlangen. Häufig wird diese Tätigkeit in

1 R. Schmid, „Zur Wirtschaftsgeographie von Nepal", 1969, S. 116.
2 Vgl. dazu Kapitel „Handelsgeographie".

den Mittelgebirgslagen (Kathmandu – Pokhara – Baglung usw.) ausgeübt, nicht selten aber gehen Männer auch nach Indien, Singapur und noch weiter, wo sie die Wintermonate als Hausierer verbringen, vom Erlös Einkäufe machen und diese bei ihrer Rückkehr im Frühjahr mitbringen.

Unser Anliegen in diesem Kapitel ist aber vor allem eine Beleuchtung der inneren und äußeren Migration im Sinne von längerfristiger Abwesenheit oder gar ständigem Niederlassen am neuen Ort. Für den Wechsel des Wohnsitzes in Nepal finden wir verschiedene Gründe. Zunächst einmal zwingt der Bevölkerungsdruck, d. h. Landmangel, die jüngere Generation, anderswo nach einem Auskommen zu suchen. Der Mangel an Ausbildungs- und Arbeitsmöglichkeiten ist ein weiterer Grund. Daß die Wanderung überwiegend südwärts gerichtet ist, überrascht nicht, denn die Topographie und die traditionellen Bindungen weisen für die überwiegende Mehrzahl der Nepalis nach Süden.

Tabelle 24 untersucht die generelle Wanderungsrichtung derjenigen Bürger, die bei der Zählung 1961/62 als „6 Monate und länger abwesend" gemeldet wurden. Es wird dabei deutlich, daß die innere Migration von der äußeren weit in den Schatten gestellt wird.

Tabelle 24: Wanderungsrichtung der mehr als 6 Monate abwesenden Bevölkerung Nepals nach Regionen des Ursprungs

Region	Gesamt-Migration	Innerhalb Nepals	Ratio[a]	Außerhalb Nepals	Ratio[a]
Östl. Bergland	99 699	19 108	10,1	80 591	42,7
Zentrales Bergland	166 868	16 366	8,4	150 502	77,3
Westl. Bergland	78 432	4 268	2,4	74 164	43,7
Kathmandu-Tal	14 520	7 431	16,2	7 089	15,4
Östl. Inneres Terai	5 172	1 831	9,5	3 341	17,3
Zentr. Inneres Terai	4 147	1 381	5,7	2 766	11,3
Westl. Inneres Terai	768	249	2,5	419	5,3
Östl. Terai	13 533	6 378	2,9	7 155	3,2
Zentrales Terai	2 766	867	2,2	1 899	4,7
Westl. Terai	919	475	1,7	444	1,6
NEPAL	386 824	58 354	6,2	328 470	34,9

a) je 1 000 anwesende Bürger.
Quelle: „Household Statistics 1961/62", Kathmandu: C.B.S. 1966.

Auf 1 000 anwesende Bürger kommen 6,2, die sich in andere Teile Nepals, aber fast 35, die sich in andere Länder begeben haben. Lediglich das Kathmandu-Tal zeigt eine starke innere Migration, die auch größer ist als die nach außen.

Untersuchen wir die Abwanderung von der heimatlichen Region in ihrer Gesamtheit (vgl. dazu Tabelle 16), so zeigt sich das starke Ausscheiden von Menschen aus der Gebirgszone. In den Zentralen Bergen kommen 85,7, in den Östlichen Bergen 52,8, in den Westlichen Bergen 46,2 und im Kathmandu-Tal 31,6 Abwanderer auf 1 000 Anwesende. Das Innere Terai liegt zwischen minimal 7,8 und maximal 26,8 Abwanderern je 1 000 Anwesende, und das Terai selbst in jedem Fall unterhalb 7 %₀.

Richtungen der inneren Migration sind nicht bekanntgegeben. Wir dürfen jedoch vermuten, daß die Besiedelung des Terai und der Zustrom zu seinen Industrieorten den größten Teil der Abwanderer aufnehmen. Es ist für die innere Migration aber immerhin interessant, daß 73 % der innerhalb Nepals abgewanderten Bürger aus dem Zentralen und dem Östlichen Bergland einschließlich des Kathmandu-Tals kommen.

Wie es nicht überraschen kann, gehen 92 % der Auswanderer nach Indien (vgl. Tabelle 25). Der nächstgrößte Posten mit nur 3,9 % geht nach Malaysia, wo Gurkha-Regimenter stationiert sind. Die Abwanderung nach Birma hat sich seit der Ausweisung der nepalischen Staatsbürger von dort eher umgekehrt.

Tabelle 25: Wanderungsziel der ins Ausland abgewanderten Nepalis (auf der Basis der mehr als 6 Monate abwesenden Bevölkerung)

Region	Gesamt-Emigration	Indien	China	Pakistan	Birma	Malaysia	n. a.
Östl. Bergland	80 591	70 552	183	10	325	6 274	3 247
Zentr. Bergland	150 502	138 467	110	34	2 525	6 090	3 296
Westl. Bergland	74 164	72 634	405	12	129	164	820
Kathmandu-Tal	7 089	6 269	91	22	24	27	558
Östl. Inn. Terai	3 341	2 980	4	—	—	127	430
Zentr. Inn. Terai	2 766	2 174	1	—	14	15	562
Westl. Inn. Terai	419	460	1	—	—	3	55
Östl. Terai	7 155	6 531	13	21	4	50	536
Zentr. Terai	1 899	1 774	1	1	4	43	76
Westl. Terai	444	423	—	—	—	5	16
NEPAL	328 470	302 162	809	100	3 025	12 798	9 576

Quelle: a. a. O.

Einen gewissen Aufschluß über den Trend der Wanderungen gibt ein Vergleich der Zensusergebnisse von 1952/54 mit denen von 1961/62. Nehmen wir als Maßstab wiederum die 6 Monate und länger abwesenden Personen, so zeigt sich, daß 1952/54 etwa 216 900 Personen oder 26,3 %₀ abwesend waren. Die entsprechenden Zahlen für 1961/62 sind 386 000 und 41,4 %₀. Dabei ist es interessant festzustellen, daß die Gesamtzahl der Abwanderer in dem knappen Jahrzehnt zwischen den Zählungen um 80 % zunahm, während der Anteil der inneren Migration von 8,7 auf 15,1 % zugenommen hat:

Migration	1952/54	1961/62
Im Inland	18 700 (8,7%)	58 354 (15,1%)
Ins Ausland	198 100	328 470
Insgesamt	216 800	386 824

Eine weitere Analyse der Zensuszahlen von 1961/62 zeigt, daß die Migration von den ländlichen Gebieten stärker ist als von den Städten, nämlich 41,6 %/oo gegenüber 26,3 %/oo. Zudem gibt es einige Distrikte im Zentralen Bergland, wo die Abwanderung exzeptionell hoch ist, so im Distrikt Syangja (139,8%/oo), Gulmi (112%/oo) und Kaski (111,1 %/oo). „Unterstellt man, daß Abwanderer hauptsächlich junge Männer sind", heißt es in einer Untersuchung über Arbeitskräfte in Nepal, „so verbleibt in verschiedenen Bergdistrikten wahrscheinlich nur noch eine geringe Rate an jungen Leuten in den Heimatdörfern[3]." Wir haben es hier effektiv mit einem eminenten Arbeitskräfteproblem zu tun. Das Abwerben von Soldaten durch die britische Armee und später auch durch die indische — und um solche „Abwanderung" handelt es sich zum großen Teil in den Bergzonen Nepals — wurde zwar vom Staat als Mittel zur Devisenbeschaffung und von den jungen Leuten selbst als interessante Chance angesehen, die Welt zu sehen und Pensionsanspruch zu erwerben, man kann aber heute nicht mehr die Augen davor verschließen, daß diese Söldnerdienste das Gebirge von seinen besten jungen Männern entblößten[4]. Von den allermeisten Nepalis, die heute als Zivilisten im Ausland leben, ist bekannt, daß sie durchweg niedrige und schlecht bezahlte Arbeit ausführen, weil sie keinerlei berufliche Kenntnisse anzubieten haben.

Eine nähere Untersuchung der inneren Migration ist insofern von Interesse, als mit fortschreitender Modernisierung und Entwicklung der Wirtschaftsstruktur Nepals eine Abwanderung der Arbeitskräfte vom landwirtschaftlichen zum nichtlandwirtschaftlichen Bereich zu erwarten ist und wünschenswert erscheint. In den meisten Ländern der Dritten Welt, wo eine archaische, auf Selbstversorgung ausgerichtete Landwirtschaft besteht, ist der Landbewohner über längere Zeiträume innerhalb eines Jahres ohne eigentliche Beschäftigung, während es in den Spitzenzeiten oft an Arbeitskräften mangelt. Dieser Umstand legt den Gedanken nahe, daß im Grunde im landwirtschaftlichen Sektor freie Arbeitskräfte zur Verfügung stehen oder Arbeitskräfteüberschuß besteht, der ohne weiteres abgezogen und nichtlandwirtschaftlich eingesetzt werden könnte. Dies ist natürlich hypothetisch zu verstehen, denn die betreffende Arbeitskraft wird ja zeitweise durchaus gebraucht, wenigstens, solange man die gegenwärtige Agrartechnik, Anbaupläne usw. zugrunde legt. Und wir haben ja auch darauf hingewiesen, daß in einigen Bevölkerungsgruppen die „Ruhezeit" durchaus zu anderer, nichtlandwirtschaftlicher Arbeit genutzt wird.

In einer Untersuchung des damaligen Planungsministeriums in Kathmandu hat man die „Überschußarbeitskräfte" in der Landwirtschaft von Nepal so definiert: „Es ist derjenige Teil an total verfügbaren Arbeitstagen (man-days), der nicht gebraucht wird, um das Ernteergebnis zu erzielen, das mit den gegenwärtigen

---

3 Z. J. Bajszczak, a. a. O.
4 Neuerdings fühlt sich Großbritannien bewogen, etwas für die Rückgliederung entlassener Gurkha-Söldner zu tun. Man hofft, sie durch systematisches Training zu nützlichen Gliedern der nepalischen Gesellschaft zu machen (vgl. Wolf Donner, „Ex-Gurkha Soldiers for Agricultural Development" (Fachbericht), Kathmandu 1967 (vervielf.).

Anbauplänen und der gegenwärtigen Agrartechnik erzielt wird[5]." Danach ergibt sich folgendes Bild:

Tabelle 26: Verteilung der Gesamtbevölkerung und Schätzung der landwirtschaftlichen Überschußarbeitskräfte nach Hauptregionen (1964/65)

Hauptregionen	Gesamt-bevölkerung	Landwirtsch. Arbeitskräfte	Überschußarbeitskräfte Anzahl	%
Bergregion	5 215 000	1 855 778	366 002	20
Kathmandu-Tal	518 646	143 769	41 702	29
Östl. Terai	2 560 997	957 300	480 108	50
Zentr. Terai	555 270	207 558	166 781	80
Westl. Terai	685 877	256 379	219 176	86
NEPAL	9 535 790	3 420 784	1 273 769	37

Quelle: „Mobility of Agricultural Labour in Nepal", a. a. O. (nach Beseitigung der Rechenfehler).

Tabelle 26 zeigt, daß derartige „Überschußarbeitskräfte" sehr ungleichmäßig über das Land verteilt sind und daß der Hauptüberschuß interessanterweise im Terai liegt, d. h. also, man kann mit einer im allgemeinen wesentlich intensiveren Arbeitsweise im Gebirge rechnen.

Die gleiche Untersuchung brachte weitere Informationen darüber, welche Faktoren die Abwanderung vom Lande fördern oder hemmen. Danach tendiert sie mit wachsender Schulbildung nach oben, und eine Verbesserung des ländlichen Schulunterrichts wird zweifellos die Neigung der jungen Leute, vom Lande abzuwandern, verstärken. Nur eine rasche Ausdehnung des ländlichen Schulwesens kann daher bewirken, daß das ländliche Bildungsniveau sich generell hebt und nicht die Gefahr eintritt, daß nur derjenige Teil der Jugend auf dem Lande zurückbleibt, dessen Intelligenzgrad keine Chance zur Entwicklung hatte. Sonst würde auch die Landwirtschaftspolitik in Zukunft vor den gleichen Problemen stehen wie heute. Schließlich hat sich gezeigt, daß selbst unter den gegebenen Anbauverhältnissen schon geringe Chancen, Nebeneinnahmen auf dem Lande zu erzielen, die Abwanderung bremsen. Mit der zielbewußten Schaffung nichtlandwirtschaftlicher Arbeitsplätze oder die Landwirtschaft komplementierender Arbeitsmöglichkeiten in den ländlichen Regionen könnte eine ungesunde Ballung der Bevölkerung an Industriezentren abgefangen werden[6].

Analysen der Beschäftigung, ihre regionale Verteilung und deren Änderung sind gegenwärtig noch kaum möglich, da es an den erforderlichen Statistiken fehlt. Es gibt auch keinerlei Arbeitsvermittlung, die einen Ausgleich zwischen Angebot und Nachfrage, besonders nach spezialisierten Arbeitskräften, gestatten würde. Daher ist auch eine Analyse der Arbeitslosigkeit nur sehr bedingt möglich. Für 1952/54 wurde eine Arbeitslosenziffer von 1 500 (davon 300 weiblich) gefunden, während

---

5 „Mobility of Agricultural Labour of Nepal", 1967, S. 27.
6 A. a. O., S. 73 f.

die Zahl für 1961 bei 269 700 (197 800) lag, was gleichbedeutend ist mit 2,8 % der männlichen und 11,3 % der weiblichen Berufstätigen. Die regionale Verteilung der Arbeitslosigkeit zeigte für

    das Kathmandu-Tal 8,4 %
    das Terai   8,1 %
    die Gebirgszone   5,1 %

der Berufstätigen. Umgekehrt rechnet man mit einer Unterbeschäftigung von 40 % in der Gebirgszone, aber mit nur 20 % im Terai.

Es soll abschließend noch auf das Problem der intellektuellen Arbeitslosigkeit in Nepal hingewiesen werden. Die Erfahrung hat gezeigt, daß der Drang zur höheren Bildung zwar in vielen Fällen mit der Verleihung des akademischen Grades, nicht aber unbedingt mit einem angemessenen Arbeitsplatz honoriert wird. Daher ist ein großer Prozentsatz der Absolventen höherer Bildungsstätten entweder arbeitslos, nicht mit seiner Arbeit zufrieden oder auch bereit, sich weit unter seinem Standard anzubieten. Hinzu kommt natürlich, daß viele Bewerber zwar einen der gängigen akademischen Grade[7], aber keine Spezialausbildung oder Berufserfahrung besitzen. Daß es ihnen in den Fällen, wo Klage über unzureichende berufliche Unterbringung geführt wird, an den nötigen persönlichen Verbindungen fehlt, sei nur am Rande erwähnt. So bewarben sich auf eine offene Stelle im öffentlichen Dienst,

    wo der Bachelor-Grad als Mindestforderung verlangt wird,
    — für einen seltenen technischen Spezialisten   1
    — für einen technischen Spezialisten   2
    — für einen Verwaltungsposten   3
    wo ein geringerer Bildungsabschluß verlangt wird,
    — für einen technischen Spezialisten   2—3
    — für andere Arbeit   7

Kandidaten. Eine Untersuchung des Schicksals der Master-Graduierten der Jahrgänge 1964—1966 hat ergeben, daß von 124 Graduierten 22 oder 17,9 % arbeitslos waren, darunter 6 Frauen. Drei oder vier von ihnen mögen sich nicht sonderlich um einen Posten bemüht haben. Darüber hinaus scheint es, als nähme der Grad der intellektuellen Arbeitslosigkeit zu, denn 1964/65 waren 13,4 %, 1966 aber bereits 23,2 % der Master-Graduierten ohne Beschäftigung, und von den 101 Beschäftigten hatten 41 nur einen temporären Posten.

Sicher ist, daß der unumstößliche Wunsch, sich als Regierungsbeamter in Kathmandu zu etablieren, die sinnvolle Unterbringung der jungen Intelligenz erschwert. 1967 wurde ermittelt, daß 62,8 % der Inhaber akademischer Grade in Kathmandu

---

7 Der Wert der in Nepal verliehenen akademischen Grade (Bachelor of Arts, Master of Arts) kann nur mit größter Vorsicht beurteilt werden. Wir haben uns zu den Unterrichtsmethoden im Kapitel über Volksbildung geäußert. Die dort gemachten Einschränkungen gelten auch und vor allem für die Stätten höherer Bildung.

wohnen und nicht bereit sind, sich außerhalb um möglicherweise vorhandene Posten zu bewerben[8, 9].

Abschließend mag noch darauf hingewiesen werden, daß ein weiterer Grund für die Schwierigkeit der Unterbringung der Graduierten in geeigneten Posten daran liegt, daß praktisch-technische Fächer als Studiengegenstand nicht so beliebt sind wie unverbindlich-theoretische. 1964 studierten in den Colleges von Nepal nur 25,4 % der männlichen und 15,8 % der weiblichen Studenten Naturwissenschaften, und nur 2,6 % der männlichen und 6,5 % der weiblichen Studenten hatten Erziehungswissenschaften gewählt. Demgegenüber stehen 38,5 % der männlichen und 75,0 % der weiblichen Studenten, die an der Philosophischen Fakultät eingeschrieben sind, und 33,5 resp. 2,7 %, die Handel studieren. Jene Masse von Philosophiestudenten spekuliert letzten Endes auf einen Verwaltungsposten in Kathmandu, sofern das Studium, wie bei vielen Mädchen, nicht vielmehr ein Zeitvertreib ist, um die Zeit bis zur Hochzeit zu verkürzen.

4. Verkehrsgeographie

Wir wenden uns jetzt der verkehrsmäßigen Erschließung Nepals und den damit verbundenen Problemen zu. Dieser Komplex gehört, neben der Hydrogeographie, zu den faszinierendsten Dingen in diesem Lande, und welche Entwicklungsfragen man auch immer in Kathmandu diskutiert — am Ende steht das Verkehrsproblem. Nicht nur der räumliche Austausch von Gütern und Menschen, auch eine sinnvolle und effektive Verwaltung, ein Gesundheits- und Erziehungssystem stehen und fallen mit der Lösung des Transportproblems. Dem Fremden allerdings, der nur kurz nach Kathmandu reist, vor allem natürlich dem Touristen, bleiben dieses Problem und seine Tragweite vielfach verborgen. Dies mögen zwei Beobachtungen am Rande illustrieren. Aus einer Gruppe deutscher Drei-Tage-Touristen, die auf ihren Abflug von Kathmandu warteten, kam die Bemerkung: „Und stellen Sie sich vor, hier soll es Dörfer geben, die man nicht mit dem Auto erreichen kann." Und ein älterer Experte der Vereinten Nationen, der auf seine Pensionierung wartete, verkündete: „Jetzt werde ich erst einmal in die Schweiz gehen, wo ich die Berge richtig genießen kann!"

Die Verkehrsgeographie eines Landes umreißen heißt, sich mit den verschiedenen

---

8 Bajszczak, a. a. O.
9 Die Frage wird oft aufgeworfen, wovon denn dann diese jungen Leute leben. Die Erklärung dürfte sein, daß sie, als Angehörige der landbesitzenden Klasse, im Rahmen der Großfamilie von der Rente leben, die der Pächter draußen alljährlich abführen muß. Man muß überhaupt wissen, daß die meisten Regierungsbeamten in Nepal nicht von ihrem Gehalt leben, das bescheiden ist, sondern nach wie vor weiter und hauptsächlich von ihrem Landbesitz. Vielleicht erklärt dieser Umstand, so sehr er einerseits bedauert werden mag, warum der nepalische Beamte weit weniger bestechlich ist als die Beamten anderer asiatischer Staaten.

Fakten und Problemen der Raumüberwindung befassen. Weltweit betrachtet, hat die Entwicklung der menschlichen Gesellschaft, die Zunahme ihrer Bedürfnisse in Verbindung mit dem Erfindungsgeist, zu einer zwar regional unterschiedlich starken, aber immer rascheren Form der Raumüberwindung geführt. Genauere Untersuchungen würden sicher ein ähnliches Bild ergeben, wie es das Wachstum der Bevölkerung unserer Erde zeigt: Die Periode von der Zähmung der ersten Tiere zu Reit- und Arbeitszwecken bis zum Ende der Postkutschenzeit mag einige Jahrtausende gedauert haben, von der Eisenbahn bis zur interplanetarischen Rakete bedurfte es nur weiterer 150 Jahre. In den älteren Formen der Wirtschaftsgesellschaft standen Mensch und Nahrungsraum noch im Einklang, doch dann löste wachsender Bevölkerungsdruck auf den Boden — unter bestehenden Produktionstechniken — ausgedehnte Völkerwanderungen in praktisch allen Teilen der Welt aus. Güter- und Menschenaustausch im Sinne des modernen Welthandels und -verkehrs ist, verglichen damit, wiederum verhältnismäßig jungen Datums.

Der Verkehr erst fügt ein Gebiet zur Wirtschaftseinheit zusammen, und durchaus nicht immer bedeuten die äußeren Grenzen eines Landes, die die staatliche Einheit oder Zusammengehörigkeit demonstrieren, daß es auch im Inneren einen regen Austausch von Menschen und Gütern gibt. Noch heute finden wir in zahlreichen Staatsverbänden eher eine Anzahl weitgehend autarker Regionalwirtschaften als eine Volkswirtschaft, und diese unterhalten teilweise eher außenwirtschaftliche Beziehungen zum Nachbarstaat als binnenwirtschaftliche innerhalb des eigenen Staatsverbandes. In vielen, wenn nicht allen Fällen liegt die Erklärung bei der leichteren Zugänglichkeit der äußeren Märkte.

Im großen und ganzen hat die verkehrsmäßige Erschließung der Erde über lange Zeiträume mit dem Bevölkerungswachstum Schritt gehalten, allerdings mit der entscheidenden Einschränkung: unter Berücksichtigung der wirtschaftlichen Verfassungen. Agrargesellschaften haben einen geringen Bedarf an Güter- und Menschenaustausch. Sie sind entweder überhaupt selbstversorgerisch, oder aber ihre Dörfer liegen im Einzugs- und Marktbereich der nächsten Stadt. Industriegesellschaften stehen und fallen mit einem möglichst weltweiten Netz von Handels- und Verkehrsverbindungen. Das schließt nicht aus, daß agrarische Überschußgebiete im großen Stil ebenfalls solcher Verkehrsverbindungen bedürfen, einmal, um eben diese Überschüsse schnell und billig zu vermarkten, zum anderen, um die erforderlichen Produktionsmittel (vor allem Dünger, Pflanzenschutzmittel, Maschinen usw.) billig heranschaffen zu können. Wir haben es dann aber eben nicht mehr mit einer Agrargesellschaft im klassischen Sinne, sondern mit dem Agrarsektor einer Industriegesellschaft zu tun, einerlei, ob das betreffende Land oder Gebiet nun eigene Industrieanlagen besitzt oder nicht: Es ist mit der industriellen Arbeits- und Vermarktungsweise verknüpft.

Wenn klassische Agrargesellschaften, wie wir sie allenthalben in der Dritten Welt finden, dank dem Einfluß der modernen Medizin in den Zustand rascher und häufig zum Nahrungsmittelaufkommen überproportionaler Bevölkerungszunahme kommen (Bevölkerungsexplosion), dann ist der Schritt von bisher gültigen Wert- und Ordnungsvorstellungen hinweg nicht mehr aufzuhalten, wenn die

4. Verkehrsgeographie

Gesellschaft selbst überleben will. Alle Maßnahmen, die dieses Überleben sicher anstreben, stehen dabei allgemein in direkter Beziehung zum Verkehr, einschließlich Nachrichtenverkehr. Mit der Bereitstellung von Verkehrsträgern stehen und fallen die Aussichten für rasche Entwicklungsmaßnahmen. Nepal nun bietet für alle diese Überlegungen und weitere gedankliche Exkurse höchst interessantes Anschauungsmaterial.

Es ist allerdings angebracht, vorab einige grundsätzliche Bemerkungen zu machen, um das Verkehrsproblem dort ins rechte Licht zu rücken. Wohl kaum ein anderes Land auf der Erde ist in jeder Hinsicht so verkehrsfeindlich wie Nepal. Von den dschungelbedeckten Teilen des Terai über die unstabilen Hänge der Mittelgebirge, die steilen und zerklüfteten Flußtäler bis hinauf zu den Pässen nach Tibet stellt sich die ganze Natur den menschlichen Bemühungen, den Raum zu überwinden, ablehnend gegenüber. Die Nord-Süd orientierten Flußtäler in einem Ost-West orientierten Land (die übrigens auch die vorwiegend nord-südliche Orientierung der traditionellen Handelswege erklären) fordern den Bau unzähliger Brücken, will man es wirklich zusammenschließen. In fast allen Teilen des Berglandes ist kaum genug Ebene zu finden, um hier und dort ein Flugfeld anzulegen. Und schließlich, das soll nicht vergessen werden, ist die Verwaltung aus Tradition verkehrsfeindlich. Unter dem Regime der Ranas war es unerwünscht, zu reisen (obwohl es vor etwa 60—70 Jahren einen Ost-West-Trägerpfad mit eisernen Hängebrücken gegeben haben soll, doch ist davon nicht viel übriggeblieben), und noch heute gibt es viele administrative Barrieren zu überwinden, um die wenigen vorhandenen Verkehrsmöglichkeiten auszunutzen. Wer die 64 km lange Schotterstraße von Kathmandu nach Trisuli Bazar benutzte, mußte sich noch 1969 bis zu sechsmal an Kontrollpunkten ins Wachbuch der Polizei eintragen, und wer immer das Kathmandu-Tal in Richtung Indien verläßt, muß sich in Thankot ausweisen und ebenfalls eintragen.

Wie die Geschichte und Verwaltungsgeschichte des nepalischen Territoriums zeigt, kann man erst seit Prithwi Narayan (d. h. seit 1768) von einem Einheitsstaat sprechen, aber selbst dieser konnte kaum zentral verwaltet werden. Von Straßen- oder Wegebau war nicht die Rede, und unter dem Rana-Regime wurden nur einige militärisch wichtige und von Pferden benutzbare Nachschubwege zu den Befestigungen im Norden gebaut. Eine solche riesige steinerne Treppe, die von Jalbire in Richtung Ghumthang (Distrikt Sindhu Palanchok) steil den Berg hinaufführt, kann man heute noch sehen. Sie soll unter Jang Bahadur gebaut worden sein, also vor mehr als hundert Jahren.

Und wenn Nepal auch über lange Zeit ein Bindeglied im Handel zwischen Tibet und Indien war und also ein beträchtlicher Güterstrom durch sein Gebiet geflossen sein muß, so kann doch nicht behauptet werden, daß jemals besondere Anstrengungen unternommen wurden, diesen Handel durch den Bau von Fernstraßen, im Sinne von günstigen Packtierwegen, zu fördern und zu erleichtern. Es ist deshalb auch klar, daß Nepal als Transitland in dem Augenblick erheblich an Bedeutung verlor, als man über das Straßen- und sogar Eisenbahnnetz Britisch Indiens das Grenzgebiet nach Tibet hin leichter erreichen konnte.

Moderne Verkehrspolitik setzte erst nach dem Sturz des Rana-Regimes ein, aber es dauerte noch immer etliche Jahre, bis die erste Fernstraße, nun im Sinne einer Autostraße, dem Verkehr übergeben werden konnte. Gegenwärtig nimmt die Straßenbaupolitik einen erheblichen Teil des Budgets für sich in Anspruch, und alles deutet darauf hin, daß das weitere 20—30 Jahre so bleiben wird.

Wie angedeutet, wurde Nepal seit Menschengedenken von wichtigen Nord-Süd-Routen durchzogen. Es war und blieb aber weitgehend ein Transitland ohne bedeutenden inneren Güteraustausch. Bei diesen traditionellen Handelswegen handelt es sich um Trägerpfade, die vorwiegend von menschlichen Trägern benutzt wurden, auf denen man aber streckenweise auch, vor allem im Norden, Esel-, Maultier- und Pferdekarawanen sehen konnte und kann. Bis zum heutigen Tage werden im Norden auch Schafe und Ziegen als Packtiere für den Transport von Salz in der südlichen und Getreide in der nördlichen Richtung benutzt.

Bis zum Umsturz von 1951 konnte man nur im Tal von Kathmandu und in einigen Teilen des Terai kraftwagenfähige Straßen finden, aber die meisten Berichte darüber überschätzen die Güte dieser Wege. Die Hauptstadt Kathmandu war nicht mit dem Kraftwagen oder auch nur mit Pferdegespannen zu erreichen, sondern nur auf schmalem Trägerpfad, gar nicht zu reden von anderen Orten im Mittelgebirge oder weiter nördlich. Statt dessen war und ist das ganze Land kreuz und quer von schmalen, oft steilen und fast immer holprigen Trägerpfaden durchzogen, auf denen sich praktisch der gesamte Handel abspielt. Der Zustand dieser Wege ist erschreckend. Man möchte erwarten, daß eine Bevölkerung oder Verwaltung, deren einziges Kommunikationsmittel diese Trägerpfade sind, Mittel und Wege finden, sie zu nivellieren, einzuebnen, kurz: das Tragen schwerer Lasten auf ihnen so weit wie möglich zu erleichtern[1]. Das ist nicht der Fall. Im Gegenteil sind praktisch alle Trägerpfade in einem beklagenswerten Zustand, aber die Tausende von Trägern, die sie täglich benutzen, scheinen sich dessen entweder nicht bewußt zu sein oder es als ihr gottgegebenes Schicksal zu akzeptieren. Es paßt in die Mentalität der Hindubevölkerung Nepals, Gegebenheiten als unabänderlich zu akzeptieren. Ihre Beziehung zum Trägerpfad ist dafür nur ein Beispiel. Die einzige Marscherleichterung, die dem Träger in den von Hindus bewohnten Teilen Nepals angeboten wird, ist das *chautara*, der Rastplatz, der aus einem stufenförmig zum Absetzen der Lasten gebauten Steinsockel besteht und überschattet ist von zwei Bäumen, *pipal* und *banyan*, die nach Hindu-Vorstellung das weibliche und männliche Prinzip darstellen. Solche *chautaras* werden in vielen Fällen zur Erinnerung an Verstorbene und als „gute Tat" errichtet.

Obschon hier und da die ländliche Bevölkerung starkes Interesse an Regierungshilfe zum Bau permanenter Brücken oder besserer Pfade zeigt, ist im allgemeinen ihre Vorstellung von dem vorhandenen Wegenetz begrenzt. Auskünfte über Wege, Richtungen und Entfernungen sind fast immer unzuverlässig, und Frauen kennen manchmal kaum den Namen des nächsten Dorfes. Sie sind allerdings wohl vertraut

---

1 Man vergleiche hier etwa die Verhältnisse im Inka-Staat, wo unter Huaina Kapach (1475—1525) ein ausgedehntes Straßennetz ausschließlich für Läufer in den Anden gebaut wurde, während das Rad weiter unbekannt blieb.

4. Verkehrsgeographie

mit den Wegen zum nächsten Marktflecken und, falls die Gruppe zu wandern pflegt, mit dem Pfad hinunter in den Süden zur Winterszeit.

Entfernungsangaben sind ein Kuriosum. Die Landbevölkerung hat das *kos* als Wegemaß, das offiziell mit 3,2 km verrechnet wird. Obwohl Nepal offiziell das metrische System angenommen hat, spricht man noch immer von Meilen (1 *kos* also gleich 2 Meilen), und die Regierungsbeamten fertigen ihre Reisekostenabrechnung noch immer nach *kos* aus. Das Seltsame ist nun aber, daß niemand im praktischen Leben weiß, wie lang ein *kos* genau ist. Wir fanden folgende Erläuterungen: „Wenn man beim Abmarsch ein Blatt vom Baum pflückt, bis das Blatt vertrocknet ist"; „wenn man ein nasses Taschentuch beim Abmarsch in die Hand nimmt, bis es trocken ist"; „wenn ein Träger seine Last aufnimmt, bis er sie zur Rast absetzen muß". Vielleicht sollte man es so übersetzen: „Ein *kos* ist noch ein ganzes Stück, aber nicht allzu weit".

Toni Hagen, der Nepal von 1950 bis 1958 kreuz und quer durchwandert hat, gibt in seinem Bericht an die Vereinten Nationen zahlreiche Einzelheiten über die Verkehrssituation in Nepal, die wir heute, mehr als zehn Jahre später, noch immer nahezu in allen Teilen unterschreiben müssen[2]. Und es gilt heute wie damals, daß erst mit dem das ganze Land überziehenden Straßennetz das Bewußtsein der Menschen wachsen wird, Bürger eines einzigen Staates, eben Nepals, zu sein. Die wenigen Straßen, die heute Kathmandu mit ländlichen Gegenden im Süden, Nordosten und Nordwesten verbinden, haben die im Einzugsbereich lebenden Menschen näher an die Hauptstadt gebracht, die für sie beginnt, Zentrum eines Landes zu sein, zu dem auch ihr Heimatdorf gehört. Aber schon wenig weiter erlebt man auch heute noch, daß auf die Bemerkung, man komme aus Kathmandu, ein verständnisvolles „aha, aus Nepal!" folgt.

Es muß aber noch etwas näher auf die Charakteristika der Trägerpfade eingegangen werden. Ein Blick auf eine etwas ältere Verkehrskarte, etwa von der Mitte der 50er Jahre, vermittelt den Eindruck, man habe es bei Nepal mit einem Land zu tun, das auf Grund seiner Gebirgsstruktur zwar Verkehrsprobleme hat, das aber, obschon seine Verkehrsdichte gering ist, dennoch über ein in sich geschlossenes, sinnvoll gegliedertes und intaktes Netz aus Landstraßen, Karrenwegen und Gebirgspfaden verfügt (vgl. Karte 45). Dieser Eindruck täuscht. Man erkennt das sofort, sobald man Gelegenheit hat, in Kathmandu gängige Behauptungen an Ort und Stelle zu überprüfen. Die Behauptung z. B. „im Terai kann man sich in der trockenen Jahreszeit mit dem Kraftfahrzeug frei bewegen" ist einfach nicht wahr. Die Straßen sind durchweg unbefestigte und tief ausgefahrene Spuren von Ochsenkarren, und kaum einer der kleineren und keiner der größeren Flüsse ist überbrückt oder seine Brücken sind zuverlässig intakt. Oft ist Vierradantrieb die Vorbedingung für eine erfolgreiche Autofahrt, aber wir sind auch mit russischen, hochgebauten Jeeps auf dem Mittelstück der ausgefahrenen Karrenwege aufgesessen. Auch der Trägerpfad im Bergland ist in keiner besseren Verfassung, und

---

[2] Toni Hagen, „Observations on Certain Aspects of Economic and Social Development Problems in Nepal", 1959, S. 42—57.

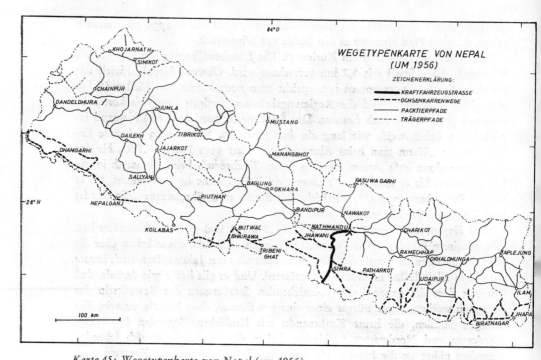

Karte 45: Wegetypenkarte von Nepal (um 1956)
Die Karte basiert auf der in P. P. Karans Geographie von Nepal abgedruckten Verkehrskarte von Nepal, wurde aber nach den Erfahrungen und neueren Informationen des Verfassers geändert. Es ist allerdings zu bemerken, daß die Unterscheidung von „Packtierpfaden" und „Trägerpfaden" erheblich von den tatsächlichen Gegebenheiten differieren dürfte. Packtierpfade werden nämlich sofort zu Trägerpfaden degradiert, wenn die festen Brücken so weit zerstört sind, daß Tiere sich weigern, sie zu benutzen. Toni Hagen hat in seinem Bericht für die Vereinten Nationen ausdrücklich auf den hohen Grad an Zerstörung unter den Brücken im Gebirge hingewiesen, und es darf behauptet werden, daß die Regierung wenig getan hat, um die Verhältnisse zu verbessern. Damit dürften die meisten Ost-West verlaufenden Pfade wohl unbesehen als Trägerpfade, die wichtigsten der Nord-Süd verlaufenden als Packtierpfade einzustufen sein. Irgendwelche amtlichen Erhebungen darüber gibt es nicht.

man darf sich nicht täuschen lassen, wenn man in nepalischen Berichten gelegentlich von „roads" (also „Landstraßen") im Gebirge liest. Damit sind vergleichsweise eingeebnete Fußpfade gemeint, die streckenweise wohl auch breit genug sind, um Packtieren das Gehen zu gestatten. Aber selbst die „Fußpfade I. Ordnung" wurden niemals unter Berücksichtigung der Topographie, der Höhenlinien oder bequemer Flußüberquerungen angelegt. Sie wurden überhaupt nicht angelegt, sondern entstanden im Laufe der Jahrhunderte unter den baren Füßen ungezählter Trägergenerationen, und es ist nun das Merkwürdige, daß diese Träger offenbar — wie schon an anderer Stelle angedeutet — ihren Weg völlig schicksalsergeben gingen, ohne auch nur einen Gedanken auf eine bequemere Trassenführung zu verwenden. Auch kleinere „Investitionen", wie etwa das Wegräumen hinderlicher Felsbrocken, das auf Generationen hinaus den Pfad leichter gemacht hätte, sind kaum anzutreffen. Toni Hagen berichtet von einem Baum, der von einem Sturm über einen täglich von Hunderten von Trägern benutzten Pfad geworfen und der auch nach Jahren nicht beseitigt worden war. Statt dessen klettern diese Träger lieber immer wieder mühsam mit ihrer schweren Last darüber hinweg[3]. Das Sprengen von Felsen könnte in Nepal nur mit Regierungshilfe unternommen werden, scheitert also in den meisten Fällen an der Schwerfälligkeit der Bürokratie[4].

Neben diesen „Hauptpfaden", die zu benutzen für den fremden Reisenden eine einzige Tortur ist, wird aber Nepal natürlich noch von ungezählten Nebenpfaden durchzogen, und oft gehen Hauptpfade streckenweise in solche Nebenpfade über: kaum mehr im Dschungel erkennbare Spuren, Spuren über weite Geröllhalden, Folgen von Bergrutschen und weiterhin von Bergrutsch bedroht, oder solche Pfade, die in der Karte mit „Path follows riverbed" bezeichnet sind. Derartige Wege führen über das Geröll eines Flußbettes und sind bei Hochwasser unpassierbar. Die Wege überwinden einen Bergrücken nach dem anderen, und oft wird ein Fluß immer und immer wieder gekreuzt. Dies hat sicher in vielen Fällen den Grund, daß die Täler oder Talflanken schwierig zu begehen sind, doch trifft das keinesfalls immer zu.

Man sollte sich in diesem Zusammenhang noch einmal klarmachen, daß auch die Hauptstadt des Königreichs bis zur Eröffnung der Kraftwagenstraße nach Indien nur über solche Pfade zu erreichen war. Zwar hatte man Fahrstraßen bis an den Nord- bzw. Südhang der Mahabharat-Kette gebaut, man konnte also im Süden bis nach Bimphedi fahren und wurde dann in Thankot wieder mit dem Auto erwartet, um nach Kathmandu zu fahren, aber dazwischen lagen zwei Pässe, um 2000 m hoch, die in 1–2 Tagen zu Fuß überwunden werden konnten bzw. mußten. Und es ist nun wichtig sich vorzustellen, daß jedes Stück modernen Lebens vor 1951 (als der Luftverkehr eröffnet wurde) auf Trägerrücken nach Kathmandu geschafft wurde. Das Jahrhundert der Rana-Herrschaft zeichnete sich unter anderem durch Importfreudigkeit von Luxusgütern aus, und Klaviere und Kraftfahrzeuge wurden neben Riesenspiegeln, Kronleuchtern usw. auf den Schultern und an den Stirnbändern der Kulis transportiert.

Die Unterhaltung der bestehenden Wege ist gleich Null, was nach dem bisher Ausgeführten nicht überraschen dürfte. Immerhin ist es bezeichnend, daß sich die ethnische Grenze zwischen der nördlichen tibeto-birmanischen Kulturgruppe und der südlichen indo-arischen deutlich im Zustand der Wege widerspiegelt. Dieser Unterschied, der auch auf unseren Reisen immer wieder auffiel, wurde bereits von Hagen treffend geschildert: „Nördlich dieser Grenze wird der Verkehr durch Packtiere durchgeführt, während er südlich davon Sache des nepalischen Kulis ist. Folglich sind die Pfade nördlich besser gebaut und unterhalten, die Brücken haben permanenten Charakter, damit die Tiere sicher das ganze Jahr darüber gehen

---

3 A. a. O., S. 51.
4 Immerhin haben andere Völker Methoden entwickelt, Felsen ohne Sprengstoff aus dem Wege zu räumen. So beobachteten wir in Guatemala, wie im Wege liegende Felsen mit Hilfe von Feuer und kaltem Wasser „gesprengt" wurden.

können. Südlich dieser Grenze sind die Pfade schlecht und gefährlich und permanente Brücken fehlen. Es ist kaum zu glauben, daß beispielsweise Hunderte nepalischer Bauern täglich die Marsyandi-Schlucht durchgehen und nichts getan wird, um den Pfad zu sichern[5]."

Nun ist der Verkehr auf den Träger- und Packtierpfaden, mögen sie gut oder schlecht unterhalten sein, durchweg nicht während des ganzen Jahres möglich. Sobald im Juni der Monsunregen einsetzt, verwandeln sich die Erdpfade in wenigen Stunden in seifigen Schlamm, der dem Fremden das Gehen oft unmöglich macht. Aber auch der barfüßige nepalische Träger spürt den Unterschied zur trockenen Jahreszeit, und Trägertarife sind in der Regenzeit im allgemeinen höher. Zudem treten mit einsetzendem Regen Unmassen von gierigen Blutegeln auf, die sicher ihren Weg von Gras oder Baum zur Haut des Reisenden finden. Hinzu kommt, daß im Sommer der Regenfall von verstärkter Schneeschmelze im Hochgebirge begleitet wird und also alle Bäche und Flüsse unvorstellbar anschwellen und ohne massive Hängebrücken unpassierbar werden. Alle lokal erstellten Behelfsbrücken werden davongetragen und müssen später neu errichtet werden. Brücken sind überhaupt ein Problem im ganzen Lande. Die meisten bestehen aus einfachen Baumstämmen, die über den Wasserlauf gefällt werden, aber es wurden auch zahlreiche Kettenbrücken, die einen schmalen hölzernen Steg tragen, hoch über die Flüsse gespannt, die von nicht schwindelfreien Trägern nur mit fremder Hilfe bezwungen werden können. Sie sind auch für Packtiere ungeeignet. Nach Einsetzen des Regens sind ganze Distrikte im Norden, z. B. Manang und Dolpa, von der Außenwelt abgeschnitten.

Es sind bis jetzt nur sehr spärliche Untersuchungen über die Träger an sich, über ihre Leistungen und die Bevölkerung der Hauptträgerpfade gemacht worden. Als Norm wird angegeben, daß die Last eines Trägers 1 *maund*, d. h. 37,3 kg, beträgt. Wir haben aber gefunden, daß diese Angabe recht fragwürdig ist. Es scheint, daß viele Träger, die einen Geschäftssinn entwickelt haben, weit größere Lasten tragen. Z. B. gehören dazu die Papierhändler in Kathmandu, die ihr Rohpapier selbst in den östlichen Bergen bei den Herstellern holen. Sie tragen unglaubliche Lasten, wennschon ihre Angaben (70 kg!) sicher oft Obergrenzen sind[6]. Im allgemeinen wird sich der täglich geheuerte Träger bemühen, eine kleine Last zu einem festen Tagessatz zu übernehmen und, wenn irgend möglich, seinem Auftraggeber das Leben schwer zu machen. Alle Forscher, die in Nepals Bergen gereist sind, können davon ein Lied singen[7]. Es geschieht auch, daß Träger mit der ihnen anvertrauten

---

5 Toni Hagen, a. a. O., S. 47 f.
6 Wir verweisen hier auf die ausgezeichnete Detailstudie von Robert Schmid, 1969, der bei seinen Untersuchungen auf eine durchschnittliche Trägerlast von 41 kg kommt. Diese Träger waren allerdings im Dienste der schweizerischen Entwicklungshilfeorganisation SATA tätig. Es heißt hier weiter: Zu der Trägerlast „kommen aber noch die Eßwaren und das Kochgeschirr der Träger, also ca. 5 kg pro Last. Die größte von einem Mann übernommene Last wog 102 kg und war unzerteilbar. Lasten von 50 kg (Dünger- und Zementsäcke) sind häufig, solche von 70 kg nicht selten. Viele schleppen als Last mehr als ihr Körpergewicht" (a. a. O., S. 116).
7 Vgl. etwa David Snellgrove, „Himalayan Pilgrimage", 1961, S. 10—15; Michel Peissel, „Mustang", 1969, S. 42; Herzog, „Annapurna", 1953, S. 27; und viele andere.

4. Verkehrsgeographie

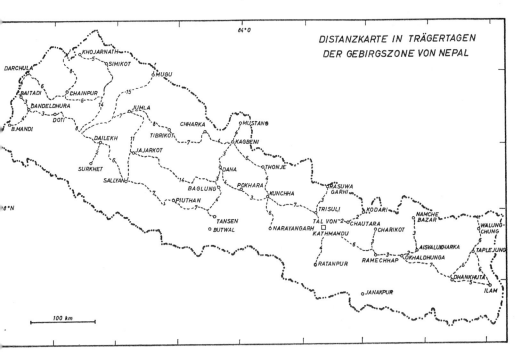

Karte 46: Distanzkarte in Trägertagen der Gebirgszone von Nepal
Die Karte gibt ausgewählte Wegestrecken in der Gebirgszone wieder. Die Entfernungen wurden berechnet nach den Meilenangaben auf der Karte Indien/Pakistan 1 : 250 000 im Verhältnis 1 Tag = ca. 8 Meilen. Natürlich handelt es sich hierbei um Mittelwerte, die über- oder unterschritten werden, je nach dem Relief, das der Träger zu überwinden hat, seiner Last und seiner „Stimmung".

Last spurlos verschwinden. Und natürlich sind auch nicht alle Träger- oder Karawanenpfade sicher. Hin und wieder werden Kaufmannszüge überfallen, die Begleiter ermordet und die Waren geraubt.

Auch über die Tagesleistung der Träger hinsichtlich der Entfernung gehen die Meinungen und Erfahrungen auseinander. Ausländische Reisende haben Träger gefunden, die mit einer vollen Last bis zu 20 km im Gebirge gingen, andere wieder hatten Mühe, ihre Begleiter mit ihren Lasten auch nur 6 oder 8 Meilen, also vielleicht 12 km, weit zu bringen. Zur Abschätzung von Reisezeiten im Bergland von Nepal könnte man die Entfernung zugrunde legen, die Postläufer zurückzulegen verpflichtet sind, nämlich 8 Meilen (ca. 13 km) im Gebirge und 12 Meilen (ca. 19 km) im Terai, wobei zu beachten ist, daß diese keine großen Lasten zu tragen haben. In Karte 46 haben wir den Versuch gemacht, auf dieser Grundlage eine Entfernungsvorstellung vom nepalischen Gebirgsland zu vermitteln.

Wegen der spärlichen Informationen ist es allerdings ausgeschlossen, etwas wie eine Verkehrsdichtekarte der Trägerpfade Nepals zu entwerfen. Auf wichtigen Trägerrouten, so vom Norden nach Butwal (eine Strecke, die heute allerdings durch die Kraftwagenstraße Bhairawa – Pokhara entlastet worden ist), wurden oft über 5 000 Träger je Tag gezählt. Das bedeutet, daß über diesen Pfad im Jahr ca. 40 000 t Güter getragen werden. Auf anderen Pfaden wie Dharan – Dhankuta (Ostnepal), wo jetzt ebenfalls eine Kraftwagenstraße im Bau ist, Narayangarh – Gorkha (Zentralnepal) und Nepalgunj – Dailekh (Westnepal) werden jährlich ebenfalls 10 000–20 000 t durch Träger befördert[8]. Wir verweisen hier ebenfalls auf die Detailuntersuchung zur Verkehrsdichte im Gebiet von Jiri (Östliches Bergland) von R. Schmid.

Vergleicht man die Transportkosten der verschiedenen Verkehrsträger in Nepal, so zeigt sich, daß der Träger das weitaus teuerste Instrument des Gütertransports ist. Wir haben an verschiedenen Orten des Landes Befragungen durchgeführt und herausgefunden, daß die 1955 von der Weltbank veröffentlichten Vergleichsziffern noch immer mehr oder weniger zutreffen. Danach ergibt sich folgendes Bild:

Tabelle 27: Transportkosten in Nepal für 1 tkm

Verkehrsmittel	nRs.
Träger	9,33
Flugzeug	6,90
Tragtier	4,45
Ochsenkarren	2,49
Lastkraftwagen	0,82
Eisenbahn	0,62

Quelle: Weltbankbericht[8].

Es muß im übrigen noch darauf hingewiesen werden, daß das Tragen von Lasten wohl nur in den seltensten Fällen der eigentliche Beruf der Träger ist. Meist handelt es sich um Bauern, die ihre Überschüsse zum nächsten Markt bringen oder durch Trägerdienste zu ihrem landwirtschaftlichen Einkommen hinzuverdienen, wenn das auch in vielen Fällen eine Lebensnotwendigkeit ist. Wir trafen Bauern, die einen Sack Mais in einen hoch in den Bergen gelegenen Marktflecken (Namche Bazar) trugen, um die Preisdifferenz zu kassieren. Der Tages„verdienst" war bei dieser Aktion nicht mehr als Rs. 2,25. Als wir den Bauern darauf aufmerksam machten, erklärte er: „Immer noch besser als daheim herumsitzen". Tragen scheint in vielen Fällen für die Männer auch einen sozialen Wert zu haben, ähnlich wie der Gang zum Brunnen für die Frauen. Es läßt sich kaum anders erklären, daß vielfach Bauern ihrer Trägergewohnheit und ihrer Trägerroute treu bleiben und eine in ihr Gebiet gebaute Straße einfach ignorieren. Wenn man also schätzt, daß alljährlich um die 2,5 Millionen Träger über 1–2 Monate die Pfade des nepalischen Mittelgebirges bevölkern, so handelt es sich dabei nur in den seltensten Fällen um „professionelle" Träger, sondern überwiegend um Bauern, die ihre vergleichsweise bescheidenen Marktkontakte pflegen.

8 Vgl. I.B.R.D., „A National Transport System for Nepal", 3 Bände, 1965.

4. Verkehrsgeographie

Die Frage, warum man in Nepal so wenig Packtiere sieht und sich statt dessen die Menschen abschinden, wird von nepalischer Seite allgemein damit beantwortet, daß der Boden knapp sei und man die Tiere nicht füttern könne. Dieses oft in der Welt gebrauchte Argument der Konkurrenz zwischen Mensch und Tier um den Boden scheint uns nicht stichhaltig. Gerade im extremen Norden, wo Futter weitaus knapper ist, haben wir Packtiere, und im reichen Monsunland soll es nicht möglich sein, etwas Futter für sie zu produzieren! Es scheinen hier, wie so oft, die Tradition oder versteckte Wertvorstellungen (Aberglaube) eine größere Rolle zu spielen als der Wunsch, sich das Leben etwas einfacher und die eigene Arbeit etwas produktiver zu machen[9].

In jüngster Zeit nimmt die Frage der Verkehrsentwicklung auf dem Trägerpfad einen gewissen Raum in der praktischen Politik und in der Planung ein. Durch die über das Panchayat-System lancierte Kampagne „Zurück ins Dorf" werden die Dorfbewohner angehalten, ihre Wegeverbindungen durch freiwillige Arbeitsleistungen zu verbessern. Dies geschieht mehr schlecht als recht, weil es an technischem Rat und eigener Vorstellungskraft fehlt. Katastrophaler wirkt sich eine solche Politik allerdings beim Bau von Autostraßen aus, wie wir noch zeigen werden.

Die nächste Stufe des Überlandverkehrs nach dem Träger- und Packtierpfad ist die von Autos befahrbare L a n d s t r a ß e. Hier muß allerdings eine terminologische Einschränkung gemacht werden. Im englischen Sprachgebrauch hat sich der Begriff „jeepable" für solche Straßen eingebürgert, die man mit einiger Sicherheit mit einem Jeep, also einem Geländewagen mit Vierradantrieb, befahren kann. In vielen Fällen, vor allem bei schlechtem Wetter, verdienen die in Statistiken als Autostraßen ausgewiesenen Fahrbahnen nicht mehr als dieses Prädikat.

Beim Eintritt Nepals ins 20. Jahrhundert (1951) war der Bestand an Straßen in folgender einfachen Tabelle zusammenzufassen:

Landstraßen mit fester Decke   88 km
Landstraßen ohne feste Decke   290 km.

Die meisten Straßen mit fester Decke (eher geschottert als asphaltiert) lagen im Kathmandu-Tal, wo sie von den auf Trägerrücken herangeschafften Autos der Rana-Familie benutzt wurden. Die unbefestigten Straßen verteilten sich aufs Terai einschließlich der Zufahrt an die Mahabharat-Kette auf dem Weg nach Kathmandu.

Den entscheidenden Durchbruch für den Motorverkehr in Nepal erzwangen die Inder mit dem Bau einer Autostraße von Bhainse nach Thankot, womit sie das bisher immer noch vom Träger überbrückte Verbindungsstück zwischen dem Terai und dem Tal von Kathmandu schlossen. Die Bauzeit zog sich wider Erwarten in die Länge, und die Trassenführung ist derart phantastisch, daß man in Kathmandu schon bald den Bau einer anderen Straße nach Süden diskutierte. Für die Strecke

---

[9] Wir erinnern hier z. B. an den Gebrauch der Schaufelhacke (Kodali) im Tal von Kathmandu zum Beackern der weiten Ebenen, wo kein Zugtier benutzt wird, während außerhalb des Tals, auf den schmalen Terrassen der Steilhänge Ochsen den Pflug ziehen.

zwischen Bhainse und Thankot, die in Luftlinie 25 km beträgt, wurde eine gewundene Bergstraße von nicht weniger als 120 km gebaut, die dabei auch noch Höhen von über 2 500 m überwinden muß. Niemand ist in der Lage, die Gründe für diese Trassenführung zu nennen. Leichtigkeit des Baus oder geringere Baukosten können es nicht sein, denn bis zum heutigen Tage kostet die Straße Nepal Unterhaltskosten von mindestens $ 100 000 jährlich. Eine kürzere Trasse, wie sie jetzt von Nepal zunächst jeepable gebaut wurde, nämlich von Thankot nach Bhimphedi über Chitlang — Marpha — Lamchaur, wurde nur 46 km lang und hat nur einmal eine Höhe von 1 650 m zu überwinden[10]. Es wurde gerüchteweise gesagt, daß die Inder sich geweigert hätten, aus welchen Gründen auch immer, zwei Tunnel zu bauen, die ihre Trasse erheblich verkürzt hätten.

Trotz aller technischen Mängel leitete die Indische Straße, die den Namen *Tribhuwan Rajpath* erhielt, das Zeitalter des Kraftwagens in Nepal ein. Sie erreichte bis Ende 1964 eine Verkehrsdichte von bis zu 200 Fahrzeugen pro Tag, eine Zahl, die inzwischen natürlich weiter angewachsen ist, ohne daß sie allerdings von der Straßenbehörde bekanntgegeben worden wäre.

Die Regierung anerkannte sehr bald, daß die wirtschaftliche und politische Entwicklung des Landes eng mit dem Bau von Verkehrswegen verknüpft ist, und ehrgeizige Pläne wurden bald nach 1951 gemacht. Der 1. Fünf-Jahres-Plan (1956/57—1960/61) reservierte allein 31,5 % der öffentlichen Investitionen für den Verkehrssektor. Man hätte voraussagen können, daß derartig ehrgeizige Ziele niemals erreicht würden, und es stellte sich dann auch während der inzwischen angelaufenen drei Entwicklungsplan-Perioden heraus, daß die Planziele niemals eingehalten werden konnten.

Um den Bau von Straßen systematisch und schnell voranzutreiben, wurde 1956 die Regional Transport Organization (RTO) gegründet, in der neben Nepal als Hausherr die Inder als Techniker und die US-Amerikaner vor allem als Geldgeber vertreten waren. Das viel zu hohe Ziel, das sich die RTO gesteckt hatte, belief sich auf den Bau von jährlich 1 450 km Straße, davon nahezu 500 km mit fester Decke, und zwar möglichst in nord-südlicher Richtung. Abgesehen davon, daß diese Zielsetzung vollkommen irreal war, scheiterte die RTO auch an der Unvereinbarkeit der indischen und amerikanischen Auffassungen. Während die USA mit allen technischen Hilfsmitteln an die Arbeit gehen wollten, schwebte den Indern vor allem eine weitgehende Verwendung der heimischen Arbeitskräfte vor. Nepal selbst hatte keine klare Vorstellung von seinen Wünschen und Möglichkeiten. 1961 löste sich die RTO auf.

---

10 Die Geschichte des „Kanti-Rajpath" hat einen psychologischen Hintergrund. Die nepalische Armee hatte darunter gelitten, daß die indische Armee den Tribhuwan Rajpath ohne ihre Beteiligung erstellt hatte. Um ihr Ansehen wieder herzustellen, gestattete ihr die Regierung von Nepal bereits 1956, eine Alternativstraße zu bauen, was dann auch mit Soldaten und einfachem Gerät geschah. Brauchbar für den Verkehr war der Kanti-Rajpath allerdings niemals (vgl. Eugene Bramer Mihaly, „Foreign Aid and Politics in Nepal", 1965, S. 93), doch wurde die Trasse offenbar nun von den dörflichen Panchayats wieder in Angriff genommen.

Gegenwärtig wird die Straßenbauplanung mit Hilfe der Vereinten Nationen vorangetrieben, und die tatsächlichen Bauarbeiten werden zu etwa 90 % von ausländischer, bilateraler Hilfe getragen. Die nachfolgende Tabelle zeigt, in welchem Umfang sich das Straßennetz Nepals in den letzten 15 Jahren vergrößert hat, aber man sollte bei der Betrachtung des Postens „Erdstraßen" alle Vorsicht walten lassen. Es ist ferner keinerlei Garantie dafür gegeben, daß die einmal als fertiggestellt gemeldeten Straßen dieser Art unterhalten werden und nicht nach oft schon einem Jahr für Fahrzeuge unbenutzbar geworden sind. Selbst Allwetterstraßen sind im Bergland, der schwierigen Bodenverhältnisse wegen, ständig von Erdrutschen bedroht, und manche Straße, die als fertiggestellt zumindest in Zeitungsberichte eingeht, besitzt keine Brücken!

Tabelle 28: Entwicklung des Straßennetzes in Nepal (in km)

Zeitraum	Erd-straßen	Allwetter-straßen	Gesamt
Vor 1. Plan (1956)	368	256	624
Am Ende des 1. Planes (1961)	851	382	1 232
Am Ende des 2. Planes (1965)	1 700	454	2 154
Planziel für 1970	2 420	1 333	3 753

Quelle: Verschiedene Planungsunterlagen.

Die wichtigsten heute existierenden oder effektiv im Bau befindlichen Kraftfahrzeugstraßen sind die folgenden:

a) Die Kathmandu-Birgunj-Straße, teilweise als *Tribhuwan Rajpath* bekannt, die Kathmandu seit 1956 mit der indischen Grenze und dem indischen Eisenbahnnetz verbindet, ist insgesamt 207 km lang. Sie ist die meistbenutzte Straße Nepals, versorgt sie doch den größten Markt des Landes, das Kathmandu-Tal, mit Gütern aus Süd-Nepal und aus dem Ausland. Auch Vieh, vor allem Wasserbüffel, werden über sie aus Süd-Nepal und Indien zum Schlachten nach Kathmandu getrieben. Der Zustand der Straße war jahrelang schlecht, da selbst in der trockenen Jahreszeit Bergrutsche an der Tagesordnung und ständig Räumkommandos unterwegs waren. Jetzt, mehr als 10 Jahre nach der Verkehrsaufnahme, scheint sich das Gelände zu beruhigen. Immerhin rechnet man auch für die Zukunft mit erheblichen jährlichen Ausgaben zum Unterhalt der Gebirgsstrecke. Diese, 115 km lang, kostete z. B. 1967/68 runde 130 000 Dollar Unterhalt, und 720 Straßenbauarbeiter sind das ganze Jahr über beschäftigt, Schäden zu beheben und die Gesamtkonstruktion zu verbessern. Obwohl jeder Wagen, der die Straße benutzt, in Thankot am Ausgang des Kathmandu-Tals registriert wird, werden Zahlen über die Verkehrsdichte nicht freigegeben. Während das Kathmandu-Tal vor Beginn der neuen Zeit über die alte Seilbahn (s. u.) plus 200—300 Trägern täglich versorgt wurde, müssen heute etwa 1 000 t täglich angeliefert werden. Da auf dem Rajpath maximal 5-t-Lastwagen verkehren, würde das einer Dichte von täglich mindestens 200 Lastwagen entsprechen, zu denen dann noch die Personenwagen kämen.

b) Die Kathmandu-Kodari-Straße (*Arniko Rajmarga*) ist 106 km lang und verbindet die Hauptstadt mit der Grenze von Tibet. Sie wurde mit chinesischer Hilfe gebaut, findet eine Fortsetzung bis Lhasa und dient dem Post- und Güterverkehr mit der Volksrepublik China. Sie wurde 1967 dem Verkehr übergeben und hat in gewissem Umfang dazu beigetragen, die im Grunde dünn bevölkerte Gegend, die sie durchläuft, aufzuschließen. Einige neue Marktflecken (Dolalghat, Balephi Dobhan, Bahrabise) entstanden und sind Umschlagplätze, wo Träger ihre Waren für die östliche Gebirgszone abholen. Nach anfänglichen Geländebewegungsschwierigkeiten wurde die Gesamtstrecke asphaltiert und erhebliche Arbeit in Stützmauern investiert. Einige von den Lokalverwaltungen gebaute Zufahrtsstraßen haben die Bedeutung der Kathmandu-Kodari-Straße vergrößert[11].

c) Die Hitaura-Narayangarh-Straße (*Rapti-Tal-Straße*) ist 85 km lang und die erste geschotterte Terai-Straße mit Verbindung nach Kathmandu. Sie wurde mit amerikanischer Hilfe als Teil des Rapti-Tal-Erschließungsprogramms gebaut und 1956 dem Verkehr übergeben. Obwohl sie nur geschottert und in ihrem östlichen Teil stark von Bergrutschen bedroht ist, hat sie entscheidend zur Entwicklung dieses Gebietes beigetragen. Sie wird als Teilstück der angestrebten Ost-West-Fernstraße betrachtet, müßte aber, um diese Funktion zu erfüllen, noch erheblich verbessert werden.

d) Die Sunauli-Pokhara-Straße (*Siddhartha Rajmarga*), die das für die künftige Entwicklungspolitik im Bergland und für den Tourismus wichtige Tal von Pokhara mit der indischen Grenze verbindet, wird bereits von kommerziellen Lastwagen benutzt, was zu einem fühlbaren Rückgang der Preise in Pokhara geführt hat. Sie ist 206 km lang, aber es fehlen noch entscheidende Brücken, die Straßendecke und Entwässerungsanlagen. Die Straße wurde mit indischer Hilfe gebaut und ist eine der wichtigsten Zubringerstraßen im künftigen nepalischen Straßennetz.

e) Die Straße Jogbani-Biratnagar-Dharan im östlichen Terai, 54 km lang, wurde zur Bedienung der Gurkha-Camps der Britischen Armee gebaut und hat eine Verkehrsdichte von 60 bis 70 Fahrzeugen am Tag. Gegenwärtig arbeiten Freiwillige unter Leitung der Lokalbehörden an einer Verlängerung nach Norden bis Dhankuta. Damit könnte diese Straße, die die Ost-West-Fernstraße kreuzt, ebenfalls eine wichtige Zubringerrolle für die Bergzone übernehmen.

f) Die Kathmandu-Trisuli-Straße, 64 km lang, geschottert, aber in schlechtem Zustand, wurde anläßlich des Baus eines Wasserkraftwerkes bei Trisuli Bazar von den Indern vorangetrieben. Sie dient heute auch einem regionalen Entwicklungsprojekt der Vereinten Nationen. 65—75 Fahrzeuge sollen die Straße täglich benutzen.

g) Die Kathmandu-Pokhara-Straße (*Prithvi Highway*) befindet sich mit chinesi-

---

[11] Vgl. Wolf Donner, „Fundamentals of a Regional Development Plan for Sindhu and Kabhre Palanchok" (Fachbericht), Kathmandu 1968 (vervielf.).

scher Hilfe gegenwärtig im Bau. Sie wird über 176 km die Hauptstadt mit dem wichtigsten Touristenzentrum verbinden und zugleich die erste richtige Ost-West-Verbindung im Gebirge sein. Die Überwindung dieser Strecke dauert zu Fuß 10 Tage, mit dem Flugzeug 45 Minuten und dürfte mit dem Auto nach Fertigstellung der Straße 4—5 Stunden in Anspruch nehmen.

h) Die Dhangarhi-Dandeldhura-Straße, im extremen Westen, befindet sich mit amerikanischer Hilfe im Bau. Sie soll eine sehr zurückgebliebene, aber ökonomisch potente Gegend West-Nepals mit dem Terai und der Ost-West-Fernstraße verbinden. Die Gesamtlänge wird 145 km betragen.

Besondere Aufmerksamkeit müssen wir nun der im Bau befindlichen Ost-West-Fernstraße zuwenden. Die Philosophie, die dieser Planung zugrunde liegt, ist eine staatspolitische. Ein Blick auf die Verkehrskarte (vgl. Karte 47) zeigt einige Charakteristika von fundamentaler Bedeutung: Es ist unter Benutzung des vorhandenen Straßennetzes nicht möglich, von Kathmandu nach Ost- oder West-Nepal zu gelangen, es sei denn, man benutzt das indische Straßen- oder Eisenbahnnetz. Ein weiteres Charakteristikum ist, daß noch immer, wie in alten Zeiten, die Hauptverkehrsadern nord-südlich verlaufen und in der Regel an solchen Stellen die indische Grenze überschreiten, wo eine Endstation der indischen Eisenbahn (rail-head) liegt. Man könnte diese Konstruktion eine krypto-kolonialistische nennen: Sie dient dazu, Rohmaterial aus Nepal zu verfrachten und indische Industriegüter hineinzupumpen, sie ist ungeeignet, Nepal als Volkswirtschaft zu entwickeln. Deshalb tauchte bereits im 2. Entwicklungsplan die Absicht auf, einen „East-West-Highway" (spätere Namensgebung *Mahendra Highway*) zu bauen, der Nepal gewissermaßen als verkehrstechnisches Rückgrat dient und von dem aus dann nach und nach die Gebirgszonen erschlossen werden. Wenn auch allgemein Einigkeit über die Notwendigkeit dieser Ost-West-Verbindung bestand, so gab es doch Differenzen bezüglich der Trassenführung. Die jüngere Wirtschaftsgeschichte Nepals hat zu einer beträchtlichen Konzentration von Menschen und wirtschaftlicher Aktivität nahe der indischen Grenze geführt. Nicht nur ist die Landwirtschaft des Terai relativ hochproduktiv, auch auf industriellem Gebiet haben Orte wie Biratnagar, Birgunj, Nepalgunj, Janakpur u. a. eine wenn auch bescheidene Bedeutung erlangt. Indien, als Hauptimporteur der nepalischen Ausfuhr, hat seine Endbahnhöfe bis dicht an die Grenze herangeschoben, so daß der Gedanke naheliegt, man könne sich dieses Transportpotentials am leichtesten bedienen, wenn man die nepalischen Produktionsstätten ebenfalls möglichst nahe an die Grenze setzt. Das ist bisher geschehen. Und aus dieser Tatsache leiten einige Sachverständige nun die

Karte 47: Verkehrskarte von Nepal
Auf dieser Karte wurde versucht, die Verkehrssituation in Nepal im Jahre 1969 hinsichtlich existierender, im Bau befindlicher und ernsthaft geplanter Strecken, unter Weglassung des Luftnetzes, wiederzugeben. Das Netz der Gebirgspfade wurde auf die wichtigsten Transportrouten beschränkt, vor allem solche, die die Handelswege nach Tibet und zur Ladakh-Lhasa-Handelsroute wiedergeben. Im indisch-nepalischen Grenzgebiet wurde vor allem Wert darauf gelegt, die Rolle des indischen Eisenbahnnetzes als Ergänzung zum nepalischen Eisenbahn- und Wegenetz zu zeigen. Auf die Wiedergabe des nordindischen Straßennetzes wurde verzichtet. Basiskarte 1 : 1 000 000.

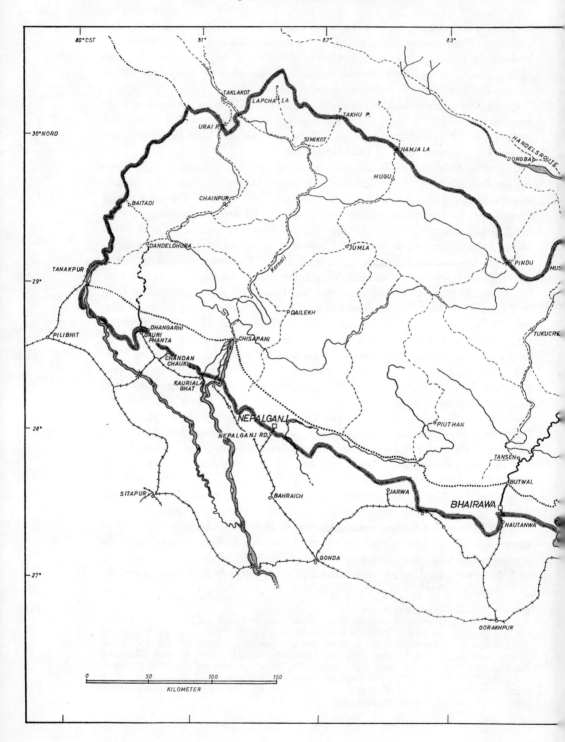

4. Verkehrsgeographie

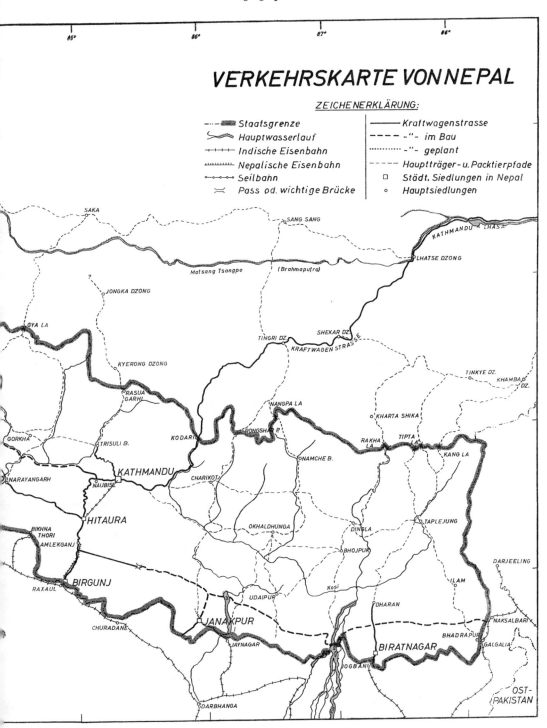

Forderung ab, die nepalische Ost-West-Fernstraße möglichst nahe der indischen Grenze verlaufen zu lassen.

Dieser Auffassung stehen allerdings erhebliche Einwände entgegen. Von technischer Seite kann argumentiert werden, daß die Überquerung der zahlreichen Flüsse im südlichen Terai wegen ihrer breiteren und unregelmäßigeren Betten viel schwieriger ist als an den Südhängen des Gebirges, wo sie nicht nur leichter zu überbrücken sind, sondern wo auch Baustoffe reichlich an Ort und Stelle zur Verfügung stehen. Indessen sind die sozialökonomischen und raumplanerischen Gegenargumente wesentlich schwerwiegender. Es hat sich nämlich gezeigt, daß die jungen nepalischen Industrien in Grenznähe von indischen Arbeitern (Grenzgängern) überschwemmt werden, während die ländliche Überschußbevölkerung Nepals im Bergland weitab wohnt und keine Chance hat, an die nichtlandwirtschaftlichen Arbeitsplätze zu kommen[12]. Eine Trassenführung in Grenznähe würde diese Tendenz noch weiter fördern und das sozialökonomische Ungleichgewicht Nepals weiter verstärken. Im Gegensatz dazu würde eine Ost-West-Fernstraße am Fuß der Gebirgsschwelle, gekoppelt mit einer entsprechenden Industrie-Standortpolitik, dazu führen, daß eine Entlastung der Grenzzone eintritt und eine engere Beziehung zwischen den Gebirgsbewohnern und der neuen Industriezone längs der Fernstraße entsteht. Dies ist glücklicherweise auch die von Nepal vertretene Auffassung.

Die Trassenführung wurde unter Berücksichtigung der topographischen und hydrographischen Gegebenheiten möglichst weit nach Norden gezogen, und die Geberländer für dieses nicht eben kleine Projekt, Indien, Großbritannien, die UdSSR und die USA, haben sich damit im Prinzip einverstanden erklärt.

Gegenwärtig befinden sich die einzelnen Bauabschnitte in folgendem Status (von Ost nach West):

Sattighatta (nepalische Ostgrenze) — Dhalkebar (Janakpur) (ca. 266 km): im Bau mit indischer Hilfe;

Dhalkebar (Janakpur) — Adhabar (südlich Hitaura) (121 km): nahezu fertiggestellt mit UdSSR-Hilfe;

Hitaura — Narayangarh (85 km): fertiggestellt mit US-Hilfe, aber stark verbesserungsbedürftig;

Narayangarh (Westufer) — Butwal (122 km): von den Briten übernommen und vermessen;

Butwal — Banbasa (Westgrenze) (434 km): prinzipiell als indische Hilfe zugesagt.

In diesem Zusammenhang dürften ein paar Größenordnungen von Interesse sein, die einen Eindruck von den technischen Schwierigkeiten und Kosten des Straßenbaus in Nepal geben. Für die Ost-West-Terai-Straße schließt z. B. der

---

12 Die Industriellen erklären allerdings, sie wären auf die indischen Arbeitskräfte ihrer besseren Qualifikation wegen angewiesen. Dieses Argument ist aus entwicklungspolitischen Gründen abzulehnen.

von der UdSSR gebaute relativ kurze Mittelabschnitt (121 km) den Bau von 200 größeren und kleineren Brücken ein, darunter zwei über 400 m lange Brücken über den Bagmati und den Bagiya. Die von den Chinesen zu bauende 176 km lange Gebirgsstraße von Kathmandu nach Pokhara wird zwei große, 26 mittlere und 87 kleinere Brücken und dazu 1 085 Durchlässe bekommen. Außerdem werden an drei Stellen Furten gemauert. Der schwache Punkt in der ganzen Planung für die Ost-West-Fernstraße ist allerdings die Überbrückung der Hauptströme Karnali, Narayani und Kosi. Wenn man unterstellt, daß die tausende kleiner Brücken und Durchlässe, die auf der ganzen Strecke erforderlich sind, ordnungsgemäß gebaut und unterhalten werden, so bleiben noch immer die Hauptströme, mit mehreren hundert, wenn nicht tausend Metern Breite, wenn man die Überflutungsregionen einbezieht. Aber bereits der Bau der kleineren Brücken und Durchlässe dürfte ungeahnte Probleme und Kosten mit sich bringen. Man muß sich vor Augen halten, daß die Ost-West-Fernstraße auf ihrer ganzen Länge quer zur Entwässerungsrichtung des nepalischen Himalaya gebaut wird! Wer den Zustand auch nur der Rapti-Tal-Straße nach der Regenzeit kennt, wird sich hier keinen Illusionen hingeben. Die Überquerung des Karnali scheint man bis zum späteren Bau einer Großstaumauer bei Chisapani aufschieben zu wollen. Nach Aufgabe des Kosi-Hochdammprojekts bei Barahakshetra benutzt die Ost-West-Fernstraße jetzt das von Indien gebaute und nahe der Grenze verlaufende Wehr des Kosi-Bihar-Bewässerungsprojekts als Brücke. Für den Narayani (Gandaki) bestehen solche Pläne nicht. Hier haben die Amerikaner seit Jahren dem erfolglosen Projekt einer Autofähre sowie einer Seilbahn zum Transport von Lastwagen viel Geld geopfert. Alljährlich führte die Monsunflut die Fähre davon, und ehe sie wieder installiert war, war eine neue Flutwelle fällig. Die Regierung von Nepal ist nun endlich zu der Überzeugung gekommen, daß nur der Bau einer permanenten Brücke bei Narayangarh erlauben würde, daß die Ost-West-Fernstraße ihre die Volkswirtschaft einende Rolle spielt. Allerdings werden die Kosten auf nRs. 20 Millionen (US-$ 2 Millionen) geschätzt.

Daß derartige Großbauvorhaben in Entwicklungsländern als Mittel der Arbeitskräfteabsorption genutzt werden sollten, ist gängige Auffassung. In diesem Zusammenhang ist es interessant festzustellen, daß die Chinesen beim Bau des Prithvi-Highway gleichzeitig 13 500 nepalische Arbeiter, die Inder am Siddhartha-Highway 6 000, die Russen an ihrem Ost-West-Fernstraßenabschnitt aber nur

Karte 48: Straßenbauplanung bis 1984
Diese Karte soll zunächst die Grundprinzipien der nepalischen offiziellen Straßenbauplanung deutlich machen: die Ost-West-Achse als Rückgrat und die Nord-Süd-Zubringerstraßen. Außerdem zeigen die Straßennummern (T 1 usw. = Fernverkehrsstraßen; F 1 usw. = Zubringerstraßen) gleichzeitig die Prioritäten in der Reihenfolge des Baus, wie sie im Augenblick anerkannt werden. Allerdings muß vielleicht mit erheblichen Änderungen in den Prioritäten, weniger in der Trassenführung, gerechnet werden. Die Trassenführung ist schematisch wiedergegeben, da noch keinerlei Feldstudien vorliegen. Basiskarte: Ministry of Public Works, Transport and Communication, „A 20 Year Highway Plan for Nepal, 2022–2041", Kathmandu, 2024 B.S.

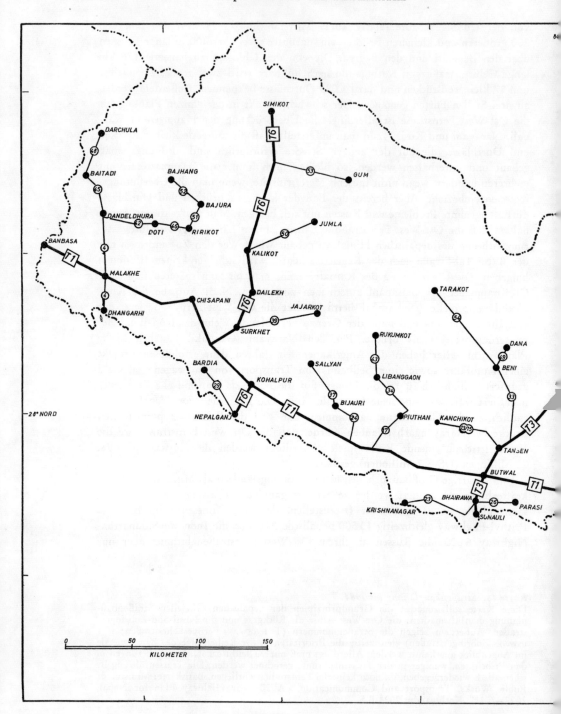

STRASSENBAUPLANUNG BIS 1984

ZEICHENERKLÄRUNG

— T2 — *Fernverkehrsstrasse (Trunk Road)*
— 4 — *Zubringerstrasse (Feeder Road)*

Die Nummer gibt die Priorität an.

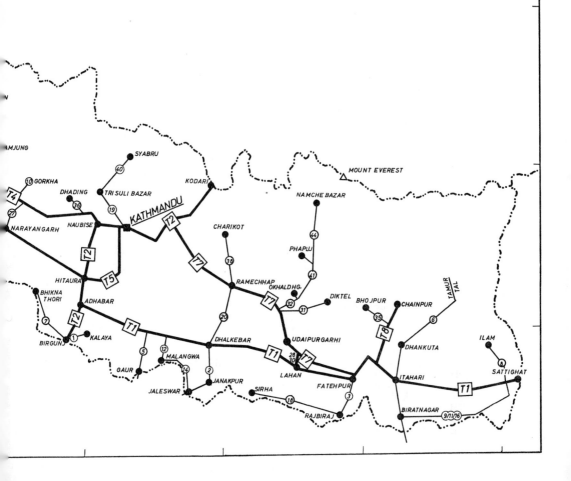

800 lokale Arbeiter einsetzten. Alle drei Straßen sind zwischen 100 und 200 km lang[13].

Wenden wir uns nun der Straßenbauplanung in Nepal zu.

Die Notwendigkeit, Straßen zu bauen, war bald erkannt. Es ist aber bis heute ein Problem geblieben, die Prioritäten für mögliche Trassenführungen herauszuarbeiten, weil es an allen statistischen Daten fehlt, die eine solche Planung möglich machen. Schließlich wurde, teilweise basierend auf einer Weltbankstudie aus dem Jahre 1965[8], von der Straßenbauabteilung der Regierung eine Planung bis zum Jahre 1984 vorgelegt, die in einem Zeitraum von 20 Jahren den Bau von 6 645 km Haupt- und Zubringerstraßen vorsieht. Karte 48 gibt einen Eindruck von dem Straßennetz Nepals, das 1984 existieren soll.

Die Hauptteile dieses Straßennetzes sind:
1. Die Ost-West-Fernstraße (1028 km)
2. Die Durchgangsstraße Indien-Kathmandu-Tibet) mit Alternative zur Indischen Straße (T5) (577 km)
3. Die Sunauli-Pokhara-Straße (206 km)
4. Die Nepalgunj-Simikot-Straße (537 km)
5. Die Kathmandu-Pokhara-Straße (176 km)
6. Die Sunkosi-Straße (Kathmandu — Östl. Terai) (226 km)
7. Die Arun-Tal-Straße (161 km).

Damit wird das Land zu einer Einheit verbunden, und zugleich werden einige bedeutende verkehrstechnische Einbrüche ins Gebirge erzielt.

Der Plan sieht weitere 54 Zubringerstraßen vor, die ebenfalls in der Karte in der Reihenfolge ihrer Priorität angegeben sind.

Abschließend sei noch darauf hingewiesen, daß Nepal nach den Planungen der Wirtschaftskommission für Asien und den Fernen Osten (ECAFE) und des Technischen Büros für die Asiatischen Fernstraßen in das im Ausbau befindliche „Asian Highway"-Netz einbezogen worden ist. Karte 49 zeigt einen Ausschnitt der Planung für Süd- und Südostasien und läßt erkennen, daß die Ost-West-Fernstraße in Nepal ein Abschnitt des Asian Highway No. 2 (Singapur-Bangkok-Dacca-Delhi etc.) ist. Damit würde Nepal nicht nur effektiven Zugang zu einem

---

[13] Im Rahmen der vom König lancierten Kampagne „Zurück zum Dorf" werden die Panchayat-Vorsitzenden ermutigt, freiwillige Arbeitsleistungen in den Dörfern für den Bau von besseren Wegen und „motorable roads" zu mobilisieren. Die Propaganda hat bewirkt, daß die Dörfler „ihre" Autostraße fordern und sich nicht lange bei verbesserten Träger- oder Packtierpfaden aufhalten. Das Ergebnis ist entmutigend, denn viel Enthusiasmus in den Dörfern (ohne den kein Land aufgebaut werden kann) wurde durch zu ehrgeizige Pläne ohne technische Sachkenntnis und Leitung verschlissen. Mit Hacke und Schaufel wurden „Autostraßen" über Reisterrassen und an Steilhängen entlang gebaut, die ein paar Stunden nach dem ersten Regen wieder in Morast verwandelt oder von Bergrutschen zu Tale getragen wurden. Bis jetzt hat die Regierung nichts unternommen, um etwa junge Ingenieure, von denen viele keine Anstellung haben, zur Leitung solcher Vorhaben einzusetzen. Die Presse ist voll von Berichten über neue Autostraßen, gebaut von Freiwilligen, aber nahezu alle unsere Versuche scheiterten, eine solche Straße auch nur mit dem Jeep zu befahren.

ausgedehnten internationalen Straßennetz haben, sondern auch finanzielle Hilfe von der Weltbank oder der Asiatischen Entwicklungsbank erhoffen können.

Die Situation des Eisenbahnverkehrs ist, wie sich denken läßt, keine besonders günstige. Das Gebirge selbst stellt dem Bau von Eisenbahnen erhebliche technische Schwierigkeiten entgegen, aber auch im Terai sind Bodenbeschaffenheit, Überflutungsgefahr und Auswaschungen nicht eben ermutigend. Allerdings hat die Existenz indischer Kopfbahnhöfe in Grenznähe immer wieder die Frage nach einer Fortsetzung der Linien in nepalisches Gebiet hinein aufgeworfen, und tatsächlich verfügt Nepal heute über zwei Eisenbahnsysteme, die als, wenn auch spurungleiche, Anschlußstrecken an die indischen Endstationen eine Bedeutung haben.

Die „Nepal Government Railway (N.G.R.)", die 1927 gebaut wurde, 46,4 km lang ist und von Birgunj/Raxaul nach Amlekhganj geht, war 30 Jahre lang Haupttransportweg nach Kathmandu, hat aber kürzlich den Betrieb eingestellt, nachdem sie jahrelang mit Defizit gearbeitet hatte. Verschiedene Umstände waren gegen ein Weiterbestehen der Bahn: die Verschiedenheit der Spur mit der indischen Linie, was ein Umladen an der Grenze erforderlich machte; das Fehlen eines Anschlusses an die Seilbahn in Hitaura, was ein Zwischenverladen auf Lastwagen nötig machte, und endlich die Konkurrenz der Straße selbst, die von der indischen Grenze nun direkt nach Kathmandu führt und ohne Umladen den Gütertransport gestattet. In jüngster Zeit interessieren sich indische Ingenieure allerdings für die Frage, ob man die Strecke nicht auf die indische Spur umbauen und bis Hitaura verlängern könnte, um sie so wieder rentabel zu machen.

Die „Nepal-Janakpur-Jaynagar-Railway (N.J.J.R.)", die 1930 gebaut wurde und 29 km lang ist, hat ein steigendes Transportaufkommen mit steigenden Einnahmen. Es wurde in der Presse berichtet, daß an einer Verlängerung bis Bhutana gearbeitet und eine Weiterführung bis Lalghat geplant ist. Diesem Ausbau sind allerdings nur geringe Chancen einzuräumen. Immerhin transportiert die Linie mehr als 300 000 Passagiere und 30 000 t Fracht im Jahr bei steigender Tendenz.

In diesem Zusammenhang sei erwähnt, daß einige Fachleute der Seilbahn eine Zukunft in Nepal voraussagen. Bereits 1932 wurde eine Materialseilbahn zwischen Kathmandu und Ghursing über eine Strecke von 27 km betrieben, die eine Kapazität von 8 t/h hatte, aber mangels geeigneter Unterhaltung verfiel. Mit amerikanischer Hilfe wurde 1960 eine neue Seilbahn Kathmandu-Hitaura gebaut, die bei 200 Achtstunden-Tagen 400 000 t im Jahr transportieren kann. Da diese Seilbahn aber ohne Rücksicht auf die Eisenbahn Raxaul – Amlekhganj gebaut worden war, verlor sie viel an Anziehungskraft und dient jetzt vor allem dem Transport von Massengütern.

Karte 49: Nepal im asiatischen Fernstraßennetz
Nach der ECAFE-Planung wird die nepalische Ost-West-Fernstraße ein Abschnitt des Asian Highway No. 2 werden. Die Karte beschränkt sich auf die Wiedergabe der Fernstraßen Nr. 1, 2, 5 und 41, die in einer Beziehung zu Nepal stehen. Es muß darauf hingewiesen werden, daß gegenwärtig noch erhebliche Lücken in diesem Straßennetz, nicht nur in Nepal, bestehen. Basiskarte: Asian Highway Network 1 : 7,5 Millionen.

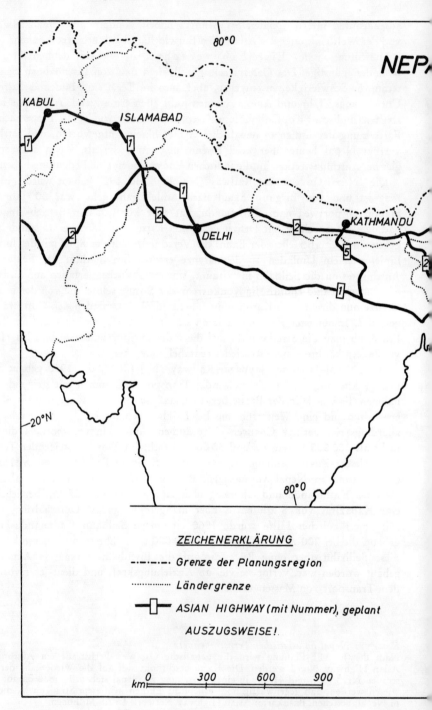

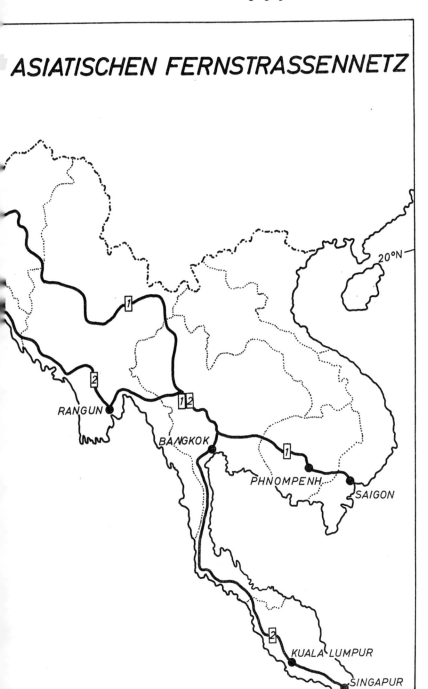

Der nach der Straße wichtigste Verkehrsträger ist in Nepal ohne Frage das Flugzeug. Der Gedanke liegt nahe, ein Land mit schwierigem Relief und ohne nennenswertes Straßensystem mit einem dichten Luftverkehrsnetz zu überziehen. Tatsächlich wurde etwa auch das Tal von Kathmandu über die Luft versorgt, ehe es eine durchgehende feste Straße nach Indien gab. Das erste Flugzeug landete dort im Jahre 1951, während es noch mindestens weitere fünf Jahre dauerte, ehe das Automobil die Hauptstadt von außen her sicher erreichen konnte. Noch eindrucksvoller ist die Geschichte des Verkehrs im Tal von Pokhara, wo 1952 zunächst das Flugzeug landete, das später, 1959, den ersten Geländekraftwagen entlud. 1961 wird als das Jahr genannt, in dem der Ochsenkarren in Pokhara eingeführt wurde[14].

Die Pionierleistung, die das Flugzeug vollbringen kann, ist unbestritten, und seine Bedeutung für den Personenverkehr wird auch weiter zunehmen. Es ist allerdings fraglich, ob die These, man solle die beträchtlichen Summen für den Straßenbau in Nepal lieber zum Ausbau und zur Subvention des Luftverkehrs benutzen, entwicklungspolitisch vertretbar ist.

Vor dem Beginn des 1. Entwicklungsplanes, also vor 1956, hatte Nepal nur ein Allwetter-Flugfeld (Kathmandu) und weitere vier unbefestigte Landebahnen (Pokhara, Bhairawa, Simra und Biratnagar). Immerhin war damit zum erstenmal in der Geschichte des Landes eine Schnellverbindung von der Hauptstadt in verschiedene Landesteile gegeben. Tabelle 29 zeigt die weitere Entwicklung des internen Flugnetzes; Schaubild 17 verdeutlicht die wachsende Bedeutung der Royal Nepal Airlines Corporation, die seit 1958, nach vorübergehender indischer Aktivität, das innere Luftnetz betreibt und auch Verbindung nach Indien und Ost-Pakistan unterhält.

Dies gilt aber nur für den Personenverkehr.

Tabelle 29: Entwicklung der Flugplätze in Nepal

Zeitraum	Allwetter-Flugplätze	Gutwetter-Flugplätze	STOL-Felder[a]
Vor dem 1. Plan (1956)	1	4	—
Am Ende des 1. Planes (1961)	1	11	—
Am Ende des 2. Planes (1965)	2	11	3
Planziel für 1970	5	9	23

a) STOL = short take off and landing (Kurzstreckenstarter).
Quelle: Verschiedene Planungsdokumente und Zeitungsberichte.

---

14 Harka B. Gurung, „The Pokhara Valley" (Geogr. Dissertation), Edinbourgh 1964; ders. „Report on a Geographical Survey of the Pokhara Valley", London 1965. Es wird berichtet, daß es Ende 1962 im Tal von Pokhara 3 Geländekraftwagen, 22 Ochsenkarren und 136 Fahrräder gab. Im Gegensatz dazu berichtet Toni Hagen, daß er bereits 1953 das Entladen des ersten Ochsenkarrens aus dem Flugzeug in Pokhara beobachtet habe, doch kann es sich hier um ein einmaliges Ereignis ohne nachhaltige Wirkung gehandelt haben.

4. Verkehrsgeographie 205

LEISTUNGSENTWICKLUNG DER R.N.A.C.

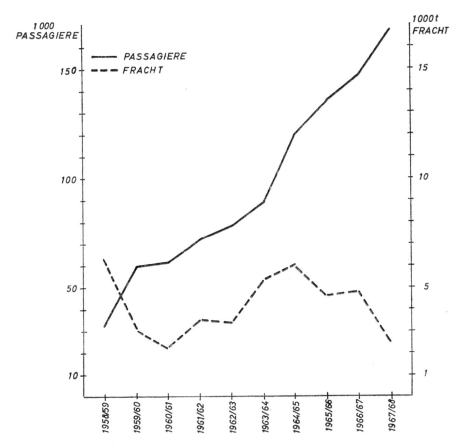

Schaubild 17: Leistungsentwicklung der Royal Nepal Airlines Corporation

Die Zahl der planmäßigen Dienste stieg von 21 je Woche (1958) auf 62 je Woche (1968) und die der Flugstunden von 1 510 auf 9 099 im gleichen Zeitraum.

Noch immer leidet das interne nepalische Flugsystem an entscheidenden Mängeln. Es ist stark wetterabhängig, es fehlen noch fast alle Navigationshilfen, es gibt keine Nachtlandemöglichkeiten, und das System der Buchungen und vor allem der Rückbuchungen ist häufig Ursache für die Verstimmung der Reisenden.

Auf der anderen Seite haben vor allem die STOL-Felder wesentlich zur Erschließung der Bergzonen beigetragen. Sie können, wie der Name sagt, zwar nur von Spezialflugzeugen angeflogen werden, die mit besonders kurzen Bahnen zum

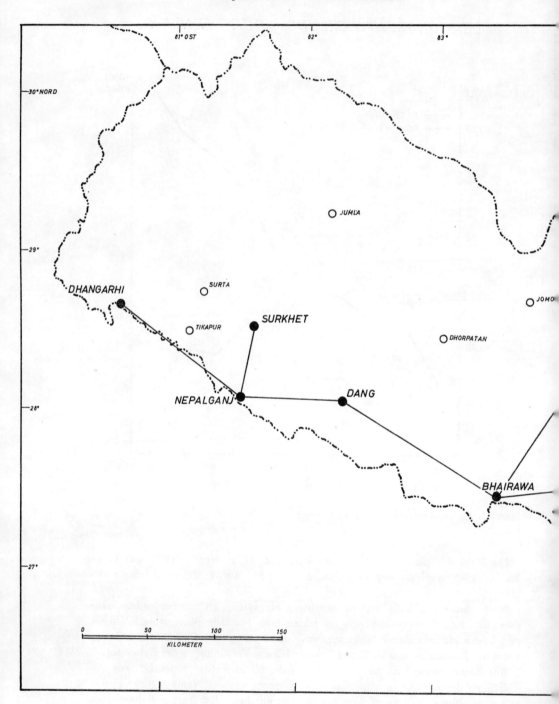

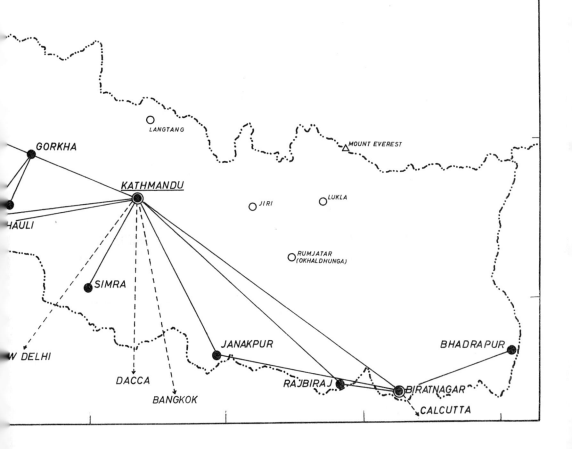

Landen und Starten auskommen, aber sie ermöglichen doch einen schnellen Kontakt zwischen Regierung, technischen Beratern, Ärzten usw. aus der Hauptstadt mit den Bewohnern selbst abgelegener Täler. Die R.N.A.C. kündigte 1968 einen planmäßigen Flugdienst mit Hubschraubern zu verschiedenen Gebirgsplätzen an, doch scheiterte der Versuch bald am Mangel an Flugzeugen, an der geringen Zahl der Flüge pro Monat und der scharfen Gewichtsbegrenzung. Neue Pläne sehen den Einsatz größerer STOL-Flugzeuge (etwa Twin Pioneer) vor und scheinen realistischer zu sein.

Karte 50 zeigt das Flugnetz Nepals im Jahre 1969. Sie läßt das Schwergewicht des planmäßigen Dienstes zwischen Kathmandu und den größeren Orten im Terai erkennen und macht deutlich, daß die Zahl der Flüge in die Gebirgszone gering ist. Hier allerdings bietet eine Anzahl von STOL-Feldern Chancen für den Charterdienst.

Der Bestand an Maschinen (die R.N.A.C. besaß 1967/68 8 DC-3, 1 Fokker F-29, 2 Helicopter und 2 chinesische AN-2 Harvesters) ist überaltert und unökonomisch und bedarf dringend des Austauschs gegen modernere Typen. Der Ehrgeiz Nepals geht dahin, einen internationalen Flughafen zu bekommen, der von einigen der großen Linien direkt angeflogen wird, also auch in der Lage ist, moderne Düsenmaschinen aufzunehmen (gegenwärtig fliegt allein die Thai International Kathmandu mit der Caravelle an, die allerdings nur mit Bremsfallschirm landet!). Die Frage, ob das Tal von Kathmandu für einen solchen Flugplatz geeignet ist, und wenn nicht, welcher Ort im Terai mit ungehinderter Schnellverbindung zur Hauptstadt für einen solchen Flugplatz in Frage käme, dürfte in absehbarer Zeit geprüft werden. Es ist verständlich, daß Kathmandu bei der weiteren Belebung seines Tourismus nicht von indischen Zubringerdiensten abhängig sein möchte.

Die landabgeschlossene Lage Nepals und seine Abhängigkeit von der Gewährung der Durchfahrt durch Indien führte zu allerlei Versuchen, diese Barriere zu durchbrechen. Aber die Tatsache, daß Nepal seine Südgrenze nur mit Indien gemeinsam hat (von Ost-Pakistan ist es durch einen kaum mehr als 20 km breiten Korridor indischen Gebietes getrennt), liefert das Land dem guten Willen dieses seines Nachbarn aus. Auf der Suche nach einer Lösung wurde die Frage der Binnenschiffahrt von den nepalischen Hauptflüssen über den Ganges nach Kalkutta ventiliert, wobei natürlich auch ein solcher Weg, wäre er technisch gangbar, der Zustimmung Indiens bedürfte. Man hat auch Überlegungen angestellt, inwieweit nepalische Ströme in Richtung Gebirge etwa mit Motorbooten befahren werden könnten, um die Defizitgebiete mit Getreide zu versorgen. Ein positives

Karte 50: Das Luftverkehrsnetz von Nepal
Das Luftverkehrsnetz im Jahre 1969 ist noch immer auf das Terai konzentriert. Nur Pokhara, Gorkha und Surkhet sind Gebirgsflugplätze. In der Regenzeit bricht der Flugverkehr häufig zusammen, wenn die Plätze ohne Betonlandebahn unbenutzbar werden. Es gibt in Wirklichkeit mehr STOL-Felder in Nepal, als auf der Karte angegeben sind, aber viele wurden niemals benutzt. Hubschrauber können praktisch überall landen, wenn sie die entsprechende Höhe erreichen, wobei ihnen Grenzen gesetzt sind. Basiskarte: US/AID Nepal M 293, 1964, 1 : 1 000 000.

4. Verkehrsgeographie

Gutachten, das von einem indischen Ingenieur im Auftrage der Vereinten Nationen über die Möglichkeit der Binnenschiffahrt von Neapel nach Kalkutta erstellt wurde, kann nicht überzeugen. Er hält den Narayani (Gandaki) für am besten geeignet, schlägt einen nepalischen Binnenhafen bei Narayangarh vor und verläßt sich auf die positiven Auswirkungen eines bei Farakka im Bau befindlichen Dammes über den Ganges, der den bei Kalkutta mündenden Gangesarm Bhagirathi wieder so weit mit Wasser füllen soll, daß er, wie in früheren Zeiten, schiffbar wird. Es wird zwar darauf hingewiesen, daß der Ganges vor hundert Jahren bis hinauf nach Garmukhteswar schiffbar für Dampfer war, aber der Bericht übersieht vollkommen, daß alljährlich mehr und mehr Wasser zur Bewässerung aus allen indischen Strömen gezogen wird und daß deshalb heute, außer in den Hochfluten des Monsuns, nicht einmal flache Dampfboote auf dem Fluß operieren können. Abgesehen davon zeigt die Hydrographie aller an diesem Projekt beteiligten Flüsse, daß beträchtliche Regulierungsarbeiten, Schleusen usw. erforderlich wären, um die Voraussetzungen dafür zu schaffen.

Es ist offensichtlich, daß die S t r a ß e der Hauptverkehrsträger Nepals sein wird und muß, schon allein deshalb, weil sie auf lange Sicht die niedrigsten Transportkosten verspricht. Sie stellt nicht nur eine Verbindung zwischen zwei Punkten (wie das Flugzeug) oder zwischen einer Kette von Punkten (wie die Eisenbahn) her, sondern bedient eine Zone mehr oder weniger flächenmäßig, was für die Entwicklung eines Landes von großer Bedeutung ist. Sie kann ohne kostspielige Maßnahmen unterhalten werden und bietet im Laufe der Entwicklung Tausenden von Familien ein nichtlandwirtschaftliches Einkommen, nicht zu sprechen von denen, die sich ihrer als Transporteure, im Gaststätten- und Beherbergungsgewerbe usw. bedienen. Die Möglichkeit, existierende nationale Fernstraßen durch lokal erstellte Zubringerstraßen zu bedienen, ist gegeben und wird bereits durch Maßnahmen dörflicher Selbsthilfe in weiten Teilen des Landes genutzt. Unter Berücksichtigung der geographischen Gegebenheiten wäre es allerdings unrealistisch, zu aufwendige Straßen in die Gebirgsregionen zu treiben[15]. Relativ schmale und steile Straßen, die mit Personenwagen, Lastwagen und Bussen etwa vom Typ Landrover zu befahren wären, dürften als Zubringerstraßen geeignet sein. Die Regierung sollte aber vor allem auch ihr Augenmerk dem Ausbau der Träger- und

---

[15] Es dürfte interessant sein, sich einmal die Kosten des Straßenbaus in Nepal vor Augen zu führen. Nach Schätzungen des Roads Department muß man mit etwa folgenden Größenordnungen rechnen:

Breite der Straße (in m)	Kosten je km in 1 000 nRs.			
	Fernstraße		Zubringerstraße	
	im Terai	im Gebirge	im Terai	im Gebirge
3,50	400	500	—	300
5,00	500	700	300	400
6,00	600	800	400	500
7,00	800	900	500	—

Quelle: Department of Roads, Planning Branch, „A 20 Year Highway Plan for Nepal" (B.S. 2024).

Packtierpfade zuwenden, denn viele Gegenden, für die heute Straßenbaupläne bestehen, werden wohl niemals von einem Auto erreicht werden.

Eisenbahnen dürften nur begrenzte Bedeutung für die Zukunft haben. Spurgleiche Verlängerungen des indischen Netzes bis zu evtl. neuen Wirtschafts- und Handelszentren im nördlichen Terai mit Übergang zu Lastwagentransport auf der Ost-West-Fernstraße wären gerechtfertigt. Die Vorstellung, die Gebirgszone durch Seilbahnen zu erschließen, ist unrealistisch und berücksichtigt nicht die geringe Anwendungsbreite dieses Verkehrsmittels. Eher wäre schon der Bau einer Pipeline über das Gebirge ins Tal von Kathmandu zu erwägen, um den Tribhuwan Rajpath von den vielen Tankwagen zu entlasten.

Der Luftverkehr hat fraglos eine Zukunft, die auch durch den Ausbau eines Straßennetzes nicht in Frage gestellt ist, doch wird das Flugzeug, wie ausgeführt, nicht die Straße ersetzen können.

Natürlich hat das Transportsystem Nepals eine bedeutende soziologische Basis. Tausende von Menschen verdienen ihren Lebensunterhalt entweder als professionelle Träger oder indem sie ihre eigenen Produkte in tage- und wochenlangen Märschen zum Markt bringen und dagegen eingelöste Güter zurücktragen. Träger bei den bekannten Hochgebirgstouren im höchsten Nepal haben nicht nur Geld, sondern auch Ausrüstungsstücke als reiche Bezahlung erhalten. Abgesehen vom Hochgebirgstourismus ist das Trägerwesen in dem Maße bedroht, in dem die Straßen zu einem Netz zusammenwachsen. Jahrhundertealte Träger-Handelspfade, so etwa von Kathmandu über Chautara, Jalbire und Ghumthang nach Kodari an der tibetischen Grenze, sind seit Eröffnung der Kathmandu-Kodari-Straße verwaist. Indessen darf dieser Einbruch nicht überbewertet werden: Der Straßenbau wird die echten Trägergebiete kaum erreichen, und wahrscheinlich wird man dort sogar den Packtiertransport als Alternativlösung gezielt fördern. Straßenbau und -unterhaltung bieten reichlich neue Arbeitsplätze an, und weite Teile Nepals werden wohl niemals dem modernen Verkehr erschlossen werden.

5. Hydrogeographie

„Beträchtliche Zerstörung an der Straßenverbindung verursachte der Rapti im Gebiet von Madi (Chitwan). Der Bagmati beschädigte etwa 60 Häuser, und mehrere Getreidesilos wurden in der Nähe von Gaur (Rautahat) fortgespült. Leichen trieben auf dem aufgewühlten Wasser, und die beiden Brücken bei Kalaya (Bara) wurden fortgerissen. Der Verkehr ist vollkommen lahmgelegt. Ein neun Meilen langer Abschnitt der Eisenbahnstrecke nach Janakpur ist durch eine beispiellose Flutwelle zerstört worden." („The Rising Nepal" vom 31. 8. 1966)

„Die Fluten von Jalad, Jamuni und Bigi haben in mehreren Dorf-Panchayats im Distrikt Dhanusa 250 Häuser zerstört und weitere 30 schwer beschädigt. Getreidekulturen auf 840 ha wurden verwüstet und zwei Trinkwasserteiche durch Sandeinschwemmungen unbrauchbar." („The Rising Nepal" vom 19. 7. 1967)

5. Hydrogeographie

„Nach drei Tagen ununterbrochenen Regens hat der Jhiku Khola 5 ha Reisland östlich von Jorpati Panchkhal (Kabhre Palanchok) überflutet, das Gelände der Vidyamandir-Schule unter Wasser gesetzt und Häuser und Läden fortgeschwemmt. Einige Händler wurden nach Chanppipal evakuiert." („The Rising Nepal" vom 16. 7. 1968)

Derartige Berichte können in beliebiger Zahl über die Jahre hinweg fortgesetzt werden. Sie vermitteln auch dem Unerfahrenen den Eindruck, daß Nepal offenbar hilflos seinen gigantischen Wassermassen ausgesetzt ist, daß diese Kräfte eher zerstören, als daß sie in den Dienst des Menschen gestellt werden. Dieser Eindruck täuscht nicht.

Die hydrologischen Gegebenheiten eines Landes lassen wichtige und interessante Rückschlüsse auf Entwicklungsmöglichkeiten im wirtschaftlichen Sinne zu, sie eröffnen aber auch den Einblick in schwerwiegende Probleme. Im Falle Nepals wird der Zusammenhang zwischen Klima und Bodenbeschaffenheit besonders klar, wenn man die Regime der Flüsse und die Grundwasserreserven im Zusammenhang mit Wasserkrafterzeugung, Bewässerung und vor allem Bodenstabilität betrachtet. Dies soll in diesem und den folgenden Kapiteln geschehen. Die Hydrogeographie hat zunächst die Aufgabe, möglichst exakte Daten über den Wasserkreislauf eines Landes anzubieten, über die Flüsse und ihr Regime, über Quellen und Seen und schließlich über die Wasserreserven im Untergrund und in Form von Schnee und Eis auf den Höhen der Berge. Hier muß vorausgeschickt werden, daß Untersuchungen auf diesen Gebieten zur Zeit noch recht spärlich und nur wenige Daten bisher zur Veröffentlichung gelangt sind. Dennoch genügt das wenige, was bekannt ist, um ein hydrogeographisches Bild von Nepal zu zeichnen, das dem Leser Einblick in faszinierende Tatsachen vermitteln dürfte.

Zwei Fakten bestimmen primär das hydrogeographische Bild Nepals: erstens seine Lage an der Südflanke des Himalaya-Massivs, die von unter 100 m bis über 8 000 m Höhe über dem Meere reicht (wobei gleich der Einschluß eines begrenzten Gebiets der Nordhimalayischen Trockenzone ins nepalische Staatsgebiet erwähnt werden soll); und zweitens seine Einbezogenheit in die Monsunzone Asiens. Ein dritter, sekundärer Umstand trägt ebenfalls zur hydrogeographischen Charakterisierung Nepals bei: seine wenig stabile Gebirgsbodenstruktur bei fortschreitender anthropogener Degradation der Pflanzendecke.

Betrachten wir den Verlauf der nepalischen Flußsysteme in ihrer Beziehung

Karte 51: Hydrographische Karte von Nepal
Die Einzugsgebiete der drei großen nepalischen Flußsysteme sind bis zur südlichsten Meßstation eingetragen, ebenso wie die der in der Arbeit erwähnten kleineren Systeme. Man erkennt deutlich, daß alle drei Systeme mehr oder weniger weit in tibetisches Gebiet hineinragen und das des Arun-Systems sich auf nur wenige Kilometer dem Tsangpo/Brahmaputra-Strom nähert. Die leichte Verschiebung der Nordwestecke Nepals aufgrund des chinesisch-nepalischen Grenzabkommens von 1961 nach Norden hat das Land mit einem winzigen Zipfel sogar ins Einzugsgebiet des Indussystems gebracht, vorausgesetzt, daß die von diesem Gebiet vorhandenen Karten stimmen. Zur Verbesserung der Übersicht wurde das Flußnetz auf indischem und tibetischem Boden nur mit seinen Hauptwasserläufen wiedergegeben. Basiskarte 1 : 1 000 000.

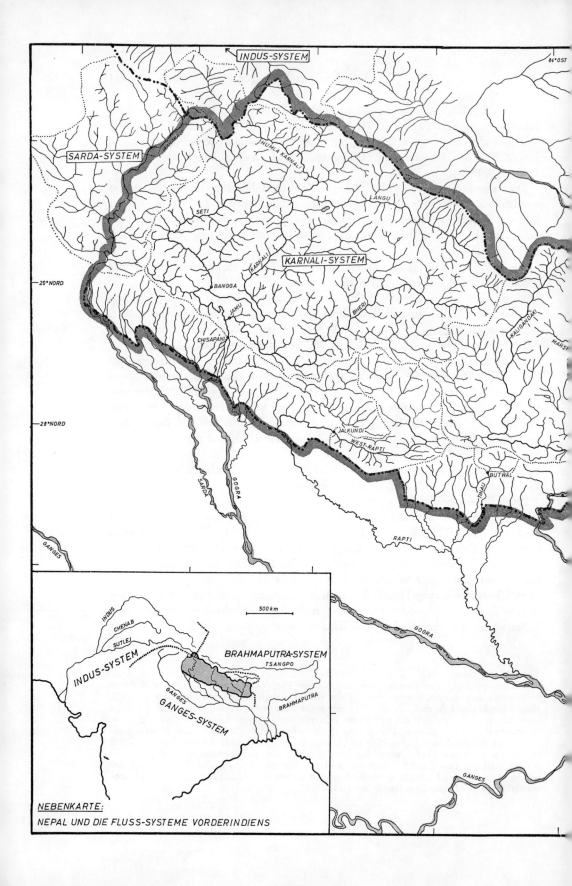

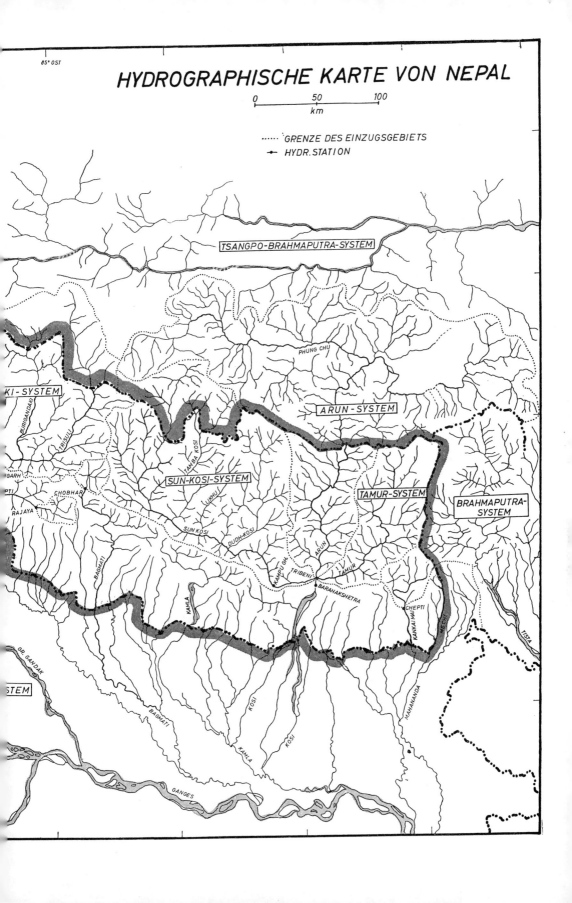

zum Relief des Landes, so eröffnet sich ein interessanter Zusammenhang zwischen Erdgeschichte und Hydrographie. Ein Blick auf die Karte genügt schon, um zu zeigen, daß wir es hier mit dem seltenen Phänomen zu tun haben, daß die Wasserscheide nicht über die höchsten Kämme des Hauptgebirges verläuft, daß vielmehr zahlreiche und bedeutende Ströme ihr Quellgebiet nördlich der Hauptkette haben und dieses in gigantischen Traverstälern durchbrechen (vgl. Karte 51 in Zusammenhang mit Karte 8). Die Hauptflüsse Nepals, die ausschließlich nach Süden ins Ganges-System entwässern, stoßen aber nach Überwindung der Himalaya-Hauptkette weiter südlich auf ein anderes Hindernis, die Mahabharat-Kette, die ihrerseits eine Wasserscheide ist und die die Hauptströme, nachdem sie ihrer Nordflanke in östlicher (der Tamur in westlicher) Richtung gefolgt sind, an einigen schwachen Stellen durchbrechen, um sich dann endlich in die gangetische Ebene zu ergießen.

Nachdem verschiedene Forscher erdgeschichtliche Begründungen dieses Phänomens erarbeitet hatten, die sich auf rückschreitende Erosion oder isostatisch bedingte Hebungen beziehen, scheint die Auffassung des Schweizer Geologen Toni Hagen besonders bemerkenswert[1]. Danach faltete sich der Himalaya erst auf, als schon Flüsse von dem älteren Tibetischen Randgebirge nach Süden flossen, und da der Auffaltungsprozeß des Himalaya langsam vor sich ging, konnten diese Flüsse ihre Schluchten hineingraben und sozusagen mit dem Wachstum Schritt halten, bis die Gipfel des jungen Himalaya die des alten Randgebirges überragten und der Prozeß mehr oder weniger zum Stillstand kam. Ein ähnlicher Prozeß in geringerem Umfange wiederholte sich dann mit der Mahabharat-Kette.

Karte 52 zeigt den Querschnitt eines der wichtigsten nepalischen Himalayadurchflüsse, den des Gandaki, der am Tibetischen Randgebirge entspringt, die Hauptkette des Himalaya in einer eindrucksvollen Schlucht durchbricht, seinen Weg durchs nepalische Mittelland findet und schließlich, einen geologischen Defekt nutzend, als Narayani die Mahabharat-Kette durchbricht und sich ins Terai ergießt. Wirtschaftsgeographisch ist dabei interessant, daß diese Durchbrüche der Hauptflüsse seit Menschengedenken wichtige Handelswege sind und wichtige Verbindungslinien zwischen dem indischen und dem tibetischen Element darstellen.

Hier bedarf es einiger Worte zur Morphologie der Himalaya-Täler. Obwohl die meisten von ihnen Erosionstäler sind, so sind doch einige klar als Synklinaltäler zwischen zwei Faltungen zu erkennen. Vor allem die zahlreichen *duns* in den Churia-Bergen gelten als Synklinaltäler. Auch das Kathmandu-Tal wird zu den Synklinaltälern gerechnet, obwohl es durch beträchtliche Alluvialschichten am Boden und an den Hängen der Randberge modifiziert ist. Aber am charakteristischsten für den Nepal-Himalaya dürften wohl die bereits erwähnten antezedenten Quertäler sein, die den sich in tiefe Schluchten eingrabenden Flüssen folgen. Untersuchungen am Arun in Ost-Nepal haben ergeben, daß dieser durch rückschreitende Erosion tibetische Flußsysteme angezapft hat, und man kann sagen, daß praktisch alle Hauptflüsse Nepals ihr Quellgebiet nördlich der Linie haben,

---

[1] Toni Hagen, „Nepal, Königreich am Himalaya", 1960, S. 50 ff.

die die Hauptgipfel der Himalaya-Kette miteinander verbindet. Zahlreiche Nebentäler der Himalaya-Hauptflüsse zeigen nicht die gleiche Erosionskraft wie die letzteren, und so ist es nicht selten, daß die Haupttäler weit tiefer eingegraben sind und die Nebenflüsse daher über einen Wasserfall auf den Hauptfluß treffen. Alles in allem sind die Himalaya-Täler zu den jungen Tälern zu zählen, die sich in einem frühen Entwicklungsstadium befinden. Sie sind durch wiederholte Anhebungen der inneren Ketten immer wieder verjüngt worden, und die Steilheit der Hänge gerade in Mittelnepal, ihre Anfälligkeit gegenüber allen Eingriffen von außen, machen die Entwicklung des Landes außerordentlich schwer[2].

Talauen sind selten in der Gebirgszone, und Siedlungen liegen meist an den Hängen, auf den Kämmen oder auf Hochplateaus. Periodische Hochwasser haben wenig direkte Einwirkung in dieser Zone (über ihre indirekte Einwirkung in Form von Erdrutschen werden wir uns weiter unten äußern). Völlig anders liegen die Verhältnisse im Terai. Hier treten die Hauptflüsse mit all ihrer Wasserkraft durch ein enges Quertal in der Mahabharat-Kette und ergießen sich in die effektiv uferlose Ebene. Sie verlieren schnell an Geschwindigkeit und lagern folglich das reichlich mitgeführte Geschiebe ab. Die Wassermassen überdecken in der Hochflut nicht nur weite Gebiete von Kulturland, durch die Ablagerungen werden auch fruchtbare Äcker in sterile Steppen verwandelt, und die Aufhäufung von Sandbänken läßt den Hauptfluß ständig sein Bett ändern. Der Sapt-Kosi, einer der mächtigsten Ströme des Himalaya, liefert für diesen Komplex das eindrucksvollste Beispiel, das später ausführlich gegeben werden soll. Die Terai-Bauern befinden sich in einer Zwickmühle: sie benötigen reichlich Wasser in der Regenzeit und kurz danach, um ihre Reisernte zu sichern; sie müssen aber auch gleichzeitig ihre Felder vor Überschwemmungen, Auswaschungen und Versandungen schützen.

Die kürzeren Teraiflüsse, die nur von der Churia- oder der Mahabharat-Kette zufließen, sind einem sehr starken Wechsel in der Wasserführung unterworfen, da sie fast vollkommen von den (periodischen) Regenfällen abhängen und Speisung aus Quellen dürftig ist, wenn sie nicht überhaupt fehlt. In zahllosen Fällen haben wir es überhaupt mit episodischen Flüssen zu tun. Dessen ungeachtet spielen sie eine lebenswichtige Rolle für die Reiskulturen des Terai, wennschon sie dieser Rolle nicht immer gerecht werden.

Nachdem wir uns mit dem Einfluß des Reliefs auf die Hydrographie befaßt haben, wollen wir nun die klimatischen Einflüsse untersuchen. Dies kann verhältnismäßig summarisch erfolgen, denn die Klimatologie Nepals wurde bereits

---

2 Pradyumna P. Karan, „Nepal, A Cultural and Physical Geography", 1960, S. 17 ff.

Karte 52: Gefällskurve des Gandaki
Der im Oberlauf Mustang Khola, im Mittellauf Kaligandaki und im Unterlauf Narayani genannte Hauptfluß des Gandak-Systems entspringt am Tibetischen Randgebirge (Mustangbhot Himal), durchbricht mit starkem Gefälle die Himalaya-Hauptkette, wird vom Mahabharat-Gebirge aufgehalten, folgt diesem mit nur geringem Gefälle etwa 100 km nach Osten, um schließlich bei Narayangarh ins Terai durchzubrechen. Die Orientierungskarte unter der Gefällskurve gibt ein maßstabgerechtes Bild von oben. Basiskarte für die Gefällskurve 1 : 250 000, für die Orientierungskarte 1 : 506 880

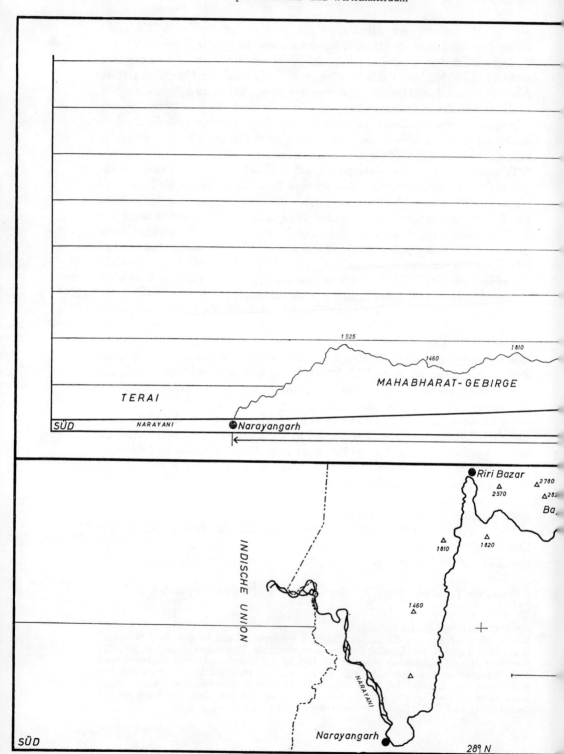

5. Hydrogeographie

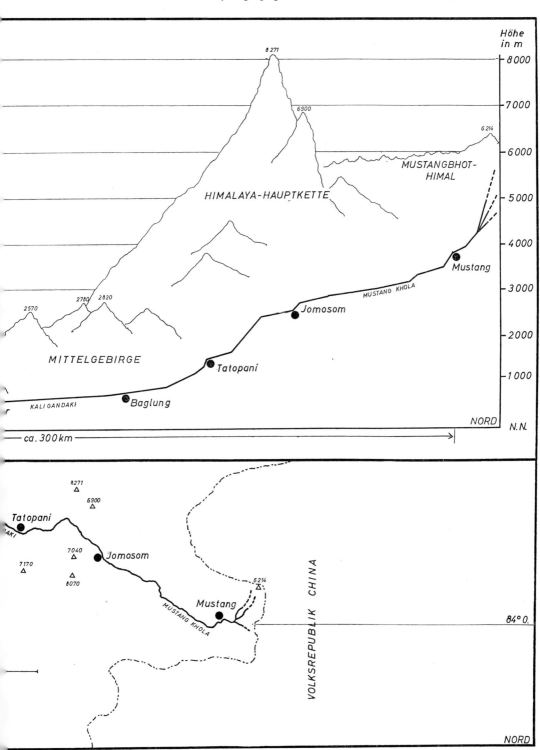

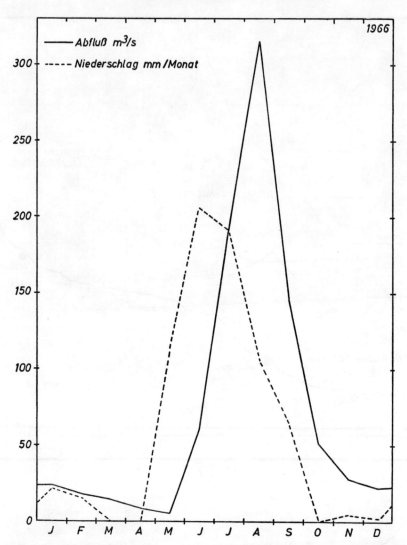

Schaubild 18: Zusammenhang zwischen Niederschlägen und Abflußregime eines regen- und quellgespeisten Flußsystems
Der Westliche Rapti bezieht sein Wasser von einem kleinen Einzugsgebiet, das etwa bis 90 km nördlich der indischen Grenze reicht und ein Gebiet entwässert, das sich bis 3 500 m erhebt. In der Mitte dieses kleinen Gebietes liegt der Ort Libanggaon, der eine Station für Regenmessung hat. Das Hydrological Department hat eine Abflußkontrollstation für den Rapti in Jalkundi bei Amile angelegt, bevor der Fluß aus dem Tal in die Ebene tritt. Von beiden Stationen wurden die monatlichen Daten des Jahres 1966 genommen und in zwei Kurven gegenübergestellt. Es wird deutlich, daß der quellgespeiste Fluß bis zum Mai immer mehr an Wasser verliert und sich dann mit einer kurzen Verzögerung nach Einsetzen der sommerlichen Regenfälle im Mai rasch zu höchstem Wasserstand füllt. Das Abklingen des Hochwassers verzögert sich gegenüber dem Nachlassen der Regenfälle. Basis: Daten aus „Surface Water Records of Nepal, Supplement No. 1, 1966" und „Climatological Records of Nepal 1966", Kathmandu 1968.

5. Hydrogeographie

ausführlich dargestellt. Für die Beziehung zwischen Niederschlägen und Hydrologie spielen aber nicht nur die Regenfälle, sondern vor allem auch die Wasserreserven in Form von Schnee und Eis eine wichtige Rolle. Bekanntlich konzentrieren sich 80 % der Niederschläge auf die Sommermonate Juni bis September. Gleichzeitig haben wir aber auch die Zeit der größten Schneeschmelze. Regengespeiste Flüsse schwellen durch die heftigen Niederschläge schlagartig an. Schaubild 18 vermittelt einen Eindruck vom Zusammenhang zwischen den Nieder-

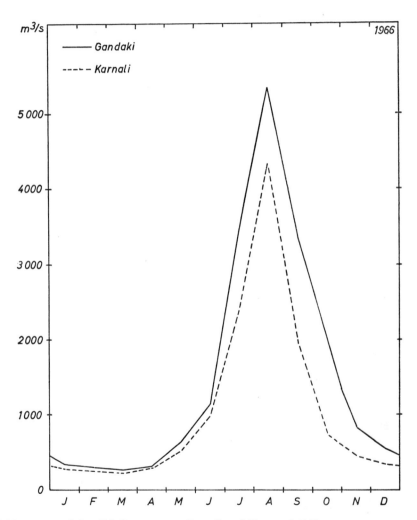

Schaubild 19: Monatliche Abflußmengen von Karnali und Narayani 1966
Die Graphik zeigt das Abflußregime in monatlichen Mittelwerten von zwei Flüssen, die gletscher- und regengespeist werden. Man erkennt das steile Zunehmen der Abflußmenge im April mit Beginn der Schneeschmelze, zu der dann im Juni der Monsunregen tritt. Basis: Daten des Hydrological Survey Department.

schlägen und dem Abflußregime eines regengespeisten Flusses. Regen- und schnee- bzw. gletschergespeiste Flüsse erhalten zusätzliche Wassermassen zum Abtransport nach Süden. Dieser Umstand drückt sich im Abflußregime der nepalischen Flüsse, soweit sie bis jetzt registriert wurden, deutlich aus. Die Schaubilder 19 und 20 stellen diese Verhältnisse graphisch dar. Der Südwest-Monsun beginnt in Ost-Nepal und wirkt sich hier auch am stärksten aus. Nach Westen lassen die Niederschläge nach, und mit der Gebirgshöhe nehmen sie zu, wenn es auch zahlreiche im Regenschatten liegende Trockentäler gibt. Aber dieses System sichert ein ständiges Auffüllen der Schneereserven auf den Himalaya-Ketten, von denen die Flüsse gespeist werden.

Nepal gehört als Ganzes in das Flußsystem des Ganges, denn alle seine Flüsse sind Nebenflüsse dieses mächtigen Stromes. Betrachtet man diese Nebenflüsse allerdings im einzelnen, so stellen sie selbst Flußsysteme mit zwar bescheidenem Einzugsgebiet, aber enormen Wasserfrachten dar. Dies zeigt ein Vergleich mit deutschen Strömen. Die Elbe hat ein Einzugsgebiet von etwa 145 000 km², also ungefähr so viel wie die drei Hauptflüsse Nepals zusammen. Ihre mittlere Jahreswasserfracht von rd. 22 Milliarden m³ entspricht aber nur etwa der Hälfte der-

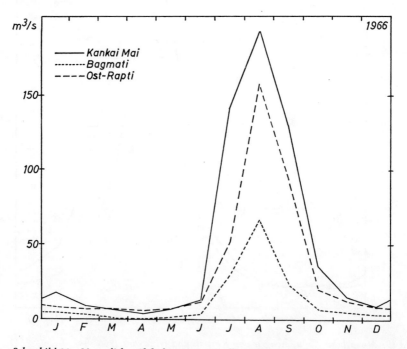

Schaubild 20: Monatliche Abflußmengen von Östl. Rapti, Bagmati und Kankai Mai
Hier handelt es sich um das Abflußregime von Flüssen, die nur auf Quell- und Regenwasser angewiesen sind und deren Steilanstieg deshalb erst im Juni mit dem Monsunbeginn einsetzt. Basis: Daten des Hydrological Survey Department.

5. Hydrogeographie

jenigen des Karnali oder der des Sun-Kosi bei Kampu Ghat, d. h. nur 15 % der Jahreswasserfracht der drei nepalischen Hauptflüsse. Der Rhein hat ein Einzugsgebiet von 225 000 km², also 54 % mehr als das Staatsgebiet Nepals. Seine mittlere Jahreswasserfracht aber liegt mit 62 Milliarden m³ nicht wesentlich über der des Sapt-Kosi (vgl. Tabelle 30).

Drei Haupt-Flußsysteme können in Nepal unterschieden werden, deren Quellflüsse mit dem Regen zugleich aus Schnee- und Gletscherreserven gespeist werden:

    das Karnali-System in West-Nepal,
    das Gandaki-System in Zentral-Nepal,
    das Kosi-System in Ost-Nepal.

Flußsysteme zweiter Kategorie kommen aus dem Zentralen Bergland Nepals, sind aber auf Regen- und Quellwasser angewiesen. Ihr jährlicher Wasserabfluß schwankt daher stärker von Monat zu Monat und zwischen Höchst- und Niedrigstwasserstand. Hier wären folgende Systeme zu nennen:

    Mahakali (Sarda) als westlicher Grenzfluß,
    Westlicher Rapti in West-Nepal,
    Bagmati in Zentral-Nepal,
    Kankai Mai in Ost-Nepal,
    Mechi als östlicher Grenzfluß.

Über die meisten dieser kleineren Systeme liegen keine hydrologischen Daten vor. Schließlich sind noch die Flüsse dritter Kategorie zu nennen, Terai-Flüsse, die an den Südhängen der Mahabharat-Kette oder in den Churia-Bergen entspringen. Sie sind nur über eine kurze Strecke auf nepalischem Territorium, bevor sie nach Indien abfließen, aber auf dieser kurzen Strecke haben sie durchaus ihre Bedeutung als Lieferanten von Bewässerungswasser und eben auch als Gefahrenquellen. Diese Terai-Flüsse, die hydrologisch bisher kaum untersucht wurden, haben im Jahreslauf extreme Schwankungen in der Wasserführung und sind nicht selten überhaupt nur episodische Flüsse. Einige dieser Flüsse, die in der Bewässerungsplanung eine Rolle spielen, seien hier genannt:

    Babai   (Bheri-Zone)
    Banganga   ⎫
    Kanchan Dano ⎬ (Lumbini-Zone)
    Tinao   ⎭
    Tilawe   ⎫
    Manusmara   ⎬ (Narayani-Zone)
    Sirsia   ⎪
    Jhaj   ⎭
    Hardinath und Kamla (Janakpur-Zone)

Vergleichen wir die Abflußregime dieser drei Flußkategorien, d. h. stellen wir ihren Höchst- und ihren Mindestwasserstand einander gegenüber, so ergibt sich folgendes eindrucksvolles Bild:

Schwankungen in den Flüssen erster Kategorie: 1 : 45 bis 1 : 53
Schwankungen in den Flüssen zweiter Kategorie: 1 : 300 bis 1 : 1500
Schwankungen in den Flüssen dritter Kategorie: 1 : 1500³.

Im übrigen wird auf Tabelle 30 verwiesen.

Die Zahl und Größe der Seen ist im Nepal-Himalaya bemerkenswert gering. Am ehesten noch sind die Seen des Tals von Pokhara (und dort vor allem der Phewa-See) und der Rara-See in den westlichen Bergmassiven nördlich Jumla bekannt und zugänglich. Fast ganz unbekannt ist der von Herzog beschriebene gefrorene Tilicho-See nördlich der Annapurna-Kette[3a].

Kleinere Seengruppen hoch in den Bergen stehen in dem Ruf der Heiligkeit und gelten als Wallfahrtsorte (Gosainkund, Bhairabkund usw.). Seen im Terai führen nur in der Regenzeit Wasser, abgesehen von den Dorfteichen (*tanks*), Allzweck-Wasserreservoire, die den Wasserbedarf einer Dorfschaft sicherstellen.

Über Grundwasserreserven liegen bis heute keine zuverlässigen Schätzungen und schon gar keine Messungen vor. Nepalische Berichte sind immer optimistisch und daher mit Vorsicht zu betrachten. Es kann als ziemlich sicher angenommen werden, daß der größte Teil des über Nepal fallenden Niederschlags, von solchem in fester Form abgesehen, sofort abfließt oder verdunstet und daß weit weniger als 30 % im Boden gespeichert werden[4]. Dennoch spielen Quellen im Gebirge eine bedeutende Rolle als Lieferanten von Trink- und auch Bewässerungswasser, aber mit fortschreitender Zerstörung der natürlichen Bodendecke versiegen sie immer früher.

---

3 Diese Klassifizierung ist natürlich eine grobe. Der Mangel an hydrologischen Daten über längere Zeiträume erlaubt keine genaueren Berechnungen und Einteilungen. Für Flüsse der dritten Kategorie liegen praktisch überhaupt keine Daten vor, außer vom Tinau, aber hier wurde die Kontrollstelle direkt an den Rand der Churia-Berge gelegt, so daß die eigentliche Auswirkung des Terais selbst im Abflußregime nicht zum Ausdruck kommt. Die Maximum/Minimum-Schwankung wäre viel extremer, würde man die Kontrollstelle etwa an die indische Grenze legen. Der Bagmati gehört nach unserer Einteilung in die Flüsse der zweiten Kategorie, die, regen- und quellengespeist, aus dem Mittelgebirge kommen. Aber seine spezifische Rolle im Tal von Kathmandu und seinen Städten, wo sein Wasser für alle Zwecke der Landwirtschaft, Industrie und Haushaltung gebraucht wird, führt zu einer so starken Abflußschwankung, daß eine vernünftige Maximum/Minimum-Relation nicht mehr berechnet werden kann. Er trocknet im Tal von Kathmandu praktisch aus. Wir haben allerdings keine Kontrollstation weiter südlich, sondern nur im Tal von Kathmandu. So kann zahlenmäßig nicht gezeigt werden, daß der Bagmati im Terai auch im Sommer ein breiter, wasserführender (wenn auch flacher) Fluß ist, der nach Verlassen des Kathmandu-Tals von zahlreichen Nebenflüssen versorgt wird. Das staatliche Hydrological Survey Department arbeitet mit amerikanischer Assistenz erst wenige Jahre, und das von ihm aufgebaute Netz von hydrologischen Kontrollstationen erfaßt noch längst nicht alle, noch nicht einmal alle wichtigen Flüsse. Seine Kontrolldaten reichen frühestens bis ins Jahr 1962 zurück. Das Kosi-Flußsystem in Ost-Nepal wurde von diesem Departement noch nicht systematisch untersucht. Wir haben deshalb auf indische Daten aus den Jahren 1948—1951 zurückgegriffen, die anläßlich der Planung des Kosi-Hochdammes gesammelt wurden. Wie unexakt alle die von uns dargebotenen Daten für den Hydrologen auch erscheinen mögen, sie dienen doch unserem Zweck, ein Bild der Wasserreserven Nepals zu zeichnen.

3a Maurice Herzog, „Annapurna", 1953, S. 60.

4 Toni Hagen, „A Brief Survey of the Geology of Nepal", 1960, S. 14.

Tabelle 30: Ausgewählte hydrologische Daten der Flußsysteme von Nepal

Flußsystem	Fluß	Kontrollpunkt	Einzugsgebiet (km²)	Beob.-jahre	Abflußmengen (m³/s) mittlere	Abflußmengen (m³/s) maximum	Abflußmengen (m³/s) minimum	Mittl. Jahres-wasserfracht (Mill. m³)	Min./Max.-Relation
Karnali	Karnali	Chisapani	42 890	5	1 306	11 400	236	41 186	1 : 48
Karnali	Bheri	Jamu	12 290	4	417	5 333	58	13 150	1 : 91
Karnali	Seti	Bangga	7 460	4	296	5 850	37	9 335	1 : 158
West-Rapti	Rapti	Jalkundi	5 150	3	91	1 480	1	2 870	1 : 1 345
West-Rapti	Tinau	Burwal	554	3	26	2 220	1	820	1 : 1 820
Gandaki	Narayani	Narayangarh	31 100	4	1 551	9 480	180	48 920	1 : 53
Gandaki	Kaligandaki	Kotagaon	11 400	3	598	10 300	77	18 859	1 : 134
Gandaki	Ost-Rapti	Rajaya	579	4	31	971	3	973	1 : 313
Bagmati	Bagmati	Chobhar	585	4	13	634	0,02	405	—
Kosi	Sapt-Kosi	Barahakshetra	59 539	3	1 790	11 539	255	56 449	1 : 45
Kosi	Sun-Kosi	Kampu Ghat	17 600	1	745	5 940	137	23 494	1 : 43
Kosi	Sun-Kosi	Tribeni	18 985	3	933	5 385	126	29 423	1 : 42
Kosi	Arun	Tribeni	34 654	3	611	3 961	118	19 268	1 : 34
Kosi	Tamur	Tribeni	5 900	3	346	3 109	42	10 911	1 : 74
Kankai	Kankai Mai	Chepti	1 150	2	47	1 350	5	1 485	1 : 300

Quelle: Daten berechnet und zusammengestellt nach „Compilation of Surface Water Records of Nepal Through December 31, 1965", Kathmandu 1967; „Surface Water Records of Nepal. Supplement No. 1, 1966", Kathmandu 1967; „Hydrological Data of River Basins of India – The Kosi Basin", Central Water and Power Commission, Gvt. of India, New Delhi, o. J.

In zahlreichen von uns besuchten Dörfern gaben die Bauern zu, daß sie im Vergleich zu ihren Eltern das Wasser von weiter herholen müssen, genauso wie ihr Brennholz.

Toni Hagen weist darauf hin, daß die geologische Struktur des Terai große Grundwasserreserven entlang dem Fuß der Siwaliks verspricht. Ein möglicherweise noch andauerndes leichtes Anheben der gangetischen Ebene setzt solche Wasserspeicher unter Druck, und die Existenz zahlreicher artesischer Brunnen, die, z. B. im Gebiet von Janakpur, gebohrt wurden, bestätigt diese Auffassung. Die auch von Hagen vertretene optimistische Auffassung, im nepalischen Terai „gebe es Grundwasser zweifellos überall und in großen Mengen", ist im Prinzip wohl richtig, doch haben Bohrungen im Westlichen Terai, z. B. in der Nähe von Nepalgunj, die außerordentlich verwickelte Struktur der wasserführenden Schichten offenbart. An einer Stelle brachte die Bohrung schon nach 10 m Wasser, aber nur 20 m davon entfernt mußte man auf mehr als 100 m hinuntergehen, um Wasser zu finden. Da es sich normalerweise nicht um artesische Brunnen handelt, erhebt sich automatisch die Frage nach der Technik und den Kosten der Wasserförderung. Wie es im Moment aussieht, wird die Regierung von Nepal ein Brunnenbohrprogramm im Terai vorantreiben, um die Bewässerung sicherzustellen. Mit amerikanischer Hilfe wird außerdem jetzt ein Grundwasserforschungsprogramm westlich des Narayani begonnen.

Wir wenden uns abschließend nun der Beschreibung einiger der wichtigsten Flüsse und Flußsysteme Nepals zu.

Der Karnali ist der Haupt- und Ausfluß des mächtigen westnepalischen Stromnetzes. Er entwässert praktisch 30 % des ganzen Staatsgebietes. Er selbst und die größten seiner Zuflüsse (Seti, Bheri) erhalten außer vom Regen auch von den Schnee- und Eisreserven der westlichen Himalaya-Hauptkette ihr Wasser. Das Abflußregime des Karnali ist typisch für ein Monsunland und hat, wie alle nepalischen Flüsse, sein Maximum im August, wennschon die Jahreswasserfracht von Jahr zu Jahr erheblich schwankt. Beobachtungen über einen längeren Zeitraum liegen noch nicht vor. In der trockenen Jahreszeit, also zwischen November und Mai, ist die Sedimentation des Karnali, d. h. seine Geschiebeführung, praktisch gleich Null. 1964 wurden Messungen an seinem Austritt ins Terai (bei Chisapani) vorgenommen, deren Maximum im Juli, also mit der ersten großen jährlichen Flutwelle, festgestellt wurde. Am 23. Juli wurden 74,27 t (im ganzen Monat 399,88 t) Geschiebe an Chisapani vorbeigeführt[5]. Der Karnali wird als der große potentielle Energielieferant für Nepal und Indien in der Zukunft betrachtet, und erhebliche Investitionen wurden bereits in die Forschung gesteckt. Es scheint allerdings, daß ohne eine sichere Antwort auf die Absatzfrage ein solches Energieprojekt vorab für Nepal nicht zu vertreten ist. Für Bewässerungszwecke kommt der Karnali erst nach Dämmung im Zuge eben dieses Energieprojekts in Frage.

Der Narayani ist der Sammelstrom für das Gandaki-System, das 22 % des

---

5 „Facts about the Karnali River in Nepal", Reports of Nippon Koei Co. Ltd., Tokyo (o. J.).

nepalischen Territoriums entwässert und nach Austritt aus der Gebirgszone bei Narayangarh diesen Namen annimmt. Seine wichtigsten Quellflüsse, Kaligandaki, Marsyandi, Buri Gandaki und Trisuli, haben durchweg Zugang zu den Schnee- und Eisreserven der Hauptkette, die sie im Oberlauf durchbrechen. Der Kaligandaki gilt als längster, der Trisuli als wasserreichster Zufluß. Alle durchfließen dichtbesiedelte Gebirgszonen des Zentralen Mittelgebirges und werden als Trinkwasserlieferanten und in gewissem Umfang zur Bewässerung benutzt. Die Frage einer Dämmung des Narayani vor Austritt aus der Gebirgsschlucht bei Narayangarh wurde im Rahmen des Rapti-Entwicklungsprojekts verschiedentlich diskutiert, um eine ganzjährige Bewässerung des Gebietes sicherzustellen, doch nie ernsthaft erwogen. Mit einer Dämmung an dieser Stelle würde außerdem der Wallfahrtsort Devghat am Zusammenfluß von Kaligandaki und Trisuli unter Wasser gesetzt. Indien hat im Einverständnis mit Nepal Gandaki-Wasser nahe der indischen Grenze abgeleitet und bewässert damit indisches Gebiet. Ein größeres Projekt (Gandak-Project), das weitere Teile Nepals ins Bewässerungsnetz einbeziehen soll, ist im Bau. Daten über Geschiebefracht stehen nicht zur Verfügung.

Das K o s i-System entwässert nicht nur Ost-Nepal, sondern reicht beträchtlich nach Tibet hinein. Von den nahezu 60 000 km² seines Einzugsgebietes entfallen etwa 30 000 auf Nepal, was 21 % des nepalischen Staatsgebietes entspricht, der Rest auf Tibet. Mit dem Sun-Kosi reicht das Flußsystem in unmittelbare Nähe des Kathmandu-Tals. Dolalghat am Sun-Kosi kann heute mit dem Auto von Kathmandu aus in kaum mehr als einer Stunde erreicht werden. Es ist beabsichtigt, unter Ausnutzung des Sun-Kosi-Tals eine Autostraßenverbindung von Kathmandu ins Östliche Terai zu bauen. Es wurden auch bereits Versuche unternommen, den Sun-Kosi mit Flößen oder flachen Motorbooten zu befahren. Arun und Tamur im äußersten Osten des Berglandes haben mit ihren Tälern schon früh den Handelsverkehr nach Tibet ermöglicht.

Die Hydrographie des Sapt-Kosi, wie der Fluß nach Austritt aus dem Gebirge heißt, ist sicherlich die interessanteste aller nepalischen Flüsse, und wenn auch die vorhandenen Daten nur wenige Jahre decken, so sagt doch ein Blick aus der Luft auf den Sapt-Kosi oder ein Blick auf eine gute Karte genug über seine Probleme aus. P. P. Karan, der die erste ernstzunehmende Geographie Nepals geschrieben hat, äußert sich zum Phänomen des Kosi recht eindrucksvoll:

„Der Kosi hat keine klare Uferlinie, und durch die Zeitläufte hat er ständig seinen Lauf gewechselt wegen der schweren Geschiebeladung, des Sandes und Schlamms in seinem Wasser und des Gerölls, das sich in seinem Bett vorwärtsbewegt. Das grobe Material, das die Fluten des Kosi ablagern, verwandelt Ackerland und Obstgärten in öde Landschaften, wo nurmehr Dornengestrüpp

Karten 53 und 54: Verschiebung des Sapt-Kosi im Terai
Die Aufnahmen für die linke Karte wurden in den Jahren 1924/25 gemacht. Basiskarte 1 : 506 881.
Die rechte Karte basiert auf der Karte 1 : 63 360, und die Aufnahmen dazu wurden in der zweiten Hälfte der 1950er Jahre gemacht. Die Verlagerung des Westufers des Sapt-Kosi, vor allem in der Nähe der indischen Grenze, ist nicht zu übersehen.

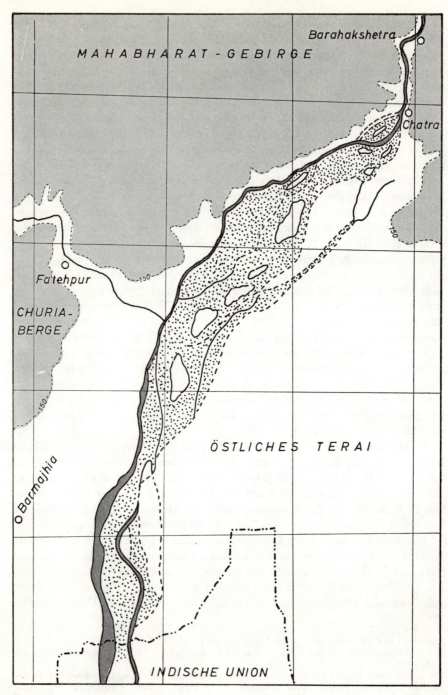

Karte 53

5. Hydrogeographie

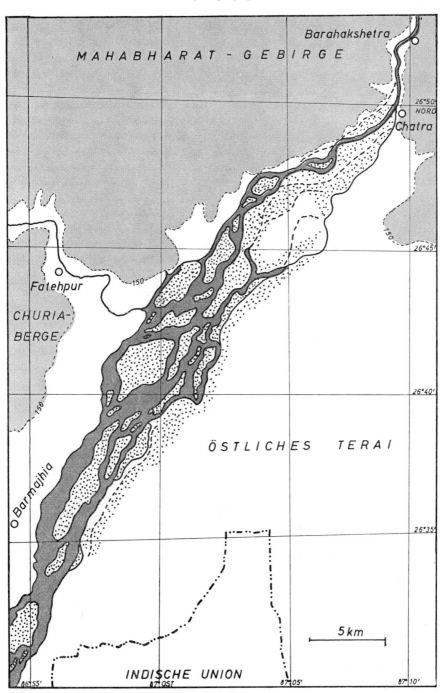

Karte 54

und wildes Gras wachsen. Im Verlauf seiner Bewegungen hat der Fluß weite Landstrecken verwüstet: über 700 km² im Saptari- und über 1 300 km² im Morang-Distrikt und noch viel größere Flächen in Indien. Die Flutdrohung ist nun allmählich mehr gegen Westen, vom Morang-Distrikt weg, gerichtet und konzentriert sich auf Saptari.

Oberhalb der Chatra-Schlucht fließt der Kosi in einem steilen Felsenbett. Aber sein Gefälle wird allmählich verringert, nachdem er die Schlucht verlassen hat, und er bildet Untiefen und verzweigt sich, und vom Herbst bis zum Frühsommer bietet er sich dar als ein Geflecht ungezählter und unendlicher Kanäle, zwischen denen Elefantengras eine stahlgraue Decke nutzloser Vegetation ausbreitet. Einige der Kanäle sind allerdings so reißend, daß ‚selbst standhaftesten Elefanten die Beine unter dem Körper weggerissen werden'.

In den Monsunmonaten, wenn 80 % des Regens fallen und sich 1 700 mm über die Vorgebirge und über 3 500 mm über die Südhänge der Hauptkette ergießen, schießt der Kosi mit gewaltigen Wassermassen aus der Chatra-Schlucht. Das Hochwasser beginnt im Juni, wenn das milchige Wasser rötlich wird und der Wasserspiegel um 10 m innerhalb von 24 Stunden ansteigt. Vom Juni bis September brausen die Wassermassen nach Süden, und sie führen mit sich die schwerste Geröllladung, die man bei tropischen Flüssen kennt. Und sie führen Tod und Verwüstung mit sich, denn wenn sie sich schließlich verlaufen, bleibt nichts als eine Sandwüste zurück...[6]"

Meßergebnisse über die Sedimentation des Kosi sind dürftig. Das Mittel der jährlich an Chatra vorbeigeführten Sand- und Geröllmenge wird für den Zeitraum von 1948 bis 1958 mit nicht weniger als 118 400 000 m³ angegeben[7], und eine andere Studie stellt fest, daß sich jährlich 8—12 Millionen m³ Grobgeröll zwischen Hanumannagar und Karhara ablagern und daß diese Ablagerungszone sich immer mehr zur Chatra-Schlucht hinaufverlagern wird, je flacher das Flußbett wird. Die Verlagerung des Sapt-Kosi-Bettes immer weiter nach Westen erklärt sich auch aus der leichten Erodierbarkeit des Westufers, wo zwischen Belka und Hanumannagar allein in ein bis zwei Jahren die Abtragung auf 12,3 Millionen m³ geschätzt wird.[8]

Diese gewaltigen Kräfte der Abtragung und Anlagerung haben das Bett des Sapt-Kosi im Laufe von 150 Jahren um nicht weniger als 112 km nach Westen verschoben[9]. Karten, die dies veranschaulichen, standen nicht zur Verfügung, wir haben aber aufgrund physikalischer Karten verschiedenen Maßstabs und verschiedenen Aufnahmejahrs versucht, diesen Vorgang einigermaßen zu rekonstruieren (Karten 53 und 54).

Mit der Betrachtung des Gerölltransports hinaus in die Ebene des Terais haben

---

6 Karan, a. a. O., S. 22.
7 J. B. Auden, Report for the United Nations, o. O. o. J. (verv.).
8 Kanwar Sain, „Plan for Flood Control on the Kosi River", Gvt. of India, Central Water and Power Commission, 1953.
9 Hari Man Shrestha „Importance of a Hydraulic Laboratory in Nepal", in „The Rising Nepal", 19. 4. 1967.

wir den Anschluß gefunden an ein weiteres wichtiges wirtschaftsgeographisches Problem, zu dessen letzten Konsequenzen diese Abtragungen und Abwaschungen gehören: die Frage der Böden Nepals, ihre Erhaltung und Verwüstung, und die Frage der Bodenerosion in Nepal ganz allgemein.

6. *Böden und Bodenverwüstung*

„Achtundzwanzig Personen fanden den Tod und weitere dreizehn wurden verletzt durch Erdrutsche und Fluten während der letzten Regenfälle in den Distrikten Doti und Taplejung..." („The Rising Nepal" vom 25. 7. 1967)

„Etwa zwanzig Familien in Nakhaling Dorf-Panchayat, Distrikt Taplejung, sollen an einen sicheren Ort evakuiert werden, da die Gegend von Erdrutschen bedroht ist. Kürzlich fanden hier fünfzehn Personen den Tod in einem Erdrutsch." („The Rising Nepal" vom 26. 8. 1967)

„Elf Menschen wurden von einem Erdrutsch lebendig begraben nach andauernden Regenfällen im Gebiet von Unikharkha und Chyalti, Distrikt Kabhre Palanchok. 35 Häuser wurden vernichtet und 120 Stück Vieh gingen auf die gleiche Weise zugrunde. Die Schäden im Distrikt werden auf 200 000 Rs. geschätzt." („The Rising Nepal" vom 7. 10. 1968)

„Insgesamt 117 Menschen wurden obdachlos nach der Vernichtung ihrer Häuser in Dharapani, Basdhor, Kholkhark, Dapoha und Sisneri durch Erdrutsche im Distrikt Khotang. Zahlreiches Vieh wurde lebendig begraben durch weitere Erdrutsche in Diplung nach sechs Tagen Regen. Die Ernte auf den Feldern von Chisapani wurde durch Fluten und Erdrutsche vernichtet." („The Rising Nepal" vom 13. 8. 1968)

Die Böden eines Landes gehören wie Wassser und Klima und die daraus resultierende Vegetation zu den Fundamenten seiner Wirtschaft. In Ländern mit hochgradiger Agrarökonomie spielen daher der Boden und seine Erhaltung und Verbesserung eine lebensnotwendige Rolle. Nun sind allerdings die Böden unserer Erde von ihrer Entstehung an einem ständigen Einfluß von außen unterworfen. Sonne, Wasser, Wind, Temperaturen, die Pflanzendecke, die Tierwelt und nicht zuletzt der Mensch wirken ständig auf sie ein, und diese Einwirkung kann der Bodensubstanz und der Bodenfruchtbarkeit förderlich sein, sie kann aber auch durchaus destruktiven Charakter haben. Boden entsteht durch Verwitterung des unterliegenden Gesteins oder durch Ablagerung angeschwemmten Materials, und dieser erdgeschichtliche Prozeß geht natürlich bis in die Gegenwart weiter und wird sich ohne Zweifel auch in Zukunft fortsetzen. Die weiten, fruchtbaren Landschaften unserer Erde sind einmal in großräumigen, erdgeschichtlichen Prozessen entstanden. Die Abtragung hoher Gebirge, die Anhebung von Meeresboden, die Anwehung von Myriaden von Tonnen feinster Bodenteilchen, sie alle haben die Grundlage zu unserer Kulturlandschaft geliefert, nur geschah das im großen und ganzen zu einer Zeit, als entweder noch keine Menschen diese Räume bevölkerten oder doch wenigstens reichlich Ausweichmöglichkeiten bestanden. Gewiß gehen auch heute vergleichsweise große Erdbildungsprozesse, z. B. in den Deltagebieten der großen Flüsse, vor sich, die sich durchaus vor den Augen der Menschen abspielen, und auch solche, die absichtlich durch die Menschen ausgelöst werden, wie etwa bestimmte Landgewinnungstechniken unserer Zeit zeigen. Im allgemeinen sind diese Prozesse überschaubar und weitgehend kontrollierbar, wennschon oft mit Katastrophen verknüpft.

Nun haben wir es auf unserer Erde aber mit Gebieten älterer, gefestigter Strukturen zu tun, wo sich Veränderungen an der Erdoberfläche und an den Böden in leicht kontrollierbaren Grenzen halten, und solchen, wo „junge" Gebirge oder Schichten noch sozusagen auf der Suche nach ihrer endgültigen Form sind. Hier spielt sich ein Prozeß der Formwandlung vor den Augen der gegenwärtigen Generation ab, der „eigentlich" Jahrmillionen zuvor hätte abgeschlossen sein sollen. Und diese Menschen, um deren Land und Boden es sich hier handelt, haben keine Ausweichmöglichkeit mehr. Sie hängen von dem Stück Acker ab, das sie bebauen, und sie müssen mit dem Berg über ihnen leben, der droht, jeden Moment in die Tiefe zu rutschen und alles zu begraben, um seine „endgültige Form" zu finden.

Man könnte argumentieren, daß ohne Bodenerosion im Laufe der Erdgeschichte keiner unserer fruchtbaren Ebenen bestünde. Das ist sicher richtig. Aber es ist, praktisch gesehen, eben ein Unterschied, ob sich dieser Prozeß vor langer Zeit abspielte und „Urgebirge" betraf, oder ob er heute die Kulturterrassen von Millionen von Bergbauern, die nur dort und nirgendwo anders leben können, in Mitleidenschaft zieht. Es ist ein Unterschied, ob der im Gebirge abgetragene Boden in der Ebene zu einer fruchtbaren Scholle langsam aufgebaut wird, die spätere Generationen besiedeln, oder ob Tonnen nicht nur fruchtbaren Sediments, sondern auch sterilen Gerölls die bereits kultivierten Ebenen überlagern und die Existenz der Bauern, die wiederum nur hier und nirgendwo anders leben können, bedrohen.

Es wird auch von Spezialisten häufig übersehen, daß zwischen der Bodenabtragung in einem Kulturland (d. h. einem Land, das weitgehend von Menschen genutzt wird) und Problemen des Wasserhaushalts, Klimas, der Bewässerungstechnik usw. ein ursächlicher Zusammenhang besteht. Es wäre bereits Anlaß genug, Bodenkonservierungsarbeiten zu unternehmen, um den Kulturboden am Hang oben in den Bergen als Kulturboden zu erhalten und so den Bauern und Viehhaltern ihre Existenz zu sichern. Aber solche Bodenkonservierungsarbeiten können im allgemeinen nicht ohne einen Schutz der natürlichen Vegetation, also der Wälder und Weiden, Erfolg haben. Und so wird damit gleichzeitig Erhebliches zur Sicherung des Wasserhaushalts geleistet: Der Boden wird aufnahmefähiger, der Abfluß in den Bächen und Strömen weniger extrem, die Mikroklimata werden gemäßigter. Somit sind entscheidende Sekundäreffekte erreicht. Erst mit der Verringerung der Abflußschwankungen in den Flüssen und deren Sedimentation besteht die Möglichkeit, tiefer liegende Talauen zu kultivieren und an Dammbauten für die Bewässerung und die Energieerzeugung zu denken. Extreme Sedimentierung der Flüsse macht Dammbauten nicht nur technisch schwieriger, sondern

6. Böden und Bodenverwüstung   231

auch unwirtschaftlich, da die Ansammlung des Gerölls hinter der Mauer das Reservoir bald auffüllt und die ganze Konstruktion wirkungslos wird. So zieht sich eine gerade Linie von der Aufforstung degradierter Hänge bis zur modernen, sachgerechten Bewässerung der Ebenen. Der einfache Bauer, der den Hang bestellt, greift als Erster in ein natürliches Gleichgewicht ein, indem er die ursprüngliche Vegetationsdecke zerstört und den Boden dem verstärkten Einfluß von Regen, Wind und Temperaturen aussetzt. Wir können nicht bestreiten, daß auch ohne eine solche Einwirkung in vielen Fällen Bodenverwüstungen und Erdrutsche vorkommen, vor allem an sehr jungen Massiven, aber es ist klar, daß die anthropogene Degradation auch solche Hänge in Mitleidenschaft zieht, die sonst mit großer Wahrscheinlichkeit stabil geblieben wären.

In Nepal haben wir es mit einem solchen „jungen" Gebirge zu tun, und alles, was wir soeben summarisch und allgemein dargestellt haben, könnten wir an zahllosen Beispielen am Falle Nepals exemplifizieren.

Die Böden Nepals sind in ihrer Gesamtheit noch nicht wissenschaftlich untersucht worden, und es gibt keine detaillierte Bodenkarte.

Das Departement für Landwirtschaftliche Forschung und Ausbildung hat allerdings mit der Bodenaufnahme begonnen, und einige Staatsfarmen verfügen über gute Analysen der Böden ihres Areals. Hier soll nur eine grobe Zusammenfassung der Bodencharakteristiken der verschiedenen Regionen Nepals gegeben werden, wie sie aus einigen Berichten zu entnehmen sind[1], und Karte 55 soll nur skizzenhaft die Bodentypen und ihre Abtragungsformen zeigen.

Zweifellos spiegeln die Böden Nepals seine klimatischen und Vegetationszonen

---

[1] Vor allem Malek T. Kaddah, „Soil Survey Investigations und Soil Analysis", 1965; und P. P. Karan, „Nepal. A Cultural and Physical Geography", 1960.

Karte 55: Böden und Bodenverwüstung in Nepal
Diese Skizze soll ein annäherndes Bild von der regionalen Verteilung der Bodentypen in Nepal mit den zugehörigen wichtigsten Abtragungsformen zeigen. Es versteht sich von selbst, daß die eingetragenen Regionen ineinander übergehen und sich überschneiden. So sind z. B. zahlreiche Hänge in der Himalaya-Hauptkette in den tieferen Lagen den gleichen Erosionsformen ausgesetzt wie das Mittelgebirge. Genaue Grenzen lassen sich da kaum ziehen. Die einzelnen Zonen sind wie folgt zu beschreiben:
1 = Himalaya-Hauptkette: Stein- und Skelettböden mit Gletschererosion und Abtragung durch Gießbäche in felsigen Tälern.
2 = Nordhimalayische Trockenzone: marine Sedimentböden mit Auswaschung hauptsächlich durch Regen und temporäre Wasserläufe.
3 = Mittelgebirgszone: junge Gebirgsböden unter Weide- und Forstdecke, alluviale Reisterrassen mit starker Erosion und Erdrutschen durch beträchtliche Hängigkeit und als Folge anthropogener Degradation.
4 = Mahabharat-Gebirge: mit Böden ähnlich 3 und womöglich noch stärkerer Verwüstung durch menschliche Einwirkung.
5 = Churia-Berge (mit *bhabar*-Gürtel am Südrand): arme, unreife und poröse Sandböden, alluviale Fächer mit natürlicher (bes. Gully-)Erosion durch Oberflächenwasser, selbst wo Walddecke noch intakt ist. Die Skizze zeigt die zwischen Churia-Bergen und Mahabharat-Gebirge eingebetteten tektonischen Längstäler (Inneres Terai).
6 = Terai: jüngere und ältere alluviale Böden mit Fluß- und Winderosion und alluvialen Geröllfächern.

232 Nepal als Lebens- und Wirtschaftsraum

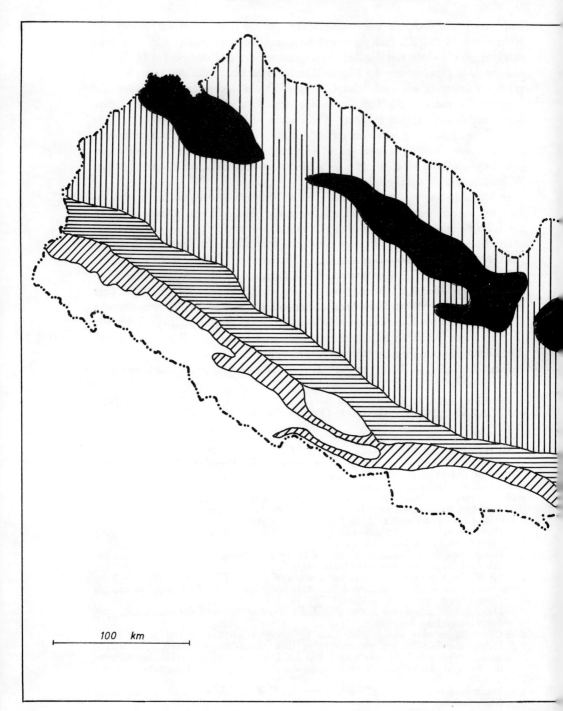

6. Böden und Bodenverwüstung   233

DEN UND BODENVERWÜSTUNG IN NEPAL

ZEICHENERKLÄRUNG

1
2
3
4
5
6

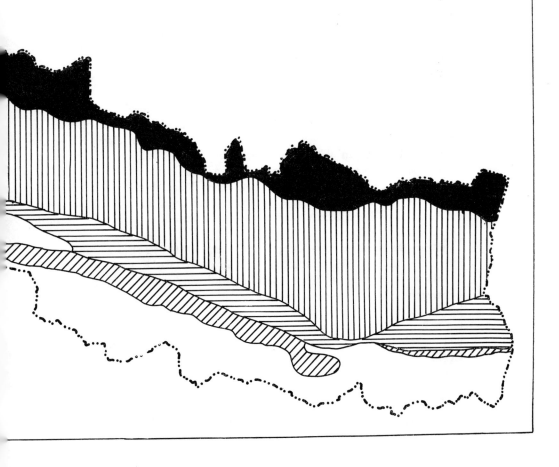

wider, also die tropisch-subtropische, gemäßigte und alpin-arktische Zone, aber zahlreiche Böden sind azonal. Sie wurden von weither transportiert und nicht dort produziert, wo wir sie heute finden. Das Terai ist dafür das beste Beispiel. Das ganze Gebiet wird von einer mächtigen Alluvialdecke überzogen, deren Ursprung in den hohen und höchsten Lagen des Himalaya zu suchen ist, von wo das Material durch die Flüsse abtransportiert wurde. Die älteren Alluvialböden des Terai sind braune, tonige Lehme, mehr oder weniger mit Kalkknoten (*kankar*) durchsetzt, die über den Hochwasserspiegel aufragen. Hier liegen die fruchtbaren Ebenen Süd-Nepals, die Kornkammer des Landes. Die jüngeren Alluvialböden sind auf die gegenwärtigen Überflutungsebenen beschränkt, die teilweise die älteren Alluvialsockel wieder zerstört haben. Hier handelt es sich um fahlbraune Tone und Lehme mit beträchtlichem Sandanteil ohne Kalkeinlagerungen.

Das Terai geht im Norden in den *bhabar*-Gürtel über, in den hinein auch seine Böden sich fransenförmig ziehen. Aber wir betreten hier bereits ein Gebiet des Gerölls und der Kiesbetten entlang der Vorberge, in dem die Flüsse verschwinden, um später im Terai als Quellen wieder ans Tageslicht zu treten. Zwischen den Schuttkegeln sind grobes Geröll und Felsbrocken mit eisenhaltigem Sand und Lehm vermischt, die einst alle von den Churia-Bergen heruntertransportiert wurden und nun von einem ziemlich dichten *sal*-Forsten-Gürtel bedeckt sind.

Die Churia-Berge erheben sich abrupt über den *bhabar*-Gürtel. Sie haben besonders arme Böden und bestehen mehr oder weniger aus grobem Sandstein, sandigem Kalkstein, Lehm, Geröll und Konglomerat, Verwitterungsprodukten des nördlichen Himalaya, die heruntergebracht und schließlich in einer letzten Auffaltung emporgehoben wurden. Solches Material ergibt in einem Klima mit heftigem Monsunregen flache, unreife Sandböden von leichtem Charakter mit wenig Humusgehalt. Zwischen Churia-Bergen und Mahabharat-Kette sind die Täler des Inneren Terai eingebettet, deren Böden ebenfalls reichlich sandig und porös sind, doch ermöglicht es ihre geschützte Lage, die flache Struktur und das vorhandene Oberflächenwasser, sie landwirtschaftlich zu nutzen, wie z. B. im Östlichen Rapti-Tal.

In der Mahabharat-Kette und dem Mittelgebirge finden wir, sofern die natürliche Bodenbedeckung noch intakt ist, flache, zonale Böden. Aber im allgemeinen sind die Böden spärlich. Sandsteine und Kalkstein stellen die Muttergesteine dar, deren Entstehungsgeschichte ins Tertiär zurückreicht. Diese jungen Gebirgsböden sind stark der Abtragung ausgesetzt. Außer in intermontanen Becken finden wir sie als Weide- und Forstböden, alluviale Reisterrassen und Podsole in beschränktem Umfang, es gibt aber auch hier reichlich Schuttkegel, Geröllhalden und verwittertes Restmaterial aus Kalkstein und Dolomit. Mit dem Übergang von einer Vegetationsstufe zur anderen, je nach der Höhenlage, wechseln auch die Böden. Die Baumgrenze verläuft zwischen 3 700 und 4 300 m, und darüber hinaus sind die Böden während großer Teile des Jahres gefroren.

Die Himalaya-Hauptkette besteht hauptsächlich aus kristallinen und metamorphen Gesteinen wie Graniten, Gneisen und Schiefern. Die sedimentäre

Kalkdecke ist weitgehend abgetragen und Stein- oder Skelettböden überwiegen, sofern nicht überhaupt das nackte Gestein zutage tritt. Natürlich ist die Hauptkette nicht eine durchgehende Wand, sondern besteht aus zahlreichen Massiven mit oft tief eingeschnittenen Tälern dazwischen, und einige ihrer Ausläufer reichen tief nach Süden ins Mittelgebirge, wo man an ihren Hängen die dort typischen Böden findet.

Die Nordhimalayische Trockenzone im extremen Nordwesten Nepals ist ein Teil der tibetischen Sedimentzone mit alkalischen, fossilienreichen Lehmböden eines mehr rezenten marinen Ursprungs.

Die von Natur angebotenen Böden werden vom Menschen in Nutzung genommen und dabei ihrer natürlichen Vegetationsdecke entkleidet und in ihrer Struktur notwendigerweise gestört. So werden aus Naturböden Kulturböden, und sind solche Kulturböden dann extremen äußeren Einflüssen ausgesetzt, so kommt es rasch zu ihrer Abtragung.

„Während der letzten Jahre", schreibt ein Forstexperte, der lange Zeit an verantwortlicher Stelle in der Forstverwaltung Nepals gestanden hat, „hat sich eine Zahl offizieller Besucher mit Entsetzen zu der erodierten Landschaft geäußert, die man schon im Anflug aus der Luft her erkennt, die aber noch deutlicher wird, wenn man mit dem Wagen nach Hitaura oder Trisuli fährt oder auf der neuen Straße nach Kodari. Die übliche Frage ist: ‚Was tut die Regierung dagegen?', aber die einzige Antwort, die man geben kann, ist eine negative. Es sieht so aus, als ob die ausgedehnte Zerstörung des eigentlichen Herzens von Nepal, die dem Besucher aus anderen Ländern sogleich mit Beklemmung bewußt wird, entweder völlig unbeachtet von denen vor sich geht, die hier leben, oder daß sie einfach als ein Naturphänomen hingenommen wird, gegen das man nichts tun kann. Alljährlich, während der Monsunregen, berichten die Zeitungen in Kathmandu von den Erdrutschen, die Menschen, Vieh und Häuser vernichtet haben. Der Verlust an Kulturland und, noch wichtiger, am Boden selbst, erfährt kaum Erwähnung ... und kein Gedanke scheint auf die Frage verwendet zu werden, warum das geschieht und was man dagegen tun könnte. Wenn der Rajpath (die Straße nach Indien) durch Erdrutsche und Felsstürze blockiert wird, was alljährlich die Regel ist, wird die Versorgung lebenswichtiger Güter nach Kathmandu unterbunden ... Aber dennoch wird offensichtlich nichts getan, um festzustellen, warum die Straße unterbrochen wird und welche Gegenmaßnahmen getroffen werden könnten. ... Die Weltbank ... zeigte sich besonders beeindruckt von den astronomischen Kosten, die Nepal wird aufzubringen haben, um die bestehenden und in Zukunft zu bauenden Bergstraßen zu unterhalten. Aber diese Erdrutsche, Überschwemmungen und jährlichen Zerstörungen von Straßen sind nur das äußerlich sichtbare Zeichen einer generellen Degradation des Landes Nepal, die herrührt von der Abtragung und dem Verlust des Bodens als Folge des Landmißbrauchs durch den Menschen, der die Folgen seines Handelns nicht begreift"[2].

2 R. G. M. Willan, „Forestry in Nepal" (Fachbericht), Kathmandu 1967 (vervielf.), S. 15 f. — Wir haben in diesem Kapitel einige Fachleute zu Wort kommen lassen, die diese Seite Nepals besonders gut kennen und eingehend studiert haben. Der Verfasser hat

Wir wollen das Problem, mit dem wir es hier zu tun haben, keineswegs verkleinern oder vereinfachen oder nur mit ein paar eindrucksvollen Sätzen dem Leser nahebringen. Das Phänomen der Bodenverwüstung in Nepal ist viel zu komplex, um summarisch abgehandelt werden zu können. Und es ist keinesfalls so, daß nun der Mensch allein verantwortlich für diesen Vernichtungsprozeß ist.

Zahlreiche Wissenschaftler, darunter Harka B. Gurung, der die Verhältnisse vor allem um Pokhara sehr eingehend untersucht hat, haben darauf hingewiesen, daß die Erdrutsche im Mittelgebirge nicht ausschließlich dem Menschen angelastet werden können. Ursache sei vielmehr die generelle Unstabilität der vielfach zerbrochenen und versetzten Felsformationen. Solche Unstabilität wird darüber hinaus noch vergrößert durch periodisch wiederkehrende Erdbeben, und es ist offensichtlich, daß einige Gegenden anfälliger für Erdrutsche sind als andere. Zudem ist selbstverständlich, wie wir schon angedeutet haben und jedermann weiß, Erosion ein natürliches Phänomen, das überall auf der Erde in stärkerem oder geringerem Maße vor sich geht.

Aber selbst wenn die Erdrutsche in Nepal als natürliches Phänomen betrachtet werden, so gibt es doch keinen Zweifel, daß ihr Ausmaß und der Schaden, den sie anrichten, erheblich vergrößert werden durch den Mißbrauch am Boden durch den Menschen und daß, wennschon nicht ihr Ursprung, so doch auf alle Fälle ihr Schaden durch eine sachgemäße Konservierungspolitik wesentlich reduziert werden kann. „Es ist besonders auffällig", heißt es in einem Fachbericht, „daß viele Erdrutsche an den Ober- oder Mittelpartien nackter und überbeweideter Hänge entstehen, von denen jede Baum- oder selbst Gestrüppbedeckung längst verschwunden ist. Während Perioden schwerer Regenfälle tritt eine Übersättigung des Oberbodens mit Wasser ein, so daß, wenn der unterliegende Fels das große Gewicht nicht mehr halten kann, die ganze Masse abrutscht und einen großen Teil des Hanges mit sich reißt[3]."

Überbeweidung, Vernichtung von Gebüsch und Wald und unsachgemäße Bodenbearbeitung sind die anthropogenen Hauptgründe für die Bodenverwüstung in Nepal, die die Folgen der natürlichen Bodenerosion verschlimmern. Wir wollen uns nun der Untersuchung der verschiedenen Landschaften Nepals hinsichtlich der Bodenerosion zuwenden, und da die Gewässer dieses Landes, die nicht unwesentlich zum Abtragungsprozeß beisteuern, von Norden kommen, beginnen wir unsere Betrachtung daselbst.

In der Nordhimalayischen Trockenzone haben wir es mit ausgesprochen erosionsanfälligen marinen Sedimenten zu tun, die denn auch, von der Hauptkette des Himalaya her, von Gletschern, und im übrigen von den Flüssen

während seiner ausgedehnten Reisen im Lande immer wieder die schmerzhafte Erfahrung der Bodenverwüstung durch die Bauern selbst gemacht, doch bei Beamten wie in diesem Fach nicht erfahrenen Ausländern wenig Verständnis für seine Warnungen gefunden. Er zögert nicht, seine oft mündlich geäußerte Prophezeihung hier schriftlich niederzulegen, daß nämlich Nepal in 50 Jahren in weiten Teilen Afghanistan oder Persien ähneln wird, wenn nicht augenblicklich drastische Schritte zur Bodenerhaltung und eine sachgerechte Forstpolitik in die Wege geleitet werden.

3 R. G. M. Willan, a. a. O., S. 18.

6. Böden und Bodenverwüstung

kräftig abgetragen werden. Wenn die Regenfälle, wie spärlich immer, fallen, so werden aus allen Tälern und Gullies Schlammflüsse, die sich in den Hauptflüssen, z. B. im Kaligandaki, vereinigen, der dann seine charakteristische dunkle Farbe annimmt (*kali*, nep. = schwarz). Im allgemeinen sind die Flüsse in der Trockenzeit bei Niedrigwasser kristallklar, aber es ist bemerkenswert, daß selbst Quellen vielerorten nahezu schwarz fließen, also offenbar unterirdische Schichten ausschwemmen, wie wir es im Distrikt von Mustang sehen konnten. Schlammiges, sedimenthaltiges Wasser füllt fast alle Bäche nördlich der Linie Kagbeni-Muktinath, und die Menschen lassen das Sediment in großen Krügen absetzen, um reines Trinkwasser zu bekommen. Die Hänge sind fast ohne Bewuchs, und nur in der Regenzeit sprießt eine Wildgrasdecke, die aber unmittelbar von den Schaf- und Ziegenherden abgeweidet wird, ehe sie noch zur Samenproduktion und damit zur Naturverjüngung kommen kann. Wenige Bestände an Wacholder und Pappeln tun kaum etwas zur Humusbildung oder zum Bodenschutz. Die Menschen tragen hier allerdings durch eine sorgfältige Oasenkultur kaum zur Bodenabtragung bei[4].

In der **Himalaya-Hauptkette** haben wir es überwiegend mit unkontrollierbarer Erosion durch Gletscher, die zusammen mit ewigem Schnee etwa 22 000 km² bedecken, und natürlich mit Wasser zu tun. Da es in diesen Höhen aber kaum Böden gibt, die abgetragen werden könnten, sind die Flüsse im allgemeinen klar, ihre Ufer sind solider Fels, und die Fels- und Geröllmassen, die zu Tale gefördert werden, bedrohen nicht unmittelbar die tieferliegende Kulturlandschaft. Beträchtliche Felsmassen bedecken die meisten der Gletscher, wie man es etwa im Mt. Everest-Massiv beobachten kann, und werden so langsam weiter nach Süden befördert. Die Kulturböden in den höchsten Lagen sind vor allem mit Weide bewachsen, die Viehhaltung ermöglicht, aber in einigen Fällen muß auch hier Überbeweidung festgestellt werden, obwohl eine geringere Hängigkeit der Weidegründe gerade hier einer akuten Abtragungsgefahr entgegenwirkt. Felsstürze und Kegel aus geologischem Schutt unterbrechen oft die Pfade am Hang, sie wirken sich aber, im Gegensatz zu den Erdrutschen weiter stromab, nur lokal aus[5].

Die **Mahabharat-Kette** und das **Mittelgebirge** sind der eigentliche Ort, an dem die Bodenverwüstung in voller Breite vor sich geht, unmittelbar auf die Wirtschaft dieser Region und mittelbar auf die des Terai einwirkt. „Kaum hat man die Parallelketten des Himalaya verlassen", schreibt Karan, „tritt die Erosion schon in Erscheinung[6]." Er gibt als überzeugendes Beispiel das Tal des Marsyandi, das in der Nähe des Dorfes Mipra aus der Himalaya-Hauptkette ins Mittelgebirge eintritt: „Zwischen Thonje und Mipra fließt der Fluß nach Süden durch die Himalaya-Hauptkette in einer Reihe von steilen Schluchten. Den Nebenflüssen fehlt die Erosionskraft des Hauptflusses und sie münden in diesen in einer Serie

---

[4] Vgl. im übrigen die Regionalstudie „Die Nordhimalayische Trockenzone", Teil II dieser Arbeit.
[5] Vgl. im übrigen die Regionalstudie „Das Hochgebirge", Teil II dieser Arbeit.
[6] P. P. Karan, a. a. O., S. 31.

von Wasserfällen. Ackerbau ist ... bis etwa eine Meile nördlich Mipra nicht möglich, der steilen Hänge und des felsigen Bodens wegen. Unterhalb Jagat weitet sich das Tal und die Bodenkultivierung beginnt. Das Dorf Mipra (Distrikt Lamjung) liegt auf einem letzten Ausläufer der Hauptkette, und eine Meile südlich davon hat sich ein enormer alluvialer Kegel aus erodiertem Material gebildet, das der Fluß nach Verringerung seiner Geschwindigkeit abgelagert hat." Nebenflüsse, Gießbäche mit geringstem Einzugsbereich, beginnen weiter südlich den abgetragenen Boden der umliegenden Hänge dem Hauptfluß zuzuführen. Dieses Phänomen ist überall im Mittelgebirge zu finden.

Ernest Robbe, ein französischer Sachverständiger, auf den sich Karan übrigens bezieht, hat schon sehr früh über Beobachtungen zur Bodenabtragung berichtet[7]. „Im Tal des Midam Khola" (Lamjung-Distrikt), schreibt er, „vier Meilen oberhalb seiner Einmündung in den Madi Khola, zählte der Autor zwölf alluviale Fächer, erzeugt von Gießbächen, die ihr Wasser in den Fluß ergießen. In diesem Wasserlauf mit einem Hauptbett von mehr als einer halben Meile Breite, durch das im Monsun Tausende von Kubikmetern Material je Sekunde transportiert werden, war nur eine Wasserader von 15 m Breite und 20—30 cm Tiefe, und das Flußbett war übersät mit Tausenden von Bäumen, die die Gießbäche während des Hochwassers ausgerissen hatten."

Da die Böden der Mahabharat-Kette und des Mittelgebirges vorwiegend aus Schiefern, Quarziten und Kalkstein bestehen, sind sie besonders anfällig für Erosion. Im Gegensatz zur Hauptkette, die parallel gefaltet ist, verlaufen die Faltungen des Mittelgebirges vollkommen unregelmäßig, es gibt Sekundärfaltungen in jeder Richtung, und die Abtragungsprozesse tragen noch bei zu einer weiteren Verwirrung des Bildes. Auch das Kathmandu-Tal, das eingebettet ist in die Mittelgebirgsfaltungen, ist stark der Bodenerosion unterworfen, und die rücksichtslose Vernichtung des Waldes auf den umliegenden Hängen, abgesehen von ein paar Schutzgebieten, hat die Versorgung mit Brennholz zu einem immer größeren Problem gemacht.

Man sollte die Schilderung der Situation mit einem Beispiel abschließen, das Robbe anhand des Dorfes Nalma bringt, das, ebenfalls im Lamjung-Distrikt gelegen, zum Einzugsgebiet des Midam-Khola gehört. Das Dorf liegt etwa 600 m oberhalb des Flußniveaus von 850 m über NN auf einer Verflachung des Hanges, der unterhalb und oberhalb bis auf 1 700 m steil ansteigt. Schüttere *sal*-, Eichen- und Rhododendronbestände wachsen auf den Steilhängen und werden zur Brenn- und Bauholzversorgung mit herangezogen. Auf der Abflachung liegt das Dorf auf Felsengrund, der umliegende Boden ist terrassiert und bringt zwei, allerdings spärliche, Ernten pro Jahr. Die Waldbestände werden beweidet und alljährlich übergebrannt. Terrassierung wird allgemein für einen genügenden Schutz gegen Erosion gehalten, was ein fundamentaler Irrtum ist, solange es sich nicht um ganz ausgezeichneten Terrassenbau handelt. Und so kam es auch hier zu einem verheerenden Erdrutsch im Jahre 1953, der neun Menschen und viel Vieh das Leben

---

[7] Ernest Robbe, „Report to the Government of Nepal on Forestry", 1954.

kostete und 29 Häuser wegwusch. Die Dorfältesten, mit denen Robbe sprach, sind sich wohl der Tatsache bewußt, daß sie selbst für den Schaden, den die Erosion verursacht hat, verantwortlich sind. Aber sie sind in einem Teufelskreis gefangen, aus dem sie sich ohne Hilfe von außen nicht befreien können. „Das Problem einer wachsenden Bevölkerung", schreibt Robbe, „auf der einen Seite und die zurückgehende Bodenfruchtbarkeit auf der anderen kann nicht gelöst werden durch teilweise Abwanderung der Dorfbevölkerung, denn anderes Land gibt es nicht, ehe nicht grundlegende Maßnahmen ergriffen worden sind zur Bodenkonservierung und Einführung besserer Methoden. Die gleiche Lage herrscht im gesamten Mittelgebirge, eine Region, die jetzt etwa für 8 Monate Nahrung erzeugt, die aber in nicht zu ferner Zukunft nur mehr Nahrung für 6 Monate für ihre Bevölkerung wird liefern können."

Von seinen Beobachtungen in der Mittelgebirgszone berichtet Mathema: „Hier finden wir Leute, die so steile Landstücke bestellen, wie es ihnen physisch gerade noch möglich ist. In den steilsten Hanglagen binden sich Bauern an einem Seil fest, das oberhalb des Feldes befestigt ist, um Mais zu säen. Sie tragen eine kleine Hacke in einer Hand und den Mund voll Saat. Sie schlagen ein Loch mit der Hacke und blasen ein Saatkorn hinein[8]."

Es gibt zahllose Beispiele dieser Art. In Ost-Nepal ist die Lage noch schlechter. In weiten Gebieten des Sun-Kosi-, Arun- und Tamur-Einzugsgebietes sind nicht mehr als 10 % unter einer Walddecke verblieben. Und diese Forsten sind häufig so gelagert, daß sie wenig Wert als Erosionsschutz haben und in Bälde von den Uferauswaschungen und Erosionsrinnen an den Steilhängen vernichtet werden dürften.

Die Churia-Berge und der *bhabar-Gürtel* setzen mit ihren armen und porösen Böden der Abtragung durch Regen und Wasserläufe wenig oder keinen Widerstand entgegen. Es gibt kaum Besiedelung, und auf weiten Strecken ist die Waldbedeckung noch intakt. Allerdings handelt es sich um einen eher lichten Trockendschungel, der den Boden nicht zu nachhaltig zu schützen vermag. Hinzu kommt, daß die geringe Bevölkerung auch hier periodische Waldbrände anlegt. Eine Jeepfahrt durch die *bhabar*-Zone zeigt, daß selbst im dichtesten Trockendschungel das Wasser tiefe Erosionsgullies gegraben hat, die oft den Pfad nachhaltig unterbrechen. Trotz allem bietet natürlich dieser Gürtel einen Schutz für das Terai gegen all das viele sterile Geröll, das vom Norden kommt und hier abgelagert wird. Die geringe Bevölkerungsdichte resultiert übrigens noch von der Zeit der Malariaverseuchung her, eine Gefahr, die heute nicht mehr akut ist.

Im Terai schließlich wird von Berichterstattern häufig die Wirkung der Winderosion übersehen. In weiten Teilen dieser Landschaft ist nicht ein Baum von der ehemaligen Dschungeldecke übriggeblieben, nicht zu sprechen von absichtlich belassenen oder später wieder angepflanzten Schutzgürteln oder kleineren Gehölzen. Und so werden in der Zeit, bevor der Boden vom Monsun feucht und schwer gemacht wird, viele Tonnen wertvollen Oberbodens davongeblasen. Unter-

---

[8] Pushpa Ram Bhakta Mathema, „Agricultural Development in Nepal", 1966, S. 17.

suchungen darüber gibt es nicht, aber jeder, der im Terai reist, kann sich leicht am eigenen Leibe davon überzeugen. Darüber hinaus gibt es zwei andere Formen der Bodenverwüstung: die Abspülung an den Flußbiegungen und die Überlagerung von Kulturland durch Schuttablagerungen und steriles Alluvium, das die Flüsse aus den Bergen zu Tal führen. Es werden praktisch keine Maßnahmen ergriffen, um hier Einhalt zu gebieten, und so brechen Brücken und Stauwehre in Stücke, weil das Wasser den Untergrund wegwäscht.

„Wenn überhaupt, so haben bisher nur wenige zur Kenntnis genommen, daß Boden der größte Exportposten Nepals ist, für den es niemals eine Bezahlung gibt", schreibt Willan[9], und er spricht damit etwas sehr Wahres aus. Es ist in der Tat unverständlich und immer wieder bestürzend zu erleben, wie wenig die verantwortlichen Kreise in Nepal sich alarmiert fühlen durch die bodenbeladenen, braunen Flüsse, die in jedem Monsun durchs Land fließen, und die Tatsache, daß sie die Grundlage jeden künftigen Lebens in diesem Lande davontragen. Die Regierung verschließt bei all ihren Bemühungen, die simplerweise vor allem auf eine Steigerung der jährlichen Reis- und Weizenproduktion gerichtet sind, ihre Augen hartnäckig vor der Vernichtung des Bodens, in den sie doch ihre Edelsaaten und ihren Handelsdünger geben muß.

Es könnte nun eingewandt werden, daß doch die Bodenabtragung in Nepal primär ein natürlicher, sozusagen erdgeschichtlicher Akt ist, der sich unabhängig vom Menschen vollzieht, ob es uns genehm ist oder nicht, weil die geologischen oder pedologischen Verhältnisse eben für eine solche Abtragung prädestiniert sind. Das ist, wie wir eingangs ja auch ausgeführt haben, zu einem gewissen Grad sicher richtig. Allerdings haben wir es in Nepal nicht mit einer menschenleeren Urlandschaft zu tun, die noch ihren eigenen Formungsprozeß durchläuft, sondern mit einem der dichtestbevölkerten Gebirge der Erde mit vergleichbaren Steilhängen. Die Bevölkerungsdichte der nepalischen Mittelgebirgsdistrikte bewegt sich von 22 bis über 200 Menschen je km^2. Und die Bevölkerung wächst mit mindestens 2 % im Jahr, und da das Gebirge ohnehin schon unter einem Defizit an Grundnahrungsmitteln leidet, bedarf es keiner weiteren Begründung, warum alles getan werden sollte, um die vorhandenen Böden zu schützen und zu verbessern. Statt dessen steht der Bergbauer, der sich der Zusammenhänge, wie wir wissen, wohl bewußt ist, hilflos den Kräften der Natur gegenüber, ohne auch nur den Versuch zu machen, sich zu wehren oder die latent vorhandenen Kräfte der Zerstörung nicht zu entfesseln.

Wer durch Nepal reist und einen Blick für die Probleme der Bodenerhaltung und -zerstörung hat, muß physisch unter dem leiden, was er auf Schritt und Tritt sieht. Es dürfte kaum ein Beispiel geben, das Bergbauern im intelligenten Kampf gegen die Bodenerosion zeigt. Der Verfasser jedenfalls hat keines gesehen. Statt dessen boten sich ihm immer und immer wieder die klassischen Beispiele der gedanken- und rücksichtslosen Bodenverwüstung, denen wir uns jetzt zuwenden wollen.

9 R. G. M. Willan, a. a. O., S. 16.

Alle Sachverständigen sind sich darüber einig, daß eine der Hauptursachen der Bodenerosion die Überbeweidung ist. Gut unterhaltene Weidedecke ist wohl eine der besten natürlichen Schutzwehren des Gebirgsbodens. Aber Nepal verfügt unglücklicherweise über eine vollkommen unvernünftige Zahl meist völlig nutzloser Rinder, die nicht stallgefüttert, sondern auf die Wildweiden gelassen werden, so daß sich die Folgen sehr bald zeigen. Dazu kommen noch 1,3 Millionen Ziegen, davon vielleicht 1 Million im Gebirge, die mit ihren scharfen Hufen den Prozeß noch verschärfen. In den sehr hoch gelegenen Weidegründen, etwa im Massiv des Mt. Everest, wo nur begrenzte Herden von Yaks und Chowries aufgetrieben werden und außerdem Heu gemacht wird, liegen die Verhältnisse besser. Aber die meisten Wildweiden Nepals zwischen 900 und 3 000 m sind Residuen ehemaliger Waldbestände auf Bergkuppen oder an Steilhängen, wo der Naturwald vollständig oder nahezu vollständig vernichtet ist und ein armseliger Grasbestand die Herden der darunter liegenden Dörfer ernähren soll. Nichts wird getan, um die Weiden zu verbessern oder die Beweidung zu kontrollieren, und so läßt die erste Erosionsrinne nicht lange auf sich warten, der, wie wir gezeigt haben, früher oder später der ganze Hang samt Dorf und seinen Bewohnern in die Tiefe folgt. Überbeweidung verhindert bekanntlich auch die Naturverjüngung, was zu einer immer stärkeren Degradierung der Weide führt. Schließlich kommt der Bauer und setzt mindestens einmal im Jahr den ganzen Hang unter Feuer. Das geschieht vor dem Einsetzen des Monsunregens und wird damit begründet, daß durch Abbrennen des alten Grases das junge schneller und reicher wachse. In Fachkreisen besteht zwar keine einhellige Ansicht über Wert und Unwert des Abbrennens, aber es dürfte ziemlich klar sein, daß man hier, wie so oft in der Bodenbewirtschaftung, wegen eines Augenblickserfolges die Bodenfruchtbarkeit auf lange Sicht in Frage stellt. „Überbeweidung auf abgebrannten Weiden", bemerkt Robbe, „beschleunigt die Degradierung: das Gras, bis zu den Wurzeln abgefressen, wächst schwach und wird weniger und weniger produktiv. 10—12 Monate Beweidung im Jahr verhindert die Regenerierung. Der Boden wird hartgestampft und wird bis in beträchtliche Tiefe verdichtet, wobei er seine Durchlässigkeit verliert, während der Oberboden krümelt. Alle diese Faktoren verstärken die Gefahr und den Grad der Bodenerosion." (1954, S. 22).

In vielen Fällen können wir noch einen Schritt zurückgehen: Bevor es zur Zerstörung der Wildweiden kommen konnte, kam es zur rücksichtslosen Vernichtung der Wälder, die einst an ihrer Stelle wuchsen. Das sinn- und verstandlose Einschlagen der Naturbestände an Wäldern in allen Teilen Nepals, das absichtliche oder gedankenlose Feuerlegen in den Forsten, mit dem wir uns an anderer Stelle noch eingehend zu befassen haben[10], darf wohl mit Recht als die Wurzel allen Übels bezeichnet werden.

Wir kommen nun aber zum eigentlichen Kulturboden. Vernichtung der Wälder wird im allgemeinen damit gerechtfertigt, daß die Zahl der Menschen wächst und daher mehr Kulturboden bereitgestellt werden muß. Es ist allerdings keineswegs

---

10 Vgl. Kapitel „Forstwirtschaft".

so, daß etwa der Kulturboden Nepals in dem Maße zunimmt, wie die Waldbestände abnehmen. Und es ist auch keineswegs so, wie immer wieder von Kurzreisenden behauptet wird, daß die Bergbauern durch ein geschicktes Terrassensystem sehr wohl am Steilhang pflügen könnten, ohne Bodenerosion auszulösen. Die Qualität der Terrassen wechselt sehr stark von Ort zu Ort und von Kultur zu Kultur. Die klassische Reisterrasse, die einen um 30 cm hohen Außenwall hat, um die Kultur unter Wasser halten zu können, bietet sicher ein Höchstmaß an Erosionsschutz. Man findet sie vor allem im Tal von Kathmandu, wo die Besucher sie bestaunen und ungerechtfertigte Rückschlüsse auf den Rest von Nepal ziehen. Aber auch hier, im Tal von Kathmandu, kann man enorme Erosionsrinnen sehen, die immer mehr Terrassen wegreißen, ohne daß auch nur der Versuch unternommen würde, solche Rinnen etwa zu verbauen und den Prozeß dadurch aufzuhalten oder durch Bodenanreicherung sogar umzukehren. Das Problem liegt aber bei den Maisterrassen, die nicht nur keinen Außenwall haben, sondern absichtlich geneigt angelegt werden, um Wasserstau zu verhindern. Solche Terrassen sind natürlich der Bodenabwaschung eher noch förderlich.

Es ist auch keinesfalls so, daß nun jeder Quadratmeter Boden, der in den Bergen von Nepal bebaut wird, terrassiert ist. Wenn irgend möglich, wird sich der Bauer nicht der Mühe des Terrassenbaus unterziehen, sondern am Schräghang pflügen, und hier wieder versteht es sich für ihn keineswegs von selbst, daß er horizontal, also in Richtung der Konturlinien, pflügt, um ein Minimum an Abtragungsschutz zu geben. Und so kommen wir eben zu dem Gesamtphänomen der Bodenvernichtung in Nepal, den erdschweren Flüssen, den Erdrutschen und Überschwemmungen[11].

Natürlich haben wir mit der Schilderung und Erklärung des Phänomens noch keine Lösungsmöglichkeit aufgezeigt. Mit dem uns bei Reisen im Gebirge von Nepal oft auf der Zunge liegenden Gesamturteil: „Im Grunde ist die Gebirgszone von Nepal für die menschliche Besiedelung ungeeignet" ist niemandem geholfen. Schließlich leben 58 % der Menschen außerhalb des Terai, und sie leben dort schon sehr lange und werden auch weiterhin dort wohnen, wieviel Ansiedlungsprojekte man im Süden auch durchführen mag. Da es einmal so weit gekommen ist, hilft auch die richtige Erkenntnis nicht weiter, daß, gemessen am Böschungswinkel, mindestens 300 000 ha der Gebirgszone wieder in Wald oder kontrollierte Weide

---

11 Das Prinzip des Bannwaldes, also des Baumbestandes oberhalb eines Dorfes, der Lawinen, Geröll und Erdbewegungen aufhalten soll, soll in einigen Gegenden Nepals bekannt sein. In den meisten Fällen dürften Bannwälder aber dem Landhunger der Bauern zum Opfer gefallen sein, und es gibt eine Reihe von Berichten, aus denen man mit grausamer Konsequenz von dem sich folgerichtig einstellenden Bergrutsch erfährt. In Süd-Tirol etwa sammeln die Bauern mit stark hängigen Feldern nach der Regenzeit herabgewaschenen Boden und bringen ihn mit einem sinnreich konstruierten Zug wieder an die Oberkante ihrer Felder. Verbauungen von Erosionsrinnen sind in vielen Mittelmeerländern, vor allem in Spanien, heute allgemeine Praxis, und es gibt noch zahlreiche andere Bodenschutzmaßnahmen. Keine davon ist in Nepal bekannt. — Es ist hier anzumerken, daß ein österreichischer Fachmann im Rahmen eines Projekts der Vereinten Nationen seit kurzem Bodenschutzmaßnahmen durch Wildbachverbauungen experimentell im Distrikt Nawakot durchführt.

überführt und aus der Ackerfläche herausgezogen werden müßten. Es dürfte ein Wiederaufforstungsprozeß möglich sein, allerdings nicht in dem genannten Umfang. Für den Rest des Kulturlandes gilt es, die Bauern über alle möglichen Maßnahmen zum Bodenschutz, bödenschützende Kultivierungstechniken und Möglichkeiten intensiverer Landwirtschaft aufzuklären und ihnen die dazu erforderlichen Hilfen zu geben. Da die Flächenerträge noch niedrig sind, kann durch Düngergaben, Bewässerung und Schutz der organischen Materie im Boden auf der gleichen Fläche mehr erzeugt werden als bisher, oder die Fläche könnte sogar verringert werden, wenn man einer Bevölkerungszunahme per Flächeneinheit steuert. Da Futterbau unbekannt ist, Weidepflege nicht betrieben wird und die Tierbestände schließlich hochgradig unproduktiv sind, könnte auf dem Weg über Verbesserung plus Verringerung des Viehbestandes, Futterbau und Weideverbesserung eine Überbeweidung und Ausdehnung der Weiden auf Kosten der Wälder verhindert werden. Beide Maßnahmen würden gestatten, vielerorts dem Waldbestand wieder den ihm ökologisch zustehenden Platz einzuräumen und damit die Wasser- und die Bodenwirtschaft wieder ins Gleichgewicht zu bringen. Alle diese Maßnahmen sind bis zum Überdruß den verantwortlichen Stellen in Kathmandu vorgetragen und angeraten worden, sie sind aber bestenfalls in ein paar förmlichen Sätzen in den Entwicklungsplan eingegangen, und es gibt nicht einmal die seit Jahren geplanten Versuchszonen. Inzwischen schreit das Land um Hilfe, aber niemand hört es[12].

12 Die Bodenfrage beinhaltet allerdings mehr als die Frage der physischen Präsenz von Boden, mit der wir uns hauptsächlich befaßt haben, nämlich auch die der Bodenfruchtbarkeit. In dieser Arbeit hat sie keinen eigenen Raum, soll aber trotzdem nicht unerwähnt bleiben. Einige bereits erwähnte Fakten, nämlich die weitverbreitete Monokultur und die Vernichtung organischer Materie durch Abbrennen der Böden, lassen bereits den Schluß zu, daß auch in dieser Hinsicht in Nepal Raubbau am Boden getrieben wird. Wenn durchschnittliche Hektarerträge dennoch für asiatische Verhältnisse vergleichsweise hoch liegen, so vor allem deshalb, weil in den letzten Dekaden immer weitere Areale jungfräulichen Bodens unter Kultur genommen werden konnten, deren Fruchtbarkeit allerdings ohne entsprechende Gaben organischer und anorganischer Nährstoffe rasch zurückgehen dürfte. Viel Vieh in den Bergen wird angeblich vor allem seiner Düngerproduktion wegen gehalten, aber es scheint, daß der meiste anfallende Dünger in Nepal nicht dem Boden, sondern dem Feuer zugeführt wird. Im gesamten Terai dient Dung ausschließlich als Brennmaterial, da der Wald bereits vernichtet ist. Kompostbereitung ist angeblich in weiten Teilen des Gebirges bekannt, aber die Kompostgruben, die der Verfasser untersuchte, waren meist neuen Datums und ein Ergebnis der Beratungstätigkeit der Regierung. Trotzdem waren sie oft unsachgemäß angelegt, und der Kompost, wie auch vielfach der animalische Dung, wurde erst in der Sonne gedörrt (und vieler seiner Nährstoffe beraubt), ehe er aufs Feld getragen wurde. Darauf hingewiesen, antworteten die Bauern: „Ja, aber der trockene Kompost oder Dünger trägt sich leichter." Erst sehr spät, um 1960/61, erreichte der Import von Düngemitteln 1 000 t, und erst 1966/67 wurde die 8 000 t-Grenze bei den Düngemittelimporten überschritten. Daß die Verteilung über das Land sich in Grenzen hält, ist bei der herrschenden Verkehrslage verständlich.

7. Bewässerungswirtschaft

„Nepal ist mit überreichen Wasserreserven ausgestattet. Zahlreiche Ströme und Flüsse sind in allen Teilen des Landes vorhanden. Die meisten von ihnen fließen das ganze Jahr hindurch, was für ein wirkungsvolles Bewässerungssystem entscheidend ist. Wenn das Potential dieser Gewässer voll genutzt würde, könnte man den größten Teil des kultivierten Landes mit Bewässerung versorgen. ... Bis jetzt werden 0,18 Millionen ha bewässert. Unterstellt, alles Kulturland wäre bewässerbar, so müßten weitere 1,66 Millionen ha mit Bewässerungsanlagen versorgt werden." Dharma N. Koirala, in einer Denkschrift[1].

„Natürlich liefert unser Bewässerungsprojekt kein Wasser in der Trockenzeit. Da fließen ja auch die Flüsse nicht. Der nepalische Bauer ist es sowieso nicht gewohnt, eine zweite Ernte unter Bewässerung einzubringen. So betrachtet, liegen wir also mit unserer Anlage ganz richtig." Indischer Bewässerungsingenieur im Terai[2].

Die Naivität, die aus fast allem spricht, was in Nepal auf dem Gebiet der Bewässerung gesagt und getan wird und wovon die beiden Zitate nur eine bescheidene Auswahl geben, kann kaum übertroffen werden. Wer immer sich mit der Bewässerungswirtschaft dieses Landes zu befassen hat, tut gut daran, sich eine terminologische Grundlage zu schaffen, ehe er sich ein Urteil bildet oder Empfehlungen ausarbeitet.

Die Notwendigkeit einer sachgerechten Bewässerungswirtschaft in Nepal erhellt ohne weiteres aus der Tatsache, daß die wachsende Bevölkerung bei nicht mehr wesentlich auszudehnender Kulturfläche nur durch höhere Flächenerträge ernährt werden kann. Diese können einmal durch höhere Erträge einer Ernte oder durch mehrere Ernten pro Jahr auf dem gleichen Acker erreicht werden. Da Nepal gegenwärtig nur auf maximal 20 % seiner Kulturfläche mehr als eine Ernte einbringt, müssen die Bedingungen geprüft werden, unter welchen eine zusätzliche Ernte möglich ist. Dabei zeigt sich nun, daß bereits die Hauptfrucht, der Reis, häufig durch Wassermangel bedroht ist und an eine zweite Kultur überhaupt nicht gedacht werden kann. Diese Bedrohung resultiert aus dem Niederschlagsregime, dem Nepal ausgeliefert ist und das im Kapitel über Klimatologie ausführlich dargestellt wurde. Die kritische Periode der Reisblüte (*hathia*) erfordert besonders reichliche Wassergaben, wenn die Ernte eine gute werden soll. Sie liegt im Oktober, einem Monat, wo normalerweise der Regen aufgehört hat. Da selbst die nicht-perennierenden Flüsse jetzt aber noch Wasser führen, hat der nepalische Bauer eine Methode der Wasserableitung aus diesen Flüssen entwickelt, um seiner Reiskultur die dringend erforderliche Feuchtigkeit zuzuführen. Dies, und nur dies, versteht man in Nepal unter Bewässerung. Dieser Bewässerungstyp ist sicherlich

---

[1] Dharma N. Koirala, „Possibilities of Surface Water Irrigation Development in Nepal", Oktober 1968 (maschinenschriftl.).
[2] Zahlreiche Terai-Bewässerungsprojekte sind von der damaligen Indian Aid Mission (später: Indian Cooperation Mission) gebaut worden.

von eminenter Wichtigkeit, weil er ja die Basisnahrung des Volkes zu sichern vermag, es wäre aber verfehlt zu glauben, daß die statistisch aufgeführten Bewässerungsflächen Nepals mehr böten als solche „Zusatzbewässerungen". Der ausländische Besucher, der sich unter einer Bewässerungsfläche ein Areal vorstellt, das auch und vor allem in der regenlosen Trockenzeit unter Kultur genommen wird, kommt in Nepal nicht auf seine Kosten.

Bewässerung im modernen Sinne — wenn wir die in Nepal übliche als „traditionelle" bezeichnen wollen — muß natürlich mit einer Reihe von Faktoren rechnen und sie in einem arbeitsfähigen System unterbringen, das der nepalische Bauer nicht zu überschauen vermag. Zu seiner Methode bedarf er dessen auch nicht.

Das Monsunregime Nepals ist, wie wir gesehen haben, nicht nur durch die Konzentration massiver Regenfälle in wenigen Sommermonaten gekennzeichnet, sondern auch durch seine Unberechenbarkeit oder Unzuverlässigkeit. Weite Teile des Landes werden alljährlich nur mit so kümmerlichen Niederschlägen bedacht, daß eine Mißernte ohne Schwierigkeit vorausgesagt werden kann, andere Gebiete wieder ertrinken in unnormal heftigen Regenfällen, denen die Ernten ebenfalls zum Opfer fallen. Gegen übermäßige Regenfälle ist schwerlich anzukommen, wennschon auch hier die Folgen durch ein sachgerechtes Drainagesystem in besonders überflutungsanfälligen Gebieten gemildert werden könnten. In bestimmten Gebieten des Östlichen Terai wird immer wieder über Wasserstau bei heftigem Regen geklagt, aber niemand hat je Möglichkeiten eines Drainagesystems untersucht, selbst wenn sie, zugegebenermaßen, bei dem geringen Gefälle in dieser Landschaft beschränkt sein dürften. Bei Gebieten, die unter Trockenheit leiden, bietet sich ein System moderner Bewässerung an, das sich entweder auf Grundwasservorkommen oder aber auf künstlich angelegte oberirdische Reservoire stützt.

Wir haben im Kapitel über Hydrogeographie hinreichend auf die hydrographischen Probleme Nepals hingewiesen, die ihre volle Problematik allerdings erst in Verbindung mit der Bodenerosion enthüllen. Hier liegt in der Tat auch der schwache Punkt jeder Bewässerungsplanung in Nepal, und das Argument ist rasch zur Hand: Jeder Talsperrenbau würde in kürzester Zeit durch Versandung wertlos werden. Es gibt allerdings nur sehr spärliche Untersuchungen über die tatsächliche Geschwindigkeit eines solchen Versandungsprozesses.

Das im Westen gelegene Karnali-Flußsystem ist verschiedentlich sorgfältig daraufhin untersucht worden, ob der Bau eines Hochdamms von 207 m bei Chisapani sinnvoll sei, um hydroelektrische Energie zu erzeugen und die gestauten Wassermassen gleichzeitig zur Bewässerung einzusetzen. Dabei würde ein Reservoir entstehen mit einem Fassungsvermögen von insgesamt 9,27 Mrd. m³. Der in diesem Volumen enthaltene tote Raum von 1,97 Mrd. m³ würde nach den bis jetzt ermittelten Geschiebemengen in 30 Jahren gefüllt sein, der totale Nutzraum in 110 Jahren[3]. Die Fläche des Stausees, der Karnali, Bheri und Seti aufnehmen

---

3 „Facts about the Karnali River in Nepal", Bericht von Nippon Koei Co., Ltd., Tokyo (Japan).

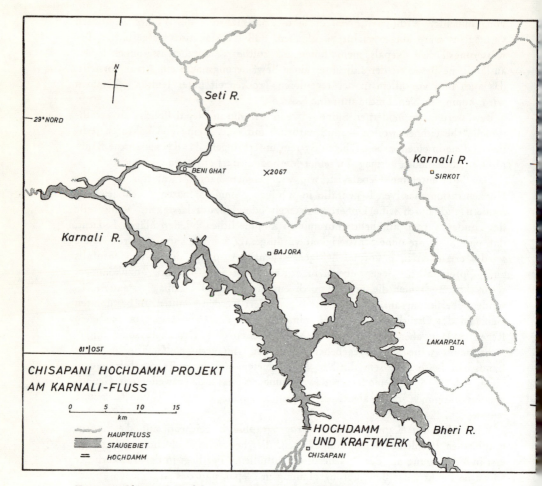

Karte 56: *Chisapani-Hochdamm-Projekt am Karnali-Fluß*
Ein Hochdammbau über den Karnali an der Stelle, wo er aus dem Gebirge in die Terai-Ebene tritt, soll 207 m hoch werden und eine totale Wassermasse von nahezu 10 Mrd. m³ speichern. Dies entspricht allerdings nur etwa einem Viertel der mittleren Jahreswasserfracht. Der Stausee würde beträchtliche Kulturflächen überfluten, zugleich aber würde er der Binnenschiffahrt einen Zugang zur Gebirgszone geben.

würde, geht aus Karte 56 hervor. Es ist, um die rechte Vorstellung zu geben, immerhin interessant anzumerken, daß dieser Stausee nicht in der Lage sein würde, auf die Dauer auch nur ein Viertel der jährlichen durchschnittlichen Wasserfracht des Flußsystems aufzunehmen[4].

[4] Diese Zahl drückt die enorme Wassermasse aus, die Himalaya-Flußsysteme zu Tale führen, verglichen mit der geringen Leistungsfähigkeit selbst dieses stattlichen Dammes: im Mittel führt das Karnali-System 41 Mrd. m³ Wasser im Jahr an Chisapani vorbei. Dem steht das Bruttofassungsvermögen des Reservoirs von 9,27 Mrd. m³ nach Fertigstellung

Der von Indien geplante, aber wieder aufgegebene Hochdamm zur Abriegelung des Kosi-Systems in Ost-Nepal bei Barahakshetra sollte 238 m hoch werden und ein Reservoir mit einer Bruttokapazität von 8,5 Mrd. m³ schaffen. Nach den Geschiebeberechnungen am Kosi würde der darin enthaltene tote Raum von 3,8 Mrd. m³ in 60 Jahren aufgefüllt sein[5].

Ähnliche Pläne für die Abriegelung des zentralen Hauptflusses, des Gandaki oder Narayani, in der Schlucht bei Narayangarh sind zwar erwogen worden, doch fehlt es hier noch an entsprechenden Studien, aus denen man Daten über Geschiebemengen usw. entnehmen könnte.

In diesem Zusammenhang ist es angebracht, zunächst einmal auf die Tatsache hinzuweisen, daß der untere Anlieger an den nepalischen Himalayaflüssen, die Indische Union und besonders ihre Staaten Uttar Pradesh und Bihar, bereits seit Jahrzehnten Gebrauch von dem Wasser machen, das ihnen aus dem Norden zufließt. Vielfach hat auch die ständige Überschwemmungs- und Versandungsgefahr, die von den Hauptströmen Nepals auf indisches Gebiet übergreift, Indien dazu veranlaßt, nach einer Absperrmöglichkeit zu suchen. Die indischen Damm-, Kanal- und Bewässerungssysteme beschränken sich notwendigerweise auf eine Ableitung des Wassers. Da Indien keinen Zugang zu den Gebirgszonen hat, aus denen diese Flüsse kommen, könnte es auch keinerlei Stau- oder Regulierungsbauten errichten. Erst mit dem Übertritt der Flüsse über die Grenze, die mitten durchs ebene Terai läuft, gewinnt Indien Verfügungsgewalt über das Wasser. Zwar wurden zwischen Nepal und Indien immer wieder gemeinsame Regulierungsbauten am Fuß des Himalaya erwogen, wobei das kühnste Projekt sicherlich der Kosi-Damm bei Baharakshetra war (der kurioserweise in einigen neueren Kartenwerken mit einem mächtigen Stausee eingetragen ist!), doch waren alle diese Pläne zu kostspielig und zu problematisch, um über Studien hinaus zu gedeihen.

Verfolgen wir die indisch-nepalische Grenze vom Westen zum Osten, so stellen wir fest, daß Indien die nepalischen Wasserreserven an einigen Stellen bereits in ausgedehnte Kanalnetze leitet bzw. dabei ist, solche Kanäle zu bauen.

1. Das Banbasa-Sarda-Bewässerungssystem (Uttar Pradesh) leitet das Wasser des westlichen nepalischen Grenzflusses Mahakali (indisch: Sarda) bei Banbasa in einen Kanal und auf indisches Gebiet. Der Damm ist 610 m lang. Das Kanalsystem von insgesamt 1 873 km Länge versorgt brutto 445 155 ha Bewässerungsland.

2. Das Gandak-Bewässerungssystem (Bihar) baut auf einem 734 m langen Ableitungswehr auf, das bei Bhaisalotan über den Narayani gebaut ist und je zur

---

des Dammes gegenüber. Daraus erhellt, welche Riesenbauten erforderlich wären, wollte man die Himalayaflüsse vom Indus bis zum Brahmaputra tatsächlich unter die Kontrolle des Menschen bringen. (Vgl. hierzu etwa Max Biehl, „Die ernährungswirtschaftliche Nutzbarmachung des Brahmaputra-Wassers für Indien und Pakistan", Tübingen 1965, S. 117 ff.)

[5] Kawan Sain, „Plan for Flood Control of the Kosi River", Government of India. Central Water and Power Commission, 1953. Spätere Untersuchungen, so von dem UN-Experten J. B. Auden, rechnen mit einem toten Raum von 1,9 Mrd. m³, der sich in 16 Jahren mit Geröll füllen würde.

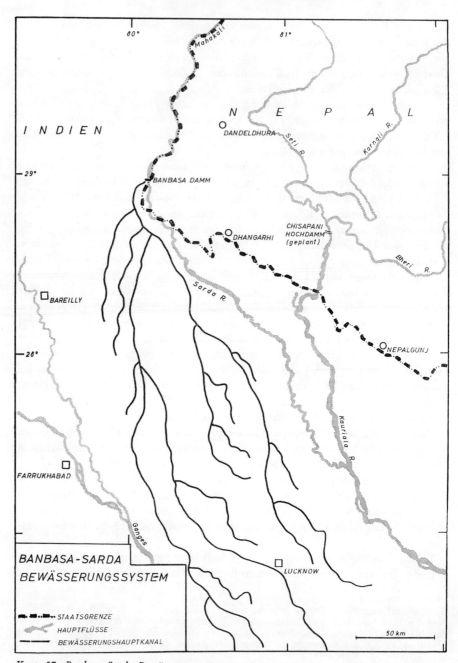

Karte 57: Banbasa-Sarda-Bewässerungssystem
Indien leitet das Wasser des westlichen nepalischen Grenzflusses Mahakali (indisch: Sarda) über ein Wehr bei Banbasa in einen Kanal und auf indisches Gebiet. Damit ist dieses Wasser für die Bewässerung des nepalischen Terais verloren.

Hälfte in Indien und Nepal liegt. An dieser Stelle haben indische Ingenieure einen Maximalabfluß von 19 600 m³/s festgestellt. In der Trockenzeit (Februar bis April) sinkt die mittlere monatliche Abflußziffer auf nur 280 m³/s ab, während in der Zeit der Hauptwassernachfrage, im Oktober, immerhin im Mittel 1 557 m³/s zu Tale befördert werden. Für die Gesamtfläche des Bewässerungsareals von brutto 1,7 Millionen ha, von der 54 000 ha auf nepalischem Territorium liegen sollen, rechnen die Planer mit einem Wasserbedarf von 812 m³/s, die also dieses System nach den vorliegenden Unterlagen liefern dürfte. Es zeigt sich aber auch hier klar und deutlich, daß auch diese vergleichsweise riesigen indischen Bewässerungssysteme auf nichts anderes abzielen als auf die zusätzliche Wassergabe in der Blüteperiode des Reises. Danach kann von Bewässerungswirtschaft nicht mehr gesprochen werden. Das indische Dokument verkündet zudem noch großzügig, daß bei dieser günstigen Wasserlage „keine Einwände Indiens dagegen bestünden, daß Nepal weiter stromaufwärts Wasserbauten zur Bewässerung oder Stromgewinnung errichte"[6]. Siehe dazu auch die Karte 58. Am Rande sei bemerkt, daß das Projekt auch die Errichtung von vier Wasserkraftwerken auf indischem Boden vorsieht.

3. Das Kosi-Bewässerungssystem (Bihar) ist aus dem Wunsch entstanden, die nord-indischen Grenzgebiete gegen die Hochfluten des Kosi zu schützen und zugleich dessen Wassermassen zur Bewässerung zu nützen. Nach Aufgabe des Kosi-Hochdamm-Projekts wurde eine 1 148 m lange Staumauer unweit von Hanumannagar über den Sapt-Kosi entlang der indisch-nepalischen Grenze gebaut. Auf indischem Gebiet wurden einige ausgedehnte Schutzdeiche errichtet, und ein Kanalnetz zieht sich fast bis zum Ganges hinunter und dürfte etwa brutto 1 Million ha bewässern (vgl. Karte 59).

Daß auch dieses Bewässerungssystem keinen anderen Zweck erfüllt als den der zusätzlichen Reisbewässerung, erhellt schon aus dem Fehlen eines Reservoirs.

Wenn es in der unmittelbaren indischen Nachbarschaft an integralen Bewässerungssystemen fehlt, so kann kaum erwartet werden, daß die Verantwortlichen in Nepal von sich aus derartige Systeme entwickeln. Es ist in diesem Zusammenhang sicher angebracht, einige Worte über Grundsätze moderner integraler Bewässerung zu verlieren[7].

Es ist heute eine allgemein bekannte Tatsache, daß Länder ohne, mit unzureichendem oder zu konzentriertem Regenfall auf Bewässerung für ihre Landwirtschaft angewiesen sind. Normalerweise verbindet man Bewässerung mit dem Gedanken an aride Gebiete wie Wüsten, aber es zeigt sich, daß auch Länder mit extrem hohen Niederschlägen sich für einen Teil des Jahres in eine Art von Halbwüste verwandeln können. Und so kann auch in solchen mit Niederschlägen von 2 000 oder 3 000 mm künstliche Bewässerung zeitweise ein dringendes Erfordernis werden. Im übrigen geht man ja heute auch in Ländern der gemäßigten Zone, wie

---

[6] „Gandaki Irrigation and Power Project", indisches Dokument ohne Angabe des Verfassers, der Organisation und des Jahres.
[7] Zum Grundsätzlichen und seinem Bezug auf die Bewässerung in Nepal siehe vor allem Wolf Donner, „Irrigation in Nepal", Fachbericht (vervielf.), Kathmandu 1967.

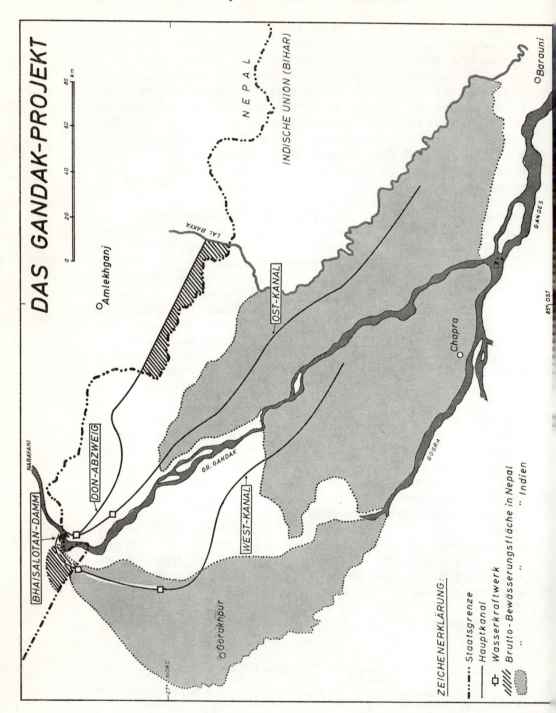

in Mitteleuropa, mehr und mehr zur Bewässerung, meist in Form von Beregnung hochwertiger Kulturen, über.

Viele Planer sind sich jedoch nicht darüber im klaren, daß Bewässerung mehr bedeutet, als Wasser aufs Feld zu bringen. Sie bedenken nicht, daß sie einen schweren Eingriff in die Natur darstellt und deshalb ihre Anwendung größte Sorgfalt erfordert, wenn ökonomische und ökologische Schäden vermieden werden sollen. Zudem schließt ein sachgerechtes Bewässerungssystem zahlreiche Maßnahmen in benachbarten Sachgebieten mit ein. Werden sie vernachlässigt, so kann das zu erheblichen Schäden führen.

Wer Bewässerung plant, sollte daher ein „integrales Bewässerungssystem" anstreben, anstatt nur für die Versorgung mit Wasser zu planen. Ein sachgerechtes Bewässerungssystem beginnt mit der Bodenschutzpolitik im Einzugsgebiet des Flusses, der das Bewässerungswasser liefern soll, und es endet, sozusagen, mit der weiterverarbeitenden Industrie, die die Produkte des Bewässerungsareals aufnimmt. In den im Aufbau befindlichen Ländern der Dritten Welt gibt es heute bereits einige solcher integralen Bewässerungsprojekte, die als Vorbild dienen könnten, z. B. das Badajoz-Projekt in Spanien und das Medjerda-Projekt in Tunesien. Daß sie noch ziemlich selten sind, liegt vor allem daran, daß ihr Aufbau einen hohen Grad von Kooperation zwischen vielen Regierungsstellen verlangt und keinen Raum läßt für die zwischen ihnen üblichen Rivalitäten und Kompetenzstreitigkeiten.

Wenn wir von integraler Bewässerung sprechen, so meinen wir also nicht nur die Bereitstellung von Wasser und seine Verteilung, sondern wir denken auch an Flußregulierung, Flutkontrolle, Bodenkonservierung, Aufforstung, Wasserreservoire für die Trockenzeit, Wasserverteilung bei einem Minimum an Verlust, Schutz der Fluß- und Kanalufer, Schutz des Kulturbodens gegen Winderosion und schließlich eine wirklich sachgerechte Anwendung des Bewässerungswassers auf dem Feld.

Von all dem kann in Nepal nicht gesprochen werden. Man beruft sich auf die „Tradition" in der Bewässerung, die Nepal habe, und wir haben gesehen, was darunter zu verstehen ist. Es ist bis heute nicht möglich gewesen, die Regierung zum Aufbau auch nur des kleinsten Musterbezirks für integrale Bewässerung zu bewegen. Der Bau von Stauwehren und Hauptkanälen liegt in den Händen des Bewässerungs-Departements im Ministerium für Kraftwerke und Bewässerung. Dieses Departement hat absolut keine Verantwortung — und auch keine Fachkompetenz — für die tatsächliche Benutzung des Wassers. Diese Verantwortung wurde dem Departement für Landwirtschaftliche Forschung und Lehre übertragen, das dem Landwirtschaftsministerium untersteht. Niemand in diesem Ministerium

Karte 58: Das indische Gandak-Bewässerungsprojekt
Dieses gegenwärtig im Bau befindliche Projekt baut auf den Wassermassen des zentralnepalischen Gandaki-Flußsystems auf. Es sieht eine Brutto-Bewässerungsfläche in Indien von 1,7 Millionen ha vor. In süd-nepalischen Grenzgebieten sollen 54 000 ha ebenfalls Wasser von diesem System bekommen. Die insgesamt zur Bewässerung vorgesehene (Brutto-)Fläche ist größer als die totale Kulturfläche Nepals unter Reis!

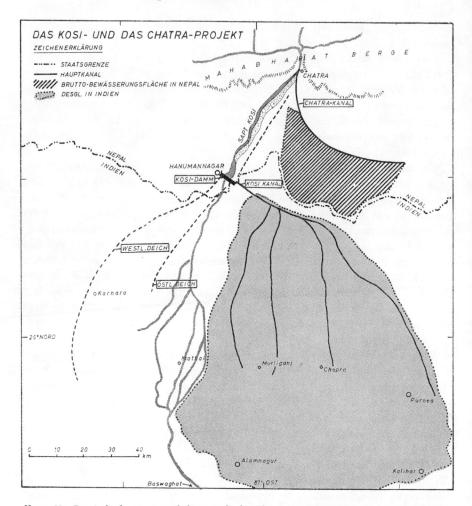

Karte 59: Das indische Kosi- und das nepalische Chatra-Projekt
Diese beiden Projekte bauen auf den Wassermassen des ost-nepalischen Kosi-Systems auf. Das Wasser für den Chatra-Kanal wird dem Fluß nach Austritt aus dem Gebirge über eine Schleuse entnommen, während das indische Kosi-Bewässerungsprojekt über ein Ableitungswehr gespeist wird, das den Sapt-Kosi bei Hanumannagar abriegelt.

hat je irgendwelche Ausbildung in Bewässerungstechnik oder -wirtschaft genossen und wäre daher in der Lage, die Bauern in moderner Bewässerungstechnik zu unterrichten, Bewässerungs-Kooperativen zu bilden usw. Praktisch sieht das so aus, daß die Bauern, denen man einen Hauptkanal ins Gebiet gebaut hat, die Deichwände durchstechen und ihre Felder überfluten. Wenn ein Bauer glaubt, genug Wasser zu haben, wird der Besitzer des Nachbarfeldes sein Land überfluten. Auf diese Weise werden nur die Bauern, deren Felder glücklicherweise in Kanalnähe liegen, in den Genuß der Bewässerung kommen, und die „gross commanded

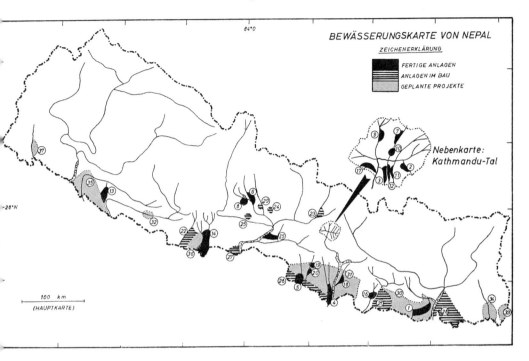

Karte 60: Bewässerungskarte von Nepal
Die Karte gibt die Lage und die ungefähre Ausdehnung der staatlichen Bewässerungsvorhaben in Nepal an. Sie basiert auf einer amtlichen Unterlage des Department of Irrigation. Die Projektnummern entsprechen den laufenden Nummern in Tabelle 31. Zur rechten Einschätzung der Karte sind folgende Anmerkungen erforderlich: Die Projekte Banganga (22), Bagmati (31) und Mohana (37) wurden fallengelassen. Das Kamala-Projekt (21) sollte mit indischer Hilfe gebaut werden, doch besteht wenig Hoffnung auf seine Fertigstellung, da die Inder jetzt selbst Wert auf das Wasser legen. Das ebenfalls von indischer Seite gebaute Gandak-Projekt (27/28) sollte bereits bis 1970 Wasser nach Nepal liefern, doch muß mit größeren Verzögerungen gerechnet werden. Das Tinao-Projekt (14) ist fertiggestellt, doch versandet es so rasch, daß es praktisch wertlos ist. Der Chatra-Kanal (28) bewässert bereits 60 % des vorgesehenen Areals und soll bis Mitte 1970 fertiggestellt sein. Das Battar-Projekt (23) wurde verschoben.

area", also das Brutto-Bewässerungsareal, beträgt dann praktisch ein Vielfaches des tatsächlich bewässerten Gebietes. Daß keiner der Bauern für die Unterhaltung des ständig durchstochenen Kanaldeichs aufkommt, daß es keine wirtschaftliche Wassertaxe und natürlich kein System gibt, bei sparsamster Bewässerung hohe Erträge zu erzielen, sei nur am Rande bemerkt.

Geographisch betrachtet, konzentriert sich die nepalische Bewässerungspolitik für größere und mittlere Projekte ausschließlich auf das Terai und das Tal von Kathmandu. Die Zahl derjenigen in der Mittelgebirgszone ist gering. Karte 60 zeigt den augenblicklichen Stand der Entwicklung der Regierungsprojekte für Bewässerung mit Oberflächenwasser. Die Tabellen 31, 32 und 33 geben einen Überblick über die existierenden, im Bau befindlichen und geplanten staatlichen

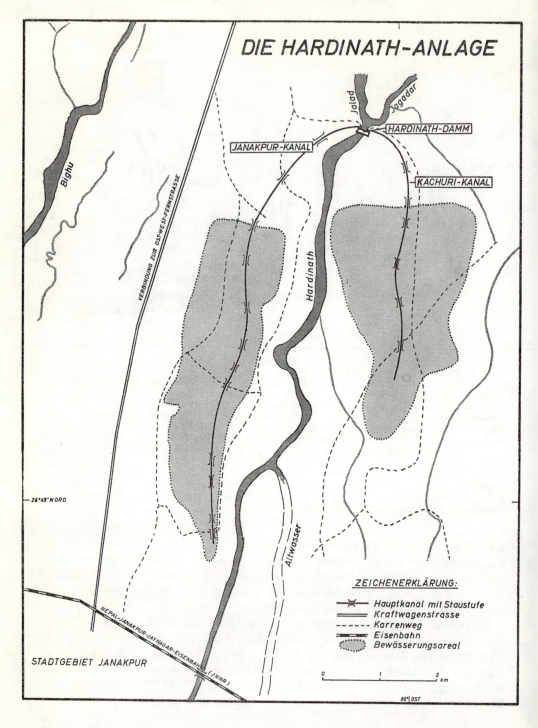

Projekte nach dem Stand von 1968/69. Sie wurden zusammengestellt aus einer größeren Zahl von Berichten und Dokumenten, die in ihren Angaben alle erheblich divergieren und auch für die gleichen Projekte oft verschiedene Daten nennen. Die hier wiedergegebenen Zahlen sollten daher auch nur als Orientierungswerte betrachtet werden. Wir verweisen besonders auf die Anmerkungen zur Karte 60, aus denen hervorgeht, daß tatsächlich einige Projekte längst von der Planung gestrichen wurden, obwohl sie noch in allen amtlichen Listen stehen. Ebenso indiziert die Karte natürlich nicht die tatsächlich bewässerten Flächen, sondern nur das ungefähre Areal eines Projekts, in dem sich bewässerte Felder befinden.

Die meisten der mittleren und größeren Terai-Bewässerungsprojekte bestehen aus einem gemauerten oder zementierten Ableitungswehr mit Überlauf, das quer über den mittleren Flußlauf gebaut wurde und eine Stauhöhe von nur wenigen Metern hat. Bei den Flüssen handelt es sich durchweg um typische Terai-Flüsse, wie sie im Kapitel „Hydrogeographie" beschrieben sind, und da ihr Oberlauf im porösen *bhabar*-Gürtel bzw. in den Churia-Bergen liegt, würde ein Staubecken hier nur zu unvertretbaren Sickerverlusten führen. An dem einen oder anderen oder an beiden Enden des zwischen 50 und 100 m langen Wehres befindet sich ein einfacher Schieber, durch den der Kanal oder die Kanäle bedient werden können. Diese Hauptkanäle führen dann entsprechend der vorausberechneten Wassermenge und der Topographie ins Land hinein. Alles andere ist dem Verständnis der Anrainer anheimgegeben. Für die meisten der geplanten größeren Vorhaben bestehen übrigens noch keine Beispiele und wahrscheinlich auch noch keine konkreten Vorstellungen. Karte 61 zeigt als Beispiel das Hardinath-Bewässerungsprojekt, das seit einigen Jahren existiert und um das herum jetzt mit Hilfe der Vereinten Nationen im Rahmen des Sun-Kosi-Terai-Projekts eine Bewässerungsmusterregion aufgebaut werden soll. Dies wäre die erste konkrete Handlung in dieser Richtung in Nepal. Im übrigen ist das Projekt ebenso problematisch wie alle Terai-Projekte, und der Ingenieur, der zu Eingang dieses Kapitels zitiert wurde, tat seinen Ausspruch just im Hardinath-Projekt.

An einem zweiten Beispiel soll ein Fluß untersucht werden, dessen Einzugsgebiet bis ins Mahabharat-Gebirge hinaufreicht und über größere Wassermengen verfügt. Der Kamala, Grenzfluß zwischen den Distrikten Siraha und Dhanusa, reicht in seinem Einzugsgebiet von 1 750 km² bis auf Höhen von 2 750 m hinauf. Er verläßt das Gebirge durch die enge Schlucht von Chisapani* in etwa 300 m

---

* Der Leser möge sich nicht durch die häufige Wiederkehr des Namens Chisapani (nepalisch „kaltes Wasser") irritieren lassen, der in Nepal sehr gängig ist.

Karte 61: Die Hardinath-Anlage
Es handelt sich hier um den „klassischen" Typ der Terai-Bewässerungsanlagen: Ein Ableitungswehr über den Terai-Fluß leitet das Wasser, solange welches vorhanden ist, in zwei an den flachen Talflanken entlanggeführte Hauptkanäle. Über die weitere Verteilung macht man sich keine Sorgen und überläßt sie den Bauern. Die Autostraße Janakpur–Ost-West-Fernstraße ist über den alt-alluvialen Sockel zwischen dem Hardinath- und dem Bighu-Fluß geführt, wo weitgehende Hochwassersicherheit besteht. Basiskarte war eine Projekt-Skizze. Die Angabe der geographischen Lage ist approximativ.

Tabelle 31: Die staatlichen Bewässerungsprojekte Nepals nach dem Stand von 1969

Name des Projekts	Distrikt	Brutto-Fläche in ha	Netto-Bewässerungsfläche in ha
Fertiggestellte Projekte			
1. Chandra Canal	Saptari	23 741	(12 000)
1a. Juddha Canal	Rautahat	4 046	2 023
2. Mahadeo Khola	Bhaktapur	1 416	1 062
3. Tika Bhairaw	Lalitpur	2 428	1 619
4. Jhaj	Rautahat	6 475	4 856
5. Tilawe	Parsa	6 475	4 856
6. Unt. Vijaypur	Kaski	2 822	2 125
7. Gokharna	Bhaktapur	495	330
8. Phewa-See	Kaski	486	324
9. Budhanil Kantha	Kathmandu	809	(600)
10. Bagmati-Pash.	Kathmandu	467	344
11. Godavari	Lalitpur	1 416	809
12. Kotkhu	Lalitpur	1 416	809
13. Dunduwa	Banke	2 822	1 942
14. Tinao	Rupandehi	20 234	14 163
15. Ob. Khageri	Chitwan	10 117	6 070
16. Hardinath	Dhanusa	3 035	1 942
17. Bosan Khola	Kathmandu	890	607
18. Manusmara	Sarlahi	4 047	1 942
19. Dudhora	Bara	2 023	1 518
20. Sirsia	Bara, Parsa		
Im Bau befindliche Projekte			
21. Kamala	Siraha, Dhanusa	40 467	25 494
22. Banganga	Kapilvastu	14 163	10 115
23. Battar	Nuwakot	809	(600)
24. Sange Patenitar	Lamjung	534	n. a.
25. Chapakot Tar	Kaski	1 619	n. a.
26. Östl. Gandak-Kanal	Parsa, Bara, Rautahat	41 681 (46 537[a])	29 000 (54 654[a])
27. Westl. Gandak-Kanal	Newalparasi	18 210 (26 304[a])	11 000
28. Chatra-Kanal	Morang, Sunsari	94 774	60 700
29. Sisaghat-Tar	Tanahu, Lamjung	405	n. a.
In Planung befindliche Projekte			
30. Sun-Kosi	Udaipur, Saptari	161 868	30 350
31. Bagmati	Sarlahi, Rautahat	161 868	80 934
32. West-Rapti	Dang-Deokhuri	n. a.	n. a.
33. Hadia Khola	Jhapa	4 046	3 237
34. Kankai	Jhapa	14 163	n. a.
35. Babai	Bardia	60 700	n. a.
36. Kanchan Dano	Rupandehi	18 210	10 117
37. Mohana	Kanchanpur	8 910	4 856

Zahlen in Klammern sind Schätzungen. n. a. = nicht angegeben.
a) Spätere Planziffern.
Quelle: Department of Irrigation, US/AID Kathmandu, und zahlreiche nicht näher zu bezeichnende Berichte.

7. Bewässerungswirtschaft

Tabelle 32: Gesamtüberblick über den gegenwärtigen Stand der Bewässerungswirtschaft in Nepal (1969) in 1 000 ha

Region Distrikte	Gesamt- fläche	Kultur- fläche	Bewäss.- fläche	Bewäss.- potential
Terai, Inneres Terai				
Jhapa	148	92	29	49
Morang, Sunsari	321	160	7	101
Saptari, Siraha	236	128	19	270
Mahottari, Dhanusa	244	128	10	42
Sarlahi	139	60	1	27
Bara, Parsa, Rautahat	355	184	26	139
Rupandehi, Nawalparasi, Kapilvastu	353	205	19	86
Banke	198	51	2	27
Bardia	167	57	5	73
Kailali	265	53	2	54
Kanchanpur	167	18	1	17
Sindhuli	259	14	2	—
Chitwan, Makwanpur	560	84	7	77
Udaipur	240	23	4	—
Dang-Deokhuri	178	43	9	—
Zusammen	4 010	1 299	143	962
Mittelgebirge				
Kathmandu-Tal	95	47	11,6	4
Doti	280	12	4,3	—
Ilam	137	20	0,2	—
Terathum	82	13	4,0	—
Baitadi	121	9	1,6	—
Dandeldhura	155	11	1,3	—
Bhojpur	193	16	0,5	—
Ramechhap	137	13	0,3	—
Kabhre Palanchok	101	17	1,4	—
Nuwakot	177	13	1,0	n. a.
Dhading	135	15	1,1	—
Lamjung	188	10	0,6	0,9
Tanahu	135	13	0,6	2,5
Kaski	151	19	2,7	0,3
Syangja	83	22	1,0	2,9
Palpa	166	18	0,5	1,7
Gulmi	124	15	0,5	—
Piuthan	154	12	1,2	—
Sallyan	161	12	1,5	—
Dailekh	141	11	0,8	—
Bajhang	275	9	0,5	—
Andere Distrikte	3 257	151	—	—
Zusammen	6 448	478	35,8	12,0

Region Distrikte	Gesamt- fläche	Kultur- fläche	Bewäss.- fläche	Bewäss.- potential
Himalaya und Nordhimalayische Trockenzone				
Dolakha	211	6	0,6	—
Sindhu Palanchok	260	12	0,6	—
Gorkha	251	11	0,3	—
Andere Distrikte	2 986	39	—	—
Zusammen	3 708	68	1,5	—
NEPAL	14 166	1 845	181,2	975

n. a. = nicht angegeben
Quelle: Department of Irrigation.

Tabelle 33: Verteilung der Bewässerungsflächen von Regierungs- und Nicht-Regierungs-Projekten in Nepal

Region	Regierungsprojekte ha	Andere ha	Zusammen ha
Terai, Inneres Terai	68 950	77 229	146 179
Mittelgebirge	14 900	21 922	36 822
Himalaya	—	1 505	1 505
NEPAL	83 850	100 656	184 506

a) Differenzen gegenüber Tabelle 32 ergeben sich aus der Tatsache, daß Angaben über einzelne Projekte differieren.

Breite, breitet sich im Terai zunächst beträchtlich aus und gräbt sich später, zur indischen Grenze hin, tiefer ins Alluvium ein, wobei er an Breite verliert. Die Inder haben von den 22,4 m³/s, die im Oktober noch an Chisapani vorbeifließen, die Hälfte für sich beansprucht, raten Nepal aber an, in diese Schlucht einen Staudamm zu bauen, um so in der Regenzeit Wasserreserven zu schaffen. Zunächst ging die Planung Nepals dahin, 5—6 km unterhalb Chisapani ein Ableitungswehr zu errichten, von dem ein westlicher und ein östlicher Hauptkanal eine Bewässerungsregion von brutto je 20 000 ha zu versorgen hätte (vgl. Karte 62). Nach einer anfänglichen Zusage der Inder, die Anlage zu bauen, argumentierte man später, Indien brauche das Wasser selbst. Im Augenblick besteht Aussicht, daß das Sun-Kosi-Terai-Projekt auch das Kamala-Projekt mit einbezieht und man evtl. auch das Reservoir bei Chisapani baut. Dieses Beispiel vermittelt einen Eindruck von der Ziel- und Hilflosigkeit der nepalischen Bewässerungsplanung bei größeren Projekten, die es allein nicht durchzuführen vermag.

Das einzige Großprojekt, das in Nepal wirklich Aussicht auf langfristigen Erfolg hat, ist das vom Sonderfonds der Vereinten Nationen finanzierte Sun-Kosi-Terai-Projekt (Bewässerungsprojekt für das Östliche Terai), ein typisches langfristiges Riesenprojekt, das allerdings nun in seine zweite Phase eingetreten ist und durchaus Erfolg verspricht. Aufgabe ist, das reichlich fließende Wasser des

7. Bewässerungswirtschaft

Sun-Kosi zur Bewässerung des Östlichen Terai zwischen dem Sapt-Kosi im Osten und dem Gebiet von Birgunj im Westen zu nutzen, und zwar ohne einen Riesendamm bei Barahakshetra zu bauen, um so die damit verbundenen Probleme zu vermeiden. Dabei soll, grob geschätzt, ein Gebiet von brutto 540 000 ha unter Bewässerung kommen, und zwar ein möglichst großer Prozentsatz auch in der trockenen Winterszeit. Die Vorstudien der ersten Projektphase haben zur Ausarbeitung von vier Alternativmöglichkeiten zur Ableitung des Sun-Kosi-Wassers (das auf seinem ganzen Lauf bisher praktisch nicht genutzt wird!) nach Süden geführt. Dabei sind jeweils Tunnelbauten durch das Mahabharat-Gebirge vorge-

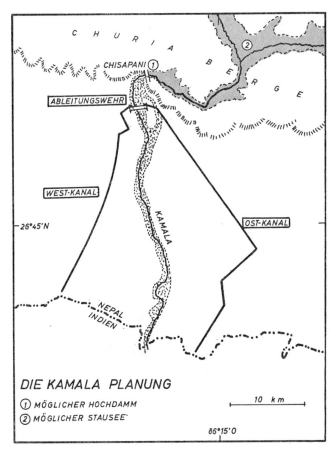

Karte 62: Die Kamala-Planung
Das Projekt hat zwei Aufbaustufen: erstens den Bau eines Ableitungswehres bei Bandipur, das einen östlichen und einen westlichen Hauptkanal mit Wasser versorgt, solange der Kamala genügend führt. Zweitens: den Bau eines Hochdamms bei Chisapani in den Churia-Bergen, der es ermöglichen würde, Wasserreserven zu schaffen, allerdings durch Überflutung besiedelter Talschaften.

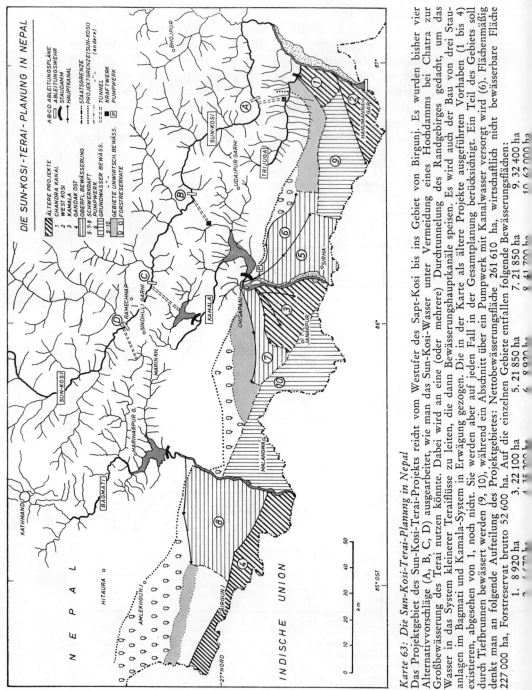

Karte 63: *Die Sun-Kosi-Terai-Planung in Nepal*
Das Projektgebiet des Sun-Kosi-Terai-Projekts reicht vom Westufer des Sapt-Kosi bis ins Gebiet von Birgunj. Es wurden bisher vier Alternativvorschläge (A, B, C, D) ausgearbeitet, wie man das Sun-Kosi-Wasser unter Vermeidung eines Hochdamms bei Chatra zur Großbewässerung des Terai nutzen könnte. Dabei wird an eine (oder mehrere) Durchtunnelung des Randgebirges gedacht, um das Wasser in das System kleinerer Teraiflüsse zu leiten, die dann Bewässerungshauptkanäle speisen. Es wird auch der Bau von drei Stauanlagen im Bagmati- und Kamala-System in Erwägung gezogen. Die in der Karte als ältere Projekte ausgeführten Vorhaben (1 bis 4) existieren, abgesehen von 1, noch nicht. Sie werden aber auf jeden Fall in der Gesamtplanung berücksichtigt. Ein Teil des Gebietes soll durch Tiefbrunnen bewässert werden (9, 10), während ein Abschnitt über ein Pumpwerk mit Kanalwasser versorgt wird (6). Flächenmäßig denkt man an folgende Aufteilung des Projektgebietes: Nettobewässerungsfläche 261 610 ha, wirtschaftlich nicht bewässerbare Fläche 227 000 ha, Forstreservat brutto 52 600 ha. Auf die einzelnen Gebiete entfallen folgende Bewässerungsflächen:

1. 8 920 ha   3. 22 100 ha   5. 21 850 ha   7. 21 850 ha   9. 32 400 ha

7. Bewässerungswirtschaft

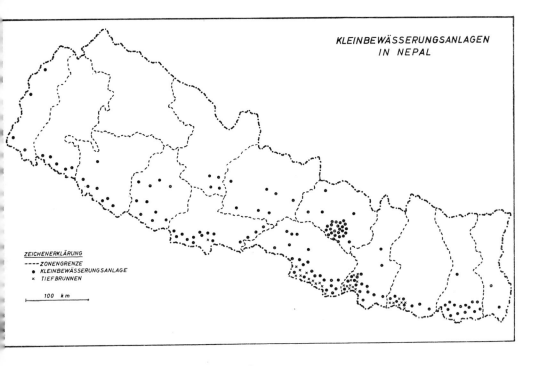

Karte 64: Kleinbewässerungsanlagen in Nepal
Die Verteilung der Kleinbewässerungsanlagen zeigt eine Konzentration im Terai. Die meisten der Projekte im Gebirge wurden erst 1968/69 in Angriff genommen. Die Karte gibt nicht die genauen Standorte wieder, wohl aber sind die Symbole in den Bereich des entsprechenden Distrikts gezeichnet.

sehen, die mit einer hydroelektrischen Station gekoppelt sind. Nach Verlassen dieser Station wird das Wasser in einen der größeren Teraiflüsse geleitet und kann von hier in bekannter, nun aber verbesserter Weise weiterverteilt werden. Das Gesamtprojekt wird auch die in diesem Gebiet bereits errichteten, im Bau befindlichen oder geplanten Regierungsprojekte mit einbeziehen und sie sicher teilweise durch bessere Wasserführung erst arbeitsfähig machen. Es sind auch einige kleinere Stauanlagen am Südhang der Vorberge vorgesehen, darunter der Kamala-Damm bei Chisapani. Das UN-Projekt, das eine japanische Unternehmung mit der technisch-wissenschaftlichen Ausführung beauftragt hat, wird vor allem den wichtigen Schritt von der reinen Ingenieurarbeit weg zur agrartechnischen und -wirtschaftlichen Behandlung des Problems machen. Die Bewässerungs-Musterregion bei Hardinath ist ein erster Schritt in dieser Richtung. Karte 63 zeigt den neuesten Stand der Planungen für dieses Projekt.

Wenn die Regierung auch mit den größeren Projekten bisher keinen sichtbaren Erfolg erzielt hat, so hat sie doch seit 1967 eine Kampagne in die Wege geleitet, die ihren Erfolg nicht verfehlen dürfte, wenn die versprochenen Mittel und die technische Hilfe beibehalten werden. Es handelt sich um die sog. „Minor Irrigation Campaign", also eine Kampagne zum Bau kleiner, örtlicher Bewässerungsanlagen durch lokale Selbsthilfe mit staatlicher Unterstützung und Beratung. Es scheint der Regierung auf diese Weise gelungen zu sein, ihre Planziele hinsichtlich der Bewässerungsfläche trotz erheblicher Abstriche in den Großprojekten im großen und ganzen erreicht zu haben. Man kann diese Kleinbewässerungsanlagen, die von kleinsten Flächen bis zu 2 000 ha reichen, heute in mindestens 44 Distrikten finden. Karte 64 zeigt ihre Verteilung über Terai und Gebirge. Diese Anlagen machen Gebrauch von den vorhandenen Wasserreserven durch Flußableitungen, Ableitung von Quellen, kleinen Seen und den Wassertanks im Terai. Hinzu kommt noch die Bohrung von Tiefbrunnen im Terai, die die Regierung jetzt in verstärktem Maße von indischen Firmen durchführen läßt, da es keine solchen Unternehmen in Nepal gibt. Tiefbrunnen sollen künftig vor allem jene Teile des Terais versorgen, denen es an Oberflächenwasser fehlt. Die ersten Brunnen wurden allerdings im Mittleren Terai angelegt, das mehr oder weniger durch den im Bau befindlichen Gandak-Kanal bewässert werden soll. Die distriktweise Verteilung der gegenwärtig vorhandenen Tiefbrunnen geht ebenfalls aus Karte 63 hervor.

Grundsätzlich wird erwartet, daß die vom Projekt profitierende Gemeinde 50 % der Kosten in „freiwilligen" Arbeitsleistungen beiträgt. Presseberichten zufolge ist der Enthusiasmus der Bevölkerung groß, und obwohl nicht übersehen werden kann, daß viele dieser Kleinbauten mehr Enthusiasmus als Sachverstand zeigen und ein großer Teil kaum den nächsten Monsun überleben dürfte, so sind die Bewässerungspolitiker in Nepal doch davon überzeugt, daß die Bewegung hilft, der Bevölkerung die Bedeutung der Bewässerung klarzumachen, sie in die neue Technik einzuführen und sie so vorzubereiten auf ausgereiftere und größere Projekte in der Zukunft[8].

---

[8] Natürlich tritt auch eine ganze Reihe von Schwierigkeiten auf. So weigern sich kleine Landbesitzer häufig, Kanäle durch ihr Besitztum ziehen zu lassen. Dies ist nicht unbedingt als Mangel an Gemeinsinn zu bewerten. Man darf nicht übersehen, daß wir es in Nepal wirklich mit Kleinstbesitzflächen von weniger als 2, ja weniger als 1 ha zu tun haben, vor allem außerhalb der Terai-Ebene. Der Bau eines Kanals kann hier durchaus den Besitz einer Familie vernichten. Es ist in Nepal nicht üblich, solche Verluste durch die profitierende Gemeinschaft zu erstatten. Im Gegenteil: Man erwartet vom einzelnen, daß er sich für die Gemeinschaft opfert, „da er ja schließlich auch von dem Projekt profitiert". Beim Bau von Panchayat-Straßen haben solche Fälle schon zu lokalen Unruhen und „Widerstand gegen die Staatsgewalt" geführt. Es ist übrigens nicht möglich, konkrete Beispiele für Kleinbewässerungsanlagen hinsichtlich Methode, Kosten, Bewässerungsfläche usw. zu geben. Amtliche und Pressemeldungen widersprechen einander in höchstem Grade, und die in der Zeitung gemeldeten Bewässerungsflächen sind so exorbitant, daß sie nur von der absolut ignoranten Bevölkerung für bare Münze genommen werden können. So berichtet z. B. „The Rising Nepal" vom 15. 1. 1967 über ein Projekt im nördlichen Grenzdistrikt Rasuwa. also im Hochgebirge, daß die Ableitung eines Flüßchens über einen Kanal von 300 m nicht weniger als 40 000 ha bewässert! Das Bhelai-Pond(Teich)-Projekt im Terai-Distrikt Rupandehi soll nach amtlichem Bericht 101 ha, nach einer Zeitungsmeldung („The Rising Nepal" vom 19. 5. 1968) aber nicht weniger als 20 000 ha bewässern! Wir haben davon abgesehen, solche Meldungen mit zu verarbeiten, sondern uns auf die amtlichen Ziffern des Irrigation Departments beschränkt, selbst wenn diese nicht immer auf dem neuesten Stand sind.

Tabelle 34: Entwicklung der Kleinbewässerungsanlagen in Nepal seit 1965/66 (kumulativ)

Jahr	Zahl der Projekte im Terai	Gebirge	Bewässerungsfläche in ha
1965/66	n. a.	n. a.	6 000
1966/67	69	6	18 710
1967/68	98	20	30 710
1968/69a)	103	54	43 210
1969/70b)	n. a.	n. a.	80 000

a) einschließlich der im Bau befindlichen Anlagen.
b) Planziel.
Quelle: Nach Zahlenmaterial des Department of Irrigation.

n. a. = nicht angegeben

Daß Winterbewässerung für Nepal eine einträgliche Technik bedeutet, da in weiten Teilen auch die Wintermonate zur Wachstumszeit gehören, ist in den Fällen nachgewiesen worden, wo sie angewandt wurde. Im Tal von Kathmandu hat sich in den letzten Jahren der Anbau von Weizen als Winterfrucht bei Hoffnung auf Winterregen und — teilweise — Kleinbewässerung durchgesetzt, was das Tal innerhalb von wenigen Jahren von einer Getreidedefizit- zu einer Getreideüberschußregion gemacht hat. Ohne Frage würden natürlich höherwertige Erzeugnisse wie Gemüse usw. oder auch Futterpflanzen direkt und indirekt noch ertragreicher sein.

Zusammenfassend kann über den Stand der Bewässerungswirtschaft in Nepal folgendes gesagt werden. Bei einer Kulturfläche von insgesamt 1,845 Millionen ha dürften gegenwärtig etwa 80 000 ha in Regierungsprojekten und weitere 160 000 ha in anderen, einschließlich der Kleinprojekte, bewässert werden. Damit käme man zu dem Ergebnis, daß in Nepal etwa 13 % der Kulturfläche bewässert werden, aber das gilt selbstverständlich nur unter der oben gemachten Einschränkung hinsichtlich der Bewässerungstechnik. Moderne Bewässerungsanlagen, die zusätzliche Kulturen in der Trockenzeit erlauben, hat Nepal nicht. Wenn das zunächst noch ungenutzte Bewässerungspotential amtlicherseits mit weiteren 975 000 ha angegeben wird, so ist das eine sehr vage Ziffer, die manche Chance unbeachtet läßt und andererseits sicher viele Möglichkeiten überbewertet. Trotz der viel zitierten Bewässerungstradition des nepalischen Bauern steht das Land erst am Beginn seiner bewässerungswirtschaftlichen Entwicklung.

8. Agrargeographie

Die Untersuchung und Darstellung Nepals unter dem Blickwinkel der Landwirtschaft ist aus verschiedenen Gründen wichtig, vor allem aber deshalb, weil schätzungsweise 93 % der Bevölkerung in diesem Wirtschaftssektor leben. Und anthropogene Einwirkungen auf die Erdoberfläche spielen sich ja vor allem in diesem Bereich ab. So ist die Kulturlandschaft Nepals fast ausschließlich agrarisch geprägt.

Als landwirtschaftlich tätige Bevölkerung soll die mit Ackerbau, Viehhaltung, Forstwirtschaft, Fischerei und Sammlung von Heilkräutern beschäftigte verstanden werden, die, so betrachtet, sich über das ganze bewohnte Land verteilt: über die weithingestreckten Ebenen des Terai, die steilen Hänge des Berglandes und Hochgebirges und selbst über die wenigen Städte, denn diese sind recht eigentlich Landstädte, denn selbst Kathmandu beherbergt zu 60 %, Lalitpur zu 80 % und Bhaktapur sogar zu 90 % Bauern in seinen Mauern.

Nun muß allerdings berücksichtigt werden, daß die Agrarproduktion nicht in gleicher Weise verteilt ist wie die Agrarbevölkerung, und daraus ergibt sich ein wichtiges entwicklungspolitisches Problem. Die folgende Tabelle gibt diese Ungleichheit in einer groben, aber im Grunde zutreffenden Schätzung wieder:

Tabelle 35: Bevölkerung und Getreideproduktion (1965)

Gebiet	Bevölkerung	Land unter Kultur	Getreide-Produktion
Bergland und Hochgebirge	58 %	30,4 %	30,3 %
Terai und Inneres Terai	42 %	69,6 %	69,7 %
NEPAL	100 %	100 %	100 %

Quelle: Auf der Grundlage von „Cereal Grain Production etc.", a. a. O.

Das Problem, das sich daraus ergibt, ist leicht zu erkennen: die Grenze nach Indien ist offen, und die Transportbedingungen in die Mangelgebiete des Berglandes sind schlecht und teuer. Daher gehen die Überschüsse der Getreideproduktion des Terai viel leichter nach Indien oder anderen äußeren Märkten als in die nepalischen Hungergebiete.

Vergleicht man die wenigen verfügbaren Zahlen über den Beitrag des Landwirtschaftssektors zur Volkswirtschaft, so betrug dieser 1961/62 mit 2,3 Mrd. Rs. 63,9%, 1965/66 mit 4,7 Mrd. aber bereits 66,3% des Brutto-Nationalprodukts. Mit anderen Worten: trotz aller Bemühungen, den nicht-landwirtschaftlichen Bereich der nepalischen Wirtschaft zu stärken, nimmt die Bedeutung der Landwirtschaft in Nepal weiter zu[1].

Das für den Kulturgeographen wichtige Gebiet der Landnutzung gehört in Nepal zu denjenigen Bereichen, die weiterer eingehender Untersuchungen bedürfen. Alles, was heute an Zahlen veröffentlicht wird, kann nur als mehr oder weniger zuverlässige Schätzung eingestuft werden. Obwohl große Teile des Landes heute luftbildmäßig erfaßt sind, wurde die Auswertung dieser Bilder doch nur auf Gebiete besonderen Interesses beschränkt. Die Katastervermessungen gehen sehr

[1] „The Third Plan", S. 172, und vorläufige Schätzungen der National Planning Commission.

langsam vor sich, in vielen Fällen erst nach Überwindung des Widerstandes von Landbesitzergruppen, und gegenwärtig ist kaum ein Dutzend von 75 Distrikten vermessen.

Nach den gegenwärtig benutzten amtlichen Schätzungen gliedern sich die 141 577 km² der Gesamtfläche Nepals wie folgt:

Tabelle 36: Landnutzung in Nepal, in 1 000 ha (1967)

Art der Nutzung	Fläche		%
Landwirtschaft		1 831	12,93
Forstwirtschaft		4 533	32,02
Anderes Land		7 794	55,05
— bebaubar	1 899		13,41
— nicht bebaubar	2 706		19,11
— permanenter Schnee	2 112		14,92
— Flüsse, Straßen usw.	1 077		7,61
NEPAL		14 158a)	100,00

a) Unterschiede in der Landesfläche erklären sich daraus, daß Nepal niemals genau vermessen wurde und durch das Grenzabkommen mit der Volksrepublik China im Norden kleinere Gebietsgewinne zu verzeichnen hat, deren Umfang nicht genau feststeht.
Quelle: Agri-Economic Division, H.M.G.

Nun ist es interessant festzustellen, daß sich 66 % der Gesamtfläche unter Kultur im Terai befinden und daß die tatsächlich kultivierte Fläche pro Kopf der Bevölkerung gegenwärtig bei etwa 0,17—0,18 ha liegt! Andererseits kann man der Tabelle entnehmen, daß schätzungsweise weitere 1,8 Millionen ha Land noch unter Kultur genommen werden könnten, was heißt, daß die gegenwärtige Kulturfläche verdoppelt werden könnte. Dieser Hoffnung sollte man allerdings mit Vorsicht begegnen, denn weite Kulturflächen in den Berggebieten sollten um der Bodenerhaltung willen eher aus dem Landbauprozeß herausgenommen und aufgeforstet werden. Von den 600 000 ha unter Kultur in den Berggebieten müßte man wenigstens 300 000 ha zu Wäldern oder guten Dauerweiden machen, doch kann kaum damit gerechnet werden, daß ein solcher Vorschlag akzeptiert, geschweige denn durchgeführt wird.

Die Landbesitzverfassung in Nepal dürfte zu den kompliziertesten gehören, die ein Land je hervorgebracht hat, und sie erklärt sich auch leicht aus seiner Geschichte, wo Macht immer mit Landbesitz gekoppelt war und wo die Vielschichtigkeit bis in die jüngste Zeit hinein verständlich ist wegen der vielfach weitgehenden Eigenständigkeit der verschiedenen Landschaften. Manche Eigentums- und Pachtverfassung hat deshalb nur räumlich beschränkte, ja lokale Bedeutung. Da sich diese Arbeit nur am Rande mit derartigen Fragen zu befassen hat, sei für den speziell Interessierten auf die ausgezeichnete und umfassende Monographie von M. C. Regmi aufmerksam gemacht[2].

2 Mahesh Chandra Regmi, „Land Tenure and Taxation in Nepal", 1963—1968 (4 Bände)

Auf einfachsten Nenner gebracht und in der kürzesten Form zusammengefaßt, sah das Landverfassungssystem zu Beginn der nepalischen Neuzeit, 1950, folgendermaßen aus. Es hatten sich fünf Hauptformen des Landbesitzes herausgebildet: *raikar*-Land, auf das Steuern an den Staat zu entrichten waren und wo der Staat als Eigentümer fungierte; *birta*-Land, wo der Staat sich seines Eigentümerrechts zugunsten eines Individuums begeben hatte und das in der Regel steuerfrei war; *guthi*-Land, das der Staat oder Einzelpersonen für religiöse oder wohltätige Zwecke gestiftet hatten und das gewöhnlich auch steuerfrei war; *kipat*-Land, eine Form gemeinsamen Landbesitzes, vorwiegend bei den Stämmen der Rai und Limbu; *rakam*- und *jagir*-Land, wo der Landbesitz vom Staat vergeben und an die Ausübung eines Amtes gebunden war. Praktisch alle Besitzformen, mit Ausnahme des *kipat* und wahrscheinlich auch *rakam* und *jagir,* sofern es sich um kleinere Flächen handelte, wurden Objekt einer inzwischen traditionell gewordenen Ausbeutung kleiner Bauern durch Unterverpachtung. Vor allem die Form des *birta*, d. h. also der Besitzabtretung ohne Steuerverpflichtung, stellte die Basis des wirtschaftlichen Reichtums der Rana-Familie dar. Die gebietsweise erheblichen Abgaben, die der Pächter zu leisten hatte, seine willkürliche Vertreibung, wenn er sich als unbotmäßig erwies oder ein anderer bereit war, den Boden gegen womöglich noch höhere Abgaben an den Grundherrn zu bestellen, führten natürlich nicht nur zu bescheidenen Flächenerträgen und Ausbeutung des Bodens, sondern auch zu vollständigem Desinteresse des Pächters an wirtschaftlichem Erfolg, der ja doch nur dem Grundherrn zugeflossen wäre. Eine Änderung des Systems wurde mithin sofort nach Anbruch der neuen Zeit, d. h. nach 1950, von einigen Politikern angestrebt. Wie sich denken läßt, fanden solche Vorschläge wenig Gegenliebe bei der immer noch herrschenden — weil landbesitzenden — Gruppe, die lange erfolgreich gegen Reformbestrebungen auf diesem Gebiet ankämpfen konnte. Grundgedanke war und ist, daß Staatseigentum am Land und eine klare Grundsteuerverpflichtung dessen, der das Land nutzt, dem Staat gegenüber die Regel sein soll, mit anderen Worten: das *raikar*-System sollte nach und nach alle, vor allem aber die *birta*-Ländereien aufnehmen. Das hätte natürlich einen schweren Eingriff in das System eines mehr oder weniger arbeits- und risikofreien Einkommens überwiegend absentistischer Landbesitzer bedeutet, und trotz zahlreicher Regierungserklärungen und königlicher Proklamationen stehen alle Maßnahmen auf dem Gebiet der Landreform, wie wir noch sehen werden, auf recht schwachen Füßen. Das Grundproblem ist, daß die sogenannte Revolution von 1950/51 nicht eigentlich eine Revolution war, jedenfalls keine soziale, und daß man nun gewissermaßen erwartet, daß diejenigen Gruppen, die noch immer an der Macht sind, nämlich die Landbesitzer, sich aus freien Stücken ihrer Herrschaft begeben, um der Demokratie oder der neuen Zeit willen[3].

---

3 Es scheint uns notwendig, doch etwas näher auf die verschiedenen Eigentumsformen am Boden einzugehen, da mit ihrem Verständnis zugleich das Verständnis für grundsätzliche landwirtschaftliche Entwicklungsprobleme wächst. In vielen Ländern der Dritten Welt hat man einsehen müssen, daß größere Leistungen der einheimischen Landwirtschaft einfach deswegen ausblieben, weil der einzelne Bauer keinerlei Antrieb empfand, mehr zu pro-

8. Agrargeographie

Was die Betriebsgrößen betrifft, so können wir uns nur an den Ergebnissen des landwirtschaftlichen Zensus von 1962 orientieren, der vom Zentralen Statistischen Büro unternommen wurde. Er wurde auf der Basis einer speziellen Zensus-Distrikteinteilung vorgenommen, die einen Vergleich mit den heutigen Verwaltungsdistrikten unmöglich macht. Außerdem schließt der Zensus den früheren Distrikt Jumla und die nordhimalayischen Teile derjenigen Distrikte aus, die sich bis an die Nordgrenze hinziehen. Dennoch vermittelt er einen groben

duzieren, als er unbedingt brauchte. Dies mit Faulheit zu bezeichnen, wäre ein zu vordergründiges Urteil. Fast immer findet man entweder ein noch bestehendes Abhängigkeitsverhältnis des Bauern gegenüber einem Grundherrn, der, ohne viel beigesteuert zu haben, wesentlich am Mehrertrag profitiert, oder aber ein solches Verhältnis hat über lange Zeit vorgeherrscht, und der Bauer ist nach einer Landreform nun zwar Herr auf eigenem Boden, traut aber aus schlechter Erfahrung dem Frieden nicht. Es ist für den europäischen Betrachter und noch dazu für einen Städter, dem Bodeneigentum usw. nicht viel sagen, sehr schwer, die Lage eines Pächters in der Dritten Welt, wo oft unvorstellbar harte Ausbeutungsverhältnisse herrschen, zu begreifen. Wir haben es in Nepal nun mit einer archaischen Landverfassung zu tun, die bis 1950 auch nicht im mindesten von irgendwelchen Einflüssen modernerer Staaten oder auch nur kolonisierter Gebiete berührt war. Der Boden war reines Erwerbsmittel, die Verpachtung oder Unterverpachtung desselben der sicherste Weg zu Höchsterträgen, allerdings nicht im Sinne der landwirtschaftlichen Betriebslehre. Im Gegenteil: Durch die erbarmungslose Ausbeutung des Pächters durch den Grundherrn wurde der erstere über Generationen hinweg am Rande der physischen Existenz gehalten, die Flächenerträge waren erbärmlich, aber die Größe des Landbesitzes sicherte dem in Kathmandu residierenden Grundherrn nicht nur ein arbeitsfreies Einkommen, sondern in vielen Fällen eine Art von privater Hofhaltung. Dies gilt ganz besonders für die letzten hundert Jahre vor 1950, als es die Rana-Familie verstand, sich Landbesitz zuzuteilen, der, wie erwähnt, die Basis ihrer wirtschaftlichen Macht wurde, ihr sogar Export erlaubte und so Einnahmen in fremder Währung sicherte, die wiederum die Luxusimporte selbst aus Europa gestatteten (vgl. Satish Kumar, „Rana Polity in Nepal", 1967). Es muß allerdings wohl verstanden werden, daß in weiten Gebieten Nepals, vor allem in der Gebirgszone, der private Kleinbesitz am Boden stärker vertreten war als im Terai, und sei es ferner darauf hingewiesen, daß es auch zahllose kleine Landbesitzer gibt, die Pächter ausbeuten und die einem heute in Kathmandu als untere Regierungsbeamte entgegentreten, kaum ein Gehalt beziehen, aber dennoch, dank ihrem verpachteten Landbesitz, angemessen leben können. So ist es durchaus verständlich, daß eine qaulifizierte Minderheit im Grunde ihres Herzens nichts von Landreformen irgendwelcher Art wissen will, und diese Minderheit umfaßt auch durchaus Gruppen, die wir auf den ersten Blick ins Kleinbürgertum einstufen würden. Sicher ist, daß Millionen nepalischer *kleiner* Bauern am Rande des Existenzminimums dahinvegetieren und hart arbeiten, damit diese Minderheit in den Städten leben und sich zugleich auch noch im Licht des Prestiges eines Regierungspostens sonnen kann.

Raikar ist die typische Form des Staatseigentums am Boden (state-landlordism), und gemäß alter Hindutradition wurde ursprünglich in Nepal alles Land als Staatseigentum betrachtet, wobei offen bleibt, wer dieser „Staat" im alten Nepal eigentlich war. Wenn nun dieser Staat dem Individuum die Kultivierung des Bodens gestattet, dafür aber eine Steuer einzieht, so liegt der klassische Fall von *raikar*-Land vor. Es bleibt rechtlich weiter Staatsland. Zwei Umstände haben nun hier ein echtes Ausbeutungsverhältnis begünstigt, für das der Staat nicht eigentlich verantwortlich gemacht werden kann: die an sich unbegrenzte Höhe von Pachtzahlungen und die steigenden Preise von Agrarerzeugnissen. Sie ermutigten den Staats„pächter", sein Land unterzuverpachten. Während er selbst dem Staat weiterhin als Steuerzahler verpflichtet blieb, war er in der Lage, den Unterpächter nach Herzenslust auszubeuten. Mit anderen Worten: Der Staat als Grundherr verschwindet praktisch von der Bildfläche, an seine Stelle tritt der Staats„pächter", und der Unterpächter wird der eigentliche Pächter. Damit wurde in Nepal ein System geschaffen, das bis zum heutigen Tage besteht (modifiziert durch die Landreform, über die noch zu sprechen sein wird) und das deshalb so wichtig für den Entwicklungspolitiker ist, weil sich gezeigt

Eindruck von den Größen der landwirtschaftlichen Betriebe in den Regionen Nepals.

Nehmen wir an, daß eine wirtschaftliche Betriebsgröße im Terai 2,4 ha und in den Bergen 1,6 ha betrage, so finden wir, daß es eine Überbevölkerung von 673 000 Familien in der Gebirgszone, im Kathmandu-Tal, dem Östlichen und dem Zentralen Inneren Terai gibt, während die gegenwärtige Kulturfläche im Westlichen, Zentralen und Westlichen Inneren Terai weitere 58 000 Familien

hat, daß wissenschaftlich begründete Maßnahmen zur Ertragssteigerung so lange keinen Anklang beim Bauern als Pächter finden, als er nicht den Lohn für seine Mehrleistung auch einstecken darf. Diese Garantie ist, mit aller Vorsicht gesagt, bis heute in Nepal mit Sicherheit nicht gegeben. Zwar wurde *raikar*-Land registriert, und es wäre mithin möglich, seinen Umfang abzuschätzen, doch verstärkte sich angesichts einer drohenden Landreform der Wunsch der Grundbesitzer, die Besitzverhältnisse zu verschleiern: häufig wurden auch Käufe und Verkäufe nicht ordentlich registriert, kurz, wir wissen nichts Genaues über den Umfang des *raiker*-Landes. Schätzungen liegen bei 50 % der kultivierten Gesamtfläche Nepals (M. C. Regmi).
In zahllosen Fällen wurde *raikar*-Land an Stelle eines Gehalts an Staatsbeamte vergeben, die sich dann dieses Besitzes frei bedienen konnten, wennschon sie Grundsteuer zahlen mußten (*jagir*-System), oder es wurde auch für besondere Dienstleistungen vergeben und war dann an solche Dienste gebunden (*rakam*-System). Noch bis 1948 wurden Regierungsbeamte und Offiziere derart entlohnt, und der Landbesitz erlosch mit dem Tod oder mit dem Ende des Dienstes. Auch hier ist es kein Wunder, daß die Ausbeutung von Menschen und Böden allgemeine Praxis war. *Rakam*-Land war demgegenüber an den Posten (Postläufer, Steinmetz, Tischler) gebunden und, wie der Posten, u. U. erblich. Zwischen 1951 und 1955 wurde das System reformiert, und der frühere Staats„pächter" gilt jetzt als steuerpflichtiger Eigentümer des Landes.
Noch wesentlich deutlicher öffnete das *birta*-System der Ausbeutung der Pächter Tür und Tor. Unter *birta* verstand man die Vergabe von Staatsland an Beamte, an Brahmanen für die Durchführung religiöser Zeremonien, an siegreiche Generäle und wer immer das Wohlwollen des Staates erworben hatte. *Birta*-Land war praktisch steuerfrei, meist erblich und bestens geeignet, eine Landaristokratie zu schaffen, was auch vor allem nach der Machtübernahme von Prithvi Narayan Shah der Fall war, und dann noch einmal in der Mitte des letzten Jahrhunderts nach der Machtergreifung durch die Rana-Familie, die sich auf diese Weise ausgedehnten Landbesitz in Nepal zuschanzte.
Versuche zur Abschaffung des volkswirtschaftlich ungesunden *birta*-Systems begannen keineswegs erst nach 1950. Hauptsächlich mißfiel dem Staat sein mit dem System verbundener Steuerverlust, und schon Prithvi Narayan versuchte, *birta*-Land zu besteuern, wagte sich allerdings nicht an das Land der Brahmanen heran. Erst König Rana Bahadur Shah konfiszierte nahezu alles Brahmanen- und Tempelland im Jahre 1805, und es bedurfte der Machtergreifung durch Jang Bahadur Rana, um die alten Zustände wieder herzustellen. Wie bereits erwähnt, stießen alle Versuche nach 1950, die Sonderrechte der *birtawalas* (Besitzer von *birta*-Land) anzutasten, auf massiven Widerstand. „Nahezu während der ganzen Dekade", schreibt Regmi, „fanden sich die verschiedenen aufeinanderfolgenden Regierungen unwillig oder unfähig, das Problem anzupacken. 1958 wurde der Entschluß, *birta*-Land mit den gleichen Steuern zu belegen wie *raikar*-Land (eine Maßnahme, die der Abschaffung des Systems gleichgekommen wäre), so heftig opponiert, daß der Ministerrat gezwungen war, ihn zu widerrufen. Die wohlerworbenen Rechte waren zu mächtig, als daß man sie hätte einfach brechen können, besonders nicht in einer jungen Demokratie wie Nepal" (M. C. Regmi, „Some Aspects of Landreform in Nepal", 1960, S. 4). Und obwohl schließlich im Jahre 1959 das Gesetz über die Abschaffung des *birta*-Systems (Birta Abolishing Act No. 34) in Kraft trat, wurde es doch sehr lax gehandhabt. Trotz aller Versuche nach der Machtübernahme König Mahendras im Dezember 1960, das Gesetz zu mildern und wiederum Privilegien für die *birtawalas* herauszuholen, kann gesagt werden, daß *birta*-Land heute in *raikar*-Land überführt ist und normal besteuert wird. Dies allerdings hat nichts am Los der Pächter geändert, das erst durch die nachfolgende Landreform berührt wurde.

8. Agrargeographie

Tabelle 37: Landwirtschaftliche Haushalte und Betriebsgrößen (1962)

Region	Gesamt- fläche der Betriebe (ha)	Anzahl der landwirtsch. Haushalte	Fläche je landwirtsch. Haushalt (ha)
Östliches Bergland	192 400	304 741	0,6
Zentrales Bergland	201 900	329 211	0,6
Westliches Bergland	108 600	260 716	0,4
Kathmandu-Tal	29 000	57 921	0,5
Östl. Inn. Terai	50 100	30 803	1,6
Zentr. Inn. Terai	55 800	34 347	1,6
Westl. Inn. Terai	60 700	13 108	4,6
Östl. Terai	783 600	358 842	2,2
Zentrales Terai	178 800	71 875	2,5
Westliches Terai	180 200	31 937	5,6
NEPAL	1 841 100	1 493 501	1,2

Quelle: Ministry of Agriculture, Food and Forestry (basierend auf dem 1962 Sample Census of Agriculture).

aufnehmen könnte. Dabei sind Zuwachsraten der Kulturfläche nicht berücksichtigt.

Es ist offensichtlich, daß Zwergbesitz in der Gebirgszone und im Tal von Kathmandu vorherrschen, während man größere Betriebe im Terai findet. Eine Studie[4], die das Ministerium für Wirtschaftsplanung im Jahre 1966 in ausgewählten Landesteilen durchgeführt hat und die mehr als 2 000 landwirtschaftliche Betriebe umfaßt, untersucht die Verteilung gewisser Betriebsgrößen in verschiedenen Regionen. Obwohl die Zahl gering ist, vermittelt sie doch einen Eindruck von der Gesamtlage:

Tabelle 38: Verteilung landwirtschaftlicher Betriebsgrößen (1966) in %

Betriebsgröße in ha	Gebirgs- Zone	Östl. Terai	Westl. Terai	Zentr. u. Inn. Terai	Kathmandu- Tal	NEPAL
Unter 0,5	83	13	1	4	52	30
0,5—1,0	13	17	6	1	30	15
1,0—2,0	3	29	9	18	16	15
2,0—4,0	1	23	18	39	2	17
Über 4,0	0	18	66	32	0	23
Gesamt	100	100	100	100	100	100

Quelle: „Physical Input-Output Characteristics", 1966, S. 17.

4 Ministry of Economic Planning, „Physical Input-Output Characteristics of Cereal Grain Production for Selected Agricultural Areal in Nepal. Crop Year 1965/66", Kathmandu 1966.

Die durchschnittlichen Betriebsgrößen, die in dieser Studie angegeben werden, zeigt Tabelle 39. Sie müssen natürlich mit aller Vorsicht betrachtet werden, geben aber im Moment noch das realistischste Bild der Verhältnisse:

Tabelle 39: Durchschnittliche Betriebsgrößen in ausgewählten Regionen (1966)

Region	Durchschnittliche Betriebsgröße (ha)
Kathmandu-Tal	0,07
Bergland	0,27
Östliches Terai	3,53
Zentrales und Inneres Terai	5,01
Westliches Terai	8,78

Quelle: „Physical Input-Output Characteristics", 1966, S. 18.

Die Zahl für das Kathmandu-Tal erscheint sehr niedrig, aber es besteht kein Zweifel, daß die Besitz- oder Betriebsgrößen hier sehr klein sind. Eine früher unternommene Untersuchung ergab allerdings ein etwas anderes Bild. Von 243 untersuchten Höfen in verschiedenen Dörfern des Tals lagen 73 % unterhalb von 0,5 ha, 24 % zwischen 0,5 und 1,0 ha und nur 3 % über 1 ha. Nur 22 von 268 Höfen, die untersucht wurden, erwirtschafteten einen Überschuß. Nach Auffassung des Autors würde ein Hof zwischen 0,7 und 1,4 ha unter normalen Bedingungen eine Durchschnittsfamilie erhalten können[5].

Statistisches Material über Landbesitz ist gering und in jedem Fall unvollständig. Ein Autor schätzt die Ausdehnung des Pachtsystems auf 80 % des Kulturlandes. Zwar gibt es keine Zahlen über die tatsächliche Größe privaten Landbesitzes, doch weiß man, daß in einigen Teilen des Terai Familienbesitzungen von einer Ausdehnung bis zu 6 000 ha bestehen.

Es gibt mit einiger Sicherheit eine Tendenz zur Konzentration des Landes in immer weniger Händen und einer schrumpfenden Größe des einzelnen Pachthofes. Besonders die kleinen Landbesitzer werden häufig das Opfer der Geldverleiher und illegaler Manipulationen von Regierungsbeamten, die die Grundbücher führen. Eine Untersuchung im Distrikt Tanahu im Jahre 1946 zeigte, daß 36,35 % der Familien 17,5 % des Kulturlandes besaßen, während umgekehrt 33,31 % der Familien nicht weniger als 82,5 % des Landes ihr eigen nannten. 30,1 % aller Familien waren ohne eigenen Landbesitz. Im Distrikt Bardia stellte man 1910 fest, daß Großgrundbesitzer 16 200 ha besaßen, während Kleinbesitzer zusammen 25 000 ha an Land hatten, und daß sich die Lage bis 1952 genau umgekehrt hatte. Der Konzentrationsprozeß hat aber schon viel früher eingesetzt. In der Gegend von Bhairawa gehörten 1893 den Bauern 70—80 % allen Kulturlandes. Dieser Anteil war im Jahre 1902 bis auf 20—25 % zurückgegangen, und es ist zu vermuten, daß

---

[5] E. Rauch, „Report to the Government of Nepal on Farm Enterprises", 1953.

er bis 1952 weiter geschrumpft ist[6]. „Folglich", heißt es in einer offiziellen nepalischen Verlautbarung, „geht die Zahl der Eigentumsbauern zurück und die vom Eigentümer betriebenen Höfe schrumpfen langsam. Gegenwärtig dürften im Terai nicht mehr als 20—30 % und in den Bergen nicht mehr als 40—50 % der Bauernfamilien ihr eigenes Land bestellen. Der Rest bestellt das Land als Teil-Pächter, Pächter, Dauer- oder Saisonlandarbeiter oder Knecht[7]."

Wollen wir ein zusammenfassendes Bild der Landbesitzstruktur in der Gegenwart zeichnen, so können wir uns wiederum nur auf den Agrarzensus von 1962 stützen. Dort wird ausgewiesen, wieviel Land je Zensus-Distrikt Eigentum des Bewirtschafters oder von anderen gepachtet ist (vgl. Tabelle 40). Man muß dabei allerdings im Auge behalten, daß viele Kleinbesitzer einige Felder hinzugepachtet haben und umgekehrt auch eine ganze Reihe kleiner Landbesitzer ihr Land oder Teile desselben verpachtet haben. Verpächter sind nicht notwendig Großgrundbesitzer, was allerdings an der Ausbeutungsstruktur dem Pächter gegenüber nichts ändert.

Tabelle 40: Landeigentum und Pachtbesitz in den Regionen Nepals (in %)

Region	Kultiviertes Land	
	vom Eigentümer bewirtschaftet	von anderen gepachtet
Östliches Bergland	76,0	24,0
Zentrales Bergland	90,5	9,5
Westliches Bergland	86,9	13,1
Tal von Kathmandu	65,4	34,6
Östliches Inneres Terai	76,4	23,6
Zentrales Inneres Terai	84,4	15,6
Westliches Inneres Terai	57,7	42,3
Östliches Terai	68,7	31,3
Zentrales Terai	58,2	41,8
Westliches Terai	67,4	32,6
NEPAL	72,2	27,8

Quelle: „Sample Census of Agriculture", 1962, S. 4—7.

Seit dem politischen Wechsel im Jahre 1950 wurden von König und Regierung Möglichkeiten erwogen, die Landbesitzverfassung derart zu ändern, daß der Bauer einen Anreiz für höhere Leistungen hat. Mit anderen Worten: Die Notwendigkeit einer Landreform wurde schon früh erkannt. Vor allem wünschte der Staat eine Ablösung des *birta*-Systems, das nicht nur keinerlei Elemente zur Steigerung der landwirtschaftlichen Produktivität enthielt, sondern in der Regel

[6] Verschiedene nepalische Quellen, zitiert bei M. C. Regmi, a. a. O., Bd. I., S. 13—14.
[7] „Land Reform in Nepal", in „The Economic Affairs Report", Kathmandu, Bd. IV, No. 3 (August 1966), S. 39.

dem Staat auch keine Steuern einbrachte. Mit dem Gesetz zur Abschaffung des *birta*-Systems von 1959 wurde de jure dieses Problem gelöst[8].

Zweifellos bedeutete die *birta*-Abschaffung eine Härte gegenüber dem *birtawala*, der alles versuchte, dem Gesetz Widerstand zu leisten und seine Anwendung zu verzögern. Auf der anderen Seite ist es unwahrscheinlich, daß eine eher juristische Änderung der Verhältnisse ausgereicht hätte, den Weg für erhöhte landwirtschaftliche Produktion freizugeben; aber die *birta*-Abschaffung wurde als eine unerläßliche Vorbedingung für jede weitere Landreform angesehen, zumal gewisse Auflagen oder Aderlasse, unter denen der Bauer bisher zu leiden hatte, automatisch endeten[9]. Allerdings war die *birta*-Abschaffung, vom Standpunkt der Landreform aus gesehen, ohne große Bedeutung: „Auf dem früheren *birta*-Land Klasse B blieb der Grundbesitzer derselbe, und auf dem früheren Land der Klasse A wurde der frühere Zwischenpächter der Grundherr statt des alten *birtawala*"[10], und außerdem war es bisher nicht möglich, irgendwelche Zahlen darüber zu erhalten, wieviel Hektar *birta*-Land tatsächlich ins Eigentum der Bauern überführt wurden und wieviel Familien sich dieses Vorteils erfreuen konnten. Da es keine offiziellen Dokumente gibt, muß man sich auf die Erklärungen der Grundbesitzer verlassen.

Historisch gehen die Bemühungen um eine Landreform auf das Jahr 1951 zurück, als König Tribhuwan ein Pachtreformgesetz ankündigte. Ein entsprechendes Gesetz trat zwar für das Kathmandu-Tal in Kraft, doch blieb es wegen des völligen Fehlens von Grundbesitzurkunden ohne jede Wirkung. Die 1952 ernannte Königliche Landreformkommission arbeitete überraschend scharfe Empfehlungen aus, die sich mit Steuereintreibung, maximalen Besitzgrößen und Pachtsummen auseinandersetzten. 1955 gab König Mahendra in einer Proklamation der Landreform ihre Richtung, und ein Jahr später trat ein Gesetz zur Erstellung von Grundbüchern in Kraft. Als schließlich das Landgesetz von 1957 (Lands Act) behandelt wurde, das sich mit den Rechten der Pächter und dem Pachtzins befaßte, wobei letzterer nicht 50 % der jährlichen Bruttoernte übersteigen sollte, holten die Grundherren zum Gegenschlag aus. Sie vertrieben ihre Pächter oder holten die höchstmöglichen Pachten aus ihnen heraus. Das Landgesetz konnte niemals durchgesetzt werden.

Alle diese Maßnahmen, zusammen mit der *birta*-Abschaffung, endeten in einem mehr oder weniger vollkommenen Fehlschlag während dieser Periode. Die Hauptwiderstände gegen eine einschneidende Landreform waren damals 1. das vollständige Fehlen dokumentarischer Beweise über den Landbesitz, 2. die weitver-

---

8 Es gab zwei Arten von *birta*-Eigentum, die vom Gesetz unterschiedlich behandelt wurden: *birta* Klasse A (*ka-birta*) liegt vor, wenn der Grundbesitzer ein Einkommen vom Pächter bezieht, der Staat aber keine Steuer erhält. Hier wurde, nach dem neuen Gesetz, der *birtawala* gegen Entschädigung aus seiner Rolle entlassen und der tatsächliche Bearbeiter des Bodens als Landbesitzer registriert und den Verpflichtungen nach dem neuen Gesetz unterworfen. *Birta* Klasse B (*kha-birta*) liegt vor, wenn der *birtawala* sein Land oder große Teile davon selbst bebaut. Hier wird die Steuer an den Staat eingeführt in der Höhe für vergleichbares *raikar*-Land. Grundherr und Pächter werden registriert.
9 „The Three Year Plan", Kathmandu 1963, S. 70.
10 „Land Reform in Nepal", in „The Economic Affairs Report", a. a. O., S. 41.

breitete Praxis von Verpachtung unter den verschiedensten Bedingungen (share-tenancy, labour-tenancy, share-cropping, Feldarbeit auf der Basis jährlichen oder saisonalen Entgelts) oder aufgrund mündlicher Vereinbarung, 3. das Fehlen einer verläßlichen Verwaltung zur Ermittlung der Zahl der Pächter und der Durchführung einer Landreform, 4. das Fehlen politischer Stabilität, ohne die der Bauer sich nicht auf die Worte der Politiker verlassen kann, 5. das Fehlen einer Interessenrepräsentanz der Bauern (Pächter) und 6. der beträchtliche Einfluß der Grundbesitzerklasse auf die Maßnahmen der Regierung und ihre starke Vertretung in der oberen Schicht der Regierungsbürokratie[11].

Mit der politischen Machtübernahme König Mahendras Ende 1960 wurden neue Maßnahmen ergriffen. Die Landbesitzer, die ihr Bestes getan hatten, die Versuche einer Parteiendemokratie zum Scheitern zu bringen, hatten zwar ihr Ziel erreicht, mußten aber erkennen, daß der König nicht gewillt war, den Gedanken einer Landreform aufzugeben. 1961 wurde eine neue Landreformkommission ernannt, die die Verhältnisse auf dem Lande sehr sorgfältig untersuchte, und eine Reihe von Gesetzen bereitete den künftigen Wandel vor, der keineswegs über Nacht erreicht werden sollte, der aber doch im Prinzip das Ende der feudalen Herrlichkeit einläutete: das Genossenschaftsgesetz (1960), das Landreorganisationsgesetz (1962), das Katastergesetz (1962), das Gesetz über die Genossenschaftsbank und die Lands Act and Land Rules (1964). Dies ist, mehr oder weniger, die Basis, auf der heute die Landreform durchgeführt wird.

Wer sich heute über die Erfolge der Landreform in Nepal informiert, muß enttäuscht sein. Wer sie allerdings im Lichte der tatsächlichen Machtverhältnisse im Lande betrachtet, muß zugeben, daß das Mögliche getan wird[12]. Man hat das Tal von Kathmandu mit seinen drei Distrikten und den Dorfpanchayat Budhabare, Distrikt Jhapa, zu Experimentiergebieten erklärt, um die möglichen Erfolge der Landreform zu kontrollieren. In diesen Gebieten hat man, was im nationalen Maßstab durchzuführen zunächst nicht möglich war, die Pacht je Flächeneinheit mit einer bestimmten Getreidemenge festgesetzt, die sich nur auf die Haupternte bezog. Alles, was der Bauer-Pächter darüber hinaus erwirtschaftete, sollte allein ihm gehören. Diese Maßnahme hat sich, wie wir zeigen werden, als außerordentlich erfolgreich erwiesen. Die übrigen Maßnahmen der Landreform waren im ganzen Land gleich. Sie umfaßten:

1. Die Begrenzung des individuellen Landbesitzes auf maximal 25 *bighas* (16,68 ha) im Terai und Inneren Terai, 50 *ropani* (2,56 ha) im Tal von Kathmandu und 80 *ropani* (4,10 ha) in der Gebirgszone. Dazu kommen als Standort für eine Heimstätte in den drei genannten Gebieten 3 *bighas* (1,0 ha), 8 *ropani* (0,41 ha) und 16 *ropani* (0,82 ha).

2. Die Begrenzung der Maximalfläche, die ein Pächter einschließlich eventuellen Eigentumslandes kultivieren darf, wurde mit 4 *bighas* (2,7 ha) im Terai und

---

[11] A. a. O., S. 42.
[12] Gesetzliche Grundlage der Landreform ist: „Lands Act und Rules, 1964", Kathmandu: HMG, Ministry of Law and Justice 1965 (in offizieller Übersetzung).

Inneren Terai, 10 *ropani* (0,51 ha) im Tal von Kathmandu und 20 *ropani* (1,03 ha) in der Gebirgszone festgelegt.

Da die Regelung lange vor ihrem Inkrafttreten bekannt war, haben viele große Landbesitzer ihre jenseits der Obergrenze liegenden Ländereien auf den Namen anderer Mitglieder der Großfamilie übertragen, in vielen Fällen nur der Form halber. Es liegt nahe zu vermuten, daß diese Möglichkeit von der Regierung vorausgesehen und beabsichtigt war, um politische Unruhen zu vermeiden. Andererseits sieht aber das Landreformgesetz vor, daß solches „Überschußland" vom Staat erworben und zur Aufstockung zu kleiner Bauernhöfe, für Siedlungsprojekte usw. benutzt werden soll.

Was nun die soziale und wirtschaftliche Lage des Pächters nach der Landreform anbetrifft, so war im Grunde nicht daran gedacht, die Eigentumsverfassung anzutasten. Grundherr sollte Grundherr, Pächter mithin Pächter bleiben. Allerdings wollte man dem Pächter eine Art „psychologisches Eigentum" geben und ihn von den brutalsten Härten seiner Abhängigkeit befreien. Daher sollte das Pachtland ordentlich vermessen werden und der Pächter eine Urkunde darüber erhalten, die ihm das Recht verbrieft, auf dem Land zu verbleiben, sofern er seinen Pachtzinsenzahlungen, wie im Gesetz vorgeschrieben, nachkommt. Bevor ordentliche Vermessungen vorgenommen werden konnten, die die Basis endgültiger Zertifikate sind, mußten „vorläufige Zertifikate" ausgestellt werden[13].

13 Bei dem „Schutz des Pächters" ging es in erster Linie darum, ihn vor der brutalsten Willkür des Grundherrn zu bewahren, die darin bestand, höchste Pachtzinsen aus ihm herauszupressen und ihn, wurde er aufsässig, vom Land zu vertreiben. Immer gab es kleine oder auch landlose Bauern, die bereit waren, für noch geringeres Einkommen dem Grundherrn zu dienen, wenn nur die eigene Ackerfläche dafür etwas vergrößert wurde. Der Mangel an zugänglichem Überschußland versetzte die Grundherren in eine ungeheuer starke, die Pächter in eine sehr schwache Verhandlungsposition. Mit der Festsetzung der Höhe der Pacht blieben den Grundherren nur zwei Möglichkeiten, ihre Interessen zu vertreten: 1. Sie konnten illegal mehr fordern als erlaubt war, und der Pächter hatte wenig Aussicht bei einer Beschwerde, weil die meisten zuständigen Regierungsbeamten entweder selbst Grundbesitzer oder solchen verpflichtet waren und dem Pächter, da alle Absprachen mündlich erfolgen, häufig der Beweis seiner Anschuldigung nicht gelang. 2. Sie konnten den Pächter vom Lande vertreiben und seine Felder künftig von Tagelöhnern bearbeiten lassen. Da das Landreformgesetz eine Vertreibung verbot, solange der Pächter der gesetzlichen Pachtzahlung nachkam, enthielten die Grundherren ihren Pächtern häufig eine schriftliche Quittung vor und klagten dann gegen sie wegen Nichterfüllung ihrer Pflichten. Über diese geradezu mittelalterlichen Verhältnisse findet man natürlich wenig in der englischsprachigen Presse Nepals, wohl aber in den in Nepali oder anderen einheimischen Sprachen gedruckten Blättern. Es mögen zur Erhärtung des oben Gesagten einige Beispiele folgen.

„Den meisten Pächtern wurden für ihre Pachtzinszahlung keine Quittungen gegeben. Diejenigen, die Quittungen ausgaben, waren meist kleine oder mittlere Grundeigentümer. Im Distrikt Kabhre Palanchok gibt es insgesamt 30 000 Pächterfamilien, von denen 3 000 sich nicht ihrer Rechte erfreuen können. Sie wurden von den Landeigentümern vertrieben. Es wurde festgestellt, daß die 3 000 Familien erst dann ihre Quittungen über gezahlten Pachtzins erhielten, nachdem sie wie früher 27 *muris* von einer Gesamternte von 30 *muris* und die Hälfte des Strohs gezahlt hatten" (d. h. also 90 %/o der Bruttoernte!). „Überall im Distrikt wird darüber prozessiert, wie die Ernte zwischen Pächter und Grundherrn aufzuteilen sei, wobei die letzteren gewöhnlich den Fall gewinnen. In verschiedenen Gegenden machen die Panchayat-Mitglieder noch ein Geschäft bei solchen Prozessen. In vielen Dörfern mußten die Bauern zusätzlichen Zins zahlen, weil die bisherigen Zahlungen angeblich geringer als vorgeschrieben waren. Pächter wurden eingeschüchtert, mißhandelt

Mit den oben genannten Ausnahmen setzt das Landreformgesetz die Höchstgrenze des vom Pächter an den Grundherrn zu zahlenden jährlichen Pachtzinses mit 50 % der jährlichen Bruttoernte fest. Zwar sieht das Gesetz vor, daß in Fällen, wo der übliche Pachtzins unter dieser Rate lag, diese niedrige Rente beibehalten werden soll, es darf aber mit ziemlicher Sicherheit angenommen werden, daß es mit dem Landreformgesetz zu einer allgemeinen Anhebung des Pachtzinses kam. Man muß sich nun folgendes klarmachen. Da der Grundherr in Nepal in der Regel nicht, wie in vielen anderen Ländern, Beiträge zur Produktion in Form von Saatgut, Zugvieh, Dünger usw., sondern nur in Form von Boden leistet, entsprechen 50 % des Bruttoertrages 60, 70 % oder auch mehr des Nettoertrages, je nachdem, wieviel der Pächter selbst ins Land steckt. Als homo oeconomicus wird er nicht geneigt sein, unter den obwaltenden Verhältnissen mehr als unbedingt nötig zu investieren, denn der Kauf von Dünger würde sein Geld kosten, der Mehrertrag würde aber zu einem großen, unter Umständen zum größten Teil in die Tasche des Grundherrn fließen. Man sieht, daß auch unter dem gegen-

und von feudalen Elementen in Haft behalten. Einfache Bauern wurden von ihrem Pachtland vertrieben, und es wurden ihnen die Quittungen über die Zinszahlung verweigert. Viele Pächter glaubten den mündlichen Zusicherungen der Grundherren, daß sie Quittungen ausstellen würden, und einige Bauern waren auch zu einfältig, um sich der Vertreibung durch die Grundherren zu widersetzen im Glauben daran, daß in der ‚nächsten Welt' alles besser werden würde" („Problems of Land Reform", in „Samiksha Weekly", 11. 3. 1966).
Die Verhältnisse im Terai sind keineswegs besser als im Bergland. „In den Distrikten Parsa, Bara und Rautahat nehmen die Fälle von Vertreibung zu. Die Bauern haben kein Getreide mehr für ihre Ernährung und verlangen deshalb Darlehen, um überleben zu können. Aber solche Darlehen werden von den Grundherren nur gewährt, wenn die Pächter auf ihre Rechte verzichten" (d. h. wenn sie ihre amtlichen Pachturkunden abliefern!). „Niemand erhält Quittungen für seine Zinszahlungen, und da somit die Zinszahlung nicht bewiesen werden kann, verweigern die amtlichen Stellen die Anerkennung der Pächterrechte. Gewalt wird benutzt, um die Bauern zu unterdrücken, und man kann sagen, daß im Distrikt Rautahat praktisch alle Pächter ihres Landes verlustig gegangen sind..." („Samiksha Weekly", 15. 11. 1968). Daß es sich hier nicht um Stimmungsmache oppositioneller Blätter handelt, bestätigt ein Bericht des regierungsamtlichen „Gorkhapatra" vom 16./17. 9. 1968, in dem es u. a. heißt: „Obwohl es mehr als 1,8 Millionen Pächter in Nepal gibt, konnten bisher nur 0,3 Millionen mit Zertifikaten versorgt werden. Im Distrikt Jhapa, wo Pächter-Zertifikate an 1 800 Personen ausgegeben wurden, halten heute nur noch 600 solche in Händen, weil 1 200 Pächter auf ihre Rechte verzichtet haben." Die Gründe dafür sind bekannt.
Und schließlich ein Bericht aus dem Westlichen Inneren Terai, wo die Tharu-Stämme von Grundherren nicht eben sanft behandelt werden: „Wenigstens 1 000 Tharu-Familien aus Dang sind nach Kailali, Kanchanpur und selbst Indien ausgewandert, weil die Grundbesitzer dazu übergegangen sind, die halbe Ernte als Zins zu verlangen, und sich nach Einführung des Landreformgesetzes weigerten, Darlehen zu geben. Früher zahlten die Tharu-Pächter nur ein Fünftel bis ein Viertel der Ernte als Zins" („Samaj", 19. 3. 1968). Es handelt sich also wiederum um einen klaren Bruch des Landreformgesetzes, das das Heraufsetzen von Zinsen, wo sie unter 50 % lagen, ausdrücklich untersagt. Es ist bezeichnend, daß der damalige Landwirtschaftsminister, angesprochen auf die Vertreibungen in Dang und im Distrikt Jhapa, erklärte: „In Chandragadhi/Jhapa sind keine Pächter vertrieben worden. Ein paar Bauern in Dang-Deokhuri haben auf ihre Pächterrechte wegen der Zinszahlungen verzichtet und haben sich in andere Distrikte begeben. Einige wurden im Distrikt Bardia wieder angesiedelt" („Gorkhapatra", 3. 9. 1968). Immerhin sprach man damals davon, daß 25 % der Bauernbevölkerung aus Dang abgewandert sei („Samiksha Weekly", 2. 9. 1968).

wärtigen Landreformgesetz im Grunde kein Anreiz für den Bauern besteht, mehr zu erzeugen, als er, unter Abzug seiner Pachtzinsverpflichtungen, für sich und seine Familie braucht.

Anders liegen die Verhältnisse im Falle des Kathmandu-Tals[14] und des Gebiets von Budhabare, wo, wie erwähnt, die Fixrente eingeführt wurde, wo also der Bauer genau weiß, welche Menge Getreide er an den Grundherrn abzuführen hat. Was er darüber hinaus produziert, gehört ihm, seien es nun höhere Erträge der Haupternte oder weitere Ernten. Während wir im Gesamtmaßstab Nepals in den Jahren 1963—1966 eine durchschnittliche Steigerung der Getreideproduktion von 1,2 % im Jahr feststellen können, liegt die Steigerung in Budhabare im gleichen Zeitraum bei 6,65 % im Jahr. Zur selben Zeit wurde die Erzeugung von Nahrungsgetreide und Kartoffeln im Tal von Kathmandu vor allem durch die Einführung von Edelsaatgut, die entscheidende Ausdehnung der Weizenanbaufläche im Winter und die Vergrößerung der Düngergaben schätzungsweise mehr als verdoppelt und damit das Tal von einem Gebiet mit Unterproduktion zu einem solchen mit Überschuß gemacht[15].

Als einzig mögliche politische Schlußfolgerung, die aus dieser Erfahrung gezogen werden konnte, beschloß der National-Panchayat im Herbst 1968 in einem Zusatz zum Landreformgesetz, den Pachtzins auf 50 % der Haupternte festzulegen, d. h. also, auf Reis in den tieferen und Mais in den höheren Lagen. Obwohl dies ein sehr vorsichtiger Schritt war und die Pächter lediglich anreizen sollte, zusätzliche, vor allem Winterernten einzubringen, war der Widerstand seitens der Grundbesitzer sehr groß, und Nepal wurde von einer Welle von illegalen Vertreibungen von Pächtern heimgesucht. Es bleibt abzuwarten, ob die Regierung imstande ist, ihre Beschlüsse auch wirklich durchzusetzen.

Die Darstellung der Landbesitzverhältnisse und der Reformbemühungen hat gezeigt, daß nicht beabsichtigt ist, die tatsächlichen Machtverhältnisse auf dem Lande revolutionär zu brechen. Indessen besteht unausgesprochen der Plan, den Grundbesitzern das Interesse am Landbesitz schrittweise zu nehmen, den Boden in die Hände derer zu überführen, die ihn bebauen, und die Ex-Grundherren anzu-

---

14 Für das Kathmandu-Tal gelten folgende fixe Pachtzinsen:

Landgüteklasse	in kg Getreide je ha	
	Bewässerungsland	Trockenland
1 (abal)	160	70
2 (doyam)	130	50
3 (sim)	90	30
4 (chahar)	60	20

Quelle: „Lands Act and Rules, 1964", a.a.O., S. 21. — Das Gesetz gibt allerdings den Pachtzins in lokalen Hohlmaßen, bezogen auf lokale Flächenmaße, an, z. B. für Bewässerungsland Klasse 1 = 1 muri und 3 pathis, für Trockenland Klasse 4 = 2 pathis und 7 manas (jeweils per ropani). Die Umrechnung erfolgte auf der Basis von 1 Liter Reis = 0,78 kg.

15 Quentin W. Lindsey, „Land Reform and the Food Problem", in „Land Reforms in Nepal", Jahrbuch 1967, S. 7—16.

8. Agrargeographie 277

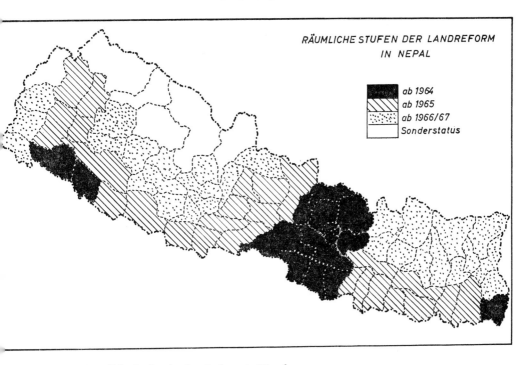

Karte 65: Räumliche Stufen der Landreform in Nepal
Von 1964 an wurde die Anwendung des Landreformgesetzes alljährlich um weitere Distrikte ausgedehnt. Über die Situation in den als „Sonderstatus" ausgewiesenen Distrikten herrscht keine volle Klarheit. Offiziell gilt die Landreform hier als „abgeschlossen". Es besteht aber zumindest für einige dieser Distrikte der Verdacht, daß die Landreformbeamten aus innenpolitischen Gründen zurückgezogen wurden.

reizen, ihren Landbesitz zu veräußern und den so erstandenen Geldbetrag im nicht-landwirtschaftlichen Sektor anzulegen. Populär ausgedrückt, soll aus dem Baron ein Schlotbaron werden. Daß in naher Zukunft hierzu Aussichten bestehen, ist angesichts der Lage dieses Sektors nicht sehr wahrscheinlich. Es ist auch nicht allzu ermutigend, in welchem Umfang die Landreform bisher durchgeführt wurde. Zwar gelten die in drei Etappen eingeleiteten Maßnahmen heute als im ganzen Lande im Gange und in einigen Distrikten bereits als abgeschlossen (vgl. Karte 65), Tatsache ist aber, daß „Überschußland" dank der Verschleierungs- und Umverteilungspolitik der Grundherren nur in einem lächerlich geringen Umfang festgestellt werden konnte. Bei einer Gesamtkulturfläche von 1,8 Millionen ha wurden ganze 91 477 ha als „Überschußland" amtlich ermittelt, und davon wurden bis 1969 nicht mehr als 16 000 ha neu verteilt. Die Katastervermessungen wurden in 9 von 75 Distrikten durchgeführt, und zwar häufig gegen massivsten Widerstand der Landbesitzer, die nicht den geringsten Wert auf die Klärung der Besitzverhältnisse legen. Bis 1969 wurden 1,4 Millionen vorläufige Pächterbescheinigungen ausgestellt, aber nur wenig mehr als 23 000 von 1,8 Millionen

Pächtern haben bis zu diesem Zeitpunkt die ihren Status definitiv verbriefenden Zertifikate erhalten.

Wir müssen uns nun noch einem weiteren Komplex zuwenden, dessen Kenntnis für das Verständnis der Lage des nepalischen Bauern und der nepalischen Landwirtschaft von großer Bedeutung ist, dem A g r a r k r e d i t w e s e n. Wie die Landbevölkerung in den meisten Ländern der Dritten Welt, so leidet auch der nepalische Bauer seit Menschengedenken unter schwerer und dauerhafter Verschuldung gegenüber den Dorfwucherern (money-lenders). Seine schwache Wirtschaftskraft in Verbindung mit kostspieligen sogenannten sozialen Verpflichtungen, die von der Ausrichtung von Familienfeiern bis zur Bezahlung von Brahmanen für die Durchführung zahlloser Riten reichen, gestatten ihm kein Ausbrechen. Jeder kleine Versuch, durch Anwendung der modernen Landwirtschaftstechnik zu höheren Flächenerträgen zu kommen, führt den Bauern zunächst einmal ins Haus des Wucherers, um den nötigen Vorschuß zu erhalten, dessen Zinsen dann so hoch sind, daß der mögliche Mehrertrag in keiner Weise mehr interessant ist. Tritt gar eine Mißernte ein, verfehlt der Bauer, Schuld und Zinsen zu zahlen, so beginnt jene tödliche Entwicklung der generationenlangen Verschuldung, die unter Umständen mit dem Verlust des Bodens an den Wucherer oder der faktischen persönlichen Freiheit endet[16]. Versuche, diesem Übel mit der Errichtung institutionalisierten Kredits zu begegnen, gehen Hand in Hand mit der Bemühung, Genossenschaften in Nepal einzuführen. Darüber wird noch zu berichten sein. Was den Umfang des institutionalisierten Kredits gegenüber dem Kreditbedarf anbelangt, so ist er vor der Einführung der Landreform verschwindend gering gewesen, aber auch heute ist schwerlich zu sagen, daß er die Nachfrage in ange-

---

[16] Ein ausländischer Fachmann, der längere Zeit einen Beamtenposten in Kathmandu innehatte, beschreibt die Lage vor Beginn der Landreform sehr treffend: „Die Betriebsgrößen sind klein und unwirtschaftlich, der Druck auf das Land nimmt zu, und feudalistische Beziehungen charakterisieren die Besitzverhältnisse; landwirtschaftlicher Kredit zeigt die schlechtesten Merkmale einer rückständigen Wirtschaft. Zinssätze waren exorbitant und Grundherren wie Wucherer rissen das Land der Armen an sich, wenn die letzteren ihre Schulden nicht bezahlen konnten. In einigen Gegenden schulden die Leute noch immer riesige Summen Geldes, die von Anleihen herrühren, die viele Generationen zuvor von ihren Vorfahren aufgenommen wurden, Summen, die damals gering waren, die sich jetzt aber dank den wucherischen Zinssätzen jenseits jeder Vorstellungskraft entwickelt haben. In anderen Gegenden finden wir die Klasse der landlosen Bauern, verschiedentlich *kamaiars* oder *haruwars* genannt, die unter dem *hali*-System arbeiten und nicht besser daran sind als Leibeigene. Sie und ihre Familien arbeiten während des ganzen Jahres für den Grundherrn und bekommen ein paar Sack Getreide und manchmal ein paar andere Notwendigkeiten als Entgelt, zusammen mit einem winzigen Stückchen Land zur eigenen Bestellung. Ihre Lage ist so miserabel, daß sie oft ihren Grundherrn verlassen, aber dann binden sie sich wieder an einen neuen, und die Schulden, die sie gegenüber dem alten Grundherrn haben, werden an den neuen übertragen, der sie aus diesen unglücklichen Menschen herauspreßt. In dem Rapport der Landreformkommission von 1953 heißt es, daß in einigen Distrikten Geldverleiher Kredite von 10 000 bis 15 000 Rs. an arme Leute ohne Landbesitz vorgeschossen und sie so zu ihren Sklaven gemacht haben. Und selbst heute, zwölf Jahre später, existiert diese Klasse von Menschen noch immer und schuldet noch immer riesige Summen an ihre Herren, wie sich aus den Kreditgesuchen an die Landreformbeamten ergibt, die beispielsweise im Distrikt Rupandehi eingesehen wurden" (M. S. Perera, „Agricultural Credit in Nepal", 1966, S. 1—2).

messenem Umfang deckt[17]. Als Folge davon gibt es in Nepal eine permanente starke Verschuldung der gesamten Landbevölkerung, die von Perera, wiederum sehr vorsichtig, auf 750 Millionen Rs. geschätzt wird, während Sinha eher mit 1 Milliarde rechnet[18].

Das Landreformgesetz hat nun hier in zweierlei Form eingegriffen: 1. wurde der Grundherr wie auch der Pächter — nach voraufgegangenen Fehlschlägen von Versuchen im freiwilligen Sparen — verpflichtet, von der jährlichen Ernte einen bestimmten Anteil auf ein Sparkonto einzuzahlen (Zwangssparen), und 2. wurde der Bauer von der Zinslast privater Geldverleiher befreit, sofern sie den legalen Satz von 10 % p. a. überstieg. Solche Darlehen sollten dem Landreformamt gemeldet werden, das die Rückzahlung samt legalem Zins im Namen des Kreditgebers entgegennimmt und sich mit diesem dann auseinandersetzt (interception of loans). Auch alte Schulden sollten auf diese Weise neu festgestellt und um den bereits illegal gezahlten Zins verringert werden.

Wir haben es, um zunächst einmal von der Brechung der Wucherzinsen zu sprechen, hier mit einem sehr kühnen Vorstoß in geheiligte Gefilde der feudalen Gesellschaft zu tun. Ein solcher Schlag wäre zweifellos ein voller Erfolg geworden und hätte die Bauern über Nacht von generationenalten Sorgen befreit, wäre die Regierung auch in der Lage gewesen, sofort ihre eigene Kreditinstitution zur Verfügung zu stellen. Das war natürlich nicht der Fall. So kam es, daß die Geldverleiher ihr Geschäft einstellten, denn um 10 % p. a. waren sie nicht bereit, ihr Kapital zu riskieren, und die Bauern saßen überhaupt ohne Kredit da. Sie bettelten und baten die alten Grundherren, ihnen — zu welchen Bedingungen immer — weiterzuhelfen, und waren in der Folge auch bereit, ihre Schulden gegenüber den Wucherern usw. vor den Landreformbeamten zu verheimlichen. Damit war dieser Schlag verpufft. Die Regierung hatte gehofft, durch die Einnahmen aus dem Zwangssparen und den Rückzahlungen privater Schulden genug Mittel aufzubringen, um die Kreditwünsche der Bauern zu befriedigen, aber nur etwa 10 % der erwarteten Summe stand zur Verfügung.

Wesentlich positiver stand es am Anfang mit dem Zwangssparen. Die vom Gesetz vorgeschriebenen Getreidemengen oder Geldbeträge wurden pünktlich eingezahlt und das Planziel zu 80 % erreicht[19]. Doch der Erfolg währte nicht

[17] Die Versorgung der Bauern und Pächter mit Kredit lag bis 1964 nahezu ausschließlich in den Händen von Geldverleihern, Händlern und Grundherren. Perera schätzt den Bedarf an landwirtschaftlichem Kredit in Nepal auf 200 Millionen Rs. im Jahr, was vorsichtig ist gegenüber den 300 Millionen, die B. K. Sinha in Ansatz bringt. Gemessen daran, befriedigte der institutionalisierte Kredit um 1963 nicht viel mehr als 1 % (M. S. Perera, a. a. O.; B. K. Sinha, „Co-operative Development in Nepal", 1965, S. 18).
[18] M. S. Perera, a. a. O., S. 4. In einem offiziellen Bericht der Regierung wird mitgeteilt, daß ein einziger Dorf-Panchayat (Budhabare) nicht weniger als eine halbe Million Rs. an Kredit im Jahre benötigte („Land Reform in Nepal", a. a. O., S. 43). Das wären dann schätzungsweise 1,5 Milliarden Rs. für Nepal.
[19] Es bedarf hier einer kurzen Erläuterung dieses Systems. In einem Land, dessen Bevölkerung zu über 90 % von der Landwirtschaft lebt, die auch im übrigen den Charakter der Volkswirtschaft bestimmt, kann und muß Kapitalbildung auch in diesem Sektor erwartet, wenn nötig, erzwungen werden. Nepal hat das wohl einzige Beispiel dieser Art gegeben, daß man auch die kleinsten und ärmsten Bauern veranlassen kann, kleine Anteile

lange. Tabelle 41 zeigt deutlich genug, wie die Einlagen trotz ständiger Ausdehnung des Systems bis auf alle 75 Distrikte zurückgingen.

Tabelle 41: Entwicklung des Zwangssparsystems (in Millionen Rs.)

Stadien der Anwendung	1964/65	1965/66	1966/67	1967/68	1968/69 (bis Ende 1968)
16 Distrikte	22,615	21,403	5,424	1,817	0,079
25 Distrikte	—	39,253	12,000	3,488	1,131
34 Distrikte	—	—	3,519	2,695	0,851
75 Distrikte	22,615	60,656	20,943	8,000	2,061

Quelle: Department of Landreform[20].

Heute stützt sich das landwirtschaftliche Kreditsystem auf zwei Institutionen: die Landwirtschaftliche Entwicklungsbank und die Landreform-Sparkorporation, wobei erstere mit staatlichen Geldern und letztere überwiegend mit nicht genutzten Einlagen des Zwangssparsystems arbeitet.

Nach diesen Informationen über Tatbestände weniger geographischer als sozialpolitischer Natur, die allerdings von essentieller Bedeutung für die bisherige und die weitere Entwicklung der nepalischen Landwirtschaft sind, wenden wir uns nun den wichtigsten Kulturen zu, die der Boden dieses Landes hervorbringt. Hier nun begeben wir uns wieder unmittelbar in die räumliche Betrachtungsweise. Die heterogene Oberfläche des Landes läßt beträchtliche Unterschiede in der landwirtschaftlichen Nutzung der Böden vermuten, und tatsächlich ist auch die Verteilung der verschiedenen Kulturen relativ scharf abgegrenzt, wenn auch wiederum nicht

ihrer Ernte zu sparen. Daß es sich per saldo dabei nicht um eben kleine Beträge handelt, zeigt die Summe von umgerechnet 12 Millionen US-Dollar, die zwischen 1964 und 1968 auf diese Weise angesammelt wurden. Der Bauer hätte so ein unabhängiges System des Agrarkredits aufbauen und Teile des Geldes in Entwicklungsprojekten investieren können. Nun allerdings stellten sich die Probleme ein. In der häufig noch selbstversorgerisch oder naturalwirtschaftlich orientierten Ökonomie Nepals erfolgte der Sparbeitrag in natura, d. h. das Getreide wurde in einer Hütte gehortet und von dort ebenfalls in natura dann im Bedarfsfalle als Kredit vergeben. Nur in den Gegenden, wo die Bauern sog. cash-crops bauten (Jute, Zuckerrohr, Ölsaaten usw.), wurde der Sparbeitrag in Geld geleistet. Die Einlage sollte mit 5 % verzinst werden, während der aufgenommene Kredit mit 10 % zu verzinsen war. Man kann sich leicht vorstellen, daß es zur Durchführung dieses an sich epochemachenden Systems in Nepal an allen Voraussetzungen fehlte. Die Naturaleinlagen verkamen durch Ratten und Insekten, vielfach wurden keine Kredite abgerufen und mithin keine Zinseinnahmen erzielt, die Komitees der Dörfler, die das ganze System selbst verwalten sollten, waren hoffnungslos überfordert, und im Grunde mißtrauten die Bauern dem Zwangssparen, weil ihnen das ganze nach einer neuen Steuer aussah! Es würde hier zu weit führen, die ganze Problematik im einzelnen darzustellen: Jedenfalls stellte die Regierung das Zwangssparen Mitte 1969 nach blutigen Unruhen im Terai „vorläufig" ein, um es neu zu überprüfen und die Voraussetzungen für sein Funktionieren zu schaffen.

20 Der ständige Rückgang der Einlagen wird erklärt durch die nachgiebige Haltung der Regierung bei Mißernten usw., wo die gesetzliche Spareinlage gekürzt oder ganz gestrichen wurde. Klugerweise versuchte die Regierung später die Bauern zu bewegen, den Sparbetrag grundsätzlich in bar einzuzahlen.

8. Agrargeographie

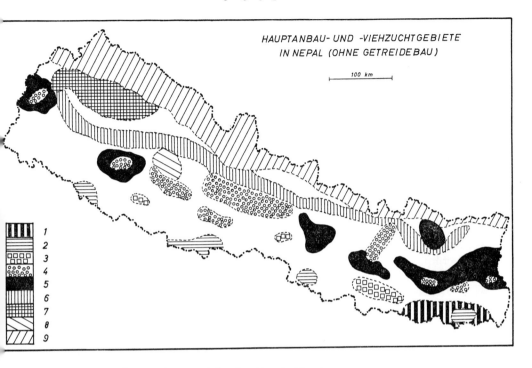

Karte 66: Hauptanbau- und Hauptviehzuchtgebiete in Nepal
Die Karte zeigt in großen Zügen die räumliche Gliederung der wichtigsten Produktionsgebiete von Kulturpflanzen, außer Nahrungsgetreide, und die nördlichen Viehzuchtregionen. Es bedeuten: 1 = Jute, 2 = Zuckerrohr, 3 = Tabak, 4 = Zitrus, 5 = Kartoffeln, 6 = Steinobst, 7 = Kernobst, Walnüsse, 8 = Schafzucht, 9 = Schaf- und Yakzucht. Quelle: „Bird's Eye View of Nepal", 1968.

so, daß bei einer bloßen Draufsicht auf die Karte diese Gebiete flächenmäßig hervortreten würden, wenn man einmal vom Terai absieht. Den Haupteinfluß auf die Verteilung der Kulturen hat die Höhe über dem Meere, und somit passen sich die Grenzen der verschiedenen Kulturbereiche eher den Höhenlinien an, und diese laufen, wie wir wissen, recht verschlungen durchs Land.

Es gibt noch keine umfassende agrargeographische Untersuchung Nepals, wohl aber eine sehr eingehende des Zentralen Berglandes durch japanische Forscher[21] und eine Studie über Ost-Nepal durch einen deutschen Geographen, die reichlich agrargeographisches Material enthält[22]. Dies ist die Grundlage, auf die wir uns, abgesehen von eigenen Beobachtungen, stützen werden. Höhengrenzen beim Anbau bestimmter Kulturen sind in einem Lande von der Vielfalt Nepals natürlich fließend, und man wird immer noch gewisse Pflanzen da finden, wo sie

---

[21] „Land and Crops of Nepal Himalaya", herausgegeben von H. Kihara, 1956.
[22] Willibald Haffner, „Ostnepal — Grundzüge des vertikalen Landschaftsaufbaus", a. a. O., S. 389—426.

"eigentlich" nicht mehr vorkommen dürften. Wenn wir hier solche Grenzwerte geben, so meinen wir, sofern nicht anders vermerkt, die Linie oder Höhe, wo der wirtschaftliche Anbau im großen Stil (staple crop) aufhört bzw. beginnt.

Daß sich, vereinfacht dargestellt, einige Vegetationsgürtel von West nach Ost durch Nepal ziehen und sich höhenstufenweise ablösen, liegt auf der Hand und wird von uns im einzelnen noch untersucht werden. Die nepalische Regierung hat in ihrer langfristigen Planung denn auch grobe, aber im ganzen richtige Vorstellungen von Planungsschwergewichten entlang solcher Gürtel. Danach soll das Terai vor allem Nahrungsgetreide erzeugen, im Mittelgebirge will man das Schwergewicht auf Obstbau und im Hochgebirge auf Viehzucht legen mit dem Hinweis auf bereits nachgewiesene milchwirtschaftliche Möglichkeiten. Betrachtet man das wirtschaftsgeographische Bild Nepals unter diesem Gesichtspunkt, so zeigt sich, daß im Prinzip oder wenigstens im Ansatz eine derartige Gliederung bereits vorhanden ist. In Karte 66 sind die Getreideanbaugebiete zur Vereinfachung weggelassen. Man erkennt um so deutlicher die Viehzuchtgebiete im Norden, die Mittelgebirge mit Obst-, Zitrus- und Kartoffelanbau und das Terai mit Industriekulturen wie Zuckerrohr, Jute und Tabak. Tabelle 42 zeigt die Verteilung der wichtigsten Kulturen auf die Gesamtkulturfläche. Danach kommen auf Reis mehr als 60 %, auf Mais nicht ganz ein Viertel der Kulturfläche. Alle anderen Kulturen nehmen jeweils weniger als 10 % der Kulturfläche ein. Addiert man die in der Tabelle genannten Flächen, so erreicht man nahezu 110 %, woraus der Schluß gestattet ist, daß ungefähr 10 % der Nutzfläche Nepals mehr als eine Ernte tragen, was, verglichen mit den klimatischen Möglichkeiten des Landes, kein sehr ermutigendes Ergebnis ist.

Tabelle 42: Verteilung der verschiedenen Kulturen auf das Kulturland (1968)

Kultur	Hektar	%
Reis	1 129 815	61,2
Mais	434 150	23,5
Weizen	150 045	6,1
Ölsaaten	93 700	5,1
Hirse und Buchweizen	92 600	5,0
Kartoffeln	42 500	2,3
Jute	37 000	2,0
Gerste	24 835	1,3
Zuckerrohr	10 900	0,6
Tabak	7 850	0,4
Insgesamt	1 845 000	109,5

Quelle: Nach Schätzungen des Ministry of Agriculture and Food, Kathmandu.

Die Agrarlandschaft Nepals zeigt sich am charakteristischsten im mittleren Bergland in Höhen zwischen 1 000 und 2 000 m. Das tiefliegende Terai wurde, wenn man vom schon früh besiedelten Osten absieht, erst sehr spät unter Kultur genommen, und die Agrarlandschaft hier gleicht in hohem Grade Nord-Indien. Die in den Ebenen und Tieflagen herrschende Malaria trieb die wachsende Bergbevölkerung die Hänge hinauf, denn ein Ausweichen nach unten war lange ausgeschlossen. So wurden nahezu alle zugänglichen Hänge entwaldet und unter Kultur genommen, solange es die Hängigkeit noch irgend zuließ. Kultivierte Hänge mit 30° Gefälle sind keine Seltenheit, und es werden gebietsweise noch viel steilere Hänge mittels Terrassenbau unter Kultur genommen. Überhaupt ist der Terrassenbau ein Charakteristikum für Nepal, und Kawakita[23] unterscheidet drei Typen des kultivierten Landes: bewässerte Reisfelder, Trockenfelder und Bewässerungsfelder in der Trockenregion. Das bewässerte Reisfeld oder die Reisterrasse ist so angelegt, daß Wasserstau möglich ist, um Wasser- oder Sumpfreis zu bauen. Die Terrasse ist nivelliert und umwallt. Häufig ist der Wall mit Soyabohnen oder Gras bepflanzt. Trockenfelder oder Trockenterrassen sind leicht geneigt und haben keine Umwallung, um Wasserstau zu vermeiden. Bewässerungsfelder wiederum sind nivelliert. Der Terrassenbau, vor allem an Steilhängen, bringt sehr schmale Felder, deren Breite oft kaum 1—2 m beträgt, und dennoch werden sie mit Zugtieren gepflügt.

Es wird von allen Beobachtern bestätigt, daß die Landwirtschaft im Gebirge weit intensiver betrieben wird als im Terai. Im Gebirge werden, wo immer möglich, zwei Ernten mit gleichzeitigem Fruchtwechsel eingebracht und die Düngung der Parzellen wird so intensiv wie möglich vorgenommen. Dung, oft gemischt mit pflanzlichen Bestandteilen, wird häufig von weit her aufs Feld getragen. In Khumbu und in anderen Gebirgsregionen kann man Bauern treffen, die schwere Tragekörbe voll Humuserde aus den Tälern in ihre höhergelegenen Felder bringen. Es kann deshalb nicht überraschen, daß die Felder im Gebirge im allgemeinen mehr Ertrag pro Flächeneinheit abwerfen als die im Süden.

Der einzige Fruchtwechsel, der bislang im Süden praktiziert wird, ist die Brache, d. h. genauer die Wildweide, wenn man von den Gegenden absieht, wo nach der Reisernte Ölsaaten gesät werden, z. B. im Distrikt Chitwan (Rapti-Tal). Da der natürliche Dung und alles organische Material verbrannt werden, ist es keine Übertreibung, von einer raschen Erschöpfung der Böden im Terai zu sprechen, die nur durch Handelsdüngergaben aufgehalten werden kann. Auf lange Sicht allerdings wird man nicht umhin kommen, die Bodenfruchtbarkeit durch eine vollständige Änderung der jetzigen Gewohnheiten wieder systematisch aufzubauen.

Die Bodenbearbeitung erfolgt — wenn man vom Kathmandu-Tal absieht, wo der Pflug tabuiert ist — durch den ochsengezogenen Holzpflug. Gelegentlich wird auch der Wasserbüffel als Zugtier benutzt. Er ist zwar langsamer, aber im ganzen nützlicher und auch ausdauernder. Rinder sind heilig und daher zur systematischen Zucht ungeeignet, weil wertlose Tiere nicht geschlachtet (sondern bestenfalls ausgehungert) werden dürfen, aber da sie nicht systematisch gefüttert werden,

---

[23] Kawakita in „Land and Crops of Nepal Himalaya", a. a. O., S. 67.

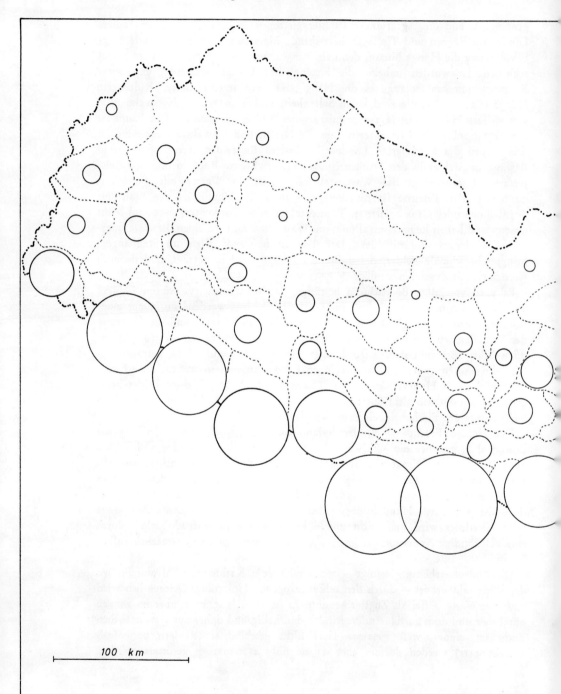

100 km

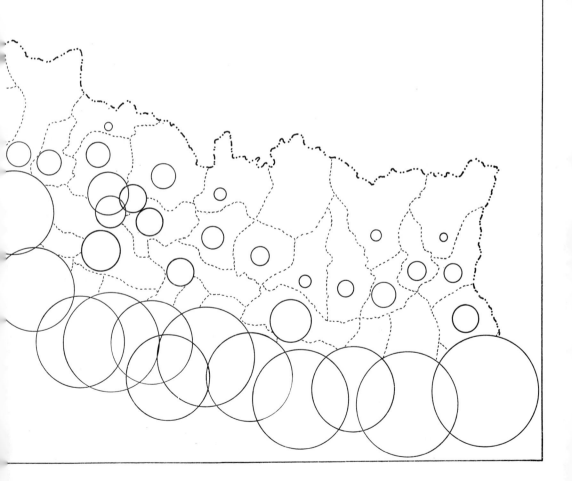

VERTEILUNG DES REISANBAUS IN NEPAL (DISTRIKTWEISE)

ZEICHENERKLÄRUNG:

○ 1000 ha

◯ 5000 ha

◯ 10000 ha

liefern sie keine nennenswerten Mengen Milch und sind als Zugtiere schwach. Der Wasserbüffel hingegen wird häufig gefüttert, liefert eine gute, fette Milch, Fleisch und Zugkraft. In höheren Lagen findet man auch die Rind-Yak-Kreuzung als Zug- und Tragtier.

Der Holzpflug ist normalerweise mit einer Eisenspitze versehen, doch gibt es einen klaren Unterschied zwischen dem Pflug im Tiefland und dem Hochlandpflug. Der Tieflandpflug ist schwerer, länger und die Eisenspitze schärfer. Der Hochlandpflug ist leichter und die Spitze kürzer. Offenbar entsprechen die beiden Modelle den Bodentypen, auf denen sie angewendet werden. Kawakita fand, daß der Tieflandpflug bis hinauf zu einer Linie benutzt wird, die fast genau entlang der Himalaya-Hauptkette verläuft[24].

Wir wenden uns nun den einzelnen Kulturen zu.

Der Anbau von R e i s ist für den Nepali die Nahrungsproduktion schlechthin. Wo immer möglich, wird er Reis anbauen, und wenn er sich keinen Reis leisten kann, so ist das schon ein Zeichen rechter Armut. So wird denn Reis auch auf etwas mehr als 1,1 Millionen ha oder auf 61 % des kultivierten Landes angebaut. Reis ist eine empfindliche Pflanze, die gewisse klimatische Voraussetzungen und viel Wasser verlangt, wenn man einmal von den nicht sehr ergiebigen Trockenreissorten absieht. Damit ergibt sich eine natürliche Begrenzung. In Nepal wird Reis vorwiegend im Terai angebaut (78,5 %), wo Wärme und reichlich Wasser zur Verfügung stehen. Künstliche zusätzliche Wassergaben sind essentiell für eine gute Ernte, und ausbleibender Monsunregen bedeutet eine Mißernte. Karte 67 gibt eine Idee von der räumlichen Verteilung der Reisanbaufläche. Die Konzentration im Terai ist offensichtlich, und hier wieder vereinigt sich allein im Östlichen Terai nahezu die Hälfte der Gesamtanbaufläche (48 %)! Auf das Innere Terai entfallen 5,6 %, auf das Kathmandu-Tal nur 1,9 % der Gesamtfläche. Damit bleiben für die Gebirgszone ganze 13,9 % übrig. Tabelle 43 gibt einen generellen Überblick über die Entwicklung der Anbaufläche, der Produktion und der Hektarerträge in den letzten Jahren.

Anbaufläche, Produktion und Flächenerträge schwanken noch immer beträchtlich von Jahr zu Jahr, weil die Ernte von vielen äußeren Einflüssen abhängt. Natürlich ist auch die Anwendung von Dünger von entscheidender Bedeutung. Bereits der Agrarzensus 1961/62 stellte fest, daß die Flächenerträge im nationalen Durchschnitt bei gedüngten Feldern 22,8, bei ungedüngten hingegen nur 17,8 Doppelzentner je Hektar betragen[25].

---

24 Kawakita, a. a. O., S. 68.
25 Es handelt sich hier um das Gewicht unmittelbar nach der Ernte, während normalerweise Trockengewichte zugrunde gelegt werden, die in Nepal bei Reis mit 89 % des Frischgewichts veranschlagt werden. Im übrigen sprechen wir in dieser Arbeit immer von unverarbeitetem Reis (paddy).

Karte 67: Verteilung des Reisanbaus in Nepal (distriktweise)
Die Verhältnisse der Kreisinhalte entsprechen den Verhältnissen der Anbauflächen zwischen den einzelnen Distrikten. Basis: Offizielle Schätzung für 1968.

8. Agrargeographie

Tabelle 43: Entwicklung des Reisanbaus in Nepal

Jahr	Anbaufläche (1 000 ha)	Produktion (1 000 t)	Ertrag (100 kg/ha)
1948—1952	1 295	2 460	19,0
1952—1956	1 308	2 486	19,0
1963	1 090	2 108	19,3
1964	1 125	2 201	19,6
1965	1 100	2 207	20,1
1966	1 030	2 007	19,5
1967	1 119	2 217	19,8
1968a)	1 130	2 217	19,6
1969a)	1 139	2 322	20,4

a) Ministry of Agriculture and Food, Kathmandu.
Quelle: F.A.O., „Production Yearbook 1968", Rom 1969.

Tabelle 44 zeigt die regionalen Unterschiede in den Reiserträgen über drei Meßperioden. Dabei ist anzumerken, daß das Jahr 1966/67 ein schlechtes Erntejahr war. Die Tabelle zeigt aber doch zwei Dinge deutlich: daß die Flächenerträge auf den Gebirgsterrassen auch in schlechten Erntejahren im Schnitt immer noch über denen im Terai liegen und daß das Kathmandu-Tal mit weitem Abstand an der Spitze liegt. Das hat natürlich Gründe, auf die schon hingewiesen wurde. Zunächst einmal geht im Gebirge jeder Kuhfladen aufs Feld, während er im Terai zu Briketts verarbeitet und verbrannt wird. Überhaupt muß der Gebirgsbauer als ein intensiverer Arbeiter auf seinem Boden betrachtet werden als der Teraibauer, was sich neben charakterlichen Unterschieden auch daraus erklären mag, daß weitaus mehr Bauern im Gebirge ihren eigenen Boden bebauen als im Terai. Was nun das Kathmandu-Tal anbetrifft, so haben wir es hier mit dem Ergebnis intensivster staatlicher Entwicklungspolitik zu tun, die ihren Erfolg in wenigen Jahren zeigte. Neben der bereits früher erwähnten günstigeren Pachtzinslage des Pächters hat die Regierung alles, was ihr an landwirtschaftlichen Modernisierungsmaßnahmen möglich war, in dieses Tal gepumpt: Beratung, Edelsaatgut und Handelsdünger. Vergleicht man allerdings die Produktion je Kopf der Bevölkerung, so wird deutlich, wo die großen Reisproduktionsgebiete liegen. Trotz geringerer Flächenerträge gestattet die großzügigere Anbauweise im Terai die bemerkenswerten Überschüsse, die eine Ernährung der Bergbevölkerung und einen überraschend großen Export erlauben. Während im Zentralen Terai nahezu 600 kg Reis pro Kopf der Bevölkerung erzeugt werden, liegt diese Zahl für die Gebirgsregionen nur zwischen 50 und 60 kg, wenn man vom Kathmandu-Tal mit 115 kg absieht (vgl. Tabelle 51).

Nun hängt, wie erwähnt, der Erfolg des Reisanbaus von zahlreichen äußeren Faktoren ab. Lassen wir einmal den Trockenreis außer Betracht, der wie andere Getreide im Hochland angebaut wird, vom Regen abhängt und entsprechend niedrige Flächenerträge bringt, so verlangt der Reisanbau in Nepal tiefe, warme Lagen mit reichlicher Wasserversorgung. Das ganze Bewässerungsdenken in Nepal

Tabelle 44: Durchschnittliche Flächenerträge bei Reis nach Regionen in Nepal (100 kg/ha Trockengewicht)

Region	1961/62	1966/67	1968/69[a]
Östliches Bergland	18,7	12,6	—
Zentrales Bergland	19,1	11,3	—
Westliches Bergland	19,7	11,2	—
Kathmandu-Tal	25,9	26,4	34,6
Östliches Inneres Terai	15,7	12,8	—
Zentrales Inneres Terai	15,9	16,5	—
Westliches Inneres Terai	16,3	10,6	—
Östliches Terai	16,4	10,2	15,9
Zentrales Terai	15,4	6,2	12,0
Westliches Terai	9,3	5,8	16,0

a) vorläufig.
Quelle: Central Bureau of Statistics, Kathmandu.

ist auf die Reiskultivierung ausgerichtet und hat deshalb einen spezifischen Charakter, wie im Kapitel über Bewässerungswirtschaft im einzelnen dargelegt wurde. Ableitung von Flüssen, Bächen und Quellen auf die umwallten Reisterrassen soll eine reichliche Wasserversorgung vor allem während der Blütezeit liefern, die just in die Zeit des Monsunregenendes fällt. Derartige Bewässerungsmöglichkeiten sind im Terai und in einigen günstigen Lagen der Gebirgszone, aber auch im Inneren Terai und im Kathmandu-Tal gegeben.

Der Reisbau ist mit der Anlage von Reisterrassen an den Hängen gekoppelt, und auch in den Ebenen des Terai müssen die Felder nivelliert werden, will man den Wasserhaushalt unter Kontrolle behalten. Haffner hat solche Reisterrassen bis zu Höhen um 300 bis 400 m über der Talsohle festgestellt[26], deren Bewässerung dann über abgeleitete Bäche, Flüsse und Quellen erfolgt. Wo die absolute Höhengrenze des Reisanbaus liegt, ist schwer zu sagen. Nach Auffassung amtlicher Stellen in Kathmandu wird Reisbau zwischen 75 m (d. h. also dem Terai) und 2 200 m Meereshöhe betrieben, doch würden die Erträge mit steigender Höhe nachlassen. Als ertragsgünstigste Höhenlage wird alles unter 600 m bezeichnet. Die Beobachtungen von Kawakita im Zentralen Bergland erbrachten Anbauhöhen bis 1 880 m unweit des Kathmandu-Tals, doch wird als mittlere Höhe für Zentral-Nepal 1 780 m angegeben[27].

Ein Anbau von Reis in ariden Teilen des Landes, etwa in der Nordhimalayischen Trockenzone, konnte bisher nicht nachgewiesen werden, weil es dort normalerweise an der Wassermenge fehlt, die allein den Reisbau lohnend machen würde.

Im Gebirge wird der Reis Mitte Juni gesät und bleibt 25 bis 30 Tage unter Bewässerung im Saatbeet. Mitte Juli erfolgt die Auspflanzung, und die Ernte liegt,

26 Haffner, a. a. O., S. 406.
27 Jiro Kawakita, „Crop Zone", in „Land and Crops of Nepal Himalaya", a. a. O., S. 69.

je nach Sorte, bei 90—120 Tagen nach der Auspflanzung, d. h. also bei Mitte Oktober bis Mitte November. Im Terai wird die frühe Sorte Mitte bis Ende Juni ausgepflanzt und nach 90 Tagen geerntet; die mittlere Sorte wird bis Mitte Juli ausgepflanzt und reift nach 120 Tagen; die späte Sorte endlich kommt bis Mitte August ins Feld und reift nach 150 Tagen. Damit zieht sich die Reisernte im Terai von Mitte September bis in den Januar hinein. Bei den späten Sorten ist das Bewässerungsproblem natürlich besonders groß.

In jüngster Zeit bemüht sich das zuständige Ministerium über seine verschiedenen Versuchsstationen, hochproduktive Reissorten unter nepalischen Bedingungen zu erproben und in die Produktion einzuführen. Dabei haben sich besonders Taiwan-Varietäten bewährt, die gegenüber lokalen Sorten mit 3,3—4,4 t/ha, bei entsprechender Düngung 6,6—7,7 t/ha, trockenen Reis ergaben[28]. Bei allen Vorbehalten, die deswegen gemacht werden müssen, weil solche Erträge nur bei Erfüllung gewisser Vorbedingungen erreicht werden, die normalerweise nicht gegeben sind, zeigt der Erfolg dieser Sorten doch das Potential, das im Reisbau von Nepal noch genutzt werden kann.

Mais ist das Grund-Nahrungsgetreide der mittleren Höhenlagen und steht damit in enger Beziehung zu der dichtbesiedelten Gebirgszone Nepals. Bezieht man das Kathmandu-Tal mit ein, so liegen 59,7 % der Maisanbaufläche in den Gebirgsdistrikten des Landes, 26,0 % im Terai und 14,3 % im Inneren Terai. Da Mais nicht auf Bewässerung angewiesen ist, sondern normalerweise im Regenfeldbau gezogen wird, kann er praktisch überall unterhalb der Höhengrenze angebaut

Tabelle 45: Entwicklung des Maisanbaus in Nepal

Jahr	Anbaufläche (1 000 ha)	Produktion (1 000 t)	Ertrag (100 kg/ha)
1948—1952	460	829	19,6
1952—1956	452	833	18,4
1963	434	849	19,6
1964	437	854	19,5
1965	438	856	19,5
1966	420	824	19,6
1967	440	850	19,3
1968[a]	434	875	20,1
1969[a]	450	900	20,0

a) Ministry of Agriculture and Food, Kathmandu.
Quelle: F.A.O., „Production Yearbook 1968", Rom 1969.

28 Die vorläufige Auswahl ergab, daß sich Taichung 176, Chinung 242 und Tainan 1&3 für die Gebirgszone und Kathmandu und Taichung Native 1 für das Terai eigneten. Die genannten Erträge wurden bei einer Düngung von 60+40+30 erzielt.

Karte 68: Verteilung des Maisanbaus in Nepal (distriktweise)
Die Verhältnisse der Kreisinhalte entsprechen den Verhältnissen der Anbauflächen zwischen den einzelnen Distrikten. Basis: Offizielle Schätzung für 1968.

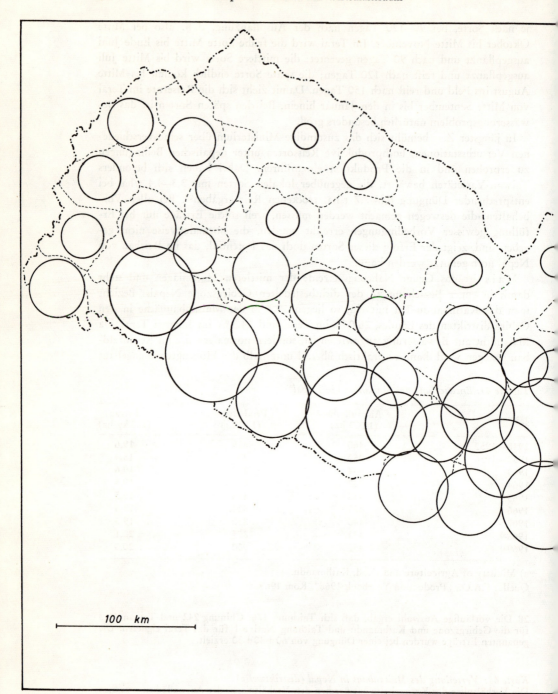

100 km

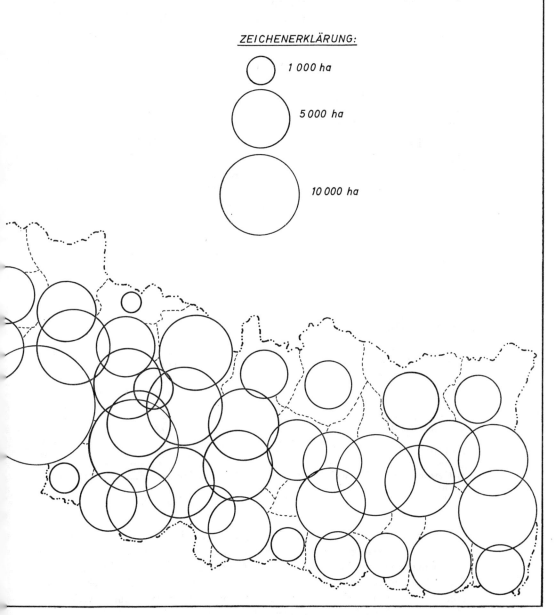

werden. Maisterrassen sind, im Gegensatz zu Reisterrassen, hängig, um Wasserstau zu vermeiden, sind damit aber leider auch erosionsfördernd. Karte 68 zeigt die Verteilung der Maisanbaufläche über die Distrikte. Ein Vergleich mit anderen Anbaukarten macht die außergewöhnlich breite Streuung dieser Kultur deutlich: sie zieht sich vom Terai bis nahe an die Vegetationsgrenze, findet ihre Konzentration aber in den mittleren Lagen des Berglandes. Tabelle 45 gibt einen Eindruck von der Entwicklung des Maisanbaus in Nepal, die ausgesprochen statisch ist.

Bereits im Agrarzensus 1962 wurde die große Bedeutung der Düngung von Mais für die Flächenerträge festgestellt. Gedüngte Flächen brachten damals im nationalen Durchschnitt nahezu das Doppelte von ungedüngten Flächen, nämlich 20,4 gegenüber 11,1 Doppelzentner je Hektar. Regional betrachtet ergeben sich ebenfalls beträchtliche Ertragsunterschiede, und wir finden auch hier, ähnlich wie beim Reis, daß die Gebirgsdistrikte hohe und höchste Erträge erzielen, während das Terai schlecht abschneidet (vgl. Tabelle 46). Die Gründe dafür liegen auf der Hand und sind die gleichen wie bei der Reiskultur. Aber auch beim Mais muß festgestellt werden, daß die Produktion je Kopf der Einwohnerschaft ein anderes Bild zeigt. Hier ist es das Innere Terai, wo die höchsten per-capita-Erträge erzielt werden, die bis zu 250 kg reichen, während die höchste Rate im Gebirge bei 118 kg liegt (vgl. Tabelle 51).

Tabelle 46: Durchschnittliche Flächenerträge bei Mais nach Regionen in Nepal (100 kg/ha Frischgewicht)[a]

Region	Gedüngt	Ungedüngt	Durchschnitt
Östliches Bergland	21,87	12,92	21,35
Zentrales Bergland	19,75	15,51	19,68
Westliches Bergland	25,00	15,43	24,52
Kathmandu-Tal	17,78	—	17,78
Östliches Inneres Terai	19,35	11,66	18,50
Zentrales Inneres Terai	15,96	8,52	14,51
Westliches Inneres Terai	20,38	10,98	19,81
Östliches Terai	15,47	9,80	12,52
Zentrales Terai	—	—	—
Westliches Terai	9,14	6,65	8,55
NEPAL	20,41	11,06	19,76

a) Gewicht unmittelbar nach der Ernte. 1 kg Frischgewicht entspricht 0,90 kg Trockengewicht.
Quelle: „National Sample Census of Agriculture 1962", Kathmandu.

Betrachten wir die Umweltbedingungen, unter denen Mais im nepalischen Himalaya noch erfolgreich angebaut werden kann, so zeigt sich, daß Wasserstau, also mangelhafte Drainage, in manchen Gegenden ein begrenzender Faktor ist. Die Temperaturen, die in engem Zusammenhang mit der Höhenlage stehen, haben erheblichen Einfluß auf die Reifezeit. Man unterscheidet daher auch zweckmäßig, ob Mais an einem bestimmten Ort oder in einer bestimmten Höhenlage noch angebaut wird, wobei man die absolute Höhengrenze ermitteln kann, oder ob es als Hauptkultur (staple crop) angebaut wird, wobei sich eine andere Höhengrenze ergibt. Kawakita, der diesbezügliche Untersuchungen im Zentralen Bergland gemacht hat, verlegt die absolute Höhengrenze des Maisanbaus im Oberlauf des Marsyandi auf 2 740 m, im Oberlauf des Burigandaki auf 3 100 m und im Shiar-Khola-Gebiet, d. h. im äußersten Nordosten des Distrikts Gorkha, sogar auf 3 130 m über NN. Mais als Hauptkultur fand er im Burigandaki-Tal bis 2 200 m, im Shirar-Khola-Gebiet bis 2 370 m, im Kaligandaki-Tal bis 2 440 m und im oberen Marsyandi-Tal bis 2 510 m. Haffner verlegt die obere Maisgrenze in Ost-Nepal generell auf etwa 2 750 m[29].

Die Aussaat von Mais liegt im Terai und im Kathmandu-Tal im April, spätestens im Mai. In beiden Gebieten wird im August/September geerntet. Die Vegetationsperiode verlängert sich mit zunehmender Höhe. In den höheren Berglagen wird daher oft schon im März gesät, aber erst im September oder Oktober geerntet. Es gibt allerdings keine Korrelation zwischen Höhe über dem Meere und Saatzeit und Ernte, diese Zeiten müssen daher stark von den mikroklimatischen Gegebenheiten beeinflußt sein[30].

Gemessen an den mittleren Erträgen Asiens und besonders des Fernen Ostens, liegen die nepalischen Mais-Hektarerträge durchaus günstig (die F.A.O. rechnete für 1967 mit 1,1 t Mais je Hektar als asiatisches Mittel), es ist aber andererseits offenbar, daß mit knapp 2 t/ha Erntegewicht noch erhebliche Produktionsreserven vorhanden sind. Mit Hilfe der Rockefeller-Foundation sind in Nepal bereits wesentliche Forschungsarbeiten zur Entwicklung ertragreicher Sorten gemacht worden, doch ist die Produktion, Verteilung und Erhaltung von Maissaat schwieriger als bei anderen Getreidesorten, und deshalb können noch keine nachhaltigen Erfolge gemeldet werden. Immerhin wurden mit der Hybridsorte Rampur Yellow im Terai durchschnittliche Hektarerträge von 3 500 kg und mit den Sorten Khumal Yellow und Kakani Yellow im Gebirge solche von 4 000 kg erzielt. Eine Verdoppelung der Hektarerträge dürfte also auf lange Sicht möglich sein.

W e i z e n ist eine relativ junge Getreidekultur in Nepal. Traditionell wird Reis in den unteren und Mais in den oberen Lagen angebaut, und da die Gesamtproduktion den Bedarf an Nahrungsgetreide bisher im großen und ganzen deckte, zudem die Winterregen unsicher sind und Weizen nur als zusätzliche Winterkultur in Frage kommt, zeigte der Bauer im allgemeinen wenig Interesse, sein Geld und seine Körperkraft in einer Weizenaussaat mit geringen Aussichten zu investieren. So lag denn auch die Weizenfläche weit unter 10 % der Gesamtkulturfläche, und

29 J. Kawakita, a. a. O., S. 71 f; Haffner, a. a. O., S. 393.
30 Kawakita bringt eine Reihe Daten, die zeigt, daß Mais im März gesät wird, sei es nun auf 1 430 oder 2 590 m. Saat im April wurde auf 1 280 wie auch auf 2 740 m gefunden. Eine Verspätung der Aussaat bis Juni in höheren Lagen war dann zu finden, wenn Mais nach einer Winterkultur von Gerste oder Weizen gebaut wurde (Kawakita, a. a. O., S. 76).

Kart 69: Verteilung des Weizenanbaus in Nepal (distriktweise)
Die Verhältnisse der Kreisinhalte entsprechen den Verhältnissen der Anbauflächen zwischen den einzelnen Distrikten. Basis: Offizielle Schätzung für 1968.

294 Nepal als Lebens- und Wirtschaftsraum

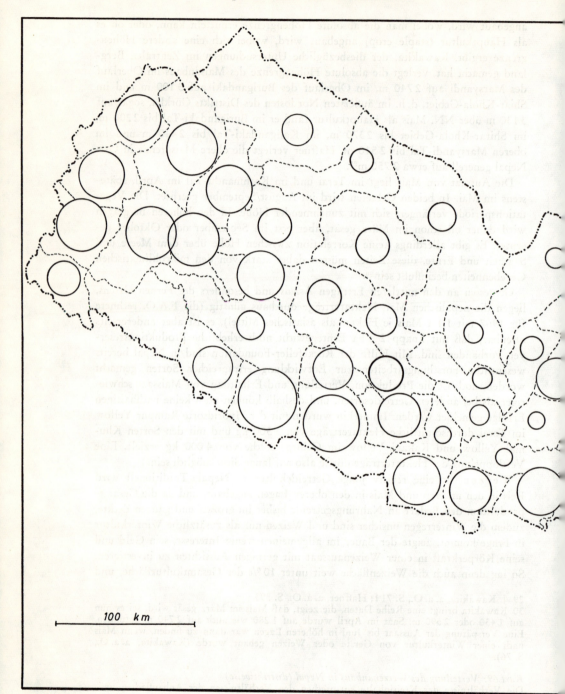

100 km

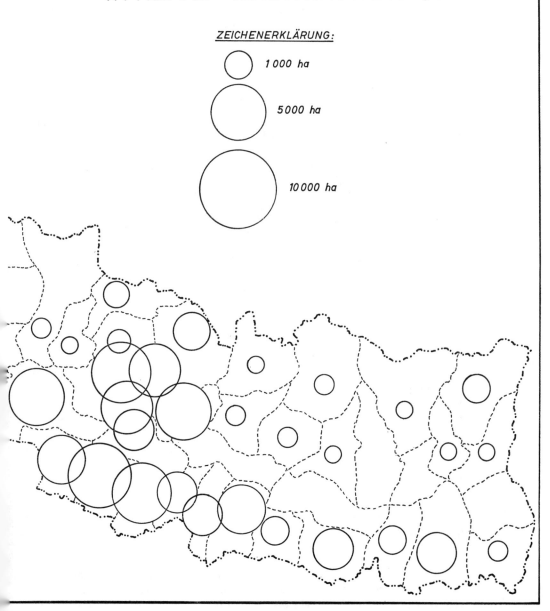

mit einem Ertrag von 750 kg/ha konnte man wahrlich keinen Staat machen. Die Lage änderte sich schlagartig vor ein paar Jahren durch drei Tatbestände: 1. die wachsende Nachfrage nach Nahrungsgetreide auf den inneren und äußeren Märkten, kurz, durch die Bevölkerungszunahme, 2. die Entwicklung der ertragreichen mexikanischen Sorten, die den Weizenanbau plötzlich interessant machte, und 3. durch den Entschluß der nepalischen Regierung, ein spezielles Weizenanbauprogramm in ausgewählten Distrikten zu fördern. Das Weizenprogramm gehört zu den wirklich durchschlagenden Erfolgen der landwirtschaftlichen Entwicklungspolitik in Nepal und zeigt, daß nur konzentrierte Aktion eine Aussicht auf Erfolg hat.

Aus dem eben Gesagten ergibt sich bereits, daß Weizen zwar überall in Nepal bekannt und in der Tat vom Terai bis hinauf zur landwirtschaftlichen Kulturgrenze zu finden ist, daß aber der eigentliche Weizenanbau im modernen Sinne auf wenige Gegenden beschränkt ist. Karte 69 spiegelt diesen Tatbestand deutlich wider: erkennbare Konzentrationen des Weizenanbaus findet man im Tal von Kathmandu und in einigen Terai-Distrikten. Das ist eine Verschiebung des früheren Bildes, denn vor nicht langer Zeit hielten die Teraibauern und die Bauern des Kathmandu-Tales nichts vom Weizenbau, während er in der Gebirgsregion zwar ebenfalls eine riskante, zugleich aber eine lebensnotwendige Kultur war. Nach den vorhandenen Informationen des Jahres 1968 lagen allein 9 % der Weizenanbaufläche im Tal von Kathmandu oder 57,1 % in der Gebirgsregion, dieses Tal eingeschlossen. Für das Terai blieben damit 34,5 %, für das Innere Terai nur 8,4 % der Weizenanbaufläche. Tabelle 47 zeigt die Entwicklung des Weizenanbaus in Nepal, soweit seine Ergebnisse schon veröffentlicht sind.

Tabelle 47: Entwicklung des Weizenanbaus in Nepal

Jahr	Anbaufläche (1 000 ha)	Produktion (1 000 t)	Ertrag (100 kg/ha)
1948—1952	128	117	9,1
1952—1956	125	123	9,8
1963	130	138	10,6
1964	140	139	9,9
1965	124	152	12,3
1966	118	147	12,5
1967	126	159	12,6
1968a)	150	216	14,4
1969a)	173	227	13,1

a) Ministry of Agriculture and Food.
Quelle: F.A.O., „Production Yearbook 1968", Rom 1969

Diese Tabelle zeigt, da sie ganz Nepal umfaßt, allerdings die jüngsten Erfolge nicht deutlich genug, weil sich diese in begrenzten Räumen eingestellt haben. Der Agrarzensus von 1962 hatte sehr deutlich die führende Rolle des Westlichen Berglandes in den Hektarerträgen mit im Schnitt 13,22 Doppelzentnern ergeben, während alle anderen Regionen unter 10 Doppelzentnern und zum Teil noch wesentlich darunter lagen. Es scheint sich also hier um ein Weizenanbaugebiet mit einer alten und erfolgreichen Tradition — erfolgreich gemessen an den Erträgen des übrigen Landes — zu handeln. Insgesamt aber ist die Ertragslage erbärmlich (vgl. Tabelle 48).

Tabelle 48: Durchschnittliche Flächenerträge bei Weizen nach Regionen in Nepal (100 kg/ha Frischgewicht)[a]

Region	Gedüngt	Ungedüngt	Durchschnitt
Östliches Bergland	10,88	6,41	9,99
Zentrales Bergland	9,41	7,78	9,06
Westliches Bergland	13,51	11,30	13,22
Kathmandu-Tal	8,02	7,84	8,01
Östliches Inneres Terai	10,36	6,16	7,40
Zentrales Inneres Terai	10,11	7,02	9,07
Westliches Inneres Terai	9,93	8,61	9,68
Östliches Terai	6,66	5,44	6,01
Zentrales Terai	5,95	5,24	5,80
Westliches Terai	9,65	6,04	7,66
NEPAL	10,36	6,91	9,46

a) Gewicht unmittelbar nach der Ernte. 1 kg Frischgewicht entspricht 0,92 kg Trockengewicht.

Nach mehrjährigem Experimentieren mit Edelsaatgut aus allen Kontinenten wurde entschieden, daß eine begrenzte Auswahl von Sorten für die verschiedenen Regionen geeignet sei. Hierbei muß angemerkt werden, daß viele der „Wunderweizen"-Sorten nur dann „wunderbare Erträge" bringen, wenn sie bestimmte Mengen Wasser und Handelsdünger bekommen und wenn Maßnahmen zur Unkraut- und Schädlingsbekämpfung ergriffen werden. Gerade bei früher reifenden Sorten, die mithin schon in vollem Saft stehen, wenn die lokalen Sorten erst langsam mit dem Wachstum beginnen, wurde festgestellt, daß derartige Felder höchst attraktiv auf Schädlinge wirken. Fallen sie diesen zum Opfer, so wird so bald kein Bauer mehr von ihrem Nutzen zu überzeugen sein; denn derjenige, der die lokalen Sorten aussäte, konnte eine wenn auch bescheidene Ernte einbringen, während der „progressive" Nachbar bei großem Aufwand unter Umständen leer ausging. Wir müssen uns nun hier noch einmal klarmachen, daß die weitaus meisten Dörfer Nepals nur über Fußpfade zu erreichen sind. Mit anderen Worten: Nur ein sehr begrenzter Teil der Kulturfläche kann schnell, billig und rechtzeitig mit den erforderlichen Mengen von Saatgut und Handelsdünger und mit Pflanzenschutz versorgt werden, vom Wasser gar nicht zu reden. Die Versuche waren also sinnvollerweise darauf gerichtet, Sorten zu finden, die unter den gegebenen Bedingungen bessere Erträge als die traditionellen Sorten versprachen. Eine Region wie das Tal von Kathmandu oder weite Teile des Terai, die immer oder doch während vieler Monate des Jahres mit Lastwagen erreicht werden können, kann sinnvoll auch Varietäten anbauen, die hohe Bodenfruchtbarkeit, d. h. also hohe Düngergaben, verlangen, um Höchsterträge zu liefern, weil die erforderlichen Düngermengen bei entsprechender Organisation ohne Schwierigkeiten aufs Feld geliefert werden können. Für weite Teile des Landes sind indessen Sorten geeignet, die mittlere Bodenfruchtbarkeit verlangen, die also bei relativ bescheidenen Düngergaben schon Höchsterträge bringen. Die entlegenen Bergregionen indessen dürften kaum Aussicht haben, vorab derartige Sorten erfolgreich anzubauen. Sie beschränken sich auf Varietäten, die mit niedriger Bodenfruchtbarkeit zufrieden sind. Hier haben wir es mit zahlreichen lokalen Sorten zu tun, deren Erträge aber durch verbesserte Methoden doch wesentlich gesteigert werden können. Es wäre eine gefährliche Illusion, zu glauben, daß die hochproduktiven Varietäten überall erfolgreich eingesetzt werden könnten und, wie wir es auf den Experimentierfarmen in Nepal erlebten, um 6 t/ha Weizen bringen. Es ist aber durchaus realistisch, anzunehmen, daß auch lokale Sorten mit den — örtlichen Möglichkeiten entsprechenden — verbesserten Anbaumethoden ihre Flächenerträge verdoppeln können[31].

Besonders durchschlagend war, wie erwähnt, eine Weizenaktion im Tal von Kathmandu, die nicht nur eine Ausdehnung des Weizenanbaus als Winterfrucht, sondern auch die Einführung von Edelsaatgut möglichst auf der ganzen Weizenanbaufläche, zusammen mit den erforderlichen agrartechnischen Maßnahmen wie Beratung, Düngung und Bewässerung, anstrebte. Den von der Regierung bekanntgegebenen Produktionsstand für 1968 als korrekt vorausgesetzt, hat die Weizenproduktion effektiv zwischen 1965 und 1968 im ganzen Land um nicht weniger als 42 % zugenommen. Auf das Kathmandu-Tal allein vereinigen sich 33 % der unter Edelsaatgut stehenden Flächen, und 45 % der aus Edelsaatgut stammenden Erzeugung stammen ebenfalls aus dem Tal. Tatsache ist, daß diese Weizenaktion mitgeholfen hat, das Tal, das 1965 ein Defizit an Nahrungsgetreide von 42 000 t auswies, in die Lage zu versetzen, jetzt sogar zu exportieren[32].

---

31 High-Fertility-Varietäten (Lerma Rojo 64, Pitic 64) brachten bei Düngergaben von 167 kg N, 67 kg P_2O_5 und 33 kg K_2O je ha und drei Bewässerungen Hektarerträge von 6 000 kg. Medium-Fertility-Varietäten (Lerma 52 für die gemäßigte Region und N.P. 884 und 852 im Terai) brachten bei Düngergaben von 44 — 27,5 — 22 kg/ha und zwei Bewässerungen im Tal von Kathmandu 3 200 — 3 700 kg/ha, wo lokale Sorten zwischen 900 und 1 100 kg/ha liegen. Im Terai wurde unter gleichen Bedingungen ein Flächenertrag von 2 300 bis 2 800 kg/ha erzielt, wo lokale Sorten nur 700—900 kg/ha bringen. Experimente im Gebirge haben gezeigt, daß lokale Sorten (Low-Fertility-Varietäten) mit 700—900 kg/ha-Erträgen durch die Anwendung von Kompost und Gründüngung Erträge bis zu 1 650 kg/ha erreichen. („Wheat Improvement Programme 1966—70", Department of Agriculture, HMG, 1966, S. 7. ff.)

32 Nach „Report on Wheat Crop Survey in Kathmandu Valley", Ministry of Agriculture and Food, Kathmandu 1968. — Natürlich ist dieser Zuwachs an Weizenerzeugung nicht ohne wirtschaftliche Problematik. Die Bewohner des Tals sind nicht im mindesten daran gewöhnt, Weizen zu essen. Auch *chapati*, das Fladenbrot Indiens und des Terai, sind hier unbekannt. Man baute den Weizen, um ihn zu verkaufen. Das „Unglück" wollte es, daß just im großen Erntejahr des Tals auch Indien eine Rekordernte hatte und die Weizenpreise stürzten. Da es keinerlei Silos im Tal gibt und nur eine moderne Mühle mit einer

Die Umweltbedingungen für den Weizenanbau sind relativ einfach. Weizen gedeiht noch in Höhen bis zu fast 4 000 m, verlangt allerdings Bewässerung, wenn es sich um aride Gegenden handelt. Kawakita hat Weizenanbau bis 3 950 m (Grenzgebiet zwischen den Distrikten Mustang und Dolpa) gefunden, wo Ende Mai gesät und im Oktober geerntet wird. 1 000 m tiefer, in Kagbeni (2 800 m), wird Weizen bereits zur zusätzlichen Winterfrucht mit Saat Mitte Dezember und Ernte Mitte Juni. Im Östlichen Hochgebirge spielt Weizen keine so große Rolle wie im Westlichen Bergland. Haffner legt deshalb die Obergrenze der Weizenzone auch bereits auf unter 3 000 m. Die beigegebene Karte 69 macht das im übrigen auch deutlich. Die Pro-Kopf-Produktion von Weizen liegt mit 45 kg in den westlichen Bergen fast achtmal so hoch wie im Osten (vgl. Tabelle 51). Ohne Frage kann das Nahrungsdefizit in den entlegenen Bergregionen Nepals durch sorgfältige Auswahl geeigneter Weizensorten, Verbesserung der Agrartechnik und des Wasserhaushalts fühlbar verringert werden, ohne daß man einen unrealistischen Plan, Handelsdünger dorthin zu transportieren, erwägt.

Der Anbaufläche nach steht H i r s e in Nepal an vierter Stelle der Getreidearten[33]. Knapp 100 000 ha davon sind unter Kultur, und davon entfallen auf die Gebirgszone einschließlich des Kathmandu-Tals nahezu 80 %. Karte 70 zeigt, daß sich der Anbau im Zentralen und Östlichen Bergland massiert und daß die höchsten und ariden Gebirgsregionen ausgespart sind. Im Terai findet man im Westen und im mittleren Osten nennenswerten Hirseanbau. Tabelle 49 zeigt, daß sich die Hirseanbaufläche seit Mitte der 1950er Jahre nahezu verdoppelt hat bei einem gleichzeitigen Anstieg der Flächenerträge um etwa 16 %, und dies alles, obwohl die Regierungspolitik bis heute keinerlei Interesse an der Verbesserung des Hirseanbaus gezeigt hat.

Die höchsten Erträge liegen in den Gebirgsregionen und hier vor allem wieder im zentralen Abschnitt (vgl. Tabelle 50). Hirse besitzt eine Reihe von Vorzügen, die ihren Anbau in der Gebirgsregion lohnend machen. Zunächst hat sie eine vergleichsweise kurze Reifezeit von kaum mehr als 100 Tagen, und dann kommt sie mit ärmeren Böden aus. Sie verlangt zwar Wärme, womit eine nicht zu hohe Anbaugrenze festgelegt wird, andererseits aber kann auf Bewässerung verzichtet werden. Kawakita legt die obere Anbaugrenze für Hirse im Zentralen Bergland

---

Jahreskapazität von 1 300 t, die nicht einmal für den Backprozeß geeignetes Mehl herstellt, blieb den meisten Bauern nichts anderes übrig, als ihre Ernte in der einen oder anderen Form selbst zu verzehren. Der Backprozeß ist unbekannt, und die fünf Bäckereien, die es jetzt in Kathmandu gibt, decken mehr den Bedarf der Ausländer als den der Nepalis, die ihren Reisberg jedem Backwerk vorziehen. Vielleicht aber wird das Jahr des Weizenüberschusses einmal als der Wendepunkt in den Nahrungsgewohnheiten genannt werden.

33 In nepalischen Agrarstatistiken wird Hirse häufig zusammen mit Buchweizen ausgewiesen, so daß die Angaben fehlen, um beide Kulturen getrennt zu behandeln.

Karte 70: Verteilung des Hirseanbaus in Nepal (distriktweise)
Die Verhältnisse der Kreisinhalte entsprechen den Verhältnissen der Anbauflächen zwischen den einzelnen Distrikten. Basis: Offizielle Schätzung für 1968.

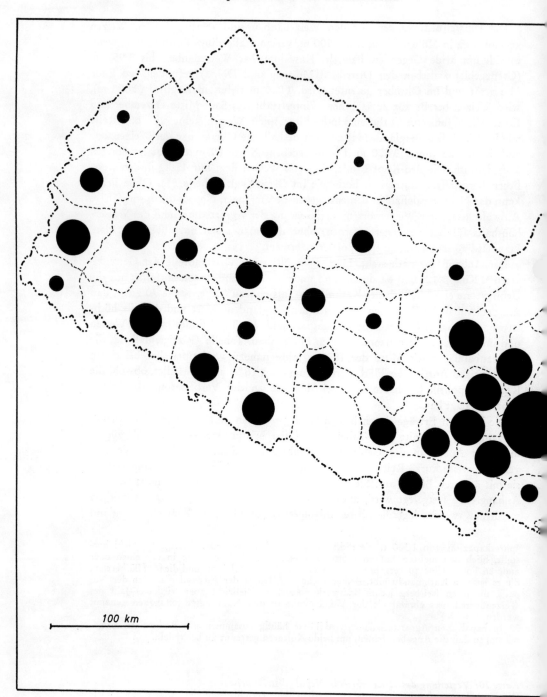

VERTEILUNG DES HIRSEANBAUS IN NEPAL (DISTRIKTWEISE)

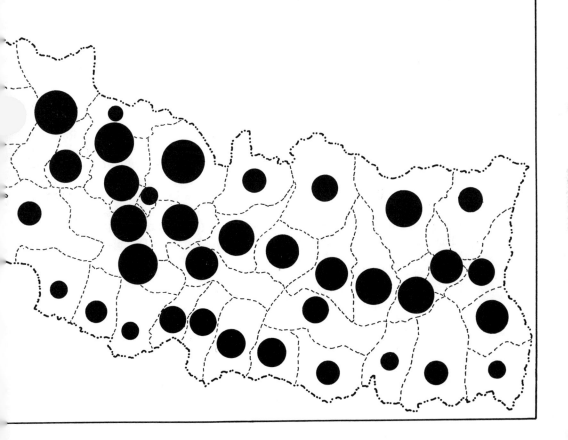

Tabelle 49: Entwicklung des Hirseanbaus in Nepal

Jahr	Anbaufläche (1 000 ha)	Produktion (1 000 t)	Ertrag (100 kg/ha)
1948—1952	51	52	10,2
1952—1956	57	60	10,5
1963	69	79	11,4
1964	96	65	6,8
1965	100	120	12,0
1966	105	120	11,4
1967	110	130	11,8
1968a)	92	112	12,2
1969a)	98	111	11,3

a) Ministry of Food and Agriculture (Buchweizen eingeschlossen).
Quelle: F.A.O. „Production Yearbook 1968", Rom 1969.

auf 2 240 m mit Maxima um 2 370 m. Haffner kommt in Ost-Nepal auf etwa 2 500 m. Nach Vorzucht in Saatbeeten wird die Hirse zwischen Ende Juli in höheren und Mitte August in tieferen Lagen verpflanzt, und zwar durchweg in das entweder gerade abgeerntete Maisfeld oder auch bereits in den voll ausgewachsenen Mais, der gelegentlich auch zugunsten der Hirsekultur vor der Vollreife geerntet und als Futter verwendet wird. Die Wachstumszeit reicht im Terai von Mai/Juni bis Juli/August, im Tal von Kathmandu von Juli/August bis November/Dezember und im Gebirge von Juni/Juli bis November/Dezember.

Der Anbau von G e r s t e ist in Nepal auf die Gebirgszone begrenzt, wenigstens sofern es sich um die Hauptkultur handelt. Karte 71, gezeichnet nach amtlichen Angaben für das Jahr 1968, zeigt allerdings auch beträchtliche Anbauflächen im Zentralen und im Östlichen Terai. Da aber die Gesamtanbaufläche noch keine 25 000 ha im ganzen Lande ausmacht, d. h. wenig mehr als 1 % der Gesamtanbaufläche Nepals, kann man sagen, daß Gerste nur lokale Bedeutung hat, und diese findet sie vor allem in den höheren Lagen. Kawakita hat Gerstefelder bis 3 700 m (Sangda, Distrikt Mustang) gefunden, und wir fanden die bewässerten Gerstefelder von Dingpoche (Distrikt Solukhumbu) in mehr als 4 000 m Höhe, von denen schon Fürer-Haimendorf berichtet. Während die Gerste in Dingpoche als Hauptkultur betrachtet werden kann, ist das mit der in Sangda nicht der Fall. Hier, im Zentralen Bergland, spielt Gerste nur bis 2 800 m (Kagbeni) die Rolle einer Hauptkultur. Im oberen Tal des Burigandaki findet man Gerste allerdings auch bis 3 100 m als Hauptkultur. Kawakita verlegt die mittlere Obergrenze für Gerste als Hauptkultur für das Zentrale Bergland auf 2 860 m über NN[34].

Gerste als Hauptkultur hat allerdings auch eine untere Anbaugrenze, und obwohl die amtliche Statistik größere Anbauflächen im Terai ausweist, dürfte diese dort eine nebengeordnete Rolle spielen. Als Hauptkultur hört in Nepal die Gerste unter 1 840 m auf, eine Rolle zu spielen. Und wenn auch Gerstenmehl als *tsampa* ein Grundnahrungsmittel der nördlichen Grenzvölker ist, so spielt die Gerste-

---

34 Kawakita, a. a. O., S. 72.

Tabelle 50: Durchschnittliche Flächenerträge bei Hirse nach Regionen in Nepal (100 kg/ha Frischgewicht)[a]

Region	Gedüngt	Ungedüngt	Durchschnitt
Östliches Bergland	13,16	9,34	12,72
Zentrales Bergland	13,94	12,20	13,71
Westliches Bergland	14,31	10,65	13,68
Kathmandu-Tal	9,35	—	9,35
Östliches Inneres Terai	12,59	10,45	11,96
Zentrales Inneres Terai	11,83	9,80	11,44
Westliches Inneres Terai	—	—	—
Östliches Terai	—	—	—
Zentrales Terai	—	—	—
Westliches Terai	—	—	—
NEPAL	13,45	10,94	13,12

a) Ein Umrechnungsfaktor in trockenes Getreide wurde amtlich nicht bekanntgegeben.
Quelle: „National Sample Census of Agriculture 1962", Kathmandu.

produktion mit noch nicht 30 000 t im Jahr und Flächenerträgen um 1 000 kg/ha im Gesamtbild der nepalischen Landwirtschaft nur eine unbedeutende Rolle.

Da wirtschaftsgeographisch die Anbauhöhengrenzen der Kulturpflanzen von besonderem Interesse sind, haben wir in Schaubild 21 die verfügbaren diesbezüglichen Angaben zusammengestellt.

Es dürfte abschließend interessant sein, das Aufkommen von Nahrungsgetreide

Tabelle 51: Durchschnittliche Pro-Kopf-Produktion an Nahrungsgetreide in Nepal nach Regionen (Erntejahr 1961/62) in kg

Region	Reis	Mais	Weizen	Hirse	Zusammen
Östliches Bergland	54,20	118,13	5,91	23,09	201,32
Zentrales Bergland	53,59	82,34	3,25	29,12	168,31
Westliches Bergland	56,94	63,92	45,23	8,22	174,31
Kathmandu-Tal	114,52	28,61	24,08	6,47	173,68
Östliches Inn. Terai	138,85	125,50	0,67	12,77	277,79
Zentrales Inn. Terai	185,14	175,30	3,98	14,36	378,79
Westl. Inn. Terai	423,40	250,37	34,52	—	708,29
Östliches Terai	507,33	14,24	7,20	—	528,94
Zentrales Terai	599,21	—	11,02	—	610,23
Westliches Terai	389,18	64,84	25,64	—	479,66
NEPAL	208,89	68,74	13,69	13,18	304,77

Quelle: „The Economic Affairs Report", Kathmandu, Bd. IV, No. 4, (November 1966), Tab. 5.

Karte 71: Verteilung des Gersteanbaus in Nepal (distriktweise)
Die Verhältnisse der Kreisinhalte entsprechen den Verhältnissen der Anbauflächen zwischen den einzelnen Distrikten. Basis: Offizielle Schätzung für 1968.

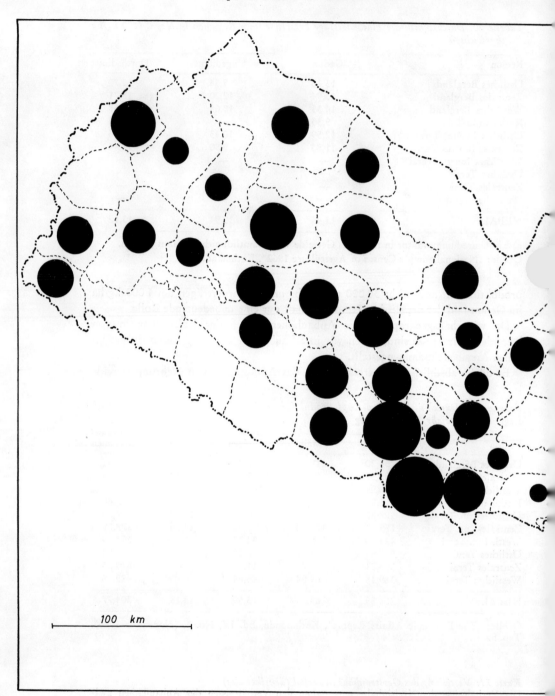

8. Agrargeographie

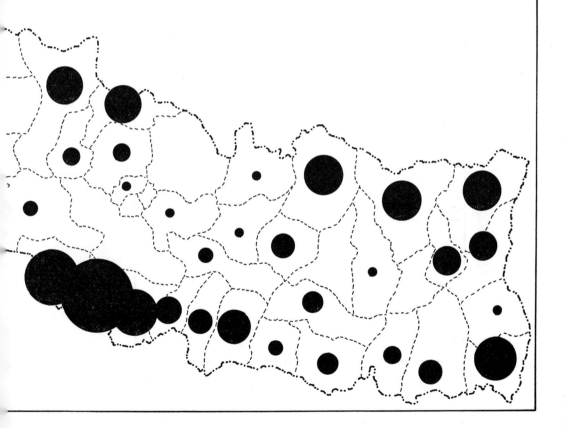

pro Kopf der Bevölkerung in den einzelnen Regionen Nepals zu untersuchen. Tabelle 51 basiert auf dem Erntejahr 1961/62 und zeigt die hohen Produktionsziffern des Inneren und Äußeren Terai gegenüber den bescheidenen Leistungen des Gebirges. Allerdings haben wir weiter oben gesehen, daß betriebswirtschaftlich die Gebirgshöfe erfolgreicher sind, da sie die höchsten Flächenerträge erwirtschaften. Extensivere Bewirtschaftung größerer Flächen mit weniger Menschen, wie etwa im Westlichen und Zentralen Terai und im Westlichen Inneren Terai, bringt die volkswirtschaftlichen Überschüsse an Nahrungsgetreide.

Untersucht man die Dichte der ländlichen Bevölkerung in bezug auf die Kulturfläche der einzelnen Regionen (vgl. Tabelle 52), so wird die Überbesetzung des Landes in den Bergen noch einmal deutlich. Schaubild 22 bringt nun die Besetzungsdichte des Kulturlandes in Beziehung zur Pro-Kopf-Erzeugung an Nah-

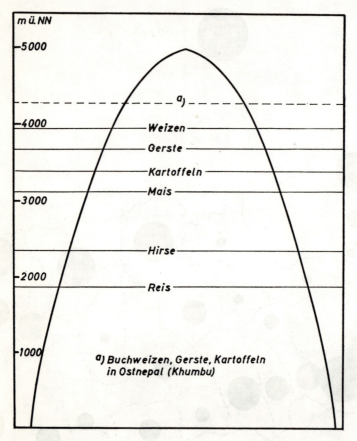

Schaubild 21: Anbau-Höhengrenzen der Hauptkulturpflanzen im Zentralen Bergland Nepals
Unter Verwendung von Beobachtungen von Kawakita, Haffner und dem Verfasser. Die Höhenlinien können nur als Annäherungswerte verstanden werden.

Tabelle 52. Verteilung der ländlichen Bevölkerung auf die Kulturfläche in Nepal nach Regionen (Stand 1961/62)

Region	Ländliche Bevölkerung	Kulturfläche (ha)	Dichte Menschen/ha
Östliches Bergland	1 881 034	192 400	9,8
Zentrales Bergland	1 935 953	201 900	9,7
Westliches Bergland	1 698 073	108 600	15,7
Kathmandu-Tal	241 898	29 000	8,4
Östliches Inneres Terai	193 666	50 100	3,9
Zentrales Inneres Terai	244 236	55 800	4,4
Westliches Inneres Terai	98 607	60 700	1,6
Östliches Terai	2 127 206	783 600	2,7
Zentrales Terai	400 357	178 800	2,2
Westliches Terai	255 734	180 200	1,4
NEPAL	9 076 774	1 841 100	4,9

Quelle: Nach Zahlen des Bevölkerungs- und Agrarzensus 1961 und 1962.

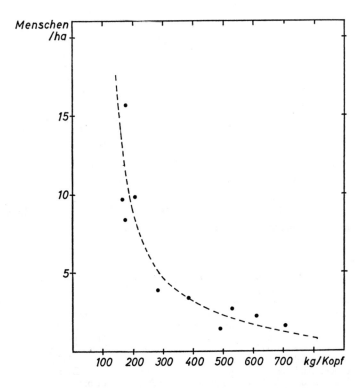

Schaubild 22: Beziehung zwischen Besetzungsdichte des Kulturlandes und Pro-Kopf-Erzeugung von Nahrungsgetreide in Nepal
Zusammengestellt auf Grund der Ergebnisse des Agrarzensus von 1961/62.

rungsgetreide je Region, und die Beziehung ist eindeutig: Mit wachsender Besetzungsdichte des Kulturlandes sinkt die Pro-Kopf-Produktion trotz steigender Flächenerträge. Diese Relation eröffnet aber gleichzeitig einen Ausblick auf das Potential der gegenwärtig noch nicht so dicht besetzten Regionen, die wesentlich dichter besiedelt und intensiver bewirtschaftet werden könnten, als es heute der Fall ist.

Wir haben am Eingang dieses Kapitels bereits auf die unterschiedlichen Relationen zwischen Bevölkerungsdichte und Nahrungsproduktion in den verschiedenen Großräumen Nepals hingewiesen. Es besteht auf Grund einer Untersuchung aus dem Jahre 1965 die Möglichkeit, diesen Umstand noch weiter zu präzisieren[35]. Das damalige Ministerium für Wirtschaftliche Planung unternahm distriktweise Erhebungen oder Schätzungen der Nahrungsgetreideproduktion und des durchschnittlichen Pro-Kopf-Verbrauchs je Großregion und ermittelte so, welcher Distrikt Überschüsse an Nahrungsgetreide erzielt und welcher unter einem Defizit leidet und also Getreide aus anderen Distrikten einführen muß[36]. Karte 72 zeigt das Ergebnis dieser Studie. Die Distrikte des Terai und des Inneren Terai zeigen fast ausnahmslos Überschüsse. Nur Parsa und Makwanpur konnten den Getreidebedarf nicht vollständig aus der eigenen Produktion decken. Das Defizit entsprach etwa 6 000 t. In der Gebirgszone liegen die Verhältnisse genau umgekehrt. Nur acht von 52 Distrikten, das Kathmandu-Tal eingeschlossen, erzielten Überschüsse in der Größenordnung von zusammen etwa 38 000 t, von denen nahezu 15 000 t allein auf den Distrikt Palpa entfallen.

Schätzungen des Pro-Kopf-Verbrauchs an Nahrungsgetreide in Nepal ergaben ein nationales Mittel von 153 kg im Jahr, was 419 g am Tag entspricht. Aber es wurden erhebliche regionale Unterschiede festgestellt. So wurde für die Hochgebirgszone einschließlich der Nordhimalayischen Trockenregion von Taplejung im Osten bis Humla im Nordwesten ein mittlerer Pro-Kopf-Verbrauch von 105 kg im Jahr festgestellt. Für die Mittelgebirgszone gelten bei erheblichen örtlichen Abweichungen 130 kg, für das Innere Terai 180 kg und für das Terai 195 kg pro Kopf und Jahr[37].

Nach den in der genannten Arbeit ermittelten Zahlen ergibt sich für ein normales Erntejahr folgende Ernährungsbilanz:

---

[35] „Cereal Grain Production, Consumption and Marketing Patterns, Nepal 1964—1965", a. a. O. — Es dürfen allerdings nicht die Schwächen dieser Arbeit übersehen werden. Überprüfung einiger Angaben, vor allem in weniger leicht zugänglichen Distrikten, erbrachten erhebliche Abweichungen z. B. in den Bevölkerungszahlen, mit denen alle weiteren Berechnungen, die pro-Kopf-bezogen sind, ihren Wert verlieren. Es darf außerdem nicht vergessen werden, daß die Arbeit ausschließlich von Nahrungs g e t r e i d e handelt und nicht von Kartoffeln, die in gewissen Gegenden Basisnahrung sind, nicht zu reden von Milchprodukten, Gemüse usw. Sie kann und will auch kein Bild der Volksernährung geben. Andererseits ist die durchschnittliche nepalische Diät so einseitig und zerealienbezogen, daß die Arbeit im ganzen schon Aussagekraft hat.
[36] Mit den sich daraus ergebenden internen Handelsströmen haben wir uns im Kapitel „Handelsgeographie" befaßt.
[37] A. a. O., S. 25.

8. Agrargeographie 309

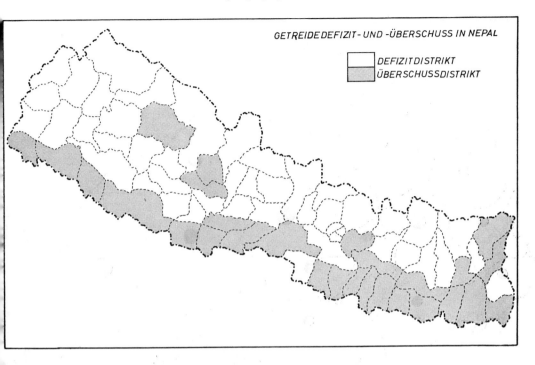

Karte 72: Defizit- und Überschußdistrikte bei der Nahrungsgetreideproduktion in Nepal
Gezeichnet nach den Ergebnissen der Studie „Cereal Grain Production, Consumption and Marketing Patterns, Nepal 1964/65", a. a. O.

Gesamte Produktion an Nahrungsgetreide	1 883 877 t[a]
Gesamter Verbrauch an Nahrungsgetreide	1 548 914 t
Verfügbar für den Export	336 963 t

a) Nahrungsgetreide umfassen Reis, Mais, Hirse und Weizen. Bei Reis und Mais sind die Gewichte nach Verarbeitung zugrunde gelegt.

Wie angedeutet, ist der K a r t o f f e l anbau in einigen Hochgebirgsregionen essentiell für das Überleben der Einwohner. Dies gilt hauptsächlich für die Sherpa-Siedlungsgebiete in der Landschaft Khumbu im Distrikt Solukhumbu. In einer Höhe, wo Weizen, Buchweizen und Gerste nur noch kümmerlich gedeihen und keinesfalls die wachsende Bevölkerung ernähren könnten, sicherte die Einführung der Kartoffel den Fortbestand des Siedlungsgebietes und das Verbleiben der zunehmenden Bevölkerung. Ein Blick auf Karte 73 zeigt das Schwergewicht des

Karte 73: Verteilung des Kartoffelanbaus in Nepal (distriktweise)
Die Verhältnisse der Kreisinhalte entsprechen den Verhältnissen der Anbauflächen zwischen den einzelnen Distrikten. Basis: Offizielle Schätzung für 1968.

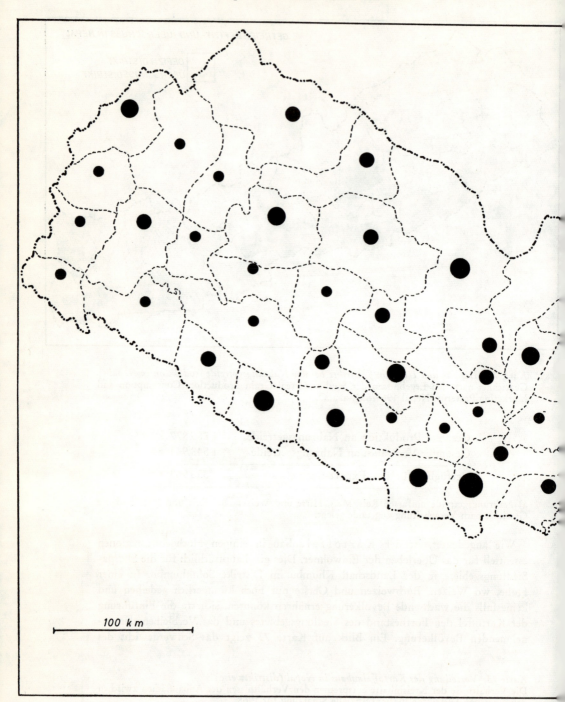

8. Agrargeographie

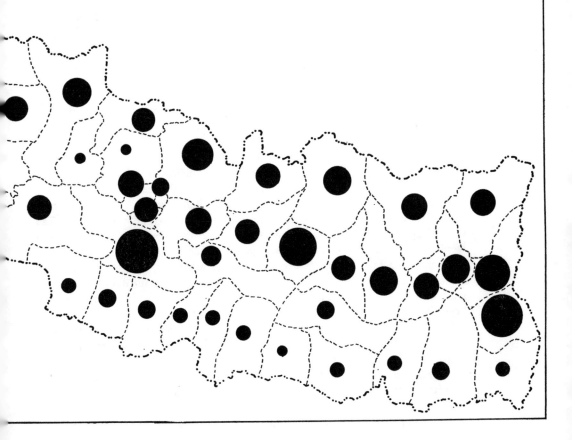

Kartoffelanbaus im Östlichen Bergland zwischen dem Tal von Kathmandu und der Ostgrenze des Landes. Dies scheint beide Theorien über die Herkunft des Kartoffelanbaus in Nepal zu bestätigen. Nach der einen brachten die Sherpas die Kartoffel aus dem indischen Darjeeling in ihre Heimat, nach der anderen könnte der Garten des britischen Residenten in Kathmandu der Ursprung sein, in beiden Fällen jedenfalls sind es nicht-asiatische Ausländer, durch die die Kartoffel den Eingang nach Nepal fand[38].

Ziemlich genau 50 % der Kartoffelanbaufläche von 42 500 ha liegen in den Distrikten des Östlichen Berglandes einschließlich des Tals von Kathmandu. Die am weitesten nach Süden vorgeschobenen Kartoffelgroßanbaugebiete Makwanpur und Ilam sind zugleich identisch mit den wichtigsten Kartoffelmärkten für den Export, während die weiter im Norden produzierten Kartoffeln in erster Linie dem lokalen Konsum und dem Handel in der unmittelbaren Umgebung, z. B. gegen Reis im Austausch mit den tiefer gelegenen Talschaften dienen.

Es mag daran liegen, daß Kartoffeln, von wenigen Gegenden abgesehen, in Nepal nicht als Grundnahrungsmittel, sondern als Gemüse gelten, daß bisher wenig Aufmerksamkeit auf die Erhöhung der Flächenerträge verwandt wurde. Mit einem nationalen Durchschnitt von etwa 7 000 kg/ha liegt Nepal hoffnungslos am Ende der Skala vergleichbarer Länder, wo die Hektarerträge bei über 20 000 kg liegen (Österreich, Norwegen, Schweden, Schweiz) und wo selbst Island 17 600 kg/ha erntet. Versuche in der schweizerischen Station Chialsa, Landschaft Solu (2 800 m), brachten 6 600 kg/ha bei traditionellen Sorten und Methoden und 29 100 kg/ha bei verbesserten Sorten und Reihenpflanzung, doch heute werden noch kaum 10 % der Fläche mit neuen Sorten bepflanzt, und Erkrankungen der Pflanzungen führen immer wieder zu Ernteausfällen.

Ölsaaten, allen voran von der Senfpflanze gewonnen, sind eine typische Teraikultur, wenn kleinere Pflanzungen auch bis über 3 000 m hinauf gefunden werden können. Von den knapp 100 000 ha Anbaufläche entfallen allein nahezu 15 % auf den Distrikt Chitwan, wo, wie auch im übrigen Terai, Senf in die abgeernteten Reisfelder eingesät und so der Rest Bodenfeuchtigkeit genutzt wird. Normalerweise reicht diese Bodenfeuchtigkeit, zusammen mit winterlichem Tau und gelegentlichem Regen, aus, eine zweite Ernte nach dem Reis zu sichern. Oft werden auch Senf und Weizen gemischt gesät und der Senf geerntet, ehe der Weizen herangewachsen ist. 31 % der Anbaufläche liegen im Westlichen Terai einschließlich des Westlichen Inneren Terai, und 30 % kommen auf das Östliche Terai samt Östlichem Inneren Terai. Mit anderen Worten: 87 % des Ölsaatenanbaus liegen im Terai und Inneren Terai (vgl. Karte 74).

Legt man bei einer Anbaufläche von 93 700 ha eine Ernte von 56 000 t zugrunde so ergeben sich Hektarerträge um 600 kg. Das Fehlen von Edelsaatgut und in der Regel auch das Fehlen von Düngung (außer die Pflanze profitiert noch von der voraufgegangenen Reisdüngung) erklärt die niedrigen Erträge. Versuche mit verbesserter Saat zeigten sofort steigende Produktion je Fläche. Ein Versuch in

---

38 Chr. von Fürer-Haimendorf, „The Sherpas of Nepal", 1964, S. 7 f.

Nawalpur, Distrikt Nawalparasi, brachte beim Einsatz von 340 kg Knochenmehl je Hektar und Edelsaatgut sofort nahe an 1 000 kg Senfsaat je Hektar.

Da Saatöl einen steigenden Markt im Lande und auch in Indien hat, im Ausland aber vor allem qualitativ hochwertiges Öl verlangt wird, würde sich eine Förderung des Ölsaatenanbaus und der Weiterverarbeitung der Saat zu standardisiertem Öl wohl lohnen.

Die wichtigsten von der Industrie benötigten landwirtschaftlichen Rohstoffe sind Zuckerrohr, Jute und Tabak. Ihnen wollen wir uns abschließend zuwenden.

Der Anbau von Z u c k e r r o h r ist im ganzen Lande verbreitet, er erreicht nennenswerte Produktionsziffern aber nur in Zusammenarbeit mit Zuckerfabriken. Dem von den Bauern hinter dem Haus angebauten Rohr kommt nur in der eigenen Küche Bedeutung zu, wo Sirup oder brauner Zucker (*gud*) bereitet werden. Zuckerrohrstücke werden auf dem Markt angeboten und von Kindern gern gelutscht.

Karte 75 zeigt die Konzentration des Zuckerrohranbaus im Terai, und zwar um die drei Zuckerfabriken Bhairawa (Zentrales Terai), Birgunj (westlicher Teil des Östlichen Terai) und im Distrikt Morang. Zwar hat die Anbaufläche über die Jahre eine leicht steigende Tendenz, aber es bleibt schwer, die Bauern zum kontinuierlichen Zuckerrohranbau zu bewegen, weil sie nicht geneigt sind, irgend etwas zu riskieren. Nach dem Anbau von Reis können sie leicht ihren Verdienst ausrechnen, der ihnen nach kurzer Zeit zufällt. Die Wachstumsperiode des Zuckerrohrs ist länger, der Absatz unsicher, und die von der Fabrik versprochenen Preise werden oft nicht eingehalten. Dies hat, wie noch im Kapitel Industriegeographie auszuführen sein wird, zu erheblichen Rückschlägen im Industriesektor geführt. Bei einer Anbaufläche von 10 900 ha und einer Produktion von 167 400 t Zuckerrohr liegen die Erträge mit 15—16 t/ha erbärmlich niedrig, wenn man bedenkt, daß der asiatische Durchschnitt bei 47 t/ha liegt. Es handelt sich hier um eine neue Kultur, zu der keine Beziehung besteht und der der Bauer mißtraut, und die erfolglose Industriepolitik hat bisher nicht dazu beigetragen, dieses Mißtrauen zu beseitigen[39].

Der Anbau von J u t e gehört zu den ältesten Industriekulturen Nepals und basiert auf der Errichtung von Jute verarbeitenden Betrieben im Distrikt Morang. Mindestens 96 % der Anbaufläche konzentrieren sich auf die Distrikte Morang, Jhapa, Sunsari und Saptari (vgl. Karte 76). Mit der Jute und Juteprodukten bestreitet Nepal zwar 12,3 % seines Außenhandels, aber es muß ständig um seinen Platz gegen die Konkurrenten Indien und Pakistan kämpfen, wobei Indien in der stärkeren Position ist, weil es Nepals Zugang zum Meer kontrolliert.

Schließlich bleibt noch der Anbau von T a b a k zu erwähnen, der mit knapp 8 000 ha die kleinste Fläche unter den Industriekulturen einnimmt. Die der moder-

---

[39] Nach einer Zeitungsmeldung will man im Distrikt Morang Erträge zwischen 97 und 108 t/ha erzielt haben („The Rising Nepal", 4. 5. 1967).

Karte 74: Verteilung des Ölsaatenanbaus in Nepal (distriktweise)
Die Verhältnisse der Kreisinhalte entsprechen den Verhältnissen der Anbauflächen zwischen den einzelnen Distrikten. Basis: Offizielle Schätzung für 1968.

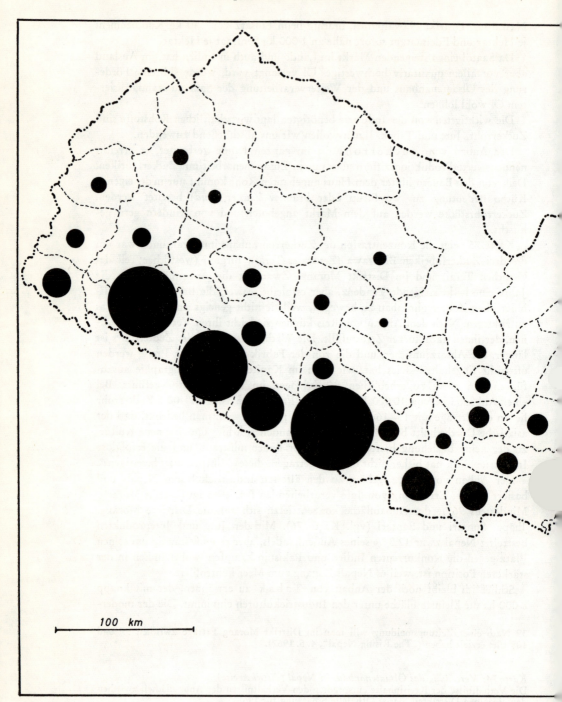

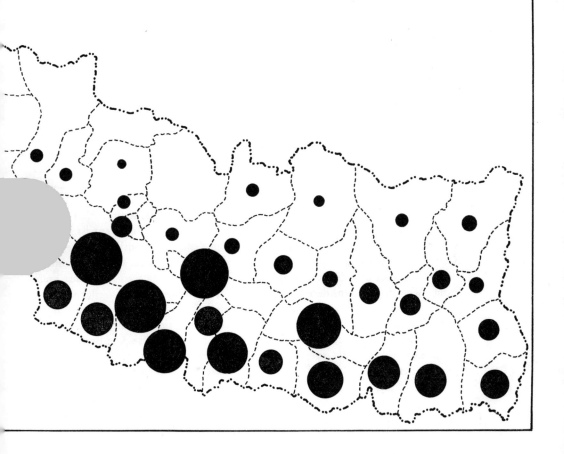

nen, mit sowjetischer Hilfe erbauten, Zigarettenfabrik von Janakpur benachbarten Distrikte Dhanusa, Mahottari und Sirha vereinigen auf sich allein fast 70 %/o der Anbaufläche (vgl. Karte 77). Die Lage der Tabakbauern ist insofern günstiger, als die Zigarettenfabrik mit ihnen klare Lieferverträge abschließt, Saat verteilt und die Einsammlung der Ernte organisiert. In die anderen tabakverarbeitenden Betriebe (Birgunj und Kathmandu) wird Tabak aus und über Indien transportiert.

Die letzte der Industriekulturen Nepals, die interessanterweise nicht dem Landwirtschaftsministerium, sondern dem Industrie-Departement untersteht, ist der T e e , der in einer sehr begrenzten Gegend des Distriktes Ilam, gegenüber Darjeeling, angebaut wird. Der Beginn des Teeanbaus in Nepal scheint etwa 100 Jahre zurückzuliegen, aber die beiden Teeplantagen, Ilam in 1 400 m und Soktim in 570 m Höhe über NN, verkamen. Ein Bericht aus dem Jahre 1966 spricht von 54 ha in Ilam und 58 ha in Soktim, wobei von den letzteren bereits 13 ha wieder vom Dschungel überwuchert seien. Düngung fehle und die Bodenerosion nehme gefährliche Formen an[40]. Inzwischen wurde die Nepal Tea Development Corporation gegründet, die nicht nur die beiden Teepflanzungen wieder produktiv machen will, sondern weitere 450 ha Land zur Entwicklung und Ausdehnung der nepalischen Teeproduktion erworben hat. Die gesamte Teeanbaufläche wird heute mit 700 ha angenommen. Nach der amtlichen Außenhandelsstatistik schwankt der Tee-Export zwischen 3 000 und 30 000 kg im Jahr. Die Lage der Teegärten ist günstig, und nepalischer Tee hat bisher auf den Auktionen in Calcutta gute Preise erzielt.

Der Anbau von O b s t wurde bisher statistisch nicht erfaßt, und da er vor allem in den weniger zugänglichen Gebirgsregionen vor sich geht, sind die Informationen darüber spärlich. Zwei Gebiete haben einen gewissen Ruf für ihre Apfelproduktion erworben: Jumla im Westlichen Bergland und der Distrikt Sindhu Palanchok, nordöstlich des Kathmandu-Tals. G e m ü s e hat keine Tradition in Nepal, wennschon manche Bauern gewisse Grobgemüse, vor allem Rüben, Rettiche und Kartoffeln, die ja weithin als Gemüse gelten, in ihrem Küchengarten anbauen. Auch Zwiebeln und Chillie (Capsicum), eine kleine, scharfe Pfefferschote, die dem Essen Geschmack gibt und ein wichtiger Vitamin-C-Lieferant ist, wird so weit wie möglich von den Bauern selbst angebaut. Gelegentlich werden auch Klettergurken am Haus gezogen. Die Gemüse werden vor dem Genuß regelmäßig zu Tode gekocht und dürften bei dieser Art der Zubereitung wenig von den spezifischen Werten behalten, deretwegen sie in der modernen Ernährungslehre propagiert werden. Immerhin werden Knollen- und Wurzelgemüse oft auch für die Zeit eingelagert, wo Frischgemüse nicht erhältlich sind, denn kompliziertere Konservierungsmethoden sind noch nicht bekannt. Blattgemüse, wie Breitblattsenf, stehen nur während der spezifischen Jahreszeit zur Verfügung. Der Anbau von Feingemüsen wie Blumenkohl, Auberginen, Karotten, grünen Bohnen usw. ist fast

---

40 W. H. W. Coultas, „Nepal Tea Development Corporation, Progress Report No. 1", 1966 (vervielf.); ferner Aangrez, „Mountain Gold: A Growing Tea Industry" in „The Rising Nepal", 8. 8. 1968.

8. Agrargeographie

ganz auf das Tal von Kathmandu beschränkt, wo vor allem durch die wachsende Ausländerkolonie als Markt dieser Zweig der Landwirtschaft sehr gefördert wurde. Heute breitet sich der Geschmack an Gemüse und der Wunsch zum Anbau von Kathmandu aus ins Land hinein aus. Mit dem durch den Straßenbau verstärkten Reiseverkehr von Bauern in die Hauptstadt wächst der Wunsch, auch zu Hause im Dorf die Gemüsesorten zu ziehen, die so reichlich in Kathmandu angeboten werden. Die Gesamtanbaufläche von Obst und Gemüse wird heute von Kennern der Verhältnisse mit 36 000 ha veranschlagt.

Hier hat die indische Hilfe (Indian Cooperation Mission) über die Jahre hinweg eine sehr erfolgreiche Arbeit geleistet, deren Ergebnisse sich, vor allem im Obstbau, allerdings erst später zeigen werden. Mit indischer Hilfe wurden 17 Gartenbaustationen in verschiedenen Klimazonen des Landes errichtet, wo zunächst in Experimenten diejenigen Arten und Sorten an Obst und Gemüse ermittelt wurden, die mit Aussicht auf gute Erträge angebaut werden können. Danach ging man zur Produktion von Saat und Setzlingen über und beginnt nun mit der Beratungstätigkeit unter den Bauern, die Pflanzenschutz mit einschließt. Aufgrund der langjährigen indisch-nepalischen Zusammenarbeit auf dem Gebiet des Obst- und Gemüsebaus kann man heute mit ziemlicher Sicherheit sagen, wo welche Sorten mit Aussicht auf Erfolg angebaut werden können.

Für das Kathmandu-Tal werden an Gemüsen empfohlen: Blumenkohl, Weißkohl, Kohlrabi, Brokkoli, Rosenkohl, Rettich, weiße Rübe, rote Rübe, Breitblattsenf, Zwiebel, Kartoffel, Knoblauch, Karotte, Spinat, Erbse, Kresse, Koriander, Salat, Sellerie, Spargel (als Frühgemüse), Tomaten, Auberginen (Eierpflanzen), Pfefferschoten und Chillie, grüne Bohnen, dicke Bohnen und Gurken (als Sommergemüse). An Obstsorten können Äpfel, Birnen, Pfirsiche, Pflaumen, Aprikosen, Persimonen, Trauben, Mandeln, Zitronen und Mandarinen nachweislich mit Erfolg angebaut werden[41].

Die für das Terai geeigneten Gemüsesorten unterscheiden sich nicht wesentlich von denen im Kathmandu-Tal, doch ergibt sich hier der längeren Vegetationsperiode wegen eine viel größere Breite der Anbaumöglichkeiten. Ingwer, Melonen und andere für die Gegend spezifische Gemüsearten lokaler Abkunft treten in den Reigen der oben genannten Sorten ein. Der Kreis der Obstbäume wird wesentlich um tropische und subtropische Sorten erweitert, während die der gemäßigten Zone zugehörigen ausscheiden. Im Terai können Guava, Papaya, Bananen, Orangen, Zitronen und Limonen, Litchie und Pampelmuse mit Erfolg angebaut werden[42]. Außerdem tritt das Terai mit Mangos und Ananas auf den Markt.

41 S. M. Singh, A. R. Thapar und K. S. Ahluwalia, „Kitchen Gardening in Kathmandu Valley", 1968.
42 Dieselben, „Kitchen Gardening in Terai" und „Vegetables you like most can be supplied all the year round", a. a. O., 1968.

Karte 75: Verteilung des Zuckerrohranbaus in Nepal (distriktweise)
Die Verhältnisse der Kreisinhalte entsprechen den Verhältnissen der Anbauflächen zwischen den einzelnen Distrikten. Basis: Offizielle Schätzung für 1968.

318 Nepal als Lebens- und Wirtschaftsraum

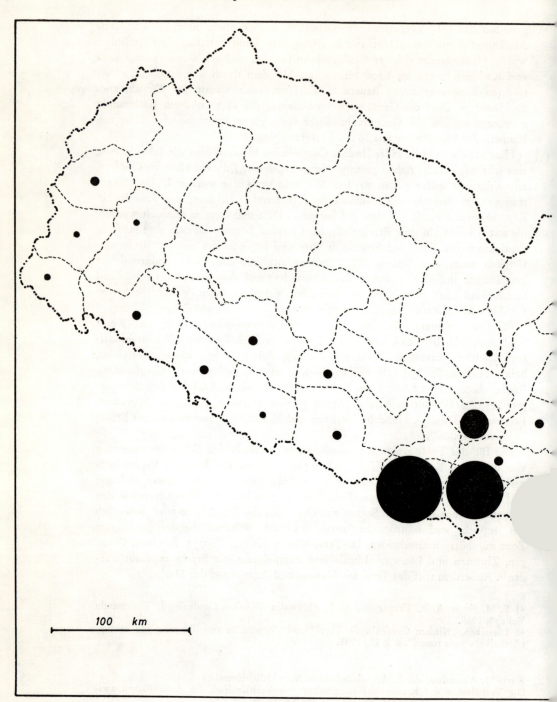

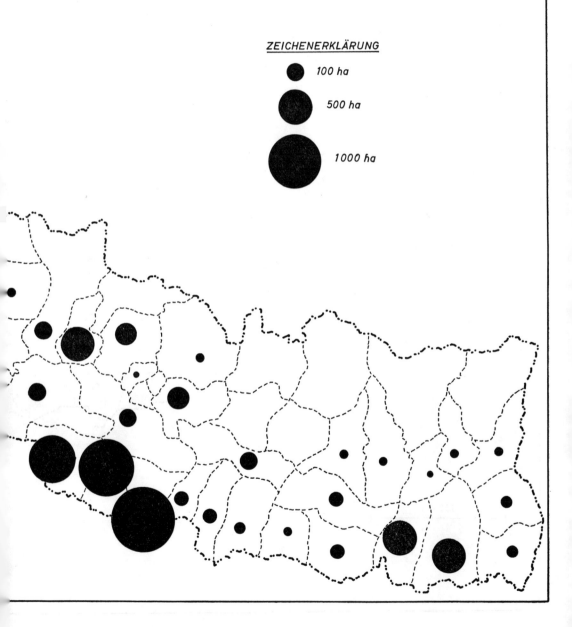

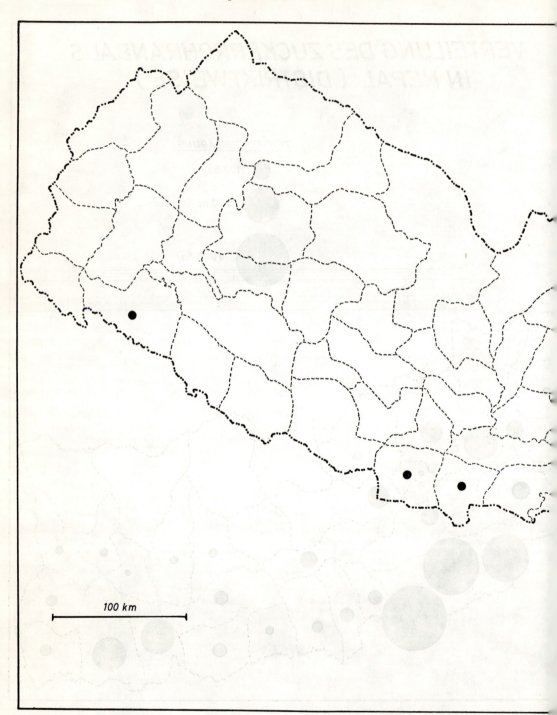

8. Agrargeographie

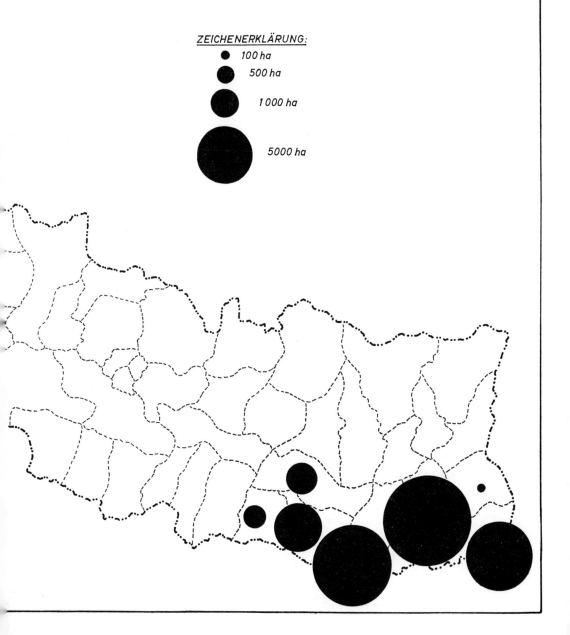

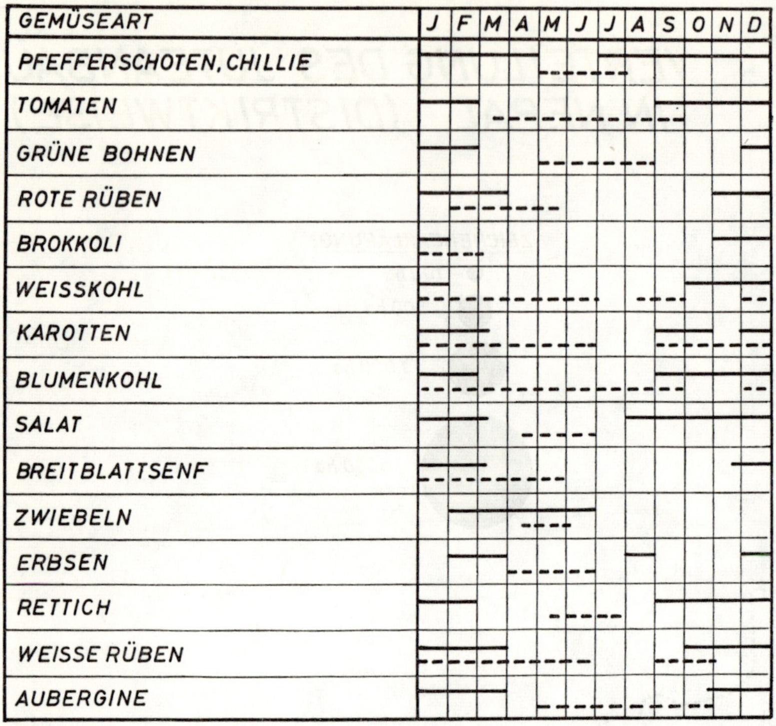

GEMÜSEART	J	F	M	A	M	J	J	A	S	O	N	D
PFEFFERSCHOTEN, CHILLIE						-	-	-	-	-		
TOMATEN					—	—	—	—	—	—		
GRÜNE BOHNEN						—	-	-	-	-		
ROTE RÜBEN			—	-	-	-	-					
BROKKOLI		—	-	-								
WEISSKOHL	—	-	-	-				—	-	-	-	-
KAROTTEN	—	—							—	—	—	—
BLUMENKOHL	—	-	-	-	-	-					—	-
SALAT	—	—	—									
BREITBLATTSENF	—	-	-	-	-							
ZWIEBELN					-	-	-					
ERBSEN	—	—	—	—								
RETTICH							—	-	-	-		
WEISSE RÜBEN	—	-	-	-	-	-				—	-	-
AUBERGINE						—	-	-	-	-	—	

Schaubild 23: Jahreszeitliches Gemüseangebot im Terai und im Gebirge
Mit Ausnahme weniger Monate könnten nahezu alle Gemüsesorten entweder vom Terai oder vom Gebirge während des ganzen Jahres geliefert werden. Die durchgezogene Linie zeigt die Monate an, in denen die Gemüseart auf den Teraimärkten verfügbar ist, die durchbrochene Linie indiziert diejenigen Monate, wo ein Substitut aus den Bergen geliefert werden könnte. Gezeichnet nach S. M. Singh, A. R. Thapar und K. S. Ahluwalia, „Vegetable you like most, can be supplied all the year round", Kathmandu: H.M.G. 1968.

Die starke Differenzierung zwischen den Klimazonen Nepals gestattet in der Tat eine nahezu ganzjährige Versorgung mit Frischgemüse, wenn ihr Anbau und ihr Transport richtig arrangiert wird. Das Gartenbau-Departement hat in einer interessanten Studie nachgewiesen, daß Produktionsausfälle im Gebirge wegen der winterlichen Kälte durch Importe aus dem Terai und Produktionsausfälle im Terai wegen extremer Hitze durch Importe aus den kühleren Gebirgslagen ausgeglichen werden könnten. Da dies ein wirtschaftsgeographisch höchst interessantes Bild von den Produktions- und Vermarktungsmöglichkeiten innerhalb Nepals gibt, wurde nach den Angaben des Departements Schaubild 23 gezeichnet, das einen vielversprechenden Ausblick auf die Zukunft der Gemüsewirtschaft Nepals gibt, vorausgesetzt, eine Reihe von Vorbedingungen wird erfüllt.

Karte 76: Verteilung des Juteanbaus in Nepal (distriktweise)
Die Verhältnisse der Kreisinhalte entsprechen den Verhältnissen der Anbaufläche zwischen den einzelnen Distrikten. Basis: Offizielle Schätzung für 1968.

8. Agrargeographie

Wenn erst einmal das Straßennetz Nepals weiter ausgebaut ist, dürfte sich der Markt für Qualitätsobst und -gemüse innerhalb Nepals sprunghaft erweitern, und es bestehen reelle Chancen seiner Ausdehnung nach Indien und, vor allem für Obst der gemäßigten Zone, auch nach Südostasien. Gegenwärtig führt Nepal wertmäßig noch doppelt so viel Obst und Gemüse ein wie aus.

Wir wenden uns nun der Frage der **Viehhaltung** und Viehzucht in Nepal zu. Zunächst muß festgestellt werden, daß über die Zahl der den nepalischen Boden bevölkernden Nutztiere wenig Klarheit herrscht. Der Agrarzensus ermittelte den Bestand an Kühen, Ochsen und weiblichen Büffeln per 1. 1. 1962 mit den für den Zensus bekannten räumlichen Beschränkungen und kam dabei auf zusammen etwa 7,3 Millionen Tiere bei einer Gesamtbevölkerung von etwa 9 Millionen Menschen. Inzwischen veröffentlichte das Ministerium für Landwirtschaft Schätzungen für 1965/66, die auch andere Nutztiere umfassen und die im Augenblick die zuverlässigste Angabe sein dürften. Die von der Wirtschaftsabteilung desselben Ministeriums für 1969 geschätzten Zahlen zeigen Zuwachsraten, die der Wirklichkeit nahekommen dürften, doch ist die Aufteilung wieder gröber, und irgendwelche Angaben über die räumliche Verteilung der Tiere waren nach dem 1962er Zensus nicht mehr zu erhalten (vgl. Tabelle 53).

Die Verteilung der Tierarten über die geographischen Regionen zu beschreiben, ist allerdings möglich[43]. Zu diesem Zwecke teilen wir Nepal in drei Großregionen, die sich primär durch ihre Höhenlage unterscheiden: den Himalayagürtel zwischen 2 500 m und 5 000 m, den Mittelgebirgsgürtel zwischen 1 200 m und 2 500 m und den Teraigürtel bis 1 200 m über NN.

Das charakteristische Tier des Himalayagürtels ist der Yak oder Grunzochse (Bos grunniens), der reinrassig als Produzent von Wolle und Fleisch, etwas Milch, vor allem aber als Packtier über die hohen Pässe nach Tibet geschätzt wird. Der Lebensfähigkeit des Tieres sind in den tieferen Lagen Grenzen gesetzt, aber die Grenze, bei etwa 3 000 m, wird leicht durch die Kreuzung zwischen Yak und tibetischem Rind, das *chowry*, überwunden, das überhaupt die Vorzüge beider Arten, Ausdauer, Milchleistung usw., vereinigt. Die Männchen sind allerdings steril. Das *chowry* ist mithin der eigentliche Beherrscher der höheren Regionen. Daneben gibt es beträchtliche Herden von Ziegen tibetischer Abkunft (*chyangra*), die als Lieferanten von Fleisch und Pashmina-Wolle, sowie Schafe, ebenfalls tibetischer Rasse (*baruwal juruli, bhanglung*), die wegen ihres Fleisches und der Grobwolle gehalten werden. Die Tiere sind zäh und ständig auf der Wanderung über steile Hänge auf der Suche nach Grünfutter. Auch in der Nordhimalayischen Trockenzone spielen Yak, *chowry*, Ziege und Schaf eine wichtige Rolle, doch wurde ihre Haltung hier teilweise zu einem Politikum, weil sie traditionelle

---

[43] Gauri P. Sharma, „Livestock and Dairy Development Programme in Nepal", Kathmandu, o. J. (vervielf.).

Karte 77: Verteilung des Tabakanbaus in Nepal (distriktweise)
Die Verhältnisse der Kreisinhalte entsprechen den Verhältnissen der Anbaufläche zwischen den einzelnen Distrikten. Basis: Offizielle Schätzung für 1968.

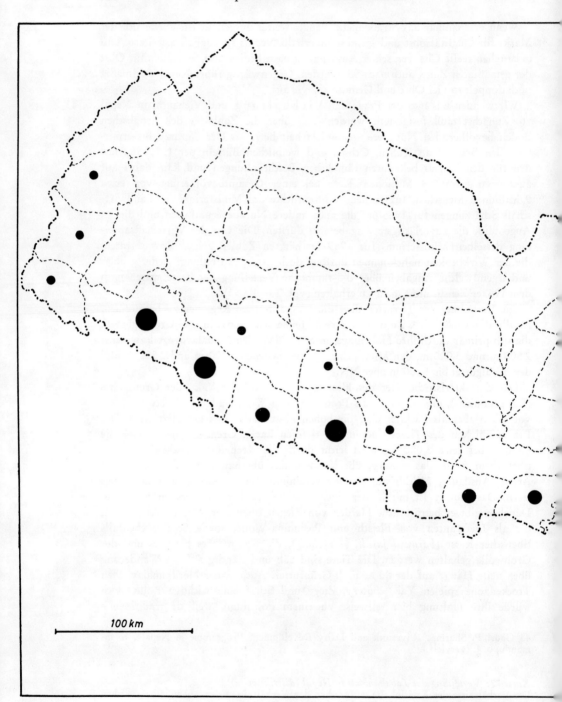

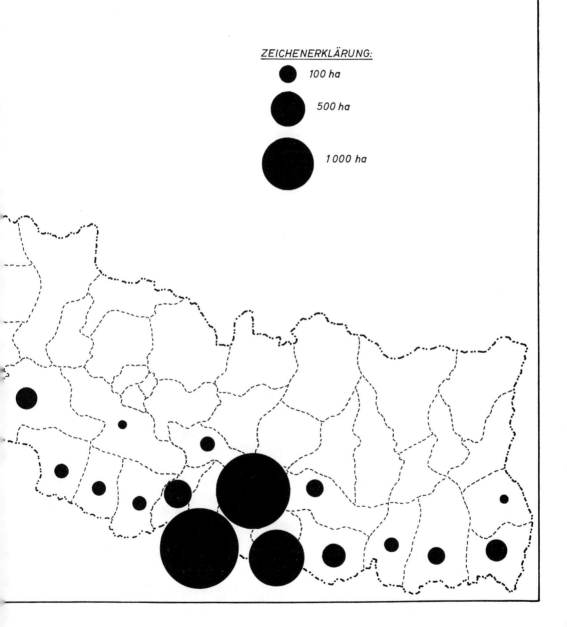

Weidegründe jenseits der Nordgrenze Nepals benutzen, was heute als nicht mehr erwünscht gilt. Beträchtliche Migrationen der Schafherden in West-Nepal bis ins Terai sind ein Merkmal dieses Wirtschaftszweiges. Ziegen und Schafe dienen in diesen Höhen auch als Packtiere (Last 4 kg).

Tabelle 53: Entwicklung des Viehbestandes in Nepal

Art	1962[a]	1965/66[b]	1969[b]
Kühe	2 850 000	3 100 000	6 025 000
Ochsen	2 818 000	2 850 000	
Büffel, weibl.	1 617 000	2 802 000	3 370 000
Büffel, männl.	775 000	475 000	
Schafe, weibl.	1 750 000	1 500 000	2 000 000
Schafe, männl.		475 000	
Schweine		300 000	330 000
Ziegen, weibl.	2 000 000	1 650 000	2 310 000
Ziegen, männl.		550 000	
Hühner usw.	14 000 000	16 500 000	

Quelle: a) Agrarzensus per 1. 1. 1962; b) Ministry of Landreform, Agriculture and Food. Teilweise übernommen von Griffith, a. a. O.

Im Mittelgebirgsgürtel treten Rind und Büffel ins Bild. Da in einem Hindu-Königreich vom Range Nepals ein absolutes Kuhschlachteverbot besteht, sind der Rinderzucht nur geringe Chancen zu geben. Rinder werden von den Bauern denn auch in erster Linie zur Produktion von Zugochsen, Dung und Milch gehalten. Wegen der schlechten Fütterung sind die Tiere schwach und die Milchleistung ist lächerlich gering[44]. Deshalb wird auch der Büffel viel mehr als Lieferant von Fleisch und fettreicher Milch geschätzt, obwohl er nicht überall als Arbeitstier beliebt ist. Um die Fütterung dieser Tiere sicherzustellen, werden die Herden in der warmen Jahreszeit, wenn Regenfälle die Grasbestände der Wildweiden üppig machen, in die höhergelegenen Wald- und Grasweidegebiete getrieben. Es haben sich im Laufe der Zeit dabei traditionelle Auftriebsrouten herausgebildet, auf denen die Tiere, die heimatlichen Dörfer und Täler verlassend, zu den Futterregionen aufsteigen (vgl. Karte 78).

Schafe und Ziegen werden hier hauptsächlich als Fleischlieferanten gehalten, doch ist ihre Zahl begrenzt. Über die Problematik von Ziegenhaltung im Gebirge im Hinblick auf die Entwaldung und die Bodenverwüstung ist sich jedermann im klaren. Dessenungeachtet bietet sich eine rentable Form der Ziegenhaltung bei Hochleistungs-Milchziegen, etwa Saane-Arten, an, wenn Stallfütterung garantiert werden kann. Versuche in dieser Richtung, die seitens der United Mission, einer nicht-katholischen Kirchenorganisation in Amp-Pipal (Distrikt Gorkha) durchgeführt wurden, haben hervorragende Ergebnisse hinsichtlich der Milchproduktion von israelischen Saane-Ziegen gebracht.

[44] Untersuchungen in der Schweizer Station Jiri (Distrikt Dolakha) zeigten, daß die Milchleistung der Kuh bei 0,689 l, des Büffels bei 1,322 l und des *chowri* bei 3,098 l liegt, bei entsprechenden Fettgehalten von 4,8, 7,9 und 5,6 %.

8. Agrargeographie

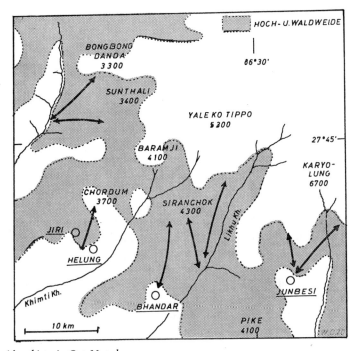

Karte 78: Hochweidegebiete in Ost-Nepal
Die Pfeile deuten an, welche Dörfer oder Talschaften ihre Viehbestände auf welche Sommerweiden auftreiben. Diese Weidegebiete sind im Winter in der Regel eingeschneit.

In den Lagen des Terai und des Inneren Terai hat die Kuh jede Bedeutung als Milchlieferant verloren, die sie hier und da in den Bergen noch haben mag. Nur der Zugochse hat noch einen wirtschaftlichen Wert, der allerdings nicht überschätzt werden darf. Ein Viehzuchtfachmann berichtet, er habe im Terai einige Zugochsen gesehen, deren Zustand man als gut bezeichnen kann, „aber die Mehrzahl rangiert unter mangelhaft bis schlecht. Ein Beobachter kommentierte, daß die Kombination von schlechten Straßen und schwachen Zugochsen die Leistung so weit reduziert, daß ein Paar Ochsen im allgemeinen keine Last über 400 kg fortbewegen kann"[45]. Dennoch werden große Rinderherden gehalten, die extensiv das Land durchstreifen, bis sie eines natürlichen Todes sterben[46]. Das Schlachtverbot hat folgerichtig zu einer Überbesetzung des Bodens geführt, die von Jahr zu Jahr ernstere Formen annimmt. Ein Verkommen der Feld- und Waldweiden und übersteigerter Schnaitelfuttereinschlag sind überall evident. Im Gegensatz dazu wird der Büffel vom Terai-Farmer hochgeschätzt, häufig sogar gefüttert, wozu Mais oder Öl-

---

[45] R. B. Griffith, „Nepal. Animal Husbandry, Production and Health. Country Study 1966", 1967, S. 31.
[46] Es wird berichtet, daß Bauern gelegentlich diesem natürlichen Prozeß nachhelfen, indem sie die nutzlosen Kühe schlicht aushungern. In Ländern, in denen die Tötung von Tieren verboten oder religiös geächtet ist, entdeckt man immer wieder die grausamsten Methoden, sie umzubringen, ohne sie zu „töten".

kuchen benutzt werden, um seinen Milchertrag weiter zu steigern und damit die Gheeproduktion für den Markt zu vergrößern. Zudem ist auch das Büffelfleisch überall im Lande beliebt und wird wesentlich billiger verkauft als etwa das Ziegenfleisch[47]. Ziegenhaltung ist nicht populär im Terai, aber es werden doch in jedem Hof einige als Fleischlieferanten und auch zum Verkauf nach Kathmandu gehalten.

Hühnerhaltung ist trotz des Umstandes, daß einigen Bevölkerungsgruppen der Genuß von Hühnerfleisch oder Eiern religiös untersagt ist, überall im Lande zu finden, allerdings mit der Einschränkung, daß nur wenige Bauern in Stadtnähe durch die Einführung geeigneter Rassen und geeignete Fütterung daraus eine wirkliche Produktion gemacht haben. Die Zahl der Hühner und anderen Geflügels, vor allem Enten, wurde 1962 auf 14 Millionen, 1965/66 auf 16,5 Millionen geschätzt und dürfte inzwischen weiter gestiegen sein. Nur etwas mehr als ein Huhn pro Kopf der Bevölkerung wird alljährlich geschlachtet. Die Höhengrenze der Hühnerhaltung liegt im Östlichen Hochgebirge (Distrikt Solukhumbu) bei etwa 3 000 m. Darüber hinaus findet man nur noch einzelne Tiere, die heraufgetragen wurden und zum gelegentlichen Verbrauch bestimmt sind. Das Huhn scheint hier nicht mehr zu brüten, eine angemessene Fütterung ist zu kostspielig, und des langen Winters wegen findet das Tier nichts im Freien.

Der geringe Fleisch- und Milchertrag ist vor allem auf mangelhafte Zucht und Fütterung zurückzuführen. Erst über die Regierungsstationen beginnt man, Edeltiere einzukreuzen, um so zu leistungfähigeren Herden zu kommen. Die Fütterung ist aber nach wie vor mangelhaft, genauer gesagt, sie fehlt gänzlich. Ist die Wildweide abgegrast oder unzugänglich, wie im Winter, so bleibt den Tieren bestenfalls Stroh als Futter. Nur in den oben erwähnten Ausnahmefällen wird der Büffel besonders gefüttert. Dasselbe gilt für Hunde und Katzen, Hühner usw. Jede Kreatur ist auf sich gestellt und muß ihren eigenen Weg zum Heil finden. Hinzu kommt natürlich, daß der Mensch das Tier letzten Endes als lästigen Konkurrenten auf seiner knappen Nahrungsfläche ansieht. Der nepalische Bauer denkt nicht daran, irgendeine Futterpflanze zu bauen, da er fürchtet, dem Boden Nährstoffe zu entziehen, was seine nächstjährige Reis- oder Maisernte reduzieren könnte. Die Bodenfruchtbarkeit fördernder Fruchtwechsel unter Einschluß einer Futterleguminose oder ähnliches sind ihm unbekannt. Eine Ausnahme bildet auch hier der Sherpa, der Heu macht und für den Winter einlagert. Erste Versuche in Richtung auf Grünfutterproduktion wurden in Zusammenhang mit der Kathmandu-Molkerei im Kathmandu-Tal unternommen[48], und mit Hilfe des Welternährungsprogramms wurde in Hetaura, im östlichen Rapti-Tal, eine Kraftfutterfabrik errichtet, deren Produkt hauptsächlich der Büffelfütterung und damit der Gheeproduktion dienen soll.

---

47 Schaffleisch wird kaum angeboten, doch geht Ziegenfleisch unter der Bezeichnung „mutton", also Hammel. Auf diesen Widerspruch aufmerksam gemacht, entgegnet auch der gebildete Nepali: „Yes, it is mutton-goat" (Hammel-Ziege).
48 P. E. Wheeler, „Dairy Development and Milk Production in the Kathmandu Valley", Kathmandu 1967 (vervielf.), S. 8—11.

Über den Umfang der Schlachtungen, Schlachtgewichte usw. ist wenig bekannt. Da aber die Tiere in der Regel über viele Kilometer und oft über Bergzüge hinweg an die Schlachtplätze getrieben werden, kann man annehmen, daß viele von ihnen unterwegs fühlbar vom Fleische fallen. Die auf dem Kathmandu-Markt ermittelten Lebend- und Schlachtgewichte zeigen denn auch Zahlen, die bei einem Drittel bis der Hälfte der Gewichte in vergleichbaren Ländern liegen[49].

Wir haben 1968 versucht, eine Analyse des Fleischmarktes von Kathmandu zu machen, und kamen dabei auf einen jährlichen Verbrauch von 37 000 Büffeln, 58 000 Ziegen, 15 000 Schafen und 3 000 Schweinen. Wirtschaftsgeographisch wurde dabei gleichzeitig festgestellt, daß praktisch 80 % aller Tiere, die Schafe ausgenommen, vom Süden, d. h. von Indien und dem Terai, heraufgetrieben werden. Die verbleibenden 20 % kommen je zur Hälfte über die Trisuli- und die Kodari-Straße aus den umliegenden Bergdistrikten und während der Nachfragespitze nach Opfertieren zum *dasain*-Fest im Oktober selbst aus Tibet[50].

Das Ministerium für Landwirtschaft hat für 1966/67 festgestellt, daß folgende Mengen für den Fleischkonsum geschlachtet wurden:

Büffel	175 000
Schafe	200 000
Ziegen	250 000
Schweine	90 000
Hühner usw.	12 500 000[51].

Danach dürfte die nepalische jährliche Fleischproduktion bei maximal 40 000 t liegen, was etwa 11 g pro Tag und Kopf der Bevölkerung entspricht und damit unter der Ration liegt, die die letzte Ernährungserhebung herausfand, die unseres Erachtens ohnehin zu optimistisch ist. Mithin scheinen obige Schätzungen nicht zu weit von der Realität entfernt zu sein[52].

Es muß noch auf ein interessantes Unternehmen hingewiesen werden, das vor allem Bedeutung für das Tal und die Stadt Kathmandu hat, das vor einer Reihe von Jahren begonnene Molkereiprojekt. Das wechselweise von ausländischer und internationaler Seite unterstützte Projekt baut auf einer Zentralmolkerei mit Pasteurisierungsanlage in Kathmandu, einem Kühlzentrum in Bhaktapur und einer Anzahl von Milchsammelstellen vor allem im Distrikt Bhaktapur auf. Das Rohmaterial ist Büffelmilch, die von den Bauern zweimal täglich abgeliefert wird und die bislang von den Sammelstellen zum Kühlzentrum auf Trägerrücken bis zu 15 km über schlüpfrige Pfade getragen wurde. Heute baut man mit Hilfe des Welternährungsprogramms Milchsammelstraßen, auf denen Tankwagen verkehren

---

[49] Schlachtgewichte bei Büffeln liegen im Schnitt bei 83 kg (Indien 130 kg, Malaysia 181 kg, Iraq 280 kg). Lebendgewichte bei Schafen liegen bei 25 kg (Iraq 40 kg, Österreich 45 kg) und bei Ziegen bei 15—20 kg (Philippinen 32 kg, Österreich 37 kg).
[50] Wolf Donner, „Fundamentals of a Regional Development Plan for Sindhu and Kabhre Palanchok", 1968.
[51] Unterstellt, die Zahlen kommen der Wirklichkeit nahe, so würde das bedeuten, daß rd. 20 % des Büffelfleisches, 23 % des Ziegenfleisches, aber nur 7,5 % des Schaf- und 3,2 % des Schweinefleisches im Tal von Kathmandu verzehrt werden.
[52] Vgl. Tabellen 22 und 23 im Kapitel „Volksgesundheit".

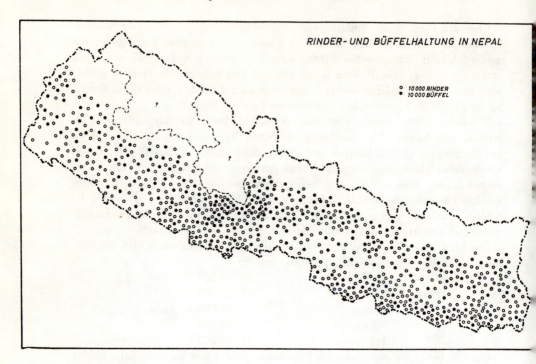

Karte 79: Rinder- und Büffelhaltung in Nepal
Die Karte wurde nach Ergebnissen der Erhebung von 1962 zusammengestellt. Der Zensus ließ die damaligen Zähldistrikte Jumla und Baglung (markiert durch „?") unberücksichtigt. Sie haben aber für Rinder- und Büffelhaltung ohnehin keine Bedeutung.

können. Die für die menschliche Ernährung zu fette Büffelmilch wird in Kathmandu auf den Fettgehalt der Kuhmilch reduziert, in Flaschen abgefüllt und verkauft. Ein zweites Unternehmen sind die drei Käsereien, die mit Schweizer Hilfe in den Bergen eingerichtet wurden, und zwar in Langtang (Distrikt Rasuwa), Thodung (Distrikt Ramechap) und Pike (Distrikt Solukhumbu). Auch hier wird Nutzen aus dem *chowri*-Bestand und den Hochweiden gezogen, aber die Produktion muß bis zu 9 Tagen auf Trägerrücken nach Kathmandu getragen werden. Auf die Produktions- und Absatzprobleme, die beide Unternehmen bis zum heutigen Tage nicht zu lösen vermochten, soll hier nicht eingegangen werden.

Die Wollproduktion der nepalischen Schafe hat bis heute nicht befriedigen können, und alle Versuche, auf der Monsunseite des Himalaya leistungsfähige, gesunde Schafrassen zu etablieren, sind bisher gescheitert. Es scheint, daß das feuchtwarme Klima, zusammen mit den Höhenlagen, nicht das Lebenselement ist, das das Schaf braucht, und daß zu wenig Resistenz gegen die hier landläufigen Krankheiten besteht. Gute Wolle, wie man sie etwa für die von tibetischen Flüchtlingen mit Schweizer Assistenz aufgezogene Teppichproduktion benötigt, muß daher nach wie vor aus Tibet importiert werden. Der Gedanke liegt nahe, in der

Nordhimalayischen Trockenzone Nepals, die geographisch ein Teil des tibetischen Hochlandes ist, gute Wollschafe zu ziehen, doch hat die Verkehrsferne dieses Gebietes bis heute ernsthafte Versuche in dieser Richtung vereitelt. Yakwolle wird örtlich zur Herstellung sehr dauerhafter Decken und Transportsäcke benutzt. Offiziell werden als Jahresproduktion von gewaschener Schafwolle 2 000 t angegeben.

Zusammenfassend sind die uns bekannten raumorientierten Fakten zur Viehhaltung in Nepal in Karte 79 zusammengetragen. Schaubild 24 zeigt die Höhengrenzen des Vorkommens von Nutztieren.

Abschließend sei noch die erfolgreiche Arbeit des Fischerei-Departementes erwähnt, das mit Beratung seitens der F.A.O. die Produktion von Süßwasserfisch, vornehmlich Karpfen, in Fischteichen propagiert und der ländlichen Bevölkerung

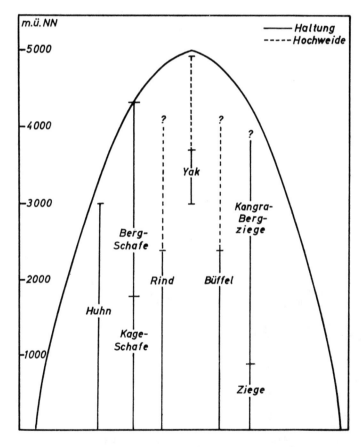

Schaubild 24: Haltungs- und Weidehöhengrenzen wichtiger Nutztiere in Nepal
Nach Beobachtungen des Verfassers, Informationen des Lifestock-Departementes und nach Angaben von Griffith wurde dieses Schaubild zusammengestellt, dessen Angaben gebietsweise sicherlich über- oder unterschritten werden können.

bei der Anlage solcher Teiche und ihrer Bestückung mit Jungfischen zur Hand geht. Sieben Fischereizentren bestehen bis jetzt, und kommerzielle Fischfarmen sind im Aufbau begriffen. Besonders in den zahlreichen Dorfteichen des Terai bieten sich ideale Zuchtpätze, die bisher nicht genutzt wurden. Fisch, der außer von den Buddhisten und den strikten Vegetariern von niemand abgelehnt wird, erzielt gute Preise. Das Departement will nun auch dazu übergehen, den Forellenbestand der Gebirgsflüsse zu verbessern und mit der Sportfischerei eine zusätzliche touristische Attraktion zu schaffen. Das Departement selbst und die von seiner Arbeit angeregten Unternehmer haben bereits Jahresproduktionen bis zu mehr als 100 t Karpfen erzielt, was für Nepal ein geradezu sensationeller Erfolg ist.

Der dem Leser inzwischen geläufige verkehrsfeindliche Charakter Nepals läßt nun sogleich die Frage aufwerfen, in welchem Umfange und an welchen Orten denn **landwirtschaftliche Entwicklungsmaßnahmen** ergriffen werden. Industrielle Entwicklung wird sich ohne Zweifel an vorhandenen Transportmöglichkeiten, Rohstofflagern und Energiequellen orientieren, aber Landwirtschaft „ist überall". Welches sind die Maßnahmen, und wo gelangen sie zum Einsatz?

Es muß hier gesagt werden, daß die nepalische Regierung, etwa im Gegensatz zur indischen, der landwirtschaftlichen Entwicklung bei allen Planungen höchste Priorität eingeräumt hat. Das geschah nicht zuletzt aus der Furcht heraus, das Land werde bei fortschreitendem Bevölkerungswachstum spätestens innerhalb einer Dekade in die gleiche verzweifelte Defizitsituation kommen und von fremder Nahrungsmittelhilfe abhängig sein, wie das bei vielen asiatischen Ländern gegenwärtig noch immer der Fall ist[53]. Noch ist Nepal in der Lage, in einem normalen Erntejahr um 300 000 t Nahrungsgetreide zu exportieren, sollten aber das Bevölkerungswachstum und das Wachstum der Nahrungsmittelproduktion in der gleichen Relation weitergehen wie bisher, so dürfte Nepal noch vor 1980 ins Defizit abgleiten[54]. Glücklicherweise besteht berechtigte Hoffnung, daß dies nicht

---

[53] Die Richtigkeit allzu optimistischer Prognosen in der Welternährung muß erst bewiesen werden. Zwar haben die kontrollierten Einsätze von Hochleistungssaatgut („Wunderreis" und „Wunderweizen") erstaunliche Ergebnisse erbracht, doch wäre es verfehlt, diese Ergebnisse unbesehen auf das Bauernland dieser Länder zu übertragen. Das an dieser Entwicklung führend beteiligte Internationale Reisforschungsinstitut auf den Philippinen schreibt in einer Vorausschau auf die Aufgaben in den nächsten zehn Jahren u. a.: „Die Folgen der neuen Reissorten und der neuen Kulturtechnik, die mit ihnen zusammen entwickelt wurde, waren dramatisch. Zusammen mit den bedeutenden Fortschritten in der Technologie der Weizenproduktion haben diese neuen Sorten und Techniken den Ausblick auf die Nahrungsproduktion in Asien optimistischer gemacht. Dennoch haben sie, da sie nur auf einen relativ kleinen Teil der Gesamtreisanbaufläche anwendbar sind, in vielen Regionen Asiens die Produktion nicht fühlbar erhöht. Auch sind die wirtschaftlichen und sozialen Auswirkungen der neuen Technologie noch nicht eindeutig klar und mögen gelegentlich unerwünscht sein. Grundherren, zum Beispiel, haben sich der Direktproduktion auf ihrem Land zugewandt, so daß Pächter ihr Pachtland verloren haben.... Auf lange Sicht, etwa während der Zeit der nächsten Generation, wird die gegenwärtige Technologie der Reisproduktion unzureichend werden, um die Bevölkerung Asiens zu ernähren, wenn nicht die Bevölkerungszuwachsrate verringert wird. Das trifft zu, ungeachtet dessen, wie intensiv das Land bebaut wird..." („The IRRI Reporter", Vol. 5, No. 4 (Nov./Dez. 1969).
[54] „The Food Problem in Nepal. Its Magnitude and the Requirements for Solution". 1967.

8. Agrargeographie

Tabelle 54: Räumliche und sachliche Verteilung landwirtschaftlicher Regierungstätigkeit nach dem Stand von 1969

Distrikt	a	b	c	d	e	f	g	h	i	j	k
Kathmandu					2	1	3	1	1	1	
Lalitpur	1	1			1		1		1	1	1
Bhaktapur							1	1		1	
Nuwakot		1			2	1				1	
Sindhu Palanchok					1						
Kabhre Palanchok										1	
Makwanpur					1	1					1
Rasuwa								1			
Chitwan	1	1	1		1	1	1			1	
Parsa										1	
Bara	1		1	1	1				1	1	1
Dhanusa	1			1	1					2	1
Saptari										1	
Sunsari	1		1		1	1	1		1	1	1
Jhapa										1	
Rupandehi	1		1	1						1	1
Dang-Deokhuri										1	
Banke	1	1								1	
Kailali										1	
Kanchanpur										1	
Dolakha	1			1		1					
Ramechhap								1			
Solukhumbu								1			
Okhaldhunga										1	
Bhojpur										1	
Dhankuta					1					1	
Ilam				1	1					1	
Tanahu										1	
Kaski					1	1				1	1
Palpa										1	
Mustang					1						
Baglung										1	
Piuthan										1	
Surkhet										1	
Jumla					1					1	
Humla										1	
Doti	1									1	
Baitadi					1					1	
NEPAL	9	4	4	5	17	7	7	5	4	33	7

a = Agronomie
b = Botanik
c = Bodenkunde
d = Bodenschutz
e = Gartenbau
f = Viehzucht
g = Künstliche Besamung
h = Käsefabriken, Milchwirtschaft
i = Geflügel
j = Veterinärmedizinischer Dienst
k = Binnenfischerei

eintritt, wobei diese Hoffnung allerdings an eine Reihe von Voraussetzungen geknüpft ist, zu denen nicht zuletzt die verkehrsmäßige Erschließung des Gebirges und die praktische Nutzanwendung der in den Regierungsstationen erworbenen Erkenntnisse auf dem Bauernland gehören.

Bisher lastet die ganze landwirtschaftliche Entwicklungspolitik auf den Schultern der Regierung, d. h. dem Ministerium für Landwirtschaft. Von bäuerlicher Seite ist wenig Entgegenkommen und kaum Privatinitiative zu erwarten, was sich aus der oben dargestellten Sozialstruktur auf dem Lande nur zu leicht erklären läßt. Es kann indessen nicht übersehen werden, daß tüchtige nepalische Beamte des technischen Dienstes in den letzten 10—15 Jahren Erhebliches an Forschungsarbeit geleistet haben, wenn man bedenkt, daß 1950/51 praktisch nichts dergleichen vorhanden war. Bilaterale und multilaterale Hilfe von außen hat dabei keine geringe Rolle gespielt.

Um die sachliche und regionale Verteilung dieser Regierungsaktivitäten zusammenfassend darzustellen, haben wir nach dem Stand von 1969 alle Tätigkeiten, die sich in Form von Stationen und dergleichen repräsentieren, in einer Tabelle zusammengefaßt.

Tabelle 54 und Karten 80 und 81 zeigen die Konzentration derartiger Aktivitäten im Tal von Kathmandu und im Terai, Gegenden also, die auch heute bereits einigermaßen zugänglich sind. Für die Gebirgszone haben bisher vor allem die Departements für Viehzucht und Gartenbau einiges unternommen.

Es ist klar, daß diese Stationen nur sehr am Rande Kontakt mit den Bauern pflegen. Hierzu sind die Beratungsdienste (Agricultural Extension) da. Die Regierung unterhält einen wachsenden Stamm von jungen Beratern, die zwar schlecht und zu kurz ausgebildet und im allgemeinen auch nicht sehr daran interessiert sind, auf dem Lande Dienst zu tun, weil die weitaus meisten von ihnen aus Kathmandu stammen, doch ist ein Anfang gemacht, den Kontakt zwischen landwirtschaftlicher Forschung und Bauernhof herzustellen. Verantwortlich für die Beratungsarbeit und die Durchführung des landwirtschaftlichen Entwicklungsplans in den Distrikten sind deren Landwirtschaftliche Entwicklungsbeamte[55]. Um die an sich schon spärliche Leistung der JTs und JTAs nicht weiter zu verwässern und die noch immer zu wenigen DADOs zweckentsprechend einzusetzen, hat das Landwirtschaftsministerium die 75 Distrikte in Gruppen der Dringlichkeit gegliedert, entsprechend der die Regierungsfachleute mehr oder weniger massiert eingesetzt werden. Dabei entfallen 16 Distrikte auf die höchste, 19 Distrikte auf

---

[55] Im englischen Sprachgebrauch District Agricultural Development Officer (DADO). Die Berater selbst werden je nach ihrem Ausbildungsstand Junior Technicians (JT) oder Junior Technical Assistants (JTA) genannt. Wir werden im folgenden der Einfachheit halber diese Abkürzungen benutzen.

Karte 80: Staatliche Entwicklungstätigkeit in der Landwirtschaft I
Karte a zeigt die räumliche Verteilung der staatlichen Farmen oder Stationen für Agronomie, häufig auch mit Spezialisten für Bodenkunde und Pflanzenschutz besetzt, für Gartenbau und Fischerei; Karte b zeigt alle Maßnahmen zur Förderung der Viehzucht, der Viehgesundheit und der Produktion animalischer Produkte; Karte c schließlich zeigt die Verteilung der landwirtschaftlichen Berater über die Distrikte.

8. Agrargeographie

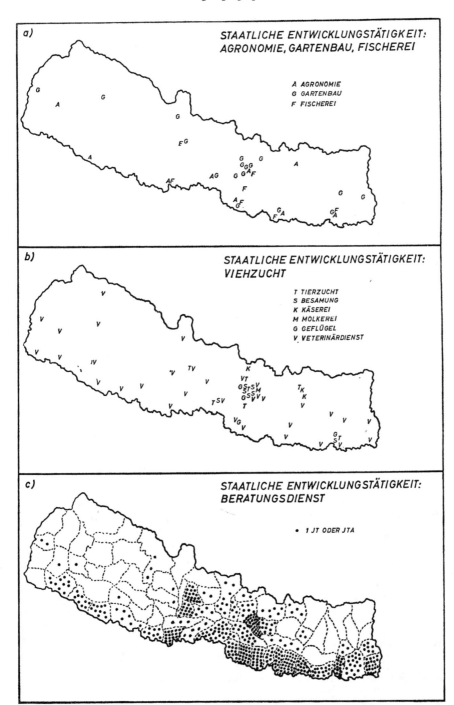

die mittlere und 16 Distrikte auf die untere Dringlichkeit. Die übrigen 24 Distrikte bleiben vorab unberücksichtigt[56]. Der Versuch nimmt Rücksicht auf die geographische Zugänglichkeit der einzelnen Distrikte. In der ersten Gruppe handelt es sich um 9 Distrikte im Terai, die ohne weiteres, zumindest von Indien aus, zugänglich sind, um 4 Distrikte, die über die Indisch-Chinesische Straße, und 3 Distrikte, die über die Sunauli-Pokhara-Straße zu erreichen sind. In der zweiten Gruppe sind 11 Terai-Distrikte, zwei, die über die Trisuli-, einer, der über die Indische, einer, der über die Chinesische und einer, der über die Sunauli-Pokhara-Straße erreicht werden kann. Zwei Distrikte liegen in den Randbergen nördlich des Terai und sind heute mit geländegängigen Wagen zu erreichen. Nur ein Distrikt liegt noch unzugänglich im Mittelgebirge. Erst mit der dritten Gruppe erfolgt endgültig ein Vorstoß ins Gebirge (vgl. Karten 80 und 81).

Neben der mündlichen landwirtschaftlichen Beratung bedarf es schließlich noch gewisser Institutionen, die den Bauern mit den materiellen Faktoren der landwirtschaftlichen Produktion versorgen, was funktionieren muß, wenn die Beratung irgendeinen Sinn haben soll. Hier wiederum stellt die Topographie Nepals die Landwirtschaftspolitiker vor erhebliche Probleme. Es ist nicht nur schwierig, landwirtschaftliche Forschung in schwer zugänglichen Regionen zu treiben, es ist nicht nur mühsam, junge Techniker zum Beratungsdienst in solchen Regionen zu bewegen, es ist nahezu unmöglich, solche Regionen mit den erforderlichen technischen Hilfsmitteln wie Saatgut, Dünger, Zement, Pumpen usw. für Bewässerungseinrichtungen zu versorgen. Es ist gleichermaßen schwierig, die Bauern dieser Zonen mit Kreditinstituten zu bedienen und ihre Zusammenschlüsse (Genossenschaften) zu fördern und zu kontrollieren.

Daß alle diese Maßnahmen lebensnotwendig für Nepal sind, weiß in der Regierung jedermann, und jedermann kennt auch die institutionellen Schwächen. Das ändert nichts daran, daß nur wenige bereit wären, die Konsequenzen für sich selbst daraus zu ziehen. Immerhin muß anerkannt werden, daß über alle diese Schwächen offen und freimütig auch mit ausländischen Beratern diskutiert wird, was die Hoffnung auf künftige Lösungen gestattet.

[56] Im englischen Sprachgebrauch unterscheidet man 16 intensive, 19 transitional and 16 preliminary districts. Es handelt sich dabei um eine Weiterentwicklung des „Koordinierten Programms" (vgl. „Coordinated Agricultural Development Program 1965—1966", Kathmandu: H.M.G. 1965.

Karte 81: Staatliche Entwicklungstätigkeit in der Landwirtschaft II
Karte a zeigt alle zur Zeit bestehenden Institutionen staatlichen Agrarkredits der Agricultural Development Bank, wenn man von den dörflichen Institutionen auf der Basis des Zwangssparens absieht, deren künftige Leistungsfähigkeit ohnehin in Frage gestellt ist; Karte b gibt an, in welchen Distrikten staatliche Genossenschaftsbeamte (District Cooperative Officers) stationiert sind. Hierzu muß angemerkt werden, daß eine sehr eingehende Untersuchung im Jahr 1968 feststellte, daß in Nepal zwar 1 101 Genossenschaften registriert, davon aber 714 als „inaktiv" zu bezeichnen sind („The Cooperative System in Nepal: A Critical Appraisal and Recommendations for the Future", Kathmandu: H.M.G. 1968 (vervielf.)); Karte c zeigt, in welch geringem Umfang Nepal noch heute über den tatsächlichen Bodenbesitz informiert ist. Nur in neun Distrikten wurde die Kataster-Landvermessung abgeschlossen, was allerdings keine Garantie dafür ist, daß Eigentumsänderungen nun auch wirklich registriert werden.

8. Agrargeographie 337

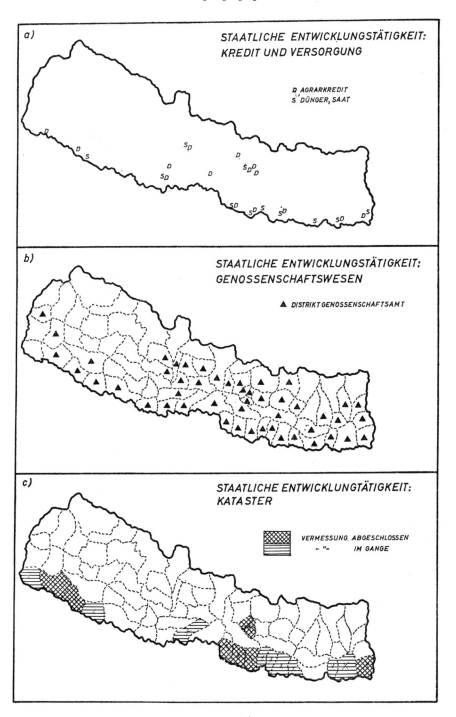

9. Forstwirtschaft

In vielen Ländern der Dritten Welt stellt der Holzreichtum ein wirtschaftliches Potential von hohem Rang dar. Forstwirtschaftliche Produkte, die oft Gräser und Heilpflanzen mit einschließen, erfreuen sich einer wachsenden Nachfrage auf dem Weltmarkt, weil die begrenzte Bodenfläche der Industrieländer trotz aller forstpolitischen Maßnahmen den Bedarf an derartigen Rohmaterialien nicht decken kann. Gleichzeitig muß aber festgestellt werden, daß in eben diesen Ländern der Tropen und Subtropen die Forstbestände in höchstem Grade gefährdet, wenn nicht schon weitgehend vernichtet sind. Zum Studium dieses Tatbestandes braucht man nur die Verhältnisse der Mittelmeeranrainer zu untersuchen, unter denen eigentlich nur Spanien über zwei Jahrzehnte hin eine nun überall spürbare erfolgreiche Aufforstungspolitik betrieben hat. Versteppung, Verwüstung und Verkarstung sind allenthalben als Folge rücksichtslosen Raubbaus am Walde zu sehen.

Durch die naturgegebenen Verhältnisse in den Tropen und Subtropen kommt der Waldbedeckung aber neben der wirtschaftlichen auch noch eine wesentliche ökologische und eine Schutzfunktion zu. „In den tropischen Entwicklungsländern", schreibt Weck, „spielt die Erhaltung oder Wiederherstellung von Baumbewuchs zur Sicherung protektiver Funktionen in der fortlaufend dichter besiedelten Kulturlandschaft in der Regel eine noch wesentlich größere Rolle als bei uns; in den feuchten Tropen vor allem können sehr große Flächen mit tiefgehend mineralisch verarmten, tonarmen Böden überhaupt nur unter Mitwirkung von Baumbewuchs dauernd produktiv erhalten werden[1]."

Dieser Hinweis auf die zweifache Funktion der Walddecke, eine ökonomische und eine ökologisch-protektive, gilt genauso für Nepal. Wir können hier allerdings nur sehr bedingt und dann auch nur räumlich begrenzt von tropischen Wäldern sprechen. Primärwälder sind zwar noch vergleichsweise reichlich vorhanden, aber ihre Vernichtung hat gebietsweise bereits zu schwersten Auswirkungen als Folge der Schutzbeseitigung geführt. Jahrelange Beratung der nepalischen Forstverwaltung durch ausländische Fachkräfte brachte nur geringen Erfolg. So liegt gegenwärtig trotz großer Bemühungen von außen die nepalische Forstwirtschaft noch immer im argen.

Verantwortlich für alles, was mit Forstentwicklung zu tun hat, zeichnet das Forst-Departement im Forst-Ministerium. Es hat Nepal in 7 Forstkreise eingeteilt, die jeweils vom Terai zur Nordgrenze reichen und in zusammen 35 Forst-Divisionen unterteilt sind (vgl. Karte 82). Die Dienststellen sind aber keineswegs angemessen besetzt. Die dem Forst-Departement laut Entwicklungsplan übertragenen Aufgaben sind vor allem die Festlegung von Forstbegrenzungen (forest demarkations), die Anlage von Feuerschutzstreifen und Forstwegen und die Aufforstung. Daneben läuft ein Ausbildungsprogramm in der Forstschule Hitaura. Die

---

[1] Johannes Weck, „Forstwirtschaftliche Aufgaben in Entwicklungsländern", 1962, S. 7.

Planziele wurden wiederholt revidiert, konnten aber in den seltensten Fällen erreicht werden[2].

Bevor wir uns mit den Fragen der Forstwirtschaft und -politik auseinandersetzen, soll zunächst ein Bild der Waldbestände Nepals in Beziehung zum Raum gezeichnet werden. Dabei liegt es auf der Hand, daß die einzelnen Spezies den lokalen ökologischen Gegebenheiten entsprechend über das Land verteilt sind.

Es wird angenommen, daß ursprünglich der ganze Südhang des Himalaya bewaldet war. Der Bestand reichte ununterbrochen von der Gangetischen Ebene bis hinauf zur natürlichen Vegetationsgrenze bei etwa 4000 m, wobei sich je nach Höhe und klimatischen Faktoren die Zusammensetzung änderte. Dieser einheitliche Waldgürtel ist später als Folge der Besiedelung aufgelöst worden, und heute können wir klar einen homogenen Waldgürtel im nördlichen Terai und einen weniger homogenen an der Südflanke der Himalaya-Hauptkette unterscheiden. Zwischen beiden liegt das Mittelgebirge, das besonders dicht besiedelt ist und sich in einem noch andauernden Prozeß der Entwaldung befindet[3].

Während die Nordgrenze des Waldes naturgegeben ist, ist die Südgrenze von Menschen gemacht, die sie unter steigendem Bevölkerungsdruck mehr und mehr nach Norden schieben. In den ersten Jahrhunderten der Besiedelung Nepals von Süden her waren die tieferen Lagen (Terai) wegen der grassierenden Malaria als Siedlungsgebiet ungeeignet. Die Einwanderer zogen höher hinauf und entwaldeten das Mittelgebirge, um Kulturboden zu schaffen. In jüngster Zeit, nach erfolgreicher Malariabekämpfung, wurde auch das Terai in seiner vollen Breite besiedelbar, was nun zu einer verstärkten Rodung auch dieser bisher nur wenig angeschlagenen Waldbestände führte.

Die Darstellung der nepalischen Bestände an bestimmten Baumarten muß zweierlei berücksichtigen: einmal die Verbreitung nach der Höhe und zum anderen nach der Humidität. Ähnlich wie bei unseren Untersuchungen über Niederschläge in Beziehung zur Höhe über dem Meere, kommen wir auch bei der Betrachtung der Forstbestände zu dem Ergebnis, daß die Ober- und Untergrenzen für das Vorkommen einer bestimmten Pflanzenart von der Exposition des Standorts zur

---

2 Insgesamt wurden seit der Einrichtung des Forst-Departements bis Anfang 1969 5 700 km Forstgrenzen gezogen, 812 km Feuerschutzstreifen angelegt und 1 252 km Forstwege ausgebaut. Als Aufforstungsfläche werden knapp 5 000 ha angegeben. Alljährlich wird ein Fest des Baumes (*banamahotsava*) mit viel publizistischem Aufwand begangen, in dem die Notwendigkeit von Aufforstung unterstrichen wird. Viele der so gepflanzten Setzlinge überleben allerdings ihr erstes Jahr nicht, weil es an nachfolgenden Schutzmaßnahmen fehlt.
3 Toni Hagen, „Obervations on Certain Aspects of Economic and Social Development Problems in Nepal", 1959, S. 9.

Karte 82: Forstverwaltungskarte von Nepal
Die Arbeit der Forstverwaltung geht auf der Basis von Forstkreisen (Circles) vor sich, die in Divisionen (Divisions) unterteilt sind. Die Forstverwaltungsgrenzen entsprechen nur gelegentlich den amtlichen Verwaltungsgrenzen Nepals. Die angegebenen Hauptquartiere sind nicht in allen Fällen besetzt. Basiskarte: Forest Department Organization, 1964, 1 : 1 000 000.

9. Forstwirtschaft

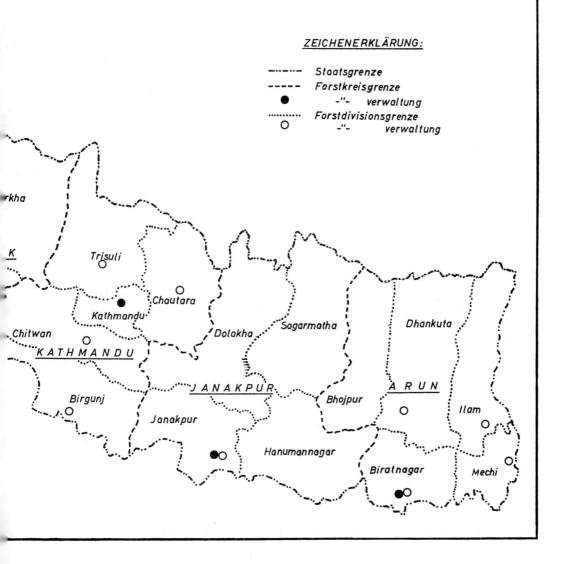

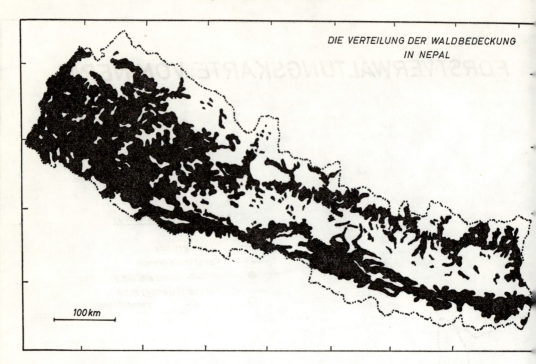

Karte 83: Die Verteilung der Waldbedeckung in Nepal
Die Karte zeigt in groben Umrissen den Waldbestand Nepals in seiner räumlichen Verteilung, die sich allerdings von Jahr zu Jahr verändert, d. h. verringert. Deutlich ist die starke Entwaldung im Mittelgebirge Ost-Nepals, während der Westen noch ausgedehnte Waldbestände besitzt. Ihr Umfang dürfte sich aber bei genauerer Inventur als geringer herausstellen. Die Karte wurde skizziert nach Darstellungen von T. Hagen (1959), P. P. Karan (1960) und „Nepal in Maps" (1966).

Sonne und zu den Niederschlägen abhängt. Kawakita, der die Vegetation des nepalischen zentralen Himalaya eingehend untersucht hat, fand, daß die Vegetationshöhe in starkem Maße durch die Richtung der Hänge bedingt ist: „Die durchschnittliche Obergrenze des *pipal*-Baumes (Ficus religiosa) war in 1 650 m an Süd- und Südwesthängen, während sie sich in nur 1 150 m an Nord- und Nordosthängen befand. Dies mag ein extremer Fall sein, aber ähnliche Unterschiede bei Höhengrenzen, die sich zwischen 50 und 300 m bewegen, wurden immer wieder beobachtet[4]."

Deshalb ist auch eine Einteilung Nepals in Vegetationszonen recht schwierig, da sich die Indikatoren überlagern. Karte 83 gibt die Verteilung der Waldgebiete Nepals wieder, ohne daß damit allerdings etwas über deren Qualität ausgesagt wird. Seit der Aufnahme der Bodennutzung, die dieser Skizze zugrunde liegt, sind viele Jahre vergangen und einstmals wertvoller Hochwald mag heute bereits zu Macchie degradiert sein.

[4] Jiro Kawakita, „Vegetation", in „Land and Crops of Nepal Himalaya", 1956, S. 3.

9. Forstwirtschaft

Wenn man die Bewaldung Nepals als Ganzes betrachtet, so fällt auf, daß noch immer ein relativ dichter und breiter Waldgürtel das nördliche Terai und die Churia-Berge über die ganze Länge des Landes hinweg bedeckt. Das Mittelgebirge ist im Osten und im Zentrum des Landes fast völlig entwaldet, während sich im Westen noch eine ziemlich dichte Walddecke vom Terai bis zu den Südhängen der Himalaya-Hauptkette hinzieht. Unnötig zu sagen, daß Dichte der Walddecke und Dichte der Bevölkerung umgekehrt proportional sind. Nördlich der Hauptkette und oberhalb einer bestimmten Linie, die bei 4 000 m bis 4 200 m verläuft, schließen die klimatischen Verhältnisse Waldwuchs aus.

Über das Ausmaß der nepalischen Wald- und Holzbestände hat man sich lange ungerechtfertigte Hoffnungen gemacht. In den 1950er Jahren konnte man immer wieder lesen, daß Nepal bis zu 75 % von Wald bedeckt sei und unerschöpfliche Holzreserven besitze. Unvoreingenommene Schätzungen ausländischer Fachleute haben aber diese Illusion bald zerstört. Heute rechnet man mit einem Maximum von einem Drittel der Landesfläche, das noch von Wäldern bedeckt ist. Eine auf Luftbild basierende Forstinventur ist mit amerikanischer Hilfe nahezu abgeschlossen, doch waren die Ergebnisse vor Abschluß dieses Manuskripts noch nicht erhältlich. Eine grobe Einteilung der nepalischen Waldbestände ergibt aber folgendes Bild:

Neuere Galeriewälder (Terai)	2 072 km²
Ältere Galeriewälder (Terai)	3 108 km²
sal-Bestände (*bhabar*)	
Mischwälder (Vorgebirge)	5 180 km²
Eichenbestände (Subhimalaya)	20 720 km²
Nadelhölzer (Himalaya)	5 180 km²
Gesamtbestände	45 325 km²

Betrachten wir die Verteilung der gesamten Waldbestände über die wichtigsten Regionen Nepals, so ergibt sich folgende Gliederung:

Terai	1 813 km²
bhabar und Churia-Berge	
Mahabharat und Mittelgebirge	24 605 km²
Himalaya (Hochgebirge)	2 072 km²
Gesamtbestände	45 325 km²

Bevor wir uns jetzt einer groben Darstellung der Baumvegetation Nepals und ihrer Verteilung im Raum zuwenden, verweisen wir auf die ausgezeichnete und umfassende Arbeit von Carl Troll, die den Himalaya in seiner Gesamtheit behandelt[5].

---

5 Carl Troll, „Die klimatische und vegetationsgeographische Gliederung des Himalaya-Systems", in „Khumbu Himal", Bd. 1, S. 353—388; Willibald Haffner hat die Vegetation vor allem Ost-Nepals eingehend untersucht in „Ost-Nepal — Grundzüge des vertikalen Landschaftsaufbaus", a. a. O., S. 389—426.

Für das Terai mit dem *bhabar*-Gürtel und den angrenzenden Südhängen des Vorgebirges ist die Forstinventur abgeschlossen und das Ergebnis veröffentlicht[6], so daß wir von diesem Teil Nepals heute eine klare Vorstellung in bezug auf Waldbestände und forstwirtschaftliche Möglichkeiten haben. 52,6 % der Fläche des Untersuchungsgebietes sind mit Wäldern bedeckt, allerdings nur 39,5 % mit sog. wirtschaftlichen Wäldern, d. h. Beständen, die wirtschaftlich verwertbare Hölzer liefern oder liefern könnten und die noch nicht durch Besiedelung und unkontrollierten Einschlag im Begriff sind, in Ackerland übergeführt zu werden. *Sal*-Wälder machen 46,2 %, andere Terai-Hartholzbestände 49 % und *khair-sissoo*-Bestände 3,8 % aus[7].

Die subtropisch-feuchten, halb-immergrünen Wälder des Terai setzen sich in ihren unteren Lagen aus älteren und jüngeren Galeriewäldern entlang der Flußläufe zusammen, die nach Norden bei ansteigendem Terrain in *sal*-Wälder übergehen. Die Wälder des Nördlichen Terai und der Churia-Berge sind dünn mit ziemlich wenig Unterholz, was sich aus unreifen, sandigen und steinigen Böden ergibt, deren Humusanteil sehr gering ist. Etwas günstiger liegen die Verhältnisse in den Tälern des Inneren Terai, wo fruchtbare Alluvialböden vorkommen. Mit steigenden Höhenlagen am Südhang der Vorgebirge mischen sich die *sal*-Bestände mit Pinien und immergrünen Eichen. In Kahlschlägen und Lichtungen tritt das *sabai*-Gras auf. Tabelle 55 gibt die wichtigsten Spezies der Teraiwälder, die bis 1 200 m zu finden sind und die eine wirtschaftliche Bedeutung haben. Für die meisten der in Nepal vorkommenden Baumarten gibt es keine deutschen Namen, die sie eindeutig bezeichnen würden.

Die Waldbestände der gemäßigten Zone bedecken die Südabdachungen der Mittelgebirge und der Himalaya-Hauptkette in den unteren Lagen. Man kann neben der eigentlich gemäßigten Zone (1 900—2 500 m) eine warm-gemäßigte (1 200—1 900 m) und eine kühl-gemäßigte Zone (2 500—2 900 m) unterscheiden (Kawakita). Die Bestände wechseln von den tieferen zu den höheren Lagen ihren Charakter derart, daß nach oben hin die Nadelhölzer immer mehr dominieren. Tropische Bäume wie *semal* und *pipal* verschwinden unterhalb 1 700 m, Schilaune- (Schima wallichii) und Kastanienarten (Castanopsis spp.) um 2 000 m. Sie charakterisieren die warm-gemäßigte Zone, wo sie in Gesellschaft von Nadelhölzern (Pinus roxburghii), Eichen und Baumrhododendren wachsen. Zwischen 1 900 und 2 500 m dominieren lucidophyle Arten (Eichen, Litsea, Ilex), Rhododendron und Birke. Unter den Koniferen erscheinen Taxus und Tanne neben Pinienarten.

In der sich nach oben anschließenden kühl-gemäßigten Zone (bis 2 900 m) treten

---

[6] „Forest Statistics for the Tarai and Adjoining Regions 1967", 1968.
[7] Unter *sal*-Wäldern versteht die Inventur Bestände mit mehr als 50 % *sal*-Holz. Die besten Bestände wachsen auf feuchten, wohldrainierten, tiefen, sandig-lehmigen Böden. Sie wachsen in Gesellschaft von *asna, jamun* (Eugenia jambolana), *banjhi* (Anogeissus latifolia) und *botdhainro* (Lagerstroemia spp.). In höheren Lagen erscheint Pinus roxburghii im Bestand. In *khair-sissoo*-Wäldern dominieren Acacia catechu und Dalbergia sissoo und wachsen auf jüngeren alluvialen Böden. Es gibt wenig geschlossene Bestände. Als Terai-Hartholzbestände werden Mischwälder mit solchen Spezies betrachtet, in denen *sal*, nicht aber die anderen wirtschaftlich bedeutenden Hölzer, dominiert.

die Eichen bis auf Quercus semicarpifolia zurück. Nadelgehölze (Pinien, Taxus und Tanne) sind stärker vertreten, und Wildkirsche (Prunus nepalensis), Ribes spp. und Ahorn (Acer spp.) erreichen neben Rhododendron noch höhere Lagen.

Diese Bestände sind teilweise durch den Bevölkerungsdruck stark dezimiert worden, teilweise sind sie unzugänglich und daher erhalten geblieben. Viele Arten von Nadelbäumen, Eichen, Pappeln, Walnuß, Erlen und Magnolia dienen als Brennholz, einfaches Bauholz und als Rohmaterial zur Herstellung einfacher landwirtschaftlicher Geräte. In den östlichen Mahabharat-Bergen überwiegen Eichen (Quercus spp.), Magnolien (Magnolia grandiflora), Lärchen (Larix griffithiana) und Pinien, während im westlichen Mahabharat-Gebirge *kail* (Pinus excelsa), *chir* (Pinus longifolia), Zeder (Cedrus deodara) und Walnuß vorwiegen. Die Deodar-Zeder lieferte das Holz für die berühmten geschnitzten Fenster und Türen, die früher in Kathmandu angefertigt wurden.

Tabelle 55: Waldbestände im Terai und seinen Randgebieten bis 1 200 m ü. NN. Hauptarten und wirtschaftliche Bedeutung

Lokale Namen	Botanische Namen	Bemerkungen
khair	Acacia catechu	Zur Herstellung von *katha* oder *catechu* zum Betelkauen in Indien
sissoo, shisham	Dalbergia sissoo	Möbelholz
semal	Bombax malabaricum oder Salmalia malabarica	Weicheres Hartholz für Sperrholz, Streichhölzer, seltener Papier
karma, haldu	Adina cordifolia	Möbel- und Furnierholz
siris	Albizzia spp.	Hartholz
botdongero, botdhainro	Lagerstroemia spp.	Hartholz
latikarma, bhurkul	Hymenodictyon spp.	Weiches Hartholz
asna	Terminalia tomentosa	Bauholz
sal	Shorea robusta	Bauholz, Eisenbahnschwellen
chir	Pinus longifolia oder roxburghii	Rundholz
sabai-Gras	Eulatiopsis binata	Rohstoff für Zellulose mit Markt in Indien

In Ost-Nepal sollen Naturbestände nur noch in der Gegend von Okhaldhunga und Ramechhap (früher: Chisankhu-Distrikt) vorkommen. In West-Nepal ist der noch erhaltene größere geschlossene Bestand die Folge geringeren Bevölkerungsdrucks. Am oberen Mahakhali und Karnali wurden noch vor wenigen Jahren jungfräuliche Bestände an *kail* und Zeder festgestellt, die sich östlich bis zum Kaligandaki hinziehen. Einschlag und Abflößen zum Terai haben im Einzugsgebiet von Mahakali, Karnali und Kaligandaki eingesetzt.

In der s u b a l p i n e n Z o n e , die sich von 2 900 bis 3 900 m erstreckt, dominieren Nadelholzbestände (auch Lärchen). Auch die Birke (Betula utilis) ist noch überall anzutreffen. Rhododendron und Eiche verschwinden bei etwa 3 300 m, und die Wacholderarten treten ins Bild der Vegetation, das sie in der alpinen Zone oberhalb 3 900 m beherrschen.

Die Zone der alpinen Vegetation liegt im extremen Norden, in den höchsten Lagen der Hauptkette. Hier hat sich die Pflanzenwelt an kurze und kühle Sommer mit leichtem Regen und an lange und strenge Winter mit Schneefall adaptiert. Bäume fehlen, wenn man von Zwergformen an geschützten Stellen absieht. Die Pflanzen sind niedrig und haben Kümmerform. Bei mangelndem Boden dominieren Moose und Flechten. An den Hängen findet man kurze, holzige Pflanzen, die oft reichlich blühen. Im unteren Teil der alpinen Zone wächst bis 4 000 m auf Humusböden noch niedriger Rhododendron und schuppiger Wacholder an sonnigen, trockenen Plätzen. Im oberen Teil bis etwa 4 600 m finden sich ausgedehnte Weiden.

Beim Eintritt in die Nordhimalayische Trockenzone werden die Bestände feuchter Vegetation auf kürzester Distanz abgelöst durch xerophytischen Wald, Wacholder, dem zunächst noch Eschen und Eichen beigemischt sind, bis er allein übrigbleibt und schließlich durch Dorngestrüpp (Caragana spp. assoziiert mit Berberis, Sophora, Astragalus, Artemisia usw.) abgelöst wird.

Kartenskizze 84 gibt in groben Umrissen die Aufgliederung Nepals in Vegetationszonen für die Waldbedeckung wieder, während Schaubild 25 das Vorkommen der wichtigsten Baumarten oder -gruppen in bezug auf die Höhe über dem Meere zeigt.

Wir haben bereits angedeutet, daß die Waldbestände Nepals durch die Nepalis selbst in höchstem Maße bedroht sind, und im Kapitel über Böden und Bodenverwüstung wurde diese Seite des Problems bereits ausführlich abgehandelt. Wenn man von nepalischen Veröffentlichungen schwächeren Niveaus mit ungerechtfertigtem Optimismus absieht, gibt es seit 1951 wohl keinen Fachbericht, der nicht nachdrücklich auf die fortschreitende Zerstörung der natürlichen Waldbestände Nepals hinweist und eine starke und konstruktive Forstpolitik empfiehlt. Anläßlich der 7. Sitzung der Asia-Pacific Forestry Commission 1964 heißt es über Nepal:

„Im allgemeinen hat sich die Lage der Waldbestände im Terai und in einer oder zwei der Gebirgs-Forstverwaltungsbezirke stabilisiert, doch für den Rest des Landes ist die Entwicklung noch nicht unter Kontrolle. Die Kontrolle des Einschlags ist heute etwas effektiver nur im Terai, doch keineswegs im übrigen Nepal. In weiten Waldgebieten des Terai und im Rest Nepals sind unkontrolliertes Abbrennen und Beweiden noch immer die Regel, während im Hochgebirge unverantwortliches Abbrennen und Brandhackbau (shifting cultivation) die wertvollen Nadel-

Karte 84: Vegetationszonen zur Waldbedeckung Nepals
Das Schema zeigt die wichtigsten Klimazonen im Hinblick auf die Höhe über dem Meere und das Vorkommen der wichtigsten Baum-Spezies. Die Karte ist eine grobe Skizze, die die räumliche Verteilung dieser Zonen anhand vereinfachter Konturlinien wiedergibt. Zoneneinteilung erfolgt nach J. Kawakita und gilt vor allem für Zentral-Nepal (Kath-

9. Forstwirtschaft

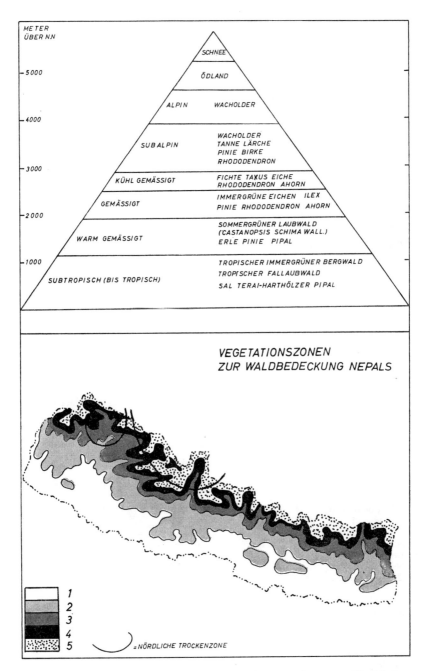

mandu/Pokhara/Kaligandaki-Tal). Für das Terai wurden Angaben von W. Haffner (1967) benutzt. 1 = subtropisch (tropisch), 2 = gemäßigt, 3 = subalpin, 4 = alpin, 5 = Ödland, Gebirgswüsten, ewiger Schnee.

holzbestände dezimieren. Eine Kontrolle ist unmöglich, da keine Forstbeamten in diesen Gegenden stationiert sind." Und auf der 8. Sitzung im Jahre 1969 heißt es in der nepalischen Selbstdarstellung u. a.: „Die Masse der Bevölkerung muß allerdings noch erweckt werden zum Verständnis für den Wert der Forsten und für die Katastrophe, die ihr Vernichtungswerk heraufbeschworen hat. Sie muß gleichzeitig aktiviert werden, Schutzmaßnahmen zu erkennen und anzuwenden. Dies hat zu geschehen durch effektive Aufklärung und Beratung, aber auch, wenn notwendig, durch gesetzliche Maßnahmen, denn der Waldfrevel, der teils aus Unwissenheit, teils aus mutwilliger Rücksichtslosigkeit begangen wird, fordert einen ungerechtfertigt hohen Tribut an Waldbeständen[8]." Diese Lage hat sich bis heute nicht geändert, und selbst der Umstand, daß heute Distrikt-Forstbeamte auf dem Papier vorhanden sind, sollte nicht zu dem Schluß führen, daß sie tatsächlich auf ihrem Posten sind und ihre Aufgabe erfüllen. Der Verfasser hat vielleicht in einem von zehn Fällen Distrikt-Forstbeamte in ihrem Bezirk angetroffen. Alle anderen befanden sich gerade auf Dienstreise — in Kathmandu. Aber selbst jene, die auf ihrem Posten ausharren, haben in der Regel kein Personal, um die vorhandene Forstgesetzgebung wirklich durchzusetzen. Vetternwirtschaft und Bestechung zusammen mit der Unwegsamkeit und Unübersichtlichkeit des Geländes haben bis heute die Durchsetzung einer Forstschutzpolitik unmöglich gemacht, und zwar selbst da, wo sachkundige und ehrliche Forstbeamte zur Stelle waren[9].

Die Frage vor allem des europäischen Besuchers, warum es denn immer wieder zu Waldbränden und illegalen Rodungen kommt und ob denn die Bauern nicht den Wert des Waldes kennen, ist nicht leicht zu beantworten, denn es bedarf dazu des Verständnisses der ganzen sozialen und mentalen Eigenart des Nepalis. Ohne Frage ist der Bevölkerungsdruck ein wesentliches Moment. Der Zuwachs von jährlich 2—2,4 % der Gesamtbevölkerung, also von mindestens 200 000 Menschen im Jahr, erfordert laufend neuen Kulturboden, da außerlandwirtschaftliche Arbeitsplätze in keinem Verhältnis zur Bevölkerung wachsen und eine Intensivierung der Landwirtschaft bei den ohnehin schon winzigen Familienbetrieben kaum eine größere Besiedelungsdichte erlauben. Ansiedlungsprojekte im Terai, die

---

[8] „National Progress Report on Forestry: Nepal", F.A.O./APFC-64/3.17, Juli 1964, S. 5. Desgl. F.A.O./APFC-69/3.20, Januar 1969, S. 3.

[9] Es kann auch vermutet werden, daß Holzdiebe und Waldbrandstifter Forstbeamte, die ihnen wehren wollen, tätlich angreifen, denn der Regierungsbeschluß, den Forstbeamten bewaffnete Polizisten zur Seite zu stellen, konnte nicht von ungefähr kommen. „Die Entscheidung der Regierung", schrieb damals die als kritisch bekannte Zeitung „Motherland" (12. 3. 1969), „dem Forstpersonal bewaffnete Polizeibegleitung beizugeben, um den Waldbestand zu schützen, war lange überfällig... Man kann nur hoffen, daß nun, mit der Bereitstellung bewaffneter Wachen, die Behörden daran gehen, die Waldbestände zu schützen und zu vergrößern."

Schaubild 25: Klimazonen in Nepal nach der Höhe über dem Meer und den wichtigsten Baum-Spezies
Das Schema baut auf den Untersuchungen von J. Kawakita in Zentral-Nepal 1952/53 auf. Andere Autoren haben oft andere Zoneneinteilungen gewählt, doch schien uns diese Arbeit die intensivste über eine relativ breite Höhenskala in einem Teil Nepals mit großer Variationsbreite zu sein. Die Zahl der Spezies wurde bewußt begrenzt.

9. Forstwirtschaft 349

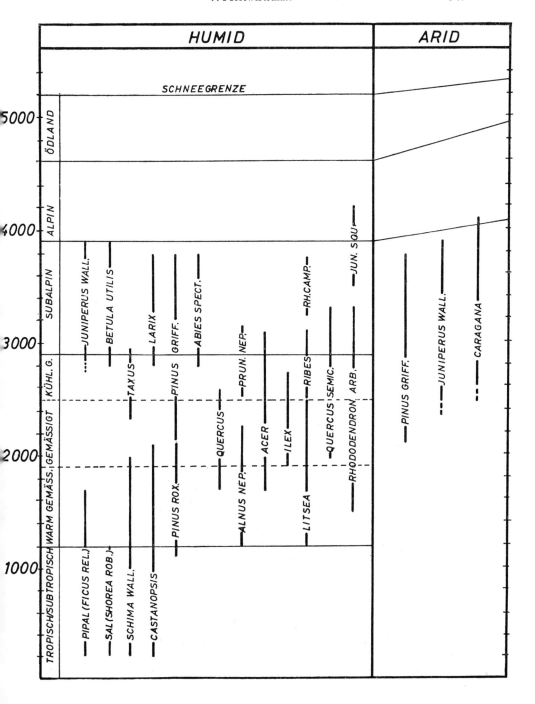

Urwaldrodung voraussetzen, werden unter staatlicher Kontrolle und israelischer technischer Hilfe seit 1964/65 durchgeführt. Bis heute sind etwa 3 000 Familien oder rd. 15 000 Menschen angesiedelt worden, und es ist offensichtlich, daß die Leistungsfähigkeit der Ansiedlungsbehörde weit hinter der der Bevölkerung, sich zu vermehren, zurückbleibt. Unkontrollierte Rodungen vor allem im Westlichen Terai haben seit Ausrottung der Malaria immer weiter um sich gegriffen.

Es darf aber nicht vergessen werden, daß die Vernichtung von Wald keinesfalls identisch ist mit Gewinnung von Kulturland im Dienste der menschlichen Ernährung. Das Argument vieler nepalischer Beamter, die Wälder müßten ganz einfach verschwinden, weil die Menschen Nahrungsgetreide brauchen, ist sehr gefährlich. Ein Flug über die Berge des Mittelgebirges zeigt deutlich, daß zwar die Wälder verschwunden, aber keineswegs überall saubere, intensiv kultivierte Terrassen an ihre Stelle getreten sind. Erdrutsche und Ödland dominieren an den Steilhängen und auf den Kuppen der Berge. Wiederum ist das Argument, dieses Ödland seien die Viehweiden in der Regenzeit, mit Vorsicht aufzunehmen. Jedermann weiß, wie unproduktiv die Waldweiden Nepals sind und daß die Viehwirtschaft im Mittelgebirge ohnehin kein wirtschaftlicher Faktor ist, wenn nicht sachgerechte Zuchtauswahl und Fütterung gewährleistet sind.

Der Blick aus dem Flugzeug zeigt mit Sicherheit nur eines: eine fortschreitende Entwertung der natürlichen Vegetation und als Folge eine immer raschere Vernichtung des einst humushaltigen Bodens. Es liegt heute Luftbildmaterial vor, das man mit dem Aufnahmematerial des Survey-of-India-Kartenwerks aus den 1950er Jahren vergleichen kann. Die Gebirgszone Nepals zeigt dabei vor allem drei Arten der Veränderung innerhalb dieser kurzen Zeitspanne:

1. Die Zahl der Erdrutsche hat überall zugenommen.
2. Früheres Waldland ist heute Kulturland.
3. Früheres Kulturland ist heute Ödland.

Diese unwiderlegbare Analyse sagt genug aus über die Zukunft der Walddecke und des Kulturlandes in der nepalischen Gebirgszone.

Ähnliche Ergebnisse erhält man auch im Terai. Die Forstverwaltung hat zwei Erhebungen im Tal des Östlichen Rapti unternommen, um festzustellen, in welchem Ausmaße Übergriffe auf Waldbestände durch Siedler innerhalb von nur 4 Jahren stattgefunden haben. Karte 85 zeigt das Ergebnis der Studie.

Es sind aber nicht nur die direkten Rodungsmaßnahmen, die die Waldbestände Nepals um schätzungsweise 1,4% pro Jahr dezimieren. Für sie könnte man im Hinblick auf die Bevölkerungsvermehrung bei allen Bedenken noch Verständnis aufbringen und sie als ein beklagenswertes Schicksal Nepals betrachten. Es sind vor allem die oft völlig sinnlosen oder wenigstens rücksichtslosen Eingriffe in den Waldbestand, die im Endeffekt Ausrottung der wertvollen Spezies, Ablösung des Hochwaldes durch Gestrüpp und schließlich auch noch Vernichtung des Gestrüpps mit sich bringen.

Bei den Eingriffen handelt es sich um den Einschlag von Feuerholz, die Beweidung der Wälder und das Abbrennen derselben. Als eine nur gebietsweise geübte Praxis ist schließlich der Brandhackbau (shifting cultivation) zu erwähnen.

Sicherlich ist der Einschlag von Feuerholz wirtschaftlich notwendig und insofern legitim. Wälder sind sicherlich nicht nur als Zierde der Natur, sondern auch als wirtschaftliche Institution, nämlich als Rohstofflieferant zu betrachten. Aber gerade dies verpflichtet den Menschen, sorgsam damit umzugehen und die natürliche Regeneration nicht zu behindern, sondern sie im Bedarfsfalle sogar künstlich zu fördern. Der Verfasser hat bei zahllosen Besuchen in nepalischen Dörfern immer wieder die Fragen gestellt: 1. Welches ist Euer Brennmaterial? 2. Aus welcher Distanz wird Feuerholz herangetragen? 3. Wie groß war die Distanz zur Zeit, als Ihr Kinder wart? 4. Habt Ihr je in Eurem Leben einen Baum gepflanzt?

Diese sehr simplen aber grundlegenden Fragen fanden überraschend einhellige Antworten. Die Frage nach dem Pflanzen von Bäumen erregte oft Heiterkeit: „Warum sollten wir Bäume pflanzen? Jedermann weiß, daß Bäume von selbst wachsen." Unser fragender Blick über die kahlen Hänge um das Dorf wurden mit betretenem Schweigen quittiert. In einem Dorf des Mt. Everest-Gebietes wies der Verfasser die Dorfältesten auf die Möglichkeit hin, einen Hang aufzuforsten. Die Frauen und Kinder hatten einen vollen Tagesmarsch zu machen, um die nächsten Waldbestände zu erreichen. Die Antwort lautete: „Das hat nicht viel Sinn. Bäume wachsen langsam, und wir werden nicht mehr leben, wenn sie geschlagen werden können." Der Hinweis auf die nächste Generation löste Überraschung aus. Überall hatte sich die Distanz des Waldes vom Dorf seit der Kindheit der Befragten um mehrere Wegestunden vergrößert, und die Frage nach Brennstoff fand in der Antwort nur zwei Varianten neben Holz: Kerosin (Petroleum) in Stadt- oder Straßennähe und Kuhdung im Terai, wo der Wald gänzlich vernichtet ist.

Es ist in diesem Zusammenhang interessant, daß sich die Landbevölkerung nicht an Bäumen vergreift, die eines natürlichen Todes gestorben sind. Die Terai-Flüsse sind beispielsweise voll von riesigen Baumleichen, die von den Fluten entwurzelt und zu Tale gespült wurden. Dieses ideale Brennholz wird verschmäht, weil es, wie Regierungsbeamte bestätigten, Eigentum des Forst-Departements ist und eine Entnahme unter Strafe steht. Da auch das illegale Fällen von lebenden Bäumen verboten ist, hält sich der Bauer an die Straftat, die den größten volkswirtschaftlichen Schaden stiftet. Schweizer Experten in Jiri, im Östlichen Bergland, haben zum Aufbau ihrer ganzen landwirtschaftlichen Station nicht einen lebenden Baum gefällt, sondern nur gefallene Stämme (vermutlich mit staatlicher Genehmigung) benutzt. Aber jeder Bergbauer, der einen Balken oder selbst nur Feuerholz braucht, schlägt den lebenden Wald ein.

Karte 85: Wald-Degradierungsprozeß in Süd-Nepal
Die Karten zeigen einen Ausschnitt aus dem westlichen Teil des Tals des Östlichen Rapti im Abstand von 4 Jahren. Der Vergleich macht deutlich, daß beträchtliche Teile intakter Forstbestände in diesem Zeitraum der Axt und dem Pflug des Siedlers zum Opfer gefallen sind. Die 1968 gegenüber 1964 fehlenden Waldteile wurden entweder direkt in Ackerland umgewandelt oder so weit degradiert, daß sie künftig als produktiver Forst ausscheiden und im Laufe der Zeit Ackerland werden.
Den Skizzen liegt eine „Land Encroachment Study" des Department of Forests in Kathmandu zugrunde. Basiskarte: Land Use Map, Lumbini & Chitwan T.C.N., Forest Divisions 72 A/6—3 (1 : 21 120).

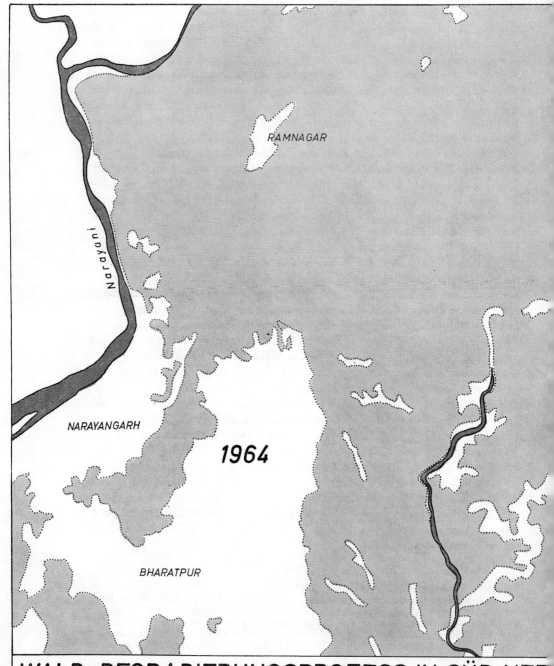

WALD-DEGRADIERUNGSPROZESS IN SÜD-NEP

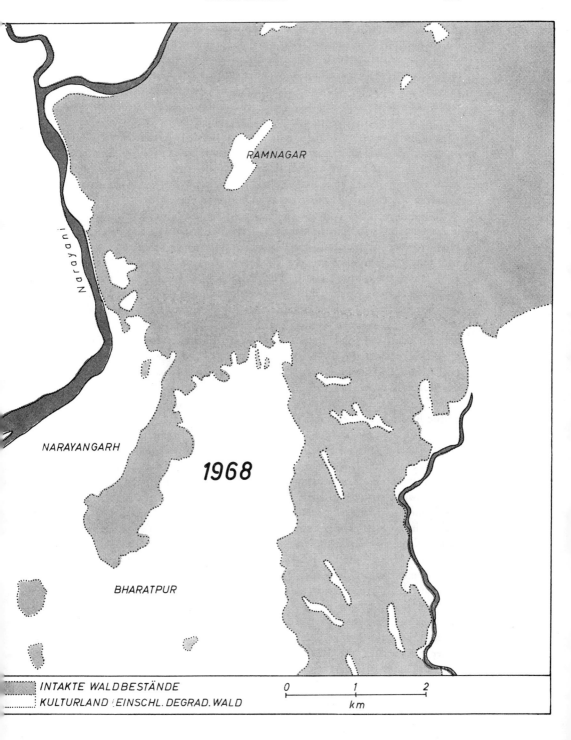

Die andauernden Bemühungen ausländischer Berater, Dorfforsten auf Grenzböden anzupflanzen, um so über die Jahre hinweg dem Dorf das erforderliche Brennholz zu liefern (zusammen mit Boden- und Windschutz), scheinen jetzt langsam in der Forstverwaltung verstanden zu werden. Erste Pläne, „Panchayat-Forsten" zu fördern, wurden bekanntgegeben. Doch seitens der Bauern stößt man immer wieder auf das Argument, daß jeder Fußbreit Boden gebraucht werde und man ihn nicht durch Waldpflanzungen „vergeuden" könne. Es ist sehr schwer, diese vorgefaßte Meinung zu erschüttern, der wir in den verschiedensten Variationen begegnen. Es darf hier allerdings ein forstgesetzliches Problem nicht außer acht gelassen werden, daß nämlich Waldbestände, die eine gewisse Ausdehnung überschreiten, automatisch dem Staat anheimfallen. Natürlich haben die Bauern Angst, auf diese Weise durch Aufforstung ihren Boden zu verlieren.

Ohne Frage ist der Anbau von Feuerholz-Forsten lebensnotwendig, denn selbst in Kathmandu, wo Heizöl mehr und mehr in Gebrauch kommt, kann man täglich Hunderte von Trägern mit Holzlasten zu Tale steigen sehen, und ihre Last muß von Jahr zu Jahr über größere Distanzen getragen werden. E. Robbe rechnete 1954 mit einem Konsum von 0,60 m³ Brennholz je Familie und Jahr (20 Kubikfuß), was damals einem jährlichen Gesamtverbrauch von etwa 720 000 m³ entsprochen hätte. Bei nahezu gleichbleibendem Verbrauch je Familie, der für Gesamtnepal angenommen werden kann, dürfte sich damit der Verbrauch an Brennholz bis heute auf mindestens 1 Million m³ vergrößert haben. Übrigens scheinen diese Schätzungen das Problem hoffnungslos unterzubewerten, denn die F.A.O. nennt für die Produktion von Holz in Nepal zum Zwecke des Hausbrands und der Holzkohleerzeugung nicht weniger als 6,6 Millionen m³ im Jahre 1967[10].

Es ist völlig illusorisch anzunehmen, der Durchschnittsnepali in den Bergen würde in der nahen Zukunft ein anderes Brennmaterial als Holz zur Verfügung haben. Dorfforsten aus schnellwachsenden Spezies, die eine Umtriebszeit von nicht mehr als zehn Jahren haben, dürften daher die einzige Lösung sein. Es geht nicht an, daß die Bevölkerung nach Gutdünken in den Wäldern einschlägt, ohne sich um die Folgen und die Regeneration ihrer Holzbestände zu kümmern.

Der zweite schwere Eingriff in den Waldbestand ist das Beweiden der Wälder durch Ziegen, Schafe und Rinder. Die oberhalb der Waldgrenze liegenden Hochweiden in Nepal sind durchweg in gutem Zustand und bilden einen guten Bodenschutz, denn sie werden nur in der warmen Jahreszeit in einer Art Almwirtschaft genutzt. Für den Rest des Jahres haben sie die Möglichkeit der Erholung. Anders sieht es mit den Wäldern aus. Diese sind dem Vieh das ganze Jahr über zugänglich, und dieses ernährt sich, wenigstens zu einem Teil, von Jungbäumen und den Blättern und Zweigen kleiner Bäume. Die Bauern selbst praktizieren das Abschlagen von Zweigen (schneiteln, lopping) als Viehfutter. „Das Übertreiben dieser Praxis", bemerkt Robbe, „das zum Amputieren ganzer Äste führt mit beträchtlicher Schwächung der Bäume, hat wesentlich zum Verschwinden der Wälder beigetragen. Jedes Jahr werden die Bäume ihrer Blätter beraubt. Eine solche Ver-

---

10 F.A.O., „Yearbook of Forest Products 1968", Rome 1969.

dünnung des Blätterdachs reduziert wesentlich den Bodenschutz, den der Wald gewährt. Die stärkere Ausleuchtung des Waldbodens fördert den Graswuchs, vergrößert die Waldbrandgefahr und die Stärke des Feuers und ist wiederum indirekt verantwortlich für stärkere Beweidung[11]."

Wir haben es hier mit einem Phänomen zu tun, das weitverbreitet und wahrscheinlich so alt ist wie die Viehhaltung in den Bergen. Die Waldweide ist im Prinzip keine Praxis, die Schaden stiftet, wenn sie im Rahmen und unter Kontrolle bleibt. Aber eben hieran mangelt es. Auch hier ist das Argument der Farmer, daß sie die Waldweide voll ausschöpfen müssen, weil das Vieh seine Nahrung braucht. Sie lehnen es ab, Futterpflanzen anzubauen (wiederum weil der Boden gänzlich für menschliche Ernährung benötigt wird), und kennen nicht die Möglichkeit einer Einschaltung von Futterleguminosen in den Fruchtwechsel, die nicht nur die Bodenfruchtbarkeit verbessern, sondern obendrein noch Viehfutter liefern würde. An zahlreichen Orten wäre eine solche Zwischenfrucht anstelle von Brache möglich. Das Vieh rechtfertigt mit seinem Ertrag in den seltensten Fällen den Schaden, den es den Wäldern zufügt.

Die nachhaltigste Waldvernichtung wird aber durch alljährliche Feuer betrieben. Über den Ursprung dieser Feuer haben wir lange Diskussionen geführt. Die Erklärungen reichen von dem Wunsch, durch Abbrennen des Wald- (und Weide-) Bodens dem frischen Gras bei einsetzendem Monsunregen den Weg zu ebnen[12], über Brandrodung bis hin zur reinen Freude am Feuer[13]. Selbstentzündungen in der trockenen Vormonsunzeit kommen sicher vor, doch dürften absichtlich oder fahrlässig angelegte Waldbrände wohl die Hauptursachen sein. Daß Feuer die Naturverjüngung der Wälder in Mitleidenschaft zieht, liegt auf der Hand. Es vernichtet die Jungbäume, die ihm noch nicht widerstehen können. Die Regenerierung von *sal*-Wäldern kann sich, obwohl alle Voraussetzungen dafür gegeben sind, wegen des Weidens und Abbrennens des Waldbodens kaum durchsetzen. Und da man bei *sal* mit einer Umtriebszeit von 120 Jahren rechnet, können schon heute erhebliche Ertragsausfälle in der Zukunft antizipiert werden, falls es nicht gelingt, entsprechende Maßnahmen zum Schutze des Jungbaumbestandes zu ergreifen.

Schließlich muß noch auf die Praxis des Brandhackbaus eingegangen werden, der in Nepal heute noch im Arun-Gebiet (Ost-Nepal), im Mahakali- und Karnali-Gebiet (West-Nepal) und in der Nordhimalayischen Trockenzone vorkommt. Hierbei handelt es sich um die Methode, den Naturwald abzubrennen, die Asche

---

[11] Ernest Robbe, „Report to the Government of Nepal on Forestry", 1954.
[12] Vgl. Kapitel „Böden und Bodenverwüstung".
[13] „Die meisten der Waldbrände werden durch menschliche Unachtsamkeit verursacht, durch Nachlässigkeit oder Unwissenheit. Manchmal legen sie Feuer mit boshafter Absicht oder aus Groll gegen die Behörden. Und manchmal entzünden Kinder oder Hirten die Wälder aus Zeitvertreib. ... Manche Dörfler verbrennen Abfälle und verlieren die Kontrolle über das Feuer, das sich schließlich ausbreitet und alles in seinem Wege zerstört. Manche Leute entzünden Brände in der irrtümlichen Annahme, dadurch Zecken und Moskitos auszurotten ..." Kushal Sharma, „Fire great devastator of forest", in „The Rising Nepal" vom 28. 10. 1968.

als Düngung zu benutzen, die Saat in den sonst nicht weiter bearbeiteten Boden zu geben und zu ernten, was die Natur liefert. Dies wird so lange wiederholt, bis die Erträge nachlassen. Dann verläßt man das Gebiet und beginnt an anderer Stelle neu. Die Folgen dieser Praxis in einem Gebirgsland mit hohen, konzentrierten Regenfällen liegen auf der Hand: Entblößung des Bodens, Bodenaus- und -abwaschung, Degradierung der Baumbestände.

Diese Praxis hat in Ost-Nepal zu einer fast völligen Entwaldung geführt. Die zahlenstarke Bevölkerung hat den Naturwald an relativ steilen Hängen gerodet und den Boden so mittels der oben beschriebenen Praxis einer starken Erosion ausgesetzt. Hier ist Brandhackbau unter keinen Umständen zulässig, und seine Praktizierung ist fraglos weitgehend für die großen Geschiebemengen im Sapt-Kosi verantwortlich[14]. Die aus Tibet kommenden Bothias in den nördlichen Grenzbezirken üben Terrassenbau, der jetzt auch im Arun-Gebiet Verbreitung findet.

In West-Nepal liegen die Verhältnisse nicht so schwierig, weil wir es hier mit geringeren Niederschlägen zu tun haben. Hier finden sich ausgedehnte offene Naturbestände von Nadelhölzern (Pinus longifolia und Pinus excelsa) bei einer gleichzeitig geringen Bevölkerungsdichte. Hier wird der Brandhackbau auf sehr primitive Weise praktiziert. Die Stämme tibetischen Ursprungs zapfen die Pinien an und brennen sie dann ab. Bei Beginn des Regens säen sie Trockenreis, Gerste und Buchweizen und ziehen weiter. Nach dem Regen kehren sie zurück und ernten, was das Wild übriggelassen hat. Hier zeigt sich besonders deutlich die Verwüstung von Naturreichtümern durch extensive Praktiken: Für eine armselige Ernte werden quadratkilometerweise wertvolle Baumbestände vernichtet.

In den Trockengebieten nördlich der Himalaya-Hauptkette kommt Brandhackbau nur in sehr beschränktem Umfang vor, schon allein deshalb, weil Waldbestände nur im äußersten Osten und Westen dieser Zone zu finden sind. Häufig handelt es sich um dörfliche Gemeinschaftsunternehmen, um zusätzliche Nahrung zu erzeugen. Geht die Rodung sachgerecht vor sich, so kann Bodenerosion vermieden und sogar die Regeneration des Baumbestandes gesichert werden[15].

Wirtschaftsgeographisch spielen heute vor allem die Wälder des Nördlichen Terai und der Churia-Berge eine Rolle, wennschon auch Nadelholz aus den Mittelgebirgen West-Nepals nach Indien geflößt wird[16].

Die wirtschaftlich verwertbaren Bestände im Terai und angrenzenden Gebieten werden mit 1,24 Millionen ha veranschlagt, die einem Brutto-Holzvolumen von etwa 108 Millionen m³ entsprechen. Davon werden 69 Millionen m³ als wirtschaftliche Holzarten betrachtet, deren jährlicher Nettozuwachs mit 1,2 % oder 840 000 m³ veranschlagt wird.

---

14 Vgl. Kapitel „Hydrogeographie".
15 Robbe, a. a. O.
16 Hagen berichtet, daß ausbeutbare Bergwälder gemischter Nadelholzbestände nur ihrer Unzugänglichkeit wegen noch nicht wesentlich eingeschlagen wurden. Solche Bestände liegen zwischen Burigandaki und Karnali nördlich Ririkot, um den Rara-See, nördlich Dailekh und Jajarkot, am Durchbruch des Kaligandaki, am Südhang des Annapurna-Massivs usw. (a. a. O., S. 14).

Gegenwärtig wird der jährliche Verbrauch von Terai-Holz wie folgt gegliedert:
Schnittholzproduktion   96 000 m³
Streichholzproduktion   2 400 m³
Rundholz für den Export   90 000 m³ [17].

Es ist unmöglich, den Holzexport aus Nepal genau zu bestimmen, da Holz zu den Naturgütern gehört, die der nepalische Staat über Auktionen verkauft. Unternehmer, durchweg Inder, die auf diese Weise Rechte des Holzeinschlags erwerben, sind von der Abgabe des Ausfuhrzolls befreit, und mithin werden diese Exporte auch nicht statistisch erfaßt[18]. Dies ist sicherlich der einfachste Weg zu einem Totalausverkauf der Holzbestände des Terai. Zahlreiche Inder erwerben für wenige Rupien das Recht, „Feuerholz zu sammeln". Sie schlagen aber wertvolle Hölzer ein und bringen das Material, verborgen unter trockenen Ästen und Abfallholz, auf ihren Ochsenkarren über die Grenze. Aber selbst wenn ein indischer Holzhändler seine Gebühr für den Einschlag von Edelholz entrichtet und sich an die Regeln hält, kann das ganze System der „Contractors" nicht befriedigen. Derartige Unternehmer beuten den Forst lediglich aus, ohne auch nur einen Gedanken an seine Regeneration zu verschwenden[19].

Tabelle 56 gibt die letzten verfügbaren Zahlen über die Holzwirtschaft Nepals.

Tabelle 56: Übersicht über die nepalische Holzwirtschaft

Gegenstand	Nadelhölzer	Laubhölzer	Total
1. *Holzproduktion (1967)* in m³			
Rundholz, Furnierholz, Eisenbahnschwellen	13 000	439 000	452 000
Brennholz (einschl. f. Holzkohle)	143 000	6 428 000	6 571 000
Insgesamt	156 000	6 867 000	7 023 000
2. *Holzverarbeitung (1967)* in m³	8 000	207 000	215 000
3. *Holzexport (1966)* in t Rundholz	5 700	171 600	177 300

Quelle: F.A.O., „Yearbook of Forest Products 1968", Rome 1969.

17 Diese Ziffern wurden bei einer noch unveröffentlichten Studie wie folgt zugrunde gelegt: „The area of commercially exploitable forests in the Terai Zone was estimated from the 1964 air survey to be 3,061,532 acres. The growing stock was 3,594,088,500 cu.ft. to a four inch top. The net sawlog volume in marchantable classes 1 and 2 was 2,337,198,300 cu.ft. The average net increment is approximately 1.2 %/o for all exploitable species; that is more than 28 million cu.ft. per annum." Diese Mengen schließen die Fläche der Forstreserven in Chitwan aus, die ausschließlich dem Sägewerk der Timber Corporation of Nepal (T.C.N.) zustehen.
18 „Economic Handbook of Nepal", Hrsg. H.M.G., Ministry of Industry and Commerce, Kathmandu 1967, S. 84. Vgl. dazu Tabelle 56.
19 „Die Gebühren, die die indischen Kontraktoren zahlen müssen, sind beträchtlich. Der Verfasser hat mehrfach Gelegenheit gehabt, solche Forsteinschläge in West-Nepal zu beobachten, in der Gegend des Sinja Khola (bei Jumla) und im Tal des Karnali. In der

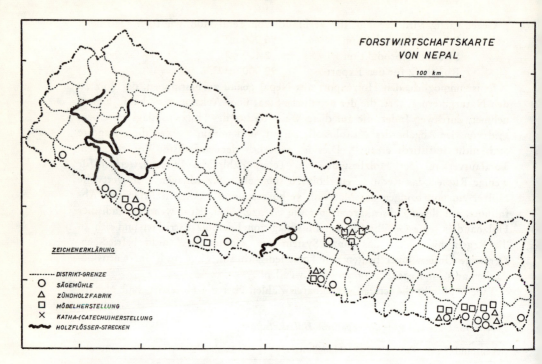

Karte 86: Forstwirtschaftskarte von Nepal
Außer in Kathmandu ist praktisch die ganze holzverarbeitende Industrie im Terai angesiedelt. Die Haupt-Industrieorte sind Biratnagar, Hanumannagar, Birgunj und Nepalganj. Die Angaben über die Holzflößer-Strecken wurden bei T. Hagen (1959) entnommen. Die distriktweise Verteilung der Industrie entstammt dem „Industrial Census" von 1965.

Betrüblich ist die Feststellung, daß auch der nepalische Staat seine Forsten[20] mehr als eine Quelle des Einkommens betrachtet denn als nationalen Reichtum, den es zu hegen und zu pflegen gilt, um laufende Einkünfte zu sichern. Hohe nepalische Forstbeamte haben dem Verfasser gegenüber diese Tendenz beklagt, denn sie mußten sich mit viel zu kleinen Budgetposten begnügen, die ihnen eine Durchführung der Planziele unmöglich machten.

Nepal besitzt eine bescheidene holzverarbeitende Industrie. Neben der mit amerikanischer Hilfe errichteten Sägemühle der Timber Corporation of Nepal (T.C.N.) in Hitaura (Distrikt Makwanpur), die auf eine jährliche Verarbeitung von 0,54 Millionen m³ eingerichtet ist und zu den größten ihrer Art in Südost-

---

letztgenannten Region wurde ein Gebiet von 20 km² vollkommen kahlgeschlagen. Zwischen September 1956 und Mai 1957 ergaben die Bäume aus diesen 20 km² 33 000 Bohlen von 3 bis 4 m zu 10—15 cm. Diese Bohlen wurden von Dezember bis Januar 1958 den Karnali heruntergeflößt. An der Brücke von Katarnian Ghat an der indischen Grenze wurden sie gelandet und auf die Eisenbahn verladen." Hagen, a. a. O., S. 14.
20 Mit Forstgesetz von 1961 wurden alle Wälder Nepals zu Nationalforsten erklärt und verstaatlicht, abgesehen von kleinen Privatwaldungen von 5 acres (2,1 ha).

Asien gehören soll[21], handelt es sich bei den anderen knapp 20 Sägemühlen um Kleinbetriebe mit 10–20 Arbeitskräften. Der Industriezensus von 1955 ergab insgesamt 17 Betriebe mit 429 Beschäftigten, und sie liegen fast alle im Terai. Zahlreiche kleine Werkstätten verarbeiten Holz und auch Bambus zu Möbeln. 1965 wurden 40 Betriebe mit 354 Beschäftigten gezählt. Die Versorgung mit Bambus ist für die Betriebe in Kathmandu schwierig, da es an Transportmöglichkeiten für das Rohmaterial von den Bambusgebieten nach Kathmandu fehlt. So ist man gezwungen, vergleichsweise teures Material aus Indien zu importieren. Schließlich gehören die Zündholzfabriken zu den ältesten Industrien Nepals. Es dürfte heute knapp 10 mit etwa 500 Beschäftigten geben, neben vielen kleinen Werkstätten, über die es keine Daten gibt. Die räumliche Verteilung der holzverarbeitenden Industrie (vgl. Karte 86) zeigt ihr Schwergewicht im Terai. Es muß hier erwähnt werden, daß sich die Abteilung für Kleinindustrie (Department of Cottage Industries) rechtschaffen bemüht, die Herstellung von Holz- und Bambusmöbeln auf lokaler Ebene zu fördern.

10. Industriegeographie

Auf den ersten Blick scheint eine industriegeographische Analyse Nepals ein vergebliches Unternehmen zu sein. Nepal ist zweifellos kein Industriestaat, seine nicht-landwirtschaftlichen Unternehmen sind überwiegend kleine Mühlen, sie sind weder statistisch hinreichend erfaßt noch können ihre Standorte klar lokalisiert werden. Mittlere Industriebetriebe gibt es nur wenige, und diese sind an wenigen Orten konzentriert. Das Zeichnen nepalischer Industriegebiete oder gar Industrielandschaften ist nur mit größter Phantasie möglich. Räumliche Wirkzusammenhänge sind auf kleinste Gebiete beschränkt und ändern den allgemeinen Eindruck, den Nepal macht, nämlich ein abweisendes, bestenfalls von Bauern bewohnbares Bergmassiv zu sein, in keiner Weise. Wenn man schließlich zusammenfaßt, daß Verkehrswege fehlen, potentiell vorhandene Energiequellen nicht erschlossen und wirtschaftliche Rohstoffvorkommen nicht-landwirtschaftlicher Art kaum vorhanden sind, so hat man im Grunde bereits eine Industriegeographie Nepals skizziert.

a) Industriewirtschaft

Indessen darf nicht vergessen werden, daß Nepals moderne Wirtschaftsgeschichte erst zwanzig Jahre alt ist. Wenn es auch, im Gegensatz zu den alten Industrieländern, erhebliche technische und finanzielle Unterstützungen und Beratung von außen erwarten konnte, so erfordert doch gerade die Erforschung von Boden-

---

21 Die T.C.N. verfügt über etwa 10 000 ha *Sal*-Wälder im Tal des Östlichen Rapti.

schätzen, Energiequellen und Marktchancen viel Zeit, was eine sprunghafte Entwicklung nicht gestattet. Investitionen aus den inländischen Quellen fließen nur spärlich, solange Bodenbesitz den Hauptreichtum darstellt und agrarische Rohprodukte den Haupthandelsanteil ausmachen. Investitionen aus ausländischen Quellen verlangen Sicherheiten und Gewinnchancen, die Nepal nur unzureichend zu bieten vermag. Tatsächlich besitzt es nichts, was nicht auch sein großer südlicher Nachbar Indien in viel reicherem Maße und in entwickelterem Grade besitzt (wenn auch mit zwei Ausnahmen: den Mount Everest und eine freundliche und friedliche Bevölkerung, ein Umstand, der im Zusammenhang mit dem Tourismus schon heute bares Geld wert ist). Im Gegenteil: Als Land ohne eigene Küste ist Nepal durch Indien von den äußeren Märkten abgeschnitten und beim Aufbau seiner Wirtschaft, seiner Industrie und seines Handels auf dessen Gnade angewiesen[1].

Eine Untersuchung der nepalischen Industriestandorte der Gegenwart und ihre Möglichkeiten in der Zukunft muß zumindest drei Gesichtspunkte umfassen: die Frage der Rohstoffe, der Energiequellen und der Verkehrswege zu den Märkten.

Interessanterweise wurden die meisten Industrien Nepals auf dem Import von Rohstoffen aufgebaut. Das hat sie natürlich in eine sehr starke Abhängigkeit vor allem vom indischen Nachbarn gebracht, der in merkantilistischer Denkweise alle Versuche eines industriellen Aufbaus in Nepal mit uneingestandener Ablehnung betrachtet. Die Streichholzfabriken importieren mit Ausnahme des Holzes alle weiteren Rohstoffe von Indien, die Baumwollwebereien hängen vollständig von der Einfuhr indischer Baumwolle ab. Das kleine Eisenwalzwerk bei Parwanipur (Distrikt Parsa) importierte Eisen und Brennmaterial aus dem Ausland (in diesem Falle Indien), und natürlich gilt ähnliches für die Fabriken für Gefäße aus rostfreiem Stahl und Konservendosen. Niemals wurde anscheinend die Frage gestellt, bis zu welchem Umfang einheimische Rohstoffe verwendet werden können. Aber die Importabhängigkeit reicht sogar bis in die landwirtschaftliche Weiterverarbeitungsindustrie: Die Zigarettenfabriken verarbeiten indischen Tabak neben einem kleinen Kontingent einheimischen Tabaks, und die Zulieferung von Zuckerrohr an die Zuckerfabriken (vor allem Birgunj) war so schlecht geplant, daß ohne zusätzliche Lieferungen von Zuckerrohr aus Indien, ja von Zucker aus Übersee, die Produktionsziele nicht erreicht werden konnten. Viele dieser Fabriken waren 1969 bereits aus dem Produktionsprozeß ausgeschieden: Die Zuckerfabrik Birgunj war bis zur Bedeutungslosigkeit in ihrer Kapazitätsnutzung geschrumpft, nachdem Indien die Lieferung indischen Zuckerrohrs nach Birgunj unterband, das Walzwerk Parwanipur hatte, angeblich aus Absatzgründen, seine Pforten geschlossen, die Strohkartonfabrik Dubi-Biratnagar machte aus dem gleichen Grunde bankrott, um nur einige zu nennen.

Erste Anfänge einer Industrie auf nepalischem Boden gehen auf die Zeit des Zweiten Weltkrieges zurück, als indische Unternehmer die Hochkonjunktur durch Errichtung von einzelnen Werken im Terai zu nutzen verstanden. Damals wurde der Grundstein dafür gelegt, daß Biratnagar heute in aller Bescheidenheit als das

---

[1] Vgl. Kapitel „Handelsgeographie".

Industriezentrum Nepals genannt werden kann: Eine Jutefabrik, eine Baumwollverarbeitungsanlage und eine Zuckerfabrik wurden damals errichtet, doch gerieten alle drei ins Defizit, nachdem der Krieg vorüber war, vor allem, weil man minderwertige Maschinen installiert hatte. Lediglich die Jutefabrik hat überlebt. Andere indische Unternehmen auf nepalischem Boden waren ebenfalls nicht erfolgreich. Das Baumwollwerk Birgunj kam niemals über das Stadium des Rohbaus hinaus, die Wollwarenfabrik Golcha in Kathmandu machte Bankrott, und die Katamühle in Nepalgunj schloß ihre Pforten[2].

Eine Erhebung über bestehende Industriebetriebe wurde im Jahre 1965 gemacht. Jüngere Übersichten sind nicht vorhanden. Wir beziehen uns bei unseren Darstellungen mithin auf das Jahr 1965, als der Bestand an Betrieben 1 257 betrug und 14 397 industrielle Arbeitsplätze vorhanden waren. Tabelle 57 zeigt die Verteilung der Unternehmen nach Gattungen. Eine Analyse der Tabelle ergibt zunächst, daß der Kleinbetrieb zur Verarbeitung landwirtschaftlicher Rohstoffe, nämlich Reismühlen (752), *bidi*-Produktion (113), Saatöl-Extraktionsanlagen (41) und Mehlmühlen (25) zusammen allein 931 Unternehmen umfassen und 74 % der Industriebetriebe ausmachen. Dies allein vermittelt schon einen Eindruck von der Bedeutungslosigkeit des industriellen Sektors der nepalischen Wirtschaft. Es entfallen auf diese genannten Unternehmen auch nur knapp 34 % der Arbeitsplätze und knapp 38 % der Löhne und Gehälter. Der prozentuale Anteil an der industriellen Wertschöpfung liegt bei 57,66 %.

Die Industriezählung von 1965 enthüllte weiter, daß von den 1 257 gemeldeten Betrieben 990 weniger als 10 und nur 15 mehr als 100 Beschäftigte hatten[3]. Dabei wurden nur solche Betriebe gezählt, die mehr als 10 Beschäftigte hatten, es sei denn, sie benutzten eine maschinelle Ausrüstung (auto-machines). Es scheint aber, daß der Gesamtzensus seinerzeit 4 Großunternehmen nicht berücksichtigte ebenso wie einige tausend Arbeiter mit Kontrakt- oder Stückarbeit. Schätzungen der Planungsabteilung für Arbeitskräfte im damaligen Planungsministerium rechnen mit 20 000—22 000 industriellen Arbeitskräften in Nepal[4], d. h., daß bei einer wirtschaftlich aktiven Bevölkerung von rund 4 Millionen Menschen nur etwa 0,4 % als industriell Beschäftigte betrachtet werden können.

Die geringe Bedeutung der Industrie in Nepal erklärt sich leicht zunächst aus historischen Gründen. Die hermetische Abschließung des Landes über ein Jahrhundert bis zum Jahre 1950/51 verhinderte jeden Einfluß von außen und auch jede befruchtende Zusammenarbeit, die selbst Indien unter kolonialwirtschaftlichen Bedingungen eine Grundlage für späteren industriellen Aufbau bescherte. Aber auch nach dem Eintritt Nepals in die Moderne blieben zahlreiche negative Faktoren erhalten, die einen industriellen Aufbau erschwerten und noch immer erschweren. Der Enthusiasmus vieler Nepalis für das industrielle Zeitalter, ihre Besuche in hochentwickelten Ländern und ihr Wunsch, den Weisungen ihres Königs

---

2 Kuladharma Ratna, „Can Industry Sustain in Nepal?" in „The Rising Nepal" vom 7. 5. 1968.
3 „Preliminary Results of the Census of Manufacturing Establishments 1965", 1966.
4 Z. J. Bajszczak, „Report on Manpower Questions in Nepal", a. a. O., 1968.

Tabelle 57: Die Industrieunternehmen in Nepal (1965)

Branche	Zahl der Unternehmen	Zahl der Beschäftigten	Lohn- und Gehaltssumme 1 000 Rs.	Prozentualer Anteil der Branche an der Gesamtwertschöpfung (value added)
Reismühlen	752	3 976	7 523	45,64
Mehlmühlen	26	58	53	1,88
Bäckereien	7	91	141	0,39
Zucker-Raffinerien	7	707	899	0,98
Kristallzuckererzeugung	3	14	24	0,06
Saatöl-Extraktion	41	222	369	4,33
Teeabpackung	3	28	26	0,23
bidi-Herstellung[a]	113	615	3 825	5,81
Zigarettenfabriken	3	387	1 419	5,67
Garne und Textilien	11	371	619	2,86
Jute-Verarbeitung	3	3 124	7 705	8,92
Mützenfabrikation	10	10	35	0,09
Sägemühlen	17	429	1 153	2,45
Möbel (nicht metall.)	40	354	757	1,56
Metallmöbelherstellung	5	31	76	0,15
Druckereien	39	705	864	1,07
Seifensiedereien	6	56	104	0,19
Zündholzfabriken	6	448	728	2,09
Ziegeleien	80	1 330	1 941	4,88
Zementprodukte	4	93	141	0,62
Kalkbrennöfen	8	77	30	0,05
Metallgefäße	3	135	313	2,90
Reparaturbetriebe	31	278	585	1,20
Andenken und Juwelen	5	52	128	0,30
Eis und Speiseeis	5	3	2	0,04
Verschiedenes	29	803	1 706	5,64
Total	1 257	14 397	31 166	100,00

a) Handgemachte Kleinzigarre.
Quelle: „Preliminary Results of the Census of Manufacturing Establishments 1965", Kathmandu 1966.

zu folgen[5], trüben oft den Blick für die Möglichkeiten und Größenmaßstäbe in ihrem eigenen Land. Man möchte sich nicht mit Kleinigkeiten abgeben und greift deshalb nach den Sternen. Und dieser Versuch scheitert.

Die Neigung, Kapital im industriellen Sektor zu investieren, ist nicht sehr groß. In der traditionellen Gesellschaft Nepals war Landbesitz die Quelle des Reichtums, der durch Ausbeutung der kleinen Pächter realisiert wurde. Die Landreformbestrebungen zielen auf lange Sicht auf eine Übertragung der Eigentumsrechte am Boden an diejenigen, die ihn wirklich bebauen, mit einer Entschädigung der

---

[5] Das gern wiederholte Zitat König Mahendras lautet: „Industrie ist der Schlüssel zum Fortschritt. Es kann keine Entwicklung der Gesellschaft ohne Industrialisierung geben."

früheren Landbesitzer und einer Investition dieser Entschädigungen im nichtlandwirtschaftlichen Sektor. Die Zwangssparbeträge[6], die bisher in industriellen Unternehmungen eingesetzt wurden, sind verschwindend gering. Beide Bestrebungen also haben den erwarteten raschen Erfolg vermissen lassen. Wer Geld hat, versucht eher, es im Handel oder in Indien mit Aussicht auf hohe Rendite anzulegen. Nepal wäre denn auch das erste Entwicklungsland, in dem die geldbesitzende Klasse Vertrauen in die heimische Wirtschaft hat. „Geldbesitzer in Nepal", schreibt Ajit N. S. Thapa in einer außergewöhnlich guten und nüchternen Analyse, „interessieren sich hauptsächlich für a) das Einfuhr-Ausfuhr-Geschäft, b) das Hotel- und Transportgewerbe, c) das Horten von Nahrungsgetreide, d) den allgemeinen Handel[7]."

Zur Mobilisierung oder zur Attraktion heimischen Kapitals hat die Regierung daher im Jahre 1959 die Nepal Industrial Development Corporation (NIDC) gegründet, eine Art von Entwicklungsbank, die bis zu 65 % des fixen Kapitals bei neuen Industrieunternehmungen kreditiert, Projektanalysen durchführt und technische Hilfe bei der Neugründung von Industrieunternehmen leistet. Andere Maßnahmen der Regierung wie Steuerbefreiung, Kapitaltransfer usw. waren auf die Mobilisierung inländischen wie ausländischen Kapitals gerichtet. Viele Betriebe, die heute in Nepal bestehen, erfreuen sich der Hilfe der NIDC, die übrigens ihrerseits Kapital- und Personalbeiträge aus der Bundesrepublik Deutschland erhalten hat.

Trotz aller dieser Bemühungen ist die Industrialisierungspolitik Nepals keineswegs erfolgreich zu nennen. Die Gründe dafür sind zahlreich:

1. Die geringe Neigung, sich auf die Weiterverarbeitung landwirtschaftlicher und forstwirtschaftlicher Rohstoffe mit aussichtsreichen Märkten zu konzentrieren. Moderne Reis- und Getreidemühlen könnten nicht nur eine viel höhere Nahrungsmittelquote aus der Ernte ziehen, ohne daß mehr angebaut wird, es könnten auch zusätzliche Produkte, wie etwa Reiskleie-Öl, gewonnen werden, die heute verlorengehen oder verwüstet werden. Saatöl wird auf höchst primitive Weise gewonnen, was nicht nur wiederum eine Vergeudung darstellt, sondern auch zu minderwertigen Qualitäten führt, die auf dem Markt geringen Ertrag bringen. Das gilt besonders für die Gheeherstellung. Ohne eine oder mehrere moderne Ghee-Raffinerien wird Nepal in Kürze seine Position selbst auf dem indischen Markt verlieren. Die Ausbeutung der Forsten in eigener Regie statt durch indische Kontraktoren, der Export von behandeltem Holz statt rohem Rundholz würden dem Land und dem Staat erhebliche Einnahmen sichern, die heute verlorengehen, nicht zu reden von der rettungslosen Ausbeutung der Wälder durch unverantwortlichen Einschlag[8]. Statt dessen wird immer wieder versucht, komplizierte Industrieanlagen mit teurer Ausrüstung, importierten Rohstoffen und dem Bedarf an qualifizierten

---

6 Vgl. Kapitel „Agrargeographie".
7 Ajit N. S. Thapa, „Rapid Industrialization in Nepal", in „The Rising Nepal", vom 20. 5. 1968.
8 Vgl. Kapitel „Forstwirtschaft".

Arbeitern zu errichten, die zu teuer produzieren, keinen hinreichenden inneren und auch keinen äußeren Markt finden.

2. Die mangelnde Initiative zur Errichtung von importsubstituierenden Industrien. Es fehlt an zielstrebigen und wohlkoordinierten Projekten zum Aufbau von Industrien, die einheimische Rohstoffe verarbeiten und den inländischen Markt mit Gütern beliefern, die noch immer in großem Umfang eingeführt werden. Dazu gehört z. B. Zucker, und die nepalische Zuckerindustrie ist ein einziger Fehlschlag. Das Argument, Nepal könne viele solcher Erzeugnisse billiger einführen als selbst erzeugen, ist schwach. Will Nepal seine wirtschaftliche Eigenständigkeit erhalten, so muß es ganz einfach selbst erzeugen, was immer es erzeugen kann, es muß seine Technik vervollkommen und eines Tages auch preiswert erzeugen, was es heute importiert. Wenn es das nicht will, dann sollte es möglichst schnell eine Wirtschaftsunion mit Indien anstreben und keine eigenen Industrialisierungspläne mehr entwickeln.

3. Das dürftige Transportsystem und der mangelnde Zugang zu inneren und äußeren Märkten. Der Antransport von Rohstoffen ist teuer, wenn der Betrieb nicht an der indischen Grenze liegt und die Rohstoffe über indische Eisenbahnen importiert. Der Absatz der Fertigerzeugnisse ist gleichermaßen schwierig und teuer. Nepal ist kein einheitlicher Markt, da es kein Verkehrsnetz besitzt. Indische Kaufleute haben indessen ihr System von der Grenze über Händler und Träger bis in weit nördlich gelegene Bazare im Laufe der Zeit ausgebaut, mit dem zu konkurrieren den wenig erfahrenen und unbeholfenen jungen Industriellen Nepals schwerfallen dürfte.

4. Die wirtschaftliche Unterlegenheit der nepalischen Industrie liegt zu einem wesentlichen Teil auch in der geringen Qualität von Arbeiterschaft und Management. In diesem Zusammenhang dürfte ein Beispiel nepalischer Selbsteinschätzung interessant sein. „Die industrielle Arbeiterschaft in unserem Lande", schreibt Thapa, „ist unausgebildet und hochgradig fluktuierend (migratory). Die Nepalis sind von Natur aus eine Kriegerrasse, und im Frieden sind sie Bauern. Nepalis und Maschinen scheinen nicht zusammenzupassen. Ein großer Prozentsatz der in der Industrie Beschäftigten ist entweder Schreiber, Bote oder Türsteher, sie sind nicht Maschinisten, Mechaniker, noch sind sie direkt mit der Mensch-Maschine-Beziehung verbunden. Erfahrung hat gezeigt, daß Nepalis nicht die Geduld für gelernte industrielle Arbeit haben, und daher kommen die Facharbeiter und die angelernten Arbeiter aus den angrenzenden Städten Indiens. Daher ist die nepalische Arbeitskraft hochgradig fluktuierend. Nepalis sind ohne Beziehung zu ihrer Arbeitsstelle, weil es sie langweilt und weil sie sich nur langsam anpassen, aber andererseits findet auch die indische Arbeiterschaft keine Sicherheit an nepalischen Arbeitsplätzen. Folgerichtig sind die Arbeitskräfte der nepalischen Industrien migratorisch, uneffektiv und daher teuer, und sie treiben die Produktionskosten in die Höhe."

Gleichermaßen interessant ist die Charakterisierung des Managements. „Das Management ist unerfahren, und das gilt sowohl für den privaten wie für den öffentlichen Sektor. Die Unternehmen des Privatsektors arbeiten mit Verlust aus zwei Gründen: Unfähigkeit des Managements und Manipulationen von Institutionen oder Personen mit ‚wohlerworbenen Interessen' (vested interests). Der öffentliche Sektor wird vor allem durch die Bürokratie und den Mangel an Entscheidungskraft geschwächt[9]."

5. Die den Industriebetrieben zur Verfügung stehenden Energiequellen sind zu teuer und ihre Betriebskosten zu hoch. Trotz eines erheblichen Potentials an billiger Hydroenergie müssen die meisten Industriebetriebe dreimal mehr für ihren Strom zahlen als vergleichbare indische Unternehmen. Die meist aus Indien eingeführten Maschinen und Ersatzteile kommen die nepalischen Unternehmen bis zu 25 % teurer als vergleichbaren indischen Unternehmen.

Eine industriegeographische Frage von eminenter Bedeutung ist die räumliche Verteilung der Industriebetriebe, die Ursachen dafür und die Konzeption einer Standortpolitik. Die Analyse ist vergleichsweise einfach. Karte 87 zeigt die Verteilung der industriellen Arbeitsplätze in Nepal nach Distrikten. Wir haben die Zahl der Arbeitsplätze der der Industriebetriebe vorgezogen, weil sie über die Bedeutung des industriellen Sektors in jedem Distrikt besser Auskunft gibt als die Zahl der Betriebe, deren Größe in Nepal sehr unterschiedlich ist. Die Karte bedarf keiner wortreichen Interpretation. Das industrielle Herz Nepals ist Biratnagar (Distrikt Morang), wo 1936 der erste Industriebetrieb von den Indern errichtet wurde und das so trotz vieler Konkurse zum industriellen Standort par excellence wurde. Zahlreiche Industriebetriebe schließen sich bis Birgunj im Zentralen Terai an, dann läßt die Dichte der industriellen Arbeitsplätze nach Westen rapide nach. Ein zweiter Standort konzentrierter Industrieaktivität ist das Tal von Kathmandu. Zwischen Kathmandu und dem Zentralen Terai liegt Hitaura, ebenfalls ein aufstrebender Industriestandort. Der Rest Nepals besitzt keine Industriebetriebe[10].

Die Terai-Industrien haben verschiedene Gründe für ihre Standortwahl. 1. Historisch: Wie erwähnt, wurden die ersten Fabriken in den 1930er Jahren im Terai nahe der indischen Grenze vorwiegend mit indischem Kapital gegründet. 2. Verkehrs- und absatzpolitisch: Da diese Unternehmen vorwiegend zur Belieferung des indischen Marktes gedacht waren und selbst in andere Teile Nepals über Indien

9 Ajit N. S. Thapa, a. a. O.
10 Harka B. Gurung hat einen Vergleich der industriellen Großbetriebe (large-scale industries) in den verschiedenen Regionen vorgenommen und festgestellt, daß sich 15 Unternehmen im Tal von Kathmandu, 14 im Industriekomplex Biratnagar und 6 im Industriekomplex Birgunj-Hitaura befinden. Abgesehen davon, daß die Interpretation Großbetrieb unglücklich ist und ein falsches Bild vermittelt, zeigt dieses Beispiel den unterschiedlichen Eindruck, den der Vergleich von Firmen einerseits und der von Arbeitsplätzen andererseits macht. (H. B. Gurung, „Preliminary Remarks on Industrial Location in Nepal" in „Nepal Industrial Digest", Vol. 3, No. 1 (1968), S. 65 ff.

Karte 87: Industrielle Arbeitsplätze in Nepal
Die Karte vermittelt den Eindruck einer starken Konzentration von Arbeitsplätzen entlang der Grenze mit Indien, mit einem Schwerpunkt in Biratnagar. Eine weitere Konzentration liegt im Tal von Kathmandu, das ein Korridor über Hitaura mit dem Teraigürtel verbindet. Statistische Grundlage der Karte ist der Industriezensus von 1965 (Central Bureau of Statistics).

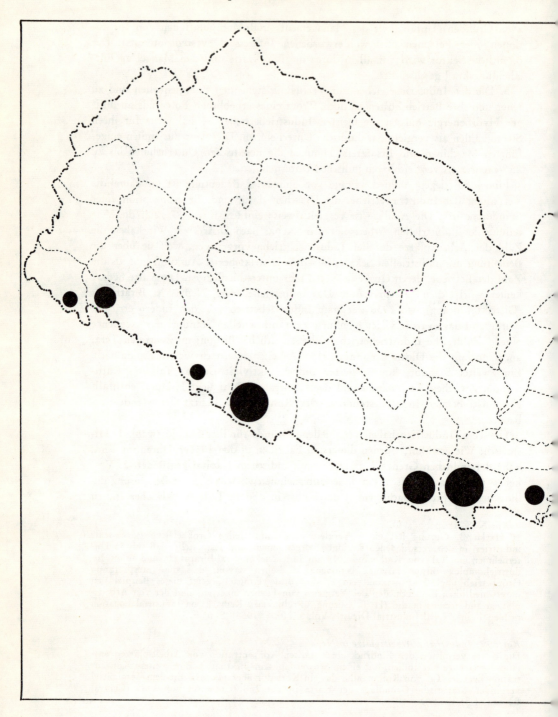

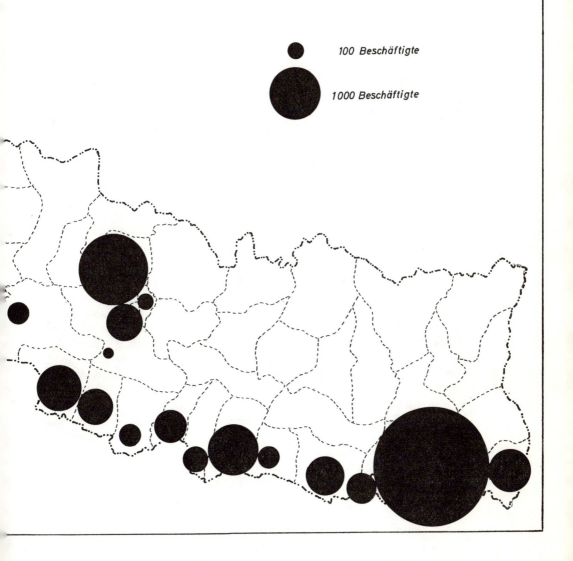

liefern, siedelte man sie möglichst nahe an den Endbahnhöfen der indischen Eisenbahn an. 3. Rohstoffpolitisch: Die meisten Industrien waren zunächst zur Nutzung der nepalischen Rohstoffbasis im Terai (Jute, Tabak, Baumwolle, Zuckerrohr) gedacht. 4. Arbeitskräftepolitisch: Nepal konnte keine Facharbeiter, oft nicht einmal Hilfsarbeiter stellen (die indischen Unternehmer hatten die Fabriken auch nicht zur Schaffung nicht-landwirtschaftlicher Arbeitsplätze für die Nepalis gegründet), und die Industrien bezogen ihren Arbeiterstamm, auf jeden Fall und bis heute den Facharbeiterstamm, aus Indien, also ergab sich auch hier ein Vorteil aus der grenznahen Lage. 5. Energiepolitisch: Da ohnehin kein nepalischer Betrieb mit nepalischer billiger Hydroenergie arbeiten konnte (weil es diese erst seit kurzem gibt), mußte die Energieversorgung über aus Indien importiertes Dieselöl, Kohle usw. erfolgen, was in Grenznähe billiger war.

Für die Industrien im Tal von Kathmandu gelten andere Gründe. Sie wurden hier viel später gegründet, nämlich nach dem Bau der Straße von und nach Indien. Erst dadurch war es möglich, in der Nähe der Hauptstadt industrielle Arbeitsplätze zu schaffen, wenn auch mit erheblich teureren Rohstoffen, die nahezu gänzlich aus dem Süden heraufgebracht werden müssen. Im Grunde rechtfertigt nichts das Kathmandu-Tal als industriellen Standort, wenn man davon absieht, daß sich hier eine Konzentration an ausgebildeten Fachkräften befindet, die Wert darauf legt, an Ort und Stelle Arbeit zu finden.

Nach den klassischen Regeln der Standortwahl liegen die grenznahen Industriebetriebe Nepals vollkommen richtig. Betrachtet man diesen Standort allerdings mit den Augen des sozial-ökonomisch orientierten Regionalplaners, so können sie nicht befriedigen. Das Terai als „Kornkammer" Nepals besitzt heute die letzten Landreserven zur Beschaffung weiterer landwirtschaftlicher Arbeitsplätze im Lande, während die Gebirgszone übervölkert ist und um des Überlebens der Bergbauern willen rasch und systematisch vom Bevölkerungsdruck befreit werden müßte. Nicht-landwirtschaftliche Arbeitsplätze im Gebirge wären wünschenswert, aber sie sind natürlich aus den verschiedensten technischen Gründen nicht in großer Zahl zu erwarten, außer vielleicht in den Tälern von Kathmandu, Pokhara und einigen anderen ähnlichen Plätzen. Es dürfte sinnvoll sein, an eine Kette industrieller Standorte entlang dem Vorgebirge zu denken, eine Zone, die im Begriff ist, durch die Ost-West-Fernstraße verkehrstechnisch erschlossen zu werden, die an der Quelle billiger Hydroenergie liegt und vom Gebirge abwandernder Bevölkerung temporäre oder dauernde Arbeit anbieten könnte. Weniger fruchtbare Böden würden als Standort genutzt, und die eventuell nötige Verbindung nach Indien könnte durch die Verlängerung der indischen Bahnlinien ohne große Schwierigkeit hergestellt werden[11].

Auf jeden Fall sollte die Regierung die Gründung nicht-landwirtschaftlicher industrieller Arbeitsplätze so weit nördlich wie möglich fördern und damit in Einklang mit dem fortschreitenden Bau der Autostraßen und der Wasserkraft-

---

[11] Vgl. dazu unsere Ausführungen im Kapitel „Verkehrsgeographie".

werke vorgehen. Je früher diese Politik beginnt, um so geringer werden spätere Anpassungskosten sein.

Eine standortpolitische Einflußnahme der Regierung ist die Errichtung von Industriebezirken (industrial estates) in einigen kleineren Städten, die Zufahrt, Strom, Wasser usw. auf Parzellen zur Verfügung stellen, so daß kleinere Industrien sich leicht ansiedeln können. Prinzipiell ist die Methode der Industriebezirke in wenig entwickelten Ländern zu begrüßen, weil so die Kosten der Infrastruktur erheblich gesenkt und nicht-landwirtschaftliche Arbeitsplätze an dafür ausgewählten Orten bereitgestellt werden. Gurung bemängelt, daß der Staat solche Industriebezirke dort angelegt habe, wo sich größere und mittlere Betriebe bereits etabliert hatten und wo die Infrastruktur im Grund bereits vorhanden ist[12]. Bestehende Industriebezirke gibt es in Kathmandu (Balaju), in Lalitpur, in Hitaura, Nepalgunj und Dharan, und bis Ende 1970 sollen solche auch in Pokhara, Butwal und Rajbiraj errichtet werden.

Die Gründung solcher Industriebezirke spielt bis heute keine große Rolle in der Standortplanung. Abgesehen von Pokhara, Butwal und Dharan liegen sie alle traditionell in der Grenznähe oder im Tal von Kathmandu. Jüngere Wirtschaftspolitiker in Kathmandu sind sich durchaus der Gefahren bewußt, die ein Treibenlassen der industriellen Standortwahl mit sich bringt, und sie kennen auch die Chance, die ein vorindustrielles Land wie Nepal in der Raumordnung hat. B. P. Shreshtha, heute Mitglied der Nationalen Planungskommission, fordert eine regionale Entwicklungspolitik der Regierung zum Ausgleich der Chancen zwischen Terai und Gebirge[13], und der 4. Entwicklungsplan (1970/71—1975/76) soll nach ersten Entwürfen sehr stark einen regionalplanerischen Charakter tragen[14].

Es besteht allerdings wenig Grund zu der Annahme, daß mittlere und größere Industrieunternehmen nördlich der Vorgebirge angesiedelt werden können. Der Kostennachteil nepalischer Produkte würde dadurch weiter vergrößert werden. Indessen bietet sich, von der Regierung wohl erkannt, wenn auch in Zeitungsberichten maßlos überschätzt, die Möglichkeit einer systematischen Entwicklung des dörflichen Handwerks, der Heim- und Kleinindustrie über das ganze Land hin an. Die planmäßige Entwicklung der „Small Home and Cottage Industry" reicht bis 1954 zurück, als die Regierung und die Ford Foundation ein diesbezügliches Hilfsabkommen schlossen. Seitdem wurden einige tausend Handwerker ausgebildet, Kredite bereitgestellt und Ausstellungen organisiert, aber wesentliche Fortschritte in der Bereitstellung nicht-landwirtschaftlicher Arbeitsplätze wurden noch nicht erzielt. Man geht vor allem von der Überlegung aus, daß die Landbevölkerung erhebliche Zeit- und damit Kraftreserven während der landwirtschaftlich ruhigen Periode des Jahres hat, ferner daß es zahlreiche wenig genutzte Rohstoffreserven überall im Lande gibt, und schließlich, daß es einen Markt für Handwerkserzeugnisse in Nepal gibt, vielleicht sogar eine Ausfuhrchance. Sicher ist, daß,

---

12 H. B. Gurung, a. a. O., S. 69.
13 B. P. Shreshtha, a. a. O., S. 234—243.
14 „Preliminary Draft Outline of the Forth Plan 1970—1975", Kathmandu, 1969.

wie in der Landwirtschaft, auch das ländliche Handwerk überwiegend der Selbstversorgung der Dorfgemeinschaft dient. Die der Hindugesellschaft eigene Kastengliederung teilt bestimmten Personengruppen gewisse Verrichtungen zu, und wo sie fehlen, fehlt es auch an den betreffenden Produkten oder Diensten. Die Bazare des Landes bieten heute eine wachsende Vielfalt von Gütern des täglichen Bedarfs, Werkzeuge, Haushaltswaren usw., aus Indien an, und es ist nicht einzusehen, warum nicht wohlorganisierte Heim- oder Kleinindustrien diese Märkte beschicken können. Der völlige Mangel an einem erweiterten inneren Markt hat Nepal bis vor kurzem mehr als eine Ansammlung von Wirtschaftsgebieten denn als eine Volkswirtschaft erscheinen lassen. Die Bhotia-Leute im Norden knüpfen Teppiche, aber außerhalb ihres Siedlungsgebietes sind sie unter der Bevölkerung kaum bekannt. In Kathmandu schläft man auf dem Lehmboden der Häuser, bestenfalls auf einer Strohmatte, während man im Terai das Feldbett kennt. Irgendein Austausch dieser Gebrauchsgegenstände ist unbekannt. Daher zielt das Programm der Kleinindustriepolitik auf die Einführung und Verbesserung der Produkte von Handwerkern wie Mechanikern und Elektrikern, vor allem aber Möbeltischlern, Schuhmachern, Strumpfwirkern, Töpfern, Webern, Färbern und Druckern, Schneidern, Teppichknüpfern, Papiermachern und Verarbeitern von Rohr und Bambus[15].

Das Departement für Kleinindustrie plant jetzt, jährlich fünf Dorfindustrie-Zentren, eines je Distrikt, einzurichten. Zehn davon bestehen heute in Jhapa, Tharathum, Khotan, Kabhre Palanchok, Makwanpur, Tanahu, Rupandehi, Myagdi, Rolpa und Darchula. Damit will man in 15 Jahren ganz Nepal mit seinen 75 Distrikten versorgen[16].

Bezieht man die dörflichen Handwerker mit in den Kreis der Industriearbeiter ein, so verschieben sich Umfang und Verteilung des industriellen Sektors natürlich sofort erheblich. Eine 1961/62 vom Planungsministerium (Central Bureau of Statistics) veröffentlichte Statistik weist 92 739 industrielle Arbeitskräfte aus, von denen 14 142 oder 15 % im Tal von Kathmandu, 34 915 oder 34 % im Terai und 43 682 oder 47 % im Gebirge tätig waren. Die Gesamtzahl machte 2,2 % der aktiven Bevölkerung aus, und diese Zahl sagt einiges über potentielle Arbeitskräfte in der Gebirgszone Nepals aus, die bei entsprechender Entwicklungspolitik in kleineren oder mittleren Industriebetrieben daselbst eingesetzt werden könnten.

b) Energiewirtschaft

„Mittlere Lagerstätten von Kohle wurden in einigen Gebirgsgebieten gefunden. ... Torf wurde auch im Mittleren Terai und in höheren Lagen in kleinen Mengen gefunden. Diese minderwertigen Brennstoffe könnten zur Energieerzeugung benutzt werden und ebenso zum Ziegelbrennen, als Haushaltbrennstoffe und zur

---

15 H.M.G. Department of Cottage Industries, „In Brief", Kathmandu 1969, S. 5.
16 a. a. O., S. 12 f.

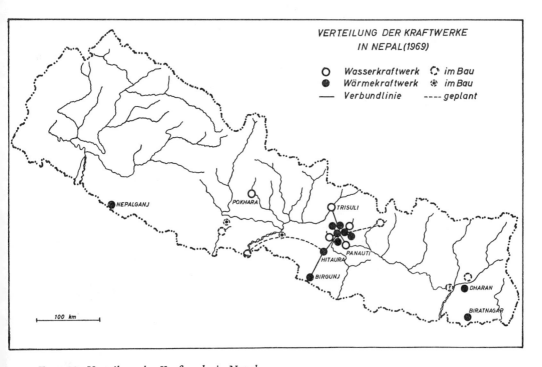

Karte 88: Verteilung der Kraftwerke in Nepal
Die Konzentration der Energieproduktion um die Hauptstadt ist offensichtlich und aus der ganzen Wirtschaftsgeschichte Nepals nicht überraschend. Durch die Verbundleitung nach Süden hat sich eine Art von „industriellem Korridor" entwickelt. Er reicht vom Industriedistrikt Lalitpur (Patan) über Balaju (Kathmandu) und dem Industriedistrikt von Hitaura bis zu dem Industriestädtchen Birgunj. Die eigentliche Industriestadt Nepals aber ist Biratnagar, wo man sehr früh begonnen hat, auf privatwirtschaftlicher Grundlage Strom zu erzeugen. Nepalgunj in West-Nepal zeigt Ansätze zur Industrialisierung und hat ein Wärmekraftwerk. Pokhara ist erst 1969 ins Zeitalter der Elektrizität eingetreten, nachdem die Generatoren, die jahrelang nicht eingeflogen werden konnten, endlich über die neue Straße transportiert worden waren.

Produktion von Gas, Teer, Koks, Flüssigbrennstoff, Benzin und Flugzeugtreibstoff. Geologen glauben, daß wir leicht große Mengen von Kohle und Torf haben könnten, wenn wir die Naturreichtümer in großem Stil ausbeuten[1]."

Die energiewirtschaftliche Entwicklung Nepals ist, wie die aller Wirtschafts-

---

[1] Suresh Ranjan Baral, „Power Resources of Nepal and its Problems", in „The Rising Nepal" (20. 3. 1968). Dieser Aufsatz ist ein typisches Beispiel „populärwissenschaftlicher" Veröffentlichungen in Nepal, die im Handumdrehen alle Probleme ihres Landes lösen. Sie spiegeln meist das auf Auslandsreisen oder im Auslandsstudium erworbene Wissen wider, das unbesehen auf das Heimatland angewandt wird, ohne daß die dort herrschenden Verhältnisse in Betracht gezogen werden. Niemand hat z. B. bisher die Existenz nennenswerter Braunkohle- oder Torfvorkommen gemeldet, von ihrer wirtschaftlichen Ausbeutbarkeit überhaupt nicht zu reden. Von einer kleinen Lagerstätte schlechter Braunkohle hoch oben in den Bergen bis zur Herstellung von Flugbenzin scheint es nach dem Verfasser auch nur ein kleiner Schritt zu sein.

zweige, jungen Datums, denn selbst von einer Entwicklung der Landwirtschaft kann man ja erst seit kurzem sprechen. Die historischen Angaben über die Errichtung der ersten Elektrizitätswerke widersprechen einander, wie auch alle Zahlen über Energieerzeugung und -verbrauch. Sicher ist nur, daß das Zeitalter der Elektrizität in Nepal im Jahre 1911 einsetzte, als die damals herrschende Rana-Familie das Wasserkraftwerk Pharping, südwestlich etwas außerhalb des Kathmandu-Tals gelegen, mit einer Kapazität von 500 kW bauen ließ, um ihre Paläste und Ministerien in Kathmandu beleuchten zu können. Als man entdeckte, daß man aus dem Verkauf von Strom Einkommen erzielen kann, wurde 1934 das Wasserkraftwerk von Sundarijal am Nordrand des Tales mit einer Kapazität von 800 kW gebaut und Strom an jeden geliefert, der die entsprechenden Kosten trug[2]. In der Folgezeit konnte die steigende Nachfrage nach Strom in der Hauptstadt immer weniger gedeckt werden, doch erst 1956 wurde eine zusätzliche Dieselkraftstation (1 600 kW) in Kathmandu errichtet[3].

Dies ist die Situation am Vorabend eines geplanten Wirtschaftsaufbaus in Nepal, in dem die Energiewirtschaft einen größeren, wenn auch keinen überwältigenden Anteil an den staatlichen Investitionen zugeteilt bekommt[4]. Die installierte Kapazität der nepalischen Elektrizitätswerke ist seitdem wie folgt gewachsen:

Tabelle 58: Entwicklung der Stromversorgung in Nepal (installierte kW)

Zeitraum	Installierte kW
Zu Beginn des 1. Plans (1956/57—1960/61)	4 030
Zu Beginn des 2. Plans (1962/63—1964/65)	9 826
Zu Beginn des 3. Plans (1965/66—1969/70)	19 696
Gegenwärtig (1969)	25 828

Quellen: Plandokumente, Presseberichte, Department of Electricity, Kathmandu.

Eine Analyse der bestehenden Kraftwerke zeigt das Übergewicht der Wärmekraftwerke, die ausschließlich mit importierten Brennstoffen arbeiten, ehe das Trisuli-Kraftwerk in Betrieb genommen wurde. Damit stieg der hydroelektrische Anteil sofort von bisher 27 auf nunmehr 60 %. Die Wahl von Wärmekraftwerken in den ersten Aufbaujahren erklärt sich daraus, daß sie billiger und schneller auf-

---

[2] Prakash C. Lohani „Nepal Electricity Corporation", in „Motherland" (29. und 30. 4. 1969).
[3] Unabhängig von staatlichen Investitionen wurden zwischen 1939 und 1949 private Kraftwerke in Biratnagar und Birgunj gegründet mit insgesamt etwa 2 000 kW. Zusammen mit Generatoren von verschiedenen Industriebetrieben im Terai dürfte es zusätzlich zu den staatlichen Kraftwerken im Tal von Kathmandu noch etwa 5 000—5 500 installierte kW an privaten Generatoren gegeben haben (vgl. B. P. Shreshtha, „The Economy of Nepal", a. a. O., 1967, S. 8). Shreshtha schätzt, daß in Nepal im Jahre 1964 4 700 kW (23,9 %) in öffentlichen und 14 996 kW (76,1 %) in privaten Kraftwerken installiert waren, zusammen also 19 696 kW, was auch der Situation am Ende des 2. Plans entspricht.
[4] Im 1. Plan erhielt der Sektor Energie 9 %, im 2. Plan 13 % und im 3. Plan 15 % der öffentlichen Plan-Investitionen zugeteilt.

10. Industriegeographie

zubauen sind, wenn sie sich auch der hohen Betriebskosten wegen nicht mit Wasserkraftwerken messen können, deren Aufbau wiederum langwieriger und kostspieliger ist.

Die Energiepolitik der nepalischen Regierung hat sich aber für die Zukunft fast vollständig auf Wasserkraftwerke konzentriert. Von den sieben Kraftwerken, die das Electricity Department als im Bau befindlich meldet, sind fünf Wasserkraftwerke, und sie werden 98,9 % der zusätzlich zu erwartenden Energie erzeugen.

Tabelle 59 vermittelt ein detailliertes Bild von den heute in Nepal bestehenden Kraftwerken, und Karte 88 zeigt sie in ihrer räumlichen Verteilung.

Produktion und Verbrauch von Energie haben in den letzten Jahren sprunghaft zugenommen, wennschon nicht vergessen werden darf, daß 80 % der Energieerzeugung und 75 % des Energieverbrauchs in der Bagmati-Zone und damit praktisch

Tabelle 59: Kraftwerke und Energieerzeugung in Nepal (1969)

Kraftwerk	Ort	Distrikt	Typ[a]	Installierte Kapazität (kW)[b]	
Pharping	Pharping	Makwanpur	H	500	1911
Sundarijal	Sundarijal	Kathmandu	H	640	1934
Panauti	Khopasi Bazar	Kabhre Pal.	H	2 400	1965
Trisuli	Trisuli Bazar	Nawakot	H	9 000[c]	1966
Mahendra Station	Kathmandu	Kathmandu	D	1 728	1956
Teku Station	Kathmandu	Kathmandu	D	528	1961
Bhaktapur	Bhaktapur	Bhaktapur	D	264	1961
Lainchaur	Kathmandu	Kathmandu	D	528	1963
Naksal	Kathmandu	Kathmandu	D	528	1963
Patan	Patan	Lalitpur	D	1 470	1966
Birgunj	Birgunj	Parsa	D	568	1965
Hitaura	Hitaura	Makwanpur	D	4 470	1966
Morang Hydroel.	Biratnagar	Morang	D	1 704	n. a.
Dharan Electric	Dharan Bazar	Sunsari	D	200	n. a.
Bageswari Electric	Nepalgunj	Banke	D	300	n. a.
Pokhara Hydro	Pokhara	Kaski	H	1 000	
Zusammen				25 828	
Kraftwerke im Bau					
Sun-Kosi Hydro	Barahbise	Sindhu Pal.	H	10 000	1970/71
Kosi Project[d]	Katai	Sunsari	H	15 000	1969/70
Gandak	Bhaiselothan	Chitwan	H	15 000	1971/72
Micro-Plant	Dhankuta	Dhankuta	H	240	1969/70
Butwal Power Co.	Butwal	Rupandehi	H	500	1969/70
Bharatpur Diesel	Bharatpur	Chitwan	D	126	1969/70
Palpa Diesel	Palpa	Palpa	D	220	1970/71

a) H = Wasserkraftwerk, D = Wärmekraftwerk
b) Jahr der Inbetriebnahme bzw. erwartete Fertigstellung.
c) Endausbau: 21 000 kW.
d) Bauort nicht nachweisbar.
Quelle: Electricity Department, Ministry of Water and Power, Kathmandu.

Tabelle 60: Energieerzeugung und Verbrauch in Nepal (1 000 kWh)

Jahr	Produktion					
	Bagmati	Narayani	Kosi	Bheri	Gandaki	NEPAL
1963/64	13 749		1 083			14 832
1964/65	15 693	108	1 195			16 996
1965/66	19 621	524	1 295	219		21 659
1966/67	25 524	1 914	1 580	559		29 577
1967/68	30 363	2 264	4 294	722	200	37 843
	Verbrauch					
1963/64	6 961		985			7 946
1964/65	8 984	105	980			10 069
1965/66	11 002	511	981	177		12 671
1966/67	14 210	1 615	1 212	405		17 442
1967/68	18 646	1 948	3 597	505	180[a]	24 876

a) geschätzt.
Quelle: Electricity Department, Kathmandu.

im Tal von Kathmandu liegen und daß die Kraftwerke bislang nur zu etwa 50 % ihrer Kapazität ausgenutzt sind[5].

Die Stromproduktion pro Kopf der Bevölkerung hat sich von 0,7 kW im Jahre 1955 auf 3,8 kW im Jahre 1967 vergrößert. Der Verbrauch an elektrischer Energie stieg von 0,8 kW (1963) auf 2,4 kW (1967).

Interessant ist die Verbrauchsstruktur. In der Bagmati-Zone, wo auch die Hauptstadt liegt, hat der Verbrauch der Haushalte immer ein Vielfaches des Industrieverbrauchs ausgemacht. Im Jahre 1967/68 verbrauchten die Haushalte fünfmal soviel Strom wie die Industriebetriebe (s. Schaubild 26).

Die räumliche Verteilung des Energieverbrauchs in Nepal zeigt Karte 89.

Vergleicht man den Energieverbrauch Nepals mit dem anderer Länder, auch solcher in Asien, so zeigt sich, daß das Himalaya-Königreich noch immer weit am Ende der Skala steht:

Tabelle 61: Energieverbrauch je Kopf der Bevölkerung in ausgewählten Ländern (in kg Kohleequivalent)

Land, Region	1964	1967
West-Europa	2 986	3 147
Asien (ohne Naher Osten)	306	383
Indien	163	176
Pakistan	86	92
Birma	50	52
Nepal	7	10

Quelle: United Nations, Statistical Yearbook, 1968.

5 M. B. Thapa, „Prospect of Hydel Projects in Nepal", in „Nepal Industrial Digest", Vol. III, 1968, S. 57.

10. Industriegeographie

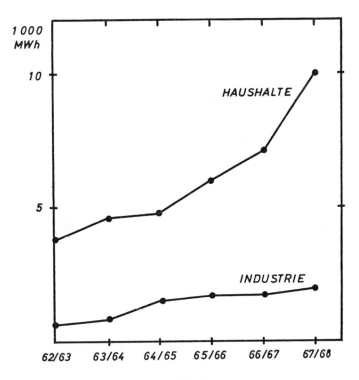

Schaubild 26: Marktstruktur für Elektrizität in der Gandaki-Zone
Der Verbrauch von Strom in der Gandaki-Zone zeigt zwischen 1962/63 und 1967/68 eine deutliche Überlegenheit der Haushalte gegenüber gewerblichen Betrieben. Diese Überlegenheit wird eher noch ausgeprägter, erklärt aber auch die Tatsache, daß die Generatoren zu nur rd. 50 % ausgenutzt sind.

Die Lösung der Energiefrage in Nepal ist aufs engste mit der Hydrologie verknüpft. Bisher haben geologische Untersuchungen keinen Grund zur Hoffnung gegeben, daß die Berge oder Ebenen Nepals andere Brennstoffe oder Energieträger in abbauwürdiger Konzentration, Menge oder Lage bergen. Gewisse Kohlevorkommen und Spuren von Erdöl und Erdgas machen immer wieder Schlagzeilen in der Presse, doch scheint hier mehr der Wunsch der Vater des Gedankens zu sein. Keinesfalls sind die geologischen Untersuchungen weit genug fortgeschritten, um Endgültiges aussagen zu können. Der dringende Energiebedarf des Landes (obschon auch er sicher überschätzt wird) erlaubt nicht das Abwarten langwieriger Untersuchungen[6]. Dies gilt um so mehr, als Nepal von der Natur — neben vielen Problemen — eine unerschöpfliche Energiequelle mitbekommen hat: seine Flüsse.

Bevor wir uns dieser Frage im Detail zuwenden, sei zunächst auf die Problematik der nepalischen Flüsse verwiesen, die im Kapitel über Hydrogeographie

---

6 Vgl. dazu den Abschnitt „Bergbau".

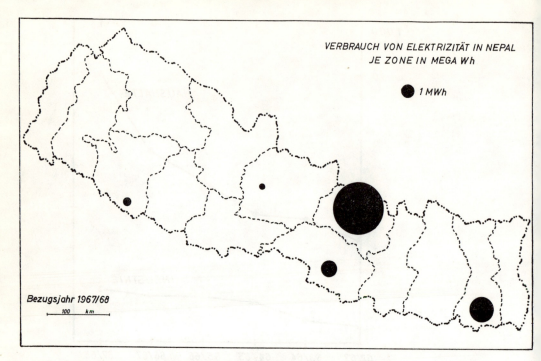

Karte 89: Verbrauch von Elektrizität in Nepal
Die Karte basiert auf den Verbrauchsmengen von 1967/68 je Zone und zeigt deutlich die Relationen. Auf die Hauptstadt folgt die Industriestadt Biratnagar, dann Hitaura/ Birgunj, dann Nepalgunj. Durch die Anlage von Kleinkraftwerken in der Gebirgsregion wird im Laufe kommender Jahrzehnte eine etwas breitere Streuung festzustellen sein.

ausführlich dargestellt wurde. Mehr noch als bei Bewässerungsprojekten stellt bei Hydrokraftwerken die Mitführung von Schlamm und Geröll in den Flüssen ein Problem dar. Doch kann sich Nepal bei der Größe seiner Wasserreserven Techniken leisten, die diese Frage lösen. Es geht hier wahrlich nicht darum, „jeden Tropfen" Wasser in Energie umzuwandeln. Die bisher in Nepal gebauten Wasserkraftwerke sind verhältnismäßig klein, und sie bauen, wenn überhaupt, nur auf sehr bescheidenen Reservoiren auf. Oft sind diese Wasserreservoire so klein, daß, wie im Falle Panauti, das Werk nur zur Zusatzversorgung in Zeiten des Spitzenbedarfs eingesetzt wird. Wesentlich größere Wasserkraftwerke sind im Bau (Sun-Kosi/Bahrabise, Gandak/Bhaiselotan) oder in Vorbereitung (verschiedene Planungen am unteren Sun-Kosi), aber keines sieht bisher nennenswerte Stauanlagen vor, sondern macht nur Gebrauch vom vorhandenen fließenden Wasser.

Zahlreiche Autoren haben sich über das in Nepals Flüssen liegende Energiepotential geäußert, aber nur wenige dürften an Ort und Stelle und mit der erforderlichen Fachkunde die Möglichkeit ihrer wirtschaftlichen Nutzung geprüft haben. Sehr früh schon hat der Geologe T. Hagen auf ausgedehnten Expeditionen Möglichkeiten zur Gewinnung von Hydroenergie untersucht und das Ergebnis in einer

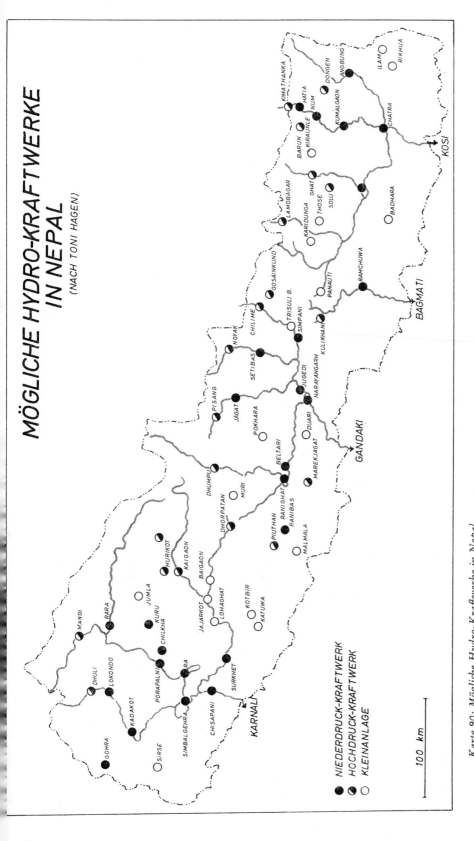

Karte 90: Mögliche Hydro-Kraftwerke in Nepal
Toni Hagen hat auf seinen ausgedehnten Reisen zahlreiche für die Anlage von Wasserkraftwerken günstige Stellen gefunden und benannt. Sie sind in dieser Karte verzeichnet. Einige sind bereits Wirklichkeit geworden (Trisuli, Panauti), andere noch im Gespräch (Karnali, Kulekhani usw.). Die vorgeschlagenen Hochdruckkraftwerke liegen in den Traverstälern der Flüsse durch die Hauptkette. Eine ganze Zahl von Vorschlägen bezieht sich auf kleinere Flüsse.

Karte zusammengestellt (vgl. Karte 90). Hagen übersieht nicht, daß ein Problem in der Geschiebeführung der Flüsse liegt, aber er weist darauf hin, daß der Bau selbst größerer Staudämme (abgesehen vom Kosi-Durchbruch in Ost-Nepal, der in einer geologischen Störungszone liegt) im Nepal-Himalaya und in den Mahabharat-Bergen kein Problem darstellt. Zudem genügt im Prinzip eine der beiden Voraussetzungen für Wasserkraftwerke (große Wassermasse und starkes Gefälle), um eine solche Anlage zu rechtfertigen, aber in vielen Fällen sind in Nepal beide gegeben.

Starkes Gefälle herrscht vor allem in den Traverstälern durch die Himalaya-Hauptkette, wo Hagen auf wenigen Kilometern Distanz Höhenunterschiede von 600 und 700 bis zu 2 000 m feststellte. Hier könnten Dammbauten in festem Fels die Versorgung mit Winterwasser vergrößern, doch scheint es dessen nicht unbedingt zu bedürfen. Grundsätzlich ist die Hauptkette der ideale Platz zum Bau von Hochdruck-Kraftwerken, die das enorme Gefälle ausnutzen. In der Zone nördlich der Mahabharat-Kette bieten sich zahlreiche Gelegenheiten, durch kurze Tunnelbauten die Flußwindungen abzuschneiden und das Gefälle auszunutzen, und schließlich würde der Durchbruch der Flüsse durch die Vorgebirge ins Terai in zahlreichen Fällen nochmals vorteilhafte Bedingungen zur Kraftgewinnung bieten[7].

Die Technik, durch Tunnelbauten Niveauunterschiede von Flüssen oder zwischen Flüssen auszunutzen, tritt gegenüber dem traditionellen Staudamm, der den Wasserspiegel anhebt und so das erforderliche Gefälle schafft, in Nepal immer mehr in den Vordergrund. Hier sind die topographischen Verhältnisse dafür auch besonders günstig, und eine solche Technik kann darüber hinaus leichter mit dem Gerölltransport der Flüsse fertig werden als der klassische Staudamm. Schaubild 27 zeigt einige Planungsbeispiele in dieser Richtung. Vor Einmündung des Karnali ins Terai macht der Fluß einige große Schleifen bei gleichzeitig beträchtlichem Gefälle. Hier bieten sich mehrere Möglichkeiten an, mit kurzen Tunnel durch festes Gebirge große Wassermassen durch Kraftwerke zu leiten. Auch in der Sun-Kosi-Planung der Vereinten Nationen war (nach Verwerfung des indisch-nepalischen Hochdammprojekts bei Baharakshetra) von vornherein mit einem oder mehreren Tunnelbauten durch das Vorgebirge gerechnet worden. Schließlich ist das vor vielen Jahren von Schweizer Experten geplante Kulekhani-Projekt wieder im Gespräch, das durch einen Tunnelbau ein Gefälle von 500 m nutzen und, wie man heute annimmt, 32 000 kW erzeugen könnte, und dies auch noch in einer günstigen Lage, nämlich je 20 km Luftlinie vom Kraftwerk nach Kathmandu und Hitaura.

Hochdruck-Kraftwerke im Hochgebirge dürften in naher Zukunft noch kaum eine Rolle für Nepal spielen; denn es fehlt an der verkehrsmäßigen Erschließung der entsprechenden Gebiete und auch fast vollkommen an einem Markt. Der Transport zu möglichen Verbrauchszentren in Süd-Nepal oder dem Kathmandu-Tal dürfte noch zu kostspielig sein. Niederdruck-Kraftwerke im bereits erschlossenen Süden von Nepal oder in der Nähe des Kathmandu-Tals haben hingegen sofort

---

7 Toni Hagen, „Observations on Certain Aspects of Economic and Social Development Problems in Nepal", 1959, S. 58 f.

10. Industriegeographie 379

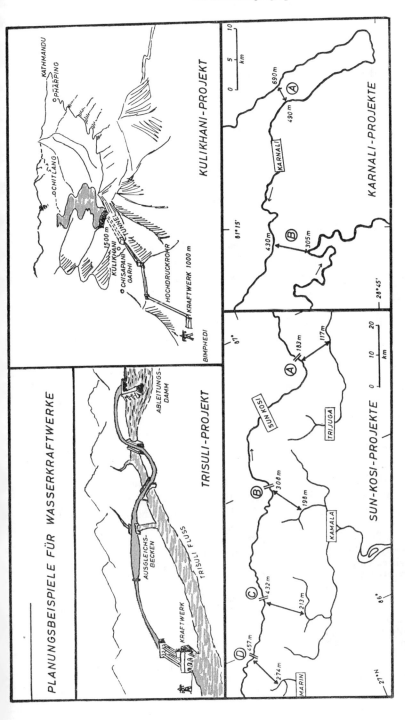

Schaubild 27: Planungsbeispiele für Wasserkraftwerke
Das Trisuli-Projekt wurde mit indischer Hilfe erbaut und läuft heute mit der Hälfte der geplanten Kapazität. Grundlage ist ein Halbwehr, das Wasser des Trisuli-Flusses über ein Ausgleichsbecken in die Druckleitung schickt. Das Projekt wird weiter ausgebaut. — Das Kulikhani-Projekt, südwestlich von Kathmandu gelegen, wurde vor mehr als 10 Jahren entworfen und ist jetzt wieder im Gespräch. — Im Rahmen der Sun-Kosi-Terai-Planung wurden vier mögliche Tunnelbauten erarbeitet, bei denen das Gefälle zwischen Sun-Kosi-Tal und dem Tal eines Terai-Flusses genutzt werden kann. Eine Aufstauung würde den Niveauunterschied noch vergrößern. — Auch die Karnalischleifen in West-Nepal bieten derart günstige Höhenunterschiede auf kurzer Horizontaldistanz an, über die Toni Hagen bereits vor 1960 berichtete.

eine Chance. Außerdem bietet sich die Möglichkeit des Energieexports nach Nord-Indien an[8].

Über das noch schlummernde Potential an Hydroenergie lagen bis vor kurzem nur sehr grobe Schätzungen vor. Jahrelang wiederholten alle Berichte und Publikationen die 1958 von der Central Water and Power Commission of India durchgeführte vorläufige Übersicht über die fünf großen Flußsysteme Nepals, die zu der Schätzung eines Energiepotentials von 8 600 MW kam[9]. Sobald man aber daranging, sich wirklich intensiv mit Wasserkräfteplanung zu beschäftigen, stiegen die Schätzungen steil nach oben. Nur zehn mögliche Kraftwerke im Karnali-System, die im Rahmen der von der japanischen Firma Nippon Koei Co. durchgeführten Planung untersucht wurden, ergaben schon die mögliche Produktion von 6 800 MW! Neuerdings aber liegt eine aus nepalischer Feder stammende Moskauer Dissertation vor, die zu wesentlich günstigeren Ergebnissen kommt. H. M. Shrestha untersuchte 33 größere (mehr als 1 000 km² Einzugsgebiet) und 82 kleinere (zwischen 300 und 1 000 km² Einzugsgebiet) nepalische Flüsse unter Berücksichtigung von Niederschlägen, Wasserreserven in den Bergen (z. B. Gletscher) und Gefälle und kam zu einer Wasserkraftreserve (linear potential water power resource) von nicht weniger als 83 280 MW, also nahezu zehnmal soviel wie die älteren Schätzungen vermuteten[10].

Tabelle 62 zeigt sehr eindrucksvoll, in welchem Maße das Kraftpotential von Flüssen vom Gefälle abhängt. Das Einzugsgebiet der Terai-Flüsse ist größer als das von Kosi oder Gandaki; der Regen, der darüber niedergeht, dürfte sich in ähnlichen Größenordnungen bewegen, und doch liegt das Potential an Hydroenergie der Terai-Flüsse bei nur etwa 20 % der großen Flüsse. Legen wir die frühere Schätzung unseren Überlegungen zugrunde, so macht Nepal heute erst von 0,16 % des Potentials Gebrauch. Nach Fertigstellung der im Bau befindlichen Anlagen würden auch erst 0,56 % des Potentials genutzt. Verglichen mit den neueren Ergebnissen von H. M. Shrestha ist die Nutzung der potentiellen Hydroenergie Nepals bis heute verschwindend gering.

Nachdem in den letzten Jahren beträchtliche Beträge für den Bau von Wärmekraftwerken ausgegeben wurden, die Nepal für alle Zukunft den indischen Treibstofflieferanten ausliefern, nur um die schnell wachsende Nachfrage nach Strom zu

---

[8] Es dürfte für Nepal immer noch günstiger sein, auf Indien als Käufer seiner Überschußenergie angewiesen zu sein denn als Lieferant lebensnotwendiger Energieträger. Die Abhängigkeit Nepals von Indien ist zeitweise unerträglich, und die Lieferung von Benzin, Kerosin und Dieselöl hängt gänzlich von der Laune der indischen Behörden ab. Nepal beklagt sich auch bitter, daß es übeteuerten Brennstoff von Indien kaufen soll, statt ihn billiger auf dem Weltmarkt einzuhandeln, aber die Rechte des freien Transits werden dem kleinen Bergland vom großen Nachbarn im Süden nach wie vor vorenthalten.

[9] ECAFE Bulletin, Vol. IX, Nr. 3 (Dezember 1958), S. 40.

[10] Hari Man Shrestha, „The Cadastre of Potential Water Power Resources of Less-Studied High Mountainous Regions", Moskauer Dissertation 1965; ders., „Water Power Resources of Nepal", in „Nepal Industrial Digest", Vol. I, No. 1 (September 1966), S. 43—45; ders., Paper No. 153, 7th World Power Conference, Moskau 1968; ders., „Hydro-Electricity in Nepal", in „Ramjham", Kathmandu, Vol. 5, No. 3 (20. 10. 1969), S. 28—31.

Tabelle 62: Wasserkraftpotential in Nepal

Flußsystem	Einzugsgebiet[a] km²	Lineares Wasserkraftpotential (Mill. kW)		Total
		Große Flüsse	Kleine Flüsse	
Kosi	27 300	18,75	3,6	22,35
Gandaki	31 600	17,95	2,7	20,65
Karnali-Mahakali	47 300	32,68	3,5	36,18
Terai-Flüsse	39 300	3,07	1,03	4,1
Total	145 500	72,45	10,83	83,28

a) abzüglich der tibetischen Gebiete.
Quelle: H. M. Shrestha, „Water Power Resources of Nepal", in „Nepal Industrial Digest", Sept. 1966, S. 44.

befriedigen[11], und nachdem glücklicherweise der „Atomrausch" auch abgeklungen ist[12], scheint sich die Planung der Regierung von Nepal endlich auf die Gewinnung von Hydroenergie zu konzentrieren. Private ausländische Firmen und internationale Organisationen haben, teilweise schon vor vielen Jahren, zahlreiche durchführbare Projekte mittleren Ausmaßes ausgearbeitet und der Regierung vorgelegt.

Die Wasserkraftplanung baut heute auf den von H. M. Shrestha ermittelten Größen auf[13]. Es darf behauptet werden, daß im Prinzip die Wasserkräfte Nepals weit über den Raum des Landes verstreut sind, so daß überall Elektrizität gewonnen werden könnte. Schaubild 28 zeigt, wie sich das Wasserkraftpotential über die Haupteinzugsgebiete der nepalischen Flüsse verteilt. Gegenwärtig sind, wie Tabelle 59 zeigt, einige größere hydroelektrische Projekte im Bau. Mit technischer und finanzieller Unterstützung der Volksrepublik China wird gegenwärtig ein 10 000-kW-Wasserkraftwerk am oberen Sun-Kosi gebaut, das dem Vernehmen nach allerdings kein Reservoir besitzen, sondern vom fließenden Wasser gespeist werden wird. Über den Markt des so erzeugten Stroms besteht noch keine klare Vorstellung. Vermutlich wird eine Kraftleitung entlang der Kathmandu-Kodari-Straße nach Kathmandu und ein Zweig ins Terai gehen. Im Zuge des von Indien durchgeführten Gandak-Bewässerungsprojekts wurde Nepal eine Quote von 15 000 kW zugesagt. Es ist geplant, das Gandak-Projekt durch eine Kraftleitung nach Hitaura an das zentralnepalische Verbundnetz anzuschließen. Das Butwal-Projekt nutzt die Wasserkräfte des Tinau-Flusses und ist, ähnlich wie Dhankuta, ein Kleinprojekt.

11 Viele öffentliche Investitionen in Nepal stehen in engem Zusammenhang mit Staatsereignissen. Der Bau von Asphaltstraßen indiziert oft einen Staatsbesuch, und es ist kein Zufall, daß die Errichtung der ersten Dieselkraftstation in Kathmandu mit der Krönung König Mahendras (2. 5. 1956) zusammenfällt (vgl. P. C. Lohani, a. a. O.).
12 „Ausstellungen wie ‚Atome für den Frieden', die 1957 in Kathmandu gezeigt wurde, haben eher einen negativen Einfluß auf die Planung in unterentwickelten Ländern, wenn sie nicht von entsprechenden Kommentaren begleitet sind, die die Zukunft der Atomenergie ins rechte Licht der Bedürfnisse des betreffenden Landes rücken." (Toni Hagen, a. a. O., S. 64).
13 M. B. Thapa, a. a. O., S. 51—59.

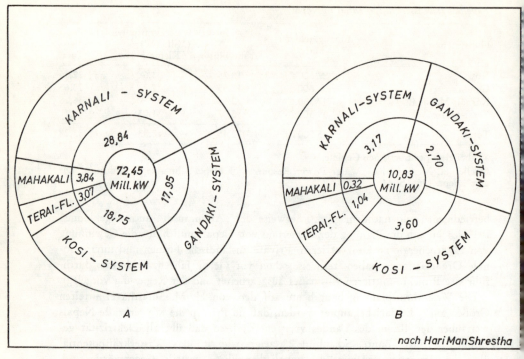

Schaubild 28: Das Wasserkräftepotential nepalischer Flußsysteme
Nach den Untersuchungen von H. M. Shrestha bergen die Flüsse Nepals 83,28 Millionen kW. Das Schaubild zeigt ihre Verteilung auf die wichtigsten Flußsysteme, wobei Kreis A sich auf die Flüsse mit einem Einzugsgebiet von mehr als 1 000 km² und Kreis B sich auf solche mit Einzugsgebieten zwischen 300 und 1 000 km² (ohne tibetische Gebiete) beziehen.

Gegenwärtig verfolgt Nepal zwei Wege in der Planung: erstens eine langfristige Planung für Großprojekte (so am Karnali in West-Nepal und verschiedene Vorhaben unter Nutzung des Sun-Kosi-Wassers in Ost-Nepal[14]) und zweitens „micro plants", also Kleinprojekte mit örtlicher oder regionaler Bedeutung. Diese letzteren Vorhaben sind sehr zu begrüßen. Um 100—150 kW zu installieren, müßten Kosten zwischen 500 000 bis 1 Million Rs. aufgebracht werden[15]. Kleinindustrien und

---

[14] Das Karnali-Hydrokraftwerk ist das größte in der Planung. Der Chisapani-Hochdamm soll eine Höhe von 207 m bekommen und eine aktive Wassermenge von 15,1 Mrd. m³ stauen. Die installierte Kapazität ist mit 1 800 MegaW vorgesehen. Für die Planung stand ein UN-Sonderfonds-Projekt zur Verfügung, das von einer japanischen Firma durchgeführt wurde (vgl. dazu Karte 56 im Kapitel „Bewässerung").

[15] Freneza Mortis, „Micro-Hydro Plant in Nepal", in „The Rising Nepal" (6. 12. 1967). Die Kleinanlagen sind nicht notwendig billiger als Großprojekte, wenn man die Investitionen je installiertem Kilowatt zugrunde legt. Ihr Vorteil liegt aber darin, daß sie im Rahmen der beschränkten Möglichkeiten Nepals liegen, was Kapital und Vermarktung der Energie anbetrifft. Außerdem spielt auch der Zeitfaktor beim Bau solcher Anlagen eine Rolle.

Haushalte kommen als Abnehmer in Frage, und man kann durch Elektrifizierung wirkliche Zentren in einem Land schaffen, das vor allem in seiner Bergregion außerhalb der Hauptstadt nichts besitzt, was Menschen, Initiative oder Kapital anzieht. Ländliche Elektrifizierung ist außerdem eine Form der sozio-ökonomischen Entwicklungspolitik der Regierung, die, einmal durchgeführt, zahlreiche wünschenswerte Nebenerscheinungen zeitigen wird.

Mit fortschreitendem Straßenbau besteht die Gefahr, daß die innere Migration in Nepal immer stärker zu den wenigen Orten wirtschaftlicher Aktivität und natürlich über die Grenze geht. Sieht man eine Regionalplanung vor mit dem Ziel, die Chancen für die Bevölkerung so gleichmäßig wie möglich zu verteilen, so dürfte die Schaffung von Zentren und Subzentren ein gutes, ja ein unerläßliches politisches Mittel dazu sein. Nur die Schaffung nichtlandwirtschaftlicher Arbeitsplätze überall im Lande könnte die Beschäftigungslage bessern und Ballungen an wenigen Orten vermeiden. Die Elektrifizierung vieler Orte in Nepal liefert die Grundlage zur Entwicklung solcher Zentren und Subzentren.

Ähnlich wie bei der Bewässerungspolitik darf allerdings auch bei der Energiepolitik nicht vergessen werden, daß Dammbauten eine vielseitige Wirksamkeit haben. Wir haben an verschiedenen Stellen auf die Bedrohung des nepalischen Bodens durch seine Flüsse (und seine Menschen) hingewiesen, und wir möchten auch hier auf die Schutzfunktion von Dämmen hinweisen, die in der langfristigen Planung angemessene Berücksichtigung finden sollte.

Mit dem Aufbau größerer Hydrokraftwerke, die mehr als nur die nächste Umgebung versorgen können, treten zwei Probleme in den Vordergrund: der Energietransport innerhalb Nepals und der Export von Elektrizität über die Grenzen hinaus. Langfristig geplant ist ein Verbundnetz, dessen Hauptachse der Ost-West-Fernstraße folgen soll. Man geht von der sicher richtigen Überlegung aus, daß die wirtschaftliche Entwicklung und damit der Markt auch für elektrische Energie der Straße folgen wird. Zudem kann der Aufbau größerer Wasserkraftwerke nicht ohne den vorausgegangenen Bau einer Zubringerstraße erfolgen. Die Leitungen des Verbundsystems dürften also mit großer Wahrscheinlichkeit dem geplanten Straßennetz folgen, sofern nicht durch eine kurze Direktverbindung über die Berge ein größeres Verbrauchszentrum erreicht werden kann. Was den Export anbelangt, so richten sich heute noch alle Überlegungen nach Indien. So rechnet man z. B. damit, vom Karnali-Kraftwerk bei Chisapani jährlich 1 Mrd. kWh an elektrischer Energie nach Indien zu exportieren. Niemand scheint damit zu rechnen, daß die Autonome Region Tibet der Volksrepublik China bereits auf dem Wege der Elektrifizierung ist und in der Zukunft ein interessanter Markt für nepalische Überschußenergie werden könnte. Nepalische Bürger aus den nordöstlichen Randgebieten sprechen darüber, daß die Dörfer jenseits der Grenze nachts erleuchtet sind, während sie im Dunkeln sitzen. Sie erwarten, daß Kathmandu etwas für sie tut.

c) Bergbauwirtschaft

Gebirgsländer werden gern a priori als Bergbauländer betrachtet. Der Mann auf der Straße in Nepal ist der Meinung, daß seine Berge immense Schätze bergen, die man nur zu heben und zu exportieren braucht, um der Nation reichlichen Gewinn zu bringen. „Wir haben neue Möglichkeiten zur Ausweitung des Exports zu finden", heißt es in „The Rising Nepal", „und diese neue Quelle heißt Bergbau. Bergbau hat eine wichtige Rolle bei der Entwicklung vieler Länder gespielt, und Nepal sollte auch versuchen, die Bergbauindustrie voranzutreiben, um die Nation zu entwickeln"[1].

Dieser feste Glaube an die bergbauwirtschaftlichen Möglichkeiten Nepals rührt wohl in erster Linie davon her, daß es in der Vergangenheit einige, wenn auch kleine, Bergwerke mit eisen- und metallverarbeitender Industrie gegeben hat und Reisende früherer Zeiten immer wieder wertvolle Lagerstätten in den Bergen Nepals vermuteten. Erste systematische Untersuchungen in neuerer Zeit ergaben, daß mit wenigen Ausnahmen fast jeder Distrikt ein oder zwei verlassene Bergwerke aufzuweisen hat. Die heute noch existierenden Standbilder oder Reliefs von Göttern, Königen und Edlen aus gehämmertem Messing oder gegossenem Kupfer, Glocken und Türverschalungen von Tempeln wären nicht denkbar ohne eine ausgedehnte Bergbauwirtschaft in Neapel zur Zeit der Malla-Könige, wo es offensichtlich auch einen ausgedehnten Export nach Tibet gab[2]. Bis vor einem halben Jahrhundert bestand noch immer eine florierende Kleinindustrie, die aus Eisen landwirtschaftliche Werkzeuge, Haumesser (*khukris*) und Gefäße, aus Kupfer Töpfe und Schalen und aus Gold und Silber Schmuck fertigte.

Dieser Wirtschaftszweig erlebte dann offenbar einen allgemeinen Niedergang, den nur ganz wenige Betriebe bis heute überstanden. Der Grund dürfte in der Erschöpfung der leicht zugänglichen Lagerstätten, dem Mangel an Kapital für weiteren Ausbau, veralteten Techniken und Rückgang der Brennstoffversorgung zu suchen sein. Es ist aber auch nachzuweisen, daß schlechte Behandlung der Bergleute durch die Grubenbesitzer das Ende des Bergbaus beschleunigte, vor allem, nachdem die Gruben unter dem Rana-Regime verstaatlicht und bevorzugten Beamten und Offizieren zur Ausbeutung überlassen worden waren. Nach heute noch lebenden Augenzeugen mußten die meisten der Minen vier oder fünf Jahre nach Übernahme durch den Staat geschlossen werden. Das Wiedereröffnen wurde durch Gesetz untersagt und jeder Fund an Mineralien automatisch Staatseigentum. Das war eine schlechte Voraussetzung für weitere bergbauliche Aktivität[3].

Schließlich wurden die Herstellungskosten der in Nepal geförderten Metalle im Gegensatz zu den aus Indien importierten immer teurer, vor allem wegen der steigenden Transportkosten, die wiederum ihren Grund im Verfall der Brücken in Nepal hatten. Die Preiskonkurrenz von Indien spielt auch bei Metallgerätschaften eine Rolle, sofern sie überhaupt noch in Nepal gefertigt werden.

1 C. K. Sharma, „Our Problems and Way Out", in „The Rising Nepal" (4. 6. 1967).
2 B. P. Shreshtha, „The Economy of Nepal", Bombay 1967, S. 9.
3 Toni Hagen, „A Brief Survey of the Geology of Nepal", 1960, S. 19.

10. Industriegeographie 385

Bergwerke und Bergbauindustrien existieren in Nepal heute nur in einem sehr bescheidenen Umfang, der sich statistisch kaum ausweisen läßt. Förderungs- oder Produktionsziffern sind nicht bekannt, und die Zahl der im Bergbau beschäftigten Arbeiter wird mit 152 angegeben, was 0,05 % der nichtlandwirtschaftlich Tätigen entspricht[4]. B. P. Shreshtha wies für 1962/63 einen Bestand an neun Bergwerken und Bergbauindustrien in Nepal nach[5]. Versuche in Richtung Bergbau während des Zweiten Weltkrieges schlugen durchweg fehl: Die Kohlengrube von Dang, die Glimmergruben-Gesellschaft und die Godavari-Marmorbrüche stellten ihre Arbeit ein. Toni Hagen fand in den 1950er Jahren noch drei Eisenhütten im Betrieb (Those, Barikot, Khotang), eine Kupfergrube (Phikal, Distrikt Ilam) und eine Glimmergrube (Dhanukana, Distrikt Achram).

Die meisten Funde an Mineralien in Nepal sind reine Zufälle und nicht das Ergebnis systematischer Forschung und Prospektion. Daher wird in nicht spezialisierten Berichten über Bergbauaussichten in Nepal gewöhnlich eine große Zahl von Erzen, Erden und Gesteinen genannt, die abgebaut werden könnten. Darunter sind zu finden: Kohle, Torf, Hämatit, Magnesit, Pyrit, Glimmer, Kupfer, Kobalt, Nickel, Kalk zur Zementproduktion, Marmor, Gold, Steinsalz, Rohphosphat, Talkum, Edel- und Halbedelsteine, Erdgas und schließlich Erdöl. Mit ganz wenigen Ausnahmen handelt es sich aber bei diesen Vorkommen um kleine Lagerstätten und meist mindere Qualitäten. „Vom wirtschaftlichen Standpunkt aus betrachtet", schreibt daher P. P. Karan vollkommen richtig, „sind die meisten dieser Lagerstätten (vielleicht mit Ausnahme derjenigen im Kathmandu-Tal) für den bergbaulichen Großbetrieb ungeeignet. Die meisten sind mengenmäßig gering und bergen arme Erze, sie sind an Orten lokalisiert, wohin der Zugang schwierig und von wo der Abtransport teuer ist. Außerdem sind als Folge der stark gefalteten und verworfenen geologischen Strukturen des Landes zusammenhängende Lagerstätten von Mineralien wie Kohle unwahrscheinlich. Unterbrochene Flöze an unzugänglichen Stellen lohnen gegenwärtig die Ausbeutung nicht. Es ist möglich, daß mit zunehmender Verkehrserschließung heute schon bekannte Lagerstätten wirtschaftlich werden"[6].

Wir halten es aus diesen Gründen für gerechtfertigt, von der Beschreibung der Vorkommen sekundärer Mineralien abzusehen und uns im folgenden nur den wichtigsten und interessantesten Bodenschätzen Nepals zuzuwenden.

Karte 91 zeigt die Lagerstätten, die das Nepal Bureau of Mines heute für untersuchungs- oder auch ausbeutungswürdig hält, in einer Auswahl und in ihrer Lage nach Verwaltungszonen. Der amtierende Direktor des Geological Survey Department gab 1968 eine sehr nüchterne und keinesfalls übertriebene Darstellung der momentanen Aussichten für den nepalischen Bergbau[7]:

---

4 Central Bureau of Statistics, Ministry of Economic Planning, 1961/62.
5 B. P. Shreshtha, a. a. O., S. 149.
6 P. P. Karan, „Nepal. A Cultural and Physical Geography", a. a. O., S. 80 f.
7 D. N. Rimal, „Prospect of Mineral Industries in Nepal: A Critical Review", in „Industrial Digest", Vol. 3 No. 1 (1968), S. 45—49.

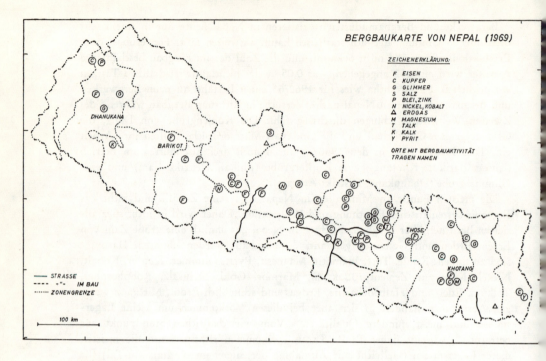

Karte 91: Bergbaukarte von Nepal
Diese Karte ist auf die Hauptvorkommen der wenigen für eine wirtschaftliche Ausbeutung interessanten Lagerstätten beschränkt. Nur in Dhanukana, Barikot, Those und Khotang werden gegenwärtig oder wurden vor kurzem noch Bergbau und Verhüttung betrieben. Die vorhandenen Straßen, mit Ausnahme der Nord-Süd-Achse über Kathmandu, berühren heute noch kaum bergbaurelevante Gebiete. Angabe der Fundstätten nach Nepal Bureau of Mines, Toni Hagen, UNDP und eigenen Beobachtungen.

1. Für Edelmetalle wie Gold, Platin usw. bestehen keine guten Aussichten;
2. Nach den jüngsten Entdeckungen am Südhang des Ganesh Himal sind die Aussichten für Zink gut. Es besteht auch Hoffnung für Kupfer in Mittel- und Ostnepal, doch sind für beide Metalle weitere Untersuchungen erforderlich;
3. Leichtmetalle wie Aluminium sind nicht gefunden worden;
4. Nickel und Kobaltvorkommen haben keinen wirtschaftlichen Wert, Eisenerze haben Aussicht für örtliche Verarbeitung;
5. Kohlevorkommen sind nicht aussichtsreich, aber es gibt gewisse Chancen für Erdöl und Erdgas in West-Nepal;
6. Nach radioaktivem Material wurde noch nicht gesucht. Beryllium hat Aussichten in Zentral-Nepal;
7. Schwefel könnte wirtschaftlich aus Pyritlagern in Ost-Nepal gewonnen werden. Phosphatfunde waren bislang nicht interessant;
8. Größere bekannte Magnesitvorkommen könnten wirtschaftlich sein;
9. Edelsteine (Diamanten) sind nicht bekannt.

Aus verschiedenen Studien und Erfahrungsberichten ergibt sich für die wichtigsten Bodenschätze in Nepal und hinsichtlich ihrer Nutzung in Vergangenheit, Gegenwart und Zukunft folgendes Bild[8]:

Der Eisenbergbau und die eisenverarbeitende Industrie in Nepal sind ein interessantes Beispiel mit erheblichen wirtschaftsgeographischen Aspekten. Über Lage und Umfang früher betriebener Eisenhütten ist im einzelnen wenig bekannt, doch als Toni Hagen Nepal in den 1950er Jahren bereiste, fand er, wie oben erwähnt, noch drei solcher Werke in Betrieb: in Barikot (Distrikt Jajarkot), Khotang (Distrikt Khotang) und Those (Distrikt Ramechhap). Sie blickten auf eine lange Tradition in der Herstellung von Ackergeräten, vor allem *kodalis* (Schaufelhacken), *khukris* (Haumessern) und, in Those, Gewehrläufen zurück. Einzelheiten über Khotang und Barikot sind nicht bekannt, aber Those ist eingehender untersucht worden[9]. Danach geht die Eisenindustrie von Those auf die Entdeckung von Erz im Jahre 1893 zurück. Es handelte sich um ein 5 km langes, durch Erosion freigelegtes Eisenerzlager im Those-Tal, dessen Prüfung neuerdings immer noch Reserven von 4 bis 8 Millionen Tonnen ergab und dessen chemische Analyse einen Fe-Gehalt von 68,2 % nachwies.

Die nepalische Regierung jener Zeit war an der Ausbeutung interessiert, ließ britische Ingenieure ein kleines Hydrokraftwerk bauen und führte aus Schweden eine elektromagnetische Separieranlage ein. Durch Wasserkraft wurde auch ein Hammerwerk betrieben. Der mit dem Aufbau der Eisenindustrie beauftragte Entdecker der Erzlagerstätte, Pakta Bahadur, unterzog sich einer dreijährigen technischen Ausbildung in Calcutta, kehrte dann zurück, baute Schmelzöfen und begann, *kodalis* und später, nach Eintreffen der erforderlichen Drehbank, im Regierungsauftrag Gewehrläufe herzustellen.

Die Auswirkung auf die Umgebung ließ nicht auf sich warten. An zahlreichen Orten im Umkreis von 7 km wurde Erz gegraben, gewaschen und verhüttet, wobei der Bedarf an Holzkohle sprunghaft anstieg. Die starke Entwaldung der Umgebung ist vor allem auf diesen großen Holzbedarf und unsachgemäße Köhlerei zurückzuführen[10]. Andererseits gab dieses Gewerbe den Kleinbauern das dringend benötigte Zusatzeinkommen, vor allem in den Monaten Februar bis Juni, wo das Schmiedeeisen hergestellt wurde, das die Werkzeug- und Gewehrproduktion in Those das ganze Jahr über in Betrieb hielt. 1924 endete die „goldene Zeit", da sich die Regierung entschloß, Gewehre künftig in Britisch-Indien zu kaufen, und ihre Aufträge auf Werkzeuge für den Straßenbau beschränkte. 1936 kam die Eisenindustrie von Those praktisch zum Erliegen. Erst nach der Revolution von 1950/51 wurden wieder kleinere Regierungsaufträge erteilt, die aber bald ausblieben. R. Weise und T. Hagen fanden 1958 noch sieben Schmelzen in Betrieb, R. Schmid 1967/68 nur noch zwei, die zeitweise betrieben wurden.

Diese Entwicklung ist nicht ohne Rückwirkung auf die Bevölkerungs- und

---

[8] Vor allem Toni Hagen, a. a. O.
[9] Toni Hagen, a. a. O., S. 24 f.; Robert Schmid, „Zur Wirtschaftsgeographie von Nepal", a. a. O., S. 80 ff.
[10] R. Schmid, a. a. O., S. 81.

Beschäftigungsstruktur geblieben. In der Blütezeit der Eisenindustrie waren zahlreiche Familien mit kleinen Höfen als Erzwäscher und, weil die Erze in Streulage gewonnen wurden, als Träger tätig. Köhlerei im großen Stil war eine weitere Erwerbsquelle, und nicht zuletzt hatte die Kaste der Schmiede (*khami*) reichlich Arbeit. Mit dem Niedergang des Gewerbes wurden die außerhalb Thoses gelegenen Dörfer, in denen die Bauern mit kleinen Flächen zusammen mit der Eisengewinnung leben konnten, nun teilweise verlassen. Ein Teil der Schmiede aus Those war 1968 bereits nach Kathmandu und Indien abgewandert. Schmid zählte noch 20—25 Schmiede, die neben der Landwirtschaft kaum zwei Tage in der Woche handwerklich tätig waren[11].

Der technische Standard der Eisenindustrie von Those ist in raschem Verfall begriffen. Die elektromagnetische Separierungsanlage, das Hammerwerk usw. sind verfallen, und da der Nachschub an örtlichem Roheisen fehlt, wird heute schon alter Federstahl, Autoschrott usw. von Kathmandu oder Sindhuli nach Those getragen, um die beiden Schmieden in Gang zu halten. Köhlerei ist aus Gründen des Waldschutzes verboten, wird aber in kleinem Umfang im Geheimen noch betrieben.

Die von Experten immer wieder vorgeschlagene und begründete Wiederaufnahme des Eisenhüttenwesens hat bislang nicht zu Maßnahmen der nepalischen Regierung geführt. Es war vor allem das Forst-Departement, das sich mit guten Gründen gegen eine Wiederaufnahme der primitiven Hüttentechnik wandte.

In diesem Zusammenhang dürften einige Ziffern interessant sein, die R. Schmid aus früheren Arbeiten zusammengestellt hat:

„Bei Betrieb von 15 Öfen und einer Tagesproduktion von 20 dharnis in zwei 11-Stunden Schmelzprozessen können täglich 700 kg Roheisen erzeugt werden. Bei einer jährlichen Inbetriebnahme der Öfen für 20 Tage wird somit eine Jahresproduktion von 14 Tonnen Roheisen erhalten. (Die Zeit von Juni bis Januar wird für die Landwirtschaft gebraucht, und die Förderung und Aufbereitung des Erzes und das Zubereiten der Holzkohle mit den bisherigen Mitteln ermöglichen nur einen Betrieb in diesem Umfang.) Dieses Roheisen, von der Tamang-Bevölkerung um Those produziert, wurde vor allem an lokale Eisenschmiede verkauft, welche es durch Hämmern und Glühen zu schmiedbaren Eisenstücken verarbeiteten, wobei ca. $1/5$ des Gewichtes verlorenging. 1958 wurden noch 3,5 Tonnen Schmiedeeisen jährlich nach Tibet verkauft. Die verbleibenden ca. 8,5 Tonnen wurden in Form von Fertigprodukten (Ketten, Hämmer, Pflugspitzen, Stemmeisen, Schaufeln, Schlösser, Nägel, Kukuris (Gurkha-Messer), Meißel, Zangen, Hufeisen etc.) in einer Umgebung von fünf Tagesmärschen um Those verkauft. Die Jahresproduktion 1968 betrug noch 1,2 t."

„Die erwähnte Jahresproduktion von 14 Tonnen Roheisen verschlang über 300 m³ Holzkohle, was bedeutet, daß ca. 1 000 m³ Holz dazu geschlagen werden mußten. Bereits 1958 holte man die Holzkohle in 4—5 Stunden Entfernung[12]."

11 A. a. O., S. 82.
12 A. a. O., S. 82—83.

Es scheint, daß die planvolle Wiederbelebung solcher Kleinindustriezentren wie Those oder die entsprechende Nutzung von Lagerstätten wie Barikot oder Khotang technisch durchaus möglich und sozialökonomisch sinnvoll wäre. Hagen sieht den Vorteil Barikots darin, daß es in einem dicht bevölkerten Teil West-Nepals liegt und von verschiedenen Handelsrouten berührt wird. Es könnte vor allem das Gebiet im Norden um Jumla versorgen, das weit ab vom indischen Markt liegt. Ähnliches dürfte für Khotang in Ost-Nepal gelten. Es kommt darauf an, daß die erforderlichen Produktionsfaktoren, etwa hydroelektrische Energie, bereitgestellt werden und das Produktionsprogramm so geplant wird, daß auf längere Sicht der Absatz auch gegen indische Konkurrenz gesichert ist. Der Bau von Fußgänger- und Packtierbrücken bietet sich hier als eine weit in die Zukunft weisende Produktion an. In welchem Maße Nepal auch nach und nach durch Straßen erschlossen werden mag — weiteste Teile der Gebirgszone werden auch weiterhin dem Träger und dem Packtier vorbehalten bleiben, die sicherer und fester Brücken bedürfen.

Die Bergbauverwaltung Nepals (Nepal Bureau of Mines) sieht eine Zukunft vor allem in der Ausbeutung der Hämatit-Lagerstätte von Pulchoki bei Godavari im Tal von Kathmandu, die auf 8 Millionen t bei einem Fe-Gehalt von 56 % geschätzt wird. Man denkt an eine Verhüttung in Hitaura, wo Kalk, Koks aus Indien und Holz aus den Wäldern des Terai zur Verfügung stünden. Zum Abtransport will man sich der Seilbahn Kathmandu-Hitaura bedienen.

G l i m m e r gewinnung scheint eine andere Bergbauart zu sein, die sich in Nepal anbietet. Glimmer ist an vielen Orten vertreten, z. B. im Tal von Kathmandu, im Nordosten und Nordwesten von Nepal, im Raume Dhankuta und Bhojpur, aber die Qualität ist gewöhnlich wesentlich geringer als die des exportfähigen indischen Glimmers. Die einzige bergmännische Gewinnung findet im Westen der nepalischen Berge statt, im Gebiet von Dhanukana (Distrikt Achham), das zum Einflußbereich des Raja von Bajang gehört und geologisch ausgedehnte Glimmervorkommen verspricht. Der Raja läßt seit den 1950er Jahren durch seinen Sohn und mit Hilfe indischer Spezialkräfte den Glimmer ausgraben, schneiden, verpacken und abtransportieren. Da mit weiteren wertvollen Glimmervorkommen gerechnet werden kann und die Gegend für den Ausbau des Straßennetzes über Dandeldhura — Silghari — Doti vorgesehen ist (im Augenblick ist die Mine etwa 50 km von der nächsten Straße entfernt), besteht berechtigte Hoffnung, daß Nepal eines Tages ein Lieferant von exportfähigem Glimmer wird. Allerdings wird es dabei von der Gnade Indiens abhängig sein, das die Durchfuhr zum Hafen gestatten muß. Seinerzeit jedenfalls verweigerte Indien die Erteilung einer Einfuhrlizenz für nepalischen Glimmer[13].

M a g n e s i u m vorkommen in der Form von Magnesit sind seit Jahren bekannt. Reserven von 16 Millionen t mit 44 % Mg liegen bei Kampughat am Sunkosi-Fluß (an der Grenze der Distrikte Bhojpur und Udaipur Garhi). Das Gebiet ist 50 km nördlich von Rajbiraj und weitere 50 km von der nächsten indischen Eisen-

---

13 Hagen, a. a. O., S. 22.

bahnstation (Nirmali) entfernt. Der Zugang erfolgt von Rajbiraj über 32 km Erdstraße und je 10 km ebenes und bergiges, unwegsames Gelände. Ein weiteres, wesentlich aussichtsreicheres Magnesitvorkommen von 104 Millionen t entdeckten russische Geologen, die im Auftrage der Vereinten Nationen im Nordosten von Kathmandu Untersuchungen durchführten. Da das Vorkommen unweit der Kathmandu-Kodari-Straße liegt, dürfte es von größtem Interesse sein[14].

Erhebliche Talkvorkommen liegen ebenfalls entlang der Kathmandu-Kodari-Straße, und zwar werden die bei Kharidhunga auf 57 000 t und die kürzlich ebenfalls von sowjetischen Experten entdeckten Vorkommen auf mindestens 60 000 t geschätzt. Auch hier dürfte wirtschaftliche Ausbeutbarkeit vorliegen.

Bis heute besitzt Nepal keine eigene Zementproduktion, was für ein Land mit umfangreichen Bauvorhaben (Brücken, Straßen, Bewässerungs- und Kanalbauten) ein großer Nachteil ist. Seit Jahren laufen Verhandlungen zum Bau einer Zementfabrik mit deutscher Hilfe im Tal von Kathmandu (Chobhar) und bei Bhainsedobhan (Distrikt Makwanpur) mit chinesischer Assistenz. Beide bauen auf örtlichen Kalksteinvorkommen auf. In Bhaise rechnet man mit Reserven von 8,2 Millionen t 44 %igem CaO und 2,5 %igem MgO. Ein weiteres Vorkommen von für die Zementproduktion geeignetem Kalkstein wurde bei Lokhapatar (Distrikt Surkhet) nahe der Mündung des Bheri in den Karnali entdeckt. Dieses Vorkommen dürfte im Zusammenhang mit dem Bau des Karnali-Staudamms und nachfolgenden Entwicklungsvorhaben (Bewässerungsnetze, chemische Industrie auf der Basis billigen Stromes) großes Interesse finden. Abtransport auf dem Wasserwege wäre unter bestimmten Voraussetzungen möglich.

Abgesehen von Pyritlagern am Bering Khola (Distrikt Ilam), wo man mit Reserven von 3 Millionen t Pyrit rechnet und in etwa 24 km Entfernung die indische Eisenbahnstation Naksalbari hat, lohnen die anderen Mineralvorkommen gegenwärtig keine weitere Betrachtung.

Es dürfte aber zweckmäßig sein, die Frage der mineralischen Brennstoffe näher zu erörtern, um ungerechtfertigte Vorstellungen zu korrigieren. Immer wieder kann man von Kohlevorkommen lesen, die die Basis von Kraftwerken werden könnten. Tatsache ist, daß an zahlreichen Stellen Nepals arme Braunkohlevorkommen geringen Umfangs gefunden wurden, die teilweise von der örtlichen Bevölkerung abgegraben und, z. B. im Kathmandu-Tal, zum Brennen von Ziegeln genutzt werden. Eine von der nepalischen Regierung veröffentlichte Bergbaukarte gibt Kohlevorkommen für wenigstens zehn Distrikte an, nämlich Kailali, Dang-Deokhuri, Myagdi, Baglung, Chitwan, Makwanpur, Lalitpur, Kabhre Palanchok, Sindhuli Garhi und Sunsari. Tatsache ist aber, daß keines dieser Vorkommen irgendwelche größere wirtschaftliche Bedeutung hat. Toni Hagen fand Steinkohle oder Hinweise auf ihr Vorkommen nur in verstreuten, schwer zugänglichen Lagen in der Wurzelzone des Hohen Himalaya, z. B. im Trisuli-Tal südlich Syabru, im Manangbhot-Tal und in der Gegend Muktinath/Tukuche, im Langu-Tal (Distrikt Dolpa) und im extremen Nordwesten des Landes (Saipal-

---

14 UNDP, „Pre-Investment News", November 1969, S. 3.

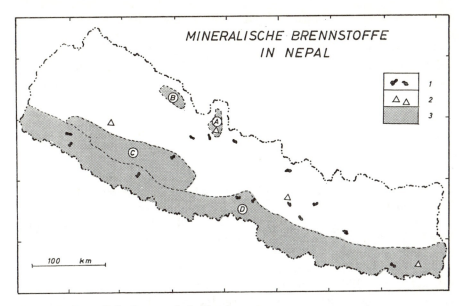

Karte 92: Mineralische Brennstoffe in Nepal
Die Karte soll Auskunft geben über bisher entdeckte und zum Teil örtlich genutzte Brennstofflager in Nepal. 1 = Kohlelager, im Süden vor allem arme Lignite, im Norden schwer zugängliche aufgesplitterte Steinkohlenflöze; 2 = Erdgasquellen, die z. B. im Tal von Kathmandu von einem Hotel und einem Krankenhaus wirtschaftlich genutzt werden. Darüber hinaus gibt die Karte die nach Toni Hagen aussichtsreichen Gebiete für Erdölprospektion, und zwar 3A = Muktinath/Tukuche, 3B = Langu-Tal in Dolpa, 3C = das Gebiet Piuthan/Dailekh und 3D = das Terai mit den Churia-Bergen.

Massiv) (vgl. Karte 92). Braunkohlevorkommen im Kathmandu-Tal, im Tal von Dang und im Gebiet von Surkhet haben sich als sehr schlecht und jedenfalls als wirtschaftlich uninteressant erwiesen. Eine Bergbaugesellschaft, die sich übereilt in Dang etabliert hatte, mußte bald schließen. „Unglücklicherweise", schreibt Hagen, „besitzt Nepal keine nennenswerten Kohlevorkommen. Die Gondwana-Formationen, die die großen Kohlenflöze Indiens bergen, erscheinen auch in Nepal, aber sie sind tektonisch aufgesplittert und verzerrt. ... Die einzige Gegend, in der die Formationen nicht so stark aufgesplittert sind, liegt im hohen Norden, in der Wurzelzone[15]." Und an anderer Stelle heißt es noch einmal, daß „ein Hauptproblem einer Eisenexportindustrie Nepals das absolute Fehlen jeden größeren Lagers hochwertiger Kohle ist. Es muß kategorisch festgestellt werden, daß jede gegenteilige Information das Ergebnis reinen Wunschdenkens ist"[16]. Es wäre verfehlt, wollte sich Nepal, vorerst jedenfalls, unbegründeten Hoffnungen auf wertvolle Kohlelager hingeben, und tatsächlich rechnet das Nepal Bureau of Mines auch nicht mit solchen Funden.

Anders liegen die Verhältnisse in bezug auf Erdöl und Erdgas. Obwohl

---

15 Toni Hagen, a. a. O., S. 22.
16 A. a. O., S. 36.

bisher auch hier keine greifbaren oder gar wirtschaftlichen Ergebnisse erzielt wurden, sind doch die geologischen Bedingungen aussichtsreicher als bei Kohle. Die geologischen Untersuchungen von Hagen haben die Möglichkeit von Erdölvorkommen in folgenden Gebieten erbracht: im nördlichen Teil des Kali-Gandaki-Tals (Distrikt Mustang), im Langu-Tal (Distrikt Dolpa), in der Piuthan-Zone der Mahabharatkette zwischen dem Karnali und dem Kaligandaki nördlich der Churia-Berge und im Terai einschließlich der Churia-Berge. Erdgas ist an einigen Punkten Nepals zutage getreten und wird teils religiös (in Mukhtinath), teils wirtschaftlich (im Kathmandu-Tal) genutzt. Trotz günstiger geologischer Voraussetzungen bleibt Erdöl- und Erdgasprospektion eine kostspielige Angelegenheit, die Nepal kaum ohne fremde Hilfe wird meistern können. Eingehende geologische Oberflächenforschung, geologische und seismische Untergrundforschung und schließlich Testbohrungen sind die Schritte, die zu eindeutigen Ergebnissen führen werden. Wirtschaftlich ausbeutbare Funde von Erdgas oder Erdöl wären eine unschätzbare Entlastung für das Budget und die Zahlungsbilanz Nepals und vielleicht die Rettung seiner Forsten.

Wenn wir abschließend einige bergbaugeographische Überlegungen mit Rücksicht auf wirtschaftliche Nutzung der Bodenschätze anstellen, so müssen wir Nepal als im Hinterland Indiens gelegen ansehen. Indien ist für asiatische Verhältnisse ein hochentwickelter Industriestaat. Seine Bergbaugebiete sind an das nationale Eisenbahnnetz angeschlossen und können ohne Frage billiger liefern als es je eine nepalische Mine vermag. Alle bisher vorhandenen Transportträger in Nepal sind einer Massengutbeförderung nicht gewachsen und werden es über lange Strecken niemals sein, wenn der Ursprung dieser Massengüter in der Gebirgszone liegt. Anschlußstrecken an das indische Eisenbahnnetz sind im Bedarfsfalle bis an die Churia-Berge denkbar, aber kaum weiter nördlich, und die geplanten Gebirgsstraßen dürften einem Massentransport kaum standhalten, von den Kosten ganz abgesehen. Ob sich Material-Seilbahnen rentieren, steht dahin. Kann Nepal schon nicht mit den indischen Bergbauprodukten konkurrieren, so besteht noch weniger Aussicht auf den überseeischen Märkten. Hier wird dann zusätzlich noch das Transitrecht durch Indien benötigt, das ein weiteres Problem darstellt. Abgesehen also von einigen hochwertigen Produkten wie Halbedelsteinen, Glimmer, und vielleicht einigen an Ort und Stelle angereicherten Erzen wird Nepal kaum eine Chance haben, einen Platz in der Reihe der Bergbauländer Asiens zu finden.

Nationalwirtschaftlich hingegen kann man gewisse Chancen sehen, wenn man nicht gerade auf eine Stahlindustrie zielt. Unter dem Zustand offener Grenzen und freier Importe aus Indien muß allerdings auch die örtliche Kleinindustrie für Eisenerzeugnisse mit ihrem Untergang rechnen, wenigstens in solchen Gegenden, die dem indischen Erzeugnis leicht zugänglich sind. Es ist eine Frage nationaler Schutzpolitik, wenigstens in entlegenen Regionen kleine Hüttenwerke aufzubauen und diese mit festen Aufträgen, etwa für den Brückenbau, zu versorgen. Wie die Industriewirtschaft Nepals im allgemeinen, so steht die Bergbauindustrie im besonderen ohne allzu große Aussichten für die Zukunft da.

Ein industriegeographisches Bild Nepals zu zeichnen, ist nach der Untersuchung des industriellen, energiewirtschaftlichen und bergbaulichen Sektors so problematisch wie vorher. Der Hauptgrund dafür liegt in der Unerschlossenheit des vorhandenen Potentials und in dem Umstand, daß kaum Tendenzen in der Richtung ihrer Erschließung zu erkennen sind. Die Konzentration industrieller Arbeitsplätze im Terai und im Tal von Kathmandu und die Existenz von Kraftwerken in genau den gleichen Räumen ist völlig normal. Entwicklungstendenzen würden erst sichtbar, wenn etwa mit dem Bau des Karnali-Staudammes, mit der Ausbeutung einer vielversprechenden mineralischen Lagerstätte und der Aufbereitung an Ort und Stelle oder mit dem Aufbau eines industriellen Schwerpunkts im Tal von Pokhara oder einem ähnlichen Ort begonnen würde. Von all dem kann nicht gesprochen werden. Es besteht bis heute kein räumliches Wirkungsgefüge zwischen Bergbau und Industrie oder der Energiewirtschaft, wohl zwischen Industrie und Energiewirtschaft, und hier auch wieder weniger deshalb, weil industrielle Standorte das Vorhandensein billiger Energiequellen berücksichtigt hätten, als vielmehr, weil die ersten Industriebetriebe von vornherein auf Brennstoffimporte ausgerichtet wurden. Eine Verknüpfung von Stoff und Kraft könnte am ehesten noch auf der untersten Stufe der Verarbeitung landwirtschaftlicher Produkte gesehen werden, nämlich am Ort der zahllosen kleinen Wassermühlen, die inmitten der Reisterrassen liegen und vom Wasser der Bewässerungskanäle getrieben werden!

Die Agrarindustrien Nepals gehen über einfache Mühlen und sehr wenige und einfache Saft- und Marmeladenkochereien nicht hinaus, und selbst diese finden wegen der indischen Konkurrenz oft keinen Markt oder leiden zumindest unter mangelhaftem Nachschub an Flaschen, Verschlußkapseln und Behältern. Konservierungstechniken und Kühlketten fehlen. Die Molkereiindustrie ist auf das Tal von Kathmandu beschränkt, mit Zulieferung von Käse aus den Bergen. Die Käseproduktion, mit ausländischer Hilfe in die Wege geleitet, aber nicht mehr unter ihrer Kontrolle, ist unstetig und von stark wechselnder Qualität. Das Produkt wird bis zu neun Tagen auf Trägerrücken zur Hauptstadt getragen. Die Vermarktung von Milch in der Hauptstadt selbst leidet unter mangelhafter Organisation und zu hohen Produktionskosten.

Erst mit der weiteren Verkehrserschließung der Gebirgszone und mit dem Fortschreiten des Programms für Kleinkraftwerke auf Wasserkraftbasis dürfte mit einer schrittweisen bescheidenen Industrialisierung auch der Gebirgszone im Sinne einer Agrarindustrie zu rechnen sein.

11. Handelsgeographie

Im Jahre 1967 kündigte das Zentrale Statistische Büro von Nepal an, es wolle eine Untersuchung über den Binnenhandel und seine wichtigsten Zentren im Terai und im Gebirge machen. Ein Jahr später gab dasselbe Amt auf Anfrage zu, daß es nicht in der Lage gewesen sei, die erforderlichen Daten zu sammeln. Ob es keine

Beamten gefunden hat, die bereit waren, wochenlang über Trägerpfade zu stolpern oder Güterbewegungen in entlegenen Marktflecken zu notieren, oder ob die Kaufleute sich weigerten, die erforderlichen Auskünfte zu geben, bleibt dahingestellt.

Eine kleine Gruppe von jungen Graduierten, Angestellte der Abteilung für Agrarwirtschaft im Landwirtschaftsministerium, unternahm es, eine Erhebung im Distrikt Ilam zu machen, um den Kartoffelmarkt zu untersuchen. Sie stellten fest, daß etwa 7500 t Kartoffeln alljährlich über die Grenze nach Indien gehen. Das ist genau viermal soviel, wie die amtliche nepalische Außenhandelsstatistik ausweist[1].

Diese beiden Beispiele mögen zeigen, daß die Darstellung des nepalischen Binnen- und Außenhandels ein ziemlich gewagtes Unternehmen ist. Wir wollen dennoch versuchen, auf der Basis des wenigen, was bekannt ist, ein handelsgeographisches Bild Nepals zu zeichnen.

Die Handelsgeographie ist von Natur aus eng mit der Verkehrsgeographie verknüpft. Sie betrachtet den Handel als Raumgestalter und -erschließer, untersucht den Aufbau von Handelsnetzen, das Entstehen von Handelsstandorten. Wollen wir ein Land handelsgeographisch analysieren, so müssen wir versuchen, Produktions- und Verbrauchsgebiete durch Handelswege zu verbinden, und zwar sowohl für das Inland wie auch für äußere Märkte. Das Bild, das wir bisher von Nepal gezeichnet haben, läßt aber schon deutlich werden, daß die inneren Märkte von durchaus untergeordneter Bedeutung sind. Wenn man — und das auch erst in jüngster Zeit — vom Tal von Kathmandu mit seiner Konzentration von Kaufkraft absieht, dürfte es in Nepal kaum einen bedeutenden Absatzmarkt für eine Vielzahl von Waren geben. Natürlich haben sich seit Jahrhunderten Handelsrouten herausgebildet, doch handelt es sich dabei fast ausschließlich um Transit- oder Exporthandelsrouten. Und so ist es nach Sichtung allen vorhandenen Materials über Handelsströme in Nepal kaum möglich, Handelsverbindungen nachzuweisen, die ausschließlich binnenländischen Charakter haben: Sie sind fast ausnahmslos eng mit dem Exporthandel verbunden (vgl. dazu Karte 93). Dazu ist allerdings anzumerken, daß in früheren Zeiten der Handelsverkehr mit Lhasa in Tibet ebenso intensiv war wie mit Indien, daß indessen heute Indien zwischen 90 und 100 % der nepalischen Ausfuhr aufnimmt.

In jüngster Zeit haben sich räumlich beschränkte Handelswege entwickelt, die primär Binnenhandelscharakter haben. So hat z. B. der Aufbau einer Zentralmolkerei in Kathmandu, eines Milchkühl- und -sammelzentrums in Bhaktapur und einer Anzahl von Milchsammelstellen im östlichen Kathmandu-Tal zu einem regelmäßigen Strom von Büffelmilch in die Hauptstadt geführt, und die Träger und Wagen bedienen sich dabei der vorhandenen Straße. Zusätzliche Zubringerwege, die es Lastwagen erlauben sollen, auch die entfernteren Sammelstellen zu erreichen (bisher wurden die 35-l-Milchkannen von Trägern bis zu 12 km weit nach Bhaktapur getragen!), werden mit internationaler Unterstützung gebaut.

---

1 Pushpa Ram Bhakta Mathema, „Agricultural Development in Nepal", 1966, S. 63.

Weniger im Detail untersuchte Handelswege gehen von den Zitrusanbaugebieten um Gorkha und Pokhara nach Kathmandu. Noch wird der Transport auf Trägerrücken durchgeführt, doch kann damit gerechnet werden, daß hier mit der Fertigstellung der Autostraße Kathmandu — Pokhara eine Intensivierung des Handels einsetzen wird. Der Transport von Schlachtvieh (Büffel und Ziegen) geht auf primitivste Weise vor sich, nämlich indem die Tiere zu Fuß zum Verbrauchszentrum getrieben werden. Eine grobe Untersuchung des Fleischmarktes von Kathmandu hat ergeben, daß nur etwa 10 % der täglich geschlachteten Tiere aus den umliegenden Gebirgsdistrikten kommen, während das Gros aus dem Süden, ja aus Nordindien heraufgetrieben wird! Damit haben wir es aber schon wieder mit dem grenzüberschreitenden Handel zu tun.

Wenn Nepal in früheren Zeiten als Handelsland gelten konnte, dann sicherlich weniger seines Binnen- als vielmehr seines Transithandels wegen. Zwischen den ertragreichen Ebenen Indiens und den rauhen Hochländern Tibets gelegen, stellte es die Wege und die Träger für den Güteraustausch. Salz, Wolle, Häute, Borax und Goldstaub kamen von Tibet nach dem Süden, während aus Indien beziehungsweise Nepal Getreide, Speiseöl, Tee, Gewürze und Forstprodukte nach Norden getragen wurden. Die Transitrouten und die Handelsgüter, die über sie transportiert wurden, sind sich bis heute mehr oder weniger gleich geblieben, wobei natürlich zu berücksichtigen ist, daß Heizöl und Industrieprodukte heute zu den Exportgütern nach Tibet gehören.

Es muß ferner hinzugefügt werden, daß bereits zu Beginn dieses Jahrhunderts die Handelswege nach Tibet durch Nepal an Bedeutung verloren haben, seit nämlich, als Folge der britischen Younghusband-Expedition 1904, der Zugang von Indien über Kalimpong nach Tibet, über die sog. Yatung-Route geschaffen wurde. Der Transithandel erlitt einen nahezu tödlichen Schlag nach der Besetzung der Grenzen Tibets durch die chinesische Armee im Jahre 1959, als jeder Handel unterbunden wurde. Inzwischen allerdings hat Nepal nicht nur mit China ein Grenzabkommen unterzeichnet und Handelsverträge abgeschlossen (die jedoch nur zum Teil über die Kathmandu-Kodari-Lhasa-Autostraße abgewickelt werden), sondern auch der kleine Grenzverkehr mit Salz und Wolle über die alten Pässe und durch Namche Bazaar und Mustang hat sich wieder belebt.

In starkem Maße hat der Salzhandel das wirtschaftliche Gesicht Nordnepals

Karte 93: Handelskarte von Nepal
Die Karte zeigt die wichtigsten Märkte von Nepal, wobei Getreidemärkte, über die der interne Austausch und der Export von Getreide (hauptsächlich Reis) vor sich gehen, und Umschlagplätze anderer vor allem für den Export wichtiger Handelsgüter (z. B. Zitrusfrüchte, Ghee, Ölsaat) neben den Lokalmärkten besonders hervorgehoben sind. Lokalmärkte versorgen ihre Umgegend mit Grundnahrungsmitteln zum Defizitausgleich und mit einfachsten Gütern des täglichen Bedarfs. Sie sind manchmal zugleich Sammelstellen für Überschußgüter wie Ghee oder Heilkräuter, die von dort aus nach Süden abtransportiert werden. Die eingetragenen Kraftwagenstraßen zeigen, in welchem Maße vorhandene Märkte von dem existierenden oder im Bau befindlichen Straßennetz bedient werden. Die Skizze erhebt nicht den Anspruch, die Handelsplätze und Handelsrouten Nepals erschöpfend darzustellen. So wurden z. B. die alten Salzhandelsplätze im Norden nur teilweise berücksichtigt.

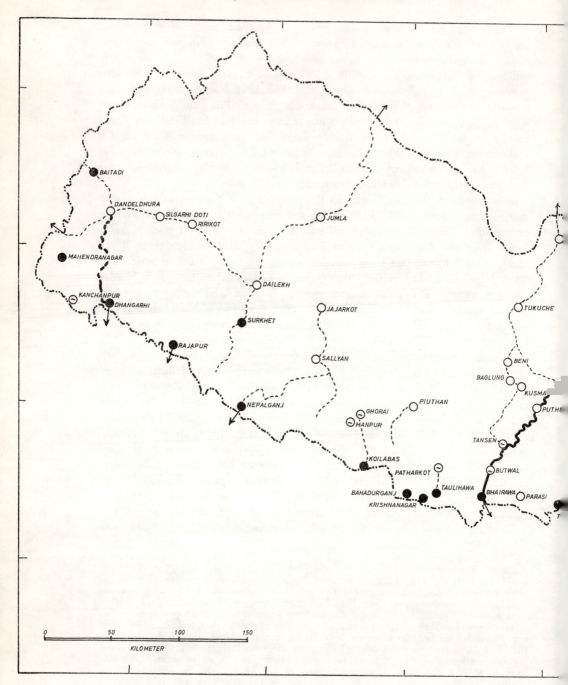

11. Handelsgeographie

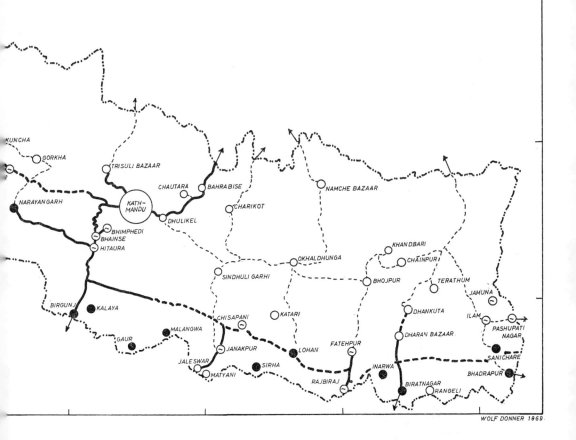

geprägt. Ganze Dorfschaften lebten davon, so daß nach der Schließung der Nordgrenze ihre ökonomische Basis zusammenbrach, und da Indien heute unbegrenzte Mengen Salz an die Südgrenze Nepals liefern könnte, wird er wohl kaum den alten Umfang wieder erreichen. Außerdem ist die Regierung bestrebt, zur Bekämpfung des Kropfes nur jodiniertes Salz zuzulassen, was wohl über den Indienhandel, keinesfalls aber über den Tibethandel möglich ist. Der Salzhandel war und ist auch heute noch ein handelsgeographisches Phänomen ersten Ranges. Da es an organisierten Groß- und Einzelhändlern für dieses lebensnotwendige Produkt fehlt, ist jede Familie gezwungen, ihr Salz sozusagen „an der Quelle" zu holen. Wenn das auch nicht gerade die Salzseen Tibets oder die Salinen Indiens sind, so doch aber die Handelsposten entlang der jeweiligen Grenze. Bis zum vorläufigen Ende des Tibethandels zogen die Bauern nördlich einer gewissen Mittellinie im nepalischen Bergland nach Norden, die südlich davon nach Süden, um sich mit Salz einzudecken und es gegen ihre Überschußprodukte einzuhandeln, die sie zu diesem Zweck mit sich trugen. Heutzutage — von der bescheidenen Wiederbelebung des Tibethandels abgesehen — ziehen schätzungsweise zwei Millionen Nepalis auf 8—10 Hauptträgerrouten nach Süden. Sie sind 2—8 Wochen unterwegs und bringen am Ende ihren Jahressalzbedarf und noch einige Industriegüter mit nach Hause[2]. Im übrigen sei noch erwähnt, daß sich nicht nur die Handelsrichtung gegenüber dem alten Nepal verlagert hat, sondern auch die Zusammensetzung des Handels aus Nepal selbst. Älteren Berichten kann man entnehmen, daß Nepal etwa auch Eisen und Eisenwaren sowie Kupfer exportierte. Davon kann heute nicht mehr die Rede sein.

Es erhebt sich nun die Frage nach den Handelsstandorten, und wenn wir keine allzu großen Ansprüche an diesen Begriff stellen, so finden sich in der Tat solche überall in Nepal. Bei Reisen im Bergland trifft man auf „Bazare" — einige Orte führen ja den Beinamen „Bazaar" — in denen einen die Vielfalt an angebotenen Gütern überrascht oder aber auch ihr Mangel erschüttert. Trisuli Bazaar z. B. hat eine Straßenverbindung nach Kathmandu und ist jetzt Ausgangspunkt eines Trägerpfades zur tibetischen Grenze (Rasuwa Garhi). Hier findet man Transistorradios, Füllfederhalter, Bücher, Uhren, Taschenlampen, Konfektionskleidung usw., während man in Namche Bazaar, im Mt. Everest-Gebiet, wo der Ort nach Norden wie Süden durch eine vielbegangene Trägerroute verbunden ist, 1968 außer Zigaretten und Seife nur Nahrungsmittel, aber keine Gebrauchsgüter kaufen konnte. Hierzu bedarf es nun allerdings einer Erklärung. Wer ein Sherpa-Haus betritt, wird erstaunt sein über die Fülle an Gebrauchsgegenständen, die er dort findet und die er niemals in einem durchschnittlichen Nepalihaushalt antreffen wird. Obwohl also der Markt dürftig ist, sind die Häuser voll. Die Erklärung ist ein-

---

2 Toni Hagen (1960) hat gezeigt, wie sich die inländischen Wanderwege seit der Schließung der tibetischen Grenze verändert haben. Ursprünglich kamen Hauptrouten von Norden und Süden und verzweigten sich nördlich bzw. südlich einer Mittellinie. Heute entfallen die nördlichen Zugänge, und die Hauptrouten vom Süden verzweigen sich bis zur tibetischen Grenze hinauf (a. a. O., S. 109). Bis zu einem gewissen Grade scheint diese Entwicklung nun wieder rückläufig zu sein.

fach: Praktisch jeder Sherpa ist sein „eigener Kaufmann", der seinen Bedarf selbst „an der Quelle" deckt, also entweder im Terai oder in Kathmandu und früher natürlich auch in Tibet. Wir stellten in den höher gelegenen Sherpa-Dörfern die Frage, ob nicht der eine oder andere Bauer einen kleinen Nebenhandel etwa mit Zigaretten, Seife u. ä. für die Dorfgenossen unterhält. Dies ist nicht der Fall. Jede Familie entsendet ein Mitglied nach Namche Bazaar, um von Zeit zu Zeit das Nötige dort einzukaufen oder es von noch weiter her zu bringen.

Dieses Beispiel mag zeigen, daß die Handelslinien in Nepal sehr schwer zu identifizieren sind. An vielen Flußübergängen, sei es mit Brücken oder mit dem Einbaum, haben sich kleine Teeläden entwickelt, die auch mit Dingen des täglichen Bedarfs handeln: Zigaretten, Streichhölzer, Seife, Biskuits, Bonbons. Aber mancher Kaufmann in einem der als „Handelszentrum" bekannten Gebirgsorte zeigte uns seine leeren Lagerräume. Kommt man lange nach der Ernte, so ist es oft nicht einmal möglich, etwas Reis und Kartoffeln zu kaufen. Damit wenden wir uns der Rolle des Nahrungsgetreidehandels zu.

Die wichtigsten Umschlagplätze in Nepal liegen, wie sich denken läßt, entlang der indischen Grenze, da praktisch jeder Binnenhandel in Nepal zugleich auch ein Handel über die indische Grenze ist. Wenn die Bauern im Süden Überschüsse erzielen, so ist der indische Aufkäufer zur Stelle und kauft die Ernte häufig schon auf dem Halm. Da die Bauern diesen Aufkäufern gegenüber oft verschuldet sind, erzielen sie mit dieser Art des Handels natürlich nur wenig Gewinn und haben keine Chance, aus der Verschuldung herauszukommen. Dadurch bleibt auch wenig auf dem Markt, das in die Defizitdistrikte der Gebirgszone geschafft werden könnte. Ohne Frage aber ist der Handel mit Nahrungsgetreide der bedeutendste Zweig des innernepalischen Handels überhaupt. Das Planungsministerium hat 1965 mit Unterstützung der Ford Foundation eine ausgedehnte Untersuchung über das Aufkommen an Nahrungsgetreide in den Distrikten Nepals und seine Handelslinien innerhalb des Landes und über die Grenzen hinweg durchgeführt[3]. Obwohl die umfangreiche und schwierige Arbeit notgedrungen mit einer Reihe von Ungenauigkeiten und Fehlschätzungen behaftet ist, dürfte das Bild, das sie vermittelt, doch im großen und ganzen den richtigen Eindruck vermitteln. Wir haben versucht, die Ergebnisse dieser Arbeit kartographisch auszuwerten. Karte 94 zeigt die Überschußdistrikte und die Güterströme über die Grenze nach Indien und in die Defizitdistrikte der Gebirgszone. In einigen Fällen führt diese letztere

---

[3] Ministry of Economic Planning, H.M.G., „Cereal Grain Production, Consumption and Marketing Patterns. Nepal 1964—1965", Kathmandu o. J.

Karte 94: Getreidevermarktung in Nepal
Auf der Basis einer umfangreichen Untersuchung und Berechnung des früheren Planungsministeriums wurde diese Karte gezeichnet, um die Getreide-Ströme innerhalb Nepals und über seine Grenzen zu zeigen. Die Überschußgebiete des Terai und weniger Gebirgsdistrikte werden deutlich. Die Versorgung des damals defizitären Kathmandu-Tals erfolgt fast ausschließlich durch „Reimporte", d. h. daß die Überschüsse aus dem Terai durch indisches Gebiet über Birgunj wieder eingeführt werden.

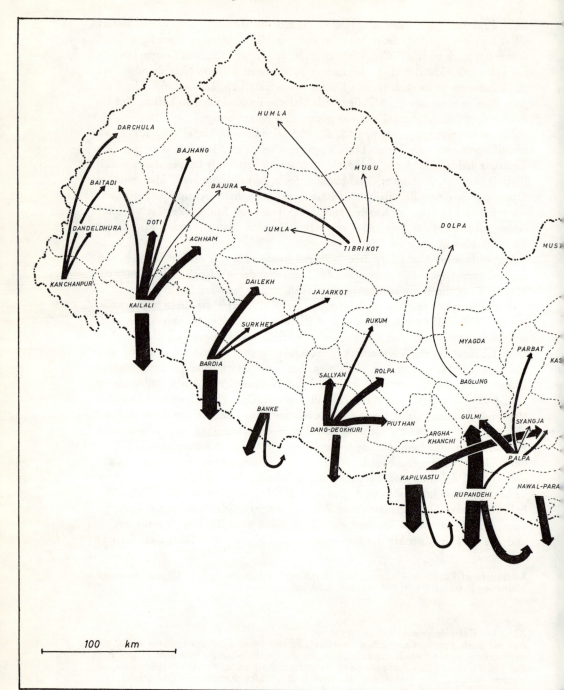

11. Handelsgeographie

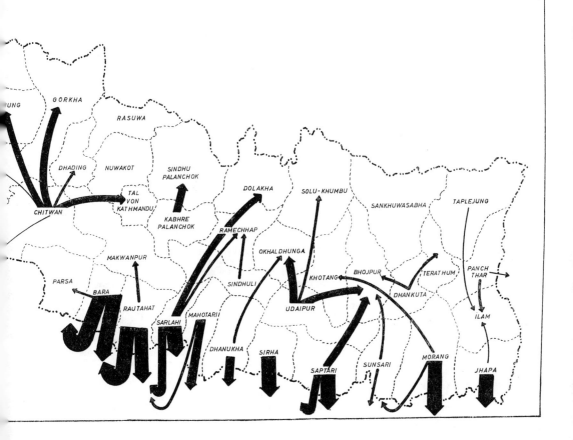

GETREIDEVERMARKTUNG IN NEPAL

ZEICHENERKLÄRUNG:
Jährliche Bewegung zwischen den Distrikten und Ausfuhr =

100–1000 t   über 1000–5000 t   über 5000–10000 t   über 10 000 t

Reimporte

Route im Transit durch Indien, weil es an Verbindungen im Inland fehlt oder jedenfalls damals fehlte.

Ergänzend dazu muß allerdings berücksichtigt werden, daß in akute Hungergebiete die Regierung Reis oder Weizen einfliegt und abwirft. So wurden z. B. 1966 von Regierungsflugzeugen rd. 1 600 t Zerealien über der Gebirgszone abgeworfen. Das ist zwar kein Handel, aber doch ein Handelssubstitut, da der Handel offenbar der Aufgabe nicht gewachsen war[4].

Neben den großen Handelszentren im Terai, an der indischen Grenze, gibt es noch einige Plätze im Gebirge, wo man häufig Handel mit speziellen Erzeugnissen der Region treibt: mit Zitrusfrüchten, Kartoffeln, Ghee, Ölsaaten usw. Die Agrarwirtschaftliche Abteilung und wenige unabhängige Beobachter haben im Laufe der Jahre eine kleine Sammlung ziemlich bescheidener Studien herausgebracht, die uns aber wenigstens erlauben, ein Bild des nepalischen Binnenhandels zu skizzieren, wennschon dieser, wie gesagt, in praktisch allen Fällen zugleich ein Teil des Außenhandels ist. Viele der Handelszentren im Gebirge haben übrigens Zweigniederlassungen im höheren Norden, von wo aus die Bothia-Grenzvölker den Tibethandel übernehmen. Vor der Zeit der chinesischen Grenzschließung in Tibet unterhielt mancher nepalische Kaufmann Lager und Niederlassungen in Tibet selbst.

Neben den Handelslinien für Nahrungsgetreide, die durch die oben erwähnte Studie einigermaßen bekannt geworden sind, weiß man von einer Reihe anderer Handelslinien, ohne daß sie alle genau untersucht worden wären. Sie verlaufen praktisch immer in nord-südlicher Richtung, denn, da sich die Produktionsgebiete natürlicherweise am Relief orientieren, findet überwiegend ein nord-südlicher Austausch statt: Getreideüberschuß liegt im Süden, die Produktion von Kartoffeln und Obst im Norden, Ölsaaten wiederum haben ihr Haupterzeugungsgebiet im Süden, Ghee kommt von den Viehhaltern im Mittelgebirge.

Die Kartoffelmärkte von Palung (Distrikt Makwanpur) und Ilam, beides Zentren ausgedehnter Produktionsgebiete, erweisen sich bei näherer Untersuchung allerdings als Orte von untergeordneter Bedeutung.[5] Die Binnennachfrage

---

[4] Die Maßnahmen zur Versorgung von Hungergebieten lagen bis zu seiner Auflösung in den Händen des Food Departments der Regierung, aber die Unterlagen über seine Aktivität sind schwer zu analysieren. Immerhin konnte soviel festgestellt werden, daß in den Jahren 1965—1967 das Schwergewicht des Lufteinsatzes im extremen Westen lag (Dhandeldhura, Baitadi, Bajhang, Doti, Achham, Bajura, Jumla und Dailekh). Im ersten Jahr wurde Nahrungsgetreide auch in den extremen Osten geflogen (Taplejung, Terathum) und nach Ramechhap und Okhaldhunga. Regelmäßig werden die Gebiete der zentralen Gebirgszone (Gurkha/Pokhara) versorgt. Ein Vergleich mit der Getreidevermarktungskarte zeigt, daß wohl der Westen, keinesfalls aber der Osten und das Zentrum der Berge auf solche Versorgung angewiesen zu sein brauchten, wo Riesenmengen über die indische Grenze abfließen. Mit dem Einfliegen ist es übrigens nicht getan. In vielen Fällen wurde berichtet, daß die hungernden Bauern zu arm waren, selbst den subventionierten Getreidepreis dieser Lieferungen zu zahlen, und der Reis deshalb als unverkäuflich eingelagert werden mußte. Hier dürfte nur ein rascher Straßenbau Wandel schaffen, der allerdings mit einem marktgängigen Angebot der Bergbewohner Hand in Hand gehen müßte.
[5] Madan Bahadur Shrestha, „Palung Potato Market", o. J.; ders. „Ilam Potato Market", o. J.

11. Handelsgeographie

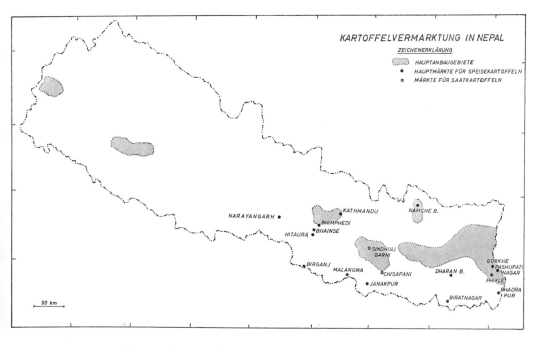

Karte 95: Kartoffelvermarktung in Nepal
Kartoffeln werden praktisch in allen Distrikten Nepals angebaut. Die Karte weist daher nur diejenigen Gebiete aus, die mengenmäßig oder marktwirtschaftlich besondere Bedeutung haben.

ist gering, da die Bevölkerung ja ihre Kartoffeln selbst anbaut, und der Sog des indischen Marktes, vertreten durch indische Aufkäufer, ist so groß, daß die Palung-Kartoffeln bereits in Bhainse, nur ein paar Kilometer von Palung entfernt, an die indischen Käufer geliefert werden. Die Kleinaufkäufer und selbst die Bauern von Ilam bringen ihren Überschuß direkt an die indische Grenze, wo sich die entsprechenden Händler niedergelassen haben. Es gibt kleinere Kartoffelmärkte, z. B. im Kathmandu-Tal, wo der Verbraucher in unmittelbarer Nähe wohnt, oder in den höheren Lagen (Rolwaling, Khumbu), wo die Kartoffel Grundnahrungsmittel ist, so daß nur ein vergleichsweise kleiner Überschuß im Binnenland vermarktet wird (vgl. Karte 95).

Ölsaaten, vor allem solche aus Senf oder das daraus gewonnene Saatöl, sind wichtige Handelsartikel. Sie werden zwar auch im Gebirge angebaut, doch sind ihre Erträge gering, und es besteht ein weiterer Bedarf nach Zukauf. Als Großlieferant bieten sich das Terai und das Innere Terai an. Zwei dieser Regionen — der Distrikt Chitwan mit Umgebung und das Fern-Westliche Terai — wurden nach ihrer Marktstruktur für Saatöl und Ölsaat untersucht. Es zeigte sich, daß Chitwan überwiegend den inneren Markt beliefert und nur kleinere Überschüsse nach Indien verkauft. Kathmandu vor allem, aber auch Distrikte westlich davon werden von Chitwan aus versorgt. Das Fern-Westliche Terai hingegen befindet sich fast ausschließlich in den Händen der indischen Aufkäufer. Die Studie enthält den lapidaren Satz: „Es gibt keinen organisierten Markt für Ölsaat in Nepal. Er befindet sich gänzlich in Indien"[6]. Diese Tatsache allein wäre nicht negativ zu beurteilen, wenn nicht die cleveren indischen Händler alles tun würden, um den Anteil des Bauern am Endverkaufspreis so gering wie möglich zu halten, bereits gepreßtes Öl zu verweigern und die billigere Saat vorzuziehen[7]. Die offene Grenze nach Indien ist im Fern-Westlichen Terai wiederum ein handelsgeographisches Phänomen ersten Ranges.

Ein ähnlich interessantes Handelsobjekt in Nepal ist G h e e, eine Art Schmelzbutter, die vor allem aus Büffelmilch erzeugt und in weiten Teilen Asiens als haltbares Speisefett geschätzt wird. Die Gheeproduktion ist auch für die Gebirgsbevölkerung eine Chance, sich zum täglichen Reis etwas Geld hinzuzuverdienen. Dies gilt vor allem für das westliche Bergland Nepals, wo kaum andere Produkte für den Markt erzeugt werden. Auch hier finden wir eine ausschließliche Exportorientierung (und es handelt sich immerhin um einen Posten von mehr als 20 Millionen Rs., der fast nur aus dem westlichen Bergland kommt) und können eigentlich nicht von einem inneren Markt sprechen, außer, daß die Sammlung des Materials von den Bergen und Dörfern bis zur Grenzstation (vor allem Nepalgunj, Dhangarhi, Koilabas und Butwal/Bhairawa) auf nepalischem Boden vor sich geht. Sowohl bei Ghee wie bei Saatöl schwächt die mangelnde Qualitätskontrolle die Position des nepalischen Erzeugers auf dem äußeren Markt sehr[8]. (Vgl. Karte 96)

Marktstrukturen besonderer Art finden wir bei Tabak, Zuckerrohr und Jute, weil alle drei in Nepal nicht nur als Rohstoff vermarktet, sondern auch im Lande weiterverarbeitet werden.

Nepal besitzt zwei größere J u t e fabriken in Biratnagar, die ihren Rohstoff aus den umliegenden Distrikten beziehen und dabei den Großteil der Ernte selbst verbrauchen, etwa ein Viertel wird roh ausgeführt[9].

Die drei Z u c k e r fabriken in Nepal (Morang, Birgunj und Bhairawa) hängen vollkommen vom Zuckerrohraufkommen im Terai ab. Da dieses in den meisten Jahren nicht ausreicht, um die Kapazität auszulasten, rechnet man mit einer Zulieferung aus den indischen Grenzgebieten, doch haben plötzliche Ausfuhrsperren der Inder die Zuckerfabrik in Birgunj schon in erhebliche Schwierigkeiten gebracht. Im übrigen wird Zucker sowieso in großem Umfang aus Indien eingeführt, um den wachsenden nepalischen Bedarf zu decken.

Die drei nepalischen Zigarettenfabriken in Kathmandu, Birgunj und Janakpur haben nur zum Teil eine Beziehung zum T a b a k anbaugebiet. Die Cigarette Factory

---

[6] J. K. Shrestha, „Mustard Marketing in Western Tarai", 1967, S. 12; vgl. auch Madan Bahadur Shrestha, „Chitwan Mustard Market", o. J.
[7] J. K. Shresthas Bericht konstatiert, „that there is no demand for oil in external markets", aber man muß natürlich zugeben, daß das von Nepal angebotene Senföl nicht unbedingt internationalem Standard entspricht.
[8] Pushpa Ram Bhakta Mathema u. a., „Nepalgunj Ghee Market", o. J.
[9] Vgl. Sagar Bahadur Pradhan und Basant Prasad Bhattarai, „Jute Marketing in Nepal", o. J.

11. Handelsgeographie

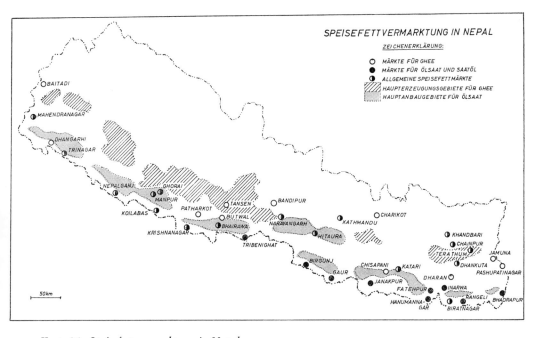

Karte 96: Speisefettvermarktung in Nepal
Die Hauptquellen des Speisefetts in Nepal sind die Büffel- und Rinderhaltung in den Bergen mit der Gheeproduktion und der Anbau von Ölsaat im Terai und Inneren Terai. Beide Produkte bilden einen wichtigen Ausfuhrposten nach Indien.

Janakpur ist die einzige Fabrik, die den Tabak nach einem wohldurchdachten System in der Umgebung aufkauft und auch seinen Anbau fördert. Sie liefert in alle Teile Nepals. Die Nepal Cigarette Factory in Birgunj ist auf Tabak aus dem Raum Janakpur und auf indischen Tabak angewiesen, wobei auch der Janakpur-Tabak über Indien kommt. Der Hauptumschlagsort für Birgunj-Zigaretten ist Narayangarh, von wo sie ins Westliche Terai und in die Berge zwischen Trisuli und Pokhara gebracht werden. Die Nepal Tobacco Company in Kathmandu schließlich ist vollkommen auf Einfuhrtabak angewiesen und hat als Markt vor allem die Östlichen und Westlichen Mittelgebirge[10].

Ein gewisser Binnenhandel ist bei Zitrusfrüchten und Obst (Mangos, Bananen, Äpfeln) festzustellen, aber er sollte nicht überschätzt werden. Karte 97 zeigt die Hauptanbaugebiete von Zitrusbäumen und die traditionellen Märkte im Osten, von wo seit langem ein Export nach Indien erfolgt. Natürlich kann man auch in den Grenzorten des Westlichen Terai Zitrusfrüchte aus den westlichen Bergen kaufen, doch ist ihr Umsatz weitaus geringer. Von den zentralen Bergen gehen Warenströme in den Süden und nach Kathmandu. Der Obstbaugürtel Nepals muß überhaupt mehr als eine Fiktion betrachtet werden, obschon zutrifft, daß in mitt-

---

10 Pushpa Ram Mathema, „Report on Tobacco Marketing in Nepal", 1965.

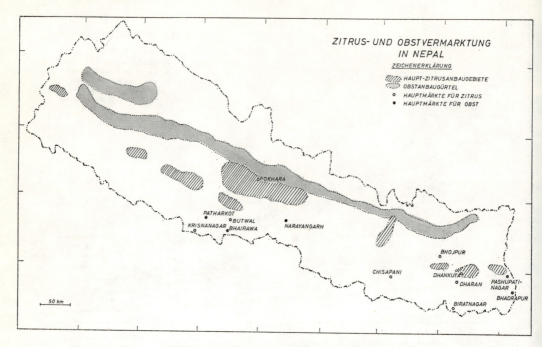

Karte 97: Zitrus- und Obstvermarktung in Nepal
Während die Zitrusanbaugebiete und der Export von Zitrusfrüchten nach Indien eine Tradition haben, müssen Angaben über sonstigen Obsthandel mit Vorsicht betrachtet werden. Nepal besitzt zwar ein beträchtliches Potential für Obstanbau in gemäßigtem Klima, aber es fehlt an Erfahrung und geeigneten Vermarktungseinrichtungen.

leren Höhenlagen alle Arten von Obst aus der gemäßigten Zone angebaut werden könnten. Aber es fehlt noch an den nötigen Kenntnissen über Obstbau und vor allem über die Vermarktung. Immerhin ist ein erfolgversprechender Anfang gemacht.

Die Handelsrouten im Binnenland sind zwar im großen und ganzen bekannt, aber es wurden, wie eingangs erwähnt, niemals eingehende Untersuchungen gemacht. Zusammenfassend kann gesagt werden, daß nach wie vor die historische Nord-Süd-Richtung dominiert und daß der Binnenhandel insofern eng mit dem Außenhandel verknüpft ist, als Nepal, obwohl es niemals kolonialwirtschaftlich behandelt wurde, bis heute überwiegend ein Rohstoffausfuhrland ist. Rein binnenwirtschaftlich ist der Getreidehandel vom Terai zum Norden und in geringem Umfang der Handel mit Kartoffeln, Zitrusfrüchten, Saatöl und Ghee. Damit erschöpft er sich aber auch schon. Zur Frage, ob der fortschreitende Bau von Autostraßen einen Einfluß auf den Binnenhandel nehmen wird, ist zu sagen, daß die existierenden Straßen (Indien-Kathmandu-Tibet und Indien-Pokhara) letzten Endes alten Nord-Süd-Pfaden folgen oder zumindest eine Alternative zu ihnen anbieten. Es hat sich herausgestellt, daß der Bau solcher Straßen nicht unbedingt sofort eine transportunternehmerische Initiative der Bevölkerung auslöst, wie man das in entwickelten Ländern kennt. Dazu ist der nepalische Bergbauer zu phlegmatisch und hängt zu sehr an seinen Gewohnheiten. Diese enttäuschende Erfahrung konnte man z. B. an der Kathmandu-Trisuli-Straße machen. Immerhin bahnen sich auch hier langsam Änderungen an. Es ist aber ganz sicher, daß die Straße Kathmandu-Pokhara sich außerordentlich belebend auf den Touristenverkehr und den Güteraustausch auswirken wird. Inwieweit das bei der Ost-West-Fernstraße der Fall sein wird, bleibt abzuwarten, denn gerade das Terai ist in sehr ausgeprägter Weise auf den Nord-Süd-Verkehr eingestellt.

Dieser Nord-Süd-Handel findet seinen besonders deutlichen Ausdruck im eigentlichen grenzüberschreitenden Verkehr, im Außenhandel. Obwohl Kathmandu d e r große Markt in Nepal ist, gehen doch längst nicht alle Ein- und Ausfuhren über die Kathmandu-Indien-Straße, denn Kathmandu ist ja weder in der Lage, eine Weiterverteilung der Einfuhr ins Landesinnere vorzunehmen, noch ist es Sammelstelle für Ausfuhrgüter. Das Fehlen eines gesamtwirtschaftlichen Raums, auf das schon früher hingewiesen wurde, zeigt sich am deutlichsten bei der Betrachtung des Handelsverkehrs über die indische Grenze. Jede quantitative Analyse muß hier allerdings scheitern, denn diese Grenze ist vollkommen offen. Es gibt zwar eine größere Zahl von Zollgrenzposten, aber nur 17 (!) bewaffnete Zollbeamte, die den Schmuggel auf 1 200 km Länge verhindern sollen. Der Abtransport von Getreide, Holz, Vieh, Ghee und Saatöl über die grüne Grenze ist an der Tagesordnung und die Außenhandelsstatistik daher absolut wertlos. Sie mag nur etwa die Hälfte erfassen. Immerhin zeigt eine Analyse des Außenhandels über die wichtigsten Zollstellen, wie relativ gleichmäßig dieser Handel über die ganze Grenze verteilt ist, daß also jeder Nord-Süd-Sektor Nepals seinen eigenen Außenhandel hat und ein Austausch im Inneren zwischen diesen Sektoren nur sehr gering sein kann.

Auf Karte 98 wird versucht, diesen Handelsverkehr in bezug zum Raum zu setzen. Wir haben vom grenzüberschreitenden Verkehr über die 17 Hauptzollämter an der indischen Grenze die jeweils fünf wichtigsten Ein- und Ausfuhrgüter in jeder Richtung ermittelt und ihren Wert in Millionen Rupies einander gegenübergestellt. Die Einfuhr ist ziemlich einheitlich: Textilien nehmen in jedem Fall den ersten Platz ein (Nepal besitzt keine Textilindustrie und praktisch auch kaum Hausweberei!). Dann folgen Kerosin, also Heiz- und Brennöl, das man heute auch schon in entlegenen Bergdörfern kennt und schätzt (zumal dort, wo der Wald mehrere Tagesmärsche weit weggeschlagen wurde), und Medizin. Benzin und Dieselöl konzentrieren sich an den Grenzübergängen, die eine Gegend beliefern, wo Kraftwagen oder Motoren und Pumpen in größerer Zahl vorhanden sind.

Umgekehrt zeigt die Ausfuhr fast immer medizinische Kräuter und Reis, während Jute und Saatöl je nach der Gegend in der Reihenfolge schwanken. Es wird deutlich, daß Orte wie Birgunj das Kathmandu-Tal versorgen, daß über Bhairawa der Weg nach Pokhara führt und daß Nepalgunj der Markt für West-Nepal ist.

An der Nordgrenze unterhält Nepal nur 7 Hauptzollämter, von denen heute natürlich das von Tatopani an der Kathmandu-Kodari-Straße das wichtigste ist. Der Gesamtexport betrug 1963/64 (letzte Veröffentlichung!) 6,215 Millionen Rs.

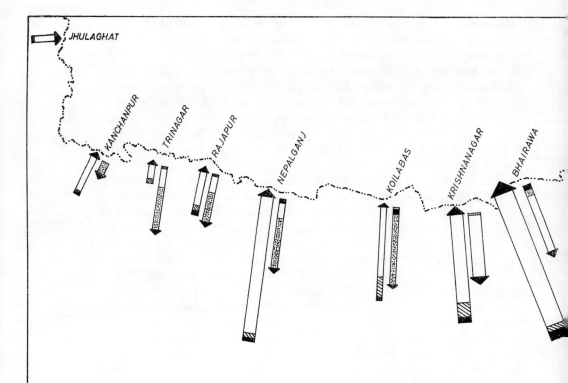

Karte 98: *Regionale Verteilung des nepalischen Außenhandels mit Indien*
Da sich der Außenhandel Nepals in beiden Richtungen zu mehr als 95 % mit Indien abspielt, bietet die Karte ein ziemlich genaues Bild der räumlichen Verteilung des nepalischen Außenhandels entlang der Grenze. Es wurden die jeweils fünf wichtigsten Ein- bzw. Ausfuhrgüter und ihr Wert zugrunde gelegt. Dabei kommen bei der Einfuhr verschiedene Textilien, verschiedene Brenn- und Treibstoffe und Medikamente, bei der Ausfuhr Reis, Jute, Ölsaaten und Heilkräuter zum Zuge. Man erkennt deutlich die Reisüberschüsse im Östlichen Terai und die Ölsaatexporte im Westlichen Terai, und es wird auch deutlich, welchen Sog Orte wie Biratnagar im Osten, Bhairawa und Nepalganj im Westen und Birgunj/Kathmandu im Zentralen Terai auf den Import ausüben. Die Importmenge an Treibstoffen spiegelt den damaligen (1965) Markt, d. h. den Kraftfahrzeugbestand je geographischem Sektor wider.

und der Import 7,111 Millionen Rs. Vom Import fielen allein 5,1 Millionen Rs. auf Schafe und Ziegen, Wolle und Haare sowie Salz, während vom Export 5,0 Millionen Rs. auf Getreide und Tee, Tabak und Chemikalien kamen.

Die Frage nach Nepals Überseehandel oder wenigstens einem Handel mit

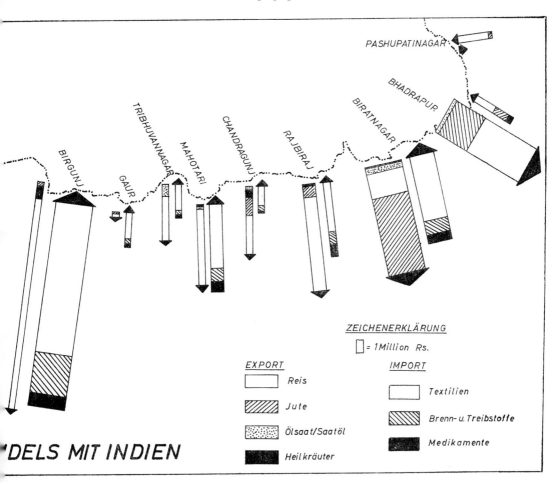

Nichtanliegerstaaten wirft sofort wieder ein interessantes handelsgeographisches Problem auf. Nepal ist ein Land ohne freien Zugang zum Meer („landlocked country"). Dieser Zugang wird geographisch verwehrt durch den Riesenstaat Indien, der auf nicht eben freundschaftlichem Fuße mit Nepals nördlichem Nachbarn China steht. Für Indien ist deshalb eine Kontrolle dessen, was in Nepal vor sich geht, eine politische Notwendigkeit. Zudem führt Indien eine Wirtschaftspolitik des Industrieaufbaus bei extremer Einfuhrbeschränkung durch, während Nepal eine relativ liberale Einfuhrpolitik zur Belebung seiner eigenen Wirtschaft vertritt. Durch den üblichen Schmuggel nepalischer Erzeugnisse über die grüne Grenze nach Indien könnte so die indische Einfuhrrestriktion umgangen werden. Dies jedenfalls sind die Vorwände, unter denen Indien bisher Nepal die ihm laut „UN Convention of Transit Trade of Land Locked Countries" von 1965 zustehenden Transitrechte vorenthalten hat.

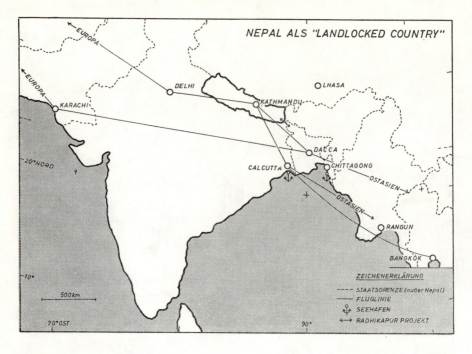

Karte 99: Nepal als „landlocked country"
Nepals Zugang zum Meer wird von Indien blockiert, das ihm auch den freien Zugang zu Ost-Pakistan verwehrt. Ohne Berührung indischen Bodens konnte man sogar lange Zeit Nepal nicht einmal mit dem Flugzeug erreichen. Heute besteht eine direkte Flugverbindung nach Dacca und weiter nach Ost-Asien, und eine thailändische Linie fliegt Kathmandu mit Zwischenlandung in Kalkutta an.

Nepal versucht verzweifelt, sich aus dieser Klammer zu befreien. Eine Sitzung mit indischen Beamten folgt der anderen. Man erwägt den Bau einer „exterritorialen" Eisenbahn nach Ost-Pakistan über Radhikapur in West-Bengalen und Biralpur (Ost-Pakistan), die natürlich genauso von indischer Genehmigung abhängig und jederzeit indischer Intervention ausgesetzt wäre, und glaubt allen Ernstes an die Möglichkeit einer „freien" Binnenwasserstraße nach Kalkutta (siehe Kapitel Verkehrsgeographie, S. 208). 1970 geisterte das Gerücht durch Kathmandu, China habe angeboten, die im Ausbau befindliche Ladakh-Lhasa-Fernstraße mit einem Abzweig über Mustang nach Kathmandu zu versehen, um so Nepal den Zugang nach Karachi in West-Pakistan zu ermöglichen!

Tatsächlich kann man Nepal heute nur über indische Häfen oder Flughäfen erreichen, mit der einen Ausnahme, daß man über Dacca (Ost-Pakistan) fliegt. Aber alle Erwägungen, den Handel über Chittagong oder Chalna hafenmäßig abzuwickeln und dann die Güter über Dacca ein- resp. auszufliegen, scheitern an den Kosten und dem Umstand, daß weder Dacca noch die ost-pakistanischen Häfen die Kapazität für ein erheblich größeres Frachtaufkommen haben. Ehe

11. Handelsgeographie

Nepal nicht seine Freihafenzone in Kalkutta und das Recht des freien Transits in plombierten Wagen durch Indien nach Birgunj bekommt, werden die berechtigten Klagen aus Kathmandu nicht verstummen. Der Verkehr nach Norden ist keine Alternative. Selbst wenn heute Post und chinesische Druckerzeugnisse auf dem Landwege über Lhasa nach Kathmandu kommen, so findet der eigentliche Außenhandel, d. h. Jute nach China und Industriegüter nach Nepal, nach wie vor über See, d. h. also über Kalkutta statt.

Karte 99 vermittelt noch einmal einen Eindruck der Situation[11].

---

[11] Die Frage des freien Zugangs zum Meer und der reibungslosen Ausfuhr und Einfuhr von dritten Ländern nimmt in Handelskreisen und in der Presse von Nepal erheblichen Raum ein. Indien und Nepal treffen sich, vertreten durch hohe Beamte, immer wieder zu Handels- und Transitgesprächen, aber tatsächlich ist das kleine Land nach wie vor starken Behinderungen ausgesetzt. Indien hat sich vertraglich das Recht verschafft, See- und Luftsendungen auf ihre „Ordnungsmäßigkeit" zu prüfen, und behandelt Luftreisende nach Nepal normalerweise wie Reisende nach Indien, gewährt ihnen also die üblichen Transiterleichterungen nicht. Eine „Diversifikation" des Außenhandels ist unter diesen Bedingungen sehr erschwert, wenn nicht unmöglich, und die nepalische Presse äußert oft sehr harte Worte über diese praktische Seite der nepalisch-indischen Freundschaft, die in einer absichtlichen Verzögerungstaktik in der Frage der Freihafeneinrichtungen in Kalkutta und der Eisenbahnverbindung nach Ost-Pakistan über Radhikapur ihren Ausdruck finde.

Teil II

REGIONALGEOGRAPHISCHE SKIZZEN

1. Das Kathmandu-Tal

Durch lange Jahrhunderte der Geschichte Nepals war das Tal von Kathmandu gleichbedeutend mit dem Staat, und selbst heute ragt es in fast jeder Hinsicht aus den anderen Regionen des Landes heraus: Hier ist die Intelligenz des Landes konzentriert, hier fallen die politischen Entscheidungen, und hier wird, trotz aller Bemühungen um eine Dezentralisierung, die Zukunft des Landes bestimmt. Was hat dieses Tal Besonderes an sich? Warum hat es diese prädominante historische Rolle gespielt und spielt sie noch? Wir wollen versuchen, auf diese Fragen eine Antwort zu geben.

Seit Menschengedenken gehörten die südlichen Tiefländer Nepals zur malariaverseuchten Zone. Trotz milderen Klimas und weiter, fruchtbarer Ebenen war das Tiefland ungesund, und seine Bewohner waren nicht nur der feindlichen Natur, sondern auch jedwedem Eroberer schutzlos ausgeliefert. Hier oben aber standen die Berge des Himalaya-Vorlandes als eine Schutzburg, die über die Zeitläufte immer und immer wieder größeren und kleineren Gruppen aus Indien Zuflucht vor ihren Verfolgern gewährten. Viel eher als das Terai waren daher die Mittelgebirgslagen besiedelt, und wenn auch das Klima härter war und oft steile Hänge unter Kultur genommen werden mußten, so bot das Gebirge doch gesunde Luft und physische Sicherheit. Natürlich werden alle Zuwanderer versucht haben, ausgedehnte Hochtäler oder Hochplateaus zu finden, doch bot der Himalaya nicht viel dergleichen an. Das Kathmandu-Tal aber erwies sich als eine topographisch einzigartige Insel im Gewirr des nepalischen Mittelgebirges, und seine ersten Siedler erreichten es wahrscheinlich durch das Tal des Bagmati von Süden.

Das Tal liegt um 1 300 m über dem Meere und ist damit malariafrei. Es wird von einem Kranz hoher Berge eingeschlossen und ist dadurch, außer auf ganz wenigen Paßübergängen, schwer zugänglich und leicht zu verteidigen. Daß der Talboden der Grund eines ausgelaufenen Sees ist, gilt heute als erwiesen, und seine Fruchtbarkeit ist außerordentlich. Vergleichsweise hohe Niederschläge haben bis heute den Wasserbedarf des Tals zu decken vermocht. Handelsrouten, wenn auch beschwerlicher Natur, entwickelten sich nach Norden und Süden und sicherten dem Tal eine überragende Rolle als Austauschplatz. Eine so ideale Situation mußte ganz einfach zur Gründung von Macht führen, und so haben denn auch schon sehr früh Könige über das Tal und vom Tal aus geherrscht. Hier lag seitdem der Schlüssel zur Macht in Nepal, und wer auch immer in anderen Teilen des Landes Machtpositionen errichtete — erst mit dem Sieg über das Tal war er Herr von ganz Nepal. König Prithvi Narayan ist hierfür das überzeugendste Beispiel. Er unterwarf das Tal, das damals in mehrere kleine Königreiche gespalten war, ernannte sich zum König von Nepal und erklärte Kathmandu offiziell zur Hauptstadt des neuen Königreichs[1], eines Königreichs, dessen Grenzen noch manche Änderung erleben sollten. Aber Kathmandu blieb, und damit blieb das Tal das Zentrum Nepals[2].

Geographisch betrachtet liegt das Kathmandu-Tal keineswegs im Zentrum des Landes, sondern am Ende des ersten Drittels von Osten aus gesehen. Es liegt auf etwa 85°20′ östlicher Länge, 27°40′ nördlicher Breite und 1 340 m Höhe über NN. Seine elliptische Form dehnt sich etwa 25 km in ost-westlicher und 20 km in nord-südlicher Richtung. Der das Tal einschließende Gebirgsring erreicht im Schnitt Höhen um 2 000 m, aber einige markante Gipfel ragen höher auf, so der Sheopuri im Norden des Tals mit 2 732 m und der Phulchauki im Süden mit 2 758 m (nach anderen Quellen 3 132 m). Im Westen begrenzt die Chandragiri-Kette mit Höhen bis 2 550 m und im Osten die Chipu-Kette das Tal, die 4 500-ft.-Isohypse (1 372 m) schließt es in seiner Gesamtheit ab. Sie wird nur durch den Ausfluß des Bagmati im Südwesten, südlich Pharping, unterbrochen, wo der Boden auf weniger als 7 km über 300 m abfällt. Damit hat er aber das Tal bereits verlassen.

Die 5 000-ft.-Isohypse (1 524 m), die etwa den Aufstieg der Randberge markiert, wird, wenn man einmal vom Bagmati-Durchbruch absieht, nur an zwei Stellen unterbrochen: im Westen bei Thankot, wo die Straße zum Terai, nach Indien und nach Pokhara, und im Osten bei Sanga, wo die Straße nach China das Tal verläßt. Eine dritte Straße, die nach Nordwesten geht (Trisuli-Straße), findet keinen Durchlaß. Sie steigt nordwestlich Balaju die Narjong-Berge empor und überwindet die nördliche Talrandkette bei Kakani in über 2 100 m. Alle anderen Talstraßen enden an den Vorbergen. Bei Nagarkot erreicht eine Straße 1 838 m und gestattet einen Blick nach außerhalb des Tals. Der Plan, eine Schnellverbindung zum Terai durch die Bagmati-Schlucht zu bauen, hat noch keine konkreten Formen angenommen.

Sobald man die Randberge überschreitet, betritt man Einzugsgebiete anderer Flußsysteme: im Westen das des Kaligandaki, im Osten das des Kosi. Das Tal selbst bildet gänzlich das Einzugsgebiet des oberen Bagmati. Dieser Fluß, dessen Quellen am Sheopuri liegen, ist in seinem Oberlauf keineswegs der wasserreichste der Talflüsse, er hat aber bis zum Zusammenfluß mit dem Vishnumati praktisch

---

1 D. R. Regmi, „Modern Nepal", 1961, S. 89.
2 Wir verweisen auf eine kürzlich veröffentlichte, ausgezeichnete Regionalanalyse, die wir bei diesem Kapitel mit heranziehen: „The Physical Development Plan for the Kathmandu Valley", 1969.

Karte 100: Das Kathmandu-Tal
Das Kartenbild vermittelt den Eindruck des kesselförmigen Hochtals, das fast gänzlich von Bergen eingeschlossen ist, die aber nach außen stärker abfallen als nach innen. Nur zwei Straßen nutzen natürliche Pässe in den Randbergen und eine übersteigt den Talrand nach Nordwesten. Alle anderen Straßen enden an den Vorbergen. Basiskarte: 1 : 250 000.

1. Das Kathmandu-Tal

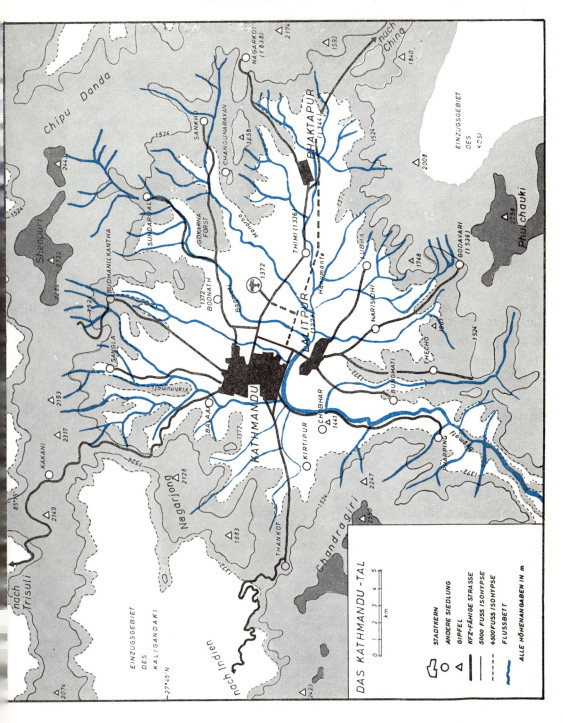

alle Gewässer aufgenommen und führt eine beträchtliche, wenn auch jahreszeitlich enorm schwankende Wassermasse aus dem Tal heraus. Alle wichtigen Zuflüsse kommen vom Norden, dem Gebiet der höchsten Niederschläge im Tal: der Vishnumati fließt westlich an Kathmandu vorbei, der Hanumante entwässert das Gebiet von Bhaktapur und der Manhora das von Sankhu. Die Zuflüsse von Süden sind von geringerer Bedeutung. Beim Eintritt in die Schlucht bei Chobhar beträgt das ganze Einzugsgebiet des Bagmati 585 km². Hier wurde innerhalb von 4 Beobachtungsjahren ein Maximalabfluß von 634 m³/s bei einem Wasserstand von 11,55 m und ein Minimalabfluß von 0,02 m³/s bei einem Wasserstand von 1,40 m gemessen. Die Maxima liegen im August, die Minima im Juni. Wirtschaftlich wird das Wasser des Bagmati durch das Wasserkraftwerk Sundarijal genutzt, das ein kleines Staubecken in 1 576 m Höhe hat. Zudem werden nicht nur der Bagmati, sondern nahezu alle größeren Flüsse des Tals zur Bewässerung und alle Flüsse als Trinkwasserquelle und für rituelle Zwecke benötigt.

Der Zusammenhang zwischen Bodengefälle und Abflußcharakteristik im Kathmandu-Tal ist ebenfalls sehr eigentümlich. Die nördlichen Quellflüsse stürzen aus beträchtlicher Höhe herab. Der Bagmati beispielsweise entspringt in etwa 2 650 m und erreicht nach etwa 8 km eine Höhe von nur 1 340 m. Der Vishnumati entspringt in etwa 2 430 m und fällt auf nur 3 km um nicht weniger als 1 000 m. Alle Flüsse des Tals fließen zunächst dem Raume Kathmandu zu, um dann, im Bagmati vereinigt, das Tal nach Süden zu verlassen. Dieser Umstand vermittelt gleichzeitig ein Bild von den Gefälleverhältnissen im Tal selbst. Die meisten Flüsse haben sich beträchtlich in den weichen Talboden eingegraben, so daß die Teile zwischen den Flußläufen wie erhöht wirken. Einige solcher *tars* sind besonders ausgeprägt und unterteilen das Tal in Subregionen (vgl. dazu Karte 100).

Trotz der relativen Kleinheit der Talregion zeigen die meteorologischen Verhältnisse außerordentliche Unterschiede, die sich leicht aus der Topographie und der ungleichmäßigen Exposition zu den regenträchtigen Winden erklären. Mittlere jährliche Niederschläge über einen Beobachtungszeitraum von 47 Jahren liegen bei 3 220 mm. Die höchste Niederschlagsmenge fällt am nördlichen Talhang (Sheopuri Lekh) mit 5 800 mm, Minima fallen im südlichen Talboden (1 300 mm). Karte 101 zeigt das charakteristische Niederschlagsmuster des Tals: extrem hohe Regenfälle am nördlichen und westlichen Talrand und geringste Niederschläge im Regenschatten des Phulchauki, der das Tal im Süden abschließt.

Die Temperaturen in Kathmandu erreichen weder nach oben noch nach unten extreme Werte. Mittlere Maxima liegen im Juni (24°C), mittlere Minima im Januar (7° C), absolute Minima erreichen den Gefrierpunkt. Aber natürlich erbringen andere Meßpunkte im Tal und den umgebenden Berggebieten andere Werte.

Die Bevölkerung des Tals bietet nach Dichte, Struktur und Beschäftigung einen interessanten Kontrast zum Rest von Nepal. Gegenwärtig kann mit einer Gesamtbevölkerung von 515 000 gerechnet werden. Bei einer Gesamtfläche der drei Taldistrikte von 951 km² (einschließlich eines kleinen Gebiets, das geographisch nicht eigentlich zum Tal gehört) würde das einer mittleren Bevölkerungsdichte von 540/km² entsprechen. Indessen zeigen sich bei den drei Taldistrikten bereits er-

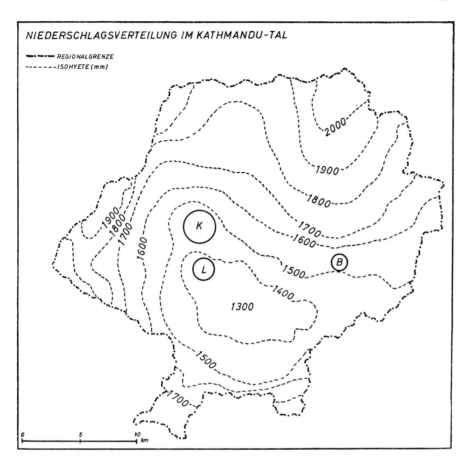

Karte 101: Niederschlagsverteilung im Kathmandu-Tal
Der Verlauf der Isohyeten zeigt die Trockenzone im südlichen Talboden und das Niederschlagsmaximum im Norden, am Südhang des Sheopuri, wo auch die meisten Zuflüsse zum Bagmati und dieser selbst entspringen. Die Niederschlagsverteilung entspricht genau dem von Südost kommenden Monsunregen: die ihm zugewandten Hänge verzeichnen die stärksten Niederschläge.
Quelle: The Physical Development Plan for the Kathmandu Valley, S. 39.

hebliche Unterschiede. Lalitpur liegt mit 350/km² am Ende, Kathmandu mit 531 in der Mitte und Bhaktapur mit 760 an der Spitze der Skala. Damit ist das Tal die am dichtesten besiedelte Landschaft Nepals. Natürlich geht diese Bevölkerungsdichte Hand in Hand mit Urbanisierung und einer mehr „industriegesellschaftlichen" Beschäftigungsstruktur.

Im Tal liegen die drei größten Städte des Landes: Kathmandu mit (1961) 122 507, Lalitpur mit 47 713 und Bhaktapur mit 33 880 Einwohnern. Die Bevölkerungsdichte der Innenstädte übertrifft selbst die vergleichbarer indischer Siedlungen. In Kathmandu liegt die mittlere Besiedlungsdichte bei 45 000/km², es gibt aber auch Bezirke (*ward*), wo eine Dichte bis zu 74 000 Menschen je km² auftritt. Für Lalitpur gilt eine mittlere Netto-Dichte von 25 400/km², aber auch in weiter abseits gelegenen Siedlungen des Tals wurden solche bis zu 18 800/km² gemessen. Sie wurden ohne eigentliche Hochbauten erreicht, obwohl natürlich, wie wir im Kapitel Siedlungsgeographie gezeigt haben, die Newarkultur des Tals mit dem typischen drei- bis fünfstöckigen Haus für Nepal schon Hochbau bedeutet. Die Massierung städtischer Siedlungen auf kleinem Raum resultiert in einem großen Anteil der städtischen an der Gesamtbevölkerung im Tal. Hier liegt dieser Anteil bei 62 %, denn mehr als 280 000 Menschen leben in den drei Städten oder „Kompaktsiedlungen" mit mehr als 1 000 Einwohnern. Für das ganze Land rechnet man mit 3,5 % der Gesamtbevölkerung, die in „Stadt-Panchayats" wohnen, gegenüber 47,7 % der Talbevölkerung. Der hohe Grad der Verstädterung ist offensichtlich.

Ethnisch gliedert sich die Bevölkerung des Tals in 52,2 % Newars, 41,1 % Nepali-Sprechende, 5,1 % Thamangs und 1,6 % andere.

Das Siedlungsbild des Tals wird nachhaltig durch die drei Städte und die 34 Kompaktsiedlungen mit mehr als 1 000 Einwohnern geprägt, der Newar-Hausstil vor allem trägt seinen städtischen Charakter bis in die Dörfer. Städte und Kompaktsiedlungen bedeuten vertikales Wohnen, wodurch der kostbare Boden für produktive Zwecke reserviert wird. Wegen des Hausstils der Newars verweisen wir auf das Kapitel Siedlungsgeographie. Es sei hier nur noch einmal nachdrücklich darauf hingewiesen, daß man das Kathmandu-Haus in praktisch allen Dörfern wiederfindet, wo Newars wohnen: drei- bis dreieinhalbstöckiges Fachwerk mit teils gebrannten, teils luftgetrockneten Ziegeln, häufig um einen Innenhof (*bahal*) mit religiösem Monument (*chaitya*) errichtet, Ziegeldach. Dazu enge, gelegentlich gepflasterte Straßen, sehr oft ein Tempel oder großer Schrein als Zentrum der ganzen Siedlung, zahlreiche private Tempelchen und Schreine, Rastplätze für Reisende, mit Dach und geschnitztem Säulenwerk, Läden, die meist entlang einer Hauptachse aufgereiht sind. Die Korrelation zwischen der Verteilung und Dichte der Newarbevölkerung im Tal und den Kompaktsiedlungen ist offenkundig: 60,3 % der Tal-Newars leben in den drei Königsstädten, 27,0 % in den Kompaktsiedlungen und nur 12,7 % in Mischsiedlungen.

Neben den Kompaktsiedlungen haben die Streusiedlungen der Nicht-Newarbevölkerung eine große Bedeutung. Sie ziehen sich weit die Talhänge hinauf, und hier bestimmt das Parbate-Haus das Siedlungsbild. Es ist ein freistehendes, zweistöckiges Haus, dessen Dach nach vorn zu einer Veranda (*pindhi*) vorgezogen ist, die im sozialen Leben der Bewohner eine große Rolle spielt. So rangiert das Siedlungsbild des Tals von der Stadt mit extremer Bevölkerungsdichte bis zum Einzelgehöft inmitten der Reisfelder oder zum Maisbauernhof am Talrand hoch über dem fruchtbaren, bewässerten Talboden (vgl. Karte 102).

Die Beschäftigungsstruktur der Talbevölkerung ist ebenfalls von der Gesamtbevölkerung deutlich unterschieden, obwohl zugegeben werden muß, daß bei weitem nicht alle Stadtbewohner städtischen Beschäftigungen nachgehen. Wir haben bereits in anderem Zusammenhang darauf hingewiesen, daß 60, 80 bzw.

1. Das Kathmandu-Tal

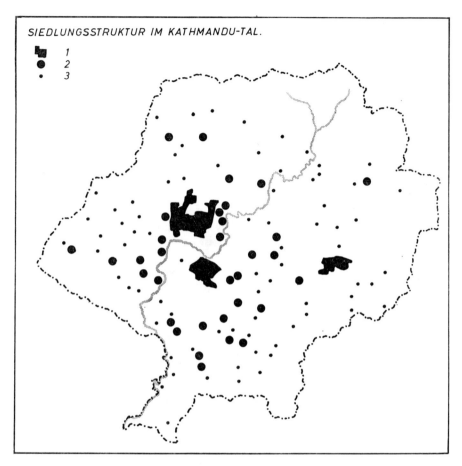

Karte 102: Siedlungsstruktur im Kathmandu-Tal
Die Karte zeigt die drei Siedlungstypen des Tals: Städte, Kompaktsiedlungen und Streusiedlungen. Es bedeuten: 1 = Städtische Zentren mit mindestens 100 Personen/ha; 2 = Kompaktsiedlungen mit 1 000—10 000 Einwohnern; 3 = Streusiedlungen.

90 % der Bewohner von Kathmandu, Lalitpur und Bhaktapur Bauern sind und den Städten in vielen Vierteln den Charakter von Großdörfern geben. Tatsächlich sind es aber nur 65 % der Talbewohner, die einer landwirtschaftlichen Beschäftigung nachgehen, im Gegensatz zu Nepal als Ganzem, wo diese Zahl über 90 % liegt. Auch die Frauen, die der Tradition gemäß auf eine Arbeit im Haus oder auf dem Familienacker beschränkt waren, treten nun immer mehr in nichtlandwirtschaftliche Berufe ein. Es wäre allerdings vermessen, wollte man die Wirtschaft des Tales nicht mehr präindustriell nennen.

Die Lage der Volksbildung im Tal ist, gemessen am Standard der gesamten Nation, außerordentlich gut. Halten wir uns vor Augen, daß die Zahl der Einwohner des Tals rd. 5 % der Gesamtbevölkerung Nepals ausmacht, und vergleichen wir diesen Umstand mit den nachfolgenden Zahlen. Von den 5 694 Primarschulen Nepals[3] stehen 5 %, von den 408 Mittelschulen 10 % und von den 263 Oberschulen 23 % im Tal von Kathmandu. 9 % der Primarschüler und 32 % der Sekundarschüler Nepals besuchen die Bildungsinstitutionen im Tal. Von den 12 806 Lehrern an Primar- und Sekundarschulen arbeiten 12 % im Tal, auch ist der Anteil an ausgebildeten Lehrern etwas günstiger als im nationalen Maßstab (26,2 % in Nepal und 29,9 % im Tal).

Auf dem Gebiet der höheren Bildung (Colleges und Universität) ist die Bevorzugung des Tals noch deutlicher. Praktisch die Hälfte der Institutionen liegt im Tal und 77 % der akademischen Studenten Nepals erhalten hier ihre Ausbildung. Räumlich gesehen konzentrieren sich die Bildungsinstitutionen des Tals natürlich auch wieder in den Städten.

Für das Gesundheitswesen gilt, was über die Volksbildung gesagt wurde und in eher noch verstärktem Maße. Die Vorrangstellung des Tals und der Hauptstadt gegenüber dem Rest des Landes ist eklatant, und es klingt ein wenig apologetisch, wenn man im jüngsten Entwicklungsplan für das Tal Sätze wie diese liest: „Das Kathmandu-Tal kennt Gesundheitsprobleme, die typisch für städtische und für ländliche Gebiete sind. Doch sind in beiden Fällen die daraus resultierenden Probleme weniger schwer als in Nepal als Ganzem. Denn der verstärkten Gesundheitsgefährdung durch dichtbevölkerte Stadtgebiete bei schlechter Durchlüftung, überbevölkerten Wohnungen, Mangel an Abfallbeseitigung und Wasserverunreinigung steht eine Konzentrierung medizinischer Maßnahmen und Institutionen im Tal gegenüber und besonders in den Stadt-Panchayats von Kathmandu, Lalitpur und Bhaktapur[4]."

In Wirklichkeit liegen die Dinge doch wohl mehr so, daß kaum einer der nepalischen Ärzte bereit ist, anderswo als in Kathmandu zu praktizieren, und daß die Regierungspolitik nicht geeignet ist, Anreize für den medizinischen Dienst außerhalb des Tals zu geben.

Die gesundheitlichen Verhältnisse im ländlichen Kathmandu-Tal entsprechen weitgehend dem, was wir bereits im Kapitel über Volksgesundheit ausgeführt haben. Die Hauptmerkmale mögen hier noch einmal zusammengefaßt werden, wobei wir uns gleichzeitig auf den bereits mehrfach zitierten Entwicklungsplan für das Kathmandu-Tal stützen können: Nahrungsmittel sind Fliegen und Nagern ausgesetzt, Latrinen fehlen, und die Verseuchung des Bodens ist überall prävalent, Würmer und andere Parasiten plagen die Bevölkerung, wozu die ungeschützten Wasserstellen noch wesentlich beitragen. Die Wohndichte und Durchlüftung der ländlichen Wohnungen hängt wesentlich von der wirtschaftlichen Lage und vom Siedlungstyp ab, aber die Anwesenheit von Ratten, Flöhen, Läusen und Wanzen wird als häufig beschrieben. Medizinische Betreuung ist spärlich, von ein paar örtlichen Hebammen abgesehen, die bei den zu Hause durchgeführten Geburten assistieren. Die Kindersterblichkeit bis zum 5. Jahr beträgt deshalb ört-

---

3 Das Zahlenmaterial wurde dem „Educational Statistical Report 1965—1966", Kathmandu 1967, entnommen.
4 The Physical Development Plan for the Kathmandu Valley", 1969, S. 102.

lich bis zu 50 %, wobei die Problemzeit die ersten 2—3 Lebenswochen des Kindes sind.

Die sanitären Verhältnisse im städtischen Kathmandu-Tal sind, wie der Entwicklungsplan bestätigt, womöglich noch schlechter als auf dem Lande, wenn man von der besseren Wasserversorgung absieht: „Es gibt zwar mehr Latrinen, aber noch mehr Menschen. Nahrungslagerung und -zubereitung sind so unhygienisch wie in den Dörfern. Nager und Insekten sind überall, und die Durchlüftung ist gewöhnlich sehr schlecht. Die grundsätzlich hohe Bevölkerungsdichte in den Stadtkernen des Tals zusammen mit dem praktisch vollkommenen Mangel an sanitären Einrichtungen hat die Gesundheitsgefährdung weit stärker anwachsen lassen als auf dem Dorf. Erstens sind die Wohnungen allgemein überbelegt. Dieser Umstand, zusammen mit schlechter Durchlüftung, schafft die günstigsten Voraussetzungen für die Übertragung von Krankheiten wie Viruskrankheiten, Pocken, Tuberkulose und anderen Lungenerkrankungen, die denn auch in Kathmandu und Lalitpur vorherrschen. Zweitens macht der Mangel an Latrinen und freiem Raum Straßen und Gassen zur einzigen Alternative für die menschliche Notdurft. Neben direkter Übertragung von Parasiten wie Hakenwürmern und Spulwürmern hat die Anhäufung von Exkrementen in den Straßen und Höfen von Kathmandu, Lalitpur und Bhaktapur die Zahl der Fliegen stark und gefährlich anwachsen lassen. Drittens ist das ernährungsbezogene Gesundheitsproblem in den Stadtzentren des Tals einzig dastehend. Die meisten Fälle von Fehlernährung sind bei den Lohnempfängern zu finden, denen die Subsistenzlandwirtschaft fehlt, die so typisch für den Großteil der Landbevölkerung ist. Endlich sind die streunenden Hunde ein ernstes potentielles Problem. Streunende Tiere übertragen häufig Tollwut und ihre große Zahl macht diese Gefahr durch Biß oder Berührung allgegenwärtig[5]." Dieser Charakterisierung ist nichts hinzuzusetzen.

Nun steht dem, wie ja schon vermerkt, eine Konzentration ärztlicher und hygienischer Dienste gegenüber. Von den dem Gesundheitsministerium unterstehenden Krankenhäusern liegen 20,4 %, von den Krankenzentren 3,1 % und den Krankenposten 20,9 % im Tal von Kathmandu, und vermutlich kommt auf weniger als 5 000 Einwohner des Tals ein Arzt, während in Gesamt-Nepal das Verhältnis 100 000 : 1 ist. Es kann nicht überraschen, daß die Zuwachsrate der Bevölkerung im Tal deshalb größer ist als im übrigen Land.

Diese Bevölkerungszunahme bringt wiederum das Problem der Arbeitsplätze mit sich. Bereits heute nähern sich die Dörfer des Tals dem Zustand, da die zuwachsende Bevölkerung keine Verdienstmöglichkeiten mehr findet und in die Städte, d. h. Kathmandu und Lalitpur, abwandert. Aus der saisonalen Arbeitssuche wird unübersehbar die Suche nach einem permanenten Arbeitsplatz außerhalb des Dorfes: „Viele Bewohner der abseits gelegenen Siedlungen und sogar die Bauern reisen in zunehmendem Maße nach Kathmandu, um Arbeit für die Saison ohne Feldarbeit zu suchen. Ein großer Prozentsatz solcher Leute hat zeitweise Arbeit auf dem Bau oder bei öffentlichen Arbeiten gefunden. Gleichzeitig hat die

5 A. a. O., S. 103 f.

ständige Beschäftigung solcher Leute zugenommen. ... Der landwirtschaftliche Sektor der meisten Dörfer ist bereits mit Arbeitskräften gesättigt. Eine künftig wachsende Einwohnerschaft der Dörfer kann innerhalb der Struktur des gegenwärtigen dörflichen Arbeitsmarktes nicht untergebracht werden. Solange keine anderen wirtschaftlichen Möglichkeiten den Dörflern in ihrer eigenen Umgebung angeboten werden, wird die sich weiter verbessernde Transportverbindung im Tal zu einer weiter ansteigenden temporären und permanenten Migration in die schon überfüllten Zentren Kathmandu und Lalitpur führen[6]."

Verkehr und Handel haben das Tal schon in ältesten Zeiten zu einer Art wirtschaftlicher Einheit werden lassen und dies, obwohl sich bis in die Gegenwart hinein beide nur oder doch vorwiegend einer außerordentlich primitiven Technik bedienten und noch bedienen. Obschon das Tal heute einige kraftfahrzeuggängige Straßen besitzt und es von außen über drei solcher Straßen erreicht werden kann, erfolgt doch die Bewegung von Menschen, Gütern und Nachrichten noch immer überwiegend zu Fuß. Seit seiner frühen Geschichte war das Tal ein Handelszentrum zwischen dem Norden und dem Süden, weit weniger zwischen dem Osten und dem Westen, weil hier die vorteilhaften topographischen Bedingungen fehlen. Das ist ein geopolitisch höchst interessanter Umstand, der vielleicht manche Phase der nepalischen Geschichte erklärt. Der Handel und nicht die Landwirtschaft hat das Tal und seine Herrscher in der frühen Zeit wohlhabend und einflußreich, aber auch zum Ziel von Aggressionen gemacht. Diese Stellung im zwischenregionalen Handel hat Kathmandu verloren, aber das Tal selbst ist bis heute ein Gebiet regen und wachsenden Austauschs geblieben. Allein die Existenz mehrerer städtischer Zentren, deren Bürger als Käufer landwirtschaftlicher Erzeugnisse in Frage kommen, läßt einen solchen Handel innerhalb des Tals erwarten. Allerdings ist die Scheidung zwischen Stadt und Land nicht so deutlich, wie man erwartet, denn, wie schon erwähnt, geht ein großer Teil der städtischen Bevölkerung bäuerlicher Beschäftigung nach. Ein anderer Teil, vielfach als Staatsdiener beschäftigt, gehört zur Landbesitzerklasse und zieht einen beachtlichen Teil seiner Einkünfte aus verpachtetem Landbesitz. Dennoch ist der Transport landwirtschaftlicher Produkte zur Stadtregion und gewerblicher, vor allem höherwertiger Gewerbeerzeugnisse, auf die Dörfer davon nicht berührt und geht auf zum Teil jahrhundertealten Trägerpfaden vor sich, denn Fahrzeuge oder Trage- und Zugtiere hat es im Tal ja niemals gegeben.

Mit verstärktem Importhandel aus Indien, vor allem nach Fertigstellung der Straße dorthin, hat sich der Großhandel in Kathmandu und Lalitpur konzentriert, wo sich die Händler kleinerer Zentren und der Dörfer mit Waren versorgen. Studien haben ergeben, daß das Tal neben den erstrangigen Handelszentren Kathmandu und Lalitpur eine größere Zahl zweitrangiger und drittrangiger Handelsplätze hat. Zweitrangige Handelszentren wie Sankhu, Thimi, Chapagaon, Jitpur und Kirtipur liegen an alten Handelswegen, die durch den Bau der Kraftwagenstraßen häufig totgelegt wurden oder doch erheblich an Bedeutung einge-

---

[6] A. a. O., S. 110 f.

büßt haben. Damit sind diese Orte von wichtigen Umschlagplätzen am Talrand zu lokalen Märkten abgesunken. Auch die kleineren Handelsplätze dritter Ordnung wie Sanga, Lubhu, Bungamati, Khokana, Sundarijal und Thankot haben, mit der Ausnahme Thankots, durch den Straßenbau an Bedeutung eingebüßt.

Eine ganze Reihe solcher Zentren hat Bedeutung für die Herstellung oder Verarbeitung von Rohstoffen erlangt. So ist die Gewinnung von Saatöl in Bungamati und Khokana konzentriert, während das Öl selbst dann nach Kathmandu zum Weitervertrieb gebracht wird. Einige Dörfer haben sich in einer Art Heimindustrie auf die Herstellung von Körben, Besen, Webwaren usw. spezialisiert, doch ist der Ausstoß im allgemeinen bescheiden. Über all die beschriebenen Aktivitäten liegen Detailstudien oder gar statistische Daten nicht vor[7].

Heute indessen spielt die L a n d w i r t s c h a f t eine immer größere Rolle, und zwar deshalb, weil das Defizit an Grundnahrungsmitteln im Tal die Regierung zu erheblichen Anstrengungen auf dem Gebiet der Agrarentwicklung gezwungen hat. Diesen Bemühungen ist der Erfolg nicht versagt geblieben.

Die Gesamtfläche des Tals wird mit 76 405 ha angegeben, von denen 46 700 ha oder mehr als 61 % unter Kultur stehen (vgl. Karte 103). Das ist ein außerge-

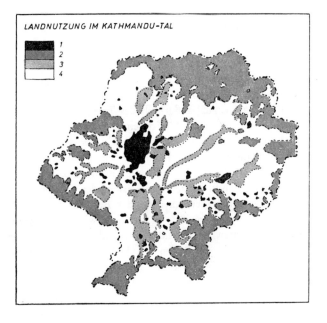

Karte 103: Landnutzung im Kathmandu-Tal
Es bedeuten: 1 = Dichtbebaute Gebiete; 2 = Wälder und Buschwerk; 3 = Bewässerungslandwirtschaft einschl. Talauen (Flutgebiete); 4 = Regenfeldbau.
Quelle: The Physical Development Plan for the Kathmandu Valley, S. 35.

7 A. a. O., S. 94—98 und 112 f.

wöhnlich hoher Nutzungsgrad, wenn man bedenkt, daß in ganz Nepal nur 13 % der Fläche kultiviert werden. Addiert man die Fläche aller Kulturen, so erreicht man eine Fläche von 59 935 ha, was zu einer Bebauungsintensität von 127 % führt, die sich aus mehr als einer Ernte je Flächeneinheit ergibt. Auch hier überragt das Tal das Land, wo die Bebauungsintensität nur 110 % beträgt. Tabelle 63 vermittelt einen Eindruck von den wichtigsten Kulturen, die im Tal angebaut werden:

Tabelle 63: Anbau von Hauptkulturen im Kathmandu-Tal (1968) in ha, nach Distrikten

Kultur	Kathmandu	Lalitpur	Bhaktapur	Tal
Reis	10 500	6 100	5 200	21 800
Mais	7 200	6 800	2 400	16 400
Weizen	5 500	3 800	4 200	13 500
Gerste	5	5	5	15
Hirse	2 200	2 150	500	4 850
Kartoffeln	1 100	800	550	2 450
Ölsaaten	150	700	50	900
Zuckerrohr	10	5	5	20
Gesamt	26 665	12 910	20 360	59 935

Quelle: Ministry of Landreform, Agriculture and Food, Kathmandu.

Neben diesen Hauptkulturen gibt es im Tal seit nicht sehr langer Zeit einen intensiven Gemüseanbau. Einige Bauern, vor allem in der Gegend von Thimi, produzieren ausschließlich Gemüse für den Markt von Kathmandu, von wo es oft seinen Weg auch nach außerhalb des Tals findet. Andere Bauern wieder benutzen Gemüseanbau als eine Möglichkeit des Fruchtwechsels nach der Reisernte, und viele haben heute ihren Küchengarten hinter dem Haus. Angaben über Gemüseanbauflächen sind nicht erhältlich[8]. Der Obstanbau, für den das Klima ebenso günstig wie für den Gemüseanbau ist, steht noch ganz in den Anfängen, und Obst, das man in Kathmandu kaufen kann, ist in den meisten Fällen aus Indien eingeführt oder kommt auf Trägerrücken aus den Bergen.

Die Viehhaltung im Tal ist nicht als wirtschaftlich zu werten, denn 73 % der Großvieheinheiten sind Rinder, die schlecht ernährt werden, kaum Milch geben und aus religiösen Gründen als Fleischlieferant ausscheiden. Aus den gleichen Gründen ist an eine systematische Verbesserung des Rinderbestandes nicht zu denken. „Dungproduktion" gilt als der wirtschaftliche Nutzen, denn sie dürfen hier im Tal ja nicht einmal als Arbeitstiere genutzt werden. Der Rest sind Büffel, die gute oder doch potentiell gute Milchlieferanten sind. Gegenwärtig wird die Milchproduktion des Tals mit einer halben Million Menschen auf 16 000 l im Jahr geschätzt. Tabelle 64 gibt einen Eindruck vom Viehbestand im Kathmandu-Tal:

8 Für den Distrikt Kathmandu wurden 1965/66 651 ha für Gemüse und 146 ha für Gewürzpflanzen angegeben („The Rising Nepal" vom 13. 5. 1966).

1. Das Kathmandu-Tal

Tabelle 64: Viehbestand im Kathmandu-Tal (in Stück), nach Distrikten

Art	Kathmandu	Lalitpur	Bhaktapur	Tal
Rinder, weibl.	17 731	15 567	8 473	41 471
Rinder, männl.	5 243	4 314	1 956	11 513
Büffel, weibl.	7 975	5 553	3 818	17 346
Büffel, männl.	831	795	282	1 908
Schafe	6 395	9 671	2 680	18 746
Ziegen	15 913	17 315	12 412	45 640
Schweine	358	928	94	1 380
Pferde, Mault.	10	10	—	20
Hühner	53 110	70 757	25 269	149 136
Enten	6 276	1 908	2 313	10 497
Anderes Geflügel	874	82	9	938

Quelle: Central Bureau of Statistics, Kathmandu (Jahr unbekannt).

Die Leistungsschwäche des Viehbestandes liegt neben der Degeneration vor allem an der schlechten Fütterung, denn gutes Gras steht in dem intensiv genutzten Tal kaum zur Verfügung, und so bleiben Reisstroh, Schneitelfutter von den Bäumen und gelegentlich Farmabfälle wie Ölkuchen die einzige Kost des Viehs. Die Bauern glauben fest an die Konkurrenz zwischen Mensch und Tier um den Boden, doch haben Versuche, eine zusätzliche Futterpflanze im Winter statt der Brache einzuführen, vielversprechende Resultate gezeigt. Geflügelhaltung und Fischproduktion, letztere teilweise auch in den überfluteten Reisfeldern, haben in den letzten Jahren mehr und mehr Interesse bei den Bauern gefunden.

Eine Verbesserung der Anbautechnik, vor allem die Einführung zusätzlicher Ernten, verlangt eine Voraussetzung: B e w ä s s e r u n g. Wie wir im ersten Teil dieser Arbeit dargestellt haben, sind winterliche Niederschläge häufig, aber nicht sicher. Andererseits sind die Bewässerungsanlagen des Tals überwiegend nur für die Reis-Zusatzbewässerung entworfen. Nach den vorhandenen Unterlagen werden nur knapp 3 000 ha ganzjährig bewässert. Legt man die Kulturfläche des Tals zugrunde, so wären das nicht mehr als 5,7%, während weitere 14,5% saisonale Bewässerung erhalten. Eine permanente Bewässerung der Kulturfläche in größerem Umfang dürfte auch in der Zukunft auf Schwierigkeiten stoßen, sofern man nicht Wasser von außen ins Tal zu führen bereit ist, denn die natürlichen Wasservorkommen im Tal von Kathmandu werden bei fortschreitender Erhöhung des Bedarfs der Menschen und des Gewerbes — von der Landwirtschaft gar nicht zu reden — bald voll genutzt sein.

Steigende Verbrauchsziffern für Edelsaatgut und Handelsdünger im Tal von Kathmandu gehen Hand in Hand mit einer wachsenden Produktion, über die wir im einzelnen im agrargeographischen Kapitel berichtet haben. Die Erfolge der Intensivlandwirtschaft im Tal haben bereits begonnen, auf die Nachbardistrikte auszustrahlen.

Diese Erfolge dürften allerdings nicht darüber hinwegtäuschen, daß der Mangel an nichtlandwirtschaftlichen Arbeitsplätzen immer stärker zu spüren ist. Die

Industrialisierung des Tals ist aber stagnierend. Vergleicht man indessen die Zahl der Industriebetriebe und ihrer Arbeitsplätze mit denen ganz Nepals, so zeigt sich, daß das Tal einen ansehnlichen Industriesektor besitzt. Allerdings erkennt man bei näherer Betrachtung, daß Heim- und Kleinbetriebe überwiegen und nur wenige Mittelbetriebe vorhanden sind. Tabelle 65 gibt einen Eindruck von der Gliederung des Industriesektors des Tales.

Tabelle 65: Der Industriesektor des Kathmandu-Tals (1965)

Branche	Kathmandu	Lalitpur	Bhaktapur	Tal
Reismühlen	71	25	7	103
Mehlmühlen	13	—	5	18
Bäckereien	3	—	—	3
Ölmühlen	8	5	4	17
Baumwollverarbeitung	5	3	—	8
Holzmöbel	24	4	3	31
Metallmöbel	3	2	—	5
Druckereien	19	5	—	24
Ziegeleien	1	3	2	6
Andere	50	15	11	76
Zusammen	197	62	32	291

Quelle: Industriezensus 1965.

Zur Zeit des Zensus beschäftigten 223 der 291 Betriebe nicht mehr als 9 Personen, und nur 5 Betriebe mehr als 200. Überwiegend haben wir es mit Kleinstbetrieben von der Art dörflicher Handwerker zu tun, die die Weiterverarbeitung landwirtschaftlicher Rohstoffe betreiben, Geräte, Matten, Schmuck usw. herstellen. Den Aufbau mittlerer Industriebetriebe zu fördern, wurden Industriebezirke in Kathmandu (Balaju) und in Lalitpur eingerichtet. Diese Maßnahme hat sich im Prinzip bewährt, und es kann nicht übersehen werden, daß die Nachfrage nach Industrie- und guten Handwerkserzeugnissen steigt, nicht zuletzt durch das Anwachsen der Ausländerkolonie, die sich in Kathmandu ein Heim einrichten muß, und des Touristenstroms, der untergebracht und verpflegt werden und sich Andenken mitnehmen möchte. Dies ist zweifellos ein Markt, der noch längst nicht genug berücksichtigt wird.

Positiv für die weitere Entwicklung des Industriesektors im Tal ist das Vorhandensein eines Arbeits- und Konsumentenmarktes, von (zunächst noch) Wasser und Energie und von Transportverbindungen zu werten. Ungünstig wirken sich die isolierte Lage des Tals zu Gesamt-Nepal, die hohen Transportkosten und der Mangel an Rohstoffen aus.

Wir schließen damit die Regionalskizze des Kathmandu-Tals ab. Die eingangs gestellte Frage, warum dieses Tal eine so starke politische Bedeutung erlangt hat, ist beantwortet worden, und diese Antwort gilt im Prinzip bis heute: eine günstige strategische Lage, eine Ebene von einmaliger Größe in den Himalaya-Vorbergen, ungewöhnlich fruchtbare Böden, gepaart mit reichlichen Niederschlägen, und die Lage an einer wichtigen, den Himalaya überschreitenden Handelsroute. Das Tal war zu einem hohen Grade wirtschaftlich selbstgenügsam, ein Zustand, der allerdings vorübergehend gestört wurde. Heute schickt sich die Regierung an, die Region Kathmandu-Tal planvoll zu entwickeln und so einen Zustand zu schaffen, der auf den Rest des Landes anregend wirkt. Damit dürfte die zentrale Funktion des Tals einen vollkommen neuen Charakter bekommen: nicht mehr die Unterwerfung soll Nepal einen, sondern die wirtschaftlich-soziale Entwicklung und Verbindung soll eine volkswirtschaftliche Einheit schaffen.

2. Das Terai

Neben dem Kathmandu-Tal spielt die südliche Ebene Nepals, das Terai, heute die wichtigste Rolle im wirtschaftlichen Aufbau des Landes. Dieser Landesteil, der auf den ersten Blick eher abstoßend wirkt, wenn man seine Hitze, seinen Staub, seine trostlosen Dörfer mit dem faszinierenden Bild des nepalischen Berglandes vergleicht, hat bisher die Forschung kaum angeregt, sich näher mit ihm zu befassen[1]. Indessen hat sich gerade hier eine höchst interessante Entwicklung angebahnt: Einstmals malariaverseuchte Dschungelgebiete wurden Bauernland, zahllose regierungseigene Versuchsstationen für die Entwicklung von Ackerbau, Viehhaltung, Fischzucht usw. arbeiten heute in einem Gebiet, dessen Ruf als Fieberhölle allmählich abklingt, und wir stellen fest, daß die Besiedelung nun auch von Norden her einsetzt: Hunderte von Bergbauernfamilien melden sich bei den Ansiedlungsbehörden und sind bereit, Urwälder zu roden, um so dem Bevölkerungsdruck des Berglandes zu entfliehen. Das Terai, das immer die Haupteinkommensquelle der nepalischen Regierung war, spielt diese Rolle von Jahr zu Jahr in stärkerem Maße. Hier liegen die Überschüsse erwirtschaftenden größeren landwirtschaftlichen Betriebe, die Steuern abwerfen, hier liegen die meisten Industriebetriebe des Landes. Demgegenüber stehen Subsistenzbetriebe in der Landwirtschaft und kleine Handwerksbetriebe in der Gebirgszone.

Die physische Geographie des Terai ist relativ einfach[2]. Es ist der nördliche Ausläufer der gangetischen Ebene, die hier auf die Vorgebirge des Himalaya trifft. Die Höhe über dem Meere bewegt sich zwischen 70 und unter 300 m, und die Nordbegrenzung ist klar durch die Südhänge der Churia-Berge gegeben. Das

---

1 Eine wissenschaftliche Analyse der Wirtschaft des Terai wurde Mitte der 1960er Jahre von dem Amerikaner Frederick H. Gaige unternommen, die in ihrem Ergebnis aber noch nicht zur Verfügung steht. Zusammengefaßt hat Gaige seine Eindrücke in dem Aufsatz „The Role of the Tarai in Nepal's Economic Development", in „Vasudha", 1968, S. 53 ff.
2 Vgl. auch Kapitel „Physische Geographie" in dieser Arbeit.

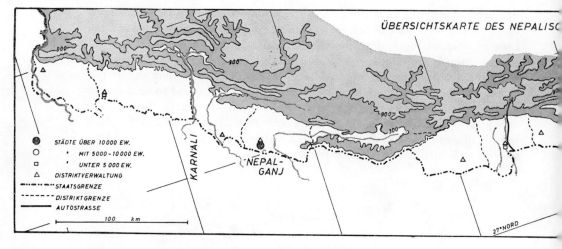

Karte 104: Übersichtskarte des nepalischen Terai
Das Terai ist im Norden von den Churia-Bergen begrenzt, die im Osten und Westen rasch bis nahe 1 000 m ansteigen, im Zentrum allerdings etwas flacher sind. Es wird von den drei Hauptflüssen Karnali, Gandaki und Kosi in isolierte Verkehrsräume zerschnitten. Für den Kraftverkehr ist es noch kaum erschlossen. Die Nordgrenze der Distrikte liegt meist in der Vorgebirgszone und ist hier weggelassen. Wegen der Namen der Distrikte und ihrer Verwaltungssitze verweisen wir auf das Kapitel „Zur Verwaltung". Das Innere Terai ist notwendigerweise in die Karte mit einbezogen. Basiskarte: 1 : 1 000 000.

Gebiet zwischen der indischen Grenze und den Vorbergen wird als Äußeres Terai bezeichnet, während das Innere Terai Gebiete umfaßt, die durch horizontal verlaufende Flußtäler zwischen den Churia-Bergen und der Mahabharatkette gebildet werden.

Verwaltungsmäßig umschließt das Terai heute 18 Distrikte entlang der indischen Grenze, während man zum Inneren Terai, je nach Abgrenzung, 4–5 Distrikte rechnet. Die 18 Terai-Distrikte bedecken eine Fläche von 24 442 km² oder 17,4 % der Fläche Nepals. Da einige Distrikte aber über die geographische Nordgrenze des Terai hinausragen, dürfte dieses kaum mehr als 13–14 % der Landesfläche umfassen (vgl. Karte 104).

Historisch und wirtschaftshistorisch ist das Terai nicht weniger interessant als das Bergland. Wenn es in der Literatur auch immer im Schatten der großen Ereignisse von Kathmandu, Gorkha oder Jumla gestanden und kaum historische Persönlichkeiten hervorgebracht hat (abgesehen einmal vom Buddha, der bei Lumbini, im heutigen Distrikt Rupandehi, geboren sein soll), so war es doch über die Jahrhunderte hinweg Gegenstand der Politik Nepals und Indiens, und dies aus guten Gründen. Vor allem die Rajas der kleinen Gebirgsstaaten in Nepal warfen stets habgierige Blicke auf das Terai, und im 16. Jahrhundert eroberten die Rajas von Makwanpur das Östliche Terai, das bis dahin von Indien kontrolliert worden war. Nicht immer waren die Gebirgs-Rajas stark genug, die einträglichen Ebenen mit Waffengewalt zu erobern. In diesen Fällen kam es dann häufig zu Abkommen

2. Das Terai

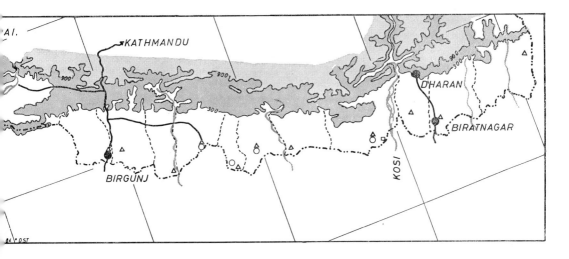

mit den Rajas in Nordindien, die ihnen das Terai gegen Zahlung einer Rente zur wirtschaftlichen und vor allem steuerlichen Ausbeutung überließen. Dieses *zamindar*-System wurde z. B. angewandt, als im 18. Jahrhundert der Raja von Palpa die Distrikte Kapilvastu, Rupandehi und Teile von Nawalparasi vom Nabob von Oudh, dem damals mächtigsten Mann in Nordindien, übertragen bekam. Als Prithvi Narayan Shah die Macht in Kathmandu übernommen hatte, richtete er sogleich sein Interesse auf die Eroberung und feste Vereinigung des Östlichen Terai mit seinem Bergreich, weil es „wenig Sinn hätte, Kontrolle über die einkommensschwachen Bergländer zu haben, ohne gleichzeitig über die steuerertragreichen Teraigebiete zu verfügen" (Gaige, a. a. O., S. 54). Und so wurden die Steuereinnahmen aus dem Östlichen Terai in der Folge die wichtigste Quelle für die Staatsfinanzen.

Mit der Ausdehnung des britischen Einflusses entlang der gangetischen Ebene und der Expansion Nepals im westlichen Himalaya[3] kam es unweigerlich zu Auseinandersetzungen im Gebiet gegenseitiger Berührung, also im Terai. Und die Frage der Kontrolle just des eben erwähnten Gebietes von Kapilvastu und Rupandehi führte zum anglo-nepalischen Krieg von 1814 bis 1816, zum Sieg Großbritanniens und zum Verlust des gesamten Terai für Nepal[4]. Großbritanniens Absicht, Nepal mit diesem Schritt wirtschaftlich und finanziell zu lähmen, wurde im folgenden Jahr revidiert, und das Zentrale und Östliche Terai vom Westlichen Rapti bis zum Mechi wurden zurückgegeben. 1858, nach dem Kriegsdienst Jang Bahadur Ranas für Britisch Indien, erhielt Nepal auch das Westliche Terai zurück.

Damit begann die systematische wirtschaftlich-finanzielle Nutzung des Terai vor allem durch die herrschende Familie der Ranas, die ihren Mitgliedern steuer-

---

3 Vgl. Kapitel „Zur Geschichte".
4 Vertrag von Sugauli (oder Segowli), 4. 3. 1816.

freie Ländereien (*birta*-Land) in großem Umfang zukommen ließ, und das Einkommen von diesen Besitztümern, aus den Pächterfamilien gepreßt, akkumulierte sich zu sagenhaften Privatvermögen in Kathmandu. Allerdings umfaßten die *birta*-Ländereien des Terai nicht nur Ackerland, sondern weit mehr noch wertvolle, häufig unberührte Waldbestände. Besonders in der Zeit des Ersten Weltkrieges, als sich die indische Industrie rasch entwickelte, begannen die *birta*-Grundherren im Terai ihre Waldbestände einzuschlagen und das Holz mit großem Profit nach Indien zu verkaufen, wo es hauptsächlich beim Eisenbahn- und Hochbau gefragt war. Gaige berichtet, daß Premierminister Chandra Shumsher Rana in den 1920er Jahren seinen *birta*-Waldbesitz in den Distrikten Morang und Bara abholzte und nach Indien verkaufte. Premierminister Juddha Shumsher Rana ging in gleicher Weise mit seinen Besitzungen in Mahottari in den 1930er Jahren um. Sie bedienten sich dabei indischer Kontraktoren, und es ist unnötig zu sagen, daß es sich hier nicht um eine forstwirtschaftliche Maßnahme, sondern um reinen Raubbau handelte, der seine Spuren hier und an vielen anderen Stellen unauslöschlich in das Gesicht des Terai eingegraben hat. Die Methode ist unglücklicherweise im Prinzip bis heute erhalten geblieben.

Die Maßnahme der Ausrottung ganzer Waldgebiete oder zumindest des Herausschlagens der Edelsorten und damit der Entwertung des Bestandes durch die Großen im Lande gab der Waldverwüstung im kleinen eine Art von moralischer Rechtfertigung. Unkontrollierte Rodungen und Besiedelungen begannen in jener Zeit, und die Siedler waren nicht etwa Nepalis aus übervölkerten Gebirgszonen, sondern landhungrige Inder, die über die Grenze kamen, die Wälder rodeten und sich ansiedelten. Die Rana-Regierung witterte die Möglichkeit erhöhter Grundsteuereinnahmen und ermutigte sogar indische Siedler, auf nicht zum *birta*-Besitz gehörendem Land zu siedeln. Zwischen 1890 und 1930 ging so die indische Besiedelung nepalischen Bodens durch Inder vor allem im Zentralen und Zentral-Westlichen Terai vor sich. Zu jener Zeit war die Landnot in den Bergen noch nicht kritisch, und niemand von dort wollte im heißen und staubigen Terai roden und siedeln. Nur wirklich verzweifelt arme und landlose Menschen waren bereit, das Risiko in den malariagefährdeten Gebieten auf sich zu nehmen[5].

Dies erklärt historisch, was uns die Bevölkerungsstatistik des Terai heute lehrt. Untersucht man die Muttersprachen der Einwohner der 18 Distrikte, so ergibt sich, daß 75 % nordindische Sprachen, aber nur 5,9 % Nepali als Muttersprache sprechen. Die Verteilung der nordindische Sprachen sprechenden Bevölkerung des Terai steht in engem Zusammenhang mit der Besiedelungsgeschichte dieses Landesteils. Im Östlichen Terai sind es 78 %, und allein 50 % sprechen Maithali, die Sprache des benachbarten Bihar. Nepali wird von 6,5 % gesprochen. Im Zentralen Terai sprechen 90 % Abadhi, eine Sprache des indischen Uttar Pradesh. Die Besiedelung dieses Gebietes scheint vor allem während der Zeit erfolgt zu sein, da Nepal es als Folge des anglo-nepalischen Krieges an den Nabob von Oudh abtreten mußte, und dann wieder, als unter den Ranas indische Siedler, wie oben erwähnt, ins Terai

---

5 Frederik H. Gaige, a. a. O., S. 54—55.

gerufen wurden. In diesem Gebiet wird Nepali von nicht mehr als 2,8 % der Einwohner als Muttersprache gesprochen. Im Westlichen Terai ist die Besiedelung durch Inder nicht so ausgeprägt, denn nur 32 % der Bewohner sprechen Abadhi. Immerhin wird deutlich, daß auch hier die Einwanderung ausschließlich vom benachbarten Uttar Pradesh erfolgte. Nepali wird hier von 4,6 % gesprochen, während sich der erhebliche Rest auf andere Gruppen, darunter die Tharus, verteilt.

Es soll hier nur kurz angemerkt werden, daß diese Bevölkerungsstruktur nicht ohne Probleme für die Verwaltung und politische Entwicklung Nepals ist. Wohl stellen die Inder in Gesamtnepal eine Minderheit dar, im Terai aber dominieren sie alle anderen Gruppen. Sie haben ihre familiären und geschäftlichen Verbindungen nach Indien und nicht nach Kathmandu, und ihre Interessen sind dementsprechend ausgerichtet. Die nepalischen Beamten, die im Terai stationiert sind, befinden sich in einer hoffnungslosen Lage, wenn es um die Durchsetzung von Anordnungen der Zentralregierung geht, die den Interessen der indischen Terai-Siedler zuwiderlaufen, und bei der vollkommen offenen und unbewachten Grenze nach Indien sitzen die letzteren immer am längeren Hebelarm. Offiziell wird zwar nicht zugegeben, daß aus dieser Situation gelegentlich offene Zusammenstöße resultieren, aber die jüngere Geschichte Nepals zeigt doch die im Terai wirkenden politischen Kräfte, die nicht unbedingt die Führung Kathmandus anerkennen. Die Sprachbarriere, die jetzt durch die zwangsweise Einführung von Nepali in den Schulen des Terai abgebaut werden soll, wird noch lange ein Problem bleiben[7].

Auch die religiöse Struktur der Terai-Bevölkerung ist von der Gesamtnepals grundverschieden. Rechnen wir für Nepal mit 87,5 % Hindus, 9,7 % Buddhisten und 3,0 % Moslems, so gilt für die 18 Terai-Distrikte eine Aufteilung von 90 % Hindus, 9,2 % Moslems und 0,8 % Buddhisten. Im allgemeinen leben diese Gruppen friedlich zusammen, wenn auch hin und wieder moslemfeindliche Ausschreitungen in der Presse gemeldet werden. Die Moslems leben als Bauern und Händler nach ihrer Tradition, doch fühlen sie sich häufig am Rande der Gesellschaft, was nicht verwunderlich ist, da das ganze gesellschaftliche Leben des Königreichs vom hinduistischen Ritus geprägt ist, und das vielleicht noch stärker im Terai, wo das buddhistische Element praktisch fehlt.

Die geographische Grundlage der Wirtschaft des Terai kann in zwei Begriffen zusammengefaßt werden: fruchtbare alluviale Ebenen mit verhältnismäßig vielen Flüssen, frühen Regenfällen und fehlendem Frost und noch immer nennenswerte Waldbestände mit wertvollen Hölzern. Dem muß ein dritter Faktor hinzugefügt werden. Da das Terai von zahllosen Flüssen von Norden nach Süden durchschnitten wird, sind sein Handel und Verkehr notwendigerweise in die gleiche Rich-

---

[7] So wurde 1951, gleich nach der Beseitigung des Rana-Regimes, eine Partei unter dem Namen „Terai Congress" gegründet, deren Programm die Errichtung eines autonomen Terai-Staates und die Einführung von Hindi als Staatssprache vorsah. Als Gegenkraft entstand in den Bergen die Partei „Gorkha Parishad", die auf der Bergbevölkerung und ihrer Furcht vor den Nicht-Gorkha-Elementen in Kathmandu und dem Terai aufbaute (Joshi und Rose, „Democratic Innovations in Nepal", 1966, S. 138 f.).

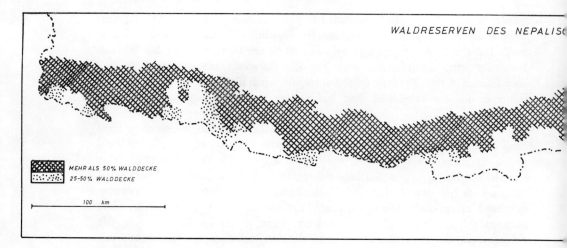

Karte 105: Waldreserven des nepalischen Terai
Die Auswertung der Luftaufnahmen von 1964, die hier vereinfacht benutzt wurde, zeigt, in wie hohem Grade das Terai und die sich nördlich anschließenden Vorgebirge noch bewaldet sind. Allerdings wird auch die starke Entwaldung des Ostens im Vergleich zum Westen deutlich. Quelle: Forest Resources Survey Department, Kathmandu.

tung gezwungen. Handel mit Indien ist daher seit Anbeginn wichtiger als solcher in östlicher oder westlicher Richtung, von dem nach Norden ganz zu schweigen. Ausnahmen bildet hier nur der Langstreckenhandel, der das Terai mit Indien und Tibet verbindet.

Das Forst-Departement hat auf der Grundlage von Luftbildern festgestellt, daß die Fläche des Terai gegenwärtig wie folgt gegliedert ist:

Wirtschaftliche Forsten	39,5 %
Nichtwirtschaftliche Forsten	13,1 %
Ackerbauland	38,9 %
Wasserflächen	4,7 %
Grasland	2,7 %
Anderes	1,1 %

Dabei wird unter wirtschaftlichen Forsten solcher Waldbestand verstanden, der gegenwärtig verwertbare Hölzer liefert oder sie liefern könnte, während der nichtwirtschaftliche Forst aus Gründen der Topographie, des Bodens oder voraufgegangener Degradation nicht genutzt werden kann[8]. Gaige schätzt, daß 87 % der Einnahmen aus der nepalischen Forstwirtschaft im Terai entstehen[9].

Besiedelung und Forstwirtschaft stehen in einem gewissen Widerspruch zueinander. Tatsache ist, daß das Terai in alten Zeiten von Urwäldern bedeckt und nur

---

[8] „Forest Statistics for the Tarai and Adjoining Regions, 1967", Kathmandu 1968, S. 5.
[9] Gaige, a. a. O., S. 58. — Wir verweisen im übrigen auf das forstwirtschaftliche Kapitel in diesem Buch.

2. Das Terai

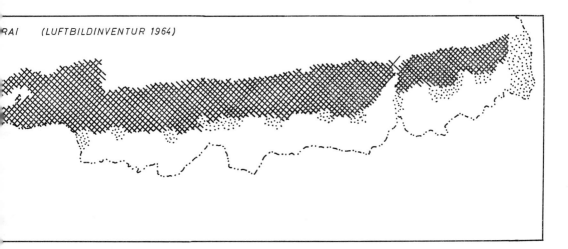

(LUFTBILDINVENTUR 1964)

von wenigen Stämmen in Rodungsinseln besiedelt war. Die mit vorrückender Besiedelung systematische Zurückdrängung der Waldbestände ging vom Osten nach Westen vor sich. In Ost-Nepal wurden die ersten Industrien um Biratnagar mit indischem Kapital gegründet, und ähnliches erfolgte in Birgunj und anderen Orten, die inzwischen zu kleinen und mittleren Städten heranreiften. Im Östlichen Terai ist dichter Dschungel heute nur noch in unmittelbarer Nähe der Vorberge zu finden (*bhabar*-Gürtel), wo seine Existenz weiter durch unkontrollierte Einschläge bedroht ist. Im Zentralen Terai entwickelte sich Bhairawa zu einer zentralen Siedlung, und die aus Indien einströmenden Siedler drängten auch hier den Urwaldbestand weiter nach Norden zurück. Einzig im Westlichen Terai dominiert der Naturwald, und die Besiedelung hat das Bild der Natur noch nicht so tiefgreifend verändert wie weiter im Osten. Nepalgunj ist hier die Hauptsiedlung, es gibt aber noch eine Reihe anderer wichtiger Handelsplätze (vgl. Karte 106).

Die Verkehrssituation im Terai ist von der im Bergland grundsätzlich verschieden. Hier ist der Transport von Gütern und Menschen mit dem robusten, hochrädrigen Ochsenkarren während der längsten Zeit des Jahres möglich, weil er auch Flüsse zur Zeit des Niedrigwassers durchqueren kann. Man hat sich deshalb im Terai nie mit dem Ausbau fester Straßen aufgehalten, und nach 1951, als man an den Aufbau des Landes gehen wollte, entdeckte man nach der Eröffnung der Straße von Kathmandu nach Indien, daß praktisch das gesamte Terai nur über das indische Straßennetz zu erreichen war. Das gilt in weiten Teilen noch heute.

Der tief ausgefahrene Ochsenkarrenweg kann kaum als Kraftwagenstraße benutzt werden, und selbst Geländewagen mit großer Bodenfreiheit sitzen häufig auf. Zudem wird das ganze Terai durch die drei großen Flüsse Karnali, Gandaki und Kosi gewissermaßen in isolierte Verkehrszonen geteilt, die keine Verbindung untereinander haben, denn die einzigen Brücken über diese Flüsse liegen wiederum in Indien. Mit dem Bau der Ost-West-Fernstraße, der im Gange ist, dürfte eines Tages die faktische Einheit Nepals als Wirtschaftsraum erreicht werden. Gegen-

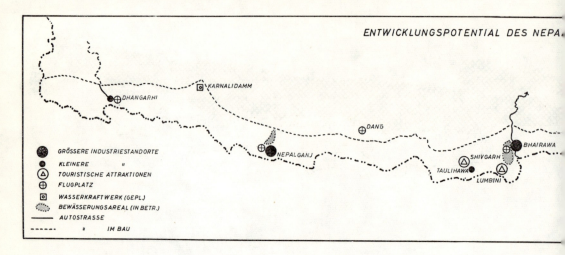

Karte 106: Entwicklungspotential des nepalischen Terai
Das Terai besitzt mehr größere und kleinere Industriestandorte und Flugplätze, die planmäßig angeflogen werden, als das ganze übrige Nepal zusammen. Auch die Bewässerungsfläche überwiegt hier. Mindestens zwei größere hydroelektrische Kraftwerke sind möglich: eines am Karnali und eines mit Ausnutzung des Sun-Kosi-Wassers. Über weitere Planungen und Potentiale auf dem Energie-, Industrie- und Bewässerungsgebiet unterrichten die einschlägigen Kapitel des Teil I.

wärtig ist noch immer der Weg nach Indien zwischen zwei Teraiflüssen auf einem älteren alluvialen Horst der leichteste. In einem gewissen Maße werden die großen Flüsse mit Booten befahren, die auch dem Transport von Gütern bis an die Vorberge, jedoch vor allem als Personenfähren dienen. Das Terai ist aber seit Jahren durch das interne Luftnetz Nepals mit der Hauptstadt verbunden, was wesentlich zur Konsolidierung des Staatsgebietes beigetragen hat.

Trotz aller dieser Probleme ist das Gebiet bereits heute das wichtigste für die Landwirtschaft Nepals. Machen wir uns noch einmal klar, daß wir von einem Raum sprechen, der — in Verwaltungsdistrikten — 17,4 % des Staatsterritoriums und — in Zahlen von 1961 — 30,7 % der Bevölkerung umschließt. Die Terai-Bevölkerung erzeugte 1969/70 24 % des Maises, 30 % des Weizens und nicht weniger als 74 % des Reises, der in jenem Jahr in Nepal produziert wurde[10]. Das Terai ist aber in noch weit stärkerem Maße ein Produzent von Industrierohstoffen. Hier werden 50 % der Ölsaaten, 78 % des Zuckerrohrs, 88 % des Tabaks und 97 % der Jute erzeugt[11]. Während sich die Bergbauern mit einer Subsistenzlandwirtschaft abmühen, liefert das Terai heute schon, erst am Beginn einer planvollen Entwicklungspolitik, die Überschüsse, die Nepals Wirtschaft, Außenhandel und Budget am Leben halten.

10 „The Area and Production of Main Crops in Whole Nepal Kingdom in 1969/70", 1970 (vervielf.).
11 Zahlen von 1968/69, Quelle wie Fn. 10.

2. Das Terai

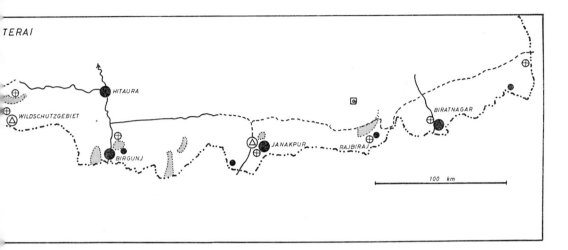

Rechnet man alle Nahrungsgetreide zusammen, so liegt die Produktion zu etwa 60 %/o im Terai, und 97 %/o des Getreideexports kommen ebenfalls von hier. Diese Getreideüberschüsse haben bewirkt, daß Nepal z. B. im Jahre 1965 an 5. Stelle in der Reihe der Reisexportländer der Welt stand[12].

Das Potential des nepalischen Terai ist aber bei weitem noch nicht ausgeschöpft. Seine gegenwärtige Produktion kommt unter Umständen zustande, die weit von einer modernen Landwirtschaft entfernt sind: Bewässerung ist ausschließlich saisonal, d. h. nur im Anschluß an die Regenzeit, zur Förderung der Reisernte, zu verstehen. Der Einsatz von Handelsdünger und Pflanzenschutz hat gerade erst begonnen. Hohe Grundrenten und andere Drangsalierung der Pächter durch die Grundherren dienen nicht dazu, die Bauern zur Mehrproduktion anzureizen, und die Transport- und Vermarktungseinrichtungen haben sich nur wenig gegenüber der Zeit vor 1951 geändert. Allerdings bevorzugen die staatlichen Maßnahmen zur Förderung der Landwirtschaft nach dem Kathmandu-Tal vor allem das Terai, da es noch am ehesten zugänglich ist und hier ein offen zutage liegendes Potential relativ schnell entwickelt werden kann, was in der Gebirgszone nicht der Fall ist.

Mit einer weiteren Entwicklung des Verkehrsnetzes im Terai dürfte dieser Landesteil am ehesten Chancen für eine mehr ausbalancierte gemischte Wirtschaft haben, zumal der Industriesektor hier am stärksten vertreten ist. Wie wir an anderer Stelle ausgeführt haben, hat sich die Industrie Nepals aus historischen, verkehrs- und absatzpolitischen, rohstoff-, energie- und arbeitskräftepolitischen Gründen weitgehend im Terai konzentriert[13]. Wenn heute eine sinnvolle Koope-

---

12 Diese bisher segensreiche Position dürfte in den kommenden Dekaden fundamentale Probleme aufwerfen, da Ende der 1960er Jahre der ganze Reismarkt Asiens durch die ertragreichen Sorten und kräftige amerikanische Exporte in diesen Raum ins Schwanken geraten ist. Radikale Umstellung der Landwirtschaft dürfte bald zum Gebot der Stunde werden.
13 Vgl. dazu unsere Ausführungen im Kapitel „Industriegeographie".

ration von Landwirtschaft und Industrie dort noch nicht zu entdecken ist, so hat das seine Gründe vor allem in den fehlenden Verkehrsverbindungen und einer viel zu schwachen Planung von oben. Es darf aber auch hier nicht übersehen werden, daß volkswirtschaftliche Entwicklungsmaßnahmen in diesem Lande sehr jungen Datums sind. Ist einmal die Ost-West-Fernstraße fertiggestellt und steht die Regierung zu ihrem Bekenntnis zur Regionalplanung, so ergeben sich eine ganze Reihe praktischer Möglichkeiten zur industriellen Weiterverarbeitung heimischer, vor allem land- und forstwirtschaftlicher Rohstoffe. Touristisch bietet das Terai generell gegenwärtig wenig Attraktionen, zumal die Reise- und Unterkunftsmöglichkeiten heute noch wenig angenehm sind. Immerhin könnten Lumbini, die Geburtsstätte des Buddha, Janakpur mit seinen berühmten und für Nepal außergewöhnlichen Tempeln, könnten die archäologischen Ausgrabungen etwa von Shivgarh (Distrikt Kapilvastu) und schließlich Photosafaris in den wildreichen Dschungelgebieten etwa des Rapti-Tals auch für den Massentourismus ausgenutzt werden. An den dafür notwendigen organisatorischen, transport- und unterbringungstechnischen Voraussetzungen fehlt es aber heute noch gänzlich.

Karte 106 versucht, das Terai mit seinen heute schon vorhandenen oder sich potentiell abzeichnenden Entwicklungsmöglichkeiten zu skizzieren.

Das nepalische Terai wird sich rascher weiterentwickeln als jeder andere Landesteil, vom Kathmandu-Tal abgesehen. Schon jetzt ragt seine volkswirtschaftliche Bedeutung heraus. Gaige hat ermittelt, daß der Beitrag des Terai zur land-, vieh- und forstwirtschaftlichen Produktion Nepals schon 1964/65 nicht weniger als 55 % betrug. Er stellte ferner fest, daß schätzungsweise 72 % der Industrieproduktion im Terai erzeugt werden. Schließlich liegen 65 % der Wertschöpfung von Handel, Transport, Bauwirtschaft und anderen Diensten im Terai. Damit kam er auf einen Beitrag des Terai zum Brutto-Inlandsprodukt Nepals von 58,9 %.

Auch für die reinen Staatseinnahmen erwies sich das Terai als die wichtigste Quelle. Nach Gaiges Feststellungen stammen 75 % der Steuern aus dem Terai, und etwa 70 % der Zolleinnahmen sind auf die wirtschaftliche Aktivität desselben zurückzuführen[14].

So erweist es sich, daß der „untypischste" Teil des Landes sein größtes wirtschaftliches Potential birgt, und der Kampf um den Besitz oder doch die Macht über das Terai, der durch die ganze Geschichte Nepals zu verfolgen ist, enthüllt seinen ökonomischen Charakter. Insofern haben die Bürger des Terai die Hand an der Gurgel Kathmandus, und ihre ethnische Bindung zu Indien zeigt einmal mehr, in welch starkem Maße Nepal von der Gunst jenes Landes abhängt.

---

14 Gaige, a. a. O., S. 55—58

3. Das Mittelgebirge

Das „typische" Nepal ist das Mittelgebirge[1]. Hier leben auf 41 % der Staatsfläche 52 % der Bevölkerung, und zwar wiederum der „typisch nepalischen" Menschen. Zu 75 % spricht diese Bevölkerung in der Tat Nepali oder Gorkhali. Hier liegen 22 % der Kulturfläche des Landes, meist in den wiederum „typischen" Terrassen angelegt, hier finden wir die durch Bücher und Bilder bekannt gewordenen Bergbauernhäuser, und im Hintergrund des idyllischen Bildes stehen die Schneegipfel der Himalaya-Hauptkette[2]. Hier allerdings konzentrieren sich auch die Probleme Nepals, die Verwüstung der Wälder und des Bodens, die Entstehung von Erdrutschen und Fluten, hier summieren sich Transport- und Versorgungsprobleme.

Wir haben uns mit allen diesen Fragen eingehend im ersten Teil des Buches auseinandergesetzt. Hier soll das Mittelgebirge als Landschaft und vor allem als Wirtschaftslandschaft ganzheitlich dargestellt werden. Indessen ist diese Aufgabe im Rahmen eines Kapitels nicht zu lösen. Wir werden deshalb versuchen, den Eindruck von diesem Großraum in einem ausgewählten Exempel zu vermitteln. Zur Illustration soll die Region dienen, die die Distrikte Sindhu und Kabhre Palanchok umschließt, hier der Einfachheit halber „Palanchok-Region" genannt. Diese Auswahl wurde nicht zufällig getroffen. Der Verfasser hätte das Tal von Pokhara, die Landschaften zwischen Pokhara und Gorkha oder das Gebiet von Trisuli nehmen können, Mittelgebirgsgegenden, die er bereist und studiert hat. Es schien aber angezeigt, eine Region zu wählen, die auch der kurzfristige Besucher Nepals ohne allzu große Mühe besuchen kann, weil sie durch eine Straße mit der Hauptstadt verbunden ist[3]. Außerdem hat die Straße inzwischen einen gewissen Einfluß auf den Entwicklungszustand der Region ausgeübt, was ein Studium oder einen Besuch besonders reizvoll macht. Die Kathmandu-Kodari-Straße als Zubringerweg benutzend, kann der Reisende durch Tagesfußmärsche schnell eine ganze Reihe typischer Erscheinungsformen des nepalischen Mittelgebirges kennenlernen: Steilhangterrassen, Forstdegradationen, Kleinbewässerungsanlagen, Handelsrouten alter und neuer Art, Dörfer hinduistischer und buddhistischer Volksgruppen, alte und neue Trinkwasseranlagen, Ackerbau- und Viehhaltungsformen, Erdrutsche und Stabilisierungsmaßnahmen u. v. a. m.

Als im Dezember 1967 die Arniko-Fernstraße (früher als „Chinesische Straße"

---

[1] Bislang ist das nepalische Mittelgebirge kaum Gegenstand wissenschaftlicher Untersuchungen gewesen, sofern es nicht bei japanischen oder deutschen Untersuchungen über das Hochgebirge am Rande mitbehandelt wurde. Eine in deutscher Sprache vorliegende Arbeit sei hier erwähnt, die einen Ausschnitt aus dieser Region untersucht, wenn auch schwerpunktmäßig unter verkehrsgeographischem Aspekt: Robert Schmid, „Zur Wirtschaftsgeographie von Nepal", Zürcher Dissertation 1969.
[2] Diesen (groben) Angaben sind die Mittelgebirgsdistrikte zugrunde gelegt, die nach Abzug von Terai, Innerem Terai, Kathmandu-Tal und solchen Distrikten übrigbleiben, die ganz oder überwiegend im Hochgebirge oder der Nordhimalayischen Trockenzone liegen.
[3] Dies wird in einigen Jahren allerdings auch mit Pokhara und den anderen genannten Gebieten der Fall sein. Trisuli kann man schon heute, allerdings nur mit Mühe und im Geländewagen, erreichen.

oder „Kodari-Straße" bekannt) dem Verkehr übergeben wurde, hatte Nepal nicht nur zum erstenmal in seiner Geschichte eine Kraftfahrzeugstraße nach Tibet und Peking, sondern, was viel wichtiger war, zwei Mittelgebirgsdistrikte durch eine Allwetterstraße mit der Hauptstadt des Landes verbunden. Von seiten mancher Ausländer wurde vordergründige Kritik an der Straße deshalb geübt, weil sie — angeblich — den Einmarsch der Chinesen nach Nepal erleichtern könnte. Auf nepalischer Seite wurde die Eröffnung der Straße gefeiert, dann aber schien man sie vergessen zu haben. Niemand dachte daran, sie für den inländischen Aufbau zu nutzen[4], d. h. das Potential der von ihr bedienten Region zu entwickeln. Eine eingehende Schilderung dieser Region vermittelt dem Leser, wie gesagt, ein Beispiel, das sich, selbstverständlich mit durch die örtlichen Verhältnisse bedingten Änderungen, auch auf andere Teile des Berglandes anwenden läßt.

Die Region, mit der wir uns nun befassen, umschließt die Distrikte Sindhu Palanchok und Kabhre Palanchok[5] und gehört zum Östlichen Bergland (vgl. Karte 107). Sie liegt überwiegend in der Mittelgebirgszone, reicht aber im Norden ins Hochgebirge hinein. Der tiefste Punkt, der Ausfluß des Sun-Kosi aus der Region bei Nepalthok, liegt bei 570 m, der höchste, der Gipfel des Dorje Lakpa, bei 6 973 m über NN. Die Region umfaßt 3 942 km², von denen 2 455 km² zu Sindhu und 1 487 km² zu Kabhre gehören. Sie wird von einer großen Zahl von Flüssen entwässert, deren größter der Sun-Kosi ist.

Die Landschaft ist hügelig bis gebirgig und nur selten gibt es ebene Flächen in den Böden der Täler. Der Ausnahmen sind wenige, die ausgedehnteste Talschaft ist das sog. Panchkhal-Tal des Jhiku-Khola. Die Höhenrücken zwischen den Flußtälern sind allgemein steil und es gibt praktisch keine Hochplateaus. Nach Norden zu wird die Landschaft immer rauher und erreicht beträchtliche Höhen, praktisch ohne Vegetation oder Bevölkerung.

Die Ökonomie beschränkt sich gänzlich auf Landwirtschaft, diese ist jedoch dank der verschiedenen Klimazonen vielfältig. Die meisten Hänge und einige der Täler sind entweder unter Terrassenkultur oder Wildweide. Die natürliche Walddecke ist noch immer ausgedehnt, in weiten Teilen allerdings bereits degradiert. Der Nordteil der Region leidet gelegentlich unter Mangel an Nahrungsgetreide.

Das traditionelle Transportsystem ist armselig. Bis vor kurzem kreuzten nur Trägerpfade das Gebiet, darunter allerdings solche von großer Wichtigkeit und langer Tradition, die das Kathmandu-Tal seit Jahrhunderten mit Tibet und dem Östlichen Bergland verbinden.

Die Siedlungen der Region bestehen entweder aus verstreuten Häusern oder

---

[4] Der Verfasser hat damals eine Denkschrift ausgearbeitet, die die Regierung zu geeigneten Entwicklungsmaßnahmen anregen sollte. Diese Denkschrift wird diesem Kapitel in großen Teilen zugrunde gelegt. Vgl. Wolf Donner „Fundamentals of a Regional Development Plan for Sindhu and Kabhre Palanchok", Kathmandu 1968 (vervielf.). Ferner ders., „The Palanchok Area. An Economic-Geographical Sketch", in „The Himalayan Review", Kathmandu 1968, S. 11—20.
[5] Beide Distrikte zusammen gingen früher unter der Bezeichnung „Ost Nr. 1", bis 1969 die neuen Distrikte eingeführt wurden. Sindhu wird gelegentlich auch Sindhu Palchok statt Palanchok genannt.

3. Das Mittelgebirge

ausgedehnten Dörfern, die gelegentlich ganze Talflanken bedecken, doch sind die meisten Flußtäler ohne Siedlungen, die wir statt dessen an den oberen Hängen oder selbst in Kammlagen finden. Oft ist ein Aufstieg von mehreren Stunden nötig, um ein Dorf vom Talboden, und das heißt von der Straße aus, zu erreichen. Ausnahmen sind solche Siedlungen, die bereits eine Rolle als Flußübergänge oder Märkte spielen.

Die Verwaltungssitze sind Chautara für Sindhu und Dhulikhel für Kabhre. Dhulikhel wird von der Arniko-Fernstraße berührt, aber Chautara liegt fernab auf einem Kamm (über den die alte Trägerroute führte), kann aber heute über eine lokale Erdstraße mit dem Geländewagen erreicht werden.

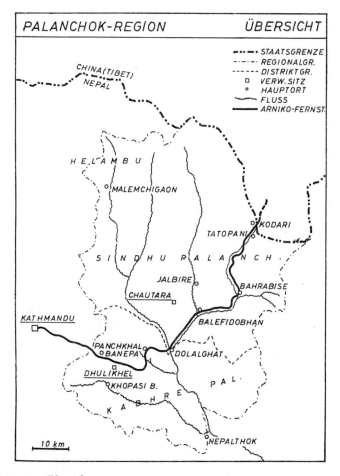

Karte 107: Palanchok-Region, Übersicht
Das Gebiet liegt zwischen dem Kathmandu-Tal und der chinesischen Grenze und gehört, von seinem extremen Norden abgesehen, zum nepalischen Mittelgebirge. Die Karte weist die in diesem Kapitel genannten Ortsnamen aus. Basiskarte: 1 : 506 880, Ost-Blatt.

Eine gemeinsame Grenze hat die Region mit der Volksrepublik China (Autonome Region Tibet) im Norden, und mit dem Kathmandu-Tal im Südwesten.

Nach dem Zensus von 1961 betrug die B e v ö l k e r u n g der Region 400 554 Menschen, von denen 187 893 zu Sindhu und 212 661 zu Kabhre gehörten. Legt man ein Wachstum von jährlich 2 %/o zugrunde, so dürfte sich die Einwohnerzahl jetzt der Halbmillionengrenze nähern. Der letzte Zensus zeigte 74 847 Haushalte im Gebiet mit durchschnittlich 5,4 Personen, aber es gab auch 5 500 Haushalte mit mehr als 10 Personen. Natürlich hat sich die Bevölkerungsdichte im Laufe der Zeit vergrößert. 1954 lebten 92, 1961 104 und 1968 ungefähr 117 Menschen auf dem Quadratkilometer. Die Dichte nimmt nach Norden zu ab.

Tabelle 66: Bevölkerung der Region 1968 (geschätzt)

Distrikt	Bevölkerung	km²	Einw./km²
Sindhu Palanchok	216 050	2 455	88
Kabhre Palanchok	244 060	1 487	164
Region	460 110	3 942	117

Nach den Feststellungen des Central Bureau of Statistics leben nahezu 4,5 %/o der Gesamtbevölkerung außerhalb der Region, die meisten von ihnen sogar außerhalb Nepals. Das heißt, daß gegenwärtig mehr als 21 000 Emigranten anderswo arbeiten, weil sie in der Region keine Chance sehen.

Natürlich sagen die Zahlen über die Bevölkerungsdichte nicht viel aus, weil sie Mittelwerte sind. Die Punktkarte 108 ist ein Versuch, die Bevölkerung tatsächlich im Raum zu lokalisieren. Sie zeigt, daß die Verteilung einem bestimmten Schema folgt. Im Süden (Kabhre) sind die Siedlungen vor allem auf flachen Hügeln oder kleinen Hochflächen gelegen wie um Dabcha, Labsibot, Gothpani oder Banepa und Dhulikhel. Je weiter man nach Norden geht, um so deutlicher liegen die Siedlungen längs der Hauptflüsse, doch nicht in den Talauen selbst, sondern vielmehr an den Talflanken, oft hoch über dem Talboden. Dies macht einen seltsamen Eindruck: Man kann die Arniko-Fernstraße in Sindhu und selbst in Teilen Kabhres entlangfahren, ohne auf ein Dorf zu stoßen, wenn man von den erwähnten Flußübergängen absieht, weil fast alle Siedlungen an den Steilhängen oberhalb des Flusses verborgen sind.

Die Marktorte haben gewöhnlich wenig Bevölkerung, während man recht beträchtliche Siedlungen in Hang- und Kammlagen finden kann.

Das ethnische Bild der Region zeigt, daß die Nepali sprechende Gruppe, also Brahmanen, Chhetris usw., mehr als 51 %/o der Gesamtbevölkerung ausmacht und überall zu finden ist. Die buddhistischen Tamangs sind mit 35 %/o die zweitstärkste Gruppe. Rechnet man die etwa 10 000 Bhote und Sherpa hinzu, so kann man sagen, daß 38 %/o der Bevölkerung in der Region buddhistisch sind. Die Newars machen etwas weniger als 9 %/o aus. Sie leben als Händler verstreut, haben aber auch eigene Bauerndörfer. Magars, Gurungs, Danuwars usw. sind Minderheiten.

Normalerweise leben die Mitglieder einer Volksgruppe in einem Dorf für sich, und man kann Dörfer finden, die z. B. gänzlich von Newars oder Tamangs bewohnt sind.

Das Klima zu beschreiben, ist einigermaßen kompliziert, denn die Topographie läßt die verschiedensten Klimazonen in der vergleichsweise kleinen Region zu. Sie rangieren von der Zone ewigen Schnees in den nördlichen Grenzbergen bis zu nahezu subtropischen Verhältnissen in den südlichen Tälern. Da nur vier meteorologische Stationen zur Verfügung stehen, ist das Meßergebnis spärlich, und Studien über mikroklimatische Verhältnisse fehlen ganz. Da die meisten Täler

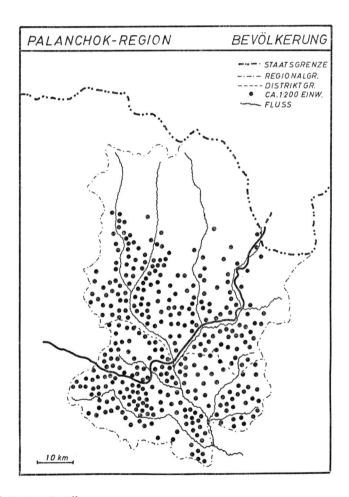

Karte 108: Palanchok-Region, Bevölkerung
Es handelt sich hier um einen ersten Versuch, die Bevölkerungsverteilung in der Region durch eine grobe Punktkarte darzustellen, die anhand der tatsächlichen Besiedelung aufgestellt wurde. Basiskarte: 1 : 63 360 (Survey of India).

vom Norden zum Süden verlaufen, kann damit gerechnet werden, daß kalte Fallwinde gelegentlich Ernteschäden verursachen. Frost in den höheren Lagen ist selbstverständlich. Legen wir die Niederschlagskarte von Nepal zugrunde[6], so finden wir ein Niederschlagsmaximum um 3 000 mm in der Nordostecke der Re-

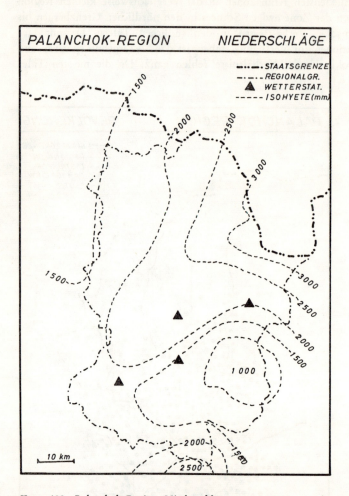

Karte 109: Palanchok-Region, Niederschläge
Das Gebiet liegt zwischen Niederschlagsmaxima an der Mahabharat-Kette im Süden und der Himalaya-Hauptkette im Norden und weist deutlich ein Regenschattengebiet unter 1 000 mm auf. Basiskarte: Vorläufige Niederschlagskarte (Mittlere jährliche Regenfälle) des Meteorologischen Departements, Kathmandu.

6 Die vorläufige Niederschlagskarte für Nepal, die mit Unterstützung der W.M.O. vom Department of Meteorology and Hydrology herausgegeben wurde, läßt im Prinzip die Benutzung von kleinen Ausschnitten nicht zu, da sie nur das Gesamtbild annähernd wiedergeben kann. Wir sind uns dieses Mangels bewußt, haben aber keine Alternative.

gion. Ein zweites Maximum mit 2500 mm liegt im extremen Süden. Das Niederschlagsminimum (1 000 mm und darunter) befindet sich im südlichen Teil der Ostgrenze der Region. Das Einzugsgebiet der nördlichen Nebenflüsse des Sun-Kosi erhält jährliche Niederschläge zwischen 1 500 mm und 3 000 mm, während die südlichen Nebenflüsse aus Gebieten mit 1 500 mm Niederschlag und darunter kommen. Dies entspricht genau dem Abflußregime der Flüsse dieser Region (vgl. Karte 109).

Nur eine Station sammelt weitere wetterkundliche Daten, z. B. Temperaturen, nämlich Chautara. An diesem Platz, der in 1 676 m Höhe auf einem Grat liegt,

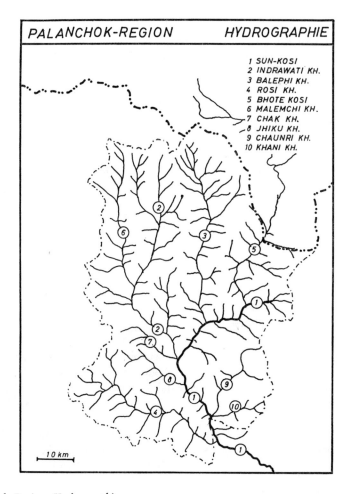

Karte 110: Palanchok-Region, Hydrographie
Das Gebiet wird klar von den Wasserscheiden des oberen Sun-Kosi und seiner Nebenflüsse umschlossen mit der Ausnahme des Bhote-Kosi, der sein Einzugsgebiet in Tibet hat. Basiskarte: 1 : 506 880, Ost-Blatt.

Tabelle 67: Jährlicher mittlerer Niederschlag in der Region (in mm)

Station	Höhe (m)	Regenfall (mm)	Meßjahre
Bahrabise	1 220	1 965,40	1
Chautara	1 676	1 999,53	13
Dhulikhel	1 372	1 491,88	17
Dolalghat	1 372	1 014,22	12

Quelle: Department of Meteorology and Hydrology.

wurde ein monatliches mittleres Maximum von + 28,3° C im Juni und ein Minimum von + 5,6°C im Januar gemessen.

Das hydrographische Bild der Region (vgl. Karte 110) ist ziemlich klar. Das Gebiet gehört zum Einzugsgebiet des oberen Sun-Kosi. Im Westen verläuft seine Grenze entlang der Wasserscheide zum Kali-Gandaki-System, und weiter südlich entlang der zum Bagmati-System. Die wichtigsten Nebenflüsse sind Indrawati und Balephi Khola vom Norden und Rosi Khola vom Westen. Im ganzen gesehen erhält die Region ihr Wasser überwiegend vom Norden und sie drainiert zum Südosten. Die nördlichen Zuflüsse sind gletschergespeist und daher perennierend, wenn auch die Abflußmenge innerhalb des Jahres beträchtlich schwankt.

Tabelle 68: Hydrologische Abflußregime in der Region (1964—1966)

Fluß	Kontrollstelle	Abfl. Max. m³/s	Abfl. Min. m³/s	Einz.-Geb. km²
Sun-Kosi	Pachuwar Ghat	2 240	22,0	4 920
Balephi Khola	Phalame Sangu	362	5,8	629
Rosi Khola	Panauti	117	0,3	87

Quelle: Hydrological Survey Department.

Die Flußbetten sind mit Kies, Geröll und Felsbrocken aller Größenordnungen gefüllt, die während der Hochfluten vom Wasser herantransportiert werden. Das stellt sicher ein Problem für jede Art von Wasserbauten dar, doch wurden Messungen über Sand- und Gerölltransporte bisher noch nicht gemacht.

Die Wassermenge, die der Region zur Verfügung steht, ist ungeheuer. Der Balephi Khola allein hat eine Jahreswasserfracht von 1,3 Mrd. m³, während der Rosi Khola, der nicht gletschergespeist ist, nicht mehr als 75,7 Millionen m³ Wasser zu Tale führt. Andere Nebenflüsse, wie der Indrawati, wurden noch nicht gemessen, doch wird die Jahreswasserfracht zwischen 2,0 und 2,8 Mrd. m³ liegen. Der Bhote-Kosi, der nördlichste Zufluß des Sun-Kosi, hat ein zusätzliches Einzugsgebiet in Tibet, das schätzungsweise 1 000 km² mißt. Berücksichtigt man die Messungen am Sun-Kosi bei Pachuwar Ghat, so darf man annehmen, daß dieser Fluß, wenn er bei Nepalthok die Region verläßt, jährlich 6,6 Mrd. m³ Wasser ungenutzt zu Tale führt. Diese Wassermengen werden aus einem Gebiet von etwa 5 000 km² abgezogen, eingeschlossen den tibetischen Teil des Einzugsgebietes.

3. Das Mittelgebirge

Die Verkehrssituation der Region ist außergewöhnlich gut, wenn man sie mit der Lage in anderen Gebieten des Mittelgebirges vergleicht. Zwar gibt es keine Eisen- oder Seilbahnen und auch keine Landeplätze für Flugzeuge, aber durch den Bau der Kathmandu-Kodari-Straße erhielt die Region ein verkehrstechnisches Rückgrat, das sie mit dem Tal von Kathmandu einerseits und der chinesischen Grenze andererseits verbindet. Die Straße ist angenehm geführt. Sie folgt so weit wie möglich Flußtälern (Chak Khola, Sun-Kosi) und übersteigt nur wenige Höhenzüge. Die Straßendecke dürfte gegenwärtig vollständig asphaltiert sein. Den unvermeidlichen Erdrutschen, vor allem in dem schluchtähnlichen Tal nördlich Bahrabise, wird mit Stützmauern und Bodenbefestigungen begegnet. Die etwa 80 km von Kathmandu nach Bahrabise können gewöhnlich in 2–2 $^1/_2$ Stunden zurückgelegt werden, eine für himalayische Verhältnisse ungewöhnlich kurze Zeit.

Wie erwähnt, berührt die Straße keines der Gebiete dichter Besiedelung, weil diese außerhalb der Talsohlen liegen. Eine Ausnahme bietet das Tal des Jhiku Khola (Panchkhal-Tal). Aber die Straße läuft durch einige Märkte, die entweder eine lange Tradition haben oder sich erst nach dem Bau der Straße entwickelten. Solche Marktzentren außerhalb des Kathmandu-Tals sind Dhulikhel, Dolalghat, Balephi, Bahrabise und Tatopani. Hier nehmen die Träger ihre Waren entgegen und bringen sie zu den entlegeneren Dörfern und Zentren der Region und darüber hinaus.

Nun würde die Arniko-Fernstraße allein kaum zur Erschließung des Gebietes beitragen, wäre die lokale Bevölkerung nicht grundsätzlich bereit, auf eigene Rechnung und mit gelegentlichen Staatszuschüssen Anschlußstraßen zu bauen. Karte 111 zeigt, bis zu welchem Grade heute solche Anschlußstraßen existieren. Über die Qualität dieser Wege haben wir uns im Kapitel „Verkehrsgeographie" geäußert: Sie entsprechen im allgemeinen nicht einmal dem niedrigsten Standard einer kraftfahrzeuggängigen Bergstraße, Regenfälle machen sie unpassierbar oder vernichten sie ganz, meist fehlen die Brücken oder Furten. Der Besucher der Region kann also im Zweifel vorerst nicht erwarten, diese Straßen benutzen zu können.

Die Bevölkerung der Region machte nach Eröffnung der Straße nicht unmittelbaren Gebrauch von den sich dadurch abzeichnenden Möglichkeiten, weil derartige Chancen von einer rad- und fahrzeuglosen Gesellschaft nicht ohne weiteres gesehen werden können. Der Busbetrieb, der von Kathmandu nach Bahrabise und Tatopani bald aufgenommen wurde, erfreute sich sofort allgemeiner Beliebtheit, sparte er doch bis zu drei Tage Fußmarsch. Lastwagen wurden zunächst vor allem für Bauzwecke und Ferntransporte (Tibet) eingesetzt, und der traditionelle Gütertransport auf Trägerrücken spielte sich nun auf der Autostraße ab. Hier konnte man auch ganze Ziegenherden sehen, die nach Kathmandu getrieben wurden. Die Bevölkerung, deswegen befragt, sah den Hauptvorteil der Straße in dem gelegentlichen, bequemen Ausflug nach Kathmandu, und — immerhin — im Sinken gewisser Verbrauchsgüterpreise. Nach und nach zeigten sich Fernwirkungen. Die Besucher Kathmandus begannen, Ansprüche zu stellen. Sie verlangten von der

Regierung Schulen wie im Tal von Kathmandu, man wollte Gemüse bauen, wie man es dort gesehen hatte usw. Langsam beginnt so die Straße, ihren Einfluß auf das Leben der Menschen der Region auszuüben.

Aber es zeigten sich auch Probleme als Folge des Straßenbaus. Die alten, traditionellen Trägerpfade begannen zu veröden, die Warenhandels- und Umschlagsplätze (z. B. Jalbire), die Teestuben usw. verzeichneten geringeren Umsatz und

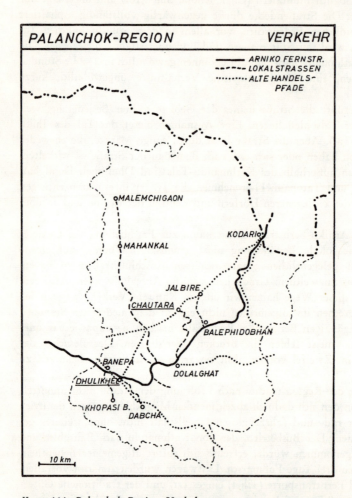

Karte 111: Palanchok-Region, Verkehr
Die Skizze zeigt zunächst die alten Handelswege (Trägerpfade), die das Kathmandu-Tal mit Tibet, Ost-Nepal und dem Östlichen Terai verbanden und z. T. noch verbinden. Dann wurde die Arniko-Fernstraße gebaut, die diesen Pfaden zumindest einen Teil ihrer Bedeutung nahm. Heute geht der Bau von Zubringerstraßen zur Fernstraße vor sich, der vor allem alte Handelsplätze und Verwaltungszentren mit dem modernen Motorverkehr verbinden will. Zunächst ist der Zustand dieser Straßen allerdings weit unterhalb der Norm.

verschwanden schließlich ganz. Träger, die früher die langen Wege von und nach Kathmandu zurückgelegt hatten, begnügten sich nun damit, zum nächsten Umschlagplatz an der Straße zu steigen, um neue Waren zu holen[7]. Im ganzen jedenfalls war die Reaktion der Bevölkerung auf die Straße enttäuschend. Die erwartete wirtschaftliche Nutzung blieb aus, und es wird wohl noch einige Jahre dauern, bis, nicht ohne staatliche Anregung und Unterstützung, die Arniko-Fernstraße einen wirklichen Beitrag zur Entwicklung der Region leistet.

Der Beitrag der Region zur Energiewirtschaft des Landes ist bisher auf ein kleines Wasserkraftwerk Panauti/Khopasi-Bazar am Rosi Khola beschränkt. Die Generatorstation läuft während der trockenen Jahreszeit mit 1 200 kW und während der Regenzeit mit 2 400 kW und dient ausschließlich zur Bedarfsdeckung in den Spitzenzeiten in Kathmandu. Innerhalb der Region haben bis 1969 nur Khopasi Bazar, Panauti, Banepa, Dhulikhel und Sange Stromversorgung erhalten. Am Sun-Kosi, unweit Bahrabise, befindet sich allerdings ein größeres hydroelektrisches Kraftwerk mit chinesischer Hilfe im Aufbau, das eine Kapazität von etwa 10 000 kW haben soll. Die wasserreichen Zuflüsse aus dem Norden bieten sich zweifellos für kleinere Wasserkraftwerke (micro plants) an, und das Elektrizitäts-Departement unternimmt auch bereits entsprechende Studien.

Die Bevölkerung betrachtet die Frage einer Versorgung mit elektrischer Energie in weiten Teilen der Region zunächst noch als etwas, das sie nichts angeht. Auch fürchtet man die Kosten. Zum Heizen und Kochen sind noch immer Bäume genug da, und Licht spenden die Kerosinlampen, für die der Brennstoff auf Trägerrücken die Berge hinaufgetragen werden muß. Die Kosten des Kerosins kennt man, und die der Abholzung auf lange Sicht nimmt man nicht zur Kenntnis. Insofern stellt elektrischer Strom wirtschaftlich für diese Menschen eine Unbekannte dar.

Die Lage und die Entwicklung der Landwirtschaft ist natürlich eine Kardinalfrage für die Beurteilung der Region. Eine Untersuchung im Jahre 1965 zeigte, daß sie ein Nahrungsgetreidedefizit von jährlich 5 000—6 000 t hat, was allerdings nicht bedeuten muß, daß auch ein Nahrungsdefizit besteht, weil ja vor allem in den Bergen Getreide in hohem Maße durch Kartoffeln substituiert wird. Im übrigen kann natürlich heute, nach dem Bau der Straße, jeder Nahrungsmangel schnell durch entsprechende Transporte in die Region behoben werden.

Der Anteil der landwirtschaftlichen an der Gesamtheit der Haushalte ist in der Region mit 93 % etwas höher als das nationale Mittel, das bei 88 % liegt. Über die mittlere Größe der landwirtschaftlichen Betriebseinheiten besteht bei den

---

[7] Daß sich zum Teil erhebliche Unzuträglichkeiten durch den Umstand ergaben, daß die Regierung beim Straßenbau von den Bauern die entschädigungslose Abtretung von Land verlangte, sei hier am Rande angemerkt. Es kam gelegentlich zu massiven Demonstrationen, denn die Bauern waren nicht bereit, für die These „Die neue Straße wird Euch allen nützen" oft erhebliche Teile ihres kargen Landbesitzes abzugeben, ohne irgendwie entschädigt zu werden. Wenn man die winzigen Parzellen der Bergbauern in Betracht zieht, kann man ihre Haltung verstehen. Für sie bedeutet der Verlust eines Feldes unter Umständen, daß sich die Familie künftig nicht mehr ernähren kann. Nur Entschädigung durch anderes Land kann hier helfen.

verschiedenen Untersuchungen keine Übereinstimmung. Sie rangieren von 0,27 bis 0,55 ha. Die Eigentumsstruktur ist, wie fast überall in den Bergen, ziemlich günstig: 90 % der Kulturfläche werden von den Eigentümern bewirtschaftet.

Eine Analyse der Anbauverhältnisse wird durch mangelhafte und einander widersprechende Statistiken erschwert, wenn nicht unmöglich gemacht. Es scheint, daß knapp 33 000 ha Land unter Kultur stehen. Da es sich um ein Bergland handelt, tritt der Mais als Hauptkultur mit rund 40 % der Fläche in den Vordergrund, aber die Bauern pflanzen, wo immer möglich, auch Reis, der allerdings kaum mehr als 20 % der Fläche einnimmt. Hauptreisanbaugebiete liegen selbstverständlich im Süden und in den Tieflagen, und die Flächenerträge scheinen recht günstig zu sein. Hirse ist die Frucht der höheren Lagen und wird auf etwa 8 000 ha angebaut. Als Folge der erfolgreichen Weizen-Anbaukampagne der Regierung findet man in den Wintermonaten mehr und mehr diese Frucht. Kartoffeln werden im Norden der Region als Grundnahrungsmittel angebaut.

Dank der Straße konnte die landwirtschaftliche Entwicklungspolitik der Regierung rasch in die Region vorstoßen. So stieg die Fläche unter Edelsaatgut innerhalb von 3 Jahren um das 40fache auf 2 190 ha (1967/68), während der Einsatz von Handelsdünger in der gleichen Zeit um das 32fache wuchs und 1967/68 125 t erreichte. Diese Zahlen dürften inzwischen von der Entwicklung weit überholt sein, sie enthüllen jedoch das Potential der Region, denn im genannten Jahr waren erst 11,6 % der Reis-, 13,2 % der Weizen- und 0,9 % der Maisfläche unter Edelsaat. Auch der Düngereinsatz steht noch ganz am Anfang und betrug in jenem Jahr ganze 2 kg Nährstoffe je ha, wenn wir unterstellen, daß der in die Region eingeführte Dünger gleichmäßig auf die Reis-, Weizen- und Maisfläche verteilt wurde. Schließen wir Mais aus, so bleiben auch nur 4 kg Nährstoffe je ha.

Die Mittelgebirgszone Nepals wird von in- und ausländischen Fachleuten als sehr geeignet für eine ausgedehnte Gartenbauproduktion angesehen. Tatsächlich finden wir in unserer Region auch zwei Gebiete, die bereits einen Namen in dieser Richtung haben, das von Malemchigaon im Nordwesten für Äpfel, wo sich auch nahebei das staatliche Gartenbauzentrum Sarmathang befindet, und das von Banepa für Zitrusfrüchte[8]. In der übrigen Region ist die Zahl der Obstbäume gering, ihr Zustand erbärmlich, und Obst erfreut sich nicht eben hoher Wertschätzung bei der Bevölkerung. Ähnliches muß vom Gemüsebau gesagt werden. Nur gelegentlich findet man einen Küchengarten hinter dem Haus, wo ein paar Rettiche, Gurken, kleine Tomaten und Blattgemüse (broadleaved mustard) gezogen werden. Im Süden gelten auch Kartoffeln als Gemüsebeilage.

Das erwähnte Obstbauzentrum von Malemchigaon entstand aus der Initiative

---

[8] Regierungsvorstellungen gehen so weit, zu erwarten, daß die Bergbauern bereit sind, ihre mühsame Nahrungsgetreideproduktion aufzugeben und zum Obstbau überzuwechseln. Dabei wird übersehen, daß der unterentwickelte Markt Nepals niemals die zweifache Funktion übernehmen kann, die Obstproduktion abzusetzen und die Bauern mit Nahrungsmitteln zu versorgen. Es kann zunächst also nur damit gerechnet werden, daß viele Bauern nebenher Obstbau übernehmen und sich einige Erfolgreiche unter ihnen später einmal darauf spezialisieren werden. Der Anbau von Obst, Nüssen und Beeren würde auf jeden Fall die einseitige Diät der Menschen verbessern.

3. Das Mittelgebirge

einiger Bauern, die aus Indien Jungbäume (Äpfel) mitgebracht und hier gepflanzt hatten. Die Bäume gediehen gut, aber der Mangel an fachgerechter Behandlung ließ Ertrag und Qualität der Früchte bald zurückgehen. Der Obstbaumbestand der Gegend soll 4 000—6 000 betragen, und der Abtransport der Ernte erfolgt auf Trägerrücken, wobei die Früchte 2—3 Tage unterwegs sind, ehe sie Bodnath erreichen, einen Ort im Kathmandu-Tal, wo sie gewöhnlich angeboten werden.

Hochlagen der Mittelgebirge — und unsere Region geht ja im Norden deutlich in die Hochgebirgszone über — scheinen für die Viehwirtschaft besonders geeignet zu sein, gestattet sie doch, so sie ordentlich durchgeführt wird, gleichzeitig Bodenschutzpolitik zu betreiben. Die Entwicklungsvorstellungen der nepalischen Regierung haben der Viehzucht im Gebirge prinzipiell einen hohen Vorrang eingeräumt. Allerdings sind wir nicht in der Lage, die Verhältnisse in der Region in dieser Hinsicht sehr detailliert darzustellen, weil es an den erforderlichen Angaben fehlt. Der letzte Viehzensus ergab, daß die Region von etwa 84 000 Kühen, 62 000 Ochsen und 63 000 Milchbüffeln bevölkert ist. Über Büffelbullen, Ziegen und Schafe liegen Angaben nicht vor, es kann aber mit etwa 100 000 Ziegen und 10 000 Schafen gerechnet werden.

Befragt man die Bauern in den Dörfern, so zeigt sich, daß jeder Haushalt zwischen 1 und 3 Stück Großvieh und 2 oder 3 Ziegen hält. Die Milchleistung der Kühe und auch der Büffel ist lächerlich gering[9]. Ziegen werden nicht gemolken, obwohl ihre Milch im allgemeinen nicht abgelehnt wird. Die Fütterung der Tiere ist mehr dem Zufall überlassen, denn Futterpflanzen werden nicht gebaut und Kraftfutter ist unbekannt. Gelegentliche Viehverkäufe sollen Barmittel zum Ausgleich des Nahrungsgetreidedefizits bringen. Auch der Handel mit Hühnern und Eiern hat keine Bedeutung, da der Überschuß unbedeutend ist, wenn man von einer Hühnerhaltung auf geschäftlicher Grundlage in Khopasi Bazar absieht.

Über die geographische Verteilung einzelner Tierarten ist wenig bekannt. Grob gesprochen, ergibt sich etwa folgendes Bild. Im hohen Norden ist in beträchtlichen Höhen noch der Yak (Bos grunniens) zu finden. In der nördlichen Hälfte der Region finden sich mehr Kühe als Büffel, während im Süden die Büffel überwiegen, wo es für sie genügend Wasser und frisches Gras gibt, wie etwa im unteren Rosi Khola-Tal. Die Kuh ist hier mehr an den Hanglagen zu finden. Frischmilch hat nur einen sehr begrenzten Markt und wird nur an wenigen Orten (Jalbire, Panchkhal) angeboten. Doch ist die Gheeproduktion in der Region nicht unbedeutend. Bauern, die Ghee aus Büffelmilch produzieren, füttern ihre Tiere im allgemeinen mit Ölkuchen und Maismehl.

Es ist interessant, festzustellen, daß der nahegelegene Markt von Kathmandu, wo täglich u. a. 58 000 Ziegen und 15 000 Schafe geschlachtet werden, nur wenig von der Region mit Tieren beliefert wird. Der Beitrag dürfte 10 % kaum übersteigen.

---

[9] Vgl. dazu im einzelnen unsere Ausführungen im Kapitel „Agrargeographie". In der Region wurden tägliche Milchleistungen von 2,25 l bei Kühen und 2,7 l bei Büffeln gemeldet.

Betrachtet man das Potential der Region, so bieten sich Viehhaltung als Fleisch- und Milchproduktion von selbst an. Stallgefütterte Ziegen in den Bergen, Milch und Molkereiprodukte aus den Tälern könnten leicht zusätzliche Einkommen schaffen, die auf dem Markt von Kathmandu zu erzielen wären.

Eng in Zusammenhang mit der Viehhaltung stehen **Weide- und Forstwirtschaft**, befindet sich die Forstdecke des Landes doch in ständiger Gefahr durch menschliche und tierische Einwirkung. Eine Forstinventur der Gebirgszone liegt derzeit noch nicht vor, doch kann man auf Grund der topographischen Karte des Survey of India (1 : 63 360) die Waldbestände der Region grob überschlagen, die es zur Zeit der Geländeaufnahme, also vor etwa 10 Jahren, gab. Danach möchten wir schätzen, daß es hier

742 km² Nadelwälder (Pinie)
717 km² Mischwälder und
13 km² *sal*-Wälder (Shorea robusta)

gibt. Der größte Teil vor allem der Nadelwälder liegt auf nahezu unzugänglichen Höhenrücken, was ihr Überleben erklärt. Immerhin dürften 37 % der Regionalfläche noch mit Wäldern bedeckt sein (vgl. Karte 112). Je dichter die Gebiete besiedelt sind, um so weiter wurde der Forst von den Dorfgemarkungen fortgedrängt und hat wertlosem Gestrüpp, das man stolz als Viehweide ausgibt, Platz gemacht. Wir fanden, von einer staatlichen Maßnahme zur Wiederaufforstung im Panchkhal-Tal abgesehen (übrigens das Paradestück der Forstverwaltung!), keinen Fall, wo Dörfler Ödland oder Steilhänge von sich aus wieder aufgeforstet oder dezimierte Forsten geschützt hätten. Damit reiht sich die Region unterschiedslos in das Bild ein, das wir von der Lage der nepalischen Forsten gezeichnet haben[10]. Eine Baumschule bei Banepa und ein bescheidenes staatliches Aufforstungsprogramm werden an der Gesamtlage nicht viel ändern.

Das Problem der Weiderechte und -möglichkeiten berührt die Forstwirtschaft deshalb so stark, weil, wie erwähnt, die Bauern ihre Tiere nicht füttern, sondern sich darauf verlassen, daß diese am Hang und im Wald schon etwas finden werden. Dies führte nicht nur zu einem miserablen Zustand der Tiere, sondern gleichzeitig zu einer fortschreitenden Degradation der Wildweiden und Waldbestände. Getrennte Zuständigkeiten für Weide (Landwirtschaftsministerium) und Wälder (Forstministerium) haben eine vernünftige Weidepolitik bisher unmöglich gemacht. Die Folgen sind überall zu sehen.

Trotz des Wasserreichtums in der Region existieren **Bewässerungsanlagen** größerer oder mittlerer Abmessungen nicht, wenn auch zahlreiche Farmer gern Bewässerungslandwirtschaft einführen möchten. Deshalb findet man auch vielerorts, daß sie Quellen oder kleinere Flüsse auf ihre Felder abgeleitet haben, um ihren Reis- oder Weizenfeldern die erforderlichen Wassergaben wenigstens zum Teil zukommen zu lassen. Obwohl Winterbewässerung nicht die Tradition der nepalischen Bauern ist, hat die Anregung der Regierung dazu geführt, daß

---

10 Vgl. Kapitel „Forstwirtschaft".

3. Das Mittelgebirge 451

heute mehr und mehr von ihnen versuchen, durch Nutzung der geringen winterlichen Wasserreserven eine Weizenernte zu erzielen. Solche z. T. ausgedehnten Kleinbewässerungsanlagen findet man z. B. im Gebiet des Rosi Khola, des Balephi Khola und des Jhiku Khola. Eine ganze Anzahl weiterer Kleinbewässerungsanlagen will man jetzt mit Unterstützung des Bewässerungsdepartements bauen.

Tiefere Lagen im Süden der Region eignen sich trefflich für Winterkulturen, seien es nun Feldfrüchte oder Futterpflanzen für das Vieh. Könnte man hier Win-

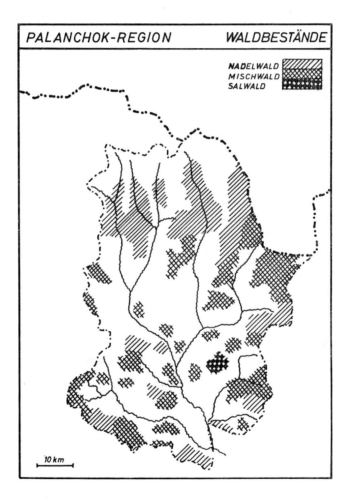

Karte 112: Palanchok-Region, Waldbestände
Zusammenhängende Waldgebiete finden sich noch im Norden (Himalaya-Hauptkette) und im Süden (Mahabharat-Kette). Die Gebiete dichterer Besiedelung weisen nur noch Restbestände auf. Die Skizze wurde durch Auswertung der Angaben in der Survey of India-Karte (1 : 63 360) erarbeitet.

terbewässerung sicherstellen, würde sich die Einkommenslage der Bauern wesentlich verbessern.

Daß der Tourismus die große Chance für Nepal ist, kann man täglich in den Zeitungen der Hauptstadt lesen. Die Vorstellung davon, was Tourismus, in Besonderheit Massentourismus, ist, ist im Lande aber noch sehr vage. Bei der Planung wird vor allem auch der in Kathmandu lebende Ausländer als potentieller Tourist im Lande selbst völlig außer acht gelassen. Mancher würde gern einige Ferientage oder ein Wochenende außerhalb des Tals verbringen, wenn er es tun könnte, ohne eine Expedition auszurüsten oder in unzumutbaren Quartieren, sogenannten Rasthäusern, zu nächtigen. Tourismus bedeutet Verdienst für diejenigen, die die Touristen mit Quartier oder Nahrung versorgen. Bei der Untersuchung unserer Region nun, die ja im Prinzip mit jedem Automobil in weniger als 2 Stunden von der Hauptstadt aus erreicht werden kann, erhebt sich die Frage, ob sich hier touristische Attraktionen finden lassen, die man entsprechend ausbauen könnte. Dies ist durchaus der Fall.

Zunächst gibt es im Nordwesten die sehr reizvolle Landschaft Helambu (auch Helmu), die Touristen bisher zu Fuß in einigen Tagesmärschen von Kathmandu aus aufzusuchen pflegten. Für Kurztouristen reicht die Zeit für Hin- und Rückmarsch in der Regel nicht. Würde einmal die bisher sehr anfällige Lokalstraße nach Mahankal ausgebaut und bis Malemchigaon weitergeführt, so könnte der Rückweg der Touristen mit dem Kraftwagen erfolgen, was wesentlich mehr Fremde anreizen würde, die Helambu-Tour zu unternehmen. Zweitens bieten sich das Tal des Sun-Kosi zwischen Dolalghat und Balephidobhan als Picknick- und Zeltplatz und der (kalte) Fluß zum Baden an. Entsprechende Einrichtungen würden viele der ansässigen Fremden zu Wochenendfahrten anregen. Drittens wäre eine ideale Kombination zwischen Auto- und Fußtourismus im Norden der Region möglich, wo man von einem Punkt nördlich Bahrabise die Westflanke des Tals aufsteigt, interessante Dörfer und Naturschönheiten findet und einen bezaubernden Blick über die Himalayakette mit dem Gaurisankar genießen kann — wenn man eine Unterkunft und Verpflegung finden würde. Bislang ist dergleichen nicht zu finden, und wer die Region bereist und beabsichtigt, die Straße zu verlassen, muß sich genauso ausrüsten, als wolle er eine Expedition in weit entlegenere Gebiete unternehmen.

4. Das Hochgebirge

Neben dem Kathmandu-Tal ist es der Hochgebirgsstreifen, der Nepal über seine Grenzen und die Grenzen Asiens hinaus bekannt gemacht hat: die Himalaya-Hauptkette mit zahlreichen Bergen über 8 000 m Meereshöhe, unter ihnen der Sagarmatha (Mt. Everest). Die Nepal-Literatur befaßt sich überwiegend mit diesem Landesteil, allerdings mehr von der bergsteigerischen, bestenfalls noch von

4. Das Hochgebirge

der kultur-historischen Sicht aus. Wirtschaftsgeographische Literatur ist nur sehr spärlich vertreten[1].

Die moderne Forschung im Hochgebirge Nepals hat sich vornehmlich um die Gegend südlich des Mt. Everest-Massivs gekümmert, wo die interessante und aufgeschlossene Gruppe der Sherpas lebt, deren materielle Kultur und Wirtschaftsweise interessante Einblicke in die Bedingungen des Lebens und Überlebens in extremen Höhen gibt[2]. Ähnlich wie im Falle des nepalischen Mittelgebirges ist auch das Hochgebirge eine zu ausgedehnte Landschaft, um in einem Kapitel summarisch abgehandelt zu werden. Es ist nicht möglich, es in einer Kette von Verwaltungsdistrikten auszudrücken, doch kann man sagen, daß es als Lebens- und Wirtschaftsraum um 9 % der Kulturfläche und etwa knapp 10 % der Bevölkerung umfaßt.

Wir haben als Beispiel wiederum ein Gebiet gewählt, das mehr und mehr von Fremden besucht wird und mittels eines Charterflugzeugs heute relativ preiswert erreicht werden kann: das bereits oben erwähnte Siedlungsgebiet der Sherpa am Massiv des Mt. Everest, das heute im Distrikt Solukhumbu liegt. Wir haben hier die Möglichkeit, ein Siedlungs- und Wirtschaftsgebiet zu studieren, das von den tiefen, subtropischen Tälern des Südens bis zu einer Dauersiedlungshöhe von 3 985 m (Pangpoche), einer Ackerkulturhöhe von 4 350 m (Dingpoche) und einer Weidehöhe von über 5 000 m (Lobuche-Weidegebiete) emporreicht (vgl. Karte 113). An Einkommensmöglichkeiten bietet das Gebiet neben Ackerkultur und Weidewirtschaft einen ausgeprägten Handel und einen immer stärker wachsenden Fremdenverkehr. Es dürfte auch etwas Forstwirtschaft möglich sein. Bei der nachfolgenden Betrachtung soll der Terminus „Region" den Verwaltungsdistrikt Solukhumbu umfassen (Karte 114).

Die Region[3] gehört zum Hochgebirgsgürtel des Östlichen Berglandes von Nepal und hat eine Fläche von 2 935 km². Sie reicht von der tibetischen Grenze bis nahe an die Stadt Okhaldhunga im Süden, ist durch Hoch- und Mittelgebirge charakterisiert und kennt praktisch keine Ebenen, sondern vielmehr Gletscher und sterile Felsenregionen, die zusammen etwa 40 % der Fläche bedecken. Die Höhe über dem Meer reicht von den Ufern des Dudh-Kosi am südlichsten Punkt mit 650 m bis hinauf auf 8 848 m, nämlich zum Gipfel des Sagarmatha. So zeigen die klimatischen Bedingungen eine große Vielfalt, und dementsprechend ist die Verteilung der

---

[1] Von deutscher Seite seien hier vor allem die Arbeiten des Forschungsunternehmens „Nepal Himalaya" (Leitung: Prof. Dr. W. Hellmich, München) erwähnt, die in der Reihe „Khumbu Himal" (Verlag Springer, Heidelberg, später Wagner, Innsbruck) erschienen sind. Die unter Leitung von Prof. Dr. F. W. Funke, Köln, erarbeiteten „Beiträge zur Sherpa-Forschung" in dieser Reihe waren bei Abschluß dieser Arbeit leider noch nicht ausgeliefert und konnten deshalb nicht mit ausgewertet werden.
[2] Wir verweisen hier vor allem auf die früheren Arbeiten von Chr. v. Fürer-Haimendorf, z. B. „The Sherpas of Nepal", London 1964.
[3] Bis zur Einführung der neuen „Entwicklungs-Distrikte" gehörte der jetzige Distrikt Solukhumbu teilweise zum Distrikt „Ost Nr. 2", „Ost Nr. 3" und zu den Sub-Distrikten Chisankhu Ramechhap und Okhaldhunga und hieß Thum Solu. Alle früher durchgeführten Erhebungen über Bevölkerung und Wirtschaft basierten auf der alten Raumeinteilung und können heute zum Vergleich nicht mehr herangezogen werden.

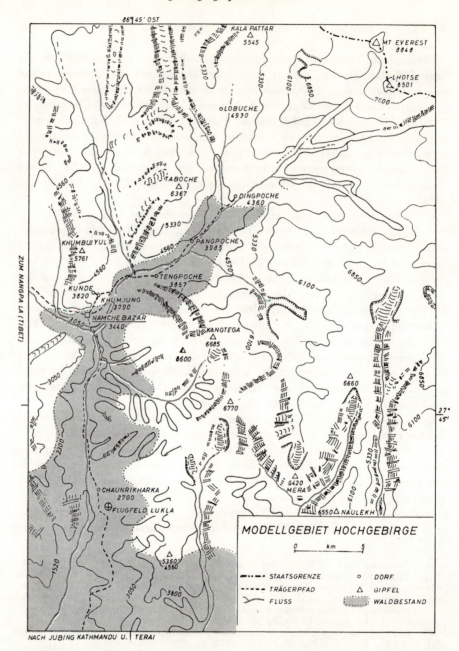

Karte 113: Modellgebiet Hochgebirge
Diese vereinfachte Kartenskizze soll dem Leser einen Eindruck von der Landschaft vermitteln, die wir hier generell als nepalisches Hochgebirge bezeichnen. Sie ist gleichzeitig ein Teil des hier behandelten Distrikts Solukhumbu und zeigt einige der höchsten bewohnten und bewirtschafteten Gebiete Nepals. Basiskarte: 1 : 250 000.

4. Das Hochgebirge

Bevölkerung, das landwirtschaftliche Gesicht und das wirtschaftliche Potential der Region nichts weniger als gleichmäßig. Sie wechseln von Ort zu Ort, und es ist unmöglich, ein zusammenfassendes Bild zu zeichnen.

Bis vor wenigen Jahren rechnete man die Region zu den „abgelegenen Gebieten" (remote areas), was bedeutet, daß sie bei statistischen Erhebungen ausgeklammert wurde, so daß alle Informationen über Solukhumbu spärlich und unzuverlässig sind. Erst im Frühjahr 1967 entsandte das damalige Planungs-Ministerium eine Mission in die Region mit dem Auftrag, die wirtschaftlichen und sozialen Verhältnisse zu untersuchen und Möglichkeiten für einen planvollen Aufbau auszuarbeiten. Der Bericht, der schließlich vorgelegt wurde, brachte nicht viel

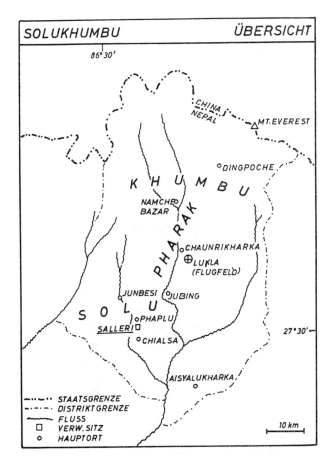

Karte 114: Solukhumbu, Übersicht
Der Distrikt Solukhumbu umfaßt zu einem großen Teil Hochgebirge, reicht aber im Süden ins Mittelgebirge hinein. Die Skizze vermittelt eine grobe Übersicht mit den wichtigsten Siedlungen (zur Ergänzung im Norden vgl. Karte 113). Basiskarte: 1:506 880, Ost-Blatt.

Neues, was nicht überrascht, wenn man die Probleme kennt, die sich einer Erhebungsarbeit im Gebirge entgegenstellen[4].

Wenden wir uns nun der Geographie und Hydrographie zu. Die Region zeigt, wie erwähnt, ein vielfältiges Gesicht. Der nördliche Teil, oberhalb 3 000 m, hat einen vom Mittelgebirge vollkommen verschiedenen Charakter, während die südlichen Gebiete den Reisenden wieder zurück ins Mittelgebirge Nepals führen. Im Norden scheint die Landschaft von Menschenhand weniger berührt zu sein, denn die felsigen Berge sind noch weitgehend mit Wäldern be-

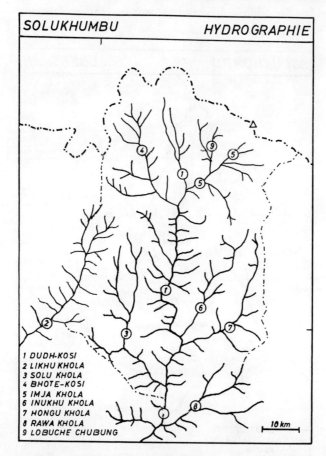

Karte 115: Solukhumbu, Hydrographie
Der Dudh-Kosi, einer der größeren Nebenflüsse des Kosi-Systems, entwässert nahezu den ganzen Distrikt. Nur im extremen Westen gehört der Distrikt zum Einzugsgebiet des Likhu Khola.

4 Ministry of Economic Planning „Report about Possible Planning in Solukhumbu", Kathmandu 2024 B. S. (in Nepali). Im folgenden zitiert als „Mission Report".

4. Das Hochgebirge 457

deckt. Wenn man von Felswänden absieht, erscheinen die Hänge oft überraschend sanft. Im Süden dagegen erkennt man die destruktive Hand des Menschen überall: Entwaldung, Kultivierung selbst steilster Hänge, weiches, erosionsanfälliges Material an den Hängen statt der Felsen. Die Trassenführung der Trägerpfade und ihr Zustand sind im Süden schlechter als im Norden.

Auf der anderen Seite ist das wirtschaftliche Potential im Norden viel begrenzter als im Süden, wo ein mildes Klima es dem Bauern ermöglicht, verschiedene Nutzpflanzen anzubauen. Steigt man etwa das Tal des Dudh-Kosi nach Süden herab, so ist der Wandel in der Vegetation sehr eindrucksvoll. Oberhalb von Namche Bazaar (3 400 m) findet man nur Kartoffel-, Buchweizen- und gelegentlich Gerstefelder und natürlich ausgedehnte Weiden. In Pharak, der Gegend um

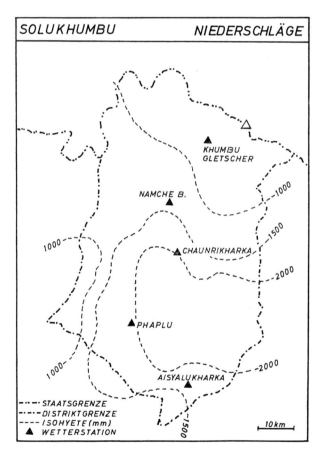

Karte 116: Solukhumbu, Niederschläge
Diese vorläufige Niederschlagskarte zeigt deutlich die Abnahme der jährlichen Niederschläge vom südöstlichen Kerngebiet des Distrikts hinauf zu den höchsten Höhen der Himalaya-Hauptkette. Basiskarte: Mean Annual Rainfall Map, H.M.G., Kathmandu.

Chaunrikharka, Lukla usw. (2 700 m), treten Weizen und verstärkt Gerste zu den Kartoffelfeldern. In Jubing schließlich, in 1 650 m Höhe, wachsen subtropische Früchte wie Bananen und Orangen. Die Horizontaldistanz zwischen Jubing und Namche Bazaar beträgt nicht mehr als 25 km.

Der Hauptfluß der Region ist der Dudh-Kosi, der in den Gletschergebieten des Nordens entspringt und den Distrikt in nordsüdlicher Richtung teilt. Sein Einzugsgebiet deckt sich praktisch mit der Region, ausgenommen im Westen, wo der Likhu-Khola die Grenze bildet. Er zeigt eine starke Schwankung im Abfluß während eines Jahres. Am Meßpunkt Rabuwa Bazar, einem Ort nahe der südlichen Distriktgrenze, wird ein Maximum von 1 580 m³/s im August und ein Minimum von 28,8 m³/s während der trockenen Jahreszeit gemessen. So läßt sich aus der mittleren Abflußmenge von 218 m³/s eine Jahreswasserfracht des Dudh Kosi von 9,7 Mrd. m³ errechnen (Karte 115).

Die klimatische Lage der Region ist so komplex wir ihre Topographie. Die Karte der mittleren jährlichen Niederschläge in Nepal[5] gibt wenigstens ein

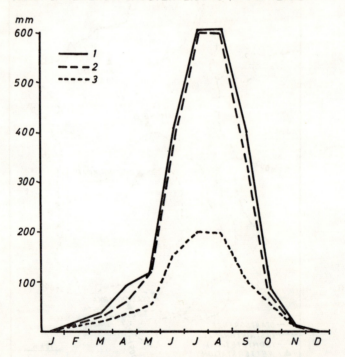

Schaubild 29: Monatliche Niederschlagsverteilung in Ost-Nepal
1 = Jiri (1 895 m); 2 = Chaunrikharka (2 700 m); 3 = Namche Bazaar (3 440 m). Quelle: H. Kraus, a. a. O.

5 Department of Meteorology and Hydrology, H.M.G., Kathmandu.

4. Das Hochgebirge

ungefähres Bild von der Situation (vgl. Karte 116). Es zeigt, daß der Norden relativ trocken ist und die nördliche Hälfte der Region kaum mehr als 1 500 mm Regen im Jahr erhält. Im Gegensatz dazu hat der Süden und vor allem der Südosten mittlere Niederschläge von mehr als 1 500 und 2 000 mm. Das deckt sich mit den Aussagen, die wir von den Hochgebirgsbauern erhielten, die angaben, daß der Monsun bei ihnen nicht viel mehr sei als Nieselwetter oder ein gelegentlicher Schauer an drei Tagen der Woche.

Klimatologische Daten über diese Hochgebirgszone sind aus verschiedenen Quellen zusammengetragen, aber kaum eine von ihnen verfügt über Beobachtungszeiträume von mehr als ein paar Jahren, oft sind es nicht mehr als nur einige Monate. Daher dürfen alle Angaben in dieser Arbeit nur als Annäherungsdaten und erste Versuche, Licht ins Dunkel zu bringen, betrachtet werden. Um Vergleichsmöglichkeiten zu haben, wurden auch Meßdaten von Stationen aus den Nachbardistrikten mit verwendet. Dies soll helfen, die klimatologische Lage des Hochgebirges besser zu verstehen. Schaubild 29 zeigt, daß die Monsunbedingungen wesentlich extremer in niederen Lagen zwischen 2 200 m und 3 000 m auftreten als in hohen Lagen (vgl. dazu auch Tabelle 69).

Tabelle 69: Höchste tägliche Niederschlagsmenge im Östlichen Bergland (in mm)

Ort Höhe Jahr	Jan.	Febr.	März	Apr.	Mai	Juni	Juli	Aug.	Sept.	Okt.	Nov.	Dez.
Jiri 1 895 m 1963		14	8	18	13	36	52	46	72	108	24	9	0
Thodung 3 100 m 1963	—	—	27	—	29	45	74	112	43	49	—	—
Chaunrikharka 2 700 m 1949—62	34	44	31	59	49	98	225	302	112	79	43	28
Namche Bazaar 3 440 m 1948—63	64	45	35	66	39	86	36	38	76	87	28	18

Quelle: Helmut Kraus, „Das Klima von Nepal", in „Khumbu Himal", Bd. I, S. 301 ff.

Die Tabelle zeigt klar den Unterschied der Niederschlagsregime: der über das ganze Jahr ausgeglichene Regenfall in Namche Bazaar und das typische Monsunbild in Chaunrikharka, das nur 15 km südlich und 700 m unterhalb von Namche liegt. In den höheren Lagen (Namche Bazaar und darüber) ist der Winterregen ausgeprägter als in tieferen Lagen, was zu einer Akkumulation von Wasser in Form von Schnee und Eis führt.

Schließlich müssen wir auch hier die Bedeutung des Mikroklimas in Betracht ziehen. Von großer Bedeutung ist, ob eine Fläche den Winden ausgesetzt ist oder im Windschatten liegt, ob sie sich am Hang oder am Talboden befindet. Dies erklärt, warum es nicht eine einfache Niederschlagszunahme vom Süden zum Norden und von tieferen zu höheren Lagen gibt. Tabelle 70 zeigt eine solche Kette von Meßergebnissen von Stationen, die nach ihrer geographischen Breite geordnet sind. Es ist offensichtlich, daß mikroklimatische Gründe eine Gesetzmäßigkeit ausschließen. Sicher ist nur, daß die höchsten Lagen des Hochgebirges in eine Art Trockenzone hineinragen[6]. Allerdings müssen weitere klimatologische Phänomene mit berücksichtigt werden: Tau und Nebel. Orchideen, Moose und Flechten sind dafür gute Indikatoren überall in der Region und bis hinauf auf mehr als 4 000 m. Hohe Luftfeuchtigkeit kann Regen zu einem beträchtlichen Teil ersetzen, wenn es um Pflanzenwachstum geht.

Tabelle 70: Mittlerer jährlicher Niederschlag in Ost-Nepal

Ort	Höhe (m)	Nördl. Breite	Regenfall (mm)
Khumbu-Gletscher		28°00.3'—	
(April—November)	5 245	27°58.8'	390
Namche Bazaar	3 400	27°48.4'	842
Chaunrikharka	2 700	27°41.3'	2 290
Phaplu	2 900	27°30.8'	1 636
Aisyalukharka	2 500	27°21.4'	2 189
Mane Bhanyang	1 500	27°12.7'	968
Udaipur Garhi	1 400	26°56.4'	1 875

Quelle: Krause, a. a. O.

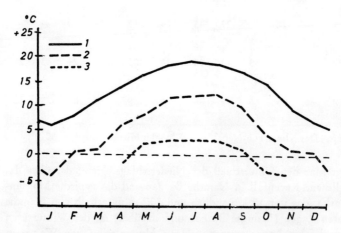

Schaubild 30: Monatliche mittlere Lufttemperaturen
1 = Jiri (1 895 m); 2 = Namche Bazaar (3 440 m); 3 = Khumbu Gletscher (5 245 m).
Quelle: H. Kraus a. a. O., Departement of Meteology.

6 Vgl. zum Prinzipiellen dieser Frage das Kapitel „Klima und Vegetationszonen".

4. Das Hochgebirge

Schließlich spielen Luft- und Bodentemperatur eine Schlüsselrolle beim Anbau von Pflanzen, und hier zeigt sich der schwache Punkt für die Hochgebirgslandwirtschaft. Je höher wir aufsteigen, um so kürzer wird die Wachstumszeit innerhalb eines Jahres. Abgesehen von Orten mit einem guten Mikroklima gilt für Khumbu, daß der Boden während sechs Monaten im Jahr gefroren ist. Die Kulitivierungszeit beginnt im April und endet im Oktober. Daten über Lufttemperaturen sind rar, und solche für Bodentemperaturen fehlen ganz. Schaubild 30, dessen Daten aus verschiedenen Quellen zusammengetragen wurden, zeigt, daß die frostfreie Zeit immer kürzer wird, je weiter man aufsteigt. Dennoch liegt der Khumbu-Gletscher noch nicht oberhalb der Vegetationsgrenze, die hier etwa bei 5 350 m verläuft.

Angaben über die Bevölkerung der Region variieren sehr stark (Karte 117). Der Distrikt-Panchayat nannte uns die Zahl 180 000, allerdings mit der

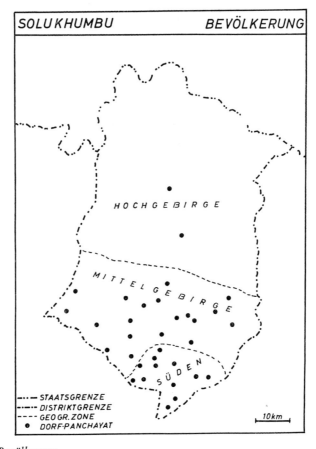

Karte 117: Solukhumbu, Bevölkerung
Die Bevölkerungskonzentration wird nach Süden immer dichter. Rechnet man jedes der 33 Dorfpanchayats mit rund 3 500 Personen, so kommt man auf etwa 115 000 Einwohner.

Einschränkung, daß 40 % der Bevölkerung ihren Lebensunterhalt permanent außerhalb zu verdienen hätten. Der 1966/67 durchgeführte Panchayat-Zensus hatte als Totalbevölkerung 104 081 ausgewiesen. Dies mag die tatsächlich anwesende Bevölkerung sein (60⁰/o von 180 000). Die Alterspyramide zeigt, daß 40 % zu der Altersgruppe bis 14 Jahre und 55 % zu der zwischen 15 und 59 Jahren gehören.

Besonders interessant ist natürlich die ungleichmäßige Verteilung der Einwohner über die Fläche der Region. Zur genaueren Analyse unterteilen wir den ganzen Distrikt in drei Zonen. Zone 1 umfaßt die extremen Höhen und, mit Khumbu und Pharak, mehr als die Hälfte der Gesamtfläche; Zone 2 umschließt die Mittelgebirge und macht 78 % des Restes aus; Zone 3 schließlich umfaßt die Lagen unter 2 200 m. Betrachten wir nun die Bevölkerung in diesen drei Zonen, so ergibt sich folgendes Bild:

Tabelle 71: Verteilung der Bevölkerung in Solukhumbu

Sub-Region	Ungefähre Fläche (km²)	Bevölkerung	Ungefähre Bevölkerungs- dichte (Einw./km²)	Zahl der Dorf- Panchayats
Hochgebirge	1 735	3 500	2	2
Mittelgebirge	936	47 281	50	18
Süden	264	53 300	200	13
Solukhumbu	2 935	104 081	36	33

Die Tabelle macht deutlich, daß die Bevölkerung, die in extremer Höhe lebt, klein ist. Nichtsdestoweniger wächst sie. Vor etwa 130 Jahren zählte sie im Nordgebiet (Khumbu) etwa 750 Menschen. 1957 wurde von 2 205 Menschen berichtet, was einem jährlichen Zuwachs von mehr als 2 % entspricht.

Die Präsenz zahlreicher ethnischer Gruppen zeigt, daß die Sherpas, denen bislang durch die Literatur eine Art Prädominanz in diesem Teil Nepals eingeräumt wurde, nur eine Gruppe unter vielen sind, jedenfalls wenn man als Bezugsgröße den Verwaltungsdistrikt Solukhumbu zugrunde legt. Nach einer offiziellen Publikation gliedert sich die Bevölkerung des Distriktes in:

    40 % Rais
    30 % Sherpas
    15 % Brahmins und Chhettris
    15 % Newars, Tamangs, Magars, Sunwars, Gurungs u. a.[7].

Dabei ist es interessant festzustellen, daß die Mitglieder der verschiedenen ethnischen Gruppen im Einzugsgebiet des Dudh-Kosi ganz bestimmte Höhenlagen

---

[7] „Introduction of Solukhumbo District" (in Nepali), o. J., S. 6—7. Es sei darauf aufmerksam gemacht, daß wir vom Verwaltungsdistrikt Solukhumbu sprechen und deshalb andere Relationen erhalten als etwa Oppitz, der einen „Raum Solu-Khumbu" ausgewählt hat, in dem sich die Sherpa-Bevölkerung konzentriert (Michael Oppitz, „Geschichte und Sozialordnung der Sherpa", a. a. O., S. 107 ff.

zur Siedlung und für ihre Felder bevorzugen, so daß „die Ufer des Flusses von einer Gruppe besetzt sein können, die Dörfer halbwegs den Hang hinauf von einer anderen und die Kammlagen von einer dritten"[8].

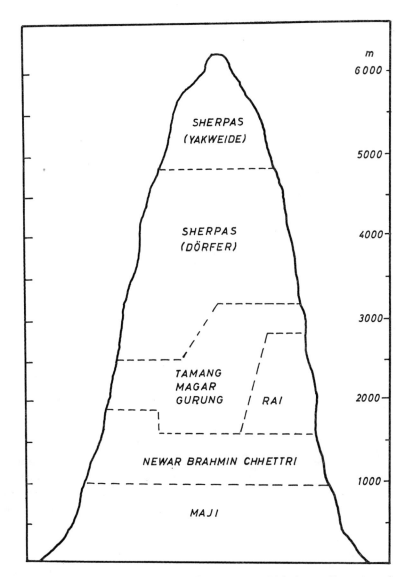

Schaubild 31: Siedlungshöhen ausgewählter Volksgruppen im Tal des Dudh-Kosi (nach Chr. v. Fürer-Haimendorf).

8 Chr. von Fürer-Haimendorf, „The Economy of the Sherpas of Khumbu", Fachbericht, 1954 (vervielf.).

Die Ergebnisse, die von Fürer-Haimendorf für Solukhumbu mitgeteilt hat, sind in Schaubild 31 ausgewertet.

Nach der Berufsstruktur sind die Bewohner der Region vor allem Bauern, doch können sie bei der kurzen Vegetationszeit und der begrenzten Kulturfläche nicht überall genug Nahrung erzeugen. In diesen Fällen muß von außen zugekauft werden, und zum Erwerb des dafür nötigen Geldes gehen sie einer Reihe nichtlandwirtschaftlicher Beschäftigungen nach. Nach der Tradition hat die Khumbu-Bevölkerung ein Monopol für den Tibet-Handel, der lange sehr einträglich war und zum Teil die Erklärung für den vergleichsweise großen Wohlstand dieser Volksgruppe ist. Darüber wird noch zu berichten sein.

Neben dem Außenhandel spielen auch der Binnenhandel mit anderen Gebieten Nepals sowie Trägerdienste und Beschäftigung durch Bergsteigergruppen eine Rolle. Im ganzen betrachtet zeigt sich, daß ein großer Teil der Bevölkerung außerhalb der Landesgrenzen, aber in engem Kontakt zu seiner Familie daheim, lebt, z. B. in Indien, vor allem Darjeeling, wo nach Oppitz allein nahezu 7 000 Sherpas leben, und in Malaysia. Manche Familie hat ein Mitglied als Händler in Kathmandu.

Die Ermittlung der Einwohnerschaft der einzelnen Dörfer ist ziemlich schwierig, und die Ortsverwaltung kennt in der Regel auch nur die Zahl der Häuser. Da wiederum die Sherpa nicht in der Großfamilie zusammenleben, sondern jedes jungverheiratete Paar seinen eigenen Hausstand gründet, kann man durch Multiplikation der Häuserzahl mit fünf zu einem Näherungswert gelangen:

Tabelle 72: Dorfgrößen in Khumbu

Name	Höhe (m)	Zahl d. Häuser	Einwohner
Namche Bazaar	3 440	87	430
Khumjung	3 790	93	465
Kunde (Khumde)	3 820	47	235
Pangpoche	3 975	60	300
Dingpoche	4 360	86	

Im speziellen Fall von Pangpoche/Dingpoche muß man berücksichtigen, daß die Bevölkerung beider Siedlungen mehr oder weniger die gleiche ist, da Dingpoche als Sommerdorf von Pangpoche dient. Allerdings haben auch Einwohner von Kunde, Khumjung, Namche usw. Grundbesitz und ein Haus in Dingpoche. Allgemein kann man sagen, daß ein Sherpa oft zahlreiche Häuser und Felder in verschiedenen Teilen der Region besitzt (subsidiary settlements), was eine bessere Nutzung der Vegetationszeit ermöglicht. Zu den Häusern gehören oft ummauerte Felder für die Produktion von Gras und Kartoffeln, aber es gibt durchaus auch Häuser ohne solche Felder, nämlich Schutzhütten auf den Hochweiden. Hier werden oft große Mengen Heu gelagert.

V e r k e h r und H a n d e l spielen trotz der verkehrsfeindlichen Gesamtsituation des Hochgebirges eine große Rolle in der Wirtschaft der Region. Sie gehört zu den „entlegenen Gebieten" (remote areas) Nepals. Bis vor kurzem gab es keine Luftverbindung, und auch heute fehlt es noch an einer für Kraftfahrzeuge geeigneten Straße im Distrikt. Das einzige Flugfeld, Lukla, ist nur für STOL-Flugzeuge brauchbar, so daß die Voraussetzungen für einen planmäßigen Linienverkehr von Passagiermaschinen zunächst noch nicht gegeben sind. Der Versuch, ein zweites Flugfeld bei Phaplu, nahe dem Verwaltungssitz Salleri, zu bauen, mißlang.

Andererseits wird die Region seit Menschengedenken von zahlreichen Handelsrouten (Träger- und Packtierpfade) durchschnitten, von denen die wichtigste Tibet mit Indien verbindet. Sie läuft von Namche Bazaar über Jubing und Okhaldhunga zur indischen Grenze nahe Jaynagar und nach Norden über den Nangpa La, einen Paß in 5 806 m Höhe, zu den Handelsplätzen Kyetrak und Tingri Dzong in Tibet. Die Distanz zwischen der indischen und der tibetischen Grenze beträgt schätzungsweise 220 km, und von der Nordgrenze sind es noch einmal 20 km nach Kyetrak und 70 km nach Tingri Dzong, von wo aus die Ladakh-Lhasa-Handelsstraße erreicht werden kann. Die Handelsroute nach Süden gabelt sich. Ein Zweig führt, wie erwähnt, nach Indien, während der andere über die Märkte Aisyalukharka und Bhojpur nach Dharan Bazar läuft (vgl. Karte 118).

Der andere Hauptträgerpfad verläuft vom Kathmandu-Tal über Dolalghat und Charikot nach Jubing, wo er den Nord-Süd-Pfad kreuzt, und setzt sich nach Osten über Dingla fort. Zahlen über die Verkehrsdichte und das Transportvolumen sind bisher noch nicht gesammelt worden[9], es kann aber gesagt werden, daß alle Güter, die man in Namche Bazaar verkauft oder weiter nach Tibet transportiert, über den Pfad Jubing — Namche transportiert werden, so daß dieser Abschnitt sicher einer der wichtigsten ist.

Das neue Verwaltungszentrum Salleri ist durch einen Fußpfad mit Okhaldhunga im Süden und Beni im Norden verbunden, wo er auf Ost-West-Verbindungen trifft. Die Landschaft Solu wird entweder durch den nördlichen Pfad (Dolalghat–Jubing) oder über den südlichen Pfad (Kathmandu–Ramechhap–Okhaldhunga) versorgt.

Der Zustand der Pfade ist im Norden, wo schwere Holzbrücken einen sicheren Flußübergang garantieren, relativ gut. An Steilhängen muß der Pfad gelegentlich durch Baumstämme verstärkt werden. In höheren Lagen werden Fußpfade oft durch Erdrutsche vernichtet. Der Pfad zwischen Lukla und Jubing ist ermüdend. Er berührt kaum Dörfer und läßt keine Kammlage aus, so daß man auf der Strecke mehrmals zwischen 1 550 und 3 340 m auf- und absteigen muß. Örtliche Behörden meldeten einen allmählichen Verfall des Pfades, wenig Interesse der Bevölkerung an seiner Unterhaltung und die Schwierigkeit, wegen der Erdrutsche einen leicht gangbaren Weg entlang dem Niveau des Dudh-Kosi zu bauen. In Solu konnten 1968 erste Erfolge der Dorfkampagnen und des Amerikanischen Friedenscorps bei der Verbesserung der Fußpfade festgestellt werden.

Von grundsätzlicher Bedeutung ist die Frage des Tibethandels. Es ist

---

[9] Zum Prinzipiellen des Trägerverkehrs in den Bergen verweisen wir hier auf Robert Schmid, „Zur Wirtschaftsgeographie von Nepal", 1969.

allgemein bekannt, daß die militärische Besetzung der tibetischen Grenze durch die chinesische Armee den Handel zwischen Nepal und Tibet zunächst weitgehend zum Erliegen gebracht hat. In den ersten Jahren war die Grenze vollkommen gesperrt und keine Bewegung von Personen und Gütern möglich. Das bedeutete natürlich eine Katastrophe für die Khumbu-Bewohner, deren Wirtschaft zu einem großen Teil auf dem Tibethandel aufbaute. Später besserte sich die Lage, und 1968 erklärten die nepalischen Behörden in Namche, daß der Tibethandel etwa 40 % des früheren Umfangs wieder erreicht habe. Gegenwärtig umfaßt der Aus-

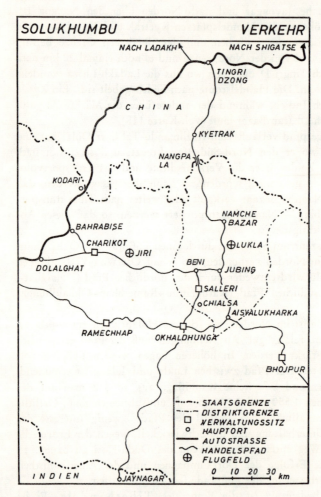

Karte 118: Solukhumbu, Verkehr
Die Skizze zeigt einen Teil Ost-Nepals mit dem Distrikt Solukhumbu als Bindeglied zwischen Indien und China einerseits und Kathmandu und dem östlichen Nepal andererseits. Es wird deutlich, wie die neue Autostraße Kathmandu-Kodari-Shigatse-Lhasa den Handel über den Nangpa La abzieht.

tausch Schafe, Trockenfleisch, Wolle und Salz aus Tibet sowie Tiere (*zopkios*), Leder, Farbstoffe und Tabak aus Nepal resp. Indien. Die Sherpahändler dürfen allerdings in der Regel Tibet nicht mehr betreten, sondern müssen ihre Waren an der Grenze auf Austauschbasis anbieten, wobei die Kontrolle der chinesischen Posten die Profite erheblich herabgedrückt hat. Damit hat der Tibethandel wesentlich an Attraktivität verloren, ist aber doch noch ein Faktor in der Wirtschaft.

Die Existenz der Kathmandu-Kodari-Straße weiter im Westen hat den Khumbu-Handel weiter beeinflußt, da alle Waren, die für Kathmandu bestimmt sind, nun der Autostraße folgen und nicht mehr über einen nahezu 6 000 m hohen Paß getragen werden müssen. Allerdings wird der Handel mit Yaks und *zopkios* dadurch nicht beeinflußt, weil die Straße für diese Tiere zu tief verläuft (Tatopani = 1 400 m)[10].

Interessant ist schließlich, daß die Chinesen keinen Wert darauf legen, mit Wollelieferungen aus Tibet die von tibetischen Flüchtlingen betriebene Teppichmanufaktur in Chialsa (Solu) zu unterstützen. So darf Wolle nicht über den Nangpa La nach Nepal ausgeführt werden. Sie kommt heute mit Lastwagen nach Bahrabise und wird von dort nach Chialsa zurückgetragen.

Es sei hier noch ein Wort zur Verkehrsplanung in dieser Region angefügt. Der sich über mehrere Dekaden erstreckende Straßenbauplan für die Gebirgsregion Nepals[11] sieht unter anderem den Bau einer Hauptfernstraße entlang dem Sun-Kosi vor, der das Kathmandu-Tal mit dem Östlichen Terai verbinden soll. Diese Straße dürfte dann die Basis sein, von der aus die Region erschlossen werden kann.

Informationen über die L a n d w i r t s c h a f t der Region sind in verschiedenen Arbeiten verstreut. Es fehlt aber noch an einer grundsätzlichen und umfassenden

---

10 Schmid, a. a. O., S. 125 ff., hat den Handel mit Tibet, wie er sich in der Gegenwart abspielt, und den Binnenhandel eingehender untersucht und dabei einige recht interessante Feststellungen gemacht. Zunächst einmal hat die Drosselung des Tibethandels zusammen mit dem Bau einer permanenten Brücke bei Jubing den Binnenhandel mit Kathmandu wesentlich belebt, und es scheint, daß der Besuch des Marktes von Janakpur im Terai weitgehend zugunsten Kathmandus aufgegeben wurde, weil die Hauptstadt, die man jetzt sicherer erreichen kann als früher, wesentlich mehr Waren und Attraktionen anbietet. Darüber hinaus aber hat Schmid erfahren, daß einige wenige Händler Jahresvisa nach Tibet erhalten haben und — oft unter Umgehung der chinesischen Preisvorschriften — wieder einen sehr profitablen Dreieckshandel treiben. Dabei gehen sie mit vier Yaks in 4 Tagen von Namche Bazaar über den Nagpa La nach Tingri Dzong (Diese Zeitspanne scheint uns wesentlich unterbewertet; d. Verf.). Von hier brauchte man früher 15 Tage nach Shigatse, doch legt man die Strecke heute auf dem Lastkraftwagen in 1½ Tagen zurück. An Waren werden auf dieser Reise mitgeführt und in Shigatse verkauft: Farben, Uhren, Baumwollgarne, Sherpatücher, Früchte, Büffelhäute und Reis. Auf der zweiten Etappe des Handels wird die Autostraße Shigatse — Kodari — Bahrabise — Kathmandu benutzt, wobei die Händler bis Bahrabise auf dem Lastwagen mitfährt und von dort ab den Bus benutzt. Er führt dabei Schuhe, Porzellan- und Emailgeschirr, Thermosgefäße, Wolle, Trockenfleisch, chinesische Stoffe und alte Devotionalien mit, für die er in Kathmandu einen Markt weiß. In der dritten Etappe kehrt er an den Ausgangspunkt Namche zurück, wobei er indische Stoffe, Zucker, Tee, Backpulver, Seife, Farben, Baumwollgarne und Uhren mitführt. Schmid gibt die Zeit für das Gesamtunternehmen mit zwei Monaten an.
11 Vgl. dazu das Kapitel „Verkehrsgeographie".

Studie[12]. Nach den bisher vorliegenden Daten und Untersuchungsergebnissen läßt sich etwa folgendes Bild skizzieren. Zunächst scheint es, daß die Menschen sich über ihren Landbesitz nicht im klaren sind, was seine exakten Maße anbetrifft. Man kennt seine Felder, weiß aber kaum um deren Abmessungen. „Wir haben vier große und drei kleine Felder", bekommt man etwa bei einer Befragung zur Antwort. Nach amtlichen Schätzungen dürfte die durchschnittliche Betriebsfläche aber wohl bei etwa 0,25 ha liegen, und die gleiche Quelle stellte fest, daß 89 % des Landes vom Eigentümer bewirtschaftet werden, daß also Verpachtung keine große Rolle zu spielen scheint[13]. Oft wird über Landknappheit geklagt, aber im Norden kann man mit Zustimmung des Panchayat Ödland roden und kultivieren, und weiter südlich geht die Zurückdrängung des Waldes ohnehin vor sich. Wie erwähnt, haben die Sherpas nicht nur dort Landbesitz, wo sie normalerweise wohnen, sondern auch in tieferen Lagen zur Verlängerung der Kultivierungszeit und in Hochlagen in Verbindung mit der Viehzucht.

Ein Sonderfall in Khumbu wird durch die Existenz etlicher Klöster (*gömpas*) geschaffen, die in diesem Teil Nepals allerdings erst seit 50—80 Jahren bestehen und in denen gegenwärtig etwa 85 Mönche und Nonnen leben. Wir konnten keinen Beweis dafür finden, daß die Klöster Landbesitz haben, und diesbezügliche Nachfragen wurden negativ beschieden, außer im Hinblick auf Weidegründe. In Lobuche, hieß es, würden einige Weideflächen im Sommer von den Yakherden des Klosters Tengpoche benutzt. Es sei hier angemerkt, daß von Fürer-Haimendorf erwähnt, daß „zur Zeit der Feldbestellung oder der Ernte junge Mönche in Gruppen auf den Klosterfeldern arbeiten"[14]. Zweifellos ist dieses Grundeigentum nicht bedeutend, und die Mönche leben normalerweise von dem, was ihnen ihre Familien geben oder was sie sich durch religiöse Dienste erwerben.

Von großer Wichtigkeit für die Wirtschaft ist das Gemeineigentum an Weidegründen, das in höchsten Höhen genauso gefunden wird wie auf den Höhen des Mittelgebirges. Was die Sherpa des Khumbu anbetrifft, so ist das Weideland in unmittelbarer Nähe des Dorfes für die Tiere dieses Dorfes reserviert. Im Gegensatz dazu werden die Hochalmen von den Tieren verschiedener Dörfer benutzt, doch gibt es hier auch Regeln, welches Dorf welche Weiden zu benutzen hat. Grundsätzlich aber fehlt es an Privateigentum an den Weiden. Seltsam genug: Sobald jemand einen Teil der Weide ummauert und die Parzelle mit Gras oder Getreide bebaut, wird sie sein Privateigentum.

Das Bild der landwirtschaftlichen Produktion muß eingeteilt werden in einen südlichen Teil mittlerer Höhenlagen (bis 2 800 m) und einen nördlichen Teil mit Höhen über 3 000 m, der bis zur Baum- und Vegetationsgrenze hinaufreicht. Klimatische Unterschiede haben zwei vollkommen verschiedene Landwirtschaftssysteme begründet. Im Süden (Solu, Pharak) können zwei und sogar mehr Ernten

---

12 Hier dürfte die Arbeit von Walter Limberg, „Landnutzung und Sozialstruktur in Solu-Khumbu", die in Kürze bei Wagner in Innsbruck erscheinen soll, eine Lücke füllen.
13 „Sample Census of Agriculture", Kathmandu 1962.
14 Chr. von Fürer-Haimendorf, „The Sherpas of Nepal", a. a. O., S. 152.

eingebracht werden, da der Winter kurz und mild ist und es normalerweise genügend Winterregen gibt. So kann man in diesen Monaten Gerste und Weizen anbauen, die unmittelbar nach dem Ende des Monsuns gesät werden. Im Frühling werden Kartoffeln gepflanzt, die noch vor dem Beginn des Monsuns geerntet werden. Die Hauptkultur, die den Monsunregen nutzt, ist der Mais, der aber gelegentlich durch Buchweizen oder Hirse abgelöst wird. Wo immer Bewässerung möglich ist, wird Reis angebaut.

Im nördlichen Teil (Khumbu) sind die Verhältnisse weniger günstig. Obwohl die Böden, einmal von Steinen befreit, nicht schlecht sind, erlaubt doch die kurze Wachstumszeit nur eine Ernte. Die Feldarbeit beginnt im April mit der Vorbereitung des Bodens für die Kartoffelpflanzung und endet zeitig im Oktober mit der Buchweizenernte. Zwischen 3 000 und 4 300 m Höhe finden wir als Kulturen Kartoffeln, Buchweizen, Gerste, eine Rübe und gelegentlich Breitblattsenf. Kartoffeln werden im April gesetzt und im August geerntet. Das ist praktisch der einzig mögliche Fruchtwechsel. Im Gegensatz zu weiten Gebieten Nepals unterziehen sich die Bauern dieser Region erheblichen Mühen, um die Bodenfruchtbarkeit zu erhalten und zu verbessern. Viehdung, Humus aus den Wäldern und menschliche Exkremente werden sorgfältig gesammelt, gelagert und aufs Feld transportiert.

Neben den Grundnahrungspflanzen findet man im Norden kaum mehr als ein paar grobe Rüben und Rettiche. Versuche haben aber gezeigt, daß zahlreiche andere Pflanzen durchaus in diesen Höhen gedeihen können. Der Abt des Klosters Tengpoche z. B. hält sich etwas darauf zugute, daß er in 3 867 m Höhe Blumen zum Blühen bringt. Ein neuseeländischer Arzt in Kunde (3 800 m) hatte gute Erfolge im Anbau von Erbsen, Kopfsalat, Spinat, Karotten, Rettichen und Kohlrabi. In Pharak endet heute der Bestand an Obstbäumen, aber weiter südlich ist der Anbau von Obst und Gemüse in voller Breite möglich.

Was die Viehzucht anbelangt, so sind Yaks, Rinder und ihre Kreuzungen, Schafe und Ziegen auch in größeren Höhen zu finden. Hühner hingegen sind im Norden kaum vorhanden. Das typische Tier der großen Höhen ist der Yak (Bos grunniens, weibliche Form: Nak), den man normalerweise nicht unterhalb 3 000 m findet. Abgesehen davon, daß der Yak Prestigesymbol innerhalb der Sherpagesellschaft ist, versorgt das Tier die Menschen mit Milch und Milchprodukten, Fleisch, Haar und Arbeitskraft. Außerdem ist der Yak eine Komponente des Kreuzungsprodukts *chowri*, das sowohl in Solu wie in Tibet einen guten Markt hat. Dieses wertvolle Viehzuchtprodukt entsteht durch die Kreuzung von Yak (oder Nak) mit der tibetischen Kuh (oder Bullen), die unter dem Namen *phamung* bzw. *lhang* gehen[15]. Der nepalische Name für die Kreuzung ist *chowri*, aber der Sherpa unterscheidet zwischen dem weiblichen *zhum* und dem männlichen (aber sterilen) *zopkio*. Der Vorzug der Kreuzung ist höhere Milchleistung und die Fähigkeit der Tragtiere, auch tiefere Lagen aufzusuchen. Frischmilch wird kaum

---

15 Wir halten uns hier an die in Khumbu gebräuchlichen Namen. Die gleichen Tiere und Kreuzungen werden etwa in der Nordhimalayischen Trockenzone anders bezeichnet. Vgl. dazu auch P. D. Tewari „Chowri and Yak", o. O., o. J. (vervielf.).

verbraucht, sondern zu Butter und Joghurt verarbeitet. Butter wiederum wird nicht nur verzehrt, sondern für religiöse Zwecke in großen Mengen gebraucht (z. B. für die zahlreichen Butterlampen). Die Herstellung von Käse wurde erst auf dem Wege über die Entwicklungshilfe in das Hochgebirge Nepals eingeführt, und die Region verfügt gegenwärtig über eine der neuen Käsereien in 4 000 m Höhe auf dem Pike (Solu).

Obwohl ausgedehnte Gebiete der Region oberhalb der Baumgrenze liegen, ist die Forstwirtschaft nicht ohne Bedeutung für die Zukunft, wenn auch gegenwärtig ein Abtransport von Holz der fehlenden Verkehrswege halber unmöglich ist. Baumbestände findet man im allgemeinen unterhalb der 4 200 bis 4 000 m-Isohypse. Südlich Namche Bazaar, in Pharak, stehen noch immer Nadelholzbestände in relativ gutem Zustand. Der Regierungsvertreter in Namche (Assistant Zonal Commissioner) ist sich der Bedeutung von Waldschutzmaßnahmen voll bewußt und versucht alles, um Neupflanzungen durchzusetzen. Obwohl die Sherpa-Gesellschaft nach alter Tradition Waldhüter beschäftigt und um den Wert der Wälder weiß, kann nicht übersehen werden, daß auch hier die Bestände kürzlich dezimiert wurden und weiterhin in Gefahr sind. Feuerholz für Khumjung z. B. muß heute in einem Tagesmarsch aus den Forsten von Tengpoche beschafft werden. Weiter im Süden treffen wir auf die Bedingungen des nepalischen Mittelgebirges, die an anderer Stelle hinreichend beschrieben wurden und die regierungsamtlich in einem Satz charakterisiert sind: „Es wurde festgestellt, daß die Waldbestände durch rücksichtsloses Einschlagen und Abbrennen der Bäume ruiniert sind[16]."

Grobe Schätzungen der noch vorhandenen Waldfläche in der Region ergaben einen Bestand von 930 km², von denen 358 km² auf reine Nadelholzbestände und 572 km² auf Mischwälder entfallen. Diese Zahlen mögen sich allerdings eines Tages als zu optimistisch erweisen.

Eng in Zusammenhang mit der Forstwirtschaft steht eine Kleinindustrie in der Region: die Herstellung von Papier aus Seidelbast. Das Papier wird in kleinen, mobilen Familienbetrieben hergestellt, die sich an geeigneten Stellen im Wald kurzfristig etablieren und deren Produktion von Papierhändlern (Trägern) aufgekauft und nach Kathmandu getragen wird, wo man das Bogenpapier zu Schreibpapier, Blöcken, Umschlägen und Büchern verarbeitet. Amtliche Dokumente, Kontenbücher der Regierung u. ä. werden noch heute aus Seidelbastpapier gefertigt.

Die Schönheit der Landschaft, die interessante Volksgruppe der Sherpas und die Nähe des Mt. Everest und anderer Gipfel, die teilweise auch von weniger erfahrenen Wanderern erstiegen werden können, haben die Region und vor allem Khumbu zu einer Attraktion ersten Ranges für den Tourismus gemacht. Träger und erfahrene Führer, ein möglicher Charterflug nach Lukla und eine freundliche, bei der Unterbringung hilfsbereite Bevölkerung haben hier ein touristisches Klima geschaffen, das man in keinem anderen Teil Nepals findet. Dennoch kann man

---

16 „Mission Report", a. a. O., S. 35.

Khumbu nicht bereisen, ohne sich voll mit Nahrungsmitteln, Zelten usw. auszurüsten, will man nicht Unzuträglichkeiten riskieren. In jüngster Zeit werden Pläne bekannt, nach denen Japan ein modernes Hotel in Khumjung errichten will, und eines Tages wird man regelmäßige Flüge in die Region anbieten. Damit dürfte dann allerdings der Zauber der unberührten Bergwelt und ihrer Menschen rasch schwinden und der Beweis körperlicher Leistungsfähigkeit durch den der Finanzkraft ersetzt werden.

5. Die Nordhimalayische Trockenzone

Auf den ersten Blick scheint die Himalaya-Hauptkette die Nordgrenze Nepals zu bilden, womit das Land in seiner Gesamtheit dem Einfluß des Monsunklimas ausgesetzt wäre. Eine genauere Betrachtung zeigt allerdings, daß die chinesisch-nepalische Grenze vom Massiv des Ganesh Himal ab westwärts nicht länger der Kammlinie folgt, sondern nach Norden abweicht. So entsteht ein Gebiet, das politisch zu Nepal, geographisch zum tibetischen Hochland gehört, wenn auch nur zu dessen Randgebieten. Mit anderen Worten, es gibt einen Teil Nepals, der nicht den Monsunregen ausgesetzt, sondern ausgesprochen trocken ist und halbwüstenartigen Charakter mit spärlicher Vegetation hat. Gelegentlich wird dieser Landesteil *trans-himalayisch* genannt, was aber unglücklich ist, weil es zu Verwechslungen mit dem Transhimalaya (Hedin-Gebirge) führt, das 100—150 km weiter nördlich verläuft. Wir haben das Gebiet seines für Nepal exzeptionellen Charakters wegen als Nordhimalayische Trockenzone bezeichnet.

Es gehört zu den am wenigsten erforschten Regionen in Nepal, und vor allem der heutige Distrikt Mustang wurde bisher von kaum mehr als einem Dutzend ausländischen Forschern bis zum Norden hinauf untersucht[1]. Grund dafür ist zunächst die geringe Zugänglichkeit. Lange Zeit konnte die Trockenzone überhaupt nur auf wochenlangen Fußmärschen vom Terai oder von Kathmandu, später etwas günstiger vom Flugplatz Pokhara aus erreicht werden. Heute ist die Landung von STOL-Flugzeugen in Jomosom (Mustang-Distrikt) und Jumla technisch möglich, doch wurden Flugfelder im eigentlichen Trockengebiet noch nicht eröffnet. Was die Erforschung aber vor allem so sehr erschwerte, war die Tatsache, daß die nepalische Regierung nach Besetzung der tibetischen Südgrenze durch die chinesi-

---

1 Der wahrscheinlich einzige europäische Forscher, der dieses Gebiet von Norden her betrat, war Sven Hedin. Er stieß von Tibet aus in Richtung Lo Mantang vor, kehrte aber in den Norden zurück, um politische Schwierigkeiten zu vermeiden (Sven Hedin, „Transhimalaja", 1961, S. 254 ff.). Zu den frühen Forschern der Gegenwart, die allerdings überwiegend Kulturhistoriker und keine Geographen waren und das Gebiet von Süden aus betraten, gehören Tucci und Snellgrove. Sie bereisten die Nordhimalayische Trockenzone in den 1950er Jahren (G. Tucci, „Nepal. The Discovery of the Malla", 1962; D. Snellgrove, „Himalayan Pilgrimage", 1961). Hinzu kommt die Japanese Expedition to Nepal Himalaya 1952—1953, der wir vor allem wertvolle agrargeographische Untersuchungen verdanken.

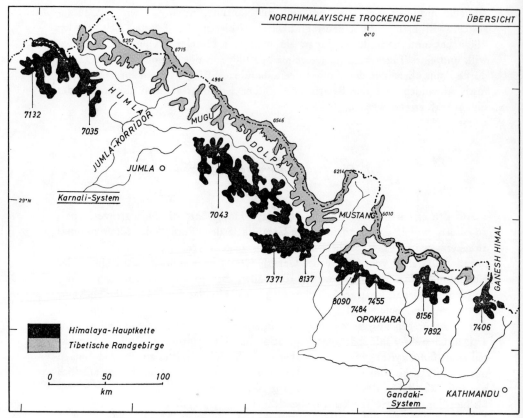

Karte 119: Nordhimalayische Trockenzone, Übersicht
Die Trockenzone erstreckt sich zwischen der Himalaya-Hauptkette im Süden und der Nordgrenze, die über die tibetischen Randgebirge verläuft. Man erkennt den breiten Karnali-Durchbruch (Jumla-Korridor) im Westen und die Schlucht des Kaligandaki zwischen Dhaulagiri und Annapurna (vgl. dazu auch Karte 8 und Schaubild 7). Basiskarte: 1 : 1 000 000.

sche Armee einen Streifen entlang der Nordgrenze Nepals für Ausländer zum Sperrgebiet erklärte, um Grenzzwischenfälle zu vermeiden. Nachdem bis 1955 Bergsteigergruppen ohne Schwierigkeiten auch nach Mustang gehen konnten[2], erhielt erst 1964 Peissel eine Sondererlaubnis[3], später dann der Flüchtlingskommissar der Vereinten Nationen und 1968 der Verfasser die Möglichkeit, Untersuchungen im Distrikt Mustang durchzuführen[4].

Im Gegensatz zur Geographie aller anderen Regionen Nepals liegt hier

---

2 Vgl. Steinmetz und Wellenkamp, „Nepal, ein Sommer am Rande der Welt", o. J. (Deutsche Nepal-Expedition 1955), S. 85 ff.
3 Michel Peissel, „Mustang. A Lost Tibetan Kingdom", 1968.
4 Wolf Donner, „Mustang. Observations in the Trans-Himalayan Part of Nepal", Fachbericht, 1968 (vervielf.).

5. Die Nordhimalayische Trockenzone

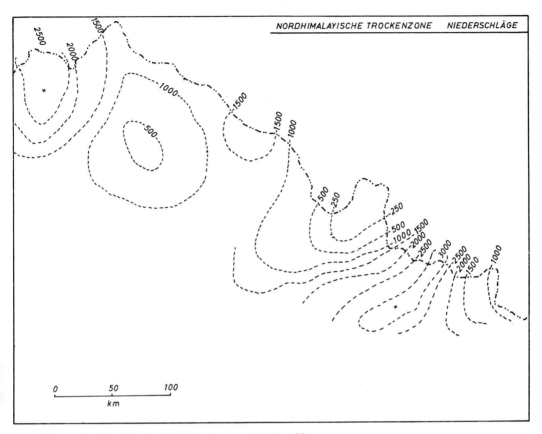

Karte 120: Nordhimalayische Trockenzone, Niederschläge
Niederschlagsminima liegen im Distrikt Mustang und im Jumla-Korridor, Maxima am Annapurna- und Api/Saipal-Massiv. Basiskarte: Mean Annual Rainfall Map.

das begrenzende Hochgebirge im Süden: Die Himalaya-Hauptkette scheidet die Trockenzone von Monsunnepal (vgl. Karte 119). Allerdings wird diese Kette, die sich zwischen Ganesh-Himal und der Westgrenze auf 7 000 m bis über 8 000 m erhebt, von zwei bedeutenden Flußsystemen durchbrochen, dem Kaligandaki im Osten und dem Karnali im Westen. Der Kaligandaki entwässert nur den Distrikt Mustang, während der Karnali seine Quellflüsse aus Dolpa, Mugu und Humla heranzieht. Der Kaligandaki bricht in einer engen Schlucht durch die Himalaya-Hauptkette, während dem Karnali eine breite Senke, der Jumla-Korridor, zur Verfügung steht. Irgendwelche Abflußdaten liegen nicht vor, so daß ein detaillierteres hydrographisches Bild vorab nicht gezeichnet werden kann.

Die meteorologische Situation wird durch die Topographie deutlich vorgezeichnet. Hierbei muß man sich vergegenwärtigen, daß nördlich der Himalaya-Hauptkette und westlich von Mustang das Tibetische Randgebirge sehr ausgeprägt verläuft und sich bis zu 7 000 m erhebt und damit streckenweise der

Hauptkette ebenbürtig wird, ja sie — vor allem nördlich des Jumla-Korridors — überragt. Während es im Tal von Pokhara ein Regenfallmaximum um 3 500 mm gibt, liegt das Gebiet von Mustang, nördlich der Annapurna-Hauptkette, vollkommen im Regenschatten und gehört, mit weniger als 500 mm, wahrscheinlich sogar weniger als 250 mm Regen, zu den trockensten Gebieten Nepals überhaupt. Im Gegensatz dazu finden wir weiter im Westen, daß die feuchten Monsunwinde durch den Jumla-Korridor in die Trockenzone vordringen können und sich erst am Tibetischen Randgebirge abregnen. So messen wir hier Niederschläge bis 1 000 mm, während es in der Korridorzone selbst trockener ist (vgl. Karte 120). Es darf dabei allerdings nicht übersehen werden, daß gerade die nordhimalayischen Gebiete erhebliche Winterregen, vornehmlich im Januar, erhalten. So bekommt Jomosom in den Monaten Januar, Februar und März 40 % seiner jährlichen Niederschläge, und Mugu immerhin noch 25 % im gleichen Zeitraum. Um genau festzustellen, zu welchen Anteilen sommerliche oder winterliche Regen an den Niederschlägen in der Trockenzone beteiligt sind, bedarf es allerdings noch längerer Beobachtungen und vor allem einer Vervielfachung der jetzt bestehenden zwei Meßstationen[5].

Zur rechten Einschätzung der Temperaturverhältnisse müssen wir uns zunächst darüber klarwerden, daß die Siedlungs- und Wirtschaftsräume in der Trockenzone sehr hoch liegen. Zwar bieten die Durchbruchtäler der großen Flüsse relativ niedrige Lagen an (Jomosom = 2 800 m, bis hinauf nach Lo Mantang = 3 780 m), aber die Dörfer und Weiden in Dolpo und Mugu reichen bis um 5 000 m hinauf. Leider gibt es nun in der ganzen Trockenzone nur die Station Jomosom, die Temperaturen registriert und winterliche Minimaltemperaturen um — 10° C sowie sommerliche Maximaltemperaturen um 30° C gemessen hat. Wir selbst haben im Oktober 1968 nächtliche Minimaltemperaturen unterhalb des Gefrierpunktes gemessen. Es kann als sicher angenommen werden, daß im ganzen Gebiet lange, rauhe Winter herrschen und Schnee die Felder und Weiden bedeckt, daß wir also im Gegensatz zu Monsunnepal ein ausgeprägt kontinentales Klima haben, abgesehen vielleicht vom Jumla-Korridor, wo allerdings die größere Trockenheit auch wieder mehr kontinentale Temperaturverhältnisse erwarten läßt. Für alle diese Gebiete liegen keinerlei Temperaturmessungen vor.

Die Böden der Trockenzone, die während eines großen Teils des Jahres ohne Vegetationsschutz den Einflüssen der Witterung ausgesetzt sind, sind einer nahezu unvorstellbaren Erosion unterworfen. Das zur tibetischen Sedimentzone gehörende Material ist in unzählige tiefe Täler, Furchen und Rinnen zerschnitten, die dem Reisenden den Eindruck einer „Mondlandschaft" par excellence vermitteln. Neben enormen Lehm- und Tonlagen ist die Landschaft von geologischen Schuttzonen, Konglomeraten und gelegentlich zutage tretendem Fels in eindrucksvollen Faltungen durchzogen. Die oberflächlichen Böden sind hochgradig alkalisch[6].

---

5 Weitere Einzelheiten mögen dem Kapitel „Klima und Vegetationszonen" entnommen werden.
6 Die vom Verfasser mitgebrachten Bodenproben zeigten pH-Werte zwischen 7.65 und 8.45, die im Bodenlaboratorium in Kathmandu ermittelt wurden.

5. Die Nordhimalayische Trockenzone

Wir wenden uns nun zur genaueren Beschreibung der Verhältnisse in der Trockenzone dem Distrikt Mustang (vgl. Karte 121) zu. Dieses Gebiet ist auch historisch von besonderem Interesse. Es überrascht immer, dieses seltsame, wie eine Faust nach Tibet hineinragende Gebilde auf der Karte von Nepal zu entdecken, und häufig wird die Frage gestellt, warum denn dieses ganz offenbar tibetische Gebiet unbestritten Bestandteil Nepals ist. Die Frage wird um so ver-

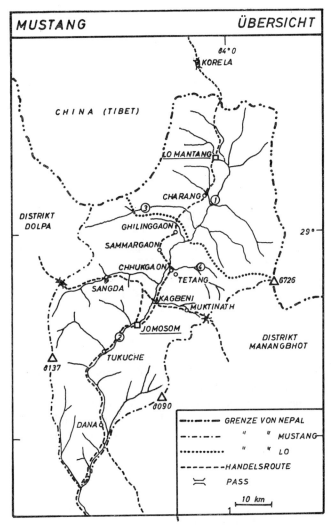

Karte 121: Mustang, Übersicht
Der Distrikt ist mit dem Einzugsgebiet des oberen Kaligandaki identisch. Man erkennt, daß das alte Land Lo auf die nepalische Nordgrenze aufgesetzt ist. Die Skizze zeigt zugleich das Kreuz der beiden Haupthandelswege bei Kagbeni. Es bedeuten 1 = Mustang Khola, 2 = Kaligandaki, 3 = Kyugoma Khola, 4 = Narsing Khola.

ständlicher, wenn man weiß, daß der Raja („König") von Mustang zu den wenigen Regionalherrschern des alten Nepal gehört, der heute von Kathmandu einen Sonderstatus für sein Gebiet, eine Art Regionalautonomie, zugestanden erhält, daß er nur tibetisch spricht und gegenwärtig als 24. Herrscher einer ununterbrochenen Ahnenreihe seit der Gründung Mustangs der Tradition entsprechend eine Frau aus Lhasa geheiratet hat. Die Erhellung der Geschichte Mustangs verdanken wir der Forschung Peissels[7]. Das alte Königreich Lo mit der Hauptstadt Lo Mantang[8], etwa 1380 gegründet, wurde später dem Königreich Jumla tributpflichtig. Als die Shah-Dynastie in Nepal die Souveränität Jumlas hinwegfegte, entschloß sich Lo, sich dem neuen, stärkeren Herrscher anzuschließen. Der Raja von Mustang (Lo Mantang) selbst ging 1802 nach Kathmandu, um die Zusammengehörigkeit zu demonstrieren, und als 1855 ein nepalisch-tibetischer Krieg ausbrach, stellte sich Mustang auf die Seite Nepals. Die Gewährung einer Regionalautonomie hat den Raja von Mustang niemals auf die Idee kommen lassen, sich an Tibet anzuschließen. Die heutigen Verhältnisse machen einen solchen Schritt schon gar nicht wahrscheinlich, denn der Raja ist ein — wenn auch dem ausländischen Besucher gegenüber sympathischer — Feudalherr reinsten Wassers.

In den meisten Distrikten Nepals[9], vor allem in den entlegenen Gebieten, sind Auskünfte über die **Bevölkerung** sehr unzuverlässig. Eine 1965 vom Planungsministerium durchgeführte Studie über Nahrungsgetreideerzeugung in Nepal nennt für den Distrikt Mustang eine Bevölkerungszahl von 47 602, die offensichtlich weit überhöht ist. Als der Verfasser drei Jahre später Mustang besuchte, wurde von der Distriktverwaltung eine totale anwesende Bevölkerung von 22 000 angegeben. Eine Addition der ebenfalls offiziellen Bevölkerungszahlen der Dorfpanchayats ergab schließlich 27 679. Drückt man die Bevölkerungsverteilung in einer Punktkarte aus, so zeigt sich die Konzentration im Süden, südlich des eigentlichen Kaligandaki-Durchbruchs. In der eigentlichen Trockenzone findet sich die Bevölkerung vornehmlich entlang dem Haupt- und den größeren Nebenflüssen, bis wir in den Nordteil kommen. Hier wiederum sind die Hauptflüsse so tief in das weiche Sediment eingegraben, daß sie unzugänglich sind. Deshalb liegen die Siedlungen hier am Mittellauf der Nebenflüsse, von denen man Bewässerungswasser ableitet (vgl. Karte 122).

Nun ist es natürlich schwierig, Bevölkerungsstatistiken zu unterhalten in einem Gebiet, in dem sich die Menschen auf einer ständigen Wanderung befinden. Die kurze Vegetationsperiode im Sommer auf 3 000—4 000 m und die geringen Flächenerträge der Felder zwingen die Bewohner der nördlichen Distrikthälfte, sich im Winter, während ihre Heimat im Schnee versinkt, nach anderen Erwerbs-

---

[7] Michel Peissel, a. a. O., S. 226—231.
[8] Auf allen Karten fälschlich Lho geschrieben.
[9] Es muß hier angemerkt werden, daß das alte Königreich Lo nur den nördlichen Teil des heutigen Verwaltungsdistrikts Mustang umfaßte und daß Lo Mantang (Mustang-Stadt) nicht die Distrikthauptstadt ist, sondern Jomosom, wo sich auch ein STOL-Flugfeld befindet, ein Umstand mehr, der die noch immer vorhandene Regionalautonomie des Raja unterstreicht.

möglichkeiten umzusehen. So verlassen denn im November zahlreiche Einwohner ihre Häuser, in denen nur die Alten und die Kinder zurückbleiben, und wandern nach Pokhara, Kathmandu und Indien, um als Frachtführer, Händler und Hausierer etwas zu verdienen. Dies trifft für die Dörfer im Süden des Distrikts nicht zu, weil hier genug Nahrung erzeugt werden kann, und in einzelnen Dörfern des Nordens wurde uns ebenfalls berichtet, daß das Nahrungsaufkommen ausreiche

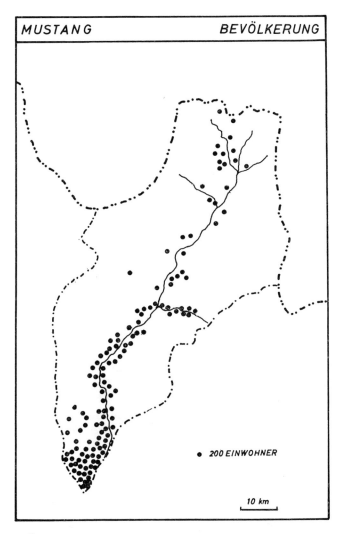

Karte 122: Mustang, Bevölkerung
Die Punktkarte vermittelt einen Eindruck vom dichtbevölkerten Süden, den Bevölkerungskonzentrationen im Mittelabschnitt des Kaligandaki und im Tal von Muktinath sowie der Streulage im Norden.

und nur wenige Dörfler im Winter nach Süden migrieren, meist um generell notwendige Handelsgeschäfte zu tätigen. Damit wird ziemlich klar, daß Massenmigrationen in engem Zusammenhang mit der Nahrungsknappheit stehen.

Ein anderer Grund, der eine Bevölkerungszählung schwierig macht, ist die Wanderung der großen Schaf- und Ziegenherden mit den Hirtenfamilien über die Grenze nach Tibet, wo sie in bestimmten Jahreszeiten die dort reichlicher vorhandenen Weidegründe nutzen.

Die Einteilung der Bevölkerung unter dem Gesichtspunkt von Kaste, Sprache und Religion ist ziemlich kompliziert. Es ist aber möglich, den Distrikt in drei Abschnitte mit jeweils ziemlich homogener Bevölkerung einzuteilen. Im südlichen Drittel besteht die Hauptgruppe aus Magars, die hier zusammen mit einigen Newars, Brahmins und Chhettries leben. Das Gebiet entlang der Einschnürung des Kaligandaki-Tals, auch als das Land Thak oder Thakkhola bekannt, wird überwiegend von den Thakali bewohnt, die durch ihren Handel, ihre Rasthäuser und Restaurants bekannt sind. Im Norden schließlich, in der eigentlichen Trockenzone, haben wir es mit reinen *bhotiyas* zu tun, mit buddhistischen Menschen tibetischer Sprache und Kultur. Die zahlenmäßige Größe dieser Gruppen ist allerdings nicht zu bestimmen. Unter den *bhotiyas* wird Polyandrie geübt[10].

Die Zahl der Berufe, die in Mustang ausgeübt werden, ist gering. Ackerbau und Handel werden meist innerhalb einer Familie betrieben aus Gründen, auf die schon eingegangen wurde. Unter der buddhistischen Bevölkerung gibt es eine ganze Zahl von Mönchen oder Lamas. Handwerk als isolierter Beruf ist selten, und die Dörfler erledigen die anfallenden Arbeiten (Hausbau, Teppichknüpferei usw.) in der Regel selbst, gegebenenfalls mit gegenseitiger Hilfe.

Die Lage der **Volksbildung** in Mustang ist, verglichen mit dem Rest von Nepal, nicht zu ungünstig. Es gibt 27 Primarschulen und vier Mittelschulen, und wenn wir bedenken, daß sich ein Fünftel der Bevölkerung im Schulalter befindet, so kommen weniger als 200 Kinder auf eine Primarschule. Natürlich gibt es eine ganze Reihe von Unzulänglichkeiten, und eine davon ist der Mangel an ausgebildeten Lehrern. Das Sprachenproblem erfordert Lehrer, die neben der örtlichen Sprache auch Nepali beherrschen, um sich verständlich machen und die Nationalsprache lehren zu können. Zudem dauert der Schulbesuch nur 7—8 Monate im Jahr.

Der **Wohnstil** in den verschiedenen Gegenden des Distrikts zeigt Ähnlichkeiten, aber auch Unterschiede. Die Ähnlichkeit liegt im Flachdach, das auf geringe Niederschläge schließen läßt und das man bis südlich Tukuche finden kann. Die Unterschiede sind leicht aus den verschiedenen ethnischen Gruppen und ihrer unterschiedlichen wirtschaftlichen und sozialen Situation erklärt. Das geräumige Thakali-Haus, das man nördlich bis Chhukgaon finden kann, obwohl es, je weiter man nach Norden kommt, an Qualität verliert, kann man am besten in Tukuche studieren, gewissermaßen in der Hauptstadt des Landes Thak.

---

10 Jiro Kawakita, „Structure of Polyandry among the Bhotiyas in the Himalayas", Torbo Ethnography No. 4, in „Zeitschr. für Ethnographie", 31/1 1966 (in Japanisch).

Hier finden wir ein in sich geschlossenes Gebäude aus Naturstein, der sorgfältig in Ziegelform geschlagen wurde, mit starken Mauern, einem großen Innenhof, zwei Stockwerken mit geräumigen Zimmern, geschnitzten Fensterrahmen und Holzfußböden. Das Mobiliar ist dem der Sherpa etwas ähnlich, aber die Thakalis haben einen „Küchen-Fimmel", der in allen ihren Häusern deutlich zum Audruck kommt. Man findet einen blitzsauberen Küchenraum mit einer geschickt aus Lehm geformten Kochstelle, eisernem Dreifuß, auf Hochglanz polierten Töpfen und Pfannen usw. — aber diese Küche wird niemals benutzt. Statt dessen wird das Essen in einer anderen Küche (oft genug auch, wie üblich, in einer Ecke des Hofes) zubereitet und bestenfalls in der „guten Küche" serviert. Oft genug hat auch der Gebetsraum Kücheneinrichtungen, die dann die religiösen Bilder und Geräte tragen. Man findet niedrige Bänke mit Teppichen belegt, niedrige Tische, teilweise tibetischen Ursprungs, und ausgedehnte Lagerräume mit irdenen Riesengefäßen. Thakdörfer können von jedermann ungehindert besucht werden, aber je weiter man nach Norden kommt, um so verschlossener wird die Bevölkerung.

Das untere Tal des Narsing Khola, das von *bhotiyas* bewohnt wird, zeigt interessante befestigte Siedlungen (z. B. Tetang), die stark an die Kasbahs Süd-Marokkos erinnern, aber andere *bhotiya*-Dörfer weiter nördlich, wie Sammargaon und Ghilinggaon, sind wieder vollkommen offen angelegt.

Der Wohnstil der *bhotiyas* ist recht bescheiden. Sie haben Lehmhäuser, oft mit zwei Stockwerken und fast immer weiß und ockerrot getüncht, aber selten einen Innenhof, nur Lehmfußböden, keine Fenster, sondern nur Luftlöcher. Niedrige Lehmbänke, mit einem schmalen Teppich bedeckt, flankieren den Feuerplatz. Es mag noch einen niedrigen Tisch und ein Regal für die wenigen Küchengeräte geben, aber das ist auch schon die ganze Einrichtung. Nur reiche Großbauern haben ein entwickeltes Haus im Thak-Stil. Auf dem ganzen Weg fanden wir eine einzige Latrine (Charang), doch haben die Bhotias im allgemeinen einen festen Platz zur Sammlung der Exkremente.

Im Gegensatz zu den Nachbardistrikten Dolpa und Manangbhot wird Mustang von einem wichtigen, primären Handelsweg in nordsüdlicher Richtung durchzogen. Die Verkehrslage des Distrikts erfordert deshalb einige Betrachtung. Der Haupt-Träger- und Karawanenpfad läuft von der Nordgrenze mit Tibet (Zollkontrollpunkt Nedzun) über Mustang-Stadt, Kagbeni, Jomosom (Kontrollpunkt für die für Ausländer verbotene Grenzzone) nach Dana und von hier entweder nach Pokhara oder über Beni und Baglung ins Terai und nach Indien. Der Pfad ist streckenweise 4—5 m breit und mit einer Art natürlichen Schotters bedeckt, so daß man mit einem Kraftwagen fahren könnte. Andere Strecken wieder sind kaum einen halben Meter breit, tief in einen Steilhang eingegraben und häufig Steinschlag und Erdrutschen ausgesetzt. Aber alle Pfade im Gebiet queren Hunderte von Schluchten, Tälern, Senken, was jedesmal Auf- und Abstiege mit sich bringt.

Im Gegensatz zu den zentralnepalischen Gebieten und selbst den Hochgebirgsdistrikten ist es in Mustang schwer, geeignete Transportmittel zu finden. Nicht immer stehen Träger oder Tragtiere zur Verfügung. Die tibetischen Bhotias tragen nicht selbst, sondern benutzen Yaks, Maultiere, Esel, ja Schafe und Ziegen, um ihre Lasten zu befördern. Zudem ist die Bevölkerung im Sommer vollauf mit den Feldern beschäftigt, und im Winter ist der Teil der Bewohner, der als Träger, Packtiertreiber oder Führer in Frage käme, in den Süden gewandert. Viele Reisende haben die Erfahrung gemacht, daß es zwar leicht — wenn auch teuer — ist, in Pokhara Träger anzuheuern, daß diese sich in der Regel aber nach Eintritt in die Kaligandaki-Schlucht weigern, weiter nach Norden zu mitzukommen[11]. Obschon das Packtier das Haupttransportmittel im Norden ist, sind die Pfade für die Tiere oft ungeeignet, weil die Brücken verweigert werden oder für die Seitenlasten zu wenig Raum am Steilhang ist. In diesem Falle muß die Karawane oft erhebliche Umwege machen. Packtiere läßt man während der nächtlichen Rast frei grasen. Sie müssen am nächsten Morgen eingefangen werden, was den Weitermarsch oft um Stunden verzögert.

Handelswege zweiten Ranges kreuzen den Distrikt von West nach Ost und verbinden den Schnittpunkt Kagbeni mit Dolpa und Manangbhot. Allerdings sind diese Pfade günstigstenfalls während eines halben Jahres gangbar. Von Kagbeni nach Dolpa muß man den 5 140 m hohen Tuchela-Paß kreuzen, der oft schon Mitte Oktober oder früher durch Schnee blockiert ist. Will man von Kagbeni über Muktinath nach Manangbhot reisen, so muß man den 5 510 m hohen Thorong-Paß überwinden, der ebenfalls nur kurze Zeit im Jahr geöffnet und gangbar ist. Aus diesem Grunde hat der Ost-West-Handelspfad nur mehr lokale Bedeutung. Der von Herzog benutzte Tilicho-Paß zwischen Tukuche und Manangbhot ist kaum bekannt.

Dem Luftverkehr wurde der Distrikt durch die Landebahn in Jomosom erschlossen, die allerdings nur während der frühen Vormittagsstunden und nur von STOL-Flugzeugen wie Twin-Pioneer oder Pilatus-Porter benutzt werden kann. Gegen 11 Uhr morgens setzt mit der Regelmäßigkeit eines Uhrwerks ein heftiger Wind ein, der die Kaligandaki-Schlucht nach Norden durchweht und einen Start gefährlich, wenn nicht unmöglich macht. In einigen Fällen sind auch amerikanische Helikopter in Mustang gelandet.

Das Studium der Landwirtschaft, der Viehhaltung und der Forsten in der Nordhimalayischen Trockenzone ist von besonderem Reiz, weil wir es hier nicht mehr mit einem Monsunland und allen sich daraus ergebenden günstigen Wachstumsbedingungen für Kulturen, Weiden und Baumbestand zu tun haben, sondern mit den Verhältnissen einer Gebirgs-Halbwüste. Zunächst ist dabei festzustellen, daß amtliche statistische Quellen so gut wie nicht vorhanden sind, denn in den früheren Erhebungen waren die heute zu dieser Zone gehörenden Gebiete in den Distrikten Baglung und Jumla eingeschlossen, die nicht nur die nordhimalayische Landschaft, sondern auch solche des Hochgebirges und des Mittelgebirges umfaßten und insofern nichts für den Norden Typisches aussagen konnten, oder man hat diese Distrikte der Schwierigkeiten wegen zur Erhebung gar nicht erst

---

11 Vgl. dazu die Erfahrungen von David Snellgrove, a. a. O., S. 10—15; Michel Peissel, a. a. O., S. 42; ders. „Mustang, Remote Realm in Nepal", in „National Geographic", 1965, S. 586.

herangezogen. Ähnliches muß zur Frage der Besitzgrößen und des Landbesitzes überhaupt gesagt werden. Abgelegenheit und Sprachdifferenzen haben es für die Regierung in Kathmandu schwierig gemacht, ihre Landreformgesetze in diesen Landesteilen durchzudrücken, und man hat sich damit begnügt, für einige Zeit Landreformbeamte dorthin zu schicken, ohne de facto irgend etwas ändern zu können. Die natürlich nicht zugegebene Resignation Kathmandus — man spricht von einem „Rückzug der Landreformbeamten nach Erledigung ihrer Aufgabe" — ist insofern verständlich, als es sich in erster Linie darum handelt, den inneren Frieden und die Einheit des Landes zu wahren, und da — bei der Kleinheit der Bevölkerungsgruppe in diesen Gebieten und ihrer traditionellen Verwurzelung in den bestehenden Verhältnissen — bei einer erzwungenen Landreform mehr Schaden als Nutzen gestiftet werden könnte. Der früher in Mustang stationierte Landreformbeamte berichtet, daß bei einer Gesamtbevölkerung von 8 413 Bauernfamilien mit zusammen 24 389 Personen 4 512 Grundbesitzer und 5 260 Pächter im Distrikt Mustang leben, ohne daß der Zusammenhang zwischen diesen Zahlen näher erläutert wird[12]. Da das ganze Gebiet des ehemaligen Königreichs Lo ein klassischer Feudalstaat ist, darf mit der Konzentration von Grundbesitz in den Händen des Raja und seiner Familie gerechnet werden. So fanden wir z. B., daß der reichste Bauer in Charang Schwager des Königs ist.

Befragung von Bauern über Landbesitz führte, ähnlich wie im Hochgebirge, zu wenig befriedigenden Ergebnissen, weil auch sie eher nach der Zahl der Felder als ihrer tatsächlichen Fläche rechnen. Nur im Gebiet von Muktinath wurde uns die durchschnittliche Hofgröße mit 5—6 *ropanis* (0,25—0,30 ha) angegeben. Hier behaupteten die Bauern auch, daß ihnen die Felder, die sie bewirtschafteten, gehören. Der Tempel von Muktinath, der zu den wichtigsten Heiligtümern des Buddhismus wie des Hinduismus in Nepal gehört, hat keinen Landbesitz, sondern erhält eine Regierungsunterstützung. Wir befinden uns hier aber auch nicht im Lande Lo. Peissel, der die Frage in Mustang-Stadt aufwarf, berichtet, daß die Mönche von den Gaben der Wohlhabenden leben und „von den Erträgen der Felder, die dem Kloster gehören"[13]. Noch in Sammargaon und Ghilinggaon berichteten die Bauern, daß ihnen die Felder gehören. Zum erstenmal wurden die Unterschiede zwischen Groß- und Kleinbesitz in Charang deutlich, das innerhalb der Grenzen des alten Königreichs Lo liegt. Das Ausmessen der Kulturfläche nach der Karte der Survey of India (1 : 63 360), die allerdings nur bis zu 29° nördlicher Breite herausgegeben ist, und ein Vergleich mit der vermutlichen Einwohnerzahl der betreffenden Dörfer erbrachten einen mittleren Landbesitz von 0,8 ha je Familie. Wir erwähnen diese Einzelheiten nur, um einmal die Probleme bei der Feststellung derartiger Daten zu zeigen.

Die klimatischen Unterschiede zwischen Nord und Süd resultieren natürlich in unterschiedlichen Bildern der Bodenkultur. Der ziemlich feuchte und warme Süden erlaubt die Erzeugung von Reis, Mais und Hirse, aber je weiter man nach Norden

---

[12] Narayan Prasad Shahi, „Landreform in Mustang", in „Mustang Ko Jhalak", S. 9, Mustang 1967/68 (in Nepali).
[13] Peissel, 1968, S. 170.

vordringt, um so seltener werden die anspruchsvollen Pflanzen. Reis fehlt in der Nordhimalayischen Trockenzone vollkommen, und Mais verschwindet praktisch nördlich von Chhukgaon. Dafür wird Weizen das Grundgetreide, und es gibt auch Buchweizen und Gerste. Im extremen Norden wachsen nur noch Weizen und Erbsen, und die Vegetationsperiode ist zu kurz, um mehr als eine Ernte einzubringen. Kartoffeln und Rettiche werden auch als Nahrungspflanze angebaut, doch bleiben erstere als Gemüse dem Küchengarten vorbehalten, denn ihre Bedeutung für die hiesige tägliche Ernährung kann nicht mit der Lage in Khumbu verglichen werden[14]. Rettiche und weiße Rüben werden in Feldern angebaut, z. B. im Gebiet von Muktinath, aber auch im Küchengarten gezogen. Sie dienen der menschlichen Ernährung, doch werden Überschüsse auch verfüttert.

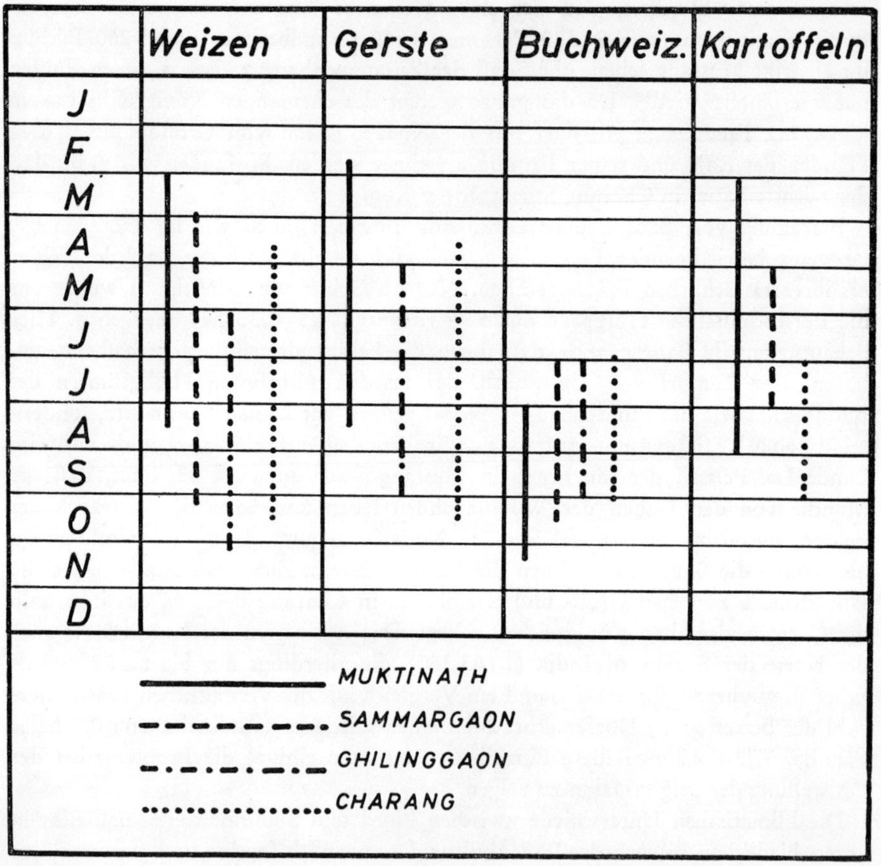

Schaubild 32: Wachstumszeit ausgewählter Kulturen in Mustang

[14] Wolf Donner, „Chances for High Altitude Agriculture in Nepal", Fachbericht, 1968 (vervielf.).

Die mittleren Temperaturen sinken von Süden nach Norden, und damit verkürzt sich die Wachstumsperiode. Deshalb finden wir zwei Ernten auf dem gleichen Feld nur bis Chhukgaon. Von hier ab nach Norden ist nur noch eine Ernte möglich. Schaubild 32 zeigt die Wachstumszeiten verschiedener Kulturen an verschiedenen Plätzen. Es wurde nach Angaben der befragten Bauern gezeichnet.

Das landwirtschaftliche Jahr dauert mehr oder weniger 9 Monate, obgleich ein großer Teil der Bevölkerung im Winter abwandert und Schnee die Felder bedeckt. Die Bauern berichten, daß diejenigen, die zu Hause bleiben, in der Zwischenzeit die Felder besorgen, pflügen usw. und sie für die Frühjahrsaussaat vorbereiten. Die Männer, die im Winter auswärts Handel treiben, kehren im März zurück, und dann beginnt die Feldarbeit in voller Breite, obwohl in vielen Fällen die Saat schon von den Daheimgebliebenen besorgt wurde. Trotz aller Mühe bleiben die Flächenerträge aber gering[15].

Fruchtwechsel ist allgemein bekannt, wird aber nicht immer angewandt. Vielfach glauben die Bauern, bestimmte Felder seien nur für bestimmte Pflanzen geeignet. So werden Kartoffeln und Rüben fast nie in den Fruchtwechsel mit Getreide einbezogen. Die landwirtschaftlichen Geräte sind einfach und unterscheiden sich im allgemeinen nicht von denen, die in diesem Teil der Welt weithin in Gebrauch sind. Zugtiere, d. h. Yaks und Yak/Rind-Kreuzungen und Rinder ziehen die Pflüge. Jedes Dorf hat sauber nivellierte Dreschplätze mit Schutzhütten für die Ernte. Neben den Hufen der Pferde, die das Dreschen vollziehen, konnten wir vielerorts — einzigartig in Nepal — den Gebrauch von regelrechten Dreschflegeln beobachten. Die Getreideernte selbst erfolgt im übrigen mittels Sicheln[16].

Düngung mit Handelsdünger ist natürlich in diesem Teil Nepals unbekannt, obschon angeblich Salpeter in Mustang gefunden wird. Aber die Bauern sammeln organisches Material, Mist und Kompost, in Gruben und lassen es verrotten. Tierdung wird gesammelt und auf die Felder getragen. Je weiter man allerdings nach Norden kommt, um so betrüblicher wird das Bild, denn der Mangel an Brennholz führt zum Verheizen des getrockneten Tierdungs. Man kann Frauen und Mädchen mit Tragekörben durch das Gelände streunen sehen, die jeden getrockneten Fladen für die Hauswirtschaft aufsammeln, den eine durchziehende Herde hinterlassen hat.

Die Siedlungen der Trockenzone existieren ausschließlich auf der Basis von B e w ä s s e r u n g. Ihr Anblick inmitten sauber nivellierter, bewässerter Felder und alter tibetischer Pappeln, umgeben von trostloser Gebirgstrockenheit, erinnert eher an eine Flußoase in Nordafrika, von den Pappeln natürlich abgesehen. Tat-

---

15 Exakte Bestimmungen der Flächenerträge sind beim Fehlen von Angaben zur Fläche, Saatmenge usw. nicht möglich. Uns scheint, daß der ha gegenwärtig nicht mehr als 350–450 kg Weizen und höchstens 300 kg Buchweizen bringt (Wolf Donner, „Mustang", S. 24).
16 Wenn Peissel (a. a. O., S. 212) angibt, in Lo würden Sensen zur Ernte benutzt, so scheint das auf einem Irrtum zu beruhen. Nirgends in Asien gibt es Sensen unter den bäuerlichen Gerätschaften, auch nicht in Tibet, wo die Ernte mit Sicheln erfolgt (Charles Bell, „The People of Tibet", 1968, S. 34). Lo aber hat zweifelsohne tibetische landwirtschaftliche Geräte, wie z. B. den Dreschflegel (vgl. Bell, a. a. O., S. 35 und 41).

sächlich ist Ackerkultur unter den gegebenen natürlichen Bedingungen unmöglich, wenn nicht das Oasensystem mit künstlicher Bewässerung angewandt wird. Die geringen Niederschläge würden kaum Regenfeldbau erlauben, aber es gibt offenbar genug Wasserreserven auf den Schneebergen des Tibetischen Randgebirges und der Himalaya-Hauptkette, um während mindestens zehn Monaten im Jahr unzählige kleinere und größere Wasserläufe zu speisen. Auf dieser Basis haben die Bauern recht wirkungsvolle Bewässerungssysteme entwickelt, wie man sie sonst kaum in Nepal finden kann.

Natürlich ist wegen der geringen Bodendichte der Bau von Reservoiren nicht ohne weiteres möglich. Auch steht dem der hohe Grad an Geschiebeführung der Flüsse in der Regenzeit entgegen. Die Bauern vom Narsing Khola fangen das Geschiebe auf und tragen den fruchtbaren Schlamm auf ihre Terrassen, die auf diese Weise Jahr um Jahr höher werden. Manche Dörfer, z. B. Sammargaon und Chhelegaon, besitzen kilometerlange Bewässerungskanäle, die entfernte Quellen oder perennierende Bäche anzapfen und das Wasser auf die Felder des Dorfes leiten, wobei oft das Dorf gleichzeitig „fließendes Wasser", eine Viehtränke usw. bekommt. Alle Oasentäler sind von zahlreichen Zweigkanälen durchzogen, die die Felder bedienen, so in der Muktinath-, der Lo Mantang- und der Narsing Khola-Oase. Durch Abzapfen des Wassers weit am Oberlauf des Flusses erreichen die Bauern eine Wasserversorgung, obwohl ihre Siedlung 60—100 m über dem Flußniveau liegt. Alle diese Projekte wurden von den Menschen in diesem Teil Nepals ohne fremde Hilfe oder gar finanzielle Unterstützung von außen durchgeführt. Es ist dies ein leuchtendes Beispiel dafür, bis zu welchem Ausmaß die Bauern des trockenen Nordens bereit sind, unbezahlte Arbeit in eine Maßnahme zu investieren, deren künftiger Vorteil für die Dorfgemeinschaft allen erkenntlich ist.

Obwohl der Distrikt heute unter einem Defizit an Nahrungsgetreide leidet, trotz der Überschüsse, die im Süden erzeugt werden, scheinen durchaus Entwicklungschancen vorhanden zu sein. Allein der Ersatz des heimischen degenerierten Saatgutes durch geeignete neuere Sorten dürfte fühlbare Erfolge bringen.

Zu den überraschendsten Phänomenen der Trockenzone sind sicherlich die Obstbäume zu rechnen, die in nahezu allen Dörfern bis hinauf nach Lo Mantang hinter festen Steinmauern gehalten werden. Es handelt sich dabei allerdings um wilde Sorten, darunter vor allem eine wilde Aprikose. Zweifellos dürfte also auch Obstbau grundsätzlich für die Trockenzone nicht auszuschließen sein.

Noch wesentlich interessanter als Ackerkultur und Obstbau ist allerdings die V i e h z u c h t. Die Vielfalt der Tiere, die hier vorhanden sind, überrascht. Esel, Maultiere und Pferde werden für den Transport gehalten, Yaks, Chowries, Ziegen und Schafe für Fleisch, Wolle, Milch und ebenfalls Tragedienste. Rinder liefern Dung, leisten Arbeit und geben unter Umständen Milch. Eine Bestandsaufnahme wurde niemals vorgenommen, und die Lokalbehörde schätzt, daß es 1 500—2 000 Yaks und ihre Kreuzungsprodukte und um 7 000 Schafe und Ziegen gibt. Nach einem noch gültigen Vertrag mit Tibet dürfen die Leute von Mustang ihre Herden auf tibetisches Gebiet treiben, und zwar bis zum Kore La, einem Paß etwa 7 km nördlich der Grenzlinie. Es scheint, daß diese nördlichen Weiden mehr Niederschlag erhalten und weniger Bevölkerung haben als die nepalischen Gebiete und daß sie deshalb eine lebensnotwendige Ergänzung der heimischen Weiden bilden. Die Futterbasis für die Viehhaltung sind vor allem die ausgedehnten Wildweiden, die allerdings kurz nach Ende der Regenzeit vertrocknen. Heu wird von den Bauern auf den Dächern als Winterreserve gestapelt, aber der Anbau von Futterpflanzen ist unbekannt. Nur in wenigen Fällen bekommen die Tiere Zusatzfutter.

Zweifellos könnte die Viehhaltung und vor allem die Schafhaltung, die unter Umständen zur Produktion einer qualitativ hochwertigen Wolle führen könnte[17], zu einer einträglichen Beschäftigung ausgebaut werden. Allerdings gehören dazu eine radikale Rasseverbesserung, eine Verringerung des Tierbestandes und eine nachhaltige Verbesserung der Wildweiden und der Weidetechnik.

Wenden wir uns nun abschließend der Frage der Forsten zu. Gegenwärtig endet der Naturwald wenig nördlich der Kaligandaki-Schlucht. Schüttere Bestände oberhalb des Kaligandaki gegenüber Tangbe fallen kaum ins Gewicht. Wacholderbestände konnten bis südlich Ghilinggaon beobachtet werden. Nördlich davon bleibt nur noch der Dornbusch. Wo immer Wald vorhanden ist, wird er für Feuerholz eingeschlagen.

Obwohl nirgends Forstschutz- oder Aufforstungsmaßnahmen beobachtet werden konnten, werden in den meisten Dörfern ausgedehnte Pappelbestände gehalten, meist entlang den Bewässerungskanälen. Prinzipiell scheint den Menschen hier die Notwendigkeit, Bäume zu pflanzen, bewußt zu sein. Von der Anlage eines heiligen Hains mit staatlichen Geldern um den Tempel von Muktinath einmal abgesehen, die nicht unbedingt als forstwirtschaftliche Maßnahme betrachtet werden kann, fanden wir in Charang und in Lo Mantang absichtlich angelegte Pappelpflanzungen in einer Erosionsrinne bzw. hinter Schutzmauern. Chhelegaon zeigte eine besondere Aktivität in der Anpflanzung von Weiden und anderen Bäumen nahe dem Dorfe in Flußnähe. Praktisch jede Siedlung im Norden hat derartige Baumbestände, und die Menschen machen vielfältigen Gebrauch davon. Blätter werden als Ziegenfutter, gelegentlich auch als Streu in den Ställen benutzt und so einer späteren Kompostverwertung zugeführt. Oft werden Zweige als Feuerholz abgehauen, ohne den Baum allerdings zu sehr zu verletzen. Im Narsing Khola-Tal gaben die Bauern an, die Blätter der Weiden als Futter, die Zweige als Brennholz und die Stämme als Bauholz zu benutzen.

Der Glaube, daß die Gegend zu einer normalen Aufforstungsaktion zu trocken sei, ist in der Bevölkerung tief verwurzelt. Indessen zeigen schon kleinste residuale Bestände von wenigen Bäumen, etwa Wacholder, eine überraschende Humusbildung am Boden und eine mikroklimatische Veränderung. Maßnahmen in Richtung auf Dorfforsten, unter Umständen mit künstlicher Bewässerung in der Zeit des Wasserüberschusses, würden ungeahnte Verbesserungen der Lage der

---

[17] Der Umstand, daß etwa gute Teppichwolle für Nepal noch immer aus Tibet eingeführt werden muß, weil die Schafe unter den Monsunbedingungen keine erstklassige Wolle erzeugen können, legt den Gedanken nahe, zielbewußt eine Wollproduktion in der Nordhimalayischen Trockenzone mit ihren tibetischen Umweltbedingungen aufzubauen.

Bauern bringen: Der Humusgehalt des Bodens, der Wasserhaushalt, die Brennstofflage, die Bodenfruchtbarkeit durch Umleitung des Dunges von der Feuerstelle zum Feld würden verbessert, gar nicht zu reden von der Verschönerung der Oasen inmitten einer trostlosen Erosionslandschaft.

Die Menschen, mit denen man so etwas aufbauen könnte, sind vorhanden — aber Mustang gehört zu den „abgelegenen Gebieten".

ANHANG

1. Faustzahlen zu Nepal

a) Das Land

Gesamtfläche	142 000 km²
Verwaltungszonen	14
Verwaltungsdistrikte	75
Höchster Berg: Sagarmatha (Mt. Everest)	8 848 m
Größtes Flußsystem: Gandaki	49 000 km²
Land unter ewigem Eis und Schnee	22 000 km²
Land unter Kultur	18 300 km²

b) Das Volk

Gesamtbevölkerung (1971)	11 Millionen
Hauptgruppen (1961)	
— Nepali Sprechende	4 797 000
— Indische Sprachgruppen	2 170 000
— Tamangs	519 000
— Tharus	407 000
— Newars	378 000
Bevölkerungszuwachs jährlich	2,2 %
Geburtenrate	46 ⁰/₀₀
Sterberate	24 ⁰/₀₀
Kindersterblichkeit	200 ⁰/₀₀
Lebenserwartung Neugeborener	32 Jahre
Aktive Bevölkerung	4 307 000
— davon in der Landwirtschaft usw.	93,4 %
— davon in Industrie und Heimindustrie	2,2 %

c) Die Wirtschaft

Brutto-Inlandsprodukt (in lfd. Preisen)
— 1961/62 3 682 Millionen Rs.
— 1964/65 6 120 Millionen Rs.
— 1965/66 7 089 Millionen Rs.
— 1966/67 7 650 Millionen Rs.

Fläche unter Kultur und Produktion (1969/70)

- Reis   1 138 790 ha   2 321 611 t
- Mais   449 575 ha   899 564 t
- Weizen   172 935 ha   226 998 t

Industrieproduktion (1966/67)

- Jute   t   12 386
- Zucker   t   4 410
- Zigaretten   Mill. Stück   0,954
- Streichhölzer   1 000 Gros   465
- Baumwoll- und
  Kunstfaserstoffe   1 000 m   2 108
- Wollwaren   kg   14 446
- Schuhe   Paar   20 095
- Gegerbtes Leder   kg   56 975
- Seife   t   2 368
- Rostfreie Stahlwaren   t   387

Staatseinnahmen (1966/67):   256,7 Millionen Rs.
Steuern   225,7 Millionen Rs.
davon — Zölle 121,7
       — Grundsteuer 56,6
       — Verkaufssteuer 12,0
       — Einkommensteuer 7,7
Andere Einnahmen   31,0 Millionen Rs.
davon — aus Forsten 16,5

Währungsrelationen zur Zeit des Abschlusses der Untersuchung (Mitte 1969)
  1 nepalische Rupie = DM 0,395
  1 nepalische Rupie = US-$ 0,100
  1 Deutsche Mark   = nRupien 2,531
  1 US-$ = nRupien 10,125

d) *Umrechnungstabellen*

(1) *Örtlich gebräuchliche Maßeinheiten*

Obwohl das metrische System offiziell für Nepal angenommen wurde, werden neben britisch-amerikanischen Maßeinheiten auch in offiziellen Berichten noch immer lokale Maße benutzt.

Typ	Lokale Maßeinheit	Entsprechende metrische Einheit	1 metrische Einheit entspricht:
Flächenmaße	bigha	0,677 ha	1,477 bigha
	kattha	0,0339 ha	29,531 kattha
	dhur	0,0017 ha	590,61 dhur
	khet muri	1,272 ha	0,786 khet muri
	ropani	0,051 ha	19,656 ropani
	mato muri	0,013 ha	78,626 mato muri

Im Terai: 1 bigha = 20 kattha = 400 dhur
Im Bergland: 1 khet muri = 25 ropani = 100 mato muri

Gewichte	maund	37,324 kg	0,027 maund
	dharni	2,393 kg	0,418 dharni
	seer (Terai)	0,933 kg	1,072 seer (Terai)
	seer (Bergland)	0,798 kg	1,253 seer (Bergl.)
	pau	0,199 kg	5,014 pau

Im Terai: 1 maund = 40 seer (Terai)
Im Bergland: 1 dharni = 3 seer (Bergl.) = 12 pau

Hohlmaße	muri	87,23 l	0,0115 muri
	pathi	4,36 l	0,229 pathi
	mana	0,545 l	1,835 mana

1 muri = 20 pathi = 160 mana

Längenmaße	cubit	45,72 cm	0,022 cubit
	kos	3,658 km	0,273 kos

1 kos = 8 000 cubit. Entfernungen werden normalerweise in Meilen, Höhen in Fuß angegeben.
Wie im ganzen indischen Kulturkreis werden auch in Nepal große Zahlen nicht in Million oder Milliarde angegeben, sondern in *lakh* und *crore*:
1 lakh   =   100 000   (geschr.   1,00,000)
1 crore =   10 000 000   (geschr. 1,00,00,000)

(2) Jahreszahlen

Die Zeitrechnung in Nepal erfolgt nach dem Bikram Sambat (B. S.), dem nur selten die christliche Zeitrechnung (A. D.) beigefügt wird. Alle amtlichen und privaten Schriftstücke werden nach ihm datiert. Eine Umrechnung steht der Schwierigkeit gegenüber, daß das neue nepalische Jahr nicht am 1. Januar, sondern etwa am 14. April beginnt. Es entsprechen:

B. S.	A. D.
2022	
	1966
2023	
	1967
2024	
	1968
2025	
	1969
2026	

(3) Monate

Entsprechend sind die nepalischen Monate gegenüber den in Europa gebräuchlichen verschieden und verschoben. Der neue nepalische Monat beginnt um die Mitte unseres Monats. Es entsprechen:

	Europäisch	Nepalisch	
Neujahr →	Januar	Magh	
	Februar	Falgun	
	März	Chaitra	
	April	Baishakh	← Neujahr
	Mai	Jestha	
	Juni	Asadh	
	Juli	Srawan	
	August	Bhadra	
	September	Aswin	
	Oktober	Kartik	
	November	Marga	
	Dezember	Pauch	

2. Glossar gebräuchlicher nepalischer Ausdrücke aus Geographie und Landwirtschaft und Abkürzungen

abal	Reisland erster Güte
badahakim	Verwaltungschef eines Distrikts (abgelöst)
bazar	Markt
besi	Talgrund
bhanjyang	Paß, Durchlaß
chahar	Kulturland vierter Güte
chaur	flacher Grund
chautara	Raststelle
chiso	kalt
deorali	Paß oder Gipfel mit Schrein
doyam	Kulturland zweiter Güte
dobhan	Zusammenfluß
gaon	Dorf
gandaki	großer Fluß
ghar	Haus
ghee	Schmelzbutter

gud	Rohzucker
himal	Schneegebirge
kali	schwarz, dunkel
khel	Wiese
khet	bewässertes Kulturland
khola	Fluß
kot	Gipfelschrein, alte Festung
lekh	Berghöhe mit Winterschnee
madesh	Ebene
majh	zentral
pahar	Hügel
pakha	unbewässertes Kulturland
pani	Wasser, Quelle, Regen
pokhari	Teich
seti	weiß
sim	Kulturland dritter Güte
sim	Marschland
tal	See
tar	Talaue
tato	heiß

Die Ausdrücke wurden z. T. einem Glossar von Dr. Harka B. Gurung entnommen.

Abkürzungen

C.B.S.	Central Bureau of Statistics (Zentrales Statistisches Amt von Nepal)
F.A.O.	Food and Agriculture Organization of the United Nations (Welternährungsorganisation)
H.M.G.	His Majesty's Government (offizielle Bezeichnung der Regierung von Nepal)
I.B.R.D.	International Bank for Reconstruction and Development (Weltbank)
U.N.	United Nations (Vereinte Nationen)
UNESCO	United Nations Educational, Scientific and Cultural Organization (Organisation der Vereinten Nationen für Erziehung, Wissenschaft und Kultur)

3. Literaturverzeichnis

Die herangezogenen Quellen werden in alphabetischer Ordnung der Autoren aufgeführt. Offizielle Verlautbarungen, Publikationen und Aufsätze ohne natürlichen Verfasser erscheinen ggf. unter „H.M.G.". Zeitungsmeldungen und -aufsätze werden hier nicht wiederholt. Auf sie wurde in den Anmerkungen in den einzelnen Kapiteln verwiesen. Fachberichte sind Arbeiten meist ausländischer Experten über nepalische Probleme, die nicht als offizielle Dokumente der Organisation oder des Landes erschienen sind, von denen sie entsandt wurden.

a) Bücher, Aufsätze, amtliche Dokumente, Fachberichte

Ahmad, Nazir, „Feasibility of Tubewell Irrigation in Nepal". Special Report No. 340-Ph/T.W.-87/67. Lahore: West Pakistan Irrigation and Power Department o. J. (1967).

Amatya, Soorya Lal, „The Kathmandu Valley". M.A.-Dissertation. Universität Baroda (Indien) 1959.

— und Bindu Govinda Shrestha, „Economic Geography of Nepal". Kathmandu: Badri Pyari Amatya 1967.

Auden, J. B., „Report for the United Nations". Fachbericht, o. O., o. J. (vervielf.).

Baidya, Huta Ram, „Farm Irrigation and Water Management (Principles and Practices)". Kathmandu: Royal Nepal Academy 1968.

Bajszczak, Z. J., „Report on Manpower Questions in Nepal". Fachbericht. Kathmandu 1968 (maschinenschr.).

Bajracharya, Bhakta Nanda, „Kathmandu. Architecture and Environment". Kathmandu: Jore Ganesh Press 1969.

Bell, Sir Charles, „Tibet. Past and Present", „The People of Tibet", „The Religion of Tibet". Nachdrucke der Erstausgaben von 1924, 1928 und 1931. Oxford: At the Clarendon Press 1968.

Biehl, Max, „Die ernährungswirtschaftliche Nutzbarmachung des Brahmaputra-Wassers für Indien und Pakistan". Kieler Studien 72. Tübingen: J. C. B. Mohr (Paul Siebeck) 1965.

Birch, Gunnar, „Third Periodic Report on Industries". Fachbericht. Kathmandu o. J. (1968?), (vervielf.).

Bista, Dor Bahadur, „People of Nepal". Kathmandu: H.M.G. Department of Publicity 1967.

Chemjong, Iman Singh, „History and Culture of the Kirat People". Teil I und II. Phidim: Tumeng Hang, 3. Auflage 1966.

Coultas, W. H. W., „Nepal Tea Development Corporation". Progress Report No. 1, 1966 (vervielf.).

Deutsche Botschaft, „Nepal". Informationsheft. Kathmandu 1968.

— „Data on Nepal-German Cooperation". Informationsheft. Kathmandu 1969.

Donner, Wolf, „Verkehrsgeographie und Verkehrspolitik in Nepal", in „Zeitschr. f. Wirtschaftsgeographie". Hagen, Jg. 10, H. 8 (1966).

— „Ex-Gurkha Soldiers for Agricultural Development". Fachbericht. Kathmandu 1967 (vervielf.).

— „Irrigation in Nepal". Fachbericht. Kathmandu 1967 (vervielf.).

— „Wohnen im Tal von Kathmandu", in „neue heimat". Hamburg, Nr. 10 (Oktober 1967).

— „Fundamentals of a Regional Development Plan for Sindhu and Kabhre Palanchok". Fachbericht. Kathmandu 1968 (vervielf.).

— „Wohnen im Schatten des Mt. Everest", in „neue heimat", Hamburg, Nr. 8 (August 1968).

— „Resettlement Projects in Nepal". Fachbericht. Kathmandu 1968 (vervielf.).

— „Mustang. Observations in the Trans-Himalayan Part of Nepal". Fachbericht. Kathmandu 1968 (vervielf.).
— „Chances for High-Altitude Agriculture in Nepal". Fachbericht. Kathmandu 1968 (vervielf.).
— „Wohnen und Siedeln im Terai", in „neue heimat". Hamburg, Nr. 8 (August 1969).
— „Wohnen im geheimnisvollen Mustang", in „neue heimat". Hamburg, Nr. 9 (September 1971).
Dooley, T. A., „Health and Nutrition in Nepal". Thomas A. Dooley Foundation (unveröffentlichter Vorabbericht, maschinenschr.), ca. 1969.
Elliot, J. H., „Guide to Nepal". 2. Aufl. Calcutta 1963.
F.A.O. „Production Yearbook 1968". Rom: Food and Agriculture Organization of the United Nations 1969.
— „Yearbook of Forest Products 1968". Rom: F.A.O. 1969.
Filchner, Wilhelm, „In der Fieberhölle Nepals". 2. Aufl. Wiesbaden: Brockhaus 1953.
Fürer-Haimendorf, Christoph von, „The Economy of the Sherpas of Khumbu". Fachbericht, o. O., 1954 (vervielf.).
— „The Sherpas of Nepal. Buddhist Highlanders". London: Butler and Tanner 1964.
— „Unity and Diversity in the Chetri Caste of Nepal", in „Caste and Kin in Nepal, India and Ceylon. Anthropological Studies in the Hindu-Buddhist Contact Zones", herausgegeben von Christoph von Fürer-Haimendorf. Bombay etc.: Asia Publishing House 1966, S. 11—67.
— „Caste Concepts and Status Distinctions in Buddhist Communities of Western Nepal", in „Cast and Kin ...", a. a. O., S. 140—160.
Gaige, Frederick H., „The Role of the Tarai in Nepal's Economic Development", in „Vasudha". Kathmandu, Vol. XI, No. 7 (1968).
Gibbs, H. R. K., „The Gurkha Soldier". Calcutta: Thacker, Spink & Co. 1947.
Giri, Meena et al., „Report on Study of Farmers' Attitude Towards Adoption of Modern Agricultural Technique at Barh Bise Gram Panchayat". Kathmandu: H.M.G. Agricultural Economics Division 1968.
Griffith, R. B., „Nepal. Animal Husbandry, Production and Health. Country Study 1966". Fachbericht (AN/IWP/67/s). New Delhi 1967.
Gupta, Anirudha, „Politics in Nepal. A Study of Post-Rana Political Developments and Party Politics". Bombay etc.: Allied Publishers 1964.
Gurung, Harka Bahadur, „The Pokhara Valley". Edinbourgher Geographische Dissertation 1964.
— „Report on a Geographical Survey of the Pokhara Valley". London 1965 (maschinenschr.).
— „Orogenesis of the Himalayas", in „Journal of the Tribhuvan University". Kathmandu, Vol. III, No. 1. (Jan. 1967), S. 1—7.
— „Population Patterns and Progress in Nepal". Bericht, vorgelegt beim 21. Internationalen Geographenkongreß in Delhi, 1968 (vervielf.).
— „Annapurna to Dhaulagiri. A Decade of Mountaineering in Nepal Himalaya 1950—1960". Kathmandu: H.M.G., Department of Information 1968.
— „Preliminary Remarks on Industrial Location in Nepal", in „Nepal Industrial Digest", Vol. 3, No. 1 (1968), S. 65—69.
— „The Land", in „Nepal in Perspective", herausgegeben von Pashupati Shumsher Rana und Kamal P. Malla (in Vorbereitung).
Haffner, Willibald, „Die Sherpas im östlichen Nepal-Himalaya", in „Geographische Rundschau". Braunschweig, Jg. 18, Heft 4 (April 1966).
— „Ostnepal. Grundzüge des vertikalen Landschaftsaufbaus", in „Khumbu Himal", Ergebnisse des Forschungsunternehmens Nepal Himalaya (Gesamtleitung W. Hellmich), Bd. 1, S. 389—426. Berlin, Heidelberg, New York: Springer 1967.
Hagen, Toni, „Observations on Certain Aspects of Economic and Social Development Problems in Nepal". Report No. TAO/NEP/1. New York: United Nations 1959.

— „A Brief Survey of the Geology of Nepal". Report No. TAO/NEP/2. New York: United Nations 1960.
— „Nepal. Königreich am Himalaya". Bern: Kümmerly & Frey 1960.
— und andere, „Mount Everest. Aufbau, Erforschung und Bevölkerung des Everest-Gebietes". Zürich: Orell Füssli 1959.
Hardie, Norman, „Im höchsten Nepal. Ein Leben mit den Sherpas" („In Highest Nepal", deutsch von W. R. Rickmers). München: Nymphenburger Verlagshandlung 1959.
Hawkins, Frank H., „High in the Himalayas, India Pulls Back", in „The Bangkok Post", 4. 1. 1970.
Hedin, Sven, „Transhimalaja. Entdeckungen und Abenteuer in Tibet". Neue Ausgabe, 3. Aufl. Wiesbaden: F.A. Brockhaus 1961.
Herzog, Maurice, „Annapurna". New York: Popular Library 1953.
Hitchcock, John T., „The Magars of Banyan Hill". New York etc.: Holt, Rinehart and Winston 1966.
H.M.G., „The Three Year Plan (1962—1965)". Kathmandu: National Planning Council 1963.
— „National Progress Report on Forestry: Nepal". Nationale Beiträge zu den Sitzungen der Asia Pacific Forestry Commission 1964 und 1969 (Papers F.A.O./APFC-64/3.17 und F.A.O./APFC-69/3.20), (vervielf.).
— „Coordinated Agricultural Development Program (2022—2023)". Kathmandu: Ministry of Landreform, Agriculture and Food 1965, (vervielf.).
— „National Sample Census of Agriculture 1962. Yield Data for Principal Crops". Kathmandu: Central Bureau of Statistics 1965.
— „Land Act and Rules 1964". Kathmandu: Ministry of Law and Justice 1965.
— „Population Growth and Economic Development", in „The Economic Affairs Report", Vol. III, No. 4 (Nov. 1965). Kathmandu: Ministry of Economic Planning.
— „The Third Plan (1965—1970)". Kathmandu: National Planning Council 1965.
— „Landreform in Nepal", vorgelegt auf der Welt-Landreformkonferenz in Rom, 1966, in „The Economic Affairs Report". Kathmandu, Vol. IV, No. 3 (August 1966), S. 39.
— „The Distribution and Consumption of Fertilizer in Nepal". Kathmandu: Ministry of Economic Planning and Department of Agriculture 1966 (vervielf.).
— „Cereal Grain Production, Consumption and Marketing Patterns 1965". Kathmandu: Ministry of Economic Planning 1966 (vervielf.).
— „Physical Input-Output Characteristics of Cereal Grain Production for Selected Agricultural Areas in Nepal. Crop Year 1965—1966" Kathmandu: Ministry of Economic Planning 1966 (vervielf.).
— „Preliminary Results of the Census of Manufacturing Establishments 1965". Kathmandu: Central Bureau of Statistics 1966.
— „Paddy Improvement Programme 1965—1970". Kathmandu: Department of Agriculture 1966 (vervielf.).
— „Wheat Improvement Programme. Grow More Wheat Campaign 1966—1970". Kathmandu: Department of Agriculture 1966 (vervielf.).
— „Nepal in Maps". Kathmandu: Department of Publicity 1966.
— „Household Statistics 1961/62". Kathmandu: Central Bureau of Statistics 1966.
— „The Food Problem in Nepal: Its Magnitude and the Requirements for Solution". Report of a Committee. Kathmandu: H.M.G. 1967 (vervielf.).
— „Forest Management Plan for the T.C.N. Forest Reserve July 1967 — July 1972". Kathmandu: Forest Resources Survey Office 1967 (vervielf.).
— „Report about Possible Planning in Solukhumbu" (in Nepali). Kathmandu: Ministry of Economic Planning 2024 B.S. (1967), (vervielf.).
— „Compilation of Surface Water Records of Nepal, through December 31, 1965", Kathmandu: Hydrological Survey Department 1967.
— „Surface Water Records of Nepal. Supplement No. 1, 1966", Kathmandu: Hydrological Survey Department 1967.

- „Population Statistics 1961/62. Kathmandu: Central Bureau of Statistics 1967.
- „Mobility of Agricultural Labour in Nepal". Kathmandu: Ministry of Economic Planning 1967 (vervielf.).
- „Educational Statistical Report 1965—1966". Kathmandu: Ministry of Education 1967.
- „Economic Handbook of Nepal". Kathmandu: Department of Industries 1967 (vervielf.).
- „Development of Primary Education in Nepal". Kathmandu: Ministry of Education 1967.
- „A 20 Year Highway Plan for Nepal". Kathmandu: Department of Roads 2024 B.S. (1967/68), (vervielf.).
- „The Cooperative System in Nepal: A Critical Appraisal and Recommendations for the Future". Kathmandu: The Cooperative Review Committee 1968 (vervielf.).
- „Report on Wheat Crop Survey in Kathmandu Valley". Kathmandu: Ministry of Agriculture and Food 1968 (vervielf.).
- „Forest Statistics for the Tarai and Adjoining Regions 1967". Forest Resources Survey Publication No. 4. Kathmandu: Department of Forests 1968.
- „Climatological Records of Nepal 1966", prepared by Department of Hydrology and Meteorology. Kathmandu 1968.
- „Population Projection for Nepal 1961—1981". Kathmandu: Central Bureau of Statistics 1968.
- „In Brief". Kathmandu: Department of Cottage Industries 1969.
- „The Physical Development Plan for the Kathmandu Valley". Kathmandu: Department of Housing and Physical Planning, 1969.
- „Preliminary Draft Outline of the Fourth Plan." Kathmandu: National Planning Commission 1969 (vervielf.).
- „The Area and Production of Main Crops in Whole Nepal Kingdom on 1969/70". Kathmandu: Economic Analysis and Planning Division 1970 (vervielf.).
- „Introduction to Solukhumbu District" (in Nepali). Kathmandu: Ministry of Home and Panchayat o. J.
- „Soil Survey of Chitawan Division 1968". Forest Resources Survey Publications No. 5. Kathmandu: Department of Forest o. J.

India, Gvt. of, „Hydrological Data of River Basins of India — The Kosi Basin". New Delhi: Central Water and Power Commission o. J.

Jha, Vedanand, „Basic Characteristics of Panchayat Democracy", "Nepal Today", No. 1. Kathmandu: H.M.G. Department of Information 1966.

Joshi, Bhuwan Lal und Leo E. Rose, „Democratic Innovations in Nepal. A Case Study of Political Acculturation". Berkeley und Los Angeles: University of California Press 1966.

Joshi, Tulasi Ram, „Rapti Valley. A Regional Geography". M.A.-Dissertation. Tribhuwan Universität Kathmandu 1963.

Kaddah, Malek T., „Soil Survey Investigations and Soil Analysis. Report to the Government of Nepal" EPTA/F.A.O. Report No. 2043. Rom: F.A.O. 1965.

Karan, Pradyumna P., „Nepal. A Cultural and Physical Geography". Lexington: University Press 1960.

- und Williams M. Jenkins, „The Himalaya Kingdoms: Bhutan, Sikkim, and Nepal". Princeton, N. J.: D. Van Nostrand Co. 1963.

Kawakita, Jiro, „Vegetation", in „Land and Crops of Nepal Himalaya", herausgeg. von H. Kihara, Kyoto: Kyoto University 1956.

- „Crop Zone", in „Land and Crops of Nepal Himalaya", herausgeg. von H. Kihara, Kyoto: Kyoto University 1956.
- „Structure of Polyandry among the Bhotiyas in the Himalayas", Torbo Ethnography No. 4, in „Zeitschrift für Ethnographie", 31/1 1966 (in Japanisch).

K. C., Ram Bahadur, „Land Reform in Nepal". Kathmandu: H.M.G. Land Reform Department 1968.

Khatri, Tek Bahadur, „Nepal: A Glimpse". Kathmandu: H.M.G. Department of Publicity 1964.
Kihara, H. (Herausgeber), „Land and Crops of Nepal Himalaya", Scientific Results of the Japanese Expeditions to Nepal Himalaya 1952—1953, Vol. II, Fauna and Flora Research Society, Kyoto University, Kyoto 1956.
Koirala, Dharma N., „Possibilities of Surface Water Irrigation Development in Nepal". Kathmandu 1968 (maschinenschr.).
Kraus, Helmut, „Das Klima von Nepal", in „Khumbu Himal", Ergebnisse des Forschungsunternehmens Nepal Himalaya (Gesamtleitung W. Hellmich), Bd. 1, S. 301—121. Berlin, Heidelberg, New York: Springer 1967.
Kumar, Satish, „Rana Polity in Nepal. Origin and Growth". New York: Asia Publishing House 1967.
Leonard, R. G. und andere, „Nepal and the Gurkhas". London: Her Majesty's Stationery Office 1965.
Lindsey, Quentin W., „Land Reform and the Food Problem", in „Land Reforms in Nepal", Jahrbuch 1967, S. 7—16.
Malhotra, Ram C., „The System of Panchayat Democracy in Nepal", „Nepal Today" No. 2. Kathmandu: H.M.G., Department of Information 1966.
Malla, Kamal P., „Kathmandu — Your Kathmandu". Kathmandu: The Nepal Press 1967.
Malla, Krishna Bam, „Agricultural Development in Nepal. Salient Points, Next Steps". Privatdruck. Kathmandu: Janata Press o. J. (1969).
Malla, U. M., „Climatic Elements and Seasons in Kathmandu Valley", in „The Himalayan Review". Kathmandu: Nepal Geographical Society 1968.
Manab, Purna Bahadur, „Philosophical Trend in Panchayat Democracy". Kathmandu: H.M.G. Press 1968.
Mathema, Pushpa Ram Bhakta, „Report on Tobacco Marketing in Nepal". Kathmandu: H.M.G., Agr. Economics Section (1965).
— „Agricultural Development in Nepal". Kathmandu: Jaya Shree Mathema 1966.
— und Leela Pathak, „Report on Food Consumption Survey at Kusa Devi Gram Panchayat", Kathmandu: H.M.G., Rural Economics Division 1966.
— und Leela Pathak, „Report on Food Consumption Survey at Batulechour Gram Panchayat". Kathmandu: H.M.G., Agr. Economics Section 1968.
— and Madan Bahadur Shrestha, „Nepalgunj Ghee Marketing". Kathmandu: H.M.G. Agr. Economics Section, o. J.
Mihaly, Eugene Bramer, „Foreign Aid and Politics in Nepal. A Case Study". London etc.: Oxford University Press 1965.
Morris, John, „A Winter in Nepal". London: Rupert Hart-Davis 1963.
Neef, Ernst (Bearbeiter), „Das Gesicht der Erde", Brockhaus Taschenbuch der physischen Geographie. Leipzig: F. A. Brockhaus 1956.
Nepali, Chitta Ranjan, „The Shah Kings of Nepal", revised and brought up to date by Tirtha R. Tuladhar. Kathmandu: H.M.G., Department of Publicity, 2. Aufl. 1965.
Nepali, Gopal Singh, „The Newars. An Ethno-Sociological Study of a Himalayan Community". Bombay: United Asia 1965.
Nippon Koei, „Facts About the Karnali River in Nepal". Fachbericht. Tokyo: Nippon Koei Co., Ltd., o. J.
Oppitz, Michael, „Geschichte und Sozialordnung der Sherpa". Beiträge zur Sherpa-Forschung, Teil I (Wiss. Leitung Friedrich W. Funke), in „Khumbu Himal", Ergebnisse des Forschungsunternehmens Nepal Himalaya (Gesamtleitung: W. Hellmich), Bd. 8. Innsbruck und München: Universitätsverlag Wagner, 1968.
Pant, Y. P., „Economic Development of Nepal". Allahabad: Kitab Mahal. 2. Aufl. 1968.
Peissel, Michel, „Mustang. Remote Realm in Nepal", in „National Geographic". Washington 1965, S. 586.
— „Mustang. A Lost Tibetan Kingdom". London: Collins and Harvill Press 1968.

(Mangelhafte deutsche Übersetzung erschienen unter dem Titel „Das verbotene Königreich im Himalaja. Abenteuerliche Expedition in eine mystische Hochkultur zwischen Indien und China". Berlin: Safari 1968.)

Prabasi, Satish C., „Nepalese Co-operative Movement". Kathmandu: H.M.G., Co-operative Department o. J.

Perera, M. S., „Agricultural Credit in Nepal". Fachbericht. Kathmandu 1966 (vervielf.).

— „The Landreform Program and the Co-operative Movement". Fachbericht. Kathmandu 1966 (vervielf.).

Pradhan, Sagar Bahadur und Basant Prasad Bhattarai, „Jute Marketing in Nepal". Kathmandu: Agri. Economics Section o. J.

Rajbhandary, K. B., „Natural Environment and Crop Distribution in Nepal". Kathmandu: R. N. Adhikari 1968.

Rauch, E., „Report to the Government of Nepal on Farm Enterprises". Rom: F.A.O. 1953.

Reed, Horace B. and Mary J. Reed, „Nepal in Transition. Educational Innovation". Pittsburgh: University of Pittsburgh Press 1968.

Regmi, Dilli Raman, „A Century of Family Autocracy in Nepal", with a Foreword by Dr. B. Pattabhi Sitaramayya. Banaras: The Nepali Congress 1950 (2. Aufl. 1958).

— „Modern Nepal. Rise and Growth in the Eigtheenth Century". Calcutta: Firma K. L. Mukhopadhyay 1961.

Regmi, Mahesh Chandra, „Some Aspects of Land Reform in Nepal". Kathmandu: Nepal Today Press 1960.

— „Land Tenure and Taxation in Nepal". 4 Bände, Research Series. Berkeley: Institute of International Studies 1963—1968.

Rimal, D. N., „Prospect of Mineral Industries: A Critical Review", in „Nepal Industrial Digest", Vol. 3, No. 1 (1968), S. 45—49.

Robbe, Ernest, „Report to the Government of Nepal on Forestry". EPTA/F.A.O. Report No. 209. Rom: F.A.O. 1954.

— „The Integrated Management of a Watershed" (Translated from the French by R. G. M. Willan). Report No. SF 310 Nep. 4. o. O. 1965 (vervielf.).

Sain, Kanwar, „Plan for Flood Control on the Kosi River". Government of India, Central Water and Power Commission, o. O., 1953 (vervielf.).

Schmid, Robert, „Zur Wirtschaftsgeographie von Nepal. Transport- und Kommunikationsprobleme im Zusammenhang mit der schweizerischen Entwicklungshilfe in der Jiri Region". Zürcher Dissertation 1969.

Schulthess, Werner, „Report to the Government of Nepal on the Development of the Dairy Industry". EPTA/F.A.O. Report No. 1957. Rom: F.A.O. 1965.

Shahi, Narayan Prasad, „Landreform in Mustang", in „Mustang Ko Jhalak", S. 9, Mustang 1967/68 (in Nepali).

Sharma, Gauri Prasad, „Livestock and Dairy Development in Nepal". Kathmandu: H.M.G. o. J. (vervielf.).

Shreshtha, Badri Prasad, „The Economy of Nepal or a Study in Problems and Processes of Idustrialization", with a foreword by Wilfred Malenbaum. Bombay: Vora & Co. 1967.

Shreshtha, Sharan Hari, „Fundamentals of Nepalese Economy". Kathmandu: Educational Enterprise 1967.

— „Modern Geography of Nepal (Economic and Regional)". Kathmandu: Educational Enterprise 1968.

Shrestha, Hari Man, „The Cadastre of Potential Water Power Resources of Less-Studied High Mountainous Regions". Moskauer Dissertation 1965.

— „Water Power Resources in Nepal", in „Nepal Industrial Digest", Vol. I, No. 1 (Sept. 1966), S. 43—45.

— „Hydro-Electricity in Nepal", in „Ramjham". Kathmandu, Vol. 5, No. 3 (20. 10. 1969), S. 28—31.

Shrestha, Juju Kazi, „Mustard Marketing in Western Nepal". Kathmandu: H.M.G. Agr. Economics Section 1967.

Shrestha, Madan Bahadur, „Palung Potato Market". Kathmandu: H.M.G. Agr. Economics Section o. J.
— „Chitwan Mustard Market". Kathmandu: H.M.G. Agr. Economics Section, o. J.
— „Illam Potato Market". Kathmandu: H.M.G. Agr. Economics Section, o. J.
Shrestha, Mangal K., „Public Administration in Nepal", Kathmandu: H.M.G. Department of Publicity 1965.
Shrestha, Vijara, „A Glimpse in Tarai Households", Kathmandu: H.M.G., Home Science Section 1966.
Singh, Sambhu Man u. a., „Kitchen Gardening in Kathmandu Valley";
— „Kitchen Gardening in Terai";
— Vegetables You Like Most Can Be Supplied All the Year Round"; Kathmandu: H.M.G., Ministry of Landreform, Agriculture and Food 1968.
Sinha, B. K., „Co-operative Development in Nepal", Allahabad: Kitab Mahal 1964.
Snellgrove, David, „Himalayan Pilgrimage. A Study of Tibetan Religion by a Traveller Through Western Nepal". Oxford: Bruno Cassirer 1961.
Steinmetz, Heinz und Jürgen Wellenkamp, „Nepal. Ein Sommer am Rande der Welt" (Deutsche Nepal-Expedition 1955). Stuttgart: Chr. Belser o. J. (1956).
Tewari, P. D., „Chowri and Yak", Fachbericht. o. O., o. J. (vervielf.).
Thapa, M. B., „Prospects of Hydel Projects", in "Nepal Industrial Digest", Vol. 3, No. 1 (1968), S. 51—59.
Thapa, Netra Bahadur, "A Short History of Nepal", revised by Rev. Father M. D. Moran SJ., Kathmandu etc.: Ratna Pustak Bhandar o. J.
— und D. P. Thapa, „Geography of Nepal (Physical, Economic, Cultural and Regional), Bombay etc.: Grient Longmans 1969.
Troll, Carl, „Die klimatische und vegetationsgeographische Gliederung des Himalaya-Systems", in „Khumbu Himal", Ergebnisse des Forschungsunternehmens Nepal Himalaya (Gesamtleitung W. Hellmich), Bd. 1, S. 353—388. Berlin, Heidelberg, New York: Springer 1967.
Tucci, Giuseppe, „Nepal. The Discovery of the Malla" (aus dem Italienischen von Lovett Edwards), New York: E. P. Dutton & Co. 1962.
— „Tibet. Land of Snows" (übersetzt von J. E. Stapleton Driver), Calcutta: Oxford & IBH Publishing Co. 1967.
UNESCO, „School Dropouts and Educational Waste in Nepal", Bericht Nr. EDWAST/3 Nepal, Bangkok: UNESCO 1966.
United Nations, „Statistical Yearbook 1968". New York: U.N. 1969.
— „Statistical Yearbook 1967", New York 1968.
Waldschmidt, Ernst, „Nepal. Eine Einführung", in „Nepal. Kunst aus dem Königreich im Himalaja", Ausstellungskatalog, Essen-Bredeney: Gemeinn. Verein Villa Hügel 1967.
Weck, Johannes, „Forstwirtschaftliche Aufgaben in Entwicklungsländern. Bonn, Baden-Baden: Lutzeyer 1962.
Weltbank, „A National Transport System for Nepal", Washington D. C.: I.B.R.D. 1965, 3 Bände.
Wheeler, Peter E., „Dairy Development and Milk Production in the Kathmandu Valley", Fachbericht. Kathmandu 1967 (vervielf.).
Willan, R.G.M., "Forestry in Nepal", Fachbericht. Kathmandu 1967 (vervielf.).
... „Gandaki Irrigation and Power Project". Indisches Dokument ohne Angabe des Verfassers, der Organisation und des Jahres.
... "Bird's Eye View of Nepal". Maschinengeschriebenes Manuskript, ohne Verfasser. Kathmandu 1968.

b. Örtliche Zeitungen und Zeitschriften

„The Rising Nepal" (Tageszeitung)
„Motherland" (Tageszeitung)
„Nepal Perspective" (Wochenzeitschrift)
„The Economic Affairs Report". Herausg. Ministry of Economic Planning; Nat. Planning Commission (Vierteljahresschrift, unregelmäßig), seit 1963.
„Nepalese Economic Review". Herausg. Nepal Economic Research Centre (Vierteljahresschrift), seit 1968.
„The Himalayan Review". Herausg. Nepal Geographical Society (unregelmäßig), seit 1968.
„Vasudha". A Monthly English Magazine (Monatsschrift).
„Nepal Industrial Digest", Herausg. N.I.D.C. (jährlich), seit 1966.
„Nepalese Journal of Agriculture". Herausg. Nepal Agricultural Association (jährlich), seit 1966.

c) Karten

(1) Physische Karten

Asia 1 : 1 000 000. Folgende Blätter: NH 44, NH 45, NG 44, NG 45. 4., 5. und 7. Auflage.
Nepal 1 : 505 880. (Series U 431 und GSGS 4795, 1. Auflage.) West-Blatt und Ost-Blatt.
India and Pakistan 1 : 250 000. (Series U 502, 1. Aufl.) Alle Blätter, die Nepal betreffen, mit Ausnahme des extremen Nordwestens (NH 44-6 und NH 44-7) und NH 45-9.
Nepal 1 : 63 360. Kartenwerk des Survey of India im Maßstab 1″ = 1 Meile. 1. Aufl. Zahlreiche der ca. 270 Blätter wurden zum Studium von Gelände- und Siedlungsformen benutzt. Das Werk, vor allem seine nördlichen Blätter, ist noch nicht vollständig ausgeliefert.
Khumbu Himal (Nepal) 1 : 50 000. Herausgegeben vom Forschungsunternehmen Nepal Himalaya 1965.
Mahalangur Himal, Chomolongma — Mount Everest 1 : 25 000. Herausgegeben vom Deutschen Alpenverein, vom Österreichischen Alpenverein und von der Deutschen Forschungsgemeinschaft 1957.

(2) Angewandte Karten

Asia and Adjacent Areas 1 : 13 305 600. Karte im Maßstab 1″ = 210 Meilen der National Geographic Society. Washington 1966.
Asian Highway Network 1 : 7 500 000. Auszugsweise Benutzung einer Informationskarte des Asian Highway Transport Technical Bureau, ECAFE. Bangkok o. J.
Nepal Irrigation Schemes 1 : 2 000 000. (Skizze im Maßstab 1″ = 32 Meilen.) Kathmandu: Department of Irrigation o. J. (Lichtpause, handkoloriert).
Bergbaukarte 1 : 2 000 000. Skizze zusammengestellt vom Department of Mines, 1966 (Lichtpause, handkoloriert).
Nepal Airfields/Aviation Development Project 1 : 1 000 000. Karte Nr. M 293. Kathmandu: U.S.A.I.D. 1964 (Lichtpause).
Mean Annual Rainfall Map 1 : 1 000 000. Kathmandu: Meteorological Service o. J. (Lichtpause).
Forest Department Organization 1 : 1 000 000. Forest Resources Survey. Kathmandu 1964 (Lichtpause).
Land Use Map Lumbini and Chitawan T.C.N. Forest Divisions 1 : 21 120. Blatt 72 A/6 3 (3″ = 1 Meile) Kathmandu: Forest Resources Survey 1965 (Lichtpause, handkoloriert).

4. Personenregister

Kursiv gesetzte Ziffern verweisen auf Fußnoten auf der betreffenden Seite.

Ahluwalia, K. S. *317*, *322*
Ashoka, König 29
Amsuvarman, König 29
Auden, J. B. *228*, *247*

Baidya, H. R. 78, *89*
Bajszczak, Z. J. *176*, *179*, *361*
Bhattarai, B. P. *404*
Biel, Max 247
Birendra, Kronprinz (jetzt König) 16, 34
Bista, Dor Bahadur 96, 104, *108*, *114*, 122, 123, *131*, 134 ff., *167*
Boeck, Kurt 17
Brandis, Dietrich 17
Buddha 29

Chemjong, Iman Singh 96
Coultas, W. H. W. *316*

Dalai Lama 20
Donner, Wolf *129*, *132*, *136*, *140*, *176*, *192*, *249*, *329*, *438*, *472*
Dorville 17
Drabya Shah 32

Ehlers, Otto E. 17
Elliot, J. H. *28*

Filchner, Wilhelm 17
Fürer, Alois Anton 17
Fürer-Haimendorf, Chr. von 96, *117*, *120*, 131, *167*, *312*, *453*, *463*, *468*
Funke, F. W. *453*

Gaige, Frederik H. *427*, 429 f., *432*, 436
Gautama 29
Gibbs, H. R. K. *34*
Griffith, R. B. *327*, *331*
Grüber, Johannes 17
Gupta, Kaiser 29
Gurung, Harka B. *48*, *55*, *58*, 64, *67*, 97, 100, *103*, 115, *117*, *204*, *365*, 369

Haffner, Willibald 76, 288, 299, *302*, *343*
Hagen, Toni *48*, *55*, 58, 64, 67, 84, 87, *101*, *104*, 131, *133*, 183 ff., *204*, 214, 222, 224, *339*, *342*, *356*, *358*, 376 ff., *381*, *384*, 387, 389, 391, 398
Hawkins, Frank H. *21*
Hedin, Sven *471*
Hellmich, Walter 20, *453*
Hitchcock, John T. *96*

Jenkins, W. M. 20
Jha, Prem Narayan *163*
Jha, Venanand *42*
Joshi, Bhuwan L. *35*

Kaddah, Malek T. *231*
Karan, P. P. 20, *48*, *55*, 92 f., *101*, *121*, 138, 156, *184*, *215*, 225, 237, *343*, 385
Kawakita, Jiro *94*, *281*, 283, 286, 288, 293, 299, *302*, *342*, *346*, *478*
Koirala, Dharma N. 244
Kraus, Helmut *458 ff.*
Kumar, Satish *34*

Lindsey, Q. W. *276*
Lohani, Prakash C. *372*, *381*

Mahendra, König 16, 35, 37, *268*, 272 f.
Malhotra, Ram C. *42*
Malla, Ari Deva 30
Malla, Jaya Sthiti 30, 32
Malla, Kamal P. *55*
Malla, U. M. 78
Manab, Purna Bahadur *42*
Mathema, P. R. B. 239, *394*, 404 f.
Mihaly, Eugene B. *21*, *160*, *190*
Mukunda Sen 30

Nepali, Chitta Ranjan *28*

Nepali, Gopal Singh 96, 111, 143, 167
Oppitz, Michael 96, 108, *117*, *129*, *462*

Peissel, Michel 31, *117*, 158, *186*, *472*, *476*
Perera, M. S. *278*, 279
Poudyal, Urmila *165*
Pradhan, Sagar Bahadur *404*
Prithvi Narayan Shah 28, 32, 181, *268*, 414

Rana Bahadur Shah, König 31, *268*
Rana, Chandra Shumsher 430
Rana, Jang Bahadur 31 ff., 37
Rana, Juddha Shumsher 430
Rana, Pashupati Shumsher 55
Rauch, E. 270
Reed, H. B. und M. J. *155*
Regmi, D. R. *28*, *34*, *414*
Regmi, M. C. 265 ff.
Richards, G. 99
Rimal, D. N. *385*
Ritter, Carl 17
Robbe, Ernest 238, 241, 354 ff.
Rose, Leo *35*

Sain, Kanwar 228, 247
Schlagintweit, Hermann 17
Schmid, Robert *173*, *186*, 188, 387 ff., *437*, *467*
Sharma, Gauri P. *323*
Shreshtha, B. P. 369, *372*, 384
Shreshtha, S. H. 95
Shrestha, Aditya Man *165*
Shrestha, Hari Man 48 f., 228, 380 ff.
Shrestha, J. K. *404*
Shrestha, Madan B. *402*, *404*

Shrestha, Mangal K. *36*
Singh, Sambhu Man *317,* 322
Snellgrove, David *117, 131, 186, 471, 480*
Steinmetz, Heinz *472*

Tewari, P. D. *469*

Thapa, Ajit N. S. 363 f.
Thapa, Netra Bahadur *28*
Thapar, A. R. *317, 322*
Tribhuwan, König 33 ff., 272
Troll, Carl *343*
Tucci, Guiseppe 31, 135, *471*

Waldemar, Prinz von Preußen 17
Waldschmidt, Ernst *28*
Weck, Johannes 338
Weise, R. *387*
Wellenkamp, Jürgen *472*
Willan, R. G. M. *235 f.,* 240

5. Sachwortregister

Kursiv gesetzte Ziffern verweisen auf Karten, Schaubilder oder Fußnoten auf der betreffenden Seite.

Abschlußzeugnisse 155, *155 f.*
Aconcagua 24
Agrargeographie 281—337
Agrarkredit 278—280
air dropping 402
alluviale Kegel 64, 215, 234, 238 f.
Alpen 24 f.
alpine Zone 346
Alpinismus s. Fremdenverkehr
Almora 31
Altersgruppen 98
altnepalische Gruppen 104
Amp-Pipal 326
Analphabeten 150, *155*
Anden 24 f., *182*
Arbeitskräfte, industrielle 361
Arbeitskräfteeinsatz (Straßenbau) 197
Arbeitslosigkeit 177 ff., 421 f.
Arbeitsvermittlung 177
Arniko Rajmarga 192, 437, 445
Ärztebestand 157, 163 f.
Asian Highway 201 ff.
Asiatisches Fernstraßennetz 201 ff.
Aufforstung 265, 338, *339,* 354, 450
Augenkrankheiten 162
Autofähre bei Narayangarh 197

Backprozeß *299* 414 f.
bada hakim 36 f.
Badajoz-Projekt (Spanien) 251
Bagmati 61, 221, 222, 414 f.
Baisi-Reich 31
Banbasa-Sarda Bewässerungssystem 247, *248*
Bangla Desh 16
Bannwald *242*
Barikot 389
Baumaterial 129
Baumgrenze 25, 94, 470
Bazare s. Handelszentren
Beratungsdienst, landw. 334—337
Bergbauwirtschaft 384—392
Berggipfel, höchste *64/65*
Bergsteiger s. Fremdenverkehr
Berufserziehung 154
Berufskasten 104
Beschäftigungsstruktur 418 f.
Besonnung 89, 339 f.
Betriebsgrößen, landw. 267—272, 468, 481
Bevölkerung 27 f., 96—123, 416, 440, 461—464, 476—478
Bevölkerung, ländliche 306—308
Bevölkerungsdichte 99, 100 ff.

Bevölkerungsprojektionen 97 f.
Bevölkerungsverteilung 99, *101*
Bevölkerungszensus 96
Bevölkerungszuwachs 97, 102
Bewaldung 343, 432, 450, 470, 485
Bewässerung 128, 131, 209, 244—263, *253,* 257 f., 425, 450, 483 f.
Bewässerungsprojekte 256—258
bhabar-Gürtel 57 f., 92 f., 95, 234, 239
bhitri madesh s. Inneres Terai
bhotias s. Grenzvölker, nördliche
bhot-Täler 67, 72
Bildungsstand 154, 367, 419 f.
Binnenfischerei 331
Binnenschiffahrt 208 f.
Biratnagar 56, 76, 140
birta-Land 266, 271 f.
birta-Waldbesitz 430
Blutegel 14, 186
Böden 58, 229—243, 474
Bodenklassen 276
Bodenverwüstung 58, 60, 63 ff., 229—243, 326
Brahmanen 30, 104 f., 107, 120, 123, 131

Brahmanendörfer 131, *132*
Brände 238, 241, *243*, 346 ff., 355 f., 470
Brennstoffvorkommen 370 f., 375, 390—392
Britisch-Indien 32
Brücken 34, 182, 184, 186, 191, 389, 480
Buddhismus 9 f., 29 f., 120, 122
Budhabare 276, *279*
Büffelhaltung 326—331, 449

chapati 298
char kos jhadi 93
Chatra Bewässerungsprojekt *252*
Chatra-Schlucht 228
Chaubise-Reich 30
chautara 182
Chhetri-Dörfer *132*
Chhetris 104 ff., 123, 131
China, Volksrepublik 20, 29, 118, *158*, 440
Chisapani-Damm s. Karnali-Damm
chowri 323, 330, 469
Churia-Berge 52, 57 f., 234, 239, 343 f.
College-Erziehung 153 f.
Cotopaxi 24

Dalai Lama 20
Dang-Tal 49, 58, 60 f.
Darjeeling 312, 464
dasain-Fest 329
Degradation, anthropogene s. Erosion. Bodenverwüstung
deutscher Kulturkreis 17
Deutschland, Bundesrepublik 17
Dangarhi-Dandeldhura-Straße 193
Dhanukana 389
Dharan 140, 192
Distrikte 37, 40, 43 f.
Dooley-Foundation, Thomas A. 99, *158*, 168
Dörfer 124 f.
Dorfwucherer 278
„Dschungel" 93

Drainage 245
dun(s) 52, 58, 95
Dünger, chemischer *243*, 425 f., 435
Düngerproduktion *158*, 483
Durchbruchstäler s. Traverstäler

Edelsaatgut s. Hochleistungssaatgut
Eisenbahnverkehr 201, 210
Eisenhütten 385, 387
Elbe 220
Energieexport 383
Energiewirtschaft 370—383, 447
Entfernungsangaben 183, 187
Entwaldung 58, 63 f., 93, 234 f., 241 f., 326, 346—353, 430, 437, 470
Entwicklungsdistrikte s. Distrikte
Entwicklungsmaßnahmen, landw. 332—337
Erdgas, Erdöl 391 f.
Ernährung 166—173
Erosion 58, 64, 211, 214 f., 231, 242 f., 245
Export von Nahrungsgetreide 309, 332

Fäkalien 144, 158, *158*, 478
Fallwind 30, 442
Familienplanung 28, 163—165
Feuer s. Brände
Feuerholzforsten 354
Fischerei s. Binnenfischerei
Fleischmarkt 329
Flugverkehr (s. a. STOL-Verkehr) 204—208, 210
Flüsse 45, 53 f., 72, *212* f., 214—222
Flußoasenkultur 68, 95, 128, 483 f.
Ford-Foundation 369
Forschungsunternehmen Nepal-Himalaya 20
Forstinventur 343
Forstwirtschaft 338—359, 450, 470, 485 f.

Freischärler, tibetische 127
Fremdenverkehr 14, 15, 45, 436, 452, 470 f.
Frost 90, 92 ff., 461, 474
Futterbau 173, 243, 328, 355, 451, 485

Galeriewälder 93, 334, 344
Gandak-Bewässerungsprojekt 225, 247 f., *250*
Gandaki 214, *215*
Ganges 68, 209
Ganges-Ebene 45, 52 f., 339
Geldverleiher 123
gemäßigte Zone 344
Gemüseanbau 316 f., 322, 469
Genossenschaften 273
Gersteanbau 302 f.
Geröll 228, 231, 246 f.
Getreidemarkt 399—402
Getreideproduktion 264
Gewitter 85
Gheeproduktion 328, 404, 449
Gletscher 68, 221, 460
Glimmergruben 385, 389
Gorkha, Königreich 32
Gorkha-Dynastie s. Shah-Dynastie
Grenzabkommen, chinesisch-nepalisches 20, 31
Grenzen 16, 24, 31 f.
Grenze nach Indien, offene 264, 357, 407
Grenzextrempunkte 24
Grenzvölker, nördliche 115 ff., 478 f.
Großfamilie 274
Grundbesitz 266, *266 ff*
Grundherr 43, 275
Grundwasserreserven 222, 224
gud 313
Gurkha-Söldner 13, 33 f., 113, 115
Gurung-Haus 133
Gurungs *114*, 115
guthi-Land (s. a. Klöster, Landbesitz) 266

hali-System 278
Handelsgeographie 393—411

Handelsreisen 117
Handelsrouten 406 f., 427, 437, 465, 480
Handelszentren 398, 422, 433, 440
Hardinath-Bewässerungsprojekt *254*, 261
hathia-Periode 244
Haupternte 276
Haushalte 124 f.
Heim- und Kleinindustrie 369 f., 470
Helambu 452
„hills" 48
Himalaya-Hauptkette 45, 48, 66 f., *64/65*, 211, 234, 237, 472
Hindernisse, administrative 13, 17, 95, 181
Hinduismus 113, 120
Hirseanbau 299—302
Hochgebirge 90, 452—471
Hochleistungssaatgut 332, 425 f., 448
Holzexport 357
Horizontaldistanzen 66, 76
Hühnerhaltung 328, 449, 469
Hydroenergie 375—382, 447
Hydrologie 215—222, 456 ff.
hydrologische Daten 223, 444, 458
hypsometrische Daten 48, *49*

Indian Cooperation Mission 244, 317
Indien 20, 29, 34, 181, 225, 247, 323, 395, 407, 436
indische Eisenbahnen 193, 368
indische Gruppen in Nepal 107, 430 f.
industrial estates s. Industriebezirke
Industrialisierungspolitik 363 f.
Industrie 359—370, 426, 435
Industriebezirke 369, 426
integrale Bewässerung 249 ff.
interception of loans 279

jagir-Land 266
Jahreswasserfrachten 220
Janakpur 140
Jogbani-Dharan-Straße 192
Jumla, Königreich 30, 476
Jumla-Korridor 53, 68, 72, 82, 85, *472*, 474
Juteanbau 93, 313, *320 f.*
Jutehandel und -verarbeitung 404

ka-birta 272
Kaligandaki 66 f., 72, 83, 225, 473, 478
Kalksteinvorkommen 390
Kamala-Bewässerungsprojekt 255 f., *259*, 261
Kanti-Rajpath 190
Kapital, heimisches 363
Karnali 224, 245, *246*
Karnali-Damm 196, 245, *246, 382, 393*
Kartoffelanbau 309—312
Kartoffelmärkte 402
Kastengesellschaft 30, 34, 105 f., 120 f., 123, 131, 158, 166 f.
Kataster 273, 277
Kathmandu, Stadt 30, 139, 407, 417, 421
Kathmandu, Stadt, Wohnverhältnisse 141—145
Kathmandu-Tal 37, 139 f., 141, 242, 263, 269 f., 276, 298, 368, 413—427
Kathmandu-Tal, Wohnverhältnisse 144 f.
kha-birta 272
Khotang 389
kipat-Land 266
Kiranti-Völker 111, *112*
Kleinbewässerungsanlagen *261*, 261—263, 437
Kleinkraftwerke 382 f.
Klima 73 ff., *74 f.*, 441, 458 ff., 473 f.
Klimaeinwirkung 95
Klimazonen 76
Klöster, Landbesitz (s. a. *guthi*-Land) 468, 481
Kraftwerke *371*, 372—374
Kropf 161 f.

Kompostierung *243*, 469, 483
Konzentration des Landbesitzes 270 f.
Kore La 484
kos 183
Kosi-Bewässerungssystem Register Nepal Spalte 3 249, *552*
Kosi-Damm (Barahakshetra) 247
Kosi-System 225, 247
Kuhschlachteverbot 327
Kulturen, landw. 282, 286—306, 309—322, 424
Kumaon s. Almora

Ladakh-Lhasa-Fernstraße 410
Lagerstätten, bergbaul. 385 ff.
Landabgeschlossenheit s. Zugang zum Meer
Landbesitz 104, 123, *262*, 273
Landbesitzverfassung 265
Landnutzung 264 f.
Landreform 266, 272—278, 481
Landstraßen 189—201, 209
Landwirtschaft 281—306, 309—316, 423—425, 434, 447—449, 467—469, 480—485
Lebenserwartung 97 f.
Lehrerbildung 148 f., *149*
Lepra 162
Lichhavi-Könige 29
Limbu 111, *112*
Limbu-Haus 133
Lo, Königreich s. Mustang
Lo Mantang, Stadt s. Mustang
Lumbini 29, 436

madesh s. Terai
Magar 113
Magar-Haus 133
Magen- und Darmerkrankungen 160
Magnesium 389 f.
Mahabharat-Kette 49, 61 f., 234, 237

Mahendra-Highway 193—198
Maisanbau 289—293
Malaria 57, 93, 95, 103, 160, 283, 339
Malla-Dynastie 30, 145
Management, heimisches 364 f.
Maßsystem 15, 488 f.
medizinische Versorgung 162 f., 164
Medjerda-Projekt (Tunesien) 251
Migration 97, 103, 107, 128, 131, 133, 139, 173—177, 183, 239, 383, 476 f.
Mikroklima 73, 76, 339 f., 459 f., 485
Milchleistung 323, 326, *449*, 469
Mineralien 385 f.
Mittelgebirge 48, 63—66, *65*, 131, *132*, 234, 237, 282, 437—452
Molkereiwirtschaft 328—330, 394, 424, 449
Monsunregen s. Sommerregen, Winterregen
Monsunwinde 54, *79*
Monsun-Zone 92 f., 94, 211
Mont Blanc 25
Mount Everest s. Sagarmatha
Muslims 105, 122, 431
Mustang 30, 83, *117*, 129, *217*, 237, 471—486

Nadelwaldbestände 94 f., 343 ff., 450, 470
Nahrungsgetreide 303, 308
Nahrungsmittelabwurf s. air dropping
Nahrungstabus 167 f.
Namche Bazaar 94, 398, *465*, *467*
Nangpa La 465, 467, *467*
Nationalgefühl *116*, 183
Narayani 224 f.
Narayani-Brücke 197
Narayani-Damm 225, 247
Narayani-Seilbahn 197
Nawalpur 60 f., 115, 136, 159

Nebel 87, 89 f., 93
Nepali als Muttersprache 104, *105*, 106
Nepal-Tal 37
Neusiedlerhäuser 136 f.
Neutralitätspolitik 21
Newar-Haus 132 ff., 142 ff.
Newars 29, 110 f., *111*
Niederschläge 77—89, 416 f., 442 ff., 460
Niederschläge, Konzentration der 95
Nippon Koei Co., Ltd. 224,
Niederschläge und Abflußregimes 218—220 245
Nordhimalayische Trockenzone 54, 67 f., 85, 94, 127 f., 235 f., 346
Obstbau 45, 94, 316 f., 322 f., 448 f., 469, 484
Obstmarkt 405 f.
Ojos del Salado 25
Ölsaatenanbau 93, 312, *314 f.*, 403 f.
Ölsaatenmärkte s. Speisefettmärkte
Ost-West-Fernstraße 193—198, 433, 436

Pächter, Lage der *274 f.*
Pachtverhältnis 273
Packtiere 173, 480
pahar-Zone s. Mittelgebirge
Pahari 109
Palanchok-Region 437—452
Panchayat-Forsten 354
Panchayat-Straßen 200, 445
Panchayat-System 30, 35, 37 ff., 189, 200
Panchkhal-Tal 438, 445, 450
Parbate-Haus 418
Pashupathinat, Tempel 111
Pflug 111, 283 f.
Phewa-See 222
Pocken 161
Pokhara-Tal 48, 83 f., 204
Primarschulen 149—152
Prithvi-Highway 192
Pyrit 390

Rai 111

Rai-Dörfer 133
raikar-Land 266
Rajas 30
Raja von Mustang 476, 481
Rajputen 29, 31 f.
rakam-Land 266
Rana-Herrschaft 21, 32 ff., 37, 104, 148, 181, 266, *268*, 372, 429 f.
Rapti-Tal 60 f., 136
Rapti-Tal-Straße 192
Rara-See 222
Ratten 159, *159*
Raumordnungspolitik 369, 383
Regionalautonomie von Mustang 476
Regional Transport Organization 190
Reisanbau 286—289
Reisen in Nepal 13 f., 141,
Religionen 118 ff.
Rhein 221
Rinderhaltung 326—329, 354, 449, 469
Rockefeller-Foundation 293

Sagarmatha (Mt. Everest) 24, 45, 66, 76, 82, 453
Sagauli, Vertrag von 32
Salzhandel 117, 395, 398
Sanskrit 29, 104
Sapt-Kosi 62, 76, 225, *226 f.*
Schafhaltung 323, 326, 354, 469, 485
Schlachtgewichte *329*
Schlachtungen 329, 395
Schlachtung von Tieren 167
Schneefälle 77, 94, 474
Schneegrenze 25, 66, 94
Schneiteln 354
Schornstein *127*
Sedimentation 225, 228
Sedimentzone, tibetische 474
Seen 222
Seilbahn nach Kathmandu 201
Sekundarschulen 152 f.
Sepoy-Meuterei 33
Shah-Dynastie 31, 36, 476
Sherpa-Haus 129 f.
Sherpas 117, 453 f., 462 ff.

Siddhartha Rajmarga 192
Siedlungsgrößen 125 f., 464
Siedlungshöhengrenzen 26, 66, 464
Siedlungsprojekte 61, 115, 136, 159, 427
Siedlungstypen 123 ff., 418
Siwaliks s. Churia-Berge
Solukhumbu 453—471
Sommerregen 77, 79, 82, 85, 95, 220, 459
Spanien 242
Speisefettmärkte 403—405
Sprachen 104 ff.
Sprachgruppen, indische 107, 430
Sprachgruppen in Nepal 107
Sprachgruppe, tibetische 116
Stadtplanung 140, 146 f.
Städtewachstum 138 181, 186
Standorte, industrielle 360, 365 f.
statistisches Material, Zuverlässigkeit 15 f., 36, 73, 96 f., 177, 262, 476
STOL-Flugverkehr 204, 208, 465, 471, 480
Straßenbaukosten 209
Straßenbauplanung 191, 197—201
Straßen im Terai 183
Straßenverhältnisse 183, 189, 445
sub-alpine Zone 345
Süd-Tirol 242
Sun-Kosi-Terai Projekt (U.N.) 255 f., 258 ff., 260

Tabakanbau 313, 324 f.
Tabakhandel und -verarbeitung 404
Täler 48, 67, 85, 181, 214 f.
Talkvorkommen 390
Talauen 64, 93
Tamangs 108 f., 132, 418
tar s. Talauen
Tau 87
Teeplantagen 94, 316
Temperaturen 89—92, 416, 474

Terai 32, 55 ff., *59, 62,* 224, 234, 239, 268, 282, 339, 344, 427—436
Terai, Äußeres 53, 55—57, *59*
Terai-Dörfer 134 f.
Terai-Flüsse 215, 221, 255
Terai, Inneres 53, 58—61, 234
Terai-Städte 140
Terrassenkulturen 93, 114, 242, 288, 437 f.
Thak (Thakkhola) 478
Thakali-Haus 478
Thakalis 120, 129
Thakuris 104 ff.
Thami 108
Tharu-Häuser 136
Tharus 109 f., 431
Those 387 f.
Tibet 29, 32, 116, 118, 181, 225, 329, 359, 407 f., 464, 475
Tibethandel 395, 399, 407, 464, 465 ff., *467*
tibetisches Hochland 45
tibetisches Randgebirge 48, 54, 66 ff., 72, 214
tibeto-nepalische Gruppen 107
Tilicho-See 222
Timber Corporation of Nepal 358
Tourismus s. Fremdenverkehr
Träger 124, 173, 182—186
Trägerlasten 186, *186*
Trägerpfade 182—186, 209
Transhimalaya 471
Transithandel 395, 402
Transitrechte 409, 411
Transportkosten 188
Traverstäler 66 f., *69,* 83, 85, 214, 474
Tribhuwan Rajpath 191
Trisuli Bazar 181
Trisuli-Straße 192
Trockenreis 286
Trockentäler 85, 220
„Tropen" 92
tsampa 302
Tuberkulose 160
Tundra (arktische) Zone 94

Überbeweidung 241
„Überschußland" 274, 277
Überschwemmungen 57, 210 f.
Überseehandel 408
United Mission 326
United Nations 258
Urbanisierung 138 ff., 417 f.

Vegetarier 167
Vegetationsgrenze 94
Vegetationszonen 92, 342
Venerische Krankheiten 161
Vereinte Nationen s. United Nations
Verheizen des Dungs 243, 483
Verkehr 179—210, 422, 433, 445, 479
Verkehrsdichte 187, 190
Verschuldung 278
Verstädterung s. Urbanisierung
Vertikalgliederung 68, 72
Viehhaltung 323—331, 424 f., 449, 484
Volksbildung 147—155, 419 f., 478
Volksgesundheit 144, 156—173, 420 f.
Volksgruppen, kleinere 123

Wacholderbestände 95, 485
Waldbestände 339—346, 432 f.
Waldweide s. Wildweide
Wanderung s. Migration
Wasserkräftepotential 381 f.
Wasserreserven 244
Wegeverhältnisse 184—186, 189, 465, 480
Weidehöhengrenzen 331
Weizenanbau 293—299
Wiederaufforstung 243
Wildbachverbauung 242
Wildweiden 66, 68, 94 f., 117, 131, 241, 265, 323, 326, *327,* 330, 350, 354 f., 438, 450, 468
Windverhältnisse 77, 79
Winterbewässerung 263
Winterregen 79, 85, *88,* 459 f., 474

Wohnverhältnisse 141—145, 157—159, 478
Wollhandel aus Tibet 467
Wollproduktion 330 f., 485
„Wundersaaten" 297, *298*

Yak 323, 449, 469, 484
Yakwolle 331

zamindar-System 429
Zensusdistrikte 37 ff., 267
Ziegenhaltung 323, 326, 328 f., 354, 469, 484
Zitrusanbaugebiete 395
Zitrusmarkt s. Obstmarkt
Zonen 37, 39, 42
Zuckerfabriken 313

Zuckerrohranbau 313, *318 f.*
Zugang zum Meer 21, 208 f., 409
Zwangssparen 279—280, *279 f.*, 363
Zwergbesitz 269